LES *MÉDITATIONS MÉTAPHYSIQUES*
OBJECTIONS ET RÉPONSES
DE DESCARTES

BIBLIOTHÈQUE D'HISTOIRE DE LA PHILOSOPHIE

NOUVELLE SÉRIE

Fondateur : Henri GOUHIER Directeur : Emmanuel CATTIN

LES *MÉDITATIONS MÉTAPHYSIQUES* *OBJECTIONS ET RÉPONSES* DE DESCARTES

UN COMMENTAIRE

Sous la direction de

Dan ARBIB

Ouvrage publié avec le concours de
Sorbonne Université

PARIS

LIBRAIRIE PHILOSOPHIQUE J. VRIN

6, Place de la Sorbonne, V[e]

2019

Imprimé en France
ISSN 0249-7980
ISBN 978-2-7116-2863-6

www.vrin.fr

NOTE BIBLIOGRAPHIQUE

Nous renvoyons aux textes de Descartes en indiquant les pages et les lignes dans le tome de l'édition Adam-Tannery, abrégée AT ; pour les *Meditationes, Objectiones et Responsiones*, nous donnons d'abord la référence du texte latin (AT VII) puis le cas échéant celle du texte français (AT IX-1). Nous ne mentionnons pas toujours « AT »; nous nous contentons d'indiquer directement le volume et la page, voire parfois seulement les pages : ainsi « 77/167 » signifiera « AT VII 77/IX-1 167 » ; de plus, « AT IX » abrégera parfois « AT IX-1 ». La mention « FA », suivie du numéro du tome en chiffres romains, renvoie à l'édition des *Œuvres philosophiques* de Descartes par F. Alquié, Paris, Garnier, 1963-1973. Pour certains textes (par exemple, la traduction par Clerselier des *Vae Objectiones et Responsiones*), nous renvoyons aux volumes IV-1 et IV-2 des *Œuvres complètes* sous la dir. de J.-M. Beyssade et D. Kambouchner, « Tel », Paris, Gallimard, 2018; nous indiquons alors « G IV-1 » ou « G IV-2 », ainsi que le numéro de la page. Par les mentions « G VIII-1 » et « G VIII-2 », suivies de la page, nous renvoyons à l'édition de la *Correspondance* de Descartes par J.-R. Armogathe, *Œuvres complètes*, VIII, « Tel », Paris, Gallimard, 2013, 2 vol., qui a l'intérêt de présenter les lettres par dossiers de correspondants, les hypothèses de datation les plus récentes, l'intégralité des textes à ce jour disponibles et de nouvelles traductions.

DAN ARBIB

DE L'ORDRE À L'ŒUVRE

INTRODUCTION AUX *MÉDITATIONS MÉTAPHYSIQUES, OBJECTIONS ET RÉPONSES*

En août 1641, paraît à Paris la première édition des *Meditationes de prima philosophia*, suivie, en mai 1642, d'une seconde édition à Amsterdam. Entre-temps, l'ouvrage a subi quelques modifications : les coquilles qui défiguraient la première édition ont été corrigées, le sous-titre a changé – il n'est plus question d'immortalité de l'âme mais seulement de sa distinction d'avec le corps –, l'*Index* (en fait avec un sommaire sans doute rédigé par Mersenne et initialement intercalé entre la *Praefatio ad lectorem* et la *Synopsis*) a été supprimé, mais d'autres textes ont été rétablis – notamment le passage sur l'eucharistie dans les *IVae Responsiones*, ôté de la première édition pour faciliter l'approbation de la Sorbonne[1] – ou ajoutés – une septième série d'objections et réponses ainsi qu'une lettre au Père Dinet (*Epistola ad Patrem Dinet*). En 1647, sera publiée une traduction française due au duc de Luynes[2] (pour les *Meditationes*) et Claude Clerselier[3] (pour les *Objectiones et Responsiones*), et

1. *À Mersenne*, 22 juillet 1641, AT III 416, 5-9.

2. Louis-Charles d'Albert de Luynes (1620-1690), pair de France, grand fauconnier et chevalier des ordres du roi, fut également très proche des Solitaires de Port-Royal et se fit construire le château de Vaumurier près de Port-Royal des Champs.

3. Claude Clerselier (1614-1684), avocat au Parlement de Paris, receveur général d'Auvergne et résident pour le roi de France en Suède est également le beau-frère de Pierre Chanut (1601-1662). Outre la traduction des *Obj.* et *Resp.*, il se chargera également de réviser la traduction Picot des *Principia philosophiae* dans l'édition de Paris de 1681, éditera la

modifiant encore quelque peu l'original : la *Praefatio* latine est remplacée par un *Avis du Libraire au Lecteur*, les *Quatrièmes Réponses* sont suivies d'un *Avertissement de l'auteur touchant les Cinquièmes objections* et d'un *Avertissement du traducteur*, les *Cinquièmes Objections* et *Réponses* figurent après les *Sixièmes* et sont accompagnées d'une *Lettre de M. Descartes à M. Clerselier servant de réponse à un recueil des principales instances faites par Monsieur Gassendi contre les précédentes réponses*; quant aux *Septièmes Objections* et *Réponses*, elles n'y figurent tout simplement pas. Il faudra attendre l'édition posthume de Clerselier (1661) pour voir enfin traduite toute la série des *Objections* et *Réponses*.

Le projet des *Meditationes* n'avait pas surgi brutalement à l'esprit de Descartes; il accomplissait en fait un cheminement déjà ancien : a) en novembre 1628-mars 1629, Descartes avait entamé en latin un *Traité de métaphysique*[1] dont nous ne savons pas grand chose, sinon qu'il souhaitait l'insérer dans la version latine du *Discours de la méthode*[2]; b) le *Discours*, justement, sans reprendre le texte de 1629 mais sans pour autant que rien nous autorise à creuser entre eux d'écart trop grand, propose « les fondements de [s]a métaphysique » : texte relativement incomplet, fruste aux yeux des lecteurs et de Descartes lui-même, et appelant son développement dans un ouvrage de plus grande ambition; c) d'où les *Meditationes de prima philosophia*, dont la rédaction s'étale de novembre 1639 à mars 1640 mais doit être située dans la continuité du *Traité* de 1629.

LES RAISONS D'UNE MÉTAPHYSIQUE

Les années 1629-1630 voient s'effectuer dans l'itinéraire cartésien un double tournant : une intensification de la recherche physique et l'évocation de préoccupations explicitement métaphysiques. Comprendre le programme métaphysique de Descartes impose donc d'interroger le

Correspondance de Descartes en trois volumes (1657, 1659 et 1667) et assurera la publication posthume du *Traité de l'Homme* (1664) et du *Monde* (1677).

1. *À Mersenne*, 25 novembre 1630, I 182, 18-22. Sur ce traité, *cf.* G. Rodis-Lewis, *L'œuvre de Descartes*, 2 t., Paris, Vrin, 1971, rééd. en un vol. en 2013; ici, p. 101-105.

2. *À Mersenne*, 20 avril 1637 (?), I 350, 19-23. Sur ce traité, *cf.* le dossier complet in Descartes, *Étude du bon sens, la recherche de la vérité et autres écrits de jeunesse* (*1616-1631*), éd. et trad. par V. Carraud et G. Olivo, Paris, P.U.F., 2013, p. 217-227.

rapport entre métaphysique et connaissance de la nature; les buts des *Meditationes* en apparaîtront clairement[1].

1) En 1629, Descartes fait des avancées décisives : en novembre 1629, il complète le principe de conservation du mouvement énoncé par Beeckman en précisant qu'il est uniforme[2]; en janvier 1630, il propose à Mersenne d'expliquer les qualités de la scolastique à partir des fondements physiques de la métaphysique; dès la fin de 1629, il avait commencé de s'intéresser à l'anatomie et d'y introduire des thèses mécanistes[3]; mais c'est surtout l'étude des parhélies qui l'oblige à étendre son objet à la matière en général, Descartes prenant progressivement conscience de l'unité des phénomènes physiques[4]. Ces découvertes mettent en œuvre le mécanisme et supposent déjà l'identification de la matière et de l'étendue géométrique homogène, qui rend toutes les questions solidaires les unes des autres. Cette subversion radicale de la physique scolastique exige alors trois conquêtes théoriques : (a) D'abord, que l'essence de la matière puisse être effectivement réduite à l'étendue géométrique et à ses modes, donc que la matière soit distinguée de l'âme et que soit mis fin aux formes substantielles et à une physique des qualités. (b) Ensuite que les lois de la nature soient dûment fondées; or elles ne peuvent l'être que par Dieu : c'est ainsi que les lois du mouvement s'appuieront sur les attributs divins, et d'abord l'immutabilité divine, en sorte que la connaissance de la nature exigera la connaissance de l'essence divine. (c) Enfin, que la connaissance de la nature soit effectivement connaissance *de la nature*, autrement dit que les essences innées à l'esprit correspondent aux lois de la nature et s'y appliquent : pareille correspondance ne peut être garantie que par un Dieu créateur des essences, qu'il dispose dans la nature et implante dans les esprits. Tel est le cœur de la thèse de la libre création des vérités dites éternelles, énoncée en grande pompe par Descartes à Mersenne dans trois lettres du printemps 1630 (15 avril, 6 mai et 27 mai). – Ces trois thèses (distinction de la *res cogitans* et de la *res extensa*, laquelle constitue l'essence de la matière; fondation des lois de la nature dans l'immutabilité divine; création des vérités éternelles) sont proprement *métaphysiques* : ainsi, et on ne saurait trop y insister, la physique cartésienne s'établit sur

1. Nous ne pouvons ici qu'en rester aux grandes lignes d'une introduction qui exigerait sans doute davantage; pour plus de précisions, le lecteur consultera avec profit les textes liminaires de J.-M. Beyssade, J.-L. Marion et D. Kambouchner, *in* G IV-1.

2. *À Mersenne*, 13 novembre 1629, I 71-72.

3. I 102, 18.

4. Là-dessus, *cf.* M. Fichant, *Science et métaphysique dans Descartes et Leibniz*, Paris, P.U.F., 1998, p. 59-84.

des fondements métaphysiques[1] et appelle une entreprise de clarification des notions qui définit le but principal de la métaphysique[2]. Voilà pourquoi Descartes ne cesse de réaffirmer l'ambition fondationnelle des *Meditationes* – par exemple à Mersenne, le 11 novembre 1640 : « Je vous dirai que ce peu de Métaphysique que je vous envoie contient tous les principes de ma Physique »[3]. Voilà également pourquoi les *Meditationes* pourront dissimuler une *pars destruens* considérable, comme le reconnaît Descartes le 28 janvier 1641 : « Ces six Méditations contiennent tous les fondements de ma Physique. Mais il ne faut pas le dire, s'il vous plaît; car ceux qui favorisent Aristote feraient peut-être plus de difficulté de les approuver; et j'espère que ceux qui les liront, s'accoutumeront insensiblement à mes principes, et en reconnaîtront la vérité avant que de s'apercevoir qu'ils détruisent ceux d'Aristote »[4]. Ainsi la métaphysique fait-elle contre la physique scolastique l'effet d'une bombe à retardement : la faire admettre, c'est faire admettre à son insu à l'adversaire scolastique la physique nouvelle qui en dépend mais qui ne lui apparaît pas immédiatement; pris au piège de principes métaphysiques évidents mais dont les conséquences interdisent ses thèses en matière de physique, ce dernier se voit alors dans l'obligation de repousser définitivement Aristote et d'adopter les principes de Descartes.

2) Mais cette première fondation en présuppose une seconde : que la connaissance elle-même soit possible, que l'esprit puisse effectivement connaître, qu'il ne soit pas si déficient qu'on se doive résoudre au scepticisme – et le scepticisme du premier XVIIe siècle est riche de versions plus ou moins aiguës[5]. Aussi faut-il fonder la possibilité même du savoir; non que Descartes en ait jamais douté, mais encore faut-il en proposer une

1. *Cf.* D. Garber, *La physique métaphysique de Descartes* [1992], trad. fr., Paris, P.U.F., 1999.

2. « Le principal but de ma Métaphysique est de faire entendre quelles sont les choses qu'on peut concevoir distinctement » (III 192, 3-5).

3. La *Lettre-Préface* à la traduction française des *Principia* le réaffirmera : « Ce sont là tous les principes dont je me sers touchant les choses immatérielles ou métaphysiques, desquelles je déduis très clairement ceux des choses corporelles ou physiques » (IX-2 10, 12-15). Dès lors, la physique légitime en retour la métaphysique : si le mouvement de la terre est faux, « tous les fondements de ma philosophie le sont aussi, car il se démontre par eux évidemment » (*à Mersenne*, novembre 1633, I 271, 10-12).

4. AT III 298, 1-7.

5. Sur l'état du scepticisme à l'époque de Descartes, *cf.* D. Kambouchner, *Les Méditations métaphysiques de Descartes, Introduction générale, Première Méditation*, Paris, P.U.F., 2005, p. 98-105.

justification radicale[1]. Après les années 1620, essentiellement consacrées à la méthode (la rédaction des *Regulae ad directionem ingenii* s'interrompt sans doute vers 1627-1628), le questionnement de Descartes témoigne d'un tel effort. On se souvient en effet que, parties de l'ensemble du (pseudo-)savoir scolaire, les *Regulae ad directionem ingenii* faisaient des deux seules disciplines exemptes de fausseté, l'arithmétique et la géométrie, la preuve de la possibilité du savoir (*Regula II*); de la scientificité de ces disciplines étaient élucidés les modes de manifestation du savoir certain, à savoir l'évidence (*Regula II*), l'*intuitus* et la *deductio* (*Regula III*), enfin la méthode comme pratique de l'ordre et de la mesure (*Regula IV*). Jusque-là, jamais l'évidence n'était mise en question : elle assurait la certitude et par là la connaissance indubitable; mais comment s'assurer de sa fiabilité même ? Pareille question impose de questionner la méthode elle-même, de remonter en direction de son fondement[2]. La métaphysique sera ainsi la mise en question de la méthode, c'est-à-dire d'abord de l'évidence. D'où l'opération du doute, inséparable de l'entreprise métaphysique, parce qu'il constitue une telle mise en question; diversement formulé suivant les œuvres considérées, sa fonction apparaît d'autant mieux qu'il culmine en un soupçon puissant : peut-être y a-t-il un *Deus qui potest omnia* qui s'emploie à me tromper toujours, ou qui m'a créé tel que je me trompe toujours[3] ? En ce cas, la validité de l'évidence elle-même, et partant celle de l'ensemble des procédures méthodiques, se trouve comme suspendue. Ce soupçon se formulera parfois en termes de *nature* de l'esprit : je puis avoir l'esprit ainsi fait que je me trompe toujours. *Deus deceptor* ou falsification de l'esprit, deux manières de formuler le même soupçon : que la connaissance, fût-elle celle de l'évidence, soit truquée, originairement fausse. Le principe de la résolution s'énonce au fond assez

1. Et en effet, le savoir est premier, ce qui n'exclut pas qu'il soit fondé : c'est pourquoi dans les *Regulae*, l'entendement est premier connu, avant que ce rôle ne revienne à l'*ego* dans les *Meditationes*. Sur cette évolution, *cf.* G. Olivo, *Descartes et l'essence de la vérité*, Paris, P.U.F., 2005 et V. Carraud, *L'invention du moi*, Paris, P.U.F./Chaire Etienne Gilson, 2010, p. 233. La fondation de la rationalité ne peut faire l'économie de l'auto-position de l'*ego*, au moins à titre de moment dans le cours de la méditation.

2. D'où le problème délicat des rapports entre méthode et métaphysique; *cf.* le dossier *in* D. Arbib, *Descartes, la métaphysique et l'infini*, Paris, P.U.F., 2017, § 67.

3. D'où le débat, ouvert par F. Alquié avec *La découverte métaphysique de l'homme chez Descartes* [1950], Paris, P.U.F., 2000, repris par M. Gueroult, *Nouvelles réflexions sur la preuve ontologique de Descartes*, Paris, Vrin, 1955, puis J.-L. Marion, *Questions cartésiennes, Méthode et métaphysique,* Paris, P.U.F., 1991, etc., sur le caractère plus ou moins métaphysique du doute du *Discours*, puisqu'on n'y trouve pas l'argument du Dieu qui peut tout.

fond assez tôt dans les *Meditationes*: «d'autant moins puissant sera l'auteur qu'ils attribueront à mon origine, d'autant plus sera-t-il probable que je suis tellement imparfait que je me trompe toujours» (*Meditatio I*): tant vaut le créateur, tant vaudra la raison. Si je refuse l'hypothèse du *Deus qui potest omnia* au prétexte qu'elle fragiliserait ma raison, je dois alors admettre celles du hasard, du destin ou d'une «continuelle suite et liaison des choses», qui la fragilisent davantage encore: la seule solution sera donc de récuser l'hypothèse de ce *Deus deceptor* en démontrant l'existence d'un Dieu à la fois tout puissant et vérace, *fons veritatis*, garant de mes opérations intellectuelles et de la structure de ma raison: l'hypothèse d'une fausseté absolue en devient dès lors inepte (VII 145, 1-9). Mais il n'en va ainsi que parce que la raison ne peut s'auto-fonder, se garantir soi-même, et exige d'être adossée à une instance créatrice qui la justifie et l'autorise[1]. – Il s'ensuit que la pratique scientifique exige bien davantage qu'un simple recensement de ses procédures méthodiques: elle requiert une véritable justification métaphysique; l'hypothèse du *Deus qui potest omnia* est ainsi la plus propre, la plus consubstantielle à la métaphysique, car elle déploie un doute qui prend pour cible la raison elle-même. En résulte une thèse constante du cartésianisme depuis 1630: que les propositions métaphysiques font l'objet d'une plus grande évidence que les propositions de toute autre science, et d'abord de la géométrie. Ce surcroît d'évidence, les *Vae Responsiones* et l'*Entretien avec Burman*[2] l'expliquent: sans métaphysique, impossible de triompher du doute qui grève la possibilité même du savoir, en sorte que la mathématique requiert que soient préalablement dégagées les racines métaphysiques de toute connaissance possible. La mathématique dépend en sa fondation de la métaphysique, non l'inverse. Le surcroît d'évidence des propositions métaphysiques est la traduction de cette primauté transcendantale de la métaphysique.

3) Mais la métaphysique naît d'une troisième raison, qu'il n'y a pas lieu de sous-estimer: en prouvant l'existence de Dieu et la distinction de l'âme et du corps, la métaphysique assume une fonction apologétique, tournée cette fois-ci non pas contre le «sceptique», mais sans doute contre une certaine figure de «libertin». – S'agissant de l'existence de Dieu, les lettres de 1630 élevaient déjà de sévères protestations contre un «méchant livre»: Descartes envisageait alors de répondre aux raisons des «athées», en même temps qu'il promouvait la thèse de la création des vérités

1. Descartes est ainsi un penseur de la finitude, *cf.* D. Arbib, *Descartes, la métaphysique et l'infini*, *op. cit.*

2. *Entretien avec Burman*, AT V 177 (sur le *Discours de la méthode* VI 19); *Vae Resp.* VII 384, 8-16/G VIII-1 575-576.

éternelles comme une façon de parler de Dieu plus dignement que ne fait le vulgaire. – Quant à la distinction de l'âme et du corps, rappelons la lettre à Mersenne du 25 novembre 1630 : dans le petit traité de métaphysique de 1629, il s'agissait « de prouver l'existence de Dieu et celle de nos âmes, lorsqu'elles sont séparées du corps, d'où suit leur immortalité. » Descartes sera donc plus prudent par la suite : si l'édition des *Meditationes* de 1641 porte encore comme titre « Renati Descartes Meditationes de prima philosophia, in qua Dei existentia et Animae immortalitas demonstrantur », l'édition de 1642 mentionne plus modestement : « Renati Descartes Meditationes de prima philosophia, in quibus Dei existentia et animae humanae a corpore distinctio demonstrantur. » Ainsi s'agissait-il initialement de prouver l'immortalité de l'âme[1], avant que la distinction réelle entre l'âme et le corps ne paraisse à Descartes la seule thèse à portée de la métaphysique. Reste que cette visée doublement apologétique entend satisfaire les missions de la Contre-Réforme : Descartes est sur ce point dans la très directe filiation du concile de Trente, non moins d'ailleurs que de Latran-IV[2]. Il entend répondre également à « une infirmité » qu'il dit partager avec « la plupart des hommes; à savoir que, quoique nous veuillons croire et même [...] pensions croire fort fermement ce que la religion nous apprend, nous n'avons pas toutefois coutume d'en être si touchés que de ce qui nous persuadé par des raisons naturelles fort évidentes »[3].

Trois objectifs – fonder la physique, fonder la rationalité finie, persuader aux hommes les premières vérités de la religion –, trois adversaires – le physicien scolastique, le sceptique, l'athée ou le libertin. Y a-t-il contradiction entre ces trois objectifs? Assurément non : c'est le même homme qui construit la science et qui cherche un fondement rationnel à sa croyance. Que Descartes ait fait valoir l'un ou l'autre de ces objectifs suivant les circonstances et l'interlocuteur ne doit en rien obliger le lecteur à choisir[4].

1. À moins qu'il s'agisse d'une erreur de copiste ou de l'imprimeur, qui aurait remplacé « immaterialitas » par « immortalitas », comme le suggère A. Baillet, *La vie de Mr Des-cartes réduite en abrégé* [1693], Paris, La Table Ronde, 1992, p. 171.

2. Sur ce point, *cf.* la *Praefatio*, VII 3, 3-7.

3. *À Huygens*, 10 octobre 1642, III 580 et 799 (autographe cité). *Cf.* aussi *à Van Buitendijck*, IV 62, trad. fr. G VIII-2 864 *sq*.

4. La figure de Descartes en « libertin caché », qui réapparaît périodiquement depuis G. Leroy, nous paraît devoir être congédiée sans appel.

MÉTAPHYSIQUE ET PHILOSOPHIE PREMIÈRE

La pluralité des buts des *Meditationes* se trouve compliquée encore par le caractère à la fois extrêmement déterminé et indéterminé de son titre. – Déterminé, parce que Descartes choisit explicitement le concept de *philosophie première* plutôt que celui de *métaphysique*, comme il l'indique à Mersenne dans deux lettres datées du 11 novembre 1640 : « Je n'y ai point mis de titre, mais il me semble que le plus propre sera de mettre Renati Descartes *Meditationes de prima Philosophia* » (III 235, 13-15) et : « Je vous envoie enfin mon écrit de Métaphysique, auquel je n'ai point mis de titre, afin de vous en faire le parrain, et vous laisser la puissance de le baptiser. Je crois qu'on le pourra nommer, ainsi que je vous ai écrit par ma précédente, *Meditationes de prima Philosophia* » (III 238, 18-239, 5). – Et pourtant si affirmé que soit ce choix, il n'interdit nullement l'usage quelque peu « lâche » du mot de *métaphysique*, puisque Descartes ne cesse de renvoyer aux *Meditationes* comme à « [s]a Métaphysique », accepte que le titre courant qui surmonte toutes les pages du volume soit « *Meditationes metaphysicae* », et laisse le duc de Luynes intituler sa traduction *Méditations métaphysiques*. À l'évidence, si la philosophie première s'impose de préférence à la métaphysique, elle n'en est pour autant pas exclusive; elle entretient avec elle un rapport complexe et finalement assez peu élaboré par Descartes lui-même, si l'on excepte quelques indications éparses et relativement relâchées.

Que signifie la promotion de la philosophie première de préférence à la métaphysique ? Descartes en donne à deux reprises une explication éclairante, mais non dénuée de difficultés : « il me semble que le plus propre sera de mettre Renati Descartes *Meditationes de prima Philosophia*; car je ne traite point en particulier de Dieu et de l'âme, mais en général de toutes les premières choses qu'on peut connaître en philosophant » (III 235, 13-18); et : « Je crois qu'on le pourra nommer, ainsi que je vous ai écrit par ma précédente, *Meditationes de prima Philosophia*; car je n'y traite pas seulement de Dieu et de l'âme, mais en général de toutes les premières choses qu'on peut connaître en philosophant par ordre » (III 239, 2-7). Plusieurs points doivent ici être notés. – D'abord, si la philosophie première traite de « toutes les premières choses qu'on peut connaître en philosophant par ordre », ses objets se signalent par leur primauté épistémologique; leur dignité provient de l'ordre dans lequel ils se donnent à connaître. À cette primauté épistémologique, référée à l'ordre de la connaissance, s'opposerait une primauté ontique, qui ordonnerait les étants suivant leur statut ontologique. On opposera donc deux types de primauté, une primauté épistémologique, dont se réclament les objets de la philosophie première – et une primauté ontique, dont se prévaudraient les objets de la métaphysique proprement dite. Cette primauté épistémologique permet de situer la *prima philosophia* dans la continuité du déclassement de l'ontique par l'épistémologique mis en œuvre par les *Regulae* (*Regula VI*). – Ensuite, de cette différence entre deux primautés, s'ensuit entre *philosophia prima* et métaphysique une différence de champ. Les objets de la philosophie première demeurent indéterminés, en nature et en nombre : « toutes les choses », indique Descartes, sans plus de précision – et de fait, les *Meditationes* auront pour objet l'âme (la *mens*), Dieu, l'essence des choses matérielles, les facultés de l'âme et jusqu'à la preuve de l'existence de corps (qui sera transférée au début des *Principia* II) : seule compte alors leur fonction: fonder la connaissance du monde en s'imposant les premiers après le doute. La *métaphysique* en revanche ne retiendra que les étants immatériels, à savoir Dieu et l'âme, et sur la base de leur dignité ontologique. – Est-ce à dire, troisièmement, que les objets de la première et de la seconde seront différents ? Non; bien plutôt s'agit-il d'une différence de *statut*; si l'âme et Dieu relèvent de la métaphysique en tant qu'étants immatériels, ils relèvent également de la philosophie première *en tant que* fondements de la connaissance. Ainsi la métaphysique et la *philosophia prima* ne se tournent-elles pas le dos : l'objet de la seconde peut appartenir à la première, mais cette double appartenance exige un double titre – primauté épistémologique, primauté ontique. – Il en résulte inévitablement des litiges et des mitoyennetés entre métaphysique et philosophie première: car si la première peut affirmer la primauté ontique de Dieu par transgression et création des essences, suivant la thèse *métaphysique* de la création des vérités éternelles affirmée en 1630, la seconde affirme la primauté épistémologique de notions, dont celle de Dieu, indispensables à une véritable connaissance. Ce litige culmine par exemple dans le cas du *Deus qui potest omnia* de la *Meditatio I* : cette *vetus opinio* fait peser sur le savoir un soupçon à la fois très léger (presque ridicule) et très grave (car hypothéquant la possibilité même de la science); ce soupçon ne peut être levé que par démonstration de l'existence du vrai Dieu (*Meditationes III-IV*), qui dès lors acquiert une primauté épistémologique sur l'ensemble du savoir certain; or cette primauté épistémologique croise ce faisant sa primauté ontique, puisque ce Dieu qui peut tout, et donc peut aussi me tromper, n'est pas sans « air de famille » avec le Dieu créateur des vérités éternelles et que seul paraît pouvoir me tromper sur les essences un Dieu doté du pouvoir de les créer[1]. La primauté épistémologique de Dieu et de sa véracité renvoie alors discrètement vers sa primauté ontique, par laquelle Dieu garantit la connaissance humaine parce qu'il crée d'abord le connaissable. En retour, cette dignité ontique ne pourra être établie métaphysiquement que si est prouvée l'existence de Dieu, par une connaissance selon l'ordre qui définit exactement la *philosophia prima*. Ainsi, primauté ontique et primauté épistémologique renvoient-elles l'une vers l'autre, en un jeu de fondation circulaire.

La complexité des déterminations cartésiennes de la métaphysique contribue à singulariser le moment cartésien dans l'histoire de la métaphysique. Et en effet, nous l'avons vu, le rattachement des *Meditationes* à la *philosophia prima* constitue une véritable décision cartésienne, dont l'ampleur ne peut être mesurée qu'à l'aune de la situation de la métaphysique au XVIIe siècle[2] : cette situation est exemplairement illustrée par les *Disputationes metaphysicae* de Suarez (1597), selon lesquelles la métaphysique est constituée d'une *theologia* (parfois nommée *prima philosophia*) portant sur Dieu et les intelligences séparées, d'une *metaphysica* ayant pour objet l'*ens in quantum ens*, et d'une *sapientia* (elle aussi nommée *prima philosophia*), science des premières causes. Quelles modifications Descartes fait-il subir à cette topique suarézienne? Il conserve les deux déterminations de la *philosophia prima* : il confirme la dimension de « théologie rationnelle », comme dira Kant, de la métaphysique (les *Meditationes* traiteront bien de Dieu); il lui conserve également sa détermination sapientielle, affirmée avec netteté dans la Lettre-Préface à la traduction française des *Principia*[3]. Mais ce maintien des deux déterminations de la *philosophia prima* (science de Dieu, science des causes) se paie d'une interprétation de cette primauté selon l'ordre de la connaissance, au mépris du sens scolaire de *metaphysica*, pour laquelle Descartes manifeste un désintérêt total : ce qui commençait de se nommer *ontologia* (Goclenius, 1613) et qui était déjà en voie de constitution depuis que Duns Scot avait fait du *conceptus entis* le *subjectum metaphysicae* laisse

1. C'était l'interprétation de H. Gouhier, *Essais sur Descartes* [1937], Paris, Vrin, 1973 (3e éd.), p. 185; *sed contra*, M. Gueroult, *Descartes selon l'ordre des raisons*, 2. t., Paris, Aubier, 1953; ici, t. I, p. 43. Pour une position modérée, *cf.* D. Kambouchner, *Les Méditations métaphysiques de Descartes*, *op. cit.*, p. 323-328, à qui nous empruntons l'expression platonico-wittgensteinienne d' « air de famille ».

2. Sur ce point, *cf.* J.-L. Marion, *Sur le prisme métaphysique de Descartes*, Paris, P.U.F., 1986, chap. I; F. de Buzon et V. Carraud, *Descartes et les « Principia » II, Corps et mouvement*, Paris, P.U.F., 1994, p. 20-25 et p. 28-35. Le développement qui suit emprunte à J.-L. Marion, *Questions cartésiennes II. Sur l'ego et sur Dieu*, Paris, P.U.F., 1996, p. 371-373.

3. IX-2, 2, 7-18.

Descartes notoirement indifférent. En somme, ce dernier ne parvient à unifier les deux dimensions de la métaphysique – comme *sophia*, selon *Métaphysique* A, et comme *protè philosophia/theologia*, selon *Métaphysique* E – qu'à condition de réinterpréter la primauté de la *prima philosophia* de *Métaphysique* Γ en termes épistémologiques.

ORDRE ET *MEDITATIO*

Puisque la métaphysique comme *philosophia prima* n'assume de primauté qu'épistémique à l'égard du savoir qu'elle institue, il faut admettre que les propositions métaphysiques elles-mêmes s'ordonnent les unes aux autres suivant des exigences épistémiques; ainsi la philosophie première constitue-t-elle un lieu intrinsèquement différencié, au sein duquel les propositions, elles-mêmes métaphysiques, s'ordonnent et s'entre-conditionnent selon des relations complexes de subordination. Si le tout de la philosophie première rend possible l'ensemble du savoir, celle-ci articule en son sein des propositions par ordre de dépendance épistémique : elle admet donc une complexité interne et des jeux de priorités entre les propositions qui, pour autant, assument toutes une primauté sur l'ordre du savoir.

Dans la célèbre lettre du 24 décembre 1640 à Mersenne (III 266), Descartes opposait, on s'en souvient, « l'ordre des raisons » et « l'ordre des matières ». Alors que le second prétend « dire en un même lieu tout ce qui appartient à une matière », l'ordre des raisons procède « a facilioribus ad difficiliora », suivant une exigence méthodique présente depuis la *Regula VI* (X 381) et répétée dans le *Discours de la méthode* (VI 18, 29-31). Ce concept d'ordre se trouve précisé dans les *IIae Responsiones*, en réponse au conseil émanant des auteurs des *IIae Objectiones* de formuler les *Meditationes* suivant le *mos geometricus* : la « manière d'écrire des géomètres » comprend l'ordre et la manière de démontrer; l'ordre consiste en ceci que « les choses qui sont proposées les premières doivent être connues sans l'aide des suivantes [*absque ulla sequentium*], et que les suivantes doivent après être disposées de telle façon, qu'elles soient démontrées par les seules choses qui les précèdent. » (155/121). L'ordre suivi est donc unidirectionnel et obéit à la seule nécessité de démontrer le postérieur par l'antérieur. – On mesure ici l'écart avec « l'ordre des matières » : suivant ce dernier, toutes les questions relatives à un même objet eussent été regroupées en un même lieu, au lieu que l'ordre des raisons subordonne l'unité de traitement à l'unité de la démarche démonstrative : ainsi, les caractéristiques de la *mens* pourront-elles s'égrener sur une trajectoire qui va de la connaissance de sa nature (*Meditatio II*) à la démonstration de sa réelle distinction d'avec le corps (*Meditatio VI*), le discours métaphysique déterminant *progressivement* ses objets. – On entrevoit d'avance que pareille caractéristique de l'ordre laisse pendante une question fondamentale : si la démonstration des vérités postérieures requiert les vérités antérieures, les requiert-elle pour autant *toutes ?* Autrement dit, une proposition exige-t-elle pour être démontrée la totalité de celles qui la précèdent ? La question peut paraître formelle ; elle ne l'a pas été, quand il s'est agi d'interroger le lien entre la preuve *a posteriori* (*Meditatio III*) et la preuve *a priori* (*Meditatio V*) : pour apparaître après la première, la seconde en dépend-elle entièrement ? *Post hoc, ergo propter hoc ?*

En tout état de cause, le concept d'ordre réduit à la dépendance épistémologique du postérieur envers l'antérieur demeure insuffisamment déterminé : c'est pourquoi Descartes distingue au sein de l'ordre des géomètres deux voies (*demonstrandi ratio*, 155, 21), la voie analytique et la voie synthétique[1]. L'analyse montre « la vraie voie par laquelle une chose a été méthodiquement inventée », en sorte que le lecteur a le sentiment de trouver lui-même les vérités démontrées ; la synthèse en revanche « se sert d'une longue suite de définitions, de demandes, d'axiomes, de théorèmes et de problèmes » : sa force est ambiguë : d'un côté, elle arrache son consentement au lecteur mais de l'autre elle « n'enseigne pas la méthode par laquelle la chose a été inventée ». De ces définitions, on retiendra d'abord que a) les *deux* voies sont subsumées par le même concept d'ordre géométrique ; on s'interdira alors de parler d'« ordre analytique » ou d'« ordre synthétique », ni de replier l'ordre sur la seule voie synthétique, propre aux démonstrations géométriques. On retiendra ensuite que b) si les géomètres recourent plus aisément à la synthèse, ce n'est pas dire qu'ils ne mobilisent pas l'analyse : il faut bien au contraire qu'ils y recourent de manière discrète et sans l'intégrer à leurs écrits, du fait de sa portée heuristique, comme le soupçonnait déjà la *Regula IV* (X 373, 12-15 et ici VII 156, 17-20). Enfin, que (c) l'analyse permet d'atteindre les principes, alors que la synthèse doit en disposer d'emblée : dès lors, le métaphysicien mobilisera l'analyse pour accéder aux premières notions de la métaphysique, puisque ces dernières, quoique fort claires en elles-mêmes, exigent une

1. Sur ce point, cf. *infra*, la contribution de F. de Buzon ainsi qu'O. Dubouclez, *Descartes et la voie de l'analyse*, Paris, P.U.F., 2013.

**abductio mentis a sensibus*; au contraire, les premiers principes de la géométrie « ayant de la convenance avec les sens », le géomètre pourra privilégier la synthèse. La différence entre analyse et synthèse réside ainsi dans la disponibilité ou l'indisponibilité des premières notions : en mathématique les premières notions « conviennent avec » les sens[1], alors que celles de la métaphysique requièrent une exigeante déprise du sensible – d'où le privilège en métaphysique de l'analyse.

Allons plus loin. Nous pourrions suggérer un dernier concept d'ordre, qui fasse entendre le type d'approfondissement mis en œuvre par les *Meditationes*. On sait en effet que le doute (*Meditatio I*) est rendu possible par l'*ego cogito* (*Meditatio II*), et l'*ego* fini (*Meditatio II*) par l'idée de Dieu (*Meditatio III*); en sorte que les *Meditationes* procèdent par approfondissement transcendantal : l'exploration d'une vérité met sur la voie de ses conditions de possibilité, qui sont d'autres vérités. Le déploiement des *Meditationes* ne se laisse ainsi nullement réduire à la linéarité d'une déduction puisqu'il déploie une forme de « recherche ontologique des conditions » de possibilité[2]. – C'est une forme de justification rétroactive tout à fait analogue que suggèrent les *Vae Responsiones* au moyen du concept de *cohaerentia* : cette *cohaerentia* est « telle que pour la preuve [*probatio*] de chaque question [*rei*] toutes les choses qui la précèdent y contribuent et une grande partie de celles qui la suivent » (AT VII 379/G IV-1 572) : ainsi le *cogito* pourrait-il passer du statut de persuasion au statut de « science parfaite » dans la *Meditatio III*, une fois congédiée l'hypothèque du Dieu trompeur[3]. Quoi qu'il en soit des types de procédures de justifications rétroactives et des concepts qui leur sont associés (remontée aux conditions ontologiques de possibilité, *cohaerentia*), réduire les *Meditationes* au déploiement d'une trame déductive simple et « horizontale » serait en manquer le sens : elle se donnent comme un travail d'approfondissement, de retour sur soi, de réflexion sur le donné.

1. Ce qui *ne* signifie absolument *pas* qu'elles soient données par eux, mais qu'elles ne vont pas à l'encontre de l'expérience sensible.

2. F. Alquié, *La découverte métaphysique*..., *op. cit.*, p. 221.

3. Ce concept de *cohaerentia* a été mis en valeur par J.-M. Beyssade, *La philosophie première de Descartes*, Paris, Flammarion, 1979, notamment p. 338.

MÉTAPHYSIQUE ET *MEDITATIO*

Accéder aux premières notions par détachement de l'esprit des sens, conduire le lecteur à l'invention des premières notions (tels sont les deux objectifs de la voie analytique), permettre à l'esprit de « faire réflexion » pour justifier après-coup des vérités déjà atteintes (telle est l'exigence de *cohaerentia*) : ces trois fonctions sont exemplairement remplies par la *méditation* ; cette dernière est la pratique et la forme philosophique qui accomplit le mieux l'exigence d'ordre. Descartes, on le sait, la tient d'une tradition riche et multiple (augustinienne, ignacienne, puis salésienne et bérullienne) et amplement représentée de son temps. Il ne faut néanmoins pas surestimer l'ampleur de l'héritage[1] : d'abord parce qu'il ne s'agit pas de s'arracher au péché, mais seulement au sensible – et d'ailleurs pas définitivement, mais paradoxalement pour mieux le retrouver (*Meditatio VI*) ; ensuite parce que l'objectif est épistémique et métaphysique (rendre possible la science en la fondant) et non proprement moral ; enfin, parce que la méditation ne suit aucune démarche préalablement réglée, aucun protocole préexistant à son propre déploiement. – Néanmoins, si l'évocation des *Exercices spirituels* est convenue et à tout prendre assez superficielle, au moins permet-elle de faire ressortir trois points. D'abord, le fait que les *Meditationes* constituent une expérience *sui generis*, requérant une forme très exigeante de retraite (17, 13-18, 2) à l'écart des expériences ordinaires de la vie. Descartes maintiendra toujours l'étanchéité entre la métaphysique et la vie ; à ce titre, la pratique méditative constitue un moment clos d'intensité spéculative qui n'a pas à être étendue à la vie ordinaire[2]. Ensuite, le caractère méditatif de la démarche métaphysique en fait ressortir la dimension de spiritualité, qu'accentue le format in-12° de l'édition de 1642. Nul ne l'aura mieux fait voir que M. Foucault, qui, répondant à J. Derrida, aura envisagé les *Meditationes* comme le déploiement d'une série de « transformations qualifiantes » pour le sujet méditant (qui dès lors ne pouvait être fou sans être *ipso facto* disqualifié) ; les acquis métaphysiques des *Meditationes* valent ainsi autant que la manière dont le processus méditatif lui-même rejaillit sur l'*ego* et le

1. *Cf.* sur ce point, D. Sepper, « The texture of thought. Why Descartes' *Meditationes* is meditational and why it matters », *in* S. Gaukroger, J. Schuster, J. Sutton (eds.), *Descartes Natural Philosophy*, Londres/New York, Routledge, 2000, p. 736-750 ; *contra* toute une ligne interprétative inaugurée par É. Gilson, *Études sur le rôle de la pensée médiévale dans la formation du système cartésien* [1930], Paris, Vrin, 1984 (5e éd.), p. 186-187.

2. *Cf.*, par exemple, *à Élisabeth*, 28 juin 1643 ; *Entretien avec Burman*, AT V 165.

modifie[1]. Enfin, les *Meditationes* ne doivent pas être lues « comme un roman, pour se désennuyer » (IX 107) : il faudra exiger du lecteur qu'il entreprenne à son tour de « méditer avec moi sérieusement et considérer les choses avec attention » (VII 157, 20-22/IX 123)[2], car c'est à cette seule condition que la vérité en métaphysique doit d'apparaître, et à elle que les *Meditationes* doivent leur forme[3].

Cet entrecroisement d'une « trame démonstrative » et d'une « trame ascétique » permet de rendre raison du rythme singulier des *Meditationes*, et d'abord de la continuité d'une démarche qui n'admet que tardivement le découpage en paragraphes, le premier alinéa des *Meditationes* se trouvant dans la *Meditatio IV* (VII 53, 23), le suivant dans la *Meditatio V* juste après la preuve *a priori* (VII 68, 21), avant de devenir plus nombreux dans la *Meditatio VI*[4]. Il faut donc faire leur part aux rythmes du texte, aux *rubatos*, aux *da capo*, jeux incessants d'allers- retours, de va-et-vient, de pause, et de mises en mouvement, de reprises, etc., irréductibles à la simplicité d'une déduction pure et simple. a) Il peut d'abord s'agir d'enregistrer des moments de résistance de l'*ego* à ses propres conquêtes spéculatives, moments où l'*assensio* ne se fait pas *persuasio*, selon la description des *VIae Responsiones*[5]. Il faudra alors retrouver les conclusions de la *meditatio* par une autre voie, par exemple en suspendant le doute et en analysant des situations conceptuelles communes : ainsi la *Meditatio I* répond-elle au retour des mauvaises habitudes par la fiction du Malin génie, comme une stratégie destinée à contrer une paresse de l'esprit qu'il vaut mieux admettre et combattre que nier ; ainsi la *Meditatio II* propose-t-elle l'analyse de situations ordinaires (le « morceau de cire », les « manteaux et les chapeaux ») pour reconquérir sur nouveaux frais la primauté de la *mens*,

1. M. Foucault, « Réponse à Derrida », *Paideia*, *Dits et écrits*, Paris, Gallimard, , 1994, 2 t., ici t. I, p. 1126.

2. Déclarations comparables in *IIae Resp.*, VII 135, 31 et 159, 5.

3. *IIae Resp.*, VII 157 17-26/IX 123.

4. Le découpage en paragraphes d'AT n'est ni celui de l'édition de 1647 ni celui de l'édition de R. Fédé de 1673 ; il se fonde sur la présence dans l'édition originale d'intervalles blancs anormalement grands entre certaines phrases ; pourtant, ces intervalles se trouvant maintenus après l'apparition des alinéas, il est permis de douter de leur rôle. À tout le moins ces incertitudes, accrues par la disparition du manuscrit des *Meditationes*, doivent-elles retenir d'interpréter les alinéas d'AT et inspirer une réflexion sur le rythme et la *respiration* des *Meditationes*. Sur ce point, *cf.* M. Beyssade, « Les alinéas dans la traduction des *Méditations* de Descartes », *in* J. Moutaux, O. Bloch (éd.), *Traduire les philosophes*, Paris, Publications de la Sorbonne, 2000, p. 21-29, et surtout J. Roger, « Éditer Descartes : le problème des alinéas », *Archives de philosophie*, 2007/1, p. 135-147.

5. Sur cette « résistance de la mentalité enfantine », *cf.* H. Gouhier, *La pensée métaphysique de Descartes*, Paris, Vrin, 1962, p. 91.

manière de « relâcher une nouvelle fois la bride », après l'épisode homologue du Malin génie de la *Meditatio I*; ainsi la *Meditatio III* répond-elle aux difficultés psychologiques suscitées par la première forme de la preuve par les effets par une nouvelle forme de preuve, qui prendra appui sur l'existence formelle de l'*ego* ayant l'idée de Dieu. Dans ces trois cas – où s'esquisse une homologie de structure entre les trois premières méditations – le retour des images sensibles et la persistance des anciennes convictions, bref la résistance de "l'enfant", exigent des parades efficaces, par ailleurs non dénuées en elles-mêmes d'apports théoriques nouveaux. – b) Indépendamment même de ces faits de résistance d'un *ego* réfractaire, les *Meditationes* se déploient de façon très libre (comme l'indique l'avis du *Libraire au lecteur*, qui évoque « des méditations fort libres »), non programmée d'avance, attentives à la trajectoire d'une pensée qui s'invente et met à l'épreuve à chaque instant ses propres pouvoirs, ses ressources et ses résultats. Ainsi admettra-t-on des voies sans issue (la voie par les idées adventices dans la *Meditatio III*), la requalification *a posteriori* de thèses ou de concepts d'abord dépourvus de pleine validité, voire leur élaboration progressive, au fur et à mesure que progressent les *Meditationes* (la tripartition des idées, par exemple, annoncée au début de la *Meditatio III*, retravaillée à la fin de cette même *Meditatio*, avant d'être reprise dans la *Meditatio V* et la *Meditatio VI*)[1]. Plus intéressant encore est le changement de statut des arguments suivant leur position dans le cours des *Meditationes*, puisque de cette position dépend la situation démonstrative et conceptuelle à même de les soutenir : si par exemple, le *spontaneus impulsus* se trouve disqualifié dans la *Meditatio III*, ne pouvant encore bénéficier de la véracité divine, il est restauré dans sa validité dans la *Meditatio VI*, comme **propensio ad credendum* (VII 80, 1) et enseignement de la nature ; ou encore : si, dans la première forme de la preuve par les effets, l'*ego* peut causer l'idée des substances matérielles parce qu'il est lui-même substance, un tel argument ignore encore la distinction réelle qui n'apparaîtra que dans la *Meditatio VI*. Ainsi, aucun énoncé des *Meditationes* ne peut faire l'objet d'une analyse qui se dispenserait de l'insérer dans la trame méditative, puisque de sa place dans cette trame dépendent son sens, sa portée et sa validité. – (c) Enfin, les *Meditationes* marquent parfois des pauses, des stations en des lieux dont l'*ego* prend alors le temps de mesurer le caractère décisif. D'abord, à l'échelle de l'œuvre, Descartes appelait explicitement à séjourner longuement dans la *Meditatio I*, puisque le doute

1. *Cf.* G. Rodis-Lewis, *L'œuvre de Descartes*, *op. cit.*, p. 271, parlant de « jalons, insuffisant à [tel] stade de l'ordre des raisons, mais qui trouveront plus tard leur véritable utilisation. »

seul permet de détacher l'esprit des sens; ainsi la *Meditatio I* ne dure-t-elle pas une journée, mais bien plutôt « quelques mois, ou du moins quelques semaines » comme l'indiqueront les *IIae Responsiones*; aussi bien cette rupture marque-t-elle une autre distinction : distinction entre le doute, alimenté par des raisons psychologiquement efficaces mais empruntées au sens commun, à la culture commune et requérant un effort de la volonté, et l'exigence de la science inaugurée dans la *Meditatio II*, qui requiert certitude et évidence. À l'autre bout du dispositif, il faudra entendre une autre consigne : « qu'on prenne au moins la peine de lire tout d'une haleine les cinq premières Méditations avec ma réponse à la lettre qui est à la fin, et qu'on fasse un abrégé des principales conclusions, afin qu'on en puisse mieux remarquer la suite »[1] : ainsi les *Meditationes I* à *V* constituent-elles une unité avant le passage à la *Meditatio VI*, puisqu'avec cette dernière (comme aussi avec les *Principia* II) l'esprit quitte l'ordre de l'existence des choses immatérielles (l'âme, Dieu) ou de l'essence des choses matérielles (*res extensa*, *Meditatio V*) pour reconquérir le monde et l'existence des choses matérielles. Deux césures donc, au sein des *Meditationes*, qui imposent deux schémas : tantôt une dualité doute/science, qui oppose la *Meditatio I* aux cinq autres; tantôt une dualité intelligible/sensible, qui oppose les cinq premières à la dernière. – Mais ces deux césures ne sont pas les seules. Il est encore possible de distinguer les *Meditationes I-III*, consacrées aux êtres immatériels (l'*ego* et Dieu), des *Meditationes IV-VI*, consacrées à « la connaissance des autres choses de l'Univers » (VII 53, 21-22/IX 42)[2]. – Enfin, il arrive que l'*ego* séjourne durablement dans la contemplation de son objet : ainsi s'agit-il par exemple, après l'invention de l'*ego*, de séjourner en soi et de se rendre « plus familier » à soi-même, et, plus loin, dans la *Meditatio IV*, d'« accéder à soi d'encore plus près » (*ac me propius accedens*, *Meditatio IV*). Plus profonde encore est la contemplation de Dieu qui clôt la fin de la *Meditatio III*, d'abord parce qu'elle marque le véritable mitan du parcours méditatif, et d'autre part parce qu'elle s'arrête à l'être doté de toutes les perfections et dont la considération offre la plus haute béatitude accessible en cette vie.

1. *À Huygens*, 12 novembre 1640, III 242, 2-6 (et 763-764); « suite » signifie ici « enchaînement ».

2. Il serait encore possible de répartir les *Meditationes* selon les domaines respectifs de la métaphysique spéciale, c'est-à-dire selon une psychologie rationnelle (*Med. II* et *IV*), une théologie rationnelle (*Med. III* et *V*) et une cosmologie rationnelle (*Med. I* et *VI*) – répartition certes discutable, wolffienne, mais qui met bien en lumière l'absence de métaphysique générale (ontologie).

UN TEXTE OUVERT

Que l'invention métaphysique s'impose comme méditation ne la clôt pas pour autant sur elle-même. Rien n'est plus propre aux *Meditationes* que la forme dialogique ; et il n'y a là de paradoxe qu'apparent, puisqu'il se soutient à tous les niveaux de l'œuvre cartésien, depuis 1630 et le projet de réfutation du « méchant livre » jusqu'aux *Passions de l'âme* en passant par la *Recherche de la vérité* ou le projet initial des *Principia*[1]. On distinguera ici quatre types de dialogisme :

1) S'agissant de la rédaction des *Meditationes*, on rappellera qu'elle vise à répondre aux objections soulevées par la Quatrième partie du *Discours de la méthode*. Dès 1637, des objections se sont multipliées, émanant de Silhon, Vatier, Gibieuf, Petit, etc., objections dont la plupart nous font défaut mais auxquelles Descartes a souhaité répondre ; au reste, il a assez tôt reconnu l'insuffisance de la métaphysique du *Discours*, due notamment à une imparfaite exploration du doute[2]. Les *Meditationes* s'inscrivent donc, de par leur genèse même, dans une stratégie « responsoriale »[3].

2) Dès leur rédaction, Descartes a souhaité recueillir les objections et intégrer les séries d'objections et réponses au volume en cours, espérant que « la vérité en paraîtra d'autant mieux »[4]. On connaît la procédure : c'est c'est à Mersenne qu'il est revenu de « recruter » les objecteurs, lesquels ont disposé d'une copie des *Meditationes* ainsi que des *Iae Objectiones* et *Responsiones*, établies dès novembre 1640. Sans entrer dans le détail, qu'il suffise de souligner d'emblée que les *Objectiones* et *Responsiones* ne sont donc pas des additions superfétatoires au texte des *Meditationes* : elles lui appartiennent de plein droit[5]. Certes, Descartes semble avoir été déçu par le résultat de sa démarche[6] et le texte même des *Meditationes* n'y a gagné que deux modifications à la marge[7] ; mais il n'y a pas lieu de surévaluer cette déception, d'autant que certaines objections vont dégénérer en

1. *Cf.* la mise au point de J.-M. Beyssade, *Études sur Descartes*, Paris, Seuil, 2001, p. 83-104.

2. *À Mersenne*, mars 1637, I 349, 29-350, 5 ; *à Silhon*, mars 1637, I 353 ; *à Vatier*, 22 février 1638, I 560, 7-11.

3. *Cf.* J.-L. Marion, *Questions cartésiennes II*, *op. cit.*, p. 317-337.

4. *À Mersenne*, 28 janvier 1641, III 297, 10.

5. *Sed contra*, M. Gueroult, *Descartes selon l'ordre des raisons, op. cit.*, t. I, p. 23.

6. « Que si mon dessein n'a pas réussi… », *à Mersenne*, septembre 1641, III 436.

7. Cf. *à Mersenne*, 18 mars 1641, III 334, 1-33510 : il s'agit de deux additions demandées par Arnauld : 1) dans la *Synopsis*, VII 15, 6-12 (cf. *IVae Resp.*, VII 248, 1-6/IX 191) et 2) dans la *Med. VI*, AT VII 77/IX 61 (cf. *IVae Resp.*, VII 215, 11-14/167).

polémiques dès la *lettre à Dinet*, qui ouvre ce qu'on a appelé la « querelle d'Utrecht ». Certaines *Responsiones* précisent des points seulement esquissés par les *Meditationes*, d'autres élaborent des explications inédites (les *IVae Responsiones* sur l'eucharistie), ou font figurer des doctrines qui n'ont aucune autre occurrence ailleurs dans le corpus des œuvres publiées, et certainement pas dans les *Meditationes* (la création des vérités éternelles dans les *Vae* et *VIae Responsiones*) ; d'autres encore avancent des thèses d'importance historique considérable (la *sui causa* dans les *Iae* et *IVae Responsiones*), des hapax (la différence entre *res infinita* et *ratio infinitatis* dans les *Iae Responsiones*). Quant à savoir si Descartes a résolu les difficultés proposées par les objecteurs ou s'est contenté d'y parer, il a explicitement voulu en réserver l'appréciation au lecteur[1].

3) Un rapport d'un autre type définit la distribution et la circulation des thèses, non plus entre les *Objectiones* et les *Meditationes*, mais au sein même des *Responsiones*, entre une série et une autre. Qu'il suffise de rappeler par exemple que la position quelque peu « rude » des *Iae Responsiones* sur la *sui causa* se trouve nuancée dans les *IVae Responsiones*, puisque Arnauld disposait des *Iae Responsiones* pour rédiger ses objections.

4) Enfin, dans le déroulement de la *Meditationes*, il n'est pas rare que la pensée accueille un jeu de questions-réponses, ou d'objections et contre-objections. Il faudrait mentionner ici tous les indices du dialogue intérieur dans les *Meditationes*, par exemple le jeu entre première personne du singulier et celle du pluriel dès la *Meditatio I* (19, 23, *age somniemus*) ; la dernière phrase elle-même a une portée universelle (« infirmitas *nostrae* naturae »). Il n'est pas jusqu'au *cogito* qui ne s'énonce en imposant une contre-force au Malin génie, ou en détournant à son profit la tromperie généralisée qui visait à lui nuire (« qu'il me trompe tant qu'il voudra »)[2]. Objectera-t-on que cette altérité n'est que feinte et produite par l'esprit ? Certes ; mais d'autres types d'altérités revêtent un statut plus nettement déterminé, et pas seulement dans la *Meditatio I* où le doute oblige à « remâcher » avec dégoût « une viande si commune » (*IIae Responsiones*,

1. *À Mersenne*, 18 mars 1641 : « Et pour les *Objections*, il est fort bon [...] de mettre *Responsio ad Objectiones*, plutôt que *Solutiones Objectionum*, afin de laisser juger au lecteur si mes Réponses en contiennent les solutions ou non. Car il faut laisser mettre *Solutiones* à ceux qui n'en donnent que de fausses » (III 7-26). Clerselier semble avoir rectifié en traduisant en 1661 le « objectiones istas earumque solutiones omnes » de la *Praefatio* (VII 10, 22-23) en « toutes ces objections et les réponses que j'y ai faites » (FA II 393).

2. J.-L. Marion, *Questions cartésiennes II*, *op. cit.*, p. 21-31, et D. Arbib, « L'*ego* image de Dieu ou du *cogito* suivant la volonté », *Revue de Métaphysique et de Morale*, 2016/3, p. 333-352, ici p. 349 *sq*.

130/103) à la tradition sceptique, mais encore au cœur de *Meditationes* supposées décrire un *ego* « solus in mundo » (42, 22) : par exemple quand l'*ego* s'objecte à lui-même que l'infini est incompréhensible, il reprend une thèse aristotélico-scolastique jusque dans son lexique même ; quand, dans les *Meditationes III* (51, 20-21/41) et *IV* (57, 14-15/45), il fait dériver l'analyse de l'*ego* vers une analyse du verset de *Gen.* 1, 26, ou quand dans la *Meditatio IV* il mentionne explicitement le caractère impénétrable des fins de Dieu (55, 25-26/44) dans le lexique de *Rom* 11, 33[1]. Le caractère de clôture des *Meditationes* (comme, au reste, celui de l'*Éthique* de Spinoza) ne trompe que l'ignorant ou le paresseux. Les *Meditationes* s'offrent comme un texte ouvert aux autres textes, d'auteurs antérieurs, contemporains ou futurs.

De ces indications liminaires résultent des impératifs de méthode, auxquels les contributeurs de ce volume ont bien voulu se prêter. L'objectif était simple : expliquer le texte de Descartes en associant les plus grandes exigences pédagogiques à la plus grande précision scientifique, et en tenant compte des acquis de la recherche récente[2]. Cette ambition installe ce volume dans une tradition de commentaires qui compte quelques beaux titres[3], dont il ne se sépare que par son caractère collectif et par la prise en compte, encore trop rare, des *Objectiones et Responsiones*[4].

Il fallait d'abord admettre la double exigence consistant à faire la part au développement interne des textes mais aussi à leur ouverture structurelle. On s'est ainsi résolu à suivre le texte, en éclairant les difficultés ici, en dissipant quelques confusions là, mais sans s'interdire d'ouvrir le commentaire à la confrontation avec d'autres textes de Descartes

1. *Cf.* V. Carraud, « Les références scripturaires du corpus cartésien », *Bulletin cartésien XVIII*, Liminiaire II, *Archives de philosophie*, 52, 1990/1, p. 11-21 ; V. Carraud, J.-L. Marion, « De quelques citations cartésiennes de l'Écriture Sainte », *Bulletin cartésien XXIV*, Liminaire I, *Archives de philosophie*, 59, 1996/1, p. 1-3, analysant le « procédé de réappropriation du texte biblique » (p. 2).

2. Le *Bulletin cartésien*, publié aux *Archives de philosophie* par le Centre d'Études Cartésiennes et le Centro di Studi su Descartes e il Seicento-Ettore Lojacono, se fait chaque année l'écho de la recherche internationale sur le cartésianisme.

3. Notons pourtant que le genre du commentaire complet des *Meditationes* n'est plus guère représenté en France depuis Gueroult, *Descartes selon l'ordre des raisons, op. cit.*, à quelques exceptions près (dont celle, remarquable mais partielle encore, de D. Kambouchner, *Les Méditations métaphysiques de Descartes, op. cit.*).

4. Le collectif dirigé par R. Ariew et M. Grene, *Descartes and his contemporaries : Meditationes, Objections and Replies*, Chicago-London, The University of Chicago Press, 1995, a constitué un coup d'envoi pionnier, mais ses effets tardent encore à se faire sentir.

(le *Discours de la méthode*, la *Recherche de la vérité*, la *Correspondance* ou l'*Entretien avec Burman*), ou d'auteurs avec lesquels la confrontation est directe et topique (Aristote, Suarez, Vasquez, et, pour les contemporains, Gassendi, Hobbes, le cercle de Mersenne, et plus tard Kant ou Heidegger). Au reste, à suivre jusqu'au bout la thèse d'une telle ouverture du *magnum opus*, on devrait en vérité ne s'interdire aucune confrontation, pour autant qu'elle éclaire la pensée de celui qui entreprenait de s'entretenir avec lui-même[1].

S'est posée, évidemment, la question des traductions des *Meditationes*. Dans la mesure du possible, nous avons recouru à celles du duc de Luynes et de Clerselier, non point d'abord à cause de leur grande précision ou de l'approbation de Descartes, mais parce que l'histoire les a rendues indiscutables. – Elle n'ont pourtant pas toutes deux le même statut : la traduction de Luynes, supposée corrigée par Descartes vers 1645 et publiée en 1647, a reçu les éloges de Baillet, qui rapporte l'enthousiasme de Descartes[2], et l'accréditation de l'*Avis du libraire au lecteur* qui se substitue dans l'édition de 1647 à la *Praefatio* ; on y trouve pourtant assez à redire, soit que Luynes ait cédé à quelques infidélités par désir de stylisation, soit que Descartes y soit intervenu (et alors certaines modifications pourraient être dues à un souci de clarification ou à une éventuelle « évolution » de sa pensée entre 1641 et 1647), pour que d'assez grands écarts soient à remarquer (la confusion entre ipséité et identité dans la traduction de l'analyse du morceau de cire de la *Meditatio II*, ou la définition de la liberté dans celle de la *Meditatio IV*) et qu'on puisse juger fort utile la traduction publiée par M. Beyssade au Livre de Poche, traduction fidèle au latin, et qui permet, pour ainsi dire, de « lire le latin en français » avant que de le comparer à la traduction du duc de Luynes[3]. Ainsi peut-on légitimement considérer le texte latin et la traduction de 1647 comme deux textes distincts, peut-être parallèles, le second de facture moins rigoureusement cartésienne, le premier seul indiscutablement cartésien[4]. Voilà pourquoi chaque fois qu'il nous l'a semblé utile, nous donnons le latin en italiques et entre crochets droits, ou nous retraduisons : le seul texte de Descartes à proprement parler est le texte latin, de préférence dans l'édition de 1642. – Quant à la traduction de Clerselier, pas toujours d'une grande fidélité

1. *Meque solum alloquendo*, VII 34, 16.IX 27, 7.

2. *Cf.* A. Baillet, *La vie de Monsieur Descartes*, 2 t., Paris, Hortmels, 1691 ; t. II, p. 171-173.

3. Descartes, *Méditations métaphysiques*, prés. et trad. de M. Beyssade, Paris, Le Livre de Poche, 1990.

4. Sur tous ces points, J.-M. Beyssade, *Études sur Descartes*, *op. cit.*, p. 105-124.

mais moins problématique, elle s'est le plus souvent imposée tout naturellement, y compris dans les cas où, conformément aux positions exprimées par Descartes, elle n'a pas été introduite dans l'édition AT[1] : les contributeurs donnent alors le volume d'où est tirée la traduction.

Évoquant les *Meditationes de prima philosophia*, J.-M. Beyssade parlait naguère d'« un insurpassable chef-d'œuvre au centre d'un livre sans exemple »[2]. Les contributions qui suivent s'efforcent de vérifier ce jugement; non qu'elles prétendent circonscrire l'inépuisable richesse du texte cartésien, ni même s'y mesurer (qui l'oserait?); à tout le moins nous rappelleront-elles qu'il n'est de philosophie vivante que dans la confrontation avec la pensée la plus forte. Car l'inépuisable audace spéculative à l'œuvre dans cette aventure à nulle autre pareille demeure pour le lecteur une insurpassable école de discernement, de liberté, de courage aussi – bref, de vérité.

À Paris, octobre 2018 *

1. C'est le cas des *Vae Objectiones et Responsiones*, absentes d'AT IX, mais intégralement reprises par les *Opere* (Milan, Bompiani, 2015) et G IV-1.

2. G IV-1 19.

* J'ai l'aimable devoir de remercier V. Carraud, qui a accompagné depuis le début l'élaboration de ce volume, E. Cattin, qui a bien voulu l'accueillir dans sa prestigieuse collection, et C. Raymond, qui a relu l'ensemble avec une insurpassable acribie et suggéré un grand nombre de corrections.

JEAN-ROBERT ARMOGATHE

POUR UNE ÉTUDE DES TEXTES LIMINAIRES L'*ÉPÎTRE DÉDICATOIRE*, LA *PRÉFACE AU LECTEUR*, LE *LIBRAIRE AU LECTEUR*

Depuis quelques décennies, l'« habillage » (*wrapping*) d'un texte imprimé a retenu l'attention des spécialistes : en effet, le texte « principal » est souvent précédé ou suivi de « paratextes » (préface, introduction, privilège, achevé d'imprimer, etc.) précieux pour identifier le contexte de la publication. Les *Meditationes* ne font pas exception : les éditions de 1641 et 1642 (en latin) et de 1647, 1661 et 1673 (en français) sont pourvues de pièces préliminaires dont il ne faut pas omettre la lecture.

La page de titre d'abord, heureusement reproduite dans AT selon plusieurs éditions. L'édition parisienne de 1641 (in-8°) est due à Michel Soly, « sous le signe du Phoenix » (la vignette représente le Phénix sur son bûcher et la devise parlante de l'imprimeur, *Soli Aeternitati*). Actif entre 1618 et 1661, Soly imprima beaucoup d'ouvrages de théologie et de piété : dans cette année 1641, il réédita avec un autre libraire l'*Augustinus* de Jansenius paru à Louvain en 1640 et mourut ruiné en juillet 1661. L'édition de 1642, elle, est un petit in-12° paru à Amsterdam, chez Louis Elzevier (qui réimprime en 1650 – l'impression étant commencée en 1649). C'est un des premiers ouvrages de cette illustre maison qui porte la marque à la Minerve et la devise *Nec extra oleas*. Le texte parisien est complété par les *VIIae Objectiones* avec les *Notae* de l'Auteur, et par la Lettre au P. Dinet, le provincial de France des Jésuites, addition dotée d'un frontispice et d'une pagination séparée. Une édition partielle fut imprimée en 1644 par un ami de Gassendi, Samuel Sorbière : elle comprenait seulement les (cinquièmes) *Objectiones* de Gassendi, les *Responsiones* de Descartes et de longues « Instances » de Gassendi (sous le titre *Petri Gassendi Disquisitio metaphysica*), suivies du texte des seules *Meditationes* latines. Le succès conduisit les Elzevier (Louis et Daniel) à multiplier les rééditions, in-4° cette fois : six éditions en tout, de 1642 à 1678. À partir de 1650, la *Lettre à Voet* est jointe au volume (elle avait été publiée par Elzevier en 1643), ainsi que les *Notae in programma* (publiées à part en 1648). En revanche, les *Vae Objectiones* (celles de Gassendi) ne sont pas à leur place : on trouve entre les *IVae* et les *VIae Objectiones* un *Avertissement* de Descartes et sa *Lettre à Clerselier* en réponse à quelques-unes des *Instances* publiées par Gassendi dans la *Disquisitio* de 1644. Mais les Elzevier n'ont pas abandonné pour autant les écrits dont ils disposaient : ils donnent en appendice les *Vae Objectiones*, les *Responsiones*, les *VIIae Objectiones* avec les notes de Descartes, la *Lettre au P. Dinet* et celle à *Voet* (expliquant passer outre à la volonté de Descartes en raison de la notoriété de Gassendi et de la curiosité des lecteurs). Blaev, à Amsterdam, reprendra (en format in-4°) l'édition elzevirienne pour de nombreuses rééditions.

L'*EPISTOLA DEDICATORIA* : LA LETTRE *À MESSIEURS LES DOYEN ET DOCTEURS DE LA SACRÉE FACULTÉ DE THÉOLOGIE DE PARIS*

Inquiet de la soutenance de thèse de Charles Potier, organisée par le P. Bourdin, en juillet 1640, dans le Collège parisien des Jésuites, Descartes juge nécessaire d'appuyer sur quelque autorité le « petit traité de Métaphysique » (*à Mersenne,* 30 septembre 1640, III 183, 6-7) dont il projette la parution. Mais dès 1639, il avait mis en place une stratégie pour se concilier les théologiens : « mon dessein est de n'en faire imprimer que vingt ou trente exemplaires, pour les envoyer aux vingt ou trente plus savants théologiens dont je pourrais avoir connaissance, afin d'avoir leur jugement, et apprendre d'eux ce qui sera bon d'y changer, corriger ou ajouter, avant que de le rendre public » (*à Mersenne*, 13 novembre 1639, II 622). Il souhaite alors munir son livre de trois ou quatre approbations de théologiens (dont le père Gibieuf au premier chef) et dédier l'ouvrage imprimé « à Messieurs de la Sorbonne en général, afin de les prier d'être mes protecteurs en la cause de Dieu » (III 184, 19-20).

Le patronage des théologiens

Descartes s'inquiète beaucoup de cette approbation, lui qui s'était si peu intéressé au « privilège » obtenu pour sa première publication, à l'insolite anonymat[1]. Il repousse toute publicité autour de son projet de « mettre en ordre » tout un cours de philosophie, « à cause qu'il faut voir auparavant comment mes Méditations de Métaphysique seront reçues » (*à Mersenne*, décembre 1640, III 260, 9-10). En mai 1640, il s'adresse d'abord au chapitre catholique de Harlem, « cette petite Sorbonne de la Hollande »[2], composé de chanoines instruits, qui devaient nécessairement posséder une licence de théologie. Il communique son texte à deux prêtres catholiques amis, Bannius et Bloemart, curés à Harlem. Ils le passèrent à un jeune confrère, Johan de Kater, ou Caterus. Celui-ci envoya à Descartes, par leur intermédiaire, quelques objections qui devinrent les *Obiectiones primae* du texte de 1641.

Descartes a tout à fait à cœur d'être approuvé par des catholiques, et refuse que des théologiens protestants prennent connaissance de son texte : il s'excuse auprès de Colvius de ne pouvoir lui faire lire son texte[3] et, lorsque Huygens lui conseille de joindre aux remarques de Caterus celle d'un sien cousin, théologien réformé, Gaspard van Baerle[4], il se réfugie dans le silence. Il consulte, pendant cet hiver 1640, des traités de théologiens : il va lire Augustin à la Bibliothèque de Leyde en novembre[5], il y retourne pour lire Anselme en décembre[6]; en février-mars 1641, il y vérifie les textes cités par Arnauld. Il semble s'être procuré les *Disputationes metaphysicae* de Suarez pour répondre à Caterus; il conserva sans doute le volume, puisqu'il y renvoie Arnauld dans les *IVae Responsiones*[7]. Enfin, il cite Pierre Lombard[8], ce qui fait un étonnant apport public de références, inhabituel chez Descartes qui cache volontiers ses lectures et ses sources.

1. *Cf.* G. Crapulli, « Mersenne e la prima pubblicazione di Descartes » in *La trasmissione dei testi a stampa nel periodo moderno, Atti del I e II Seminario Internazionale*, 2 vol., Rome, Ed. dell'Ateneo 1985-1987, vol. 2, p. 153-170 et J.-R. Armogathe, « La publication du *Discours* et des *Essais* », *in* G. Belgioioso (a cura di), *Descartes : il Metodo e i Saggi*, Rome, Istituto della Enciclopedia Italiana 1990, t. 2, p. 17-25.

2. Expression de C. Adam, AT XII 292.

3. AT III 248 et X 578.

4. *Huygens à Descartes*, 17 juillet 1641, AT III 414.

5. AT III 247, 14.

6. AT III 261, 9.

7. AT VII 235, 12-14.

8. AT VII 428, 22 et 607.

Vers la fin de l'année (19 novembre 1640), il fit parvenir à Mersenne avec les *Meditationes*, les *Iae Objectiones* et leurs *Responsiones*, deux lettres, l'une adressée à Mersenne, l'autre au P. Gibieuf, ainsi qu'une Épître latine aux doyen et docteurs de la Faculté de théologie de Paris (parfois abusivement appelée « Sorbonne », du nom du principal collège de la Faculté)[1]. Or il pourrait sembler qu'un ouvrage de philosophie ne demandait pas une telle approbation : les lettres patentes sur la Librairie de 1624 soumettaient à la Faculté de théologie « toutes sortes de livres nouveaux concernant la théologie, dévotion et bonnes mœurs ». La *philosophia prima*, la métaphysique, ne semblait pas concernée *a priori*. Mais alors pourquoi Descartes tenait-il tant à cette démarche ?

Pour répondre à cette question, il faut considérer le contexte éditorial. Il y avait un précédent avec la *Métaphysique* de Campanella (1568-1639), dont les premiers états datent de 1613, mais que Mersenne ne put réussir à faire imprimer en 1624 : elle vit le jour en 1638 après que la Sorbonne eut approuvé l'ouvrage, en 1635[2]. L'affaire était donc récente, et il y a une forte probabilité pour que Mersenne ait suggéré à Descartes d'utiliser la même filière d'accréditation. – En dehors de France (mais, malgré les poursuites et les saisies, les frontières étaient poreuses), en 1635, les Elzevier avaient publié la traduction latine du *Dialogo* de Galilée (*Systema cosmicum*), dont la publication en 1632 avait déclenché le procès, puis, l'année suivante, la traduction de la *Lettre de Galilée à Christine de Lorraine*. En avril 1641, André Dabillon avait demandé (et obtenu) l'approbation de *La divinité défendue contre les athées*, jugé par deux docteurs « digne d'être mis en lumière étant plein d'une doctrine solide et de puissantes raisons capables de confondre l'athéisme ». En 1634, le traité de Jean de Silhon, *De l'Immortalité de l'âme*, dédié à Richelieu, avait également été approuvé et « jugé digne d'être mis au jour, étant plein de bonnes et solides raisons pour confondre l'impiété et l'erreur des libertins de ce siècle ». On peut donc penser que, s'agissant de prouver l'existence de Dieu et l'immortalité de l'âme, Descartes avait jugé utile d'obtenir le patronage des théologiens.

Mais il y avait encore autre chose, souvent oubliée des historiens : avec les *Meditationes.*, Descartes avait l'intention de soumettre à la Sorbonne un *Commentaire sur la Genèse*. Il l'indique dans une *lettre à Mersenne* du 28 janvier 1641 :

1. AT III 237-243. *Cf.* aussi le début de l'*Avertissement de l'auteur touchant les Cinquièmes Objections*, AT IX-1, 198.

2. Voir à ce sujet G. Paganini, *Skepsis. Le débat des modernes sur le scepticisme : Montaigne, Le Vayer, Campanella, Hobbes, Descartes, Bayle*, Paris, Vrin, 2008, p. 102 *sq.*

> Il n'y aura ce me semble, aucune difficulté d'accommoder la théologie à ma façon de philosopher [...] je serai obligé de l'expliquer [*i.e.* la transsubstantiation eucharistique] en ma physique [*Principia* III, 44-46], avec le premier chapitre de la *Genèse*, ce que je me propose d'envoyer aussi à la Sorbonne, pour être examiné avant qu'on l'imprime (AT III 295, 28-296, 5).

On sait que lors d'une visite (de date incertaine) à la demoiselle van Schurman (1607-1678), femme de lettres distinguée par sa science, Descartes s'étonna qu'elle lût l'Écriture en hébreu et lui raconta que

> autrefois ayant appris la Langue qu'on nomme sainte, il s'était mis à lire le premier Chapitre de la Genèse qui parlait de la création du monde; mais que pour beaucoup qu'il y pensât il n'en avait pu rien concevoir de clair et de distinct. C'est pourquoi n'entendant pas ce que Moïse voulait dire, et voyant qu'au lieu de lui donner de la lumière, tout ce qu'il disait, n'avait fait que l'embrouiller davantage, il l'avait laissé là[1].

À défaut du texte lui-même, qui n'est même pas mentionné dans l'*Inventaire de Stockholm*, nous disposons d'un faisceau d'éléments convergents établissant que Descartes a bel et bien travaillé, au moins jusqu'en 1640, à montrer l'accord de sa physique avec la Bible[2]. Il est évident que l'approbation d'un *Commentaire sur la Genèse* relevait de la compétence de la Faculté de théologie.

De toute façon, l'autorité de la Faculté aurait eu un poids particulier pour la réception des arguments de Descartes :

> Je ne crains pas qu'il y ait rien qui puisse désagréer aux Théologiens; mais j'eusse seulement désiré avoir l'approbation de plusieurs, pour empêcher les cavillations des ignorants qui ont envie de contredire, et qui pourront être d'autant plus éloquents en cette matière qu'ils l'entendront moins, et

1. *Abrégé sincère de la vie* [...] *de Labadie*, in Gottfried Arnold, *Supplementa* [...] *zur Verbesserung der Kirchen Historie*, Francfort, 1703, p. 282 ; *cf.* X. Kieft, « Note sur le "curieux témoignage" attribué à Anna Maria van Schurman (AT IV, 700-701) », *Bulletin cartésien XXXVIII*, *Archives de philosophie*, 2010/1, p. 153-157. Descartes mentionne encore la *Genèse* en 1648 dans l'*Entretien* avec *Burman* (V 168-169).

2. Dès 1619-1620 (*Olympica*, X 218), puis dans le *Monde*, où il s'appliqua à « démêler le chaos » (*à Mersenne*, 23 décembre 1630, I 179, 10), et encore dans le passage du *Discours de la méthode* qui le résume (VI 42-45). *Cf.* surtout le fragment IV 698 (mal daté *in* AT : sans doute *à Mersenne*, vers 1635-1636 [?], *cf.* G VIII-1 133). Mais il prit conscience des oppositions irréductibles qui lui font écrire que son hypothèse serait *incroyable* (*à Vatier*, 22 février 1638, I 561 et *à Morin*, 13 juillet 1638, II 201) et que toute explication littérale est impossible (*cf.* aussi *à Chanut*, 6 juin 1647, V 54, 6 *sq.*).

qu'ils croiront qu'elle peut être moins entendue par le peuple, si ce n'est que l'autorité de plusieurs gens doctes les retienne [1].

*L'*Épître : *un texte particulièrement soigné*

Descartes a particulièrement soigné son style latin, appliquant les règles classiques de la rhétorique, sans hésiter à placer des clausules métriques. Il tenait d'ailleurs tellement à cette *Épître* qu'il l'a conservée dans l'édition hollandaise de 1642, alors qu'elle n'était plus nécessaire et qu'elle pouvait devenir compromettante en pays protestant (il a supprimé le privilège français, inutile aux Pays-Bas). Dès les premières lignes, la *Lettre au doyen et docteurs* fait preuve d'originalité : le genre littéraire de la dédicace supposait en effet de commencer par des éloges du dédicataire ; or, ici, Descartes commence par justifier son choix de soumettre son écrit au jugement de la docte assemblée et d'en obtenir l'approbation. Parlant à la première personne, il affirme qu'il serait juste que la Faculté prenne son texte « sous sa protection ».

Comme l'annonce le titre de l'ouvrage, il s'agit de *démontrer l'existence de Dieu et l'immortalité de l'âme*. Descartes soutiendra toujours qu'il s'agit là des deux vérités dont il faut garder le souvenir pour bien vivre[2]. *Démonstration, démontrer*: dès le titre de l'ouvrage – et à sept reprises dans la seule *Épître* –, Descartes utilise ce terme, qui était alors équivoque : en effet, *démontrer* avait encore son sens premier (*montrer ou indiquer quelque chose*: le *Dictionnaire de l'Académie*, en 1694, renvoie pour *démontrer* à l'article *montrer*), mais avait déjà son acception moderne (*prouver* et *convaincre*), puisque dans son *Dictionnaire* (1690), Furetière oppose « les vérités démontrées » aux « vérités révélées ».

L'existence de Dieu

Prouver *Utrum Deus sit* n'avait rien d'original (songeons aux théologiens parisiens, Nicolas Ysambert, André Du Val, Philippe de Gamaches, dont Mersenne avait suivi les cours) dans le cadre du renouveau nominaliste et en particulier de la réévaluation des « cinq voies » thomistes, déjà mises en doute par Cajetan (qui soutenait qu'elles ne démontraient pas l'existence, mais seulement une propriété qui ne convenait qu'à Dieu)[3].

1. *À Mersenne*, 30 septembre 1640, III 184.

2. Cf. *à Élisabeth*, 28 juin 1643, III 695 et *à Élisabeth*, 15 septembre 1645, IV 292-293.

3. *Cf.* J.-R. Armogathe, « *An sit Deus*. Les preuves de l'existence de Dieu chez Marin Mersenne », *Les Études Philosophiques*, 1994/1-2, p. 161-170.

Le chemin traditionnel passait par la révélation des Écritures, indispensable dans le contexte de controverse religieuse entre protestants et catholiques. Mais la véracité des Écritures est garantie par Dieu : n'y a-t-il pas ici un cercle vicieux? «*...quia circulum esse judicarent*», littéralement: «parce qu'ils jugeraient que c'est un cercle» (2, 14); la traduction en appelle à la logique: «la faute que les Logiciens nomment» un cercle (IX 6). Les *IVae Objectiones et Responsiones* (IX 166 et 189-190) soulèvent ce qu'on appellera «le cercle cartésien»; comme à la fin de la Sixième partie du *Discours de la méthode* (VI 76, 16-18), d'où les traducteurs ont tiré leurs ajouts, Descartes conteste qu'il s'agisse d'un cercle vicieux, tout en reconnaissant ces mouvements de va-et-vient (*et vice versa*): plus loin dans les *Meditationes*, de la «règle générale de vérité» à la véracité divine; ailleurs (dans la physique) de l'expérience à l'hypothèse; ici, de la foi (en Dieu qui nous a donné les Écritures) à la foi (dans les Écritures que Dieu nous a données).

Rapportant deux citations bibliques (*Livre de la Sagesse* et *Épître aux Romains*) qui sont des lieux habituels, Descartes entend leur donner un sens radical[1] : *quod notum est Dei, manifestum est in illis*, « ce qui est connu de Dieu est manifeste en eux [*sc.* : les hommes] » : « Toute autre » connaissance est moins claire que celle-là et en dépend (*Meditatio V*, 69/55). Descartes reviendra sur cette problématique en répondant en 1643 (?) à un étudiant hollandais, le jeune van Buitendijk (IV 62): on peut «naturellement» douter de Dieu par l'entendement et même par la volonté si la fin qu'on se propose n'est pas de persister dans le doute, mais « de parvenir à une connaissance plus claire de la vérité». Ce que Descartes propose, c'est de recourir à la philosophie pour organiser les preuves *accurate et perspicue*, c'est-à-dire, nous le verrons : *par ordre*.

L'immortalité de l'âme

Il est ici question d'Aristote, bien sûr; mais quel Aristote? Les aristotélismes étaient nombreux au XVIe siècle. En gros, on peut distinguer l'aristotélisme d'Avicenne (980-1037), teinté de platonisme et assimilable par les théologiens chrétiens (avec une notion d'âme individuelle), l'aristotélisme d'Averroès (1126-1198), qui enseignait une immortalité collective, et enfin celui d'Alexandre d'Aphrodise (IIe siècle), qui enseignait que l'âme humaine était une forme matérielle inséparable du corps et mortelle

1. *Cf.* V. Carraud, «Descartes et la Bible», *in* J.-R. Armogathe, *Le Grand Siècle et la Bible*, Paris, Beauchesne, 1989, p. 277-291, qui montre que Descartes cite les lieux de l'Écriture qui autorisent à se passer de l'Écriture.

comme lui. Mais, comme l'a écrit É. Gilson, « chacun était avicennien, averroïste ou alexandriste à sa propre manière, qui n'était pour lui que la vraie manière d'être aristotélicien »[1]. Le Concile de Vienne, en 1312, avait déjà fermement défini l'âme humaine (« l'âme rationnelle ou intellective ») comme la forme du corps. Deux siècles plus tard, le Ve Concile tenu au Latran, à Rome, revient sur cette définition (19 décembre 1513), et l'amplifie en condamnant « ceux qui affirment que l'âme intellective est mortelle ou qu'elle est unique en tous les hommes et ceux qui émettent des doutes à ce propos ». Le Concile condamne ensuite l'enseignement de la « double vérité » (où une vérité philosophique pourrait contredire une vérité théologique) et poursuit :

> Nous enjoignons [*mandamus*] rigoureusement à tous les enseignants de philosophie, lorsqu'ils exposent des principes ou conclusions des philosophes où ceux-ci s'écartent de la vraie foi (comme la mortalité de l'âme ou son unicité, l'éternité du monde et autres choses de ce genre), qu'ils soient tenus de donner tous les efforts à rendre manifeste pour leurs auditeurs la vérité qu'enseigne la religion chrétienne, de l'enseigner dans la mesure du possible par des raisons convaincantes [*teneantur veritatem religionis christianae omni conatu manifestam facere*] et, puisque les arguments contraires des philosophes ont tous une solution [*cum omnia solubilia existant*], de s'appliquer de toutes leurs forces [*omni conatu*], pour autant qu'ils le peuvent [*pro viribus*], à les réfuter et résoudre.

Nous avons cité quelques mots latins, qui se retrouvent dans le texte cartésien, comme une paraphrase du décret conciliaire (*expresse* mandat; *ut eorum argumenta* dissolvant; *veritatem* pro viribus *probent*).

Sur le premier point (l'immortalité de l'âme individuelle), il n'y avait guère de discussion : le philosophe Pietro Pomponazzi (1462-1525), qui enseignait à Bologne depuis 1511, ne niait pas cette vérité de foi, mais il soutenait (contre Averroès) qu'Aristote n'avait jamais explicitement enseigné que l'intellect agent et l'intellect possible fussent des substances séparées communes à tous les hommes et refusait de trouver chez Aristote ce que Thomas d'Aquin avait cru lire. Trois ans après le décret conciliaire, en 1516, Pomponazzi publia son *Traité de l'immortalité de l'âme*, qui souleva de vives polémiques (sans entraîner pour autant de condamnation de son auteur). L'enseignement de Hendrik De Roy (Regius, 1598-1679), le disciple infidèle, revient à mettre en doute les preuves rationnelles de l'immortalité de l'âme (Descartes s'y opposera en publiant en 1648 les

1. É. Gilson, « Autour de Pomponazzi : problématique de l'immortalité de l'âme en Italie au début du XVIe siècle », *Archives d'histoire doctrinale et littéraire du Moyen-Âge*, 36, 1961, p. 163-279, ici p. 165.

Remarques sur un Placard). La Faculté de théologie de Paris n'était pas restée indifférente à ce débat : un de ses maîtres, Nicolas Ysambert écrivait (dans un cours de 1607 resté manuscrit) : « si quelqu'un dit qu'on ne peut pas démontrer (l'existence de Dieu) selon Aristote, ce n'est pas une erreur de foi, mais de physique ou de métaphysique, et c'est une proposition téméraire pour la foi »[1].

Le second point, le refus de la « double vérité », est plus délicat : « puisque la vérité ne peut aucunement être contraire à la vérité, Nous définissons comme étant complètement fausse toute assertion contraire à la vérité de la foi éclairée ». La philosophie se voit ici réduite au service de la théologie et perd son autonomie. Cajetan désapprouva ce contrôle imposé à la philosophie. C'est dans ce contexte qu'il convient de lire la *Lettre* : « J'ai toujours estimé que ces deux questions, de Dieu et de l'âme, étaient les principales de celles qui doivent plutôt être démontrées par les raisons de la philosophie que de la théologie ». Les théologiens parisiens débattaient sur le caractère contraignant des « preuves » ; ainsi Philippe de Gamaches se demandait : peut-on obtenir des « démonstration véritables et évidentes » [*verae et manifestae demonstrationes*] ? On peut bien expliquer ce que veut dire le mot « Dieu », mais « être Dieu, c'est Dieu lui-même ». Comment parvenir à une *vera demonstratio* ?

La *démonstration* de ces deux vérités relève de la philosophie, tandis que la théologie ne les propose que comme *objets de foi,* qu'il s'agit de rendre *crédibles.* Descartes précise bien que son propos n'est pas catéchétique, mais apologétique : toute la *Lettre* consiste à montrer que la philosophie, sans pour autant se substituer à la théologie, en prépare le chemin : et Descartes s'efforce de montrer que sa *métaphysique* permet par la raison naturelle de rejoindre des conclusions théologiques sur l'existence de Dieu et l'immortalité de l'âme, ces « deux Vérités » qu'un contemporain et correspondant de Descartes, Jean de Silhon (1596-1667) avait essayé d'établir, de manière bien différente, en 1626[2]. « Ces deux questions », écrit Descartes, sont « les principales de celles qui doivent plutôt être démontrées par les raisons de la philosophie que de la théologie ». Sans doute, dit-il plus loin, « presque toutes les raisons qui ont été apportées par tant de grands personnages, touchant ces deux questions, sont autant de démonstrations », mais il propose de les présenter « dans un ordre si clair et

1. Ce propos est repris par Mersenne en 1623, dans ses *Quaestiones in Genesim.*

2. Jean de Silhon, *Les deux vérités, l'une de Dieu et de sa Providence, l'autre de l'immortalité de l'âme* [1626], Paris, Fayard, 1991.

si exact qu'il soit constant désormais à tout le monde que ce sont de véritables démonstrations »[1].

Descartes se situe donc en face des « infidèles », des « impies ». Ce recours à la raison naturelle se trouvait d'une grande actualité : le danger pour l'orthodoxie catholique provenait moins des Turcs que des libertins ; ce sont eux que Descartes vise quand il parle de « plusieurs impies [qui] ne veulent point croire qu'il y a un Dieu et que l'âme humaine est distincte du corps ». La montée de l'athéisme conceptuel à la fin du XVIe siècle est due à plusieurs facteurs : les nouveaux mondes ébranlant la certitude d'une divinité unique que procurait le *consensus omnium gentium* ; la redécouverte et la lecture des exposés classiques, où sont transmis les arguments des Anciens (le rôle du *De natura deorum* de Cicéron est essentiel à cet égard) ; l'esprit scientifique et les développements de la magie et de l'alchimie, qui proposent une maîtrise particulière et autonome de la nature. Mersenne, en 1623, évaluait à cinquante mille les athées de Paris et s'attaquait l'année suivante à *L'Impiété des déistes, athées et libertins de ce temps* ; on soupçonnait d'athéisme les « libertins », dans une nébuleuse aux contours imprécis, mais dont Giulio Cesare Vanini, brûlé à Toulouse en 1619, était la figure tutélaire.

Démontrer l'existence de Dieu par des preuves rationnelles convaincantes n'est plus un simple exercice d'école ; de surcroît, le refus calviniste de toute « théologie naturelle » renforce le statut conceptuel d'une apologétique catholique. Entre 1598 et 1643, on a recensé une trentaine d'écrits, majoritairement rédigés en langue française, destinés à convaincre les libertins par l'utilisation d'arguments fondés sur le raisonnement. Les ordres religieux se distinguèrent, mais les ministres protestants ne furent pas en reste (Philippe de Mornay, Pierre Du Moulin ou encore Hugo Grotius). Le combat engagea également des laïques, comme Du Teil, Silhon ou Puget de la Serre. On trouve même parmi ces auteurs des personnages en conflit avec l'Église – ainsi Campanella, dominicain poursuivi par le Saint-Office – ou des libertins désirant se disculper des accusations formulées à leur encontre – on peut penser à l'*Amphitheatrum*

1. Descartes s'inscrit ainsi dans la tradition des théologiens jésuites (Suarez, Vasquez) : la doctrine de « grands personnages » (les « docteurs graves ») a valeur de démonstration (*vis demonstrationis*), du moins « quand elles sont bien entendues ». Lorsque en 1643 le théologien calviniste Voet accusera Descartes d'être « un athée spéculatif » (*Colvius à Descartes*, 9 juin 1643, III 680), un « nouveau Vanini », il s'appuiera sur les affirmations de Descartes dans cette *Lettre*, et celui-ci lui objectera le contexte : « il ne s'ensuit pas que je rejette les autres arguments ; bien loin de là j'ajoutais que, dans mon opinion, *presque tous les arguments par lesquels de grands hommes ont défendu cette cause, étant bien compris, ont force de démonstration* » (AT VIII-2 178, 15-24).

aeternae Providentiae Divino-Magicum publié par Vanini à Lyon en 1615[1]. Descartes propose donc une « voie » (terme traditionnel : on parle des cinq voies de Thomas d'Aquin) « pour arriver à la connaissance de Dieu avec plus de facilité et de certitude que nous ne connaissons les choses de ce monde ».

Une certaine méthode

Selon Descartes, « on ne saurait rien faire de plus utile en la philosophie que de rechercher une fois curieusement et avec soin (*semel … accurate et perspicue*) [les raisons] les meilleures et les plus solides et les disposer en un ordre si clair et si exact, qu'il soit constant désormais à tout le monde, que ce sont de véritables démonstrations ». La traduction est ici plus « cartésienne » que l'original (« …que si les meilleures d'entre elles [les raisons] étaient une fois recherchées avec soin (*studiose*) et exposées d'une manière si précise et si claire qu'il apparaisse désormais à tous qu'il s'agit de démonstrations »). Le traducteur a ajouté des termes très « cartésiens » : « solides » (trois occurrences dans la première partie du *Discours de la méthode* correspondant au latin *firmus*), « un ordre » (douze occurrences dans le *Discours*, dans trois fois *par ordre*)[2].

Descartes ajoute que « plusieurs personnes » attendent de lui la réalisation de cette tâche[3] : parmi elles, on peut penser à celles qui étaient réunies en 1628 chez Gianfrancesco Guidi di Bagno, nonce du pape[4] : « le cardinal de Bérulle, le Père Mersenne, et toute cette grande et savante compagnie qui s'était assemblée chez ledit nonce pour entendre le discours de M. Chandoux touchant sa nouvelle philosophie »[5]. Il faut évidemment leur ajouter Balzac, et sans doute quelques autres comme Mydorge. Ces gens ont su qu'il avait cultivé (*excoluisse*) une méthode d'une plus grande portée que ce qui fut mis en œuvre dans les *Essais*, une méthode pour résoudre *quaslibet difficultates in scientiis resolvendas*, autrement dit une méthode universelle (songeons aux *Regulae*). Pourtant, sa méthode, dit-il, « n'est pas nouvelle, n'y ayant rien de plus ancien que la vérité » : Descartes semble partager le sentiment de ses contemporains : l'Antiquité est

1. H.-J. Martin, *Livre, pouvoirs et société à Paris au* XVIIe *siècle* (*1598-1701*), t. I, Genève, Droz, 1999, p. 176.

2. « Toute la méthode consiste dans l'ordre et dans la disposition des objets sur lesquels l'esprit doit tourner ses efforts pour arriver à quelques vérités » (*Regula V*, X 379).

3. VII 3, 22-28/IX 6. Cette phrase a été récrite à la demande de Mersenne et d'André Jumeau, « prieur de Sainte-Croix » et mathématicien ami de Mersenne (III 387).

4. *À Villebressieu*, été 1631, I 213

5. A. Baillet, *La vie de Monsieur Descartes*, *op. cit.*, t. I, p. 160-166.

respectable, la nouveauté est suspecte. Biographe de Descartes en 1691, Adrien Baillet était soucieux de montrer tout à la fois l'originalité du philosophe (contre les accusations de plagiat) et la sûreté traditionnelle de sa doctrine (contre l'accusation de « nouveauté »); il accumule pour cela de fines analyses et des citations de textes inédits par ailleurs (AT X, appendice p. 204) :

> C'est en quoi néanmoins M. Descartes ne s'estimait pas beaucoup à plaindre, supposant contre la notion vulgaire, que les derniers venus dans le monde doivent toujours passer pour les plus anciens. « Je ne vois pas », dit-il, « qu'il faille tant faire valoir l'antiquité dans ceux qui portent la qualité d'Anciens. C'est un nom que nous méritons mieux qu'eux, parce que le monde est plus ancien maintenant qu'il n'était de leur temps, et que nous avons plus d'expérience qu'eux »[1].

Descartes jouait ici sur l'équivoque de l'adjectif « ancien », qui peut signifier soit ce qui existe depuis longtemps, soit une période reculée dans le temps. En réalité, sa position est plus subtile, puisque la vérité à laquelle sa philosophie prétend ne réfère pas tant à l'Antiquité qu'elle ne s'appuie sur l'intemporalité des idées innées.

« Or j'ai travaillé de tout mon possible pour comprendre dans ce traité tout ce qui s'en peut dire » : le français ne rend pas ici le caractère très rhétorique du latin : « *quicquid autem praestare potui* [tournure rhétorique fréquente chez Quintilien], *totum in hoc Tractatu continetur* ». À la vérité de sa méthode, Descartes joint l'encyclopédie de son « traité ». Il en précise tout de suite la portée : ce qu'il a retenu, ce sont « les premières et principales » raisons, qui valent d'ailleurs moins par elles-mêmes que par la manière dont elles ont été « traitées », afin de tenir lieu « de très évidentes et très certaines démonstrations ». Descartes poursuit en assurant qu'il n'y a « aucune voie par où l'esprit humain en puisse jamais découvrir de meilleures ». Se rendant compte alors du risque de présomption que de tels propos pourraient paraître entraîner, il revient sur lui-même, en s'excusant de parler de lui « plus librement qu'[il en a] de coutume [*liberius de meis loquar quam mea fert consuetudo*] » : l'importance de l'affaire et la gloire de Dieu justifient cette première personne.

Pourtant, après avoir proposé de montrer « quelle voie il faut tenir pour arriver à la connaissance de Dieu avec plus de facilité et de certitude que nous ne connaissons les choses de ce monde », Descartes affirme que peu de gens sont capables d'en entendre les raisons. Il recourt à une comparaison pour justifier cette restriction d'auditoire : de même qu'en

1. A. Baillet, *La vie de Monsieur Descartes*, *op. cit.*, t. II, p. 531.

géométrie, on admet des résultats pour ne pas refaire toute la démarche, longue et pénible, qui y conduit, de même les démonstrations qui suivent, bien qu'elles « surpassent en certitude et évidence les démonstrations de géométrie », demandent « un esprit entièrement libre de tous préjugés et qui se puisse aisément détacher du commerce des sens »[1]. Descartes ajoute d'ailleurs qu'il y a encore moins d'esprits portés à la spéculation métaphysique qu'à la géométrie car « la partie de l'esprit qui aide le plus aux mathématiques, à savoir l'imagination, nuit plus qu'elle ne sert pour les spéculations métaphysiques » (*à Mersenne*, 13 novembre 1639, II 622)[2]. En fait, l'apparente contradiction est levée à la fin de l'*Épître* : « tous les doctes et gens d'esprit » (*ingeniosi et docti*) seront aisément convaincus, et l'autorité de la Faculté ouvrira les yeux des athées, « qui sont pour l'ordinaire plus arrogants que doctes et judicieux » (*qui scioli magis quam ingeniosi aut docti esse solent*, *scioli* sont des demi-savants). Ce paradoxe n'a cependant pas échappé à son adversaire le plus perspicace, le théologien protestant Gisbert Voet, qui insinue qu'ayant écarté les voies traditionnelles pour leur substituer des démonstrations sans vigueur, Descartes était un crypto-athée. Pour sa défense, Descartes répétera, dans la *Lettre à Voet* (1643)[3], les mêmes arguments développés dans l'Épître.

Descartes donne ensuite une autre raison, tirée de l'expérience commune : alors que les gens sont portés à croire les Géomètres sur parole, faute d'être en mesure de reconstruire leurs raisonnements, ils s'imaginent plus facilement pouvoir philosopher, quitte « à combattre avec arrogance les vérités les plus apparentes ». Ce qui lui permet de revenir à son objet : la protection que la Faculté pourra accorder à son ouvrage lui donnera une plus grande autorité.

« C'est pourquoi, Messieurs, quelque force que puissent avoir mes raisons, parce qu'elles appartiennent à la philosophie, je ne pense pas qu'elles fassent un grand effort sur les esprits si vous ne les prenez en votre protection » : *tamen* (cependant), non traduit, marque le contraste entre la force propre des raisons cartésiennes et le préjugé anti-philosophique général : si fortes qu'elles soient, comme elles ne sont *pourtant* que de la

1. On rapprochera ce passage de la lettre *à Huygens* du 31 juillet 1640, III 102-103. Si Descartes mentionne Archimède, Apollonius et Pappus, c'est parce que ces trois mathématiciens grecs (des IIIe et IIe s. av. J.-C.) représentent la rigueur géométrique; Pappus d'Alexandrie est associé à Diophante dans la *Regula IV* comme un des précurseurs dans la pratique de l'analyse et Descartes a proposé dans sa *Géométrie* la solution d'un problème qui porte son nom.

2. *Cf.* aussi *à Élisabeth*, novembre 1643, IV 45 ; texte identique dans l'*Épître dédicatoire* (à Élisabeth) des *Principia* (VIII 4 ; IX-2 22-23.)

3. AT VIII-2, 177-178.

philosophie (c'est-à-dire bien sûr discutables), elles n'auront guère d'efficacité à moins que le patronage ici sollicité d'une autorité extrinsèque leur serve d'adjuvant[1].

« L'estime que tout le monde fait de votre Compagnie ... » : Descartes utilise le terme exact, qui désigne, selon le *Dictionnaire* de Furetière (1690) « des assemblées qui se font avec la permission du Prince pour des exercices honnêtes ou pieux »: Il ne faut pas voir là un excès de flatterie : le magistère, c'est-à-dire l'enseignement de l'Église catholique, était dispensé par les Conciles (« après les sacrés Conciles ») et trois grandes Facultés de théologie : Paris, Louvain et Salamanque. Les papes médiévaux pensaient en effet trouver dans les Facultés de théologie l'autorité nécessaire à équilibrer le pouvoir des Conciles, et celle de Paris se présente comme « arbitre de la foi » (*arbiter fidei*), revendiquant pour ses gradués de pouvoir enseigner « ici et partout » (ce n'est qu'au cours du XIXe siècle que le magistère du Pape s'est affirmé aux dépens de celui des théologiens). Autre chose cependant est l'extension de ce magistère « en l'humaine philosophie » : « humaine » s'oppose ici à « naturelle », la philosophie enseignée à la Faculté des arts. En contraste, Descartes parle ici de « philosophie humaine », une épithète utilisée par le philosophe platonisant Francesco Patrizi (1529-1597) en divers endroits et qui reste un hapax dans le corpus cartésien. Peut-être faut-il voir une « contagion » lexicale de la lecture du décret de Latran V, qui parle de « l'étude prolongée de la philosophie humaine que, selon la parole de l'Apôtre [*i. e.* saint Paul : *1 Cor* 1, 19-20] Dieu rejette et rend stupide ».

Descartes propose ensuite à la Faculté un véritable programme en trois points : corriger éventuellement ses erreurs, prolonger ses explications (ou lui demander de le faire) et enfin témoigner publiquement du bien-fondé de ses raisonnements. De la sorte, tout le monde se rangera à ses raisons : les doctes et gens d'esprit, bien sûr, mais aussi les athées – et « tous les autres ». La lettre se conclut sur une belle clausule métrique, gratifiant la Faculté d'une ultime flatterie : *Ecclesiae catholicae columen*, « colonne de l'Église », expression dont le caractère propre a échappé à Clerselier (qui traduit « les plus fermes colonnes [de l'Église] »). En fait, la colonne de l'Église est traditionnellement l'Apôtre Pierre[2] ; en qualifiant ainsi la Faculté de Paris, Descartes flattait les convictions gallicanes de ses

1. Remarque de D. Kambouchner *in* G VIII-1 50.

2. On sait que *La Fréquente communion* d'Arnauld a été mise à l'Index en 1647 pour une affirmation maladroite contenue dans son prologue – écrit par Martin de Barcos, le neveu de Saint-Cyran – qualifiant Pierre et Paul de « colonnes de l'Église ».

interlocuteurs : la défense de la foi incombait en premier lieu aux théologiens parisiens.

PRÉFACE DE L'AUTEUR AU LECTEUR

La *Lettre* à la Faculté de théologie venait en tête du volume; elle était suivie, comme habituellement, d'une *Préface au lecteur* introduisant le livre. La date de rédaction reste d'autant plus imprécise qu'elle fait défaut dans certains exemplaires de 1641. Elle figure dans les deux éditions latines (1641 et 1642) mais n'a pas été traduite par Clerselier dans les éditions françaises de 1647 et 1661. Il l'a remplacée par un autre texte, *Le libraire au Lecteur*[1], que nous analysons plus loin. Enfin René Fédé, dans son édition de 1673 rédige à frais nouveaux un « Au Lecteur ».

Deux *questions*, dit Descartes, en utilisant le vocabulaire scolaire (les *quaestiones*), ont déjà été traitées dans son *Discours de la méthode*[2] : Dieu et l'âme humaine (Descartes utilise ici *mens*, et non pas *anima*). Encore les a-t-il traitées « seulement comme en passant ». Il s'agissait alors de voir comment sa méthode pouvait être reçue. Ayant décidé de traiter plus à fond les « deux questions » (de Dieu et de l'âme humaine), et considérant, dit-il, que « le chemin que je tiens pour les expliquer est si peu battu et si éloigné de la route ordinaire »[3], il avait jugé convenable de passer au latin, « de peur que les faibles esprits ne crussent qu'il leur fut permis de tenter cette voie », comme il l'avait déjà écrit à propos du *Discours*, dès 1637[4] et le redira dans les *IVae Responsiones*[5] On comprend que Clerselier n'ait pas jugé utile de republier cette *Préface* en tête de sa traduction française (de surcroît, les *Responsiones* avaient résolu la plupart des objections).

En effet, dans la Sixième partie du *Discours*, Descartes avait demandé des objections[6]. Il le rappelle dans une lettre adressée à Mersenne pour le P. Hayneuve, recteur du Collège parisien des Jésuites, et en reprend les

1. En 1661 : *Avis du Libraire au Lecteur*.

2. On relèvera au passage que la traduction latine que donne Descartes du titre du *Discours de la méthode : Dissertatio de Methodo recte regendae rationis et veritatis in scientiis investigandae* n'est pas celle que proposera en 1644 Etienne de Courcelles : (*Dissertatio de Methodo recte utendi ratione et veritatem in scientiis investigandi*).

3. L'image du *chemin* est chère à Descartes (onze occurrences dans le *DM*) : le mot *méthode* renvoie déjà par son étymologie, au chemin (*hodos*).

4. *À* ***, I 353, 29-354, 3; même remarque dans la lettre *à Mersenne*, 20 avril 1637, AT I 350, 11-19.

5. AT VII 247, 8-23.

6. AT VI 75, 14-76, 5.

mêmes termes dans sa lettre au Provincial de la Compagnie, le P. Dinet, publiée en 1642 à la fin de la deuxième édition des *Meditationes* Les objections n'avaient pas manqué, et dès juin 1638, Descartes en avait dressé une première liste à l'intention de Mersenne :

> Vous me demandez si les étrangers m'ont fait de meilleures objections que les Français, à quoi je vous dirai que je n'en compte aucune que j'aie reçue de France, sinon celles de M. Morin[1]. Car pour le sieur Petit[2], il a montré seulement qu'il voulait contredire sans rien entendre en la matière qu'il attaquait; et sinon qu'il ne s'est principalement étendu que sur ce que j'ai écrit de l'existence de Dieu, j'avais résolu de faire un essai de raillerie en lui répondant; mais parce que cette matière est trop sérieuse pour la mêler parmi des moqueries, il en sera quitte à meilleur marché. Je sais que ce qui fait que M. Fermat l'estime, est seulement que la matière qu'il traite lui agrée; mais je vous assure que je les estime fort peu, et l'un et l'autre. Pour les étrangers, Fromondus, de Louvain[3], m'a fait diverses objections assez amples; et un autre, nommé Plempius[4], qui est Professeur en Médecine, m'en a envoyé touchant le mouvement du Cœur, qui, je crois, contiennent tout ce qu'on me pouvait objecter sur cette matière. De plus, un autre, aussi de Louvain, qui n'a point voulu mettre son nom, mais qui, entre nous, est Jésuite[5] [le P. Ciermans], m'en a envoyé touchant les couleurs de l'Arc-en-Ciel. Enfin quelque autre de La Haye[6] m'en a envoyé touchant diverses matières : c'est tout ce que j'en ai reçu jusqu'à présent (AT II 192).

Les objections énumérées ici portent sur les *Essais*, mais Descartes en reçut également sur la métaphysique du *Discours de la méthode*; nous ne disposons plus du texte de celles que lui envoyèrent Silhon[7], Gibieuf[8], Vatier[9], mais celles de Pierre Petit ont été retrouvées et publiées en 1927. Elles portent surtout sur la Quatrième partie et entraînent de la part de Descartes plusieurs types de réponses, tant dans des lettres à Mersenne que dans cette Préface.

1. Cf. *Morin à Descartes*, 22 février 1638, I 537-577 et la réponse de *Descartes à Morin*, 13 juillet 1638, AT II 197-221.

2. Descartes avait demandé les objections de Petit (*à Mersenne*, 31 mars 1638, AT II 86 et 96), mais il avait déjà exprimé un jugement négatif sur lui le 27 mai 1638 (*à Mersenne*, II 144).

3. Cf. *Fromond à Plempius*, 13 septembre 1637, I 402.

4. Cf. *Plempius à Descartes*, janvier 1638, I 497-499 et mars 1638, II 52-54.

5. Cf. *Jean Ciermans à Descartes*, mars 1638, II 55.

6. Cf. *Alphonse Pollot à Reneri pour Descartes*, février 1638, I 511-512.

7. Peut-être destinataire de la lettre à *** de mars (ou mai) 1637, I 352-354.

8. *Descartes à Mersenne*, 31 mars 1638, II 96 et 27 mai 1638, II 147.

9. *Descartes à Vatier*, 22 février 1638, I 558-565.

De façon générale, dit Descartes, les objections portées sur sa métaphysique se ramènent à deux principales : l'esprit humain ne se perçoit que comme *res cogitans*[1] ; de l'idée d'une chose plus parfaite que moi peut se déduire son existence[2]. – Descartes répond à la première objection qu'il parlait selon l'ordre de sa perception (*in ordine ad meam perceptionem*) et non selon l'ordre de la vérité de la chose (*in ordine ad ipsam rei veritatem*)[3]. – Pour la seconde, il distingue deux sens du mot *idée* : ou bien *matériellement* (et en ce sens, étant seulement une opération de mon esprit, aucune idée ne peut pas être dite plus parfaite que moi), ou bien *objectivement*, comme la chose représentée qui, en raison de son essence, peut alors être dite plus parfaite que moi, ce qu'il développe dans la *Meditatio III*, comme annoncé ici (« dans la suite de ce traité, je ferai voir etc. »). La distinction *materialiter/objective* que l'on trouve ici est reprise comme *formaliter/objective* dans la *Meditatio III*, VII 41, 1-4, et comme *materialiter/formaliter* dans les *IVae Responsiones,* VII 232, 8-19.

« J'ai vu aussi », poursuit Descartes, « deux autres écrits assez amples » : l'un est un fascicule de Pierre Petit (1594-1677), un ingénieur spécialiste des fortifications, qui avait déjà présenté des objections à la *Dioptrique*[4], l'autre est peut-être dû à Louis Aubery du Maurier[5] ou à de mystérieux « analystes » (III 300, *éclaircissement*)[6]. Descartes ne répond pas à ces « arguments tirés des lieux communs des athées »[7] pour, dit-il, ne pas être obligé de les rapporter (pour la même raison, Mersenne n'avait pas repris les *Quatrains du Déiste* qu'il réfuta dans l'*Impiété* de 1624). Mais quelques mois plus tard, il varie dans sa réponse, en écrivant à Mersenne : « Les raisons qu'il [Petit] donne pour prouver l'existence de Dieu sont si badines qu'il semble s'être voulu moquer de Dieu en les écrivant; et bien qu'il en ait une qu'il a empruntée de moi, il lui a toutefois ôté toute sa force

1. *Discours de la méthode*, IV, AT VI 32, 25-33, 9. *Cf.* aussi *à Mersenne*, 20 avril 1637, I 349, 29-351, 2; *Pollot à Reneri pour Descartes*, février 1638, I 513, 12-514, 3; *à Reneri pour Pollot*, avril ou mai 1638, II 37, 26-38, 28.

2. *DM*, IV, AT VI 33, 25-34, 24; *cf.* aussi *à Vatier*, 22 février 1638, I 560, 27-561, 6.

3. *DM*, IV, AT VI 31, 14-40, 20; voir aussi les *Med. II*, AT VII 27, 25-26; *IVae Resp.*, VII 226, 14-26 et surtout la mise en œuvre dans la *Med. VI*, VII 78, 1-20

4. Publié par C. De Waard, « Les Objections de Pierre Petit contre le *Discours* et les *Essais* de Descartes », *Revue de Métaphysique et de Morale,* 32, 1925, p. 54-89.

5. II 469n.-470n.

6. Dans la correspondance avec Mersenne, il est souvent question de Pierre Petit (1 er mars 1638, III 30, 9-17; 27 mai 1638, II 144, 13-21; 11 octobre 1638, II 391, 13-392, 4; 28 janvier 1641, III 296, 23-26), de Du Maurier (11 octobre 1638, II 469n.-470n.) et des « analystes » (13 novembre 1639, II 622, 7-26; 25 décembre 1639, II 629, 21-630, 3).

7. Descartes reprend l'expression dans une lettre *à Mersenne*, 27 mai 1638, AT II 144, 16-21.

en la mettant comme il l'a mise» (11 octobre 1638, II 391, 20-24). Cet emprunt touche la certitude de l'existence de Dieu comparée à la certitude mathématique (dans la *Meditatio V*). On a remarqué à cet égard qu'en affirmant que l'existence de Dieu est *plus certaine* qu'une démonstration de géométrie, Pierre Petit avait affaibli le raisonnement de 1637 (« il est *au moins aussi certain* que Dieu, qui est cet Être parfait, est ou existe, qu'aucune démonstration de géométrie ne saurait être», VI 36, 29-31). C'est en 1630 que Descartes avait envisagé la possibilité de dépasser en métaphysique l'évidence et la certitude des démonstrations mathématiques (*à Mersenne*, 15 avril 1630, I 144, puis 25 novembre 1630, I 181-182)[1]. L'athéisme, explique Descartes, vient d'une confusion entre l'esprit humain et Dieu: ou bien nous attribuons à Dieu des passions humaines (*humani affectus*) ou bien nous élevons notre propre esprit à juger des actions et pensées de Dieu. Les objections des athées sont donc écartées rapidement: Pierre Petit se plaindra auprès de Mersenne[2], mais Descartes persistera à maintenir ce passage[3], dont il se vantera auprès du mathématicien De Beaune[4]. Signalons enfin que Descartes a en réalité « adouci » ses critiques (en évitant de citer nommément Petit), ce qu'il reconnaît dans une lettre *à Mersenne* du 27 mai 1641, à la suite de la visite de l'abbé Picot, futur traducteur des *Principes de la philosophie*, et de l'abbé de Touchelaye (ou Touchelée), un disciple du P. Bourdin[5].

Les objections balayées (*hominum judicia*), Descartes revient à l'objet de son livre, plus ample que son titre : non seulement en effet il entreprend de traiter « de Dieu et de l'âme humaine », mais il entend bien aussi « jeter les fondements de la philosophie première » (*totius Primæ Philosophiæ initia tractare*) : il affirme avec hauteur ne rien attendre du vulgaire, ni d'une foule de lecteurs. Le projet est bien de *méditer*, et de méditer en cheminant avec lui : « Je ne conseillerai jamais à personne de le lire sinon à ceux qui voudront avec moi méditer sérieusement (*serio mecum meditari*) » Il reprendra avec insistance la même expression dans les *IIae Responsiones* (VII 135, 31 et 159, 5). Du reste, il insiste sur le caractère personnel de sa démarche, qui en fait toute l'originalité. Il présente « les

1. Voir aussi *Discours de la méthode*, IV, AT VI 36, 29-31; *Med. V*, VII 65-66 et 69-71 (IX, 52 et 55-56) et notes; *Vae Resp.*, V, 3, AT VII 384; *Entretien avec Burman*, AT V 177 et *Lettre à Voet*, AT VIII-2, 176-178.

2. *À Mersenne*, 30 avril 1639, II 533.

3. *À Mersenne*, 28 juin 1641, III 296.

4. *À De Beaune*, 30 avril 1639, II 542; *cf.* aussi *à Mersenne*, 27 juillet 1638, II 266-267. En jouant sur le patronyme, Descartes appelle Petit « le petit chien ».

5. Lettre publiée par E.-J. Bos en 2010, *cf.* G VIII-1 465; mais déjà, *à Mersenne*, 18 mars 1641, AT III 340.

mêmes pensées par lesquelles je me persuade être parvenu à une certaine et évidente connaissance de la vérité ». Ce caractère personnel et individuel est comme compensé par le dialogue avec les objecteurs. Les *Meditationes* se situent ainsi entre deux pôles : l'expérience singulière de René Descartes (« je me persuade être parvenu… ») et le dialogue avec « des personnes d'esprit et de doctrine » (*viri ingenio et doctrina excellentes*) qui a permis de soulever des objections « en si grand nombre et si différentes » qu'il n'y a plus place pour aucune autre.

On citera pour finir les conseils que Descartes donnait à Huygens[1] sur la manière de lire ses « rêveries de métaphysique » complète parfaitement les indications qu'il donna au public :

> J'appréhende bien fort que vous ne prendrez guère de goût ni de plaisir à cette lecture, à cause que je ne me persuade pas qu'il soit possible d'y en prendre aucun, je dirais : si ce n'est qu'on emploie des jours et des semaines entières à méditer sur les mêmes matières que j'ai traitées, si je ne craignais que cela vous en dégoûtât tout à fait, – mais je dirai : si ce n'est qu'on prenne au moins la peine de lire tout d'une haleine les cinq premières *Méditations*[2] avec ma réponse à la lettre qui est à la fin[3], et qu'on fasse un abrégé des principales conclusions, afin qu'on en puisse mieux remarquer la suite. Je serais bien impudent de vous avertir de cela, si je le faisais comme pour vous donner quelque instruction que vous ne pourriez prendre aisément de vous-même en parcourant cet écrit; mais parce que je ne le fais que pour vous épargner le temps et la peine que vous y emploieriez, je m'assure que vous trouverez bon que je vous prie de ne point commencer à lire ces rêveries, que lorsqu'il vous plaira d'y perdre deux heures de suite sans être diverti par personne[4].

1. Descartes entretenait des liens privilégiés d'amitié et de respect avec Constantijn Huygens, seigneur de Zuylichem (1596-1687). Père du grand mathématicien Christiaan (1629-1695), Constantijn tint une place importante dans l'histoire politique et littéraire des Pays-Bas et occupa pendant 62 ans de hautes fonctions auprès de la Maison d'Orange.

2. Il est intéressant de voir que la *Med. VI* (sur l'existence des choses extérieures et la distinction réelle entre l'âme et le corps) pouvait être omise d'une première lecture des *Meditationes*.

3. Autrement dit les *Iae Resp.* à la lettre adressée par Caterus à ses confrères Bannius et Bloemaert (VII 101-121).

4. 12 novembre 1640, III 763. Huygens n'a pas trouvé le temps de s'appliquer à cette lecture : ses premières impressions sont adressées à Descartes le 17 juillet 1647 (AT III 769-770).

Le libraire au lecteur

Ce texte n'apparaît pas dans les éditions latines, mais seulement dans la traduction française de 1647 (et 1661 : il est remplacé dans l'édition de René Fédé, en 1673, par un avis « Au Lecteur »). Il n'est certainement pas de Descartes, mais peut-être du libraire Pierre Le Petit. La *Préface* de 1641/1642 était un texte de circonstance, qui répondait aux objections soulevées par la métaphysique du *Discours de la méthode*; avec la publication des *Objectiones* et *Responsiones*, elle avait perdu sa raison d'être. Mais si ce texte n'a pas été écrit par Descartes, il reprend des éléments essentiels de sa présentation et mérite donc d'être étudié ici.

Le « Libraire » parle « des traducteurs », présentés par des initiales transparentes sur la page de titre : celui des Méditations, « Mr le D.D.L.N.S. » (= M. le duc de Luynes) et celui des Objections-Réponses, « Mr C.L.R. » (= Clerselier). Il propose « un petit éclaircissement » de trois points : le dessein de l'auteur; la raison de la présente traduction; sa qualité. Nous soulignerons ici les rencontres avec la Préface précédente.

1) Le dessein de l'auteur : soumettre sa pensée « à l'épreuve de tous les doctes »[1], donc écrire en latin. L'objectif fut rempli : « son livre a été mis à la question dans tous les tribunaux de la philosophie » (expression non cartésienne !).

2) La raison de la traduction : « une personne d'une condition très éminente » (le jeune duc de Luynes, né en 1620, fils unique d'un favori de Louis XIII et de Marie de Rohan, fille du duc de Montbazon, fut reçu à 19 ans duc et pair au Parlement de Paris; il retrouva de 1643 à 1650 la charge prestigieuse de grand Fauconnier de France qu'avait occupée son père entre 1616 et 1621. Il eut Michel Duchesne pour professeur de philosophie au Collège de Navarre) et « une personne de mérite » (Claude Clerselier) ont entrepris la traduction des *Meditationes* et des *Objectiones-Responsiones*[2]. Le Libraire insiste sur l'unité du tout (« le français ne rendrait pas les Méditations plus intelligibles que le latin si elles n'étaient accompagnées des objections et de leurs réponses, qui en sont comme les commentaires ») et conclut ce point en rapportant probablement des propos de Descartes : l'édition latine visait à trouver des objecteurs parmi les doctes, la traduction française veut contenter les lecteurs du *Discours de la méthode* (« goûtant déjà ses nouvelles pensées ») qui veulent abandonner

1. *Cf.* aussi *à Huygens*, 29 juillet 1641, III 773.

2. À compléter par le récit de A. Baillet, *La Vie de Monsieur Descartes*, *op. cit.*, t. II, 171-172; *cf.* AT IV 193.

« la langue et le goût de l'École » (autrement dit le latin et la terminologie scolastique) pour accommoder ces nouvelles pensées à leur propre goût.

3) Cette question de la terminologie réapparaît dans le troisième point, sur la qualité de la traduction : l'auteur, dit le libraire a revu et corrigé la traduction : « il en a usé, mais pour se corriger plutôt qu'eux et pour éclaircir seulement ses propres pensées ». Enfin, le latin use de termes techniques qui semblent « rudes et barbares » en français. Baillet écrira que la traduction « vaut beaucoup mieux que l'original latin, parce que M. Descartes s'est servi de l'occasion de la revoir pour retoucher son original en notre langue »[1]. En fait la version française des *Meditationes* présente d'importantes différences avec le texte latin, sans qu'on puisse bien définir ce qui est une révision de Descartes ou une interprétation du jeune duc : la « déférence réciproque » entre le gentilhomme poitevin et le duc et pair n'était probablement pas symétrique… D'ailleurs Clerselier, publiant une version française des *Meditationes* en 1661, corrigea la traduction de 1647 sur un certain nombre de points[2].

Les deux derniers paragraphes reprennent les exigences posées par Descartes dans la préface : « il ne sera ni utile ni agréable aux lecteurs qui ne pourront appliquer leur esprit avec beaucoup d'attention à ce qu'ils lisent, ni s'abstenir d'en juger avant que de l'avoir assez examiné ». Le « Libraire » s'est rendu compte du ton « cartésien » de cette phrase et continue avec modestie (il dépasse les bornes de sa compétence) et une pointe d'humour (il décourage les acquéreurs !). Le style de Descartes réapparaît ensuite : les lecteurs doivent apporter « beaucoup d'équité et de docilité à la lecture de ce livre », écartant ainsi « cet esprit contrariant de quantité de personnes qui ne lisent que pour disputer… »[3]. La « méthode » proposée, qui consiste à être « écolier » avant d'être « censeur » est présentée comme « la clef du livre sans laquelle personne ne le saurait bien entendre ».

1. A. Baillet, *La Vie de Monsieur Descartes*, *op. cit.*, t. II, p. 172.

2. F. de Buzon, « Les traductions françaises anciennes des *Meditationes* », G VIII-1, appendice 2.

3. « Ces conseils de lecture reprennent ceux de la Préface latine (*cf.* VII 9-10), à comparer au "mot d'avis touchant la façon de lire les *Principes*" (*Lettre Préliminaire*, AT IX-B, 11-12). En faire une "méthode nécessaire pour cette lecture" et "la clé du livre" rend plausible l'hypothèse d'Hiram Caton qui attribue cet Avertissement à l'auteur ("Les écrits anonymes de Descartes", *Les Études Philosophiques,* 1976-4, p. 405-414) » (note de D. Kambouchner, G VIII-1 59).

L'APPROBATION : UNE TÉNÉBREUSE AFFAIRE

L'*Épître* à la Faculté de théologie avait pour objet d'obtenir une approbation pour le volume, dont la page de titre porte en effet *cum privilegio et approbatione doctorum*. Cependant cette approbation ne figure pas parmi les annexes imprimées du volume. Descartes avait compté sur le P. Gibieuf et l'Oratoire de France pour obtenir l'approbation[1]; il semble avoir eu en Hollande, selon Baillet[2] un directeur de conscience oratorien, et un oratorien, le P. Ellequens se trouvait alors à Leyde. Il espérait aussi l'intervention de la duchesse d'Aiguillon, nièce de Richelieu, qui s'était déjà intéressée au *Discours de la méthode*[3]. Mais les Oratoriens étaient alors en froid avec la Faculté, et nous n'avons pas trace d'une intervention de la duchesse.

On sait que la fin des *IVae Responsiones* (à Arnauld, au sujet de l'explication physique de la Transsubstantiation) fut omise par souci de ne pas inquiéter les théologiens[4]. Le transport du privilège accordé en 1637 a lieu le 2 août 1641 pour le libraire Soly.

Les Archives de la Faculté de théologie contiennent les comptes rendus des assemblées: le lundi 5 août 1641, on lit que «le docteur Jérôme Bachelier demande que quelques maîtres soient désignés pour lire et examiner la métaphysique publiée par Mr Descartes» (*M. N. Hieronymus Bachelier petiit ut aliqui e magistris nostris nominarentur qui legerent et examinarent metaphysicam editam per d. de Cartes*). Dans la même séance, quatre commissaires sont nommés pour examiner l'ouvrage: «pour l'examen de la métaphysique de M. Descartes ont été choisis MM. Chastelain, Potier, Hallier et Cornet». La procédure est conforme aux lettres patentes de 1624, demandant «quatre censeurs ou approbateurs» pris dans la Faculté de théologie «pour dorénavant voir, lire et examiner toutes sortes de livres nouveaux concernant la théologie, dévotion et bonnes mœurs». L'assemblée suivante, réunie le 2 septembre 1641, approuve les dispositions de l'assemblée précédente: «la conclusion du mois précédent est lue et adoptée»[5].

1. *À Mersenne*, 2 juin 1641, III 388, 3-5.

2. *Vie* I, 94.

3. Cf. *à Mersenne*, première moitié de juin 1637, I 376.

4. *À Mersenne*, 15 juillet 1641, III, 416. Ces lignes furent rétablies dans l'édition de 1642 (VII 252, 22-256, 8).

5. J.-R. Armogathe, «L'approbation des *Meditationes* par la Faculté de Théologie de Paris (1641)», *Bulletin cartésien XXI*, *Archives de philosophie*, 57, 1994/1, *Liminaire I*, p. 1-3, et la discussion par M. van Otegem, *A Bibliography of the Works of Descartes* (*1637-*

Il semble bien qu'il n'a plus été question de la « métaphysique de M. Descartes » dans les assemblées de la Faculté.

Le 28 août précédent, néanmoins, l'ouvrage avait été achevé d'imprimer, avec la mention « cum approbatione ». Il n'est plus jamais néanmoins question de cette approbation, même pas dans les dossiers romains conservés aux Archives du Saint-Office et portant sur la condamnation de 1666[1]. La traduction française de 1647 mentionne bien le privilège, mais fait silence sur l'approbation. Peut-être celle-ci n'a-t-elle pas été obtenue, car Descartes écrit au P. Gibieuf le 19 janvier 1642 :

> Mon espérance n'a point été d'obtenir leur approbation en corps : j'ai trop bien su et prédit il y a longtemps que mes pensées ne seraient pas au goût de la multitude, et qu'où la pluralité des voix aurait lieu, elles seraient aisément condamnées [...]. Mais cela ne m'a pas empêché d'offrir mes Méditations à votre Faculté, afin de les faire d'autant mieux examiner, et que, si ceux d'un Corps si célèbre ne trouvaient point de justes raisons pour les reprendre, cela me pût assurer des vérités qu'elles contiennent (III 473).

Il reste qu'on conçoit mal, dans le climat de la Librairie en 1641, comment un Libraire comme Michel Soly aurait pu accepter d'annoncer une approbation qui aurait été refusée, pour un livre portant sur l'existence de Dieu et l'immortalité de l'âme.

1704), Utrecht-Zeno, The Leiden-Utrecht Research Institute of Philosophy, 2002, vol. I, p. 160.

1. J.-R. Armogathe et V. Carraud, « La première condamnation des *Œuvres* de Descartes, d'après des documents inédits aux Archives du Saint-Office », *Nouvelles de la République des Lettres*, 2001/II, p. 103-137.

VINCENT CARRAUD

ABRÉGÉ DES SIX MÉDITATIONS SUIVANTES

LE PARADOXE D'UN ABRÉGÉ

Si les pièces introductives aux *Meditationes*, adressées à la Faculté de théologie de Paris puis à tout lecteur, obéissent à des impératifs stratégiques ou éditoriaux complexes, si l'on sait depuis peu qu'elles eussent pu comprendre une traduction latine de la quatrième partie du *Discours de la méthode*[1], la présence d'un résumé liminaire est plus étonnante. Certes le *Discours de la méthode* en comportait déjà un, très bref, qui en distinguait les six parties pour qui ne pourrait pas le lire *in extenso* en une fois[2]. Mais les *Meditationes* étant *une* méditation, qui vaut peut-être autant par son exercice que par ses résultats, il semble paradoxal que Descartes souhaite en présenter les thèses comme autant d'acquis (en particulier ceux qui font déjà le titre même des *Meditationes* et l'objet de l'*Épître au doyen et aux docteurs de la faculté de théologie de Paris*) disjoints de la série et de la liaison de ses raisons (*Praefatio*, AT VII 9, 29; l'expression vient de la *Regula VI*), alors même qu'il en déconseille la lecture à ceux qui ne voudraient pas méditer sérieusement avec lui (VII 9, 25). Pourquoi exhiber

1. Cf. *à Mersenne*, 28 janvier 1641, AT III, 297, 1-4 et *à Vatier* le 22 février 1638, I, 560, 7-11; voir ensuite la *lettre à Mersenne* du 27 mai 1641 qui renonce à ce premier projet: « on n'imprimera point la 4e partie du *Discours de la méthode* ni la petite préface que j'avais mise ensuite ni aussi celle qui précédait les objections du théologien mais seulement le *Synopsis* » (lettre retrouvée par Erik-Jan Bos à Haverford College, publiée dans l'*Archiv für Geschichte der Philosophie*, 92, 2010, p. 290-302, « Two Unpublished Letters of René Descartes: On the Printing of the Meditations and the Groningen Affair », puis dans le *Bulletin cartésien XLII*, *Archives de philosophie*, 2013/4, p. 148-150, ici p. 150).

2. AT VI 1, 1-16.

les résultats avant et donc sans les raisons par lesquelles lui-même s'est persuadé et a entrepris de persuader aux autres au point de n'avoir pas craint de se soumettre aux objections de personnalités éminentes (VII 10, 13-20) ? À moins que l'*Abrégé* ne soit pas exactement un résumé, et que l'exposition qu'il restitue selon la succession des méditations ne relève pas, ou pas seulement, de la simplification doctrinale ordinairement attendue d'un schéma.

Un abrégé est un sommaire. Un sommaire enveloppe à la fois l'idée de brièveté et de totalité, il a pour but de contenir « la substance d'une chose en peu de mots »[1]. On se gardera d'y voir deux types de textes différents : d'une part le résumé, au sens rhétorique du terme, dont la principale vertu est de respecter les proportions de l'ouvrage résumé – on observera d'emblée que tel n'est pas le cas de l'*Abrégé*, qui accorde à la présentation de la *Meditatio II* une longueur disproportionnée par rapport aux autres ; d'autre part la table des matières, qui fournit une liste plus ou moins détaillée des thèses (un syllabus)[2] ou des notions (ce qui constitue souvent au XVIIe siècle ce que nous appelons aujourd'hui *index rerum*) présentes dans un livre, avec le simple renvoi aux pages où elles apparaissent[3].

1. *Dictionnaire universel* de Furetière, La Haye et Rotterdam, 1690, *sv.* « Sommaire ».

2. C'est en ce sens que Leibniz dira que « les abrégés de métaphysique… qui se voient communément, n'apprennent que des mots », *Nouveaux essais sur l'entendement humain*, liv. IV, chap. VIII, § 9. Leibniz pense sans doute à des ouvrages comme la *Philosophia universa per propositiones digesta, et in breve compendium redacta, cum suis momentis rationum* (Lyon, 1646) du P. Honoré Fabri mentionnée dans la *lettre à Mersenne* du 7 septembre 1646, IV 498, 3-8.

3. Dans l'éd. de 1641 des *Meditationes*, ce que nous appelons aujourd'hui table des matières (ici nommé en latin *Index*) figurait entre la *Préface au lecteur* et la *Synopsis* (VII 10-11). Il est vraisemblable que cette table ait été due à Mersenne : elle n'appartient pas à l'éd. de 1642, publiée à Amsterdam sous le contrôle de Descartes, ni à la traduction française de 1647. L'*Abrégé* sera supprimé de la 3e éd. des *Meditationes*, due à René Fédé, qui le remplace par une « table des articles », en même temps qu'il introduit des paragraphes dans le texte : *Les Méditations métaphysiques… nouvellement divisées par articles avec des sommaires à côté… pour en faciliter la lecture et l'intelligence*, Paris, 1673. Les *Méd.* sont ainsi présentées comme les *Principia philosophiae*, dans lesquels un sommaire publié en marge accompagne chaque article, la reprise en début de volume de tous les sommaires constituant précisément la table des matières (pour nous l'index) des *Principia* (l'éd. AT publie cet index en fin de volume, AT VIII-1, 331-348). Il est inutile de souligner à quel point cette présentation scolaire des *Meditationes*, si elle en facilite sans doute l'usage, contrevient au concept même de méditation (voir notre explication de la *Meditatio I*). Descartes lui-même l'affirme dans la *lettre à Mersenne* du 24 décembre 1640, III, 266, 26-267, 1.

Le mot « abrégé » a été choisi par le duc de Luynes pour traduire *synopsis*[1]. Une[2] *synopsis*, mot grec passé en latin, est un plan ou une vue d'ensemble[3]. Le mot même suffit à en exprimer la fonction : soumettre les points essentiels des *Meditationes* à qui voudrait en parcourir la cohérence d'un regard rapide, comme le serait le « coup d'œil » qui ferait néanmoins sa place au mouvement de la succession, synoptique donc mais non panoptique, comme le regard qui embrasserait le tout d'un coup, dans l'immobilité. Aussi cette synopse n'est-elle pas un schéma ou un tableau, mais entend-elle suivre l'ordre des *Meditationes* – nous y reviendrons. La *lettre à Mersenne* du 24 décembre 1640, qui lui en annonce l'envoi, assigne à la *Synopsis* une fonction de repérage rapide, pour que le lecteur qui ne serait guère porté à la méditation puisse aller directement à ce qui concerne Dieu ou l'âme – bref, une fonction de table des matières non seulement thématique et sommaire, mais aussi ordonnée à la succession des *Meditationes*, à mettre au début des copies manuscrites (du moins celles qui n'ont pas encore été transmises alors), et qui sera imprimée après la *Praefatio ad lectorem*[4]. Et pourtant, malgré cette différence supposée, Descartes emploie lui-même, en français, dans cette *lettre* et dans d'autres, le mot « abrégé » pour désigner sa *synopsis*. Et dans la lettre suivante, Descartes, en l'envoyant à Mersenne, le nomme « argument de ma métaphysique »[5].

Il n'y a là en fait rien d'étonnant, car le mot « abrégé » est aussi un terme technique, qui « se dit d'une certaine réduction des touches du clavier de l'orgue » : il permet que chaque touche, courte, fasse jouer des soupapes beaucoup plus longues, « d'où vient qu'une marche du clavier fait souvent

1. *Synopsis sex sequentium Meditationum* (VII 12-16), Abrégé des *six Méditations suivantes* (AT IX-2, 9-12).

2. Descartes écrit « le » Synopsis : voir *supra*, n. 1 p. 55.

3. Voir la définition de « synopsis » dans le *Dictionnaire universel* de Furetière, *op. cit.* : « Ouvrage qui présente le coup d'œil, l'ensemble d'une science ».

4. Cf. *à Mersenne*, 24 décembre 1640, AT III 268, 9-14 ; puis la *lettre* du 28 janvier 1641, III 297, 5-7.

5. Tout en précisant : « On pourra voir là en abrégé tout ce que j'ai prouvé de l'immortalité de l'âme, et tout ce que j'y puis ajouter en donnant ma physique », *lettre à Mersenne* du 31 décembre 1640, AT III, 271, 7-9 puis 272, 1-3. La dernière phrase s'explique sans doute parce que « ces six Méditations contiennent tous les fondements de ma physique », dit Descartes à Mersenne après lui avoir précisé le titre de chaque *Meditatio* (AT III 298, 1-2). Voir *infra* ce qui concerne la *Meditatio II*. Les *Principia philosophiae*, en donnant la physique, rendront cette fondation explicite : ainsi leur première partie peut-elle être qualifiée par Descartes, en un sens différent de ceux que nous avons rencontrés, d'« abrégé de ce que j'ai écrit en mes *Méditations* » (*à Chanut*, 26 février 1649, AT V 291, 17-19).

parler un tuyau fort éloigné »[1]. Dans le *Traité de l'homme*, Descartes avait analysé la distribution des esprits animaux selon le modèle de celle « de l'air qui vient des soufflets [et passe dans] des tuyaux qui rendent le son » que fournissent « les orgues de nos églises »[2]. Si cette comparaison vaut rigoureusement pour la machine humaine, il n'est peut-être pas exclu que Descartes l'ait encore à l'esprit quand il s'agit de préférer le mot « abrégé » à celui de « résumé » : modèle mécanique et non rhétorique – telle est du moins notre hypothèse[3] – qui convient bien aux *Meditationes*, puisqu'une longue chaîne de raisons pourrait être facilement déduite en bien de leurs moments principaux, quelque éloignées que soient les connaissances ainsi atteintes (*Discours de la méthode*, AT VI 19, 6-16). En sorte que, de même que dans un orgue la touche réduite d'un clavier permet de faire sonner divers sons, de même l'ordre réduit ou abrégé de la méditation permet d'indiquer les lieux où l'ordre des raisons qu'il contient pourrait se déployer en autant de nouvelles chaînes déductives – quand bien même la temporalité des *Meditationes* (une par jour) ne s'y prête pas naturellement. Les explications qui suivent dans ce volume montreront assez les bifurcations possibles, ou les « voies », que la méditation pourrait suivre, ou qu'elle a suivies à l'occasion (VII 16, 9-10), ou qu'elle a suivies puis abandonnées. Au demeurant, on constatera que la *Synopsis* résume beaucoup moins qu'elle ne commente : en rapprochant tel argument d'une *Meditatio* de tel autre, en anticipant sur des difficultés, en en indiquant des conséquences absentes des *Meditationes*.

Une seconde remarque initiale s'impose. Descartes a rédigé sa *Synopsis* pendant la dernière semaine de décembre 1640, soit un mois et demi après l'envoi à Mersenne des *Meditationes* elles-mêmes[4], et surtout plus de neuf mois, voire plus d'un an, après l'achèvement de leur rédaction[5]. Pourquoi rappeler cette chronologie ? Parce que, nous le

1. *Dictionnaire universel* de Furetière, *op. cit.*, *sv.* « Orgues ». On se plaira à accentuer la proximité entre « touche » et « toucher » (AT III, 268, 10).

2. AT XI 165, 11-166, 13.

3. Que nous devons à la conversation d'A. Pessel. L'usage d'une comparaison mécanique n'en est pas moins autorisé par l'*Abrégé* lui-même : voir *infra* ce qui concerne la *Med. III*.

4. *Lettre à Mersenne* du 18 novembre 1640, III 243, 1-11.

5. Voir la *lettre à Mersenne* du 11 mars 1640, qui témoigne que l'« essai de métaphysique » est prêt pour l'impression (III 35, 21-22) et celle du 13 novembre 1639 (II 622, 16 *sq.*). Descartes a travaillé aux *Meditationes* à partir du début de 1639 : voir la *lettre à Mersenne* du 9 janvier 1639, AT II, 491, 21-492, 2. Conformément à ce que nous avons établi dans Descartes, *Étude du bon sens...*, *op. cit.*, Descartes travaille principalement l'hiver : on peut donc supposer qu'il élabore l'essentiel des *Meditationes* dans l'hiver 1639 (jusqu'à Pâques), et met la dernière main à leur rédaction l'hiver suivant.

verrons, la *Synopsis* ne semble pas être parfaitement respectueuse de l'ordre même des *Meditationes* : y a-t-il une part de désinvolture dans la rédaction de l'*Abrégé*, ou la mémoire de son auteur s'avère-t-elle insuffisamment ample ou présente (AT VI 2, 23-24)? Pourquoi Descartes y anticipe-t-il lui-même certaines difficultés, semblant aller au-devant de celles que formuleront les objecteurs qui recevront les *Meditationes* précédées de la *Synopsis*? Quelle est la part que prennent dans cette rédaction les *Iae Objectiones*, reçues depuis un mois et demi? Les annotations que nous proposerons ci-dessous, qui ne prétendent pas à l'exhaustivité, ne s'intéresseront donc pas la *Synopsis* pour élucider les thèses qu'elle attribue à juste titre aux *Meditationes*, car ce sera le rôle des contributions de ce volume; mais elles s'attacheront à relever quelques différences de vocabulaire, les écarts problématiques qui s'ensuivent peut-être, les explicitations[1], les commentaires, et même et surtout certains ajouts – car l'*Abrégé* abrège en ajoutant! Lecture passionnante donc que celle de l'*Abrégé*, première relecture des *Meditationes* par Descartes lui-même – fût-elle due à sa mémoire, ce qui n'exclut pas la promptitude et l'exactitude de la pensée. Et Descartes se relisant se commente, dit autrement et, en marquant clairement les enjeux, en dit plus[2].

ANNOTATIONS

Dans la Meditatio I

12, 1-4 résumé; 12, 4-9 enjeu.

– 12, 1 : *causae*, les « raisons », comme au début de la *Meditatio I*, en 18, 9; l'emploi de *causa* en ce sens est parfaitement banal, mais l'usage que Descartes fera de *causa sive ratio* dans les *Responsiones IVae* (236, 9-10) à la suite de ce qu'il vient d'écrire dans les *Iae* (108, 18-22) mérite qu'on soit sensible à ce choix, sans toutefois que cela n'autorise de sur-commentaire.

1. Parmi elles, une est particulièrement remarquable : celle qui attribue à la *Med. IV* d'avoir établi la règle générale; voir G. Olivo, *Descartes et l'essence de la vérité*, *op. cit.*, IV, § 2.

2. Nos annotations commenceront pour chaque *Meditatio* par distinguer la part du résumé de celle de l'autocommentaire. Aucune *Meditatio* ne donne lieu à un résumé sans commentaire. La brièveté de l'*Abrégé* nous dispense de renvoyer à chaque fois à l'éd. fr. (AT IX-2, 9-12); nous indiquerons seulement les pages et lignes d'AT VII.

– 12, 2 : *praesertim materialibus*, « surtout des choses matérielles ». Cette précision n'appartient pas à la *Meditatio I*; ce vocabulaire sera celui des *Meditationes V* et *VI*.

– 12, 4-9 : l'insistance sur l'utilité, déjà présente au début et à la fin de l'*Epître au Doyen...* n'apparaît pas explicitement dans la *Meditatio I*. À ce titre, ces lignes ont déjà le statut de commentaire de la *Meditatio I*, qui relève la triple utilité du doute : 1) libérer des préjugés, 2) aplanir ou faciliter le chemin qui conduit à détacher l'esprit des sens, 3) s'affranchir du doute lui-même. On notera d'une part que, si 1) et 2) avaient déjà été réunis dans la *Praefatio ad lectorem* (9, 25-27), 2), répété dans l'abrégé de la *Meditatio III* (14, 20-21), n'apparaît dans les *Meditationes* que dans la première phrase de la *Meditatio IV*, comme un acquis des trois *Meditationes* précédentes (52, 23-24) alors qu'il s'agit d'un leitmotiv théorique essentiel de la philosophie cartésienne, qui s'oppose radicalement à Aristote en posant que l'âme, en parvenant à se détacher des sens, peut connaître sans phantasme : tout lecteur contemporain comprendra donc dès la *Synopsis* que Descartes rompt avec le *De Anima*. D'autre part, que le doute est ici qualifié de *via facillima*, « une voie très facile », c'est-à-dire dont le résultat est assuré si l'on ne manque pas de suivre la bonne procédure (18, 4-14)[1]. C'est pourquoi facilité et danger ne sont pas contradictoires. Tandis que la fin de la *Meditatio I* et le début de la *Meditatio II* mettaient en scène le second, la *Synopsis* insiste sur la première en dédramatisant le doute.

Dans la Meditatio II

12, 10-13 résumé; 12, 13-16 enjeu; 12, 16-14, 17 : élucidation des conditions, c'est-à-dire de l'ordre exhaustif, qui excède celui des *Meditationes*, requis par la question de l'immortalité de l'âme.

– 12, 10 : *propria libertate utens*, « usant de la liberté qui lui est propre », commente le résumé de 24, 14-18 et explicite 18, 2. Cette liberté était particulièrement nécessaire pour mettre en doute les vérités mathématiques (voir la *Meditatio IV*).

– 12, 10-11 : insistance sur l'existence (24, 15).

1. Voir la *lettre à Mersenne* du 24 décembre 1640 : « en raisonnant par ordre *a facilioribus ad difficiliora*, j'en déduis ce que je puis, tantôt pour une matière, tantôt pour une autre ; ce qui est, à mon avis, le vrai chemin pour bien trouver et expliquer la vérité » (III 266, 22-26).

– 12, 13 : *summae utilitatis*, « d'une extrême utilité ». Voir ci-dessus 12, 4-9.

– 12, 15 : *ad naturam intellectualem*, « à la nature intellectuelle » : là encore, ce n'est pas le vocabulaire de la *Meditatio II* (il faudra attendre la fin de la *Meditatio V*, *res intellectuales*). Voir déjà la *lettre* de mars 1637, AT I, 353, 23 et celle *à Reneri pour Pollot* d'avril ou mai 1638, AT II, 38, 16-21.

– 12, 16-17 : *forte nonnulli...expectabunt*, « certains attendront peut-être... ». Il ne s'agit pas des athées, mais de Mersenne lui-même et des théologiens (voir la note suivante). Descartes refuse une fois encore de répondre à des « lieux communs empruntés des athées », comme ceux « entassés » par Pierre Petit (*à Mersenne*, 27 mai 1638, AT II 144, 17-18).

– 12, 16-14, 17 : on sera frappé par la longueur de l'abrégé de la *Meditatio II*, et par la perversion de l'ordre des raisons qui gouverne les *Meditationes* (« pervertir l'ordre » est une expression de Descartes lui-même, III 272, 4). C'est qu'il comporte un développement (plus du tiers de l'*Abrégé*) qui porte sur la question de l'immortalité de l'âme : question décisive, qui a entraîné le changement de titre des *Meditationes* entre l'éd. de 1641 [*animae immortalitas*] et celle de 1642 [*animae humanae a corpore distinctio*]. À l'évidence, ce développement est dû à une objection de Mersenne, à laquelle répond la *lettre* du 24 décembre 1640 (AT III 265, 28-266, 8). À défaut de pouvoir expliquer ici ce passage avec précision, on se contentera de plusieurs remarques. Descartes dit avoir suivi dans la *Meditatio II* le même ordre que celui des géomètres, qui requiert d'élucider l'ensemble des prémisses d'un raisonnement avant de l'énoncer ; ce qui suppose ici 1) de fixer une conception distincte de l'âme relativement au corps (c'est-à-dire qui ne doive rien à la conception du corps) comme un prérequis (13, 6) de la connaissance de son immortalité ; 2) ce premier réquisit – dans la perspective de pouvoir énoncer la thèse d'une distinction réelle des deux substances – en présuppose un second (13, 10), qui est d'avoir établi la règle générale (la *Meditatio IV* est donc nécessaire) ; 3) il faut en outre un concept distinct de la nature corporelle (qui implique successivement et en partie les *Meditationes II*, *V* et *VI*), qui permettra de s'assurer que des substances *conçues* différentes, à savoir l'esprit et le corps, sont des substances réellement distinctes (*Meditatio VI*, qui livre aussi l'opposition entre l'indivisibilité de l'esprit et la divisibilité du corps). Toutes ces conditions étant réunies, reste que la démonstration de l'immortalité de l'esprit dépend encore « de l'explication de toute la physique », car cela implique premièrement une théorie de la substance (qui ne peut être réduite au néant que par Dieu), deuxièmement la compréhension que si le corps pris en général est une substance, le corps humain n'en est pas une, mais une « configuration » d'accidents (on ne retrouvera le mot que dans l'explication des *Responsiones IIae*, 153, 14), ce que n'est pas l'esprit; par quoi il est « une pure substance » (14, 10-11, expression à notre connaissance unique dans les *Meditationes*) et par conséquent, de par sa nature (entendons, pour autant que Dieu ne lui refuse pas son concours, 14, 3-4), est immortel (14, 16-17). Cette démonstration, qui requiert la physique autant que la métaphysique, ne pouvait donc pas prendre place dans les *Meditationes.* Il suffisait à Descartes de déduire de la distinction réelle que la destruction [*interitus*] de l'esprit ne s'ensuit pas de la corruption du corps, ce qui permet de donner aux mortels l'espérance d'une autre vie – conséquence non tirée dans les *Meditationes*. Voir les *lettres à Mersenne* du 24 et du 31 décembre 1640 (III 265, 28-267, 21 et 272, 1-6)[1].

– 13, 8 et 14 : *conceptus*, « concept », mot rare dans les *Meditationes* (44, 26 et 78, 26). Descartes ne craint pas d'utiliser dans la *Synopsis* un vocabulaire plus scolastique que celui dont il se sert d'ordinaire (voir ci-dessous l'emploi de *speculativas*).

– 13, 9-13 : c'est à la *Meditatio IV* que Descartes attribue la preuve de la règle générale (voir ci-dessous), et non dans la *Meditatio III* (35, 14-15; voir aussi 70, 12-13).

– 13, 24 : *sed etiam quodammodo contrariae*, « mais encore en quelque façon contraires ». Cette affirmation très forte ne se trouve pas dans les *Meditationes*; elle suppose que l'on conçoive en quel ordre ces deux substances peuvent être contraires. Il semble s'agir ici littéralement de la question de la divisibilité. Mais l'on ne peut exclure qu'il s'agisse par avance de celle de l'immortalité dans la mesure où celle-ci comprend l'ensemble des oppositions qui

1. Cette difficulté a suscité une abondante littérature secondaire, mais on pourra se reporter à G IV-2, 923, n. 7 et 8, en particulier sur le rapport de la métaphysique à la physique, et de la lumière naturelle à la lumière surnaturelle.

jalonnent les prémisses du raisonnement long et élaboré qui conduit à l'affirmation de l'immortalité.

– 14, 4 : *concursus suum*, « son concours ». C'est la trad. fr. qui ajoute « ordinaire ».

– 14, 16 : *mentem*, « l'esprit ». La trad. fr. ajoute « ou l'âme de l'homme (ce que je ne distingue point) ».

Dans la Meditatio III

14, 18-20 résumé ; 14, 20-15, 2 : commentaire (*Responsiones*).

– 14, 18 : *meum praecipuum argumentum*, « mon principal argument ». Descartes se commente en disant accorder la primauté à la preuve par la causalité – par conséquent sur l'argument *a priori* de la *Meditatio V* (voir les *Responsiones IVae*, 238, 11-14). Le sommaire proprement dit de la *Meditatio III* tient en deux lignes. Tout ce qui suit (14, 20-15, 2) consiste en une réserve explicative [*verumtamen*].

– 14, 20-21 : voir ci-dessus 12, 7-8. Le rappel de cette thèse capitale dans l'abrégé de la *Meditatio III* fait référence au fait que la preuve de Descartes par la causalité part d'une idée (celle d'un « être souverainement parfait », et donc de ma propre existence comme chose pensante qui a cette idée) et non, comme dans la *Summa theologiae*, du constat de l'existence des choses sensibles. Voir les *Responsiones Iae*, 106, 14-107, 24 (AT IX-1 84-85).

– 14, 22 *sq.* : *multae fortasse obscuritates*, etc., « peut-être beaucoup d'obscurités », etc. Bien que les *Meditationes* aient corrigé les obscurités du *Discours de la méthode* et en aient réélaboré l'argument (voir ci-dessus les *lettres* citées p. 161 et la *Praefatio ad lectorem*), Descartes semble en craindre de nouveau le péril, et espère l'avoir conjuré en les ayant levées [*tollentur*] dans les *Responsiones Iae*. On observera que l'*idea substantiae infinitae*, qui pourtant permettait la preuve, est passée sous silence (ainsi que la longue analyse des idées, qui rend nécessaire le passage à la seconde voie, 40, 5 *sq.*), au profit de l'*idea entis summe perfecti* (46, 11-12) : signe, de nouveau, de l'importance des *Responsiones Iae* (107, 22-23) dans cette *Synopsis*. Si l'affirmation selon laquelle Dieu a toutes les perfections est fréquente, l'expression *causa summe perfecta* (14, 27) n'appartient pas à la *Meditatio III*, mais on lit dans les *Iae Responsiones* « *in causa illa contineri omnes perfectiones*, dans cette cause sont contenues toutes les perfections » (108, 5-6).

– 14, 26 : *tantum habeat realitatis objectivae*, « a tant de réalité objective » ; « c'est-à-dire participe par représentation à tant de degrés d'être et de perfection » est un ajout de la trad. fr. qui peut se réclamer du même ajout à 40, 14 (AT IX-1 32). Le point choisi par Descartes entre autres [*inter caeteras*, 14, 24-25] est suscité par les *Iae Objectiones* (92, 9-94, 4).

– 14, 27 ; *comparatione machinae valde perfectae*, « par la comparaison avec une machine fort parfaite ». Cette comparaison, qui est peut-être suggérée par l'indication lapidaire de 51, 16-17 [*nota artificis operi suo impressa*, « la marque de l'artisan empreinte sur son œuvre »], relayée en 56, 23-26 (Dieu comme habile artisan) appartient aux *Responsiones Iae* (103, 28-104, 14 puis 105, 6-15, qui emploient l'expression d'*artificium objectivum*, qu'on retrouvera dans les *Responsiones IIae*, 134, 27-135, 2 et mentionnent la *mechanicae scientia*, ici la « *scientia hujus artificis*, science de cet artisan »).

Dans la Meditatio IV

15, 3-6 : résumé ; 15, 6-12 commentaire.

– 15, 3-4 : comme Descartes l'a déjà dit dans l'abrégé de la *Meditatio II* (13, 9-13), c'est à la *Meditatio IV* qu'il attribue la preuve de la règle générale. Remarquons que Caterus a bien vu ce point, puisqu'il relie directement la règle générale à la théorie du jugement : voir les *Iae Objectiones*, 95, 28-96, 8.

– 15, 5-6 : *quae necessario*, etc. Ce point n'est pas explicitement énoncé dans la *Meditatio IV* elle-même. Il met en exergue le rôle nodal de cette *Meditatio* qui autorise rétrospectivement l'ordre des conclusions qui a précédé et celui qui suivra. La science qui se trouve ainsi instaurée comme science des conclusions (140, 12-18 ; IX 110) naît au terme de la *Meditatio IV* avec la démonstration de la règle générale.

– 15, 6-12 Addition donnée entre crochets due à Arnauld, 215, 18-21 (AT IX-1, 167-168) puis 15, 10 *in* 216, 4-10. Voir l'addition demandée, avec d'autres, *à Mersenne* le 18 mars 1641, AT III, 334, 12-335, 5, qui précise de l'« enfermer entre ces signes [ ], afin qu'on voie qu'ils ont été ajoutés » (AT III, 335, 5-6). Pour autant, Descartes n'a pas modifié le texte même de la *Meditatio IV* (58, 24-25 et 61, 1). On remarquera en 15, 11 l'adjectif *speculativas*, « spéculatives », absent des *Meditationes* comme des *Responsiones IVae*, avec lequel Descartes rend l'expression d'Arnauld *de iis tantum rebus agere, quae ad disciplinas spectant et sub intelligentiam cadunt*, « cela s'entend seulement des choses qui concernent les sciences, et qui tombent sous notre intelligence » (AT VII 216, 6-7).

Dans la Meditatio V

15, 13-15 et 17-19 résumé ; 15, 15-17 : commentaire.

– 15, 13 : *natura corporea in genere sumpta*, « la nature corporelle prise en général ». L'expression même ne se trouve pas à notre connaissance dans la *Meditatio V*, qui s'achève avec le constat que les connaissances portent *de omni illa natura corporea*, « sur toute la nature corporelle », mais en précisant *quae est purae matheseos objectum*, « qui est l'objet de la *mathesis* pure » (71, 7-9), donc non pas *in genere sumpta*. La *Meditatio I* emploie *natura corporea in communi* (20, 15-16).

– 15, 15-17 : *occurrent difficultates*, etc., « des difficultés se présenteront », etc. Nouvelle anticipation des *Objectiones Iae*, 115, 3-120, 14. *...quae postea in responsione ad objectiones resolventur*, « ...qui seront résolues par la suite dans la réponse aux objections ». Il ne faut pas surdéterminer ce *resolventur*; du moins peut-on constater que Descartes a souhaité plus tard en atténuer la radicalité : s'il a choisi pour titre *Responsiones* et non *Solutiones*, c'est « afin de laisser juger au lecteur si mes réponses en contiennent les solutions ou non. Car il faut laisser mettre *Solutiones* à ceux qui n'en donnent que de fausses » (*à Mersenne,* 18 mars 1641, III 340, 11-15).

Dans la Meditatio VI

15, 20-16, 3 : résumé; 16, 3-7 : ajout; 16, 7-10 : commentaire, récapitulation du but des *Meditationes.*

– 15, 26 : *rationes omnes*, « toutes les raisons ». À proprement parler, on peut sans doute estimer que ce « *toutes* les raisons », pour autant qu'il vise à l'exhaustivité des preuves, est un commentaire de Descartes, puisque la *Meditatio VI* n'avance pas qu'il n'y ait pas d'autres preuves possibles.

– 15, 28 : *valde utiles*, « fort utiles ». De nouveau, insistance sur l'utilité. Mais cette utilité est paradoxale : ces raisons ne sont pas utiles pour ce qu'elles prouvent, puisqu'en réalité personne n'en a jamais douté, mais parce que, bien que valant comme preuves, elles s'avèrent moins solides (*firmas*, 16, 4, reprise de 17, 7) et moins transparentes [*perspicuas*] que la connaissance de l'esprit et de Dieu.

– 16, 1 : *aliquem mundum*, « un monde ». Si *mundus* a déjà été employé plusieurs fois dans les *Meditationes*, il ne l'est pas dans la *Meditatio VI*, qui démontre l'existence des choses matérielles, mais non du monde comme tel (démonstration du monde comme *substantiae corporeae universitas*, qui sera liée à celle de son indéfinité dans les *Principia philosophiae* II, 21, AT VIII-1, 52, 3-12).

– 16, 3 : *serio*, « sérieusement », oublié dans la traduction française. Il faut donc lire : « jamais sérieusement mises en doute par quelqu'un de sain d'esprit [*sanae mentis*] ». La précision n'appartient pas à la *Meditatio VI*, mais on peut penser au refus de la comparaison avec les fous de la *Meditatio I.*

– 16, 7-8 : *cujus unius rei*, « c'est tout » donne la trad. fr.; littéralement : « c'est l'unique chose », à savoir les connaissances de notre esprit et de Dieu (ou *la* connaissance et de notre esprit et de Dieu), qui sont les plus certaines et les plus évidentes de toutes celles qui peuvent être sues par un esprit humain. Voir déjà l'*Épître au doyen...*, 2, 28-30 (dans ce texte « les choses de ce monde » traduit *res saeculi*, « les choses de ce siècle », par opposition à celles de l'au-delà, conformément au *Livre de la Sagesse*, 13, 8-9).

– 16, 9 : *illas* dans l'éd. de 1641, corrigé en *alias*, « autres », plus explicite, dans l'éd. de 1642.

Un abrégé déjà responsorial

Nous disions plus haut que Descartes, en rédigeant la *Synopsis*, se commente, dit autrement et, en marquant clairement les enjeux, en dit plus que l'explicite des *Meditationes*. Il dit autrement, en modifiant partiellement l'ordre des raisons au profit de l'ordre des matières. Il en dit plus, par exemple pour justifier le premier titre des *Meditationes*, et par là nous donne à comprendre le second. La *Synopsis* s'avère ainsi en discussion avec Mersenne, qui reprendra dans les *IIae Responsiones* certaines questions des *lettres* de fin décembre 1640. Comme nos notes se sont efforcées de le montrer, Descartes en dit plus aussi en intégrant à sa *Synopsis* plusieurs explications fournies plus au long pour répondre à Caterus, qu'il anticipe donc. Si la *Praefatio ad lectorem* était tournée vers le passé, en répondant à d'anciennes objections adressées au *Discours de la méthode*, la *Synopsis*, loin d'être un simple résumé neutre qui pourrait être intemporel, témoigne en décembre 1640 de discussions présentes, entre d'une part les objections de Caterus et celles, encore informelles, de Mersenne, d'autre part les autres objections, que Descartes attend. La *Synopsis* s'avère donc déjà responsoriale[1].

1. Que la *Synopsis* soit responsoriale ne signifie pas que Descartes souhaite susciter des objections sur n'importe quel sujet. Bien au contraire, il nous semble que, rédigeant la *Synopsis* en tenant compte des objections (privées) de Mersenne et (bientôt publiques) de Caterus ou de l'ajout demandé par Arnauld, Descartes souhaite couper court à plusieurs critiques (en particulier sur l'immortalité de l'âme, sur la question de l'erreur dans la poursuite du bien et du mal ou sur la hiérarchie des certitudes), singulièrement de la part de ceux qui les formuleraient envers les *Meditationes* sans en respecter l'ordre.

PREMIÈRE PARTIE

VINCENT CARRAUD

PREMIÈRE MÉDITATION

La *Meditatio I* a fait l'objet de très nombreux commentaires. La bibliographie cartésienne recense, pour les seules années 1960-1996, quelque cinquante études consacrées à la *Meditatio I* et plus de soixante au thème du doute[1]. Une explication aussi brève que celle qui suit ne pourra citer que quelques études, ou bien parce qu'elles sont devenues classiques en histoire de la philosophie cartésienne, ou bien au contraire parce qu'elles apportent à l'intelligence de la *Meditatio I* un élément nouveau et à nos yeux décisif.

Les divisions de la *Meditatio I* qui organisent la présente explication s'efforcent de correspondre aux principaux moments du raisonnement cartésien pour en restituer la problématique propre. Descartes a cependant voulu que cette méditation comme les suivantes (au moins jusqu'à la *Meditatio IV*), fussent lues d'une traite : c'est pourquoi les éditions latines parues sous son contrôle, en particulier celle de 1642 publiée à Amsterdam, constituent un texte suivi, ne comportant aucun alinéa. La division en paragraphes de l'édition française, qui a prévalu, pour des motifs pédagogiques, depuis l'édition Fédé de 1673, est donc susceptible de fausser le raisonnement cartésien[2] ; et même quand ce n'est pas le cas, ils morcellent un discours que Descartes a voulu, à l'intérieur d'une *Meditatio*, ininterrompu et parfaitement lié.

1. *Cf.* J.-R. Armogathe, V. Carraud, *Bibliographie cartésienne* (*1960-1996*), Lecce, Conte Editore, 2003. On se reportera principalement au commentaire de D. Kambouchner, *Les Méditations métaphysiques de Descartes*, *op. cit.*, p. 179-379 ; riche bibliographie, p. 401-415 ; voir aussi les notes de l'édition des *Meditationes* dues à J.-M. Beyssade *et al.*, G IV-1 et G IV-2.

2. *Cf.* V. Carraud, « *Nihil esse certi*, point à la ligne ? », *Les Études Philosophiques*, 2011/1, p. 61-69.

S'il est rarement de bonne méthode en philosophie d'expliquer le passage d'une œuvre en recourant à un autre passage qui lui soit postérieur, les *Meditationes* constituent pour Descartes le cas par excellence d'un écrit qui impose à « ceux qui pourront et voudront méditer sérieusement » avec lui de suivre « la série et la liaison des [ses] raisons [*rationum mearum seriem et nexum*] » (*Praefatio*, VII 9, 29). Cette exigence fondamentale[1] – telle est la remarquable singularité de la *Meditatio I* – implique de prendre au sérieux des arguments que la suite de la méditation cartésienne réputera hyperboliques, c'est-à-dire exagérés, excessifs, voire ridicules[2]. Pour provisoires – et dangereux[3] – que soient des arguments que Descartes le premier dévaluera dans sa tâche de combattre le scepticisme[4], ce moment initial, à la fois nécessaire et temporaire, ne vaut pas moins par lui-même – ce que récuseront tous les grands post-cartésiens. Inversement, bien des détracteurs du cartésianisme les ont pris *trop au sérieux*, contre les affirmations explicites de l'auteur : ainsi par exemple de Hobbes, ou plus encore des théologiens néerlandais, en particulier Gisbert Voet[5], qui ont cru voir en Descartes un sceptique. Il s'agit donc, si l'on veut méditer avec Descartes, de lire la *Meditatio I sérieusement* : ni trop, ni trop peu.

1. Elle nous a fait limiter à quelques remarques de vocabulaire les références à d'autres *Meditationes* que la première ; de même, nous ne renvoyons pas aux élucidations de la *Meditatio I* qui font l'objet des *Resp.* Notre explication appartient donc au genre de la *paraphrasis* (on pourra du reste consulter, sur tel ou tel point, J. Clauberg, *Paraphrasis in Renati Des Cartes Meditationes de prima philosophia...*, 1658, in *Opera omnia philosophica*, Amsterdam, 1691, p. 350-363 pour la *Meditatio I*).

2. La *Med. III* qualifiera la raison de douter fournie par l'hypothèse d'un Dieu trompeur de « ténue, et pour ainsi dire, métaphysique » (VII 36, 24-25 ; *cf.* aussi 172, 6; 460, 2-7 et 546, 16), et la *Med. VI* de « ridicule » le doute au sujet du sommeil (VII 89, 19-20).

3. C'est pourquoi le doute est réservé aux esprits intelligents et savants : *cf.*, par exemple, *IVae Resp.*, AT VII 247, 8-23; *La Recherche de la vérité* insiste sur ce danger, AT X 512 (*in* Descartes, *Étude du bon sens..., op. cit.*, p. 260).

4. Cf. *Entretien avec Burman*, V 165, où Descartes parle de ses « *Méditations* contre les sceptiques », qui, comme disait le *DM*, « ne doutent que pour douter » (VI 29, 2). *Cf.* G. Rodis-Lewis, « Doute pratique et doute spéculatif chez Montaigne et Descartes », *Revue Philosophique de la France et de l'Étranger*, 182/4, 1992, p. 439-449.

5. Voir l'*Epistola ad G. Voetium*, AT VIII-2 et R. Descartes-M. Schoock, *La querelle d'Utrecht*, éd. T. Verbeek, Paris, Les Impressions Nouvelles, 1988.

RAISONS POUR DOUTER, RAISONS DE DOUTER

La remarque initiale, le but des Meditationes *et la nécessité de douter : VII 17, 2-18, 14/IX 13-14.*

La *Meditatio I* a un statut paradoxal du point de vue même de la philosophie première cartésienne. Si elle constitue le début de l'ouvrage lui-même, elle ne fournit pas le principe sur lequel s'édifiera cette philosophie, qui prétend « commencer [*inchoandum*] tout de nouveau dès [à partir de, par] les [premiers] fondements » (expression d'une triple redondance apparente, VII 17, 6; IX 13). Elle inaugure sans commencer au sens cartésien, ce qui ne se fera qu'à partir du « principe ferme et soutenu d'une physique entière » qui permettra d'en tirer « une suite admirable de conséquences, qui prouve la distinction des natures matérielles et corporelles »[1] : ce sera là l'objet de la *Meditatio II*[2].

Son but est énoncé en quelques mots par Descartes, aussi rapides que décisifs : « si je désirais établir un jour quelque chose de ferme et de constant [*firmum et mansurum*] dans les sciences » (17-8/13). Tâche, ou plutôt *entreprise*[3], immense (VII 17, 8 : *ingens opus* désigne classiquement le grand œuvre), qui requérait un âge mûr[4], parfaitement apte à l'acquisition des sciences (l. 10 *disciplinis* reprend *scientiis*) : c'est désormais le moment opportun, longtemps différé, mais qu'il serait fautif (*culpa*) de repousser davantage. Les conditions sont réunies, qui rappellent la retraite de Montaigne[5] : Descartes a l'esprit (première occurrence de *mens*) délivré

1. Pascal, *De l'esprit géométrique*, *Œuvres complètes*, III, éd. J. Mesnard, Paris, DDB, 1991, p. 424.

2. Voir M. Henry, *Généalogie de la psychanalyse. Le commencement perdu*, Paris, P.U.F., 1985, chap. I. Il n'appartient donc pas à la présente explication d'élucider le sens cartésien du concept de fondement ou de celui de principe.

3. Sur ce mot choisi deux fois par Luynes, puisqu'un ajout l'anticipe quelques lignes plus haut, voir E. Martineau, « Nouvelles réflexions sur les "Rêveries". La *Première Promenade* et son "projet" », *Archives de philosophie*, 1984/2, p. 214-216.

4. Sur l'enfance et sa conscience excessive du corps, qui fait que sa pensée est subordonnée à sa sensation et à son imagination (empirisme spontané), *cf.* H. Gouhier, *La pensée métaphysique de Descartes*, *op. cit.*, chap. II.

5. « Dernièrement que je me retirai chez moi, délibéré autant que je pourrai, ne me mêler d'autre chose que de passer en repos, et à part, ce peu qui me reste de vie : il me semblait ne pouvoir faire plus grande faveur à mon esprit, que de le laisser en pleine oisiveté, s'entretenir soi-même, et s'arrêter et rasseoir en soi : ce que j'espérais qu'il pût meshui faire plus aisément, devenu avec le temps plus pesant et plus mûr » (*Essais*, I, 8, éd. Villey-Saulnier, Paris, P.U.F., 1965, p. 33) – toutes différences doctrinales étant sauves par ailleurs; notons du reste que, alors que l'esprit de Montaigne en sa retraite fera « le cheval échappé », c'est volontairement que Descartes lâchera la bride au sien, pour mieux le diriger ensuite (AT VII 29, 30-30, 2).

de tout souci, il s'est ménagé une tranquille oisiveté, et surtout il est seul («*solus secedo*, je suis retiré dans la solitude», VII 18, 1-2), dans une solitude nécessaire à la *meditatio*, qui sera fondamentalement soliloque (VII 34, 16, comme toute l'histoire du *Nosce te ipsum* l'enseigne) – ce qui ne veut pas nécessairement dire monologue. C'est sérieusement et librement (nous y reviendrons) que Descartes consacrera « le loisir "actif" de la méditation » à son entreprise ou, pour parler comme le *Discours de la méthode* le fait aussi, à son dessein. Quel est ce dessein ? La destruction, le renversement (*eversio*, VII 17, 5 puis 18, 3), le détachement ou le détournement (VII 362, 7-8), le déracinement (VI 22, 10), la «démolition» (X 509, 24) générale de toutes ses opinions. Quel en est le moyen? Le doute. Ce commencement qui n'en est pas un s'appelle le doute, qui procède d'une remarque initiale que Descartes s'est faite depuis plusieurs années (dès l'hiver 1619-1620 selon le *Discours de la méthode* [VI 22, 5-8]) : avoir pris du faux pour du vrai et donc avoir construit sur du douteux. Conséquence : il faut détruire toutes les choses douteuses, à la fois à fond et une fois pour toutes. Il s'agira donc de douter du douteux, radicalement et une fois dans sa vie – d'emblée le doute cartésien s'énonce non comme permanent, à la différence du doute sceptique, mais vaut une (seule) fois pour toutes et n'a besoin que « du moindre sujet de douter », selon la glose de la traduction française qui suit le *Discours de la méthode* (« le *moindre* doute » [VI 31 28]; IX 14 qui traduit VII 18, 9). La décision de rompre est unique et le doute ou plutôt les doutes (on observera que le singulier *dubium* n'apparaît que dans le titre de la *Meditatio I*, Descartes lui préférant l'emploi du verbe, avant d'utiliser *dubitationes*, qui marquent mieux l'action de douter, comme en VII 23, 22) s'énoncent d'emblée à la fois comme provisoires et hyperboliques. Le doute est en son essence hyperbolique[1].

De quoi s'agit-il exactement de douter? Certes, de toutes ses opinions («anciennes» est un ajout de la traduction française). Mais non en montrant leur fausseté (la tâche s'avérerait peut-être impossible, dont on comprendra plus tard qu'elle requerrait préalablement de savoir ce qu'est le vrai), mais en rejetant *toutes* les opinions douteuses aussi bien que si elles étaient fausses, en leur refusant soigneusement l'assentiment, dès lors qu'on repérera *en chacune* une raison de douter : la « logique » du doute est une logique de la défiance, du soupçon, de la suspicion. Or pour trouver *en chacune* une raison de douter, il n'est pas requis de les examiner

1. *Cf.* G. Rodis-Lewis, *L'œuvre de Descartes*, *op. cit.*, p. 218; J.-M. Beyssade, *Descartes au fil de l'ordre*, Paris, P.U.F., 2001, p. 19, parle d'une « règle de l'hyperbole » ; voir G. Olivo, *Descartes et l'essence de la vérité*, *op. cit.*, p. 166-171.

exhaustivement : la tâche immense deviendrait infinie. Il suffit de saper les fondements, c'est-à-dire de s'attaquer aux principes (on sera sensible au vocabulaire architectural : *superextruxi* (17, 4), puis ici *suffossis fundamentis, superaedificatum, collabitur*). De quoi exactement s'agit-il de douter, ou plutôt de révoquer en doute, selon le sous-titre de la *Meditatio I*[1] ? Des principes – le mot (hapax des *Meditationes*, si l'on excepte VII 69, 28, les principes de la géométrie) n'a pas ici son sens cartésien (les *Meditationes* n'opèrent pas des principes aux conséquences), mais désigne simplement ce sur quoi reposent nos croyances ; et avec les principes, de tout ce qui en dépend, donc de tout.

Les raisons de douter : VII 18 15-22, 2/IX 14-17

1) La reprise rapide et mise en scène[2] des arguments sceptiques et ce qui leur résiste (VII 18, 15-20, 31/IX 14-16) : a) la défiance vis-à-vis des sens : VII 18, 15-19, 7 ; b) les illusions du sommeil : VII 19, 8-20, 31.

2) a) L'opinion d'un Dieu qui peut tout et b) son refus : VII 21, 1-22, 2/IX 16-17.

1) a). Il m'est arrivé quelquefois [*interdum*][3], à tout le moins une fois, de prendre les sens en flagrant délit [*deprehendi*] de tromperie : la prudence veut qu'on ne fasse *jamais* confiance à ce qui nous a abusés, *ne serait-ce qu'une fois* [*vel semel*]. Les *VIae Objectiones et Responsiones* (VII 418, 16-17 et 438, 24-25) prendront l'exemple du bâton qui paraît rompu dans l'eau, à la suite de la rame brisée de Sextus Empiricus[4], la *Dioptrique* puis

1. « Des choses que l'on peut révoquer en doute » ; il semble que Descartes avait écrit d'abord, par gallicisme, « mettre en doute, *ponere in dubium* » : voir la *lettre à Mersenne* du 24 décembre 1640, III 267, 24-25/G VIII-1 438. On sera néanmoins sensible à l'emploi du syntagme *revocare in dubium : revocare*, qui n'est jamais employé seul, ne signifie pas tant notre moderne « révoquer » (destituer, annuler) que « détourner de… pour ramener à… », ce qui implique une *conversion :* les raisons de douter vont convertir les choses qui seront alléguées ici en choses douteuses, de sorte que, contestées, on ne les croie plus (voir Furetière, *Dictionnaire universel*, *op. cit.*, *sv.* « révoquer en doute »).

2. Il s'agit bien d'une reprise. Comme Descartes le répétera, il n'y a là rien de nouveau : voir par exemple les *IIIae Resp.*, VII 171, 18-21 ; IX 133 ; plus, il ne se cache pas d'avoir « remâché non sans dégoût une viande bien commune / *istam crambem non sine fastidio recoquerem* » (*IIae Resp.*, VII 130, 21-22). Pour la mise en scène, cf. *infra*, n. 4 p. 77.

3. Sur ce « quelquefois », voir D. Kambouchner, *Descartes n'a pas dit [...]*, Paris, Les Belles Lettres, 2015, p. 26-27.

4. *Contre les professeurs*, VII 245, *in* A. A. Long, D. N. Sedley, *Les philosophes hellénistiques*, trad. fr., Paris, GF-Flammarion, 1997, 39 G ; voir aussi Plutarque, *Adversus Colotem*

la *Meditatio VI* reprennent le lieu commun de la tour carrée qui paraît ronde vue de loin[1]. Il est donc impossible d'admettre comme vrai, c'est-à-dire comme une connaissance, et même comme « le plus vrai », ce qu'on reçoit des sens [*a sensibus*] ou par les sens [*per sensus*][2]. Que signifie cette distinction? Telle est la première question que Burman posera en avril 1648 à Descartes, qui répond :

> Des sens, c'est-à-dire de la vue, avec laquelle j'ai perçu les couleurs, les figures et toutes les choses semblables. Mais, en-dehors de cela, j'ai reçu tout le reste par les sens, c'est-à-dire par l'ouïe, car c'est ainsi que, les choses que je sais, je les ai reçues et recueillies de mes parents, de mes maîtres et des autres hommes[3].

Entendons donc respectivement les sensations (ce sera une thèse constante du cartésianisme que les choses ne sont pas transmises à l'esprit telles que nous les sentons) et l'enseignement, sous sa forme la plus générale. Comme Eudoxe le dit dans *La Recherche de la vérité*, il faut « passer l'éponge » sur les images livrées par la prétendue « certitude des sens »[4].

Descartes feint aussitôt une première objection, c'est-à-dire une première résistance à l'argument sceptique : si les sens trompent quelquefois sur des choses minuscules et éloignées, il en est, qu'on estimera importantes et proches, dont ne peut pas douter du tout, comme ma situation et ma position, mon vêtement et le papier sur lequel j'écris, indissociables de ce qu'on appellera le corps propre et sa mienneté (*totum hoc corpus meum*). Les évidences quotidiennes, particulières (VII 19, 23)

1121a (Usener, 252) et déjà Cicéron, *Premiers Académiques*, II, VII, 19; XXV, 79, *et al.* Selon Cicéron, Épicure dit « que si une seule fois une seule sensation a été mensongère dans notre vie, il ne faut se fier à aucune » (*ibid.*, XXV, 79).

1. VI 147, 1-2; VII 76, 23-24; Lucrèce, *De rerum natura*, IV, 353-354 puis 500-502; Sextus Empiricus, *Contre les professeurs*, VII, 208, *in* A. A. Long et D. N. Sedley, *Les philosophes hellénistiques*, *op. cit.*, 16 D, *et al.* Sur l'usage cartésien des arguments sceptiques, voir J.-P. Cavaillé, « Les sens trompeurs : usage cartésien d'un motif sceptique », *Revue Philosophique*, 1991/1, p. 3-31 et J. R. Maia Neto, « Charron's *Epochè* and Descartes's *Cogito* : The sceptical base of Descartes's refutation of scepticism », *in* G. Paganini (ed.), *The Return of Scepticism from Hobbes and Descartes to Bayle*, Dordrecht-Boston-Londres, Kluwer, 2003, p. 81-113.

2. Voir *à Mersenne*, 24 décembre 1640, III 268, 2/G VIII-1 438.

3. V, 146; les *Notae in programma quoddam* mentionnent, en reprenant les mots de Regius, l'observation et la tradition, VIII-2, 358, 19. *Cf.* déjà Montaigne, *Essais*, II, 12 : « Toute connaissance s'achemine en nous par les sens. [...] par leur voie et entremise s'achemine toute notre instruction » (éd. cit., p. 587-588).

4. X 508, 15-16 et 510, 13. On comparera avec profit la *Meditatio I* et le début de *La Recherche de la vérité*, *in* Descartes, *Étude du bon sens...*, *op. cit.*, p. 257-258.

gardent leur validité. Sauf à me comparer – comparaison à la pertinence d'emblée réduite (*forte*) – à je ne sais quels fous, etc. : car il s'agit bien d'une comparaison, non d'un argument, qu'on trouvait déjà chez Cicéron dans les *Premiers Académiques*[1] puis chez saint Augustin dans le *Contra Academicos*[2]. Cette comparaison a donné lieu à un débat célèbre entre M. Foucault et J. Derrida, avant l'arbitrage de J.-M. Beyssade puis de F. Alquié[3] : il s'agissait de savoir si ce passage pouvait valoir comme une exclusion philosophique de la folie (thèse de Foucault). Trois remarques suffiront au présent propos. 1) Le constat que Descartes ne traite pas dans ce passage de la folie elle-même, mais reprend des *topoï* littéraires comme *El Conde Lucanor*[4] ou *El Licenciado Vidriera*[5] : lieux communs burlesques dans lesquels il s'agit de rire des assertions obstinées [*constanter asseverent*] prononcées par 2) ces fous de romans, que leurs imaginations délirantes font se tromper sur leur corps. La folie n'est ici que celle d'imaginations grotesques qui dérèglent la conscience du corps : le fou est celui qui se trompe sur son corps. 3) Comme Descartes le laisse clairement entendre [*ex atra bile*], ces fous sont des mélancoliques, que *La Recherche de la vérité* nommait explicitement[6]. Qu'est-ce que la

1. *Premiers Académiques*, II, XVII, 54 et XXVII, 88. La *Regula XII* mentionnait déjà les mélancoliques comme ceux dont l'imagination est malade et qui jugent donc comme des choses vraies ce que représentent leurs phantasmes dérangés (X 423, 11-13).

2. *Contra Academicos*, III, XI et XII.

3. M. Foucault, *Histoire de la folie à l'âge classique* (1972), puis « Ce corps, ce papier, ce feu », dans la rééd. de 1972, Paris, Gallimard, appendice II, p. 583-603, qui répondait à J. Derrida, « Cogito et histoire de la folie », *Revue de Métaphysique et de Morale*, 1963/4 et 1, p. 460-494, repris dans *L'écriture et la différence*, Paris, Seuil, 1967, p. 51-96; J.-M. Beyssade, « "Mais quoi, ce sont des fous". Sur un passage controversé de la *Première Méditation* », *Revue de Métaphysique et de Morale*, 1973/3, p. 273-294, repris dans J.-M. Beyssade, *Descartes au fil de l'ordre*, *op. cit.*, p. 13-38; F. Alquié, « Le philosophe et le fou », *in* J.-R. Armogathe, G. Belgioioso (a cura di), *Descartes metafisico. Interpretazioni del Novecento*, Rome, Encyclopedia Italiana, 1994, p. 107-116. Ce débat a engendré une littérature secondaire aussi nombreuse qu'inutile.

4. Avec le roi nu, Descartes reprend l'exemple 32 du conte (1355) de l'infant d'Espagne Juan Manuel, plus connu dans sa réécriture par Andersen sous le titre « Les habits neufs de l'empereur » in *Contes*, éd. R. Boyer, Paris, Gallimard, 1994, p. 87-92.

5. Comme l'a rappelé E. Lojacono, la référence à la nouvelle de Cervantes est transparente : voir son édition de *La recherche de la vérité*, Paris, P.U.F., 2009. *El Licenciado Vidriera* (*Le licencié Vidriera* ou *de verre*, selon les traductions), paru à Madrid dans le volume des *Novelas ejemplares* (*Nouvelles exemplaires*) en 1613, est traduit pour la première fois en français par F. de Rosset et V. d'Audiguier et publié en 1615 à Paris. Voir aussi S. Nadler, « Descartes's Demon and the Madness of Don Quixote », *Journal of the History of Ideas*, 1997/1, p. 41-55.

6. AT X, 511 (*in* Descartes, *Étude du bon sens...*, *op. cit.*, p. 258 et notes).

mélancolie ? C'est un défaut naturel, disent les médecins contemporains[1], qui consiste en une lésion partielle de la raison, due à un excès d'imagination. Les mélancoliques, qui font tout comme les autres et peuvent agir au mieux, ne s'avèrent insensés qu'en une seule chose : la mélancolie n'a d'autre autre signe extérieur de folie que cette seule manie que le mélancolique affirme continûment – par exemple, qu'il a un corps de verre, dont suit, de manière conséquente, un ensemble lié de comportements, comme d'avoir peur d'un choc qui le briserait –, qui atteste une affection de l'imagination. S'il y a plusieurs critériologies de la folie, une des plus couramment admises consiste à voir dans la *dementia* ou l'*amentia* le concept le plus général, dont l'*insania* est une espèce et la *melancholia* une sous-espèce : il n'est donc pas sûr qu'il faille soigneusement distinguer dans le vocabulaire de Descartes (VII 18, 26 ; 19, 5 et 6) *insanus* (« fou » ; Luynes : « insensé »), *amens* (« insensé », selon la négation ; Luynes : « fou ») et *demens* (« dénué de sens », selon la privation ; Luynes : « extravagant »), comme on l'a finement proposé[2]. On soulignera en revanche l'importance du *viderer* (VII 19, 6, « je ne paraîtrais ») : transférer à soi-même l'exemple du fou paraîtrait de la folie[3].

b) L'argument du sommeil (*somnus*, et non *somnium*, le rêve, qui ne sera explicitement mentionné qu'en VII 22, 28 avec la fiction du malin génie, puis en 28, 14), non moins traditionnel que les précédents[4], rend

1. Nous nous appuyons par exemple sur les *Quaestiones medico-legales* de Paulus Zacchias, 1621, L. II, tit. I. Voir notre « Sceptique, scolastique et baroque : la *Meditatio prima* est-elle baroque ? », *Les Études Philosophiques*, à paraître en 2019, qui souligne la mise en scène baroque des arguments de la *Meditatio I :* elle fait en effet clairement allusion, pour les contemporains, à des exemples tirés des contes, du théâtre, de la peinture, de la tératologie ou de la démonologie.

2. Voir J.-M. Beyssade, *Descartes au fil de l'ordre*, *op. cit.*, p. 30. Reste que rien n'autorise à dire du mélancolique, fût-ce en attribuant ce jugement au « dogmatique », qu'il « n'a pas de *mens* ».

3. Voir J.-M. Beyssade, *ibid.*, p. 29 : « Dans la *Première Méditation*, Descartes ne rencontre pas la folie, qu'il exclurait : il rencontre le préjugé contre la folie ». *La Recherche de la vérité* explicite la nature de l'« offense » que suppose cette comparaison en ce qu'elle assimile les fous et l'« honnête homme puisqu'il s'en rapporte, comme eux, à ce que les sens et l'imagination lui représentent » (AT X 511, *in* Descartes, *Étude du bon sens…*, *op. cit.*, p. 258).

4. Hobbes mentionnera Platon : on peut en effet penser au *Théétète*, 157e-158d, qui évoque déjà la non fiabilité des sens et la folie. Les arguments sceptiques sont ramassés dans le *Quod nihil scitur* de Francisco Sanchez, Lyon, 1580 ; voir C. Buccolini, « Sanchez filosofo », *in* C. Buccolini, E. Lojacono (a cura di), Sanchez, *Tutte le opere filosofiche*, Milan, Bompiani, 2011, p. LI-C. Pour les sources théâtrales et romanesques à l'argument du sommeil (Plaute et

inutiles les raisons de douter antérieures[1], à la fois en étant plus banal et en livrant l'expérience de choses encore moins vraisemblables, en dépit de la distinction qui semble marquer les perceptions présentes (*cogitationes*, première occurrence du mot en VII 19, 18), et leur conscience (*prudens et sciens*) – mais cette distinction même est commune au rêve et à la veille, car dans un cas comme dans l'autre je *pense*, et la pensée des vérités les plus transparentes (*perspicuae veritates*, VII 20, 30-31) est indifférente au type d'état de conscience (que je rêve ou que je veille – ou même que je sois fou[2] –, peu importe, si la vérité est donnée : il y a là une thèse cartésienne capitale, déjà présente chez saint Augustin)[3]. De sorte que plus j'y pense attentivement, plus s'estompent les indices de la distinction de la veille et du sommeil (car ce sont des pensées à ce point semblables [*a similibus cogitationis*] que l'éveil ne change rien)[4], jusqu'à les faire disparaître dans

Rotrou, Garnier, d'Urfé, Calderon *et al.*), voir Descartes, *Étude du bon sens...*, *op. cit.*, p. 394-395.

1. On pourra se demander pourquoi Descartes a tenu à conserver, comme dans *La Recherche de la vérité*, la comparaison avec les fous, puisqu'elle est disqualifiée avant même que l'argument du sommeil ne la rende inutile – on pourra aussi se demander, plus loin, pourquoi l'hypothèse de la vieille opinion ne l'a pas conduit à omettre les arguments précédents. La réponse tient au statut même de la *meditatio*, progressive et dont toutes les étapes s'enchaînent, n'en déplaise au lecteur docte et pressé qui, comme Hobbes, ne verrait pas pourquoi l'auteur de spéculations si nouvelles a néanmoins commencé par en publier de si éculées (VII 171, 15-16/IX 133). Sans doute la comparaison avec les fous s'imposait-elle d'elle-même après l'éventuelle tromperie des sens sur mon propre corps, et avant d'être conduit vers le rêve, dans la mesure où elle évoque un regard extérieur par lequel se mesure que mon corps est peut-être autre que ce que j'affirme qu'il est – ce qui suppose que j'aie un corps, sa perception fût-elle déréglée, ce dont l'argument du rêve permettra de douter. C'est donc bien l'exercice même de la méditation qui requérait d'en passer par la comparaison avec ceux qui croient que leur corps n'est pas tel qu'il est avant d'en venir à la supposition selon laquelle « tout le corps » non seulement n'est pas tel que je crois l'*avoir* (VII 19, 25-26), mais qu'il est peut-être imaginaire, c'est-à-dire que je n'en ai pas.

2. *VIIae Objectiones*, VII 461, 24-26.

3. Le *Contra Academicos*, III, XI, 25, après avoir examiné les arguments sceptiques des erreurs des sens, du rêve et de la folie, pose déjà l'indifférence des vérités aux états de conscience : « que trois fois trois fassent neuf [...], cela est nécessairement vrai, quand bien même le genre humain ronflerait » ; *cf.* aussi le *De libero arbitrio*, II, 8, 21 et 24.

4. Comme pour les dormeurs de Sardaigne évoqués par Aristote (*Physique* IV, 11, 218b25-27), mais aussi bien à la différence d'eux, puisqu'à « l'intervalle anesthésié » (vide d'*aisthèsis*) qui relie un *proteron nûn* à un *husteron nûn*, Descartes substitue la continuité des pensées. Peut-être Descartes joue-t-il aussi ici avec le souvenir d'une formule du *De Somniis* (459a4-5) : quoi qu'il en soit, rappelons que tous ses prédécesseurs cités plus haut ont comme lui-même été plongés pendant leurs études dans le bain des *Parva naturalia* et de leurs commentaires scolaires. Pour un commentaire de la *Meditatio I* saturé de références antiques,

la stupéfaction engourdie (*obstupescam*, VII 19, 21) d'une stupeur caractéristique... du sommeil (il arrive qu'il y ait de l'humour dans les *Meditationes* !). Reste que les choses vues en rêve (*somniemus*, nous rêvons) sont comme les images peintes. Quelque insolites que soient leurs compositions, elles ne peuvent être feintes qu'à la similitude de choses vraies : entendons, ces choses générales que sont les formes et les natures (VII 19, 29 et 20, 1-2) qui, existant comme vraies, entrent dans les compositions picturales les plus bizarres – un monstre est toujours le résultat du mélange de membres empruntés à des animaux. Bien plus, à supposer que les peintres puissent élaborer (*excogitent*, 20, 4-5) du jamais vu, donc du totalement fictif, les couleurs qu'ils emploient ne peuvent toutefois n'être pas de vraies couleurs [1]. Pour la même raison (qui est raison de la comparaison), quand bien même les choses générales seraient imaginaires, il en est d'autres, encore plus simples et plus universelles, qui sont nécessaires à la formation ou, en gardant le vocabulaire de la création artistique, à la reproduction (*effinguntur*, 20, 14) des images des choses – ces dernières fussent-elles vraies ou fausses, peu importe –, qui sont dans notre pensée : par exemple, même le rêve le plus incongru implique l'espace et le mouvement. Quelles sont ces choses simples et universelles ? La nature corporelle en général et son étendue ; la figure, la quantité, la grandeur et le nombre des choses étendues, leur lieu et leur temps, etc. On aura reconnu ici certaines des « choses » que la *Regula XII* appelait les natures simples (simples, eu égard à la simplicité du regard qui les connaît) matérielles ou communes (X 419, 17-23) [2], selon une liste également non limitative

voir, à titre d'exemple, Johannes Schotanus, *Exegesis in primam et secundam Meditationem...*, Franeker, 1687, p. 25-150.

1. Qui connaît l'explication cartésienne des couleurs (*Regulae XII* et *XIV*, *Dioptrique* I, V et VI, etc.) s'étonnera peut-être de voir Descartes parler ici de « vraies » couleurs. C'est que la *Med. I* ignore ce qu'est le vrai qu'elle recherche (et qui fera l'objet de la *Med. IV*), ce qui n'interdit pas l'emploi du mot dans un jeu d'oppositions dont le rôle est de soumettre à l'empire toujours plus étendu du doute tous les prétendants successifs à la vérité (ou, ce qui revient au même, tous les résistants au doute précédent) : vrai/faux (17, 3) ; vrai/fictif (19, 28 et 20, 6-7) ; vrai/imaginaire (19, 30-31), au point que tout le champ de l'apparemment vrai devra être considéré comme douteux (21, 28-29). Disons-le autrement : c'est une fausse question que de s'interroger sur ce que Descartes entend par « vrai » dans la *Meditatio I*, puisque les figures successives de ce vrai se révèlent ne l'être pas.

2. Voir J.-L. Marion, *Sur la théologie blanche de Descartes*, Paris, P.U.F., 1981, § 14, puis *Questions cartésiennes*, *op. cit.*, p. 92-93, qui parle d'une « relation qui relie arbitrairement le pur sensible à la parfaite intelligibilité » et l'analyse, à partir de la *Regula XII*, comme « codage ». On remarquera néanmoins que la *Meditatio I* ne les appelle pas « natures simples » (la *Meditatio V* mentionnera les « veras et immutabiles naturas », VII 64, 11) ; sur les

(d'où l'importance du *et similia*, « et autres semblables »). On accède ce faisant à des notions vraies sans avoir à poser de similitude entre la perception et la chose : voilà ce qui résiste à l'argument du rêve. Et, par conséquent, les disciplines qui traitent de ces choses très simples et très générales, et qui le font en mettant en œuvre les « notions communes qui sont comme de certains liens pour joindre entre elles d'autres natures simples »[1], indifférentes à l'existence de leurs objets *in rerum natura* (VII 20, 26) comme, nous l'avons vu, à l'état de conscience de qui les pense, ont nécessairement quelque chose de certain et d'indubitable. Descartes mentionne alors l'arithmétique et la géométrie, sciences du nombre et de la figure, *aliasque ejusmodi*, et les autres disciplines de ce genre, c'est-à-dire celles qui « s'occupent d'un objet si pur et si simple qu'elles ne supposent absolument rien que l'expérience [donc ici la composition, VII 20, 22] ait rendu incertain », comme le dit la *Regula II*[2]. Il faut donc *avouer* (VII 20, 11), et même *conclure* (20, 20) que les choses les plus simples et les plus universelles, échappant à la défiance (*diffidentia*, 22, 20) envers les sens comme aux illusions (*ludificationes*, mystifications, 22, 28) des songes, sont vraies. Telle est l'insuffisance des raisons de douter sceptiques : le doute sceptique s'arrête là où commence la science cartésienne, celle, précisément, conduite par la méthode (on observera que le mot est absent de la *Meditatio I* comme des suivantes)[3] des *Regulae ad directionem ingenii*, qui livre des vérités transparentes (*perspicuae veritates*, VII 20, 30-31). Pour douter des *simplicia et universalia*, il faudra donc user d'un argument tout autre, inconnu de la tradition sceptique[4], par lequel Descartes lui-même va se donner les moyens de suspendre les premiers acquis de sa propre *mathesis universalis*.

motifs de l'abandon des natures simples dans les *Meditationes*, qui tient au nouveau statut ostensif de l'idée, voir G. Olivo, *Descartes et l'essence de la vérité*, *op. cit.*, p. 341-349.

1. *Regula XII*, AT X 419, 23-25.

2. X 365, 16-18 ; la *Med. V* parlera d'un *purae matheseos objectum* (VII 71, 8-9).

3. Sur la pertinence, néanmoins, de l'expression « doute méthodique », voir H. Gouhier, *La pensée métaphysique de Descartes*, *op. cit.*, I, III, p. 26-31, qui préfère néanmoins à l'expression « doute méthodique » celle de « négation méthodique ».

4. Puisqu'il implique la puissance absolue de Dieu, distinguée de sa puissance ordinaire, que les nominalistes « extrêmes » du XIVe siècle avaient théorisée : voir T. Gregory, « Dio ingannatore e genio maligno. Nota in margine alle *Meditationes* di Descartes », *Giornale critico della filosofia italiana*, 1974, trad. fr. in *Genèse de la raison classique. De Charron à Descartes*, Paris, P.U.F., 2000, p. 293-347, puis le dossier réuni par O. Boulnois, *La puissance et son ombre, de Pierre Lombard à Luther*, Paris, Aubier, 1994. On distinguera ainsi facilement l'argument cartésien de l'objection académicienne adressée aux stoïciens qui leur demande comment un dieu qui peut rendre probables des visions fausses (comme dans les songes, les oracles, etc.) ne pourrait pas le faire des vraisemblables : voir Cicéron, *Premiers*

2) a) Selon la logique du doute, une opinion ancrée, enracinée, en mon esprit depuis longtemps (en l'occurrence celle du *Credo*)[1] suffit à me faire penser à un Dieu qui peut tout et par qui j'ai été créé tel que j'existe. Or ne puis-je soupçonner (d'où sais-je?) que ce Dieu tout-puissant n'ait pas fait … tout ce qu'il a fait? Entendons, que tout ce qui me *semble maintenant* exister, y compris les notions les plus simples et universelles qui échappaient à la prise sceptique, n'existe pas? Dieu pourrait susciter en moi des représentations sans corrélat existant (l'immatérialisme de Berkeley partira de là). On remarquera que l'argument, tout en ne procédant plus de la seule expérience, rend inutiles ceux qui précédaient, parce que sa puissance d'ébranlement les surpasse. Plus : je juge qu'il en est à qui il arrive de faire erreur (*errare*, s'égarer, VII 21, 8) même dans ce qu'ils estiment (*arbitrantur*, VII 21, 9) savoir le plus parfaitement – n'est-ce pas, par exemple, le cas de la certitude sensible? que je suis ici, que ce corps est le mien, etc.? (Le *Discours de la méthode* mentionnait « les plus simples matières de géométrie » (VI 32, 5) et les *Principia* I, 5 inverseront l'ordre de la comparaison et prendront également pour exemple de telles choses les démonstrations mathématiques ou les principes : mais quel serait ici le sens de la comparaison si elle portait sur le même objet que ma propre erreur?). De la même manière, d'où sais-je que Dieu ne m'ait pas fait tel que je me trompe à chaque fois que j'additionne (c'est un présent, et non un futur comme dans le français de Luynes) 2 et 3[2] ou que je compte les côtés d'un carré, ou même quelque chose d'encore plus facile (vocabulaire des *Regulae*; voir ensuite la *Meditatio III*, VII 36, 1), si on peut se le représenter (*fingi*, être forgé, le verbe est le même qu'en VII 19, 28)? Dieu m'aurait donc fait tel que je me trompe toujours (toutes les fois que…). Dans la *Meditatio I*, Dieu est donc moins trompeur qu'il ne m'a fait tel que je me trompe, etc. (*falli*, forme passive, signifie « se tromper », « faire erreur »)[3].

Académiques, II, XV, 47, texte qui a peut-être pour origine Platon, *La République*, 382a-e, qui pose que le divin ne saurait tromper en nous présentant des fantasmes. Descartes lui-même a insisté sur l'irréductibilité de son argument aux objections sceptiques dans l'*Entretien avec Burman :* « Ici l'auteur rend l'homme aussi dubitatif, et le jette dans autant de doutes qu'il peut; et pour cela il ne se contente pas d'objecter les choses qui sont d'habitude objectées par les sceptiques… » (V, 147).

1. « Credo in unum Deum […] omnipotentem ». On se rappellera que la première maxime de la morale énoncée par le *Discours de la méthode* consistait à retenir « la religion en laquelle Dieu m'a fait la grâce d'être instruit dès mon enfance » (VI 23, 1-3).

2. Voir saint Augustin, *De libero arbitrio*, *ibid.*, cité par saint Thomas d'Aquin, qui prend pour exemple « deux et trois font cinq », *Summa theologiae*, Ia p., q. 16, art. 7.

3. « Dieu fondant la vérité, *fallor* exclut qu'*il* me trompe, non que je *me* trompe » (G. Rodis-Lewis, *Le développement de la pensée de Descartes*, Paris, Vrin, 1997, p. 145).

Plusieurs remarques s'imposent. 1) Il s'agit là d'une comparaison, plus exactement, d'une analogie : de même qu'il en est qui se trompent en ce qu'ils jugent être le plus certain, de même Dieu pourrait m'avoir fait tel que je me trompe à chaque fois que je juge du plus certain. Mais une fois encore, cette analogie suffit à faire naître le soupçon : et ce soupçon de fausseté ne porte plus seulement sur le rapport que j'entretiens aux choses sensibles ou imaginables, réduites aux *simplicia et universalia*, mais aussi sur les opérations elles-mêmes les plus simples et *faciles* dont elles sont l'objet, donc sur les lois qui régissent ma pensée elle-même – la facilité signifie précisément, comme dans la *Regula III*, qu'il n'y a aucun doute sur ce que l'on comprend (c'est pourquoi les mathématiques, même si elles peuvent être techniquement difficiles, en offrent le paradigme). 2) Si les exemples pris relèvent donc de ces choses les plus simples et les plus universelles et des opérations qu'elles permettent, qui font l'objet de l'arithmétique et de la géométrie, on notera que Descartes les reprend aussi à la tradition anti-sceptique[1], tout en leur conférant un statut fondamentalement nouveau, qu'on pourra dire transcendantal ou critique, au sens kantien. Car la stratégie sceptique consiste à montrer que ce que l'on croit certain ne l'est peut-être pas tant que l'on croit, donc à affaiblir la validité spontanément accordée aux opinions évidentes (l'évident n'est peut-être pas certain). Tout différemment, l'argument par la toute-puissance de Dieu consiste à suspendre les vérités en tant que vérités : je ne peux pas ne pas penser que deux et trois font cinq, et pourtant peut-être me trompé-je en cela même. Je ne doute donc pas des choses simples et universelles parce qu'elles ne seraient pas assez évidentes, mais au contraire en tant qu'elles le sont ou, du moins, le paraissent. Il ne s'agit pas de suspecter un défaut de clarté et d'évidence, mais de suspendre l'évident en tant que tel, en formulant une hypothèse qui ne l'affaiblit pas, mais s'attaque à sa condition de possibilité – l'hypothèse, pour le dire anachroniquement, que les conditions de l'évidence sont *a priori* marquées par la finitude[2]. En suspendant l'évidence de ce que l'on tient comme le savoir le plus parfait, Descartes parvient seul à douter des vérités mathématiques – qui résistaient au scepticisme –, donc de l'acquis méthodologique de ses propres *Regulae*. 3) Descartes ne dit pas expressément ici que ce Dieu serait trompeur, ce qui impliquerait une volonté de tromper : l'appellation « argument du Dieu trompeur » semble donc un « raccourci » (G. Rodis-Lewis) ou un « artefact » (J.-L. Marion) que se donnent les commentateurs, même si elle peut au moins s'autoriser

1. Voir en particulier le *Contra Academicos* III, XI, 25.

2. Voir l'hypothèse d'un surcodage développée par J.-L. Marion, *Sur la théologie blanche de Descartes*, *op. cit.*, en part. § 14.

explicitement de la *lettre à Buitendijk* de (peut-être) 1643[1]. 4) Une seconde question se pose, difficile, et disputée parmi les interprètes : celle de savoir quel rapport il y a entre l'argument de la *Meditatio I* et la doctrine dite de la création des vérités éternelles des *lettres* du printemps 1630 adressées à Mersenne[2], qui, tous deux, se fondent sur la définition de Dieu par la toute-puissance. Il est exclu de la résoudre ici : d'une part en raison de sa difficulté même (on se reportera donc aux principales études qui lui sont consacrées)[3], d'autre part en raison de ce que nous avons indiqué en commençant, à savoir que les *Meditationes* doivent être lues pour elles-mêmes et selon leur progression propre, dans la mise entre parenthèses de principe des difficultés qui ont divisé leurs commentateurs. Bornons-nous à dire que, si l'on peut relever l'analogie thématique entre les deux arguments, on voit mal Descartes dévaloriser lui-même en une opinion qu'il jugera péjorativement « métaphysique » une doctrine énoncée à Mersenne avec une sûreté, et même une solennité, exceptionnelles. Au demeurant, l'hypothèse d'une fausseté absolue sera balayée d'un revers de main dans les *IIae Responsiones*[4] : il s'en faut de beaucoup que l'on puisse en dire autant de la doctrine de la création des vérités éternelles, dont on pourra relever la réapparition dans les *Vae* et *VIae Responsiones* (mais non dans les *Meditationes*) et mesurer ses effets théoriques[5]. Quoi

1. IV 62, 5-63, 21 et 63, 31-64, 28 (trad. fr. in G VIII-2, 864-865). La lettre traite successivement de savoir s'il est permis 1) de « douter de l'existence de Dieu » (Descartes distingue alors le doute qui relève de l'entendement de celui qui relève de la volonté), 2) de « supposer quelque chose de faux en ce qui regarde Dieu » (*cf.* déjà AT VII 36, 28 « an sit Deus, et, si sit, an possit esse deceptor »). Voir G. Olivo, *Descartes et l'essence de la vérité*, *op. cit.*, chap. IV, dont l'analyse montre que cette double question et liée à celle de l'établissement de la règle générale, question qui sort de la *Med. I.*

2. *Lettres* du 15 avril, 6 et 27 mai 1630, AT I, 143, 25-146, 19; 149, 21-150, 27 et 151, 1-153, 3.

3. Pour le « lien intrinsèque » du Dieu de la *Meditatio I* et du créateur des vérités éternelles, voir principalement J. Laporte, *Le rationalisme de Descartes* [1945], Paris, P.U.F., 2000, p. 165-172, puis, au titre d'un surcodage et de son inversion, J.-L. Marion, *Sur la théologie blanche de Descartes*, *op. cit.*, § 14 et *Questions cartésiennes II*, *op. cit.*, chap. IV et VII ; pour son refus, voir, entre autres, M. Gueroult, *Descartes selon l'ordre des raisons*, *op. cit.*, t. I, chap. I ; E. Scribano, *Angeli e beati. Modelli di conoscenza da Tommaso a Spinoza*, Rome-Bari, Laterza, 2006, chap. IV. On trouvera la récapitulation du débat dans D. Kambouchner, *Les* Méditations métaphysiques *de Descartes*, *op. cit.*, § 27, p. 320-328, qui, circonspect, conclut à un « air de famille » entre ces deux textes. Voir aussi G. Olivo, *Descartes et l'essence de la vérité*, *op. cit.*, qui articule sa propre position à l'élucidation de la règle générale, donc à des thèses postérieures à la *Meditatio I* (section II, chap. IV et V).

4. VII 145, 1-9.

5. Voir J.-L. Marion, *Sur la théologie blanche de Descartes*, *op. cit.*, § 13, en part. le tableau récapitulatif p. 270-271.

qu'il en soit, l'hyperbole maximale et l'exhaustivité des doutes sont désormais atteintes.

On a déjà remarqué que l'argument était énoncé comme une double question : d'où sais-je…, bien plus, etc. ? Or on peut trouver cette hypothèse outrée, du moins eu égard à une autre opinion : puisqu'il est dit suprêmement bon, Dieu n'a peut-être pas voulu que je fusse de la sorte déçu (abusé, *decipi*, troisième verbe, qui avait déjà été employé pour les sens en VII 18, 18, après *errare* et *fallor*). Mais – supposition dans la supposition –, s'il fallait supposer qu'il répugnerait à sa suprême bonté (c'est-à-dire qu'il serait contradictoire avec elle) que Dieu m'ait créé tel que je me trompasse toujours, il semblerait aussi qu'il ne convienne pas (cela lui serait étranger, *alienum*), au titre de cette même bonté, qu'il permette que je me trompe parfois (fait constaté lors les doutes précédents) : or on ne peut évidemment pas dire cela ! Dieu est bon (du moins telle est mon opinion), et il arrive que je me trompe. Bref, on ne peut pas déduire que Dieu n'est pas bon de ce qu'il a permis que je me trompe parfois : on ne peut donc pas davantage le dire de ce qu'il aurait permis que je me trompasse peut-être toujours.

b) Quant à ceux qui nient l'opinion d'un Dieu si puissant[1], accordons-leur que tout ce qui vient d'en être dit est factice (*fictitium*) : qu'ils supposent que je suis parvenu à ce que je suis par le destin (les stoïciens), le hasard (les épicuriens), la série ininterrompue des choses (les aristotéliciens) ou encore autrement, reste que, puisque se tromper et faire erreur semblent être une imperfection, moins ils assigneront de puissance à l'auteur de mon origine, plus il sera vraisemblable (ou probable, c'est-à-dire qui attire l'approbation, la probabilité convenant à l'opinion) que je suis assez imparfait pour me tromper toujours. L'argument du doute se maintient même auprès d'objecteurs qui, pris dans le dilemme, rejetteraient l'hyperbole initiale – il se maintient, malgré ce qu'on a appelé la triple « inconvenance » du « système » mis en œuvre dans cette dernière hypothèse, qui peut apparaître impie, paralogistique et extrêmement improbable[2].

Conclusion : n'ayant rien à répondre aux arguments qui précèdent (ceux du doute sceptique comme celui de la vieille opinion d'un Dieu tout-puissant), je suis en fin de compte contraint d'avouer qu'il n'y a rien de tout

1. C'est pourquoi H. Gouhier parle d'un diptyque pour caractériser l'argument dans son ensemble (*La pensée métaphysique de Descartes*, *op. cit.*, V, I, p. 114). Le second volet ne constitue donc pas à proprement parler l'objection de l'athéisme.

2. D. Kambouchner, *Les* Méditations métaphysiques *de Descartes*, *op. cit.*, § 27, p. 314-317.

ce que j'avais cru vrai dont il ne convienne de douter, et cela pour des raisons parfaitement valides et méditées (VII 21, 30, on soulignera la première occurrence de ce mot, avant 23, 4). Conséquence : si je veux découvrir quelque chose de certain, je ne dois désormais pas moins refuser soigneusement mon assentiment aux choses douteuses qu'à celles qui sont manifestement fausses : reprise exacte de VII 18, 6-8 – ainsi est accompli le renversement général de mes opinions. La *Meditatio I* s'achève ici, et la *Meditatio II* s'ouvrira en comparant le doute à un tourbillon dans lequel je suis emporté (VII 24, 1). Ou plutôt elle eût pu s'achever ici, si je n'avais le souci de me rappeler les choses auxquelles j'ai prêté attention.

RENDRE LE DOUTE EFFICACE
(VII 22, 3-23, 18/IX 17-18)

Car l'inertie des anciennes opinions est forte, due à leur récurrence permanente et faite de préjugés (VII22, 16 et *Principia* I, 72) qui nourrissent presque malgré moi mes croyances, voire prennent possession de ma crédulité (*credulitas*)[1] : je ne réussirai jamais à me déshabituer d'y donner mon assentiment confiant tant que je les supposerai certes douteuses, mais néanmoins tout à fait probables, donc légitimement crédibles. Entre avoir remarqué que toutes mes opinions étaient douteuses et avoir constamment de bonnes raisons de les croire, la balance psychologique (nous filons le vocabulaire choisi par Luynes pour rendre *aequatis ponderibus*) penche clairement du second côté : le plus rationnel n'est pas le plus raisonnable[2]. Il faut donc trouver un moyen de contrebalancer cette inertie qui occulte à chaque instant les raisons de douter. C'est à la volonté qu'il convient d'assigner cette tâche, en la tournant au contraire (l'esprit s'était tourné vers les arguments – *advertisse*, 22, 3 –, la volonté se retourne – *versa*, 22, 13 – contre les opinions) : je ferai donc bien de me tromper moi-même (c'est-à-dire volontairement) en feignant (*fingam*, 22, 15) un certain temps (le doute est temporaire) que mes opinions sont fausses et imaginaires. J'userai donc de ma volonté comme d'un préjugé, du moins jusqu'à atteindre l'équilibre par lequel mon jugement cesse d'être tordu par une coutume retorse et atteigne une perception correcte des choses. Ainsi éviterai-je le péril de l'erreur en accordant à la défiance ce qui l'égale à la confiance spontanée envers mes opinions (*non... plus aequo*, qui reprend

1. D. Kambouchner, *Les* Méditations métaphysiques *de Descartes*, *op. cit.*, § 29, p. 349, la caractérise comme « sensibilité à l'apparence ».

2. H. Gouhier, *La pensée métaphysique de Descartes*, *op. cit.*, V, I, p. 116.

aequatis, 22, 15-16) – étant sauf l'usage de la vie qui leur reste soumis[1] : la possibilité de l'erreur devient tromperie volontaire. La volonté apparaît donc explicitement pour la première fois dans les *Meditationes* pour rendre le doute opérationnel, comme une puissance de préjugé seule capable d'équilibrer le préjugé inverse de l'opinion : d'où son statut de fiction. On découvrira ensuite que la volonté était *particulièrement* à l'œuvre dès l'argument du Dieu tout-puissant, puisqu'il est impossible de penser que deux et trois ne fassent pas cinq, ou qu'un carré n'ait pas quatre côtés (l'évidence est irrésistible), sauf à ne pas donner son assentiment (acte de la volonté) à ce que l'entendement présente clairement et distinctement au jugement (*Meditatio IV*). Plus, c'est toute la *Meditatio I* qui engage *en général* le rôle de la volonté, dès lors qu'il s'agissait dès son début de s'appliquer *librement* au renversement des opinions.

Mais nous n'en sommes pas à théoriser les fonctions respectives de l'entendement (concept absent de la *Meditatio I*) et de la volonté dans le jugement. Il est donc expédient d'objectiver ma propre volonté de me tromper sous la figure feinte d'un trompeur[2], à la fois extrêmement puissant (*summe potens*, mais non pas *omnipotens*) et rusé, qui aurait mis toute son industrie à me tromper – mais dont j'ignore tout (*deceptor nescio quis*, 25, 6), et pour cause, puisqu'il n'est que par sa fonction. Telle sera la fiction, que Descartes suppose ultimement, d'un malin génie – on notera que Descartes prend soin, ici, de le distinguer du Dieu très bon, source de (la) vérité[3] (*fons veritatis*, 22, 23-24)[4]. Comme H. Gouhier y a insisté, on a affaire là au « procédé méthodologique » d'une fiction, artifice volontaire,

1. Voir le *Discours de la méthode*, AT VI 22, 23-25. On ne confondra pas cet agir (les actions de la vie ordinaire) avec l'agir purement théorique de VII 17, 12 (« le temps qui me reste pour agir »), qui est contemplation de la vérité ; voir G. Rodis-Lewis, « Doute pratique et doute spéculatif… », art. cit.

2. J.-L. Marion, *Sur la théologie blanche de Descartes*, *op. cit.*, § 14, p. 341, parle d'« institutionnaliser les résultats dans le sensible du doute hyperbolique, par un moyen parfaitement irrationnel puisque imaginaire » ; D. Kambouchner, utilisant une comparaison géométrique, parle d'une « construction auxiliaire » (*Les* Méditations métaphysiques *de Descartes*, *op. cit.*, § 30, p. 354).

3. Descartes lui-même semblera assimiler le Dieu tout puissant et trompeur avec le malin génie au début de la *Meditatio II*, VII 24, 21-22 (puis 25, 6) : « n'y a-t-il pas quelque Dieu ou de quelque façon que je le nomme » et 36, 22-23 : « aliquem Deum esse deceptorem ».

4. Si l'expression (avec celle de *fons luminis*), à notre connaissance, n'est pas biblique (à la différence de *fons sapientiae*), elle peut s'autoriser de l'hymnique liturgique la plus antique et a été souvent reprise par saint Augustin en un sens souvent émanatiste et trinitaire qu'elle n'a pas ici : *De beata vita*, 4, 35 ; *De ordine* II, 5, 16 ; 19, 51 ; *Confessions*, XII, XXX, 41 ; *In epistulam Johannis ad Parthos Tractatus*, 35, 6 ; *Enarrationes in Psalmos*, 41, 3 ; 55, 8 ; 62, 6 ; *Sermo* 41, 179, 217.

« épouvantail épistémologique », et non à une hypothèse dont la raison de douter est fondée sur la considération de la toute-puissance divine[1]. Ainsi pourrai-je croire que toutes les choses extérieures ne sont que des leurres des songes, pièges tendus à ma croyance (*credulitas* de nouveau); il en va de même de mon corps. Telle est la *meditatio* (première occurrence dans le texte même des *Meditationes*) dans laquelle je resterai obstinément attaché (*defixus,* attachement volontaire, qu'on distinguera d'*infixa*, qui caractérisait la vieille opinion à laquelle j'étais passivement attaché), et ainsi je prendrai garde, avec un esprit opiniâtre (*obfirmata mente,* 23, 8-9), de ne pas donner mon assentiment au faux – et cela dépend de moi (*hoc quod in me est*, 23, 6), c'est-à-dire est en mon pouvoir, de sorte que ce trompeur, quelque puissant et rusé qu'il soit, ne pourra rien m'imposer (le français glose le texte latin). La fiction du malin génie permet donc d'inscrire efficacement dans la temporalité ce qui n'était posé qu'une seule fois, le premier jour des *Meditationes*: aussi la levée successive du doute occupera-t-elle toutes les *Meditationes* suivantes.

Reste que cette détermination, ou ce dessein dûment planifié, est pénible (laborieux, VII 23, 9 et 16), et que je suis tenté de demeurer dans la paresse des habitudes. D'où la comparaison avec le prisonnier qui, alors qu'il jouissait confortablement dans son sommeil d'une liberté imaginaire, commence, dans sa somnolence même, à soupçonner qu'il dort (« que sa liberté n'est qu'un songe » est un ajout de la traduction) et à craindre d'être éveillé. De même je crains d'être tiré de l'assoupissement de mes anciennes opinions pour passer ma veille non dans la lumière, mais parmi [*inter*] d'inextricables ténèbres. Tel est le trouble (*turbatus sum*, 24, 2), profond comme un gouffre, dans lequel la *Meditatio I* jette Descartes, et le lecteur avec lui.

1. H. Gouhier, *Essais sur Descartes*, *op. cit.*, p. 143-196, puis *La pensée métaphysique de Descartes*, *op. cit.*, chap. V, § 1, p. 113-121. Les sources médiévales et renaissantes de ces deux figures sont explicitées in T. Gregory, « Dio ingannatore e genio maligno », art. cit., p. 293-347. Voir aussi H. Blumenberg, « L'inéluctabilité d'un Dieu trompeur », in *La légitimité des Temps modernes,* trad. fr., Paris, Gallimard, 1999, II, IV.

JEAN-LUC MARION

MÉDITATION SECONDE

Le doute ne constitue qu'un prologue. Descartes joue le doute contre lui-même, afin de dégager la scène où s'établira le « premier principe », qui va faire douter du doute. Mais, pour subvertir le doute et ses raisons, il faut raisonner autrement que lui, donc inventer (ou retrouver) une rationalité autre, plus puissante mais plus surprenante aussi. D'où les paradoxes de la nouvelle métaphysique : pour être, il faut penser ou être pensé, et non l'inverse; la pensée de l'infini précède celle du fini, etc. D'où aussi, sans surprise, les difficultés de l'interprétation et les erreurs des interprètes. On postulera la division suivante de la *Meditatio II,* d'après l'ordre et la connexion des arguments : 1) la révision du doute (VII 23, 22-24, 13); 2) l'établissement de l'existence de l'*ego* (24, 14-25, 13); 3) l'identité de l'*ego* à l'essence de la *mens* et la réduction universelle de la perception à la *cogitatio* (*videre videor*) (25, 14-29, 9); 4) les deux exemples fondamentaux de la réduction de la perception à la *cogitatio* (de la cire dans l'étendue, puis des « hommes dans la rue » dans la pensée) (29, 19-32, 28); 5) enfin, en conclusion, la reconnaissance de l'esprit (*mens*) (33, 1-34, 9).

RÉVISION DU DOUTE
(VII 23, 22-24, 13)

Le doute accompli par la *Meditatio I* laisse la recherche dans une impasse sans issue apparente : on ne peut en atteindre le fond pour y reprendre pied, on ne peut remonter, en nageant, à la surface (23, 13-24, 3). Reste une seule possibilité : refaire (*rursus*) le chemin (*eadem via*) du doute, pour éliminer toute incertitude et voir s'il resterait quelque chose de certain (*aliquid certi*, 24, 7) qu'on n'aurait pas repéré ; ou, sinon, admettre au moins pour certain qu'il n'y a rien de certain. Mais (sans que Descartes relève ce lieu commun), la certitude de l'incertitude se contredit, puisqu'elle aboutit précisément à une certitude, certes négative, mais déjà catégorique : un sceptique authentique ne dirait pas « je ne sais rien », mais seulement « que sais-je ? »[1]. Descartes, par ce silence, prouve au moins que son intention sceptique n'est pas finale, mais provisoire : le but dernier sera de retourner le scepticisme contre lui-même, de douter du doute, ainsi utilisé comme méthode, non pas soutenu comme une doctrine. Ce que confirme le recours au point fixe d'Archimède : « Nihil nisi punctum petebat Archimedes, quod esset firmum et immobile, ut integram terram loco dimoveret / Archimède, pour tirer le globe terrestre de sa place et le transporter en un autre lieu, ne demandait rien qu'un point qui fût fixe et assuré »[2].

Il s'agit donc de retrouver, dans le cours même du doute, ce qui échapperait déjà à son hyperbole, comme si la mise en doute, toute universelle qu'elle se soit prétendue, avait omis, oublié ou méconnu ce qui, en elle, pouvait se retourner contre elle.

Avant d'examiner cette possibilité, deux remarques préalables s'imposent. – D'abord, la formulation cartésienne « vel minimum quid invenero quod certum sit et inconcussum / si je suis assez heureux pour trouver seulement une chose qui soit certaine et indubitable » (24,12-13/19)[3] se trouve remarquée (à juste titre) mais modifiée (à tort) par Heidegger en *fundamentum inconcussum*[4]. Mais Descartes n'utilise

1. *Cf.* Montaigne, *Essais*, II, 12, éd. cit., p. 527 : « Cette fantasie est plus seurement conceue par interrogation : Que sçay-je ? comme je la porte à la devise d'une balance. »

2. 24, 9-11/19. Il s'agit en fait d'une sentence prêtée à Archimède : « δός μοι ποῦ στῶ καί κινῶ τήν γῆν », *in* Pappus d'Alexandrie, *Collection mathématique*, VIII, 11, et Plutarque, *Vie des hommes illustres, Marcellus*, XIV, 12.

3. Trad. fr. M. Beyssade, éd. cit., p. 49-51 : « si je trouve ne serait-ce que le plus petit quelque chose qui soit certain et inébranlé. »

4. Heidegger, *Sein und Zeit*, § 6, Tubingen, Niemeyer, 1927, p. 24. Voir J. Beaufret, *Dialogue avec Heidegger. Philosophie moderne*, Paris, Minuit, 1973, p. 28-53.

justement pas ici *fundamentum,* comme le confirme des expressions parallèles : « si quid aliquando firmum et mansurum cupiam in scientiis stabilire / si je voulais établir quelque chose de ferme et de constant dans les sciences » (17,6-8/13), « bâtir dans un fonds qui est tout à moi » (*Discours de la méthode* [VI 15, 6]). On ne contestera certes pas qu'*ailleurs* d'autres textes interprètent ce qui va devenir « le *cogito* » comme un *fundamentum* : ainsi *Iae Responsiones* : « malui uti pro fundamento meae rationis existentia meiipsius / j'ai mieux aimé appuyer mon raisonnement sur l'existence de moi-même » (107, 2-5/85) ; *IIae Responsiones* : « fundamentum, cui omnis humana certitudo niti posse mihi videtur / le fondement sur lequel il me semble que toute la certitude humaine peut être appuyée » (144, 24/IX 113). Et déjà, dans le *Discours de la méthode,* Descartes l'interprète comme un principe (« recevoir pour premier principe de la Philosophie, que je cherchais » [VI 32, 18-23]), comme dans la *Recherche de la vérité* [AT X, 522, 523 et 527], etc.), ce que l'on retrouve en 1642 : « *principia* illa Metaphysica, quorum ope Dei existentiam realemque humanae animae a corpore distinctionem demonstravi / les *principes* métaphysiques desquels je me suis servi pour démontrer l'existence de Dieu et la réelle distinction de l'âme de l'homme d'avec le corps » (*Epître au P. Dinet* [VII 573,14-16/G IV-2 787]). Il importe pourtant de respecter cette prudence devant la qualification de l'existence de l'*ego* comme principe ou fondement, si l'on songe que dès 1637 certaines objections l'ont critiquée : un énoncé particulier, en l'occurrence portant sur un individu, ne peut, même vrai, servir de principe, par définition universel[1]. Descartes n'échappe de toute manière pas à la difficulté de devoir dédoubler *deux fois* le premier principe en deux acceptions, peut-être impossibles à concilier. D'abord en distinguant l'*ego* et Dieu, également supposés principes bien que l'un précède l'autre :

> j'ai pris l'être ou l'existence de cette pensée pour le premier Principe, duquel j'ai *déduit* très clairement les suivants : à savoir qu'il y a un Dieu, qui est auteur de tout ce qui est au monde, et qui, étant la source de toute vérité, n'a point créé notre entendement de telle nature qu'il se puisse tromper au jugement qu'il fait des choses dont il a une perception fort claire et fort distincte[2].

1. Voir R. Ariew, *Descartes and the last scholastics*, Ithaca and London, Cornell University Press, 1999.

2. Lettre-Préface à la trad. fr. des *Principia*, AT IX-2 10, 4-8 (nous soulignons).

Ensuite en distinguant le principe au sens d'une « notion commune » – sens logique, « pour prouver l'existence de tous les êtres, les *Entia* » – et au sens d'un étant – au sens ontique, de la première existence connaissable, « le premier principe qui est que notre âme existe » (*à Clerselier,* juin/juillet 1644, IV 443, 6-445, 8)[1].

Ensuite, on repère que l'inspiration de Descartes par saint Augustin ne porte sans doute pas sur ce que la majorité des lecteurs (à commencer par Arnauld et Mersenne) a cru en discerner. D'une part, les trois principaux textes augustiniens habituellement supposés anticiper sur l'argument cartésien (*De libero arbitrio* II, 3, 7 ; *De Trinitate* X, 10, 14 et *De civitate Dei* XI, 26) n'emploient pas, ni même ne préfigurent la relation nécessaire entre exister et cogiter, mais soit la relation entre se tromper et être, soit celle entre douter et d'autres modes de la conscience (vivre, se souvenir, vouloir, penser). Aussi bien Descartes minimise-t-il la portée théorique de ce rapprochement, tout en se félicitant de cet argument d'autorité en sa faveur[2]. Mais d'autre part, les arguments de saint Augustin dessinent bel et bien l'arrière-fond de ce que va être la raisonnement de Descartes : puisqu'il s'agit, pour les sceptiques, de récuser toute certitude au prétexte que « je me trompe, *fallor* », il convient, avant de tout leur accorder, et trop vite, de s'interroger sur la signification précise de ce *fallor* ; à quelles conditions puis-je me tromper ? Cela dépend de moi et de ma faiblesse d'entendement, certes ; mais, comme on radicalise (depuis la *Meditatio I,* VII 21, 1-16) l'argument au point d'envisager que je me trompe même lorsque je crois avoir atteint la plus haute évidence (par exemple mathématique ou logique), c'est-à-dire même lorsque que je pense, moi selon mes moyens propres, parfaitement bien, je ne peux *me* tromper ici *par moi-même*. Donc

1. *Cf.* nos remarques *in* J.-L. Marion, *Sur le prisme métaphysique de Descartes*, *op. cit.*, § 7-8. – Cette distinction peut cependant s'autoriser d'Aristote : « Le trait commun à tous les principes tient à ce qu'il est le premier terme à partir duquel cela est, advient ou se connaît » (*Métaphysique*, Δ, 1, 1013a17), mais Descartes entend les deux sens qu'il dégage à partir de la troisième antériorité aristotélicienne. – Cependant Arnauld (« ex hoc principio confici possit [*sc.* Descartes mentem notram a corpore esse separatam] », *IVae Obj.*, VII 198, 9-11) et Pascal (« apercevoir dans ce mot [*sc.* "Je pense donc je suis"] une suite admirable de conséquences, qui prouvent la distinction des natures matérielles et spirituelles, et en fait un principe ferme et soutenu d'une physique entière, comme Descartes a prétendu le faire » [*De l'Esprit géométrique*, II, *De l'Art de persuader*, § 23, *Œuvres complètes III*, éd. J. Mesnard, Paris, DDB, 1992, p. 424]) n'hésitent pas à parler ici d'un principe.

2. *À ***,* 10 novembre 1640, AT III 247, 5-248, 4, cf. *à Mersenne,* 25 mai 1637, I 376, 19-21 et *à Arnauld,* 3 juin 1648, V 186, 11 *sq.* Sur ce dossier et les irréductibles différences de Descartes avec saint Augustin, voir J.-L. Marion, *Sur le prisme métaphysique de Descartes*, *op. cit.*, § 11, puis *Questions cartésiennes II*, *op. cit.*, § 6, et enfin *Au lieu de soi*, Paris, P.U.F., 2008, § 9.

je dois supposer que *je suis trompé,* et trompé d'ailleurs : il faudra donc alors entendre *fallor* en son sens passif. N'est-ce pas, en fait, ce que j'ai déjà supposé en admettant par hypothèse une opinion, depuis longtemps fixée dans mon esprit, d'un Dieu qui peut tout (« infixa quaedam [...] mea mentis vetus opinio, Deum esse qui potest omnia » [21, 1-2])? Qui donc me trompe pour que je me trompe à fond, au-delà de mes plus hautes évidences ? Les sceptiques ne se posent pas cette question et elle va pourtant décider de tout. Et cette question, consciemment ou non, vient à Descartes de saint Augustin.

L'ÉTABLISSEMENT DE L'EXISTENCE DE L'*EGO* (AT VII 24, 14-25, 13)

Avant de se risquer à une interprétation hâtive de ce que l'on nomme habituellement « le *cogito* », il faut constater un premier fait, en l'occurrence une absence, qui reste étrangement soit inaperçue, soit inexploitée de la plupart des commentaires : au contraire du *Discours de la méthode* (« cette vérité : *je pense donc je suis* », VI 32, 19 et 33,17), des *Responsiones* (« *ego cogito, ergo sum, sive existo* », 140, 20-21), des *Principia* (« haec cognitio *ego cogito, ergo sum* », VIII-1 7, 7-8) et autres formulations annexes, la *Meditatio II* (et elle seule) propose « hoc pronuntiatum, *Ego sum, ego existo,* quoties a me profertur vel mente concipitur, necessario esse verum / cette proposition, *Je suis, j'existe,* est nécessairement vraie toutes les fois que je la prononce ou que je la conçois en mon esprit » (25, 11-13, et 27, 8-9/19 et 21)[1]. Autrement dit, la formule privilégiée par le texte de référence n'utilise pas la liaison logique *ergo* entre la pensée et l'existence, et surtout ne mentionne pas la pensée, *cogitatio* comme l'antécédent d'où suivrait l'existence, comme le conséquent. De ce simple fait textuel, il s'ensuit déjà un résultat théorique : « le *cogito* » ne peut pas se lire comme un raisonnement discursif et formel, parce que la première notion, celle de *res cogitans* ne se conclut d'aucun syllogisme, « ex nullo syllogismo » ; en effet, même dans le cas où l'on lierait *ego cogito* à *ego sum, sive existo* par un *ergo,* on déduirait pas mon existence d'une majeure « tout ce qui pense est ou existe, *illud omne quod cogitat, est sive existit* », puisque cette majeure ne se connaît certainement que dans le cas de son exercice particulier, où *moi, je* fais en personne l'expérience « par simple regard de

1. Voir le dossier plus détaillé dans J.-L. Marion, *Questions cartésiennes II*, *op. cit.*, p. 12-31 ; sur l'absence de la formule canonique dans la seule *Meditatio II,* voir p. 16-19.

l'esprit, *simplici mentis intuitu* » du fait indiscutable que je pense. La prémisse universelle « tout ce qui pense est ou existe » peut précéder dans une mise en forme logique sa conséquence particulière sur mon existence, elle présuppose à son tour que je vérifie absolument que ce qui pense est, donc que quelque chose pense indubitablement; cette certitude, seul moi, dans la posture d'un *ego cogito* en acte, peut l'avoir (« apud se experiatur » [140, 27]). Ce qui semble premier en logique formelle (que la *cogitatio* implique l'existence) vient en dernier selon l'*ordo cognoscendi,* qui commence par *mon* expérience effective de la *cogitatio*[1]. Ce qui évite donc au « *cogito* » de rester « un lieu commun piétiné, *hoc tritum* »[2] réside donc dans la certitude de penser, qui ne peut s'atteindre qu'en première personne, comme la certitude que *je* pense, puisque je ne peux ici encore rien assumer d'autrui (ni qu'il existe, ni qu'il pense).

Comment puis-je donc m'assurer de ma *cogitatio ?* Par le regard de l'esprit (*intuitus mentis*), certes[3]. Encore faut-il préciser ce que ce regard, cette « intuition » et ce sentiment peuvent signifier, ou plutôt opérer car une interprétation intuitionniste n'apporterait ici qu'une tautologie. On doit encore à la logique, mais cette fois pragmatique, d'avoir mis en évidence que la *cogitatio* s'exerce ici, à titre d'*acte* de pensée, de performatif[4]. Un énoncé performatif ne dit pas seulement ce qu'il énonce, mais en le disant il l'accomplit (« je jure », « je promets », « je te hais », « je t'aime », « je te baptise au nom du Père, du Fils et du Saint Esprit », etc.). Ainsi procède

1. Voir *Principia philosophiae* I, 7 et10, qui renversent clairement l'ordre des propositions : l'énoncé universel résulte de l'énoncé particulier, parce que la certitude de penser ne s'établit que pour celui qui pense de fait, *ego*.

2. *IIae Resp.,* VII 551, 9 et *à Mersenne,* 3 décembre 1640, III 248, 1-4 : « Et chose si simple et naturelle à inférer, qu'on est de ce qu'on doute, qu'elle aurait pu tomber sous la plume de qui que ce soit ». Ce que Pascal a bien vu : « En vérité, je suis bien éloigné de dire que Descartes n'en est pas le véritable auteur [de *Je pense donc je suis*], quand même il ne l'aurait appris que dans la lecture de ce grand saint [Augustin]. Car je sais combien il y a de différence entre écrire un mot à l'aventure, sans y faire une réflexion plus longue et plus étendue, et apercevoir dans ce mot une suite admirable de conséquences [...] comme Descartes a prétendu faire » (*De l'Esprit géométrique*, II, *De l'Art de persuader*, § 23, *Œuvres complètes III*, *op. cit.*, p. 424).

3. *Intuitus,* VII 140, 23; *cf.* « Ita unusquisque animo potest intueri, se existere, se cogitare » (*Regula III,* X, 368, 21-22); « N'avouez-vous pas que vous êtes moins assuré de la présence des objets que vous voyez, que de la vérité de cette proposition : *Je pense, donc je suis ?* Or cette connaissance n'est point un ouvrage de votre raisonnement, ni une instruction que vos maîtres vous aient donnée; votre esprit la voit, la sent et la manie » (*à Silhon ?* mars ou avril 1648, V 137, 30-138, 6).

4. J. Hintikka, « Cogito ergo sum : Inference or Performance ? », *Philosophical Review,* 1963, trad. fr., *Philosophie*, 6, Paris, 1985, et J.-L. Marion, *Sur la théologie blanche de Descartes, op. cit.*, p. 360 *sq.*

l'argument cartésien lorsqu'il dit qu'il dit ce qu'il pense : « hoc pronontiatum, *Ego sum, ego existo,* quoties a me profertur, vel mente concipitur, necessario esse verum » – autrement dit, cette *énonciation* en acte *Je suis, j'existe,* est nécessairement vraie *à chaque fois* que je la profère, ou, ce qui le suppose, que je la conçois par l'acte de mon esprit. Ce qui vérifie mon existence ne consiste pas dans la déduction (pensée) d'une proposition particulière à partir d'une proposition universelle, mais dans l'*acte* de pensée qui se prouve de fait en s'accomplissant comme pensée pensante (et pas seulement pensée). L'argument dit du « *cogito* » s'impose non pas comme une pensée pensée (une *cogitatio* justement), mais comme une pensée pensante, en acte, verbale, un *cogito.* La transition entre *ego cogito* et *ego sum, ego existo* résulte de l'identité de l'acte pensant avec l'acte d'exister. En un écho étrangement aristotélicien, ici, dans le cas de l'*ego* (mais pour Descartes seulement dans ce cas, et non point pour la connaissance de toute autre chose), « la science en ἐνεργεία est la chose même »[1]. Toutes les objections, les plus communes et répétées, à l'argument, qui contestent que la prémisse *ego cogito* suffise à conclure *ego sum* parce que la pensée n'est pas ce qu'elle pense (Kant, Schelling, Nietzsche, Husserl, etc.) tombent ici : Descartes ne dit pas que *ego sum* représente (« pense ») son existence, mais que l'acte de pensée pensante performe, accomplit, met en œuvre un *acte,* lequel constitue en soi, de droit et déjà une existence – en acte précisément. Car l'existence ne consiste exactement qu'en un acte. En pensant, l'*ego* se pose, selon la position même que lui dénie Kant.

Ce premier résultat, que l'on doit à la philosophie pragmatique, permet de comprendre la seconde particularité de la formulation de la *Meditatio II.* En effet, ici, *ego cogito* n'apparaît pas, alors que la conclusion se redouble : *Ego sum, ego existo.* Comment justifier cette absence de la *cogitatio,* alors qu'elle devrait plus que jamais se trouve en pleine évidence ? On peut s'étonner que tant de commentaires du « *cogito* dans les *Meditationes* » ne s'étonnent pas de cette patente absence. La réponse va pourtant de soi : si ce qui valide l'argument n'est pas la conscience de la *cogitatio* à (et par) elle-même, ni un principe universel dont se conclurait son existence, mais l'acte qu'elle performe (et qui est d'emblée déjà existant en tant qu'acte), alors il ne faut ni mentionner ni représenter la *cogitatio* dans la formulation de l'argument, comme si on y pensait une pensée pensée parmi d'autres, mais il faut la faire apparaître comme un acte, une pensée pensante, précisément

1. Aristote, *de l'âme,* 430a20, voir 431a1-2, 426a15-16, 425b26-27 ; J.-L. Marion, *Sur l'ontologie grise de Descartes,* Paris, Vrin, 1975, § 21.

absente de ce qu'elle pense. D'où sa mention *en tant qu'acte : pronuntiatum,* une énonciation effectivement énoncée (*Aussage, utterance*), qui se profère (*profertur*) et se conçoit (*concipitur*), tous de forme verbale. C'est aussi pourquoi l'argument ne prouve l'existence de l'*ego* que dans les conditions et les limites *temporelles* de l'acte de la pensée pensante : « à chaque fois, *quoties* » (VII 25, 12); « aussi longtemps, *quamdiu* » (27, 10); « tant que je pense, *dum cogito* » (145, 24). En fait, seule importe la pensée pensante, ce qu'on pourrait nommer la **cogitatio actu cogitans,* et non pas la pensée pensée, la **cogitatio cogitata.* – Une telle indifférence à ce que pense la *cogitatio* caractérise clairement d'autres formulations de l'argument, puisque celui-ci vaut que je pense que « je me promène, *ambulo* », que je pense « quelque chose, *aliquid* », « à aucune chose »[1]. Ce qui explique aussi que les premières formulations de l'argument s'appuyaient sur le doute, c'est-à-dire sur la pensée ne pensant rien (ou du moins aucun objet défini)[2]. On peut donc aller jusqu'à soutenir le paradoxe que l'argument pourrait conclure à mon existence en acte (*Ego sum, ego existo*), même si l'acte de ma pensée pensante ne s'exerçait qu'en pensant la pensée « *ego non existo* / – je pense (que je ne suis pas), donc je suis »[3].

Reste une question : peut-on véritablement penser la *cogitatio* comme un acte (et pas seulement comme un état de conscience, une simple représentation) ? Deux réponses se proposent ici, diamétralement opposées. – Heidegger d'abord, reprenant la définition par Kant de l'aperception transcendantale comme « la pensée qui accompagne toute autre pensée »[4], propose de comprendre l'acte pensant de l'*ego* comme un *cogito me cogitare* [*rem*][5] : penser ne signifie pas représenter (passivement), mais

1. Respectivement VII 352, 1-18 et *Principia philosophiae* I, 9 et 11; cf. *à Mersenne,* juillet 1640, III 394, 15-19 : « Car, n'étant, comme je l'ai démontré, qu'une chose qui pense, il est impossible que nous puissions jamais penser à aucune chose, que nous n'ayons en même temps l'idée de notre âme, comme d'une chose capable de penser à tout ce que nous pensons ».

2. *Recherche de la Vérité,* X 515,19 : « Si non essem, non possem dubitare » ; 520, 30-32 : « De eo aeque sis certus ac persuasum habes te esse et te dubitare » ; 526, 32-37 : « Quippe si verum est, me dubitare, sicuti de eo dubitare nequeo, me cogitare aeque etiam verum est; quid enim dubitare aliud est, quam certo quodam modo cogitare ? Et profecto, quod si plane non cogitarem, nec an dubitarem, nec an existerem, scire possem. Sum tamen, et quid sim scio, atque ea propter scio, quia dubito, hoc est proinde quia *cogito* » ; 523, 25-27 : « de veritate hujus ratiocinii : *dubito, ergo sum,* vel, quod idem est : *cogito, ergo sum* ».

3. Comme l'a très justement expliqué R. Mitton, « Professor Hintikka on Descartes' *cogito* », *Mind,* 81, 323, 1972, p. 407-408.

4. E. Kant, *Critique de la raison pure,* § 16, B 131, AA III 109.

5. Sur cette formule, introduite par Heidegger dès *Sein und Zeit,* § 82 et maintenue jusque dans *Überwindung der Metaphysik,* § 4 et § 18 ; *cf.* J.-L. Marion, *Sur la théologie blanche de*

rendre (activement) pensable l'objet, en unifiant par synthèses le divers de l'intuition, et donc en penser (ce) que l'on pense comme constitué. Sans doute, malgré quelques approximations (par exemple « quamvis concipiam me esse rem cogitatentem / quoique je conçoive bien que je suis une chose qui pense » [44, 23-24/35]), on ne peut tenir cette formule pour cartésienne (elle se trouve explicitement récusée dans une réponse aux *VIIae Objectiones* [VII 559, 6-7]); mais cette ligne d'interprétation, ratifiée par Kant, se poursuivra, par Hegel, Schelling, Nietzsche, l'école de Marbourg, jusqu'à Husserl (et le gros du commentarisme français, Gueroult compris), gagnant ainsi une certaine légitimité. – M. Henry y fit exception, en se fondant sur la formule (d'ailleurs repérée par Gueroult) *videre videor* (VII 29, 14-15)[1] : la certitude de l'acte de penser ne tient pas au *cogitatum* de la pensée pensée, mais à la preuve qu'assure l'acte de pensée qui permet d'en faire l'épreuve; cet acte de pensée s'avère ainsi certain, très paradoxalement, en tant qu'il m'affecte en une passivité plus originaire que tout *cogitatum.* Littéralement, cette interprétation trouve de solides confirmations non seulement en métaphysique, mais, comme on l'a depuis montré, dans la morale finale de Descartes, qui relève tout entière d'une pensée passive, en tant même qu'une épreuve de la pensée pensante par elle-même. – Pourtant, ces deux explications contraires de l'acte de la pensée pensante (par l'extase intentionnelle ou par l'immanence immédiate) reposent sur le même et unique présupposé : que l'*ego* ne se confronte qu'à lui-même soit par répétition de la *cogitatio* devenant transcendantale, soit par l'écrasement sur soi-même de la « vie ».

Or c'est ce présupposé que réfute le détail de l'argument (VII 24, 9-25, 10) dont nous n'avons encore commenté que la conclusion (25, 10-13). En effet[2], l'interrogation de Descartes commence par

Descartes, op. cit., p. 392 *sq.* et « Heidegger et la situation métaphysique de Descartes », *Bulletin cartésien IV, Archives de philosophie*, 38, 1975, p. 253-265, ici p. 260 *sq.*

1. *Cf.* aussi : « Cum videam, sive (quod jam non distinguo) cum cogitem me videre » (VII 33, 12-13; et 53, 18, ou 509, 16); *à Plempius,* 3 octobre 1637 : « Videre ut nos, hoc est sentiendo sive cogitando se videre » (I 413, 15-16) et *Principia philosophiae* I, 9 : « Nostram mentem, quae sola sentit sive cogitat se videre aut ambulare ». *Cf.* le commentaire par M. Henry, *Généalogie de la psychanalyse*, *op. cit.*, et nous-même, « Générosité et phénoménologie. Remarques sur l'interprétation du *cogito* cartésien par Michel Henry », *Les Études Philosophiques,* 1988/1, p. 51-72.

2. Pour une analyse plus détaillée, voir J.-L. Marion, *Questions cartésiennes II*, *op. cit.*, p. 19-31. – Que l'*ego* ne se réfère pas, d'emblée et avant même de se prouver son existence, à lui-même interdit évidemment le rapprochement tenté par E. Balibar (« "Ego sum, ego existo". Descartes au point d'hérésie », *Bulletin de la société française de philosophie,* 86, 1992, p. 87-119) avec le *sum qui sum* d'*Exode* 3, 14 (voir Bulletin Cartésien XXIII, *Archives de Philosophie*, 57/4, 1995).

demander si « quelque chose d'autre, *diversum* » (24, 19) que ce qui a été mis jusqu'alors en doute ne pourrait pas s'avérer; et d'évoquer aussitôt « aliquis Deus vel quocumque nomine illum vocem / quelque Dieu, ou quelque autre puissance » (24, 11-12/19)[1], qui aurait pu m'envoyer toutes mes pensées précédentes. En d'autres termes, avant même d'exister, l'*ego* envisage une autre possibilité que la sienne, la possibilité d'un « autre » non encore existant. Et s'il m'envoie des pensées, ne puis-je pas supposer que « ergo saltem ego aliquid sum? / que moi aussi je sois donc quelque chose? » (24, 24-25/19). Stupéfiante question : l'*ego* pourrait exister à partir d'une structure originairement dialogique, qui le met en relation avec un « autre » que lui (Dieu, non existant, mais possible). – Une seconde séquence (24, 25-25, 5/19) objecte que je ne puis devenir existant en rapport avec cet « autre », puisque je ne suis pas (le corps propre serait aussi réfuté que les corps physiques). Mais justement, ne suis-je qu'un des ces corps ? De fait, « *mihi persuasi*, je me suis persuadé » (25, 2 et 5) qu'il n'y avait que des corps et tous mis en doute; donc je ne suis pas; mais si je me suis persuadé de quelque chose, *je* (*ego*) me suis adressé à un interlocuteur (*mihi,* moi encore comme un autre), donc je suis nécessairement en rapport dialogique avec un autre moi, qui est le vrai : *je* est cet autrui, et je suis puisque cet autrui (cet autre moi, plus moi que moi) était déjà; « Imo certe ego eram, si quid mihi persuasi / j'étais sans doute, si je me suis persuadé » (25, 5/19); donc je suis en tant qu'interlocuteur d'un autre (que) moi-même. – Mais l'argument pourrait-il se réfuter (25, 4-10) en objectant que cette évidence, absolue pour moi, ne tient pas du point de vue d'un autre autre que l'autre (de l')*ego,* un « deceptor nescio quis, summe potens, summe callidus / je ne sais quel trompeur très puissant et très rusé » (25,6/19), celui qui intervenait déjà pour rendre hyperbolique le doute (21, 1-3) ? En fait, cet autre autre ne change rien à la précédente conclusion : de même que si « je me persuadai de quelque chose, *si mihi quid persuasi* » (25, 5), j'étais déjà là pour pouvoir me persuader, de même « s'il me trompe, *si me fallit* » (25, 8), ce Dieu qui n'est pas encore et qui n'a même pas de nom, je suis : la même structure dialogique me certifie mon existence comme son interlocuteur (*mihi, me*), que l'autre soit un *ego* ou un *deus ignotus.* – D'où cette conclusion radicale : l'*ego* établit son existence par un acte (performatif) de pensée pensante (*cogito* qui omet le *cogitatum*), parce que cet acte se joue et s'effectue dans une relation dialogique entre moi comme *ego* et un « autre, *quid diversum* », qui me pose. En me

1. M. Beyssade, éd. cit., p. 51, traduit : « quelque Dieu, ou peu importe le nom dont je l'appelle... ».

trompant ou me persuadant, peu importe, pourvu qu'ainsi il me pense en acte et me fasse faire l'épreuve de ma pensée en acte. Car je me pense pensant, puisque je pense qu'il me pense.

D'où cette conclusion, qui va à l'encontre des interprétations les plus courantes et reçues : l'*ego* n'accomplit sa première pensée (le « *cogito* ») qu'en répondant à la pensée pensante qui le précède. Ma *cogitatio* répond, écoute, en second. Le premier *ego* est donc second, un répondant (*mihi, me*). L'*ego,* du moins pour Descartes, ne constitue pas un premier principe, ni un fondement universel. Ou plutôt, il n'est l'un et l'autre qu'en second, en lieu-tenant. Seule la tradition métaphysique ultérieure tentera de lui faire tenir le premier rôle, d'ailleurs en vain.

L'IDENTITÉ DE L'*EGO* ET L'ESSENCE DE LA *MENS* (25, 14-29, 9)

En admettant que « Nota est omnibus essentiae ab existentia distinctio », une fois l'existence de l'*ego* établie, il faut en venir à son essence (même si, selon les « leges verae Logicae », il eût fallu déterminer *quid sit* avant de chercher *an sit*)[1].

Dans le cas de l'*ego,* l'essence ne saurait se dire selon la figure d'un objet du monde, ni même selon les catégories de l'étant. Elle doit se dire de telle sorte qu'il s'agisse de l'acte qu'accomplit la pensée en première personne. Et, bien sûr, Husserl et Heidegger ont tort de reprocher à Descartes d'avoir assimilé l'essence de l'*ego* à la subsistance (*Vorhandenheit*) de la substance[2]. Deux faits massifs interdisent en effet cette accusation. – D'abord l'absence, dans la *Meditatio II,* de toute mention de la *substantia*, qui n'apparaîtra qu'à l'occasion de la première démonstration de l'existence de Dieu (*Meditatio III,* 40,12 *sq.*), d'ailleurs au pluriel, pour redéfinir le rapport entre l'infini et l'*ego* fini, dans un nouveau commencement qui introduit aussi soudainement la *realitas objectva/formalis*, la « lumière naturelle » et la causalité efficiente (40, 14, 21 et 22) ; avoir manqué ce point a eu des conséquences désastreuses pour toute l'interprétation traditionnelle (c'est-à-dire métaphysique) des *Meditationes.* – Ensuite, Descartes n'a pas confondu, contre le reproche que lui

1. Respectivement *IIIae Resp.,* VII 194, 12 et *Iae Resp.,* 107, 25 *sq.* Mais il s'agit précisément d'une autre logique, suivant l'ordre de la connaissance.

2. Sur cette polémique, voir le dossier *in* J.-L. Marion, *Réduction et donation,* Paris, P.U.F., 1989, III, § 1-4 et le rétablissement de la thèse cartésienne in *id.*, *Sur le prisme métaphysique de Descartes*, *op. cit.*, § 12-14.

fit *Sein und Zeit,* la question du *quid* (*ce* que c'est) avec la question, propre à l'*ego,* du *quis* (*qui* est-ce, *qui* suis-je en première personne?)[1]. Descartes pose bel et bien la question de l'ipséité en interrogeant l'essence du *quis* (*wer* et non pas *was*), la *Werheit.* Ainsi, sitôt démontré que *Ego sum, ego existo* (25, 22), il constate ne pas savoir *qui* est cet *ego* qui est nécessairement: «Nondum vero satis intelligo, *quis*nam sim ego ille, qui jam necessario sum» (25, 14-15). Autrement demandé: «Novi me existere; quaeri *quis* sim ego ille quem novi» (27, 28-29). Et il parvient à une réponse, lorsqu'il constate enfin que «melius incipio nosse *quis*nam sim» (29, 19-20).

Qu'a-t-il ainsi conquis? Certes il a commencé par s'enquérir d'un «quelque chose, *quid*» (21, 18), suivant les règles de la philosophie antérieure, qui considère ce qu'elle ne nomme d'ailleurs (et pour cela même) pas encore un *ego* comme un étant de droit commun; mais, si je suis quelque chose (*aliquid, quid*), je ne corresponds à aucune des déterminations habituellement invoquées pour définir l'«homme». Ou plutôt, ces définitions ne saisissent pas l'*ego* comme pensée pensante en acte et d'ailleurs ne peuvent se comprendre en tant que telles. Ainsi «animal rationnel» ne mènerait à rien:

> Quidnam igitur antehac me esse putavi? Hominem scilicet. Sed *quid* est homo? Dicamne animal rationale? Non, quia postea quaerendum foret *quidnam* animal sit, et *quid* rationale, atque ita ex una quaestione in plures dificilioresque delaberer / Qu'est-ce donc que j'ai cru être ci-devant? Sans difficulté, j'ai pensé que j'étais un homme. Mais qu'est-ce qu'un homme? Dirai-je que c'est un animal raisonnable? Non certes: car il faudrait par après rechercher *ce que* c'est qu'animal, et *ce que* c'est que raisonnable, et ainsi d'une seule question nous tomberions insensiblement en une infinité d'autres plus difficiles (25, 25-29/20).

Ainsi aussi «âme» n'expliquerait pas davantage:

> Sed *quid* esset haec anima, vel non advertabam, vel exiguum *nescio quid* imaginabar, instar venti, vel ignis, vel aetheris / mais je ne m'arrêtais point à penser ce que c'était que cette âme, ou bien, si je m'y arrêtais, j'imaginais qu'elle était quelque chose extrêmement rare et subtile, comme un vent, une flamme ou un air très délié (26, 8-10/20).

Aussi longtemps que l'on s'en tiendra aux facultés (aristotéliciennes) de l'«âme», on manquera l'essence de l'*ego,* qui n'est rien qui dans le monde puisse se voir ou s'imaginer, étant «istud nescio quid *mei*, quod sub

1. Voir la démonstration définitive *in* V. Carraud, *L'invention du moi*, *op. cit.*, p. 258 *sq.*

imaginationem non venit» (29, 23-24). Ce qu'il s'agit d'atteindre, en fait de définition de l'ipséité et du *quis* de l'*ego,* doit différer radicalement de tout ce qui convient à ce qui n'est pas cet *ego* même, en acte de pensée pensante, de tout ce qui se pense et ne pense pas. Nul hasard à ce que la seconde formulation de l'argument *Ego sum, ego existo, certum est* (27,9) vienne conclure la première détermination de ce qui *me* caractérise exclusivement et indissolublement: «Cogitare, Hic invenio: cogitatio est; haec sola a *me* divelli nequit/Penser? Cette fois, je trouve: ce qui est, c'est la pensée. Elle seule ne peut être détachée de moi»[1]. Cet *eureka*! cartésien découvre la *cogitatio*, la pensée *pensante* en acte comme le propre (précisément discerné et comme découpé au laser) de l'*ego*, ce qui ne se voit pas, ne s'imagine pas, ne se décrit pas comme un étant pensé du monde, mais qui *se fait, s'accomplit en acte*:

> Sum igitur præcise tantum res *cogitans*, id est mens, sive animus, sive intellectus, sive ratio, voces mihi prius significationis ignotae/je ne suis donc précisément parlant, qu'une chose qui pense, c'est-à-dire un esprit, un entendement ou une raison, qui sont des termes dont la signification m'était auparavant inconnue (27,13-15/21).

Il ne faut pas suivre ici le contre-sens de Gueroult et s'imaginer que la *res cogitans* s'identifie à l'esprit, à la raison ou à l'entendement, puisque ceux-ci resteraient au contraire inconnus et incompréhensibles s'ils ne se trouvaient repris et réinterprétés à partir de cette seule *res cogitans,* qui leur reste incommensurable. L'essence de l'*ego sum, ego existo* ne consiste pas dans l'assimilation de *res* à *substantia,* mais dans la compréhension de *res* à partir de l'acte de penser qui la fait intrinsèquement *cogitans*: «Sum autem res vera et vere existens; sed *qualis* res? Dixi; *cogitans*» (27, 15-17). L'ipséité du *quis/Wer?* se manifeste dans son acte *cogitant.*

L'essence de l'*ego*, prise en ce sens très particulier et précis («præcise tantum») consiste en ce que je suis tel que je pense activement: «quod ego sim qui dubitem, qui intelligam, qui velim, tam manifestum est, ut nihil occurrat per quod evidentius explicetur/il est de soi si évident que c'est moi qui doute, qui entends, et qui désire, qu'il n'est pas ici besoin de rien ajouter pour l'expliquer» (29,7/22). Il faut donc considérer les deux énoncés qui explicitent l'acte cogitant de la *res cogitans* en ses modes comme la définition ultime de l'ipséité (*quis*) de l'*ego*: «Sed quid igitur sum? Res cogitans. Quid est hoc? Nempe dubitans, intelligens, affirmans, negans, volens, nolens, imaginans quoque, et sentiens» (28, 20-22 = 34, 18-21). On remarque d'abord qu'il s'agit toujours de participes présents de

1. 27, 8 ; trad. M. Beyssade, éd. cit., p. 59.

verbes d'*action*, développant l'action de penser, ou plutôt la pensée en action. Et ensuite que ces modes de la *res cogitans* se trouvent énumérés à égalité, sans aucune hiérarchie; en fait, la *cogitatio* s'exerce toujours suivant l'une de ses modalités et reste ainsi une *cogitation* déterminée par un mode (comme le *Dasein* toujours « intoné », *bestimmt,* tempéré en un ton); aussi chacune des *Meditationes* aura son ton, son mode particulier de *cogitatio* : la première, le doute; la second et la troisième, l'entendement; la quatrième, la volonté; la cinquième l'imagination, la sixième, le sentir. Dans chaque cas, l'*ego* accomplit sa *cogitatio* (et même la dernière avec le sentir) comme une pensée *pensante*.

DEUX EXEMPLES FONDAMENTAUX DE LA RÉDUCTION DE LA PERCEPTION À LA *COGITATIO* (29, 19-32, 28)

Pourtant, cette transcendance de l'acte de la pensée pensante sur ce qu'elle pense contredit l'expérience commune – où il paraît aller de soi (parce que « gaudet aberrare mens mea / mon esprit se plaît à s'égarer » [29, 28-29/23]) que nous pensons pour autant que nous saisissons un *cogitatum*; alors qu'il s'agit de réaliser que nous ne pensons un *cogitatum*, qu'autant précisément que l'*ego* y accomplit l'acte de cogiter. D'où l'urgence de s'exercer à remonter de l'attitude naturelle (où penser signifie penser un *cogitatum*) jusqu'à une attitude phénoménologique (où penser signifie accomplir l'acte de *cogitare*). Descartes tente alors l'expérience : lâchons la bride, laissons donc la *mens* croire qu'elle pense en imaginant le *cogitatum,* en s'imaginant que ce *cogitatum* constitue le centre et le fonds de l'acte de penser. En fait, il tente cette expérience à deux reprises sur deux cas bien différents, mais aussi importants l'un que l'autre.

Le premier cas, surtout, a retenu l'attention. Il s'applique au *cogitatum* supposé le plus opposé à la *cogitatio*, la chose corporelle : non pas le corps en général, mais un corps aussi particulier et sensible possible – *ce* morceau de *cette* cire (« *hanc* ceram » [30, 8]). Et plus exactement, pour renforcer l'exemplarité de ce cas, il s'agit d'un corps offrant la palette la plus complète de qualités sensibles, le morceau de cire qui ne déçoit aucun des cinq sens : le goût (saveur de miel), l'odorat (odeur de fleur), la vue (telle couleur, telle configuration, telle grandeur), le toucher (une certaine froideur) et même l'ouïe (il rend quelque son au choc). Rien donc de plus évident que ce *cogitatum* pris en tant que sensible. Et pourtant, si je l'envisage à revers et à rebours, cette fois du point de vue de la pensée pensante, *cogitans* en acte et donc temporalisée (« dum loquor » [30, 15]), toutes ces qualités sensibles peuvent changer, se renverser ou même disparaître une fois modifiées les conditions de l'expérience (en s'approchant du feu, 30,15, du foyer mentionné en 18, 22). Aussitôt disparaissent la saveur et l'odeur, la couleur change (du jaune au rouge); les contours de la figure s'altèrent; la grandeur s'accroît; la surface, désormais intangible, de froide devient chaude; et bien sûr elle ne rend plus aucun son. Bref, tous les sens sont déçus. Et pourtant il reste la même cire (*remanet* [30, 19]), nul n'en peut douter (car l'expérience peut aussi se renverser, et la cire fondue peut redevenir un morceau dur). Que reste-t-il donc? « ...nempe nihil aliud quam extensum quid, flexibile, mutabile / ...rien que quelque chose d'étendu, de flexible et de muable » (31, 2-3/24). Mais comment le pensé-je, puisqu'enfin je le pense quand même, bien que ce ne soit à l'évidence pas en le sentant? Serait-ce que je le pense en l'imaginant? Pourtant je ne saisis pas par imagination l'indéfinie possibilité de toutes ses configurations nouvelles, non seulement parce qu'il faudrait imaginer sans fin, mais surtout parce que je ne sais pas (encore) ce qu'étendue peut bien vouloir dire : « Quid extensum? Numquid etiam ipsa ejus extensio est ignota? / Qu'est-ce maintenant que cette extension? N'est-elle pas aussi inconnue...? » (31, 10-11). Comment donc pensé-je ce que je ne peux ni sentir, ni imaginer? La liste des modes de la *res cogitans* fournit la réponse; parmi les modes qui permettent de penser (par opposition à la volonté/nolonté et l'affirmation/négation), maintenant que le doute l'a cédé à l'*ego* existant, il ne reste que l'entendement (*solus intellectus* [34, 3]). Comment se met-il en acte et en œuvre? En ce qu'il permet de « sola mente percipere » (31, 27-28, 20). Il ne reste donc que la *mentis inspectio* (31, 25 et 32, 27-28), la pensée *pensante* pour penser ce *quid* qui demeure, mais reste indéfini comme tel. Donc la *res cogitans* seule demeure, première et antérieure à tout *cogitatum.*

Cette expérience de pensée (et de *la* pensée) s'impose avec une admirable netteté. Du moins, si l'on évite un contresens aussi surprenant que largement admis : assumer qu'il s'agirait ici, au lieu d'un sensible particulier et concret, du concept de la *res extensa,* qui surgirait dès maintenant « indubitable » par « un surcroît inattendu » de certitude, contredisant l'ordre des raisons et anticipant sur les deux dernières *Meditationes,* comme si Descartes, s'oubliant lui-même, établissait *trop tôt* « la condition de notre connaissance des choses matérielles » et affirmait *ici* sans preuve que

« la nature de ces choses n'est en soi que l'étendue »[1]. Pourtant, cette identification entre le sensible (« hanc ceram ») et le concept des « philosophes » (63, 17), qui relèvera du « purae Matheseos objectum » (71, 8 et 15) ne tient absolument pas. – D'abord parce qu'il ne s'agit justement pas ici des choses matérielles en général, ni de l'étendue en général, ni de la substance matérielle, mais d'un sensible individuel et immédiat, cette cire particulière qui « reste, *remanet* » (28, 25) : « non quidem corpora in generali, [...] sed unum in particulari » (30,5-7). – Ensuite, l'étendue restant (*supersit,* 31,2) ne reçoit pas *ici* statut de *substantia,* pas plus qu'auparavant la *res cogitans,* puisque la *Meditatio II* n'emploie jamais ce terme. Il s'agit simplement de « nihil aliud quam extensum quid » (31, 2-3), d'un « quelque chose » dont la définition ontique demeure *ici* encore rigoureusement inconnue (« ipsa ejus extensio est ignota » [31,11]). L'attribution au sensible du statut de *substantia extensa* n'interviendra que bien plus tard, dans la *Meditatio VI* (*substantia corporea sive extensa* [79, 3-4]), une fois remises en jeu par la *Meditatio V* les natures simples matérielles (*extensio in longum, latum et profundum* [63, 16-21]), qu'avait mentionnées puis récusées la *Meditatio I* (20, 15-19 et 21, 3-1)[2].

Mais il reste un second cas (31, 29-32, 12), qui radicalise même la thèse que la *res cogitans* seule demeure, première et antérieure à tout *cogitatum.* Elle la radicalise encore parce que, cette fois-ci, il ne s'agit plus d'un sensible particulier et matériel (inanimé, un *extensum quid*), mais d'« hommes que j'aurais vus d'une fenêtre passant dans la rue, *respexissem ex fenestra homines in platea transeuntes* » (32, 6-7). Il s'agit donc bel et bien de ce qui relève de la *res cogitans.* Ou plutôt, non, pas exactement. Car de même que j'ai vu la cire « solius mentis inspectione » (32, 5-6) et non par mes yeux de chair, de même *aussi* je ne vois pas *de mes yeux* ces hommes (je ne vois peut-être que des manteaux et des chapeaux, voire des visages de cire dans leur intervalle). Si je dis voir des hommes, et non des « automates, *automata* » (32, 10), c'est parce que, là aussi, je vois par *inspectio mentis,* par pensée pensante. L'humanité de ces silhouettes, je ne la vois que parce

1. M. Gueroult, *Descartes selon l'ordre des raisons, op. cit.*, t. I, p. 133, p. 146, p. 130 et p. 131. La confusion provient sans doute de la lecture de ce texte de 1641 à partir des *Principia philosophiae* II de 1644 ; où il s'agit bien déjà de l'existence certaine des choses matérielles (art. 1), du corps *in universum* (art. 4), de la *substantia corporis* (art. 5), ou *extensa* (art. 8), ou *corporea* (art. 10), cette fois parfaitement connue et parfaitement imaginée (art. 21), tout à l'opposé de la situation décrite dans la *Meditatio II.* Ce qui confirme que l'« ordre des raisons » n'a de sens que conjugué avec la chronologie des œuvres, donc exclut toute interprétation totalement systémique.

2. Sur le rôle essentiel que jouent toujours en 1641 les « naturae simplices » recensées par les *Regulae, cf.* J.-L. Marion, *Questions cartésiennes, op. cit.*, p. 91-96.

que je la pense, mieux, que parce que « je juge que ce sont des hommes, *judico homines esse* » (32, 10)[1]. La reconduction de la pensée en acte à l'*inspectio mentis* aboutit ici à un jugement, au tribunal de la raison, qui décide ou non de l'humanité des hommes apparents. Cette radicalisation résulte du fait que la pensée pensante régit non seulement le monde sensible, mais les *res* hypothétiquement *cogitantes* (argument supplémentaire pour ne pas limiter son champ d'action à une prolepse de la *substantia extensa*).

« BEAUCOUP PLUS DISTINCTEMENT ET PLUS ÉVIDEMMENT » (33, 1-34, 9)

La conclusion de la *Meditatio II* (33, 1-34, 9) abouti à un paradoxe radical : plus je pense quelque *cogitatum* que ce soit, plus je pense activement comme *res cogitans*. Et donc, plus je pense quoi que ce soit distinctement et certainement, plus j'exerce, pour ainsi atteindre ce *cogitatum*, l'acte de penser de manière certaine, distincte et évidente (« non tantum multo verius, multo certius, sed etiam multo distinctius evidentiusque » [33, 6]). En effet, ce que je saisis comme *cogitatum*, ou même ce que je ne saisis pas correctement comme tel, je ne le saisirais pas si je ne le pensais pas comme *cogitans* en acte, et donc si je ne me saisissais pas directement dans cet acte. Même un acte de *cogitatio* manqué ne manque pas de m'assurer de mon existence en tant qu'activement *cogitans*. Le paradoxe initial (25, 10-12) – pour être, il faut penser, contrairement à l'opinion commune qui pose que pour penser il faut être – se redouble : pour penser un *cogitatum*, il faut d'abord agir comme *cogitans*, donc se saisir et s'éprouver comme existant, mais existant en tant seulement que *cogitans* : « Nihildum enim aliud admitto in me esse præter mentem / Car jusques ici je n'admets en moi autre chose qu'un esprit » (33, 2-3/25). J'existe en tant que je pense en acte, donc je ne suis essentiellement qu'en tant que *mens*. Mais tout ce que je pense, quel qu'il soit et même s'il n'est pas véritablement ou n'est pas vraiment connu, me prouve que je suis en tant que je le pense en acte. Contre l'expérience commune, en fait trompeuse, je connais la pensée pensante avant et plus aisément que toute pensé pensée, la noèse précède le noème, qui en procède.

1. Ce passage a inspiré Pascal (*Pensées*, L. 688), *cf.* V. Carraud, *Pascal et la philosophie*, Paris, P.U.F., 1992, § 21 et nos analyses dans J.-L. Marion, *Questions cartésiennes, op. cit.*, p. 194-199. Il définit l'un des points de départ les plus décisifs de la question désormais si populaire de la « connaissance des autres esprits », au même titre que la *Meditation cartésienne V* de Husserl.

Encore plus essentielle à la *cogitatio* que son *cogitatum* s'avèrent en elle son acte cogitatif ou son statut de *cogitans*. Le monde des choses (dont je ne sais encore rien) se retrouve précédé par l'ensemble des actes de pensée dont, à la fin, il procèdera tout entier. Plus essentiel au monde que lui-même s'avère son statut de *cogitatum*, donc sa dépendance envers la *res cogitans* : l'essence de l'*ego* consiste à établir l'essence du monde en le pensant. Jusqu'où faut-il prolonger cette thèse qui fait époque jusqu'à nous ? En un sens, elle prolonge la position de saint Augustin et de Montaigne : l'*ego* (*anima, mens*) atteint son existence par sa pensée, mais ne peut ni ne doit en attendre une définition de son essence[1]. En un autre, elle conduit directement à l'*ego* transcendantal (Kant et sa suite). En un dernier, elle anticipe sur la réduction phénoménologique et la découverte de la phénoménalité du monde (Husserl)[2].

Décider entre toutes ces possibilités, autrement dit entre toutes les conséquences possibles de l'inauguration cartésienne – cela se peut-il ? Sans doute, si l'on n'oublie pas que l'antériorité de la pensée *cogitans* sur tout *cogitatum* résulte d'une antériorité plus ancienne, l'antériorité dialogique de l'autre inconnu et indéterminé, de cet « aliquis Deus, vel quocumque nomine illum vocem » (24, 21-22), qui permet l'acte de penser *Ego sum, ego existo*. Cette plus ancienne antériorité, la *res cogitans* peut d'autant moins l'oublier qu'elle ne cesse de la réactiver sous l'aspect de la finitude, que met en œuvre négativement le premier mode de la *cogitatio*, le doute. Aussi finira-t-elle par la reconnaître catégoriquement sous la figure de l'antériorité de l'idée d'infini, le prénom propre de Dieu, sur la *cogitatio* finie : « …nam contra manifeste intelligo plus realitateis esse in substantia infinita quam in finita, ac proinde priorem quodammodo in me esse perceptionem infiniti quam finiti, hoc est Dei quam mei ipsius / au contraire je vois manifestement qu'il se rencontre plus de réalité dans la substance infinie que dans la substance finie, et partant que j'ai en quelque façon premièrement en moi la notion de l'infini, que du fini, c'est-à-dire de Dieu, que de moi-même » (*Meditatio III*, 45, 26-29/36). Faut-il entendre ici un écho à saint Augustin, « interior intimo meo » ? Qu'il suffise de remarquer que la *Meditatio II* ne peut se conclure sans cette interrogation.

1. *Cf.* J.-L. Marion, « Qui suis-je pour ne pas dire *ego sum, ego existo ?* », *in* V. Carraud, J.-L. Marion (éd.), *Montaigne. Scepticisme, métaphysique, théologie*, Paris, P.U.F., 2004, p. 229-266, et *Au lieu de soi*, *op. cit.*, § 9-10.

2. *Cf.* J.-L. Marion, « En quel sens la phénoménologie peut-elle *ou non* se réclamer de Descartes ? », *in* D. Pradelle, C. Riquier (éd.), *Descartes et la phénoménologie*, Paris, Hermann, 2018, p. 339-361.

DAN ARBIB

MÉDITATION TROISIÈME

La *Meditatio III* déploie la preuve de l'existence de Dieu dite *a posteriori* ou « par les effets », distincte de la preuve *a priori* de la *Meditatio V*. Cette preuve se signale par sa situation historique – et d'abord son caractère d'isolat, de météorite : elle peut bien faire fond sur des concepts ou des thèses qui, moyennant quelques remaniements, sont historiquement attestés avant et après Descartes, elle demeure sans précédent ni postérité notoire, du moins jusqu'aux percées relativement récentes de la phénoménologie française. De fait, la preuve que la postérité aura retenue comme *cartésienne*, ce n'est pas la preuve de la *Meditatio III*, mais celle de la *Meditatio V*, comme Kant lui-même l'atteste[1]. Il y a là un paradoxe, non seulement parce que la preuve dite « ontologique » s'était du vivant même de Descartes trouvé un précédent célèbre dans l'*unum argumentum* du *Proslogion* de saint Anselme, mais surtout parce que Descartes s'était lui-même employé à souligner le caractère central de la preuve de la *Meditatio III* – comme si la postérité avait contredit ou inversé le jugement de Descartes[2]. Ces paradoxes suffisent à faire de la *Meditatio III* un lieu d'une densité philosophique aiguë.

1. E. Kant, *Critique de la raison pure*, A 602/B630, AA III 403.

2. Cf. *Synopsis*, VII 14, 18 : « meum praecipuum argumentum » ; *cf.* aussi *IVae Resp.*, VII 238, 11-14/IX 184 (la causalité efficiente comme principal, sinon unique, moyen de prouver l'existence de Dieu) et *Iae Resp.*, VII 120, 9-14/IX 94 (la secondarité de la preuve ontologique). Ces lieux ont alimenté la polémique entre M. Gueroult, H. Gouhier *et al.*, sur le rapport entre les preuves.

REPRISE DE L'ACQUIS (VII 34, 12-35, 4/IX 27) ET *REGULA GENERALIS* (VII 35, 4-36, 28/IX 27-29)

La *Meditatio III* s'ouvre par un approfondissement de l'acquis : il s'agit d'abord de réinstaller le doute en effaçant de soi toute trace des choses corporelles, en se refusant à elles ; pareille tâche n'a rien d'aisé, Descartes doit l'avouer (« hoc fieri vix potest / à peine cela se peut-il faire » [34, 15]), puisque le doute ne peut suspendre que la *croyance* dans le corps, mais non le corps lui-même, lequel s'il existe peut toujours insidieusement s'inviter, résister et s'imposer, en ouvrant la *mens* à la représentation des choses corporelles. La seule solution consiste alors, non point à chasser ce qui s'impose malgré tout, mais à le *réputer pour faux* ; cette répétition du doute conduit ici, comme directement, à la connaissance de soi comme *res cogitans*, c'est-à-dire au point d'unité de toute cogitation, selon la plus grande diversité des *modi cogitandi* possibles (au point que la traduction française ajoute ici les modes de l'amour et de la haine, absents en 34, 1 9-21). Le doute avait d'abord conduit à l'énoncé du *cogito* (*Meditatio II*), puis du *cogito* à la détermination de l'*ego* comme *res cogitans* ; il devient ici méthode de retour sur soi, manière d'écarter le non-soi du soi pour déployer la *res cogitans* ; son but n'est plus de trouver une certitude, mais d'accéder à soi. En fait, il ne fait ici que mettre en œuvre l'**abductio mentis a sensibus* : puisque le moi ne se donne pas par l'imagination, comme l'a montré la *Meditatio II* (VII 27, 18-19), c'est en supprimant les images des choses corporelles qu'il pourra se ressaisir – et reconquérir la formule qui déjà dans la *Meditatio II* le définissait par la description de ses performances cogitatives, VII 34, 18-21 répétant VII 28, 21-22. Ainsi l'*ego* n'est-il pas un donné mais doit être atteint par la mise à l'écart de ce qui lui est hétérogène ; ou, si c'est un donné, c'est un donné auquel on ne peut accéder que médiatement, *via* le doute. L'*ego* premier ne se *donne* pas premièrement mais *s'atteint* premièrement, par un travail dont le doute est l'opérateur principal et le *cogito* le premier moment.

Tel est bien « tout ce que je sais véritablement, *ou du moins* tout ce que jusques ici j'ai remarqué que je savais » : soulignons cette hyperbate. Derrière le savoir se dissimule un autre savoir, plus profond et vers lequel il convient de se tourner ; ce mouvement du regard en direction des conditions transcendantales de la certitude nous met déjà en possession d'un premier résultat : la *regula generalis*/règle générale (35, 14/27), appelée dans la *Meditatio V regula veritatis*/règle de vérité (70, 26/56) : « illud omne esse verum, quod valde et distincte percipio / toutes les choses que nous concevons fort clairement et fort distinctement, sont toutes vraies» (35, 13-15/27). En effet, le *cogito* étant certain, il peut exhiber les réquisits de la vérité[1]. Or que contient-il, sinon la seule évidence de son objet, c'est-à-dire clarté et distinction? Parce qu'il sous-tend la règle générale, laquelle pourra devenir dans la suite le maître-étalon des propositions valides, le *cogito* se trouve assurer la possibilité de la science. La règle générale lui permettra de discriminer, entre ses cogitations, celles qui pourront offrir un appui ferme pour la suite des *Meditationes*.

Comment comprendre ici les concepts de «clair et distinct» mobilisés par la règle et auxquels la scolastique recourait déjà[2]? Ni les *Meditationes* ni les *IIae Responsiones* ne l'indiquent explicitement, au contraire des *Principia* I, 45. Une connaissance est claire, par opposition à obscure, quand elle est «présente et manifeste à un esprit attentif»; la distinction, qui a pour contraire la confusion, qualifie une idée d'où sont écartés les caractères qui ne lui appartiennent pas. Une idée claire peut donc être confuse, c'est-à-dire demeurer insuffisamment distinguée de ce qui n'est pas elle (une douleur peut donner lieu à une idée très claire, tant elle est vive, mais confuse, si nous nous méprenons sur son origine et la situons dans le corps)[3]. Mais attention: il n'y a d'évidence que pour un esprit attentif, c'est-à-dire présent au présent, car n'est proprement *vu* que ce qui est *présent* à l'esprit: l'attention consiste à *se rendre* l'objet présent, à vouloir voir, «faire le clair». La connaissance cartésienne se comprend dès lors comme un *voir* mêlant l'activité à la passivité: activité, car l'attention est une affaire de volonté[4]; passivité, parce qu'à l'attention disponible et bandée, le vrai *se donne*. La clarté n'est jamais un simple donné, elle est produite, ou mieux, exhibée par l'*ego* au travail, comme le reconnaît Descartes (par ex., 42, 16-17/33). La clarté et la distinction d'une idée seront alors susceptibles de degrés, selon le degré d'attention mobilisée et l'ampleur du travail de mise en évidence conduit, et selon l'intensité de l'objet donné à voir, selon sa teneur représentationnelle, que Descartes appellera, nous y reviendrons, sa réalité objective[5].

1. On peut préférer le concept de réquisit (*requiratur*, 35, 7-8) au concept non cartésien de critère (*criterium veritatis*).

2. *Cf.* É. Gilson, *Index scolastico-cartésien* [1913], Paris, Vrin, 1979, p. 84-86.

3. *Principia* I, 46.

4. *À Mesland*, 2 mai 1644, IV 116.

5. Notons enfin que la *regula generalis* ne signifie pas que *seules* sont vraies les choses que nous pouvons percevoir clairement et distinctement, au moins parce que, comme la *Regula III* l'énonçait déjà, les propositions de foi peuvent être obscures, elles n'en sont pas moins vraies. Sur tout cela, *cf.* D. Kambouchner, *Descartes n'a pas dit…*, *op. cit.*, chap. III.

La *regula* est présentée prudemment : « jam videor…posse statuere / il me semble que déjà je puis établir » (35, 13-14/27) : pourquoi ce *il me semble ?* Parce que l'énoncé de la *regula* n'exclut pas un soupçon : « si posset unquam contingere, ut aliquid, quod ita clare et distincte perciperem, falsum esset / s'il pouvait jamais arriver qu'une chose que je concevrais ainsi clairement et distinctement se trouvât fausse » (35, 11-13/27)[1]. Ce soupçon, formulé à l'irréel du présent, est certes léger, mais cette légèreté même constitue son caractère proprement métaphysique : la possibilité *métaphysique* d'un Dieu qui me trompe sur cela même que je conçois clairement et distinctement, si mince et ridicule soit-elle, exige que l'évidence soit garantie contre toute tromperie par Dieu. En sorte que la garantie par la véracité divine est requise du fait de la fiction métaphysique du *Deus qui potest omnia*, comme le confirme négativement le *Discours de la méthode*, silencieux sur l'une et sur l'autre. Certes, mais dans quels cas ? Envisageons les deux types de connaissance, sensible et intelligible. – La première : j'ai admis des choses pour très certaines et très manifestes (l'existence de la terre de la terre, du ciel, etc.), alors qu'en fait elles sont douteuses. La *regula generalis* en est-elle pour autant compromise ? Non : je *croyais voir* clairement qu'elles existaient hors de moi, alors que je ne le *voyais* pas. La *regula* n'est pas mise en cause, puisque les cas cités ne sont que de pseudo-évidences qu'elle ne subsume pas. – Soit la connaissance intellectuelle. Suivons le mouvement de balancier *quoties/quoties vero* (36, 8 *sq.*) : quand je regarde l'évidence, aucun doute n'est possible (« de moi-même je me laisse emporter à ces paroles »), les vérités mathématiques sont aussi certaines que le *cogito*, qui était vrai sans avoir besoin de la garantie divine (d'où les trois exemples alignés : *cogito*/caractère non contradictoire du temps/« 2+3=5 »). L'évidence donnée au regard n'exige donc pour l'heure aucune garantie : toute évidence vaut celle du *cogito* : de même que je ne peux pas penser que je ne suis pas, je ne peux penser que 2 et 3 fassent autre chose que 5. – Mais (*vero*, 36, 12) que j'évoque la menace du Dieu trompeur, alors seule une vérité demeure, le *cogito*, qui lui résiste. L'écart se creuse alors entre le *cogito* et les autres vérités : si je pense à un Dieu qui me trompe, je puis dire (et je *ne puis pas ne pas* dire) que je suis, mais je ne peux plus maintenir les vérités mathématiques : je peux toujours imaginer un Dieu qui me tromperait même quand j'ai des évidences sous les yeux (*mentis oculis*, 36, 11-12). Il ne faut néanmoins pas se méprendre sur cette dernière expression : c'est un soupçon de principe,

1. Sur la *regula generalis*, *cf.* J.-L. Marion, *Questions cartésiennes II*, *op. cit.*, p. 49-83 ; J.-M. Beyssade, *Études sur Descartes*, *op. cit.*, p. 125-151 ; G. Olivo, *Descartes et l'essence de la vérité*, *op. cit.*, p. 171 *sq.*

qui en toute rigueur ne peut se présenter *au moment même* de l'évidence. Car quand j'évoque un trompeur qui pourrait me tromper même quand je vois l'évidence, je *ne* suis précisément *pas* en train de la voir; certes, je pose un soupçon qui affecte le temps de l'évidence, mais je le pose *sans être face à l'évidence*, puisqu'alors je cesse de la regarder. Cette raison de douter *affecte* l'évidence mais ne se *présente* pas dans le temps de l'évidence, ou seulement de façon « vague »[1] : elle se présente avant ou après, quand je m'en détourne; mais alors le *cogito* continue d'être vrai car l'hypothèse d'une tromperie divine elle-même le confirme, quand les autres vérités succombent. Les propositions mathématiques ne présentent donc pas la même auto-validation que le *cogito* : leur caractère de clarté et d'évidence peut toujours suffire dans l'instant de la perception mais cède sous la menace d'un Dieu qui peut se jouer de moi. – D'où l'équivoque qui pèse habituellement sur l'expression « garantie de l'évidence » : si par *évidence* on entend la vérité au moment où elle est conçue, l'évidence *actuelle* présente à l'esprit, cette évidence assurément ne requiert aucune garantie; mais si par *évidence* l'on entend *vérité* disponible de droit mais non offerte de fait, alors pareille évidence, pouvant être mise en cause par le Dieu trompeur, requiert une garantie. – D'où aussi l'écart possible entre notre passage et la fin de la *Meditatio V*[2] : la preuve *a priori* lèvera l'hypothèque pesant sur le *souvenir* de l'évidence, qui pourrait entre temps m'avoir échappé mais qui était reconnue comme vraie au moment où je la considérais, alors que le soupçon de la *Meditatio III* porte sur l'évidence au moment même où je la perçois. – Dès lors, la levée du doute, produit par un détournement de l'attention à l'évidence, permet de dépasser la persuasion en direction de la *science*[3], puisque « la science est une persuasion (*scientia vero sit persuasio*) née d'une raison si forte qu'elle ne put jamais être ébranlée par une plus puissante », y compris la fiction du grand trompeur.

Examiner « s'il y a un Dieu et s'il peut être trompeur » s'impose donc, car « sans la connaissance de ces deux vérités, je ne vois pas que je puisse jamais être certain d'aucune chose ». Le latin « hac [...] re ignorata » (36, 28)[4] fait une seule vérité de l'existence de Dieu et de sa véracité. Mais

1. G. Rodis-Lewis, *L'œuvre de Descartes*, *op. cit.*, p. 264 et p. 266.

2. Écart seulement *possible*, car si certains interprètes cherchent ici à distinguer les deux types de garanties offertes par la *Meditatio III* et la *Meditatio V* (H. Gouhier, *La pensée métaphysique de Descartes*, *op. cit.*, chap. XI), d'autres semblent y être insensibles (G. Rodis-Lewis, *L'œuvre de Descartes*, *op. cit.*, p. 262 *sq.*).

3. *À Regius*, juin 1640 [mal datée par AT], AT III 64, 21-65, 15/G VIII-2, 735-736; *Ep. à Voet* AT VIII-2, 170

4. La preuve de l'existence de Dieu s'identifie-t-elle à celle de sa véracité? Le latin le suggère, que suit ici H. Gouhier, *La pensée métaphysique de Descartes*, *op. cit.*, 318-319,

question : pourquoi « certain d'aucune autre » ? Le *cogito* n'est-il pas déjà une première certitude ? La véracité devrait-elle s'y appliquer, comme peut-être à la preuve de l'existence de Dieu elle-même ? Non, bien qu'on l'ait plaidé (J.-M. Beyssade) : le *cogito* est la seule vérité qu'aucune tromperie ne saurait invalider : même si l'on me trompe, je suis ; quant à la démonstration de l'existence de Dieu, elle impose de substituer la vraie idée de Dieu à l'idée fausse du *Deus qui potest omnia*, en sorte qu'une idée chasse l'autre. Il faut donc suppléer : « certain d'aucune autre chose » que l'existence de Dieu et le *cogito*. Pourtant, cette démonstration ne s'impose pas d'emblée ; ou plutôt elle est affectée d'une certaine ambiguïté : d'un côté, elle semble marquée par l'urgence, puisqu'il s'agit de valider la règle générale de vérité « quamprimum occurret occasio » (36, 26-27), d'un autre elle semble rencontrée (*occurrit*, 40, 5) comme par hasard, puisque, l'ordre ayant détourné la *Meditatio* de cette urgence (*ordo videtur exigere*, 36, 30), il ne s'agit plus ensuite que de chercher l'existence de « res aliquae » (40, 6) : comme si la recherche d'un Dieu vérace ne croisait que fortuitement la quête d'une sortie du solipsisme.

LE FONDEMENT : LA VOIE DES IDÉES
(VII 36, 29-38, 10/IX 29-30)

D'où partir, à présent ? Du seul acquis disponible : l'*ego*, et avec lui ses *cogitationes*, puisque celles-ci sont pour l'heure les seules données sur lesquels il puisse faire fond, étant *qua cogitationes* incontestables : qu'importe si à la *cogitatio* correspond ou non quelque chose à l'extérieur, elle doit d'abord s'enregistrer comme un fait de la *mens*, le produit de son activité. S'insère alors ici une division dont la fonction dans la structure de la *Meditatio III* ne saurait être minorée : la méthode invite à diviser toutes les *cogitationes* en trois genres : certaines, « comme les images des choses », les représentent : elles seules méritent à « proprement parler » le nom d'idées ; d'autres sont des volontés ; d'autres enfin sont des jugements. Les premières, purement représentatives, ne sauraient jamais être fausses puisqu'elles n'affirment proprement rien, se contentant de dépeindre ou de représenter leur objet ; il en va de même des secondes, qui se composent d'idées représentatives augmentées d'un mouvement de volonté qui n'est lui-même qu'un état (irréfutable comme tel) de l'*ego*. Prises sur le plan de

contre la traduction de Luynes et le mouvement démonstratif, qui procède en deux temps (existence de Dieu *puis* véracité divine en 52, 6-9 et 53, 25-29).

la pure immanence cogitative, idées et volontés ne sauraient donc être fausses. Mais que la *mens* compose un jugement, qu'elle forme une *cogitatio* qui dise quelque chose de quelque chose, et l'esprit alors sort de sa simple représentation et effectue un acte de liaison qui demande confirmation : d'où la possibilité du jugement faux. De cette tripartition résulte la nécessité de s'en tenir pour l'instant aux idées représentatives, incontestables comme représentations, et fondements des affections et des jugements[1]. Encore une fois, qu'à cette idée corresponde quelque chose d'extérieur ou non – nul besoin de le trancher encore : qu'il suffise d'enregistrer le fait même de l'idée comme représentation d'un objet.

Quelle est la fonction de cette division des *cogitationes ?* 1) D'abord, d'isoler un concept d'idées « représentatives » : parmi les *cogitationes*, elles seules méritent vraiment le nom d'idées, étant analogues à l'image de la chose. Cette étape poursuit donc le mouvement de resserrement des *Meditationes*, de l'*ego* à la *cogitatio*, puis de la *cogitatio* à l'*idea* en tant que représentative. Mais qu'on s'épargne le contresens de Hobbes (VII 179, 11-181, 18) : les idées représentatives sont bien « *quandam* imagines rerum », elles représentent *comme* des images mais *ne* sont *pas* des images : l'idée cartésienne s'est émancipée de son arrimage à l'imagination, encore attesté dans les *Regulae ad directionem ingenii* (X 414, 1-3 et 16-19) et dans *L'Homme* (XI, 174-178) mais mis en cause dès le *Discours IV* de la *Dioptrique* : il devient possible d'envisager l'idée, non plus comme une marque physique suscitée par un objet matériel, mais comme « tout ce qui est dans notre esprit, lorsque nous concevons une chose, de quelque manière que nous la concevions »[2], éventuellement comme une représentation purement intellectuelle d'une réalité immatérielle. 2) En resserrant la méditation sur les idées représentatives, l'*ego* se donne la base des deux tentatives d'atteindre une chose extérieure qui constitueront le cœur de la *Meditatio III* : d'abord la voie par l'origine des idées (« veram illarum originem » [38, 10]) ; puis la voie par la cause des idées, qui offrira à Descartes le résultat recherché. Cette première tripartition paraît bien commander la totalité des développements postérieurs.

1. Du point de vue de la possibilité de leur fausseté, les idées représentatives et les affections relèvent de la même catégorie, car elles ne sauraient être fausses ; mais, en tant qu'ils engagent la volonté (c'est le « aliquid [...] amplius », 37, 9-10), les affections et les jugements se distinguent des idées représentatives.

2. *À Mersenne*, juillet 1641, III 392, 28-393, 2. Cf. *Abrégé géométrique*, *IIae Resp.*, déf. I et II.

LA QUESTION DE L'ORIGINE DES IDÉES ADVENTICES (VII 38, 11-40, 4/IX 30-31)

Suivons la première voie, et installons-nous au cœur des idées proprement dites, puisqu'elles ne peuvent donner occasion de faillir. Elles se laissent répartir suivant une seconde division (insérée, donc, dans l'une des catégories dégagées par la première) : certaines idées semblent être nées avec moi (idées innées), d'autres être construites par moi (factices), d'autres enfin provenir de l'extérieur (adventices). Ces dernières paraissent offrir la ressource pour une démonstration d'existence d'objets qui leur sont « semblables », si du moins on veut bien se fier aux deux arguments que constituent l'enseignement de la nature et le caractère involontaire de la formation de ces idées[1]. Et pourtant ces deux arguments sont faibles. – D'abord parce que le *spontaneus impetus* n'a rien du *lumen naturalis* et n'offre rien de clair et distinct : il est si peu fiable sur le plan moral, qu'il n'y a aucune raison qu'il le soit beaucoup sur le plan épistémologique[2]. – Quant au fait que les idées adventices me viennent souvent même malgré moi, *vel invito* (38, 16), faut-il s'empresser d'en conclure qu'elles proviennent de l'extérieur? Non : rien n'interdit qu'il y ait dans l'*ego* quelque faculté productrice encore inconnue, qui suscite ces idées sans que je le veuille, comme dans le songe : c'est là non une thèse cartésienne, mais une hypothèse, simple possibilité qui n'engage nullement l'essence (encore insuffisamment déterminée) de l'*ego*[3]. Le jugement qui outrepasse l'idée dite adventice en direction de l'affirmation de l'existence de la chose extérieure procède donc *ex caeco aliquo impulsu*, d'une « aveugle et téméraire impulsion » (IX 31) : aveugle, car non éclairée par la lumière de l'évidence, et téméraire (glose de la traduction), car ne s'accompagnant pas de l'attention qui lui eût permis d'éviter prévention et précipitation. La voie par les idées adventices est donc sans issue. Faut-il pour autant n'en rien retenir? Tant s'en faut. Elle pose deux jalons d'une réflexion sur les types d'idées que la suite des *Meditationes* viendra exploiter. – D'abord, la tripartition entre idées innées, adventices et factices : s'énonçant ici prudemment, comme une tripartition de sens

1. Notons qu'ici l'*ego* examine deux thèses à la fois : que les idées me viennent de choses *extérieures* et que ces choses soient *semblables* à l'idée que j'en ai. La *Med. VI* confirmera l'existence des choses *extérieures* (les corps), mais tout l'œuvre de Descartes est une réfutation de la *ressemblance* entre l'idée et la chose.

2. *Cf.* aussi *à Mersenne*, 16 octobre 1639, II 599, 4-12/ G VIII-1 348.

3. *Entretien avec Burman*, AT V 152. Que l'*ego ne* soit *qu'*une chose qui pense réfutera définitivement la possibilité d'une telle faculté.

commun ne valant qu'en première approche, elle sera reprise et confirmée progressivement par la fin de la *Meditatio III* (51, 6-14), le début de la *Meditatio V* (63, 4-65, 15) puis l'ensemble de la *Meditatio VI*. Elle n'est donc pas congédiée, elle est pour l'instant insuffisante. – Ensuite, l'ensemble de ce moment fait déjà index vers la *Meditatio VI*, où les idées adventices pourront jouer un rôle d'autant plus décisif que l'*impulsus*, relayant alors le *spontaneus impetus* de la *Meditatio III*, aura été validé par un Dieu vérace. Ainsi procèdent les *Meditationes* : par mouvements de va-et-vient et de requalification rétrospective à mesure que se conquièrent les conditions de légitimation (en fait, la véracité divine).

LA CAUSE DE L'IDÉE D'INFINI
(VII 40, 5-45, 22/IX 31-36)

Sed alia quaedam adhuc via mihi occurrit... Mais une autre *voie* se présente en 40, 5, qui ne cherchera plus l'*origine* des idées, mais leur *cause*[1]. Le principe de cette preuve est connu : mon idée de Dieu est telle que seul Dieu peut l'avoir causée; le détail l'est moins, sur lequel il faut insister – et d'abord sur ses deux fondements : le concept de réalité objective et l'axiome de cause, la preuve consistant à appliquer le second au premier.

1) Soit l'idée prise *stricto sensu*, c'est-à-dire comme représentative (la tripartition des *cogitationes*, 36, 30-37, 12 est un acquis sur lequel il n'y pas lieu de revenir). Celle-ci peut être pensée de deux manières : selon sa *réalité formelle*, elle consiste en un acte de penser; en tant qu'elle représente quelque chose, elle a une *réalité objective*[2]. La réalité objective est l'être de la chose en tant que représentée, « être par représentation », comme traduit le duc de Luynes pour clarifier le lexique scolastique de Descartes : c'est l'être de l'objet de l'idée en tant qu'il se trouve dans l'idée. Tandis que la réalité formelle des idées est principe d'égalité entre elles, toute idée étant produite par la *mens* et taillée dans l'étoffe de la pensée, leur réalité objective est principe d'une double différence : différence

1. Ce concept de *via* se laisse doublement déterminer : 1) comme démarche méthodique (à associer à « chemin », « chaîne de raisons », etc.), il engage le rapport entre métaphysique et méthode ; 2) comme équivalent cartésien aux *quinque viae* thomasiennes, il engage le rapport de la *Meditatio III* aux preuves thomistes dans la scolastique moderne.

2. La littérature secondaire sur ces concepts est considérable, au moins depuis R. Dalbiez, « Les sources scolastiques de la théorie cartésienne de l'être objectif », *Revue d'histoire de la philosophie*, 1929, p. 464-472.

qualitative, puisque les idées ne représentent pas la même chose, et différence quantitative, puisque les objets représentés par les idées sont de teneur ontologique variable et que leur degré d'être objectif varie à proportion : les idées voient ainsi leur réalité objective s'échelonner sur un axe scalaire correspondant à la réalité formelle de leur objet : la substance étant ontologiquement supérieure à l'accident sur le plan formel, puisque ce dernier a besoin d'elle pour subsister, l'idée de substance aura une réalité objective supérieure à celle de l'accident ; et de même pour l'idée de la substance infinie par rapport à celle de la substance finie : l'idée de substance infinie aura la plus haute réalité objective possible, puisque la substance infinie comprend « tout l'être » (*à Clerselier*, 23 avril 1649, V 356, 17). 2) Le deuxième fondement de la preuve est la règle, donnée par la lumière naturelle, qui impose l'égalité ou la supériorité ontologique de la cause par rapport à l'effet : « tantumdem ad minium esse debere in causa efficiente et totali, quantum in ejusdem causae effectu » (40, 21-23/32)[1] ; ce principe procède d'un principe supérieur : « de rien, rien ne se fait », puisque « si on accorde qu'il y ait quelque chose dans l'effet, qui n'ait point été dans sa cause, il faut aussi demeurer d'accord que cela procède du néant » (*IIae Responsiones*, 135, 11-18/106-107)[2]. La cause doit avoir le même degré de réalité que l'effet (« formellement ») ou davantage (« éminemment »). Ce principe est absolument universel : toute *realitas* doit y répondre – y compris, donc, la réalité objective de l'idée, c'est-à-dire l'être par représentation.

Appliquons le principe de causalité à la réalité des idées. – Du point de vue de la réalité formelle, nous l'avons vu, toutes les idées s'équivalent, elles sont de la *cogitatio* que mon seul être formel de *res cogitans* peut causer. – Mais comment expliquer leur réalité objective ? Une chose est sûre : il faut que la cause ait au moins autant de réalité formelle que l'idée de réalité objective. D'où la structure formelle de l'argument : si je pouvais trouver une idée dont la réalité objective soit supérieure à mon pouvoir de la causer, alors je saurais qu'il y a un être doté d'un tel pouvoir (42, 18-24/33). Examinons les différentes idées : 1) L'idée de moi-même me représente moi-même à moi-même : sa réalité objective ne peut excéder ma propre réalité formelle, donc mon pouvoir de la causer. Soit à présent les idées « d'autres hommes, ou des animaux, ou des anges » ; elles sont

1. Sur la précision « efficiente et totali », cf. *à Mersenne*, 3 décembre 1640, III 274, 20-24 et *IIae Resp.*, VII 133, 27-134, 14/IX 105-106.

2. *Cf.* aussi *IIae Resp.*, *Abrégé géométrique*, axiomes 1 et 3.

composées de l'idée de moi-même, des choses corporelles et de Dieu[1]. – La première ne pose pas de problème; restent les choses corporelles et Dieu. 2) Les idées des choses corporelles sont composées de deux types d'idées : celles dont l'*ego* peut être cause formelle et celles dont il peut être cause éminente : a) les idées de substance, de durée, de nombre peuvent venir de moi, puisque je suis une substance, capable de mémoire (donc de durée) et en mesure de compter ses pensées : je puis dès lors être la cause formelle de l'idée de la substantialité, du temps et du nombre. b) S'agissant des autres idées propres aux choses corporelles (l'étendue, la figure, la situation, le mouvement local), certes, je ne puis les causer formellement, puisque je ne suis pas étendu, mais je puis en être la cause éminente, puisque ce ne sont que des modes de la substance et que je suis une substance. – Objectera-t-on que Descartes considère ici le concept de substance comme univoque à la *res cogitans* et à la chose matérielle, en dépit de la distinction réelle entre *res extensa* et *res cogitans ?* On répondra d'abord que la distinction réelle n'est pas établie avant la *Meditatio VI*, donc qu'elle ne saurait jouer ici; ensuite que, pour autant qu'une distinction, même floue, puisse être déjà envisagée (45, 5), il revient à la causalité éminente (et non formelle) de l'*ego* d'en rendre raison (45, 8); enfin qu'il ne s'agit nullement de soutenir que je suis effectivement la cause formelle de la réalité objective de l'idée de substance corporelle, mais seulement, à ce stade de la réflexion, que je *puis* l'être : cette seule possibilité écarte l'exigence d'une cause autre que l'*ego*[2]. – 3) Reste l'idée de Dieu : « Sola restat idea Dei » (45, 9). Pourquoi *sola*, seule ? Parce que cette idée jouit d'un statut doublement exceptionnel : exceptionnel par sa réalité objective, celle d'une substance infinie contenant toutes les perfections (40, 16-18/32 et 45, 11-14/35-36); et exceptionnel parce que cette réalité objective ne peut avoir comme cause qu'un être dont la réalité formelle est elle-même infinie – à savoir Dieu. À la structure formelle de l'argument (42, 18-24) répondent à présent quelques lignes (45, 9-18) où se resserre la preuve proprement dite. Le ressort de cette preuve est ainsi l'infinité de l'idée de Dieu, opposée à la finitude de l'*ego* : de toutes idées sauf de celle de la substance infinie, je peux être cause : parce que je ne puis causer son idée, Dieu existe, qui en est la cause.

1. Les éditions de 1647 et 1661, suivies par AT IX 34, omettent de traduire « mei ipsius » (43, 7), donnant « des autres idées que j'ai des choses corporelles et de Dieu » pour »illas [...] quas habeo mei ipsius et rerum corporalium et Dei». Dans sa traduction (éd. cit.), M. Beyssade rectifie ce point.

2. *Vae Resp.*, in *Med. III*, § 6, VII 367, 10-18/IV-1 562.

Mon inaptitude à causer la réalité objective de l'idée permet ainsi d'établir l'existence de Dieu. Le concept de réalité objective est donc le véritable levier de la preuve de la *Meditatio III*; mais encore faut-il correctement l'interpréter. Et d'abord de ne pas le comprendre comme Caterus, pour qui l'être objectif n'est qu'une « dénomination extrinsèque » par quoi s'énonce le fait que la chose se donne à l'entendement comme le terme de son acte, de sa visée[1]. Car le monde extérieur mis en doute, la seule représentation dans l'idée est déjà pourvue d'un être : de pur instrument de la connaissance (*quo cognoscitur*), l'*objectum* devient l'objet même de la connaissance (*quod cognoscitur*), gagnant en consistance ontologique[2]. D'où il suit que l'être objectif est tout de même quelque chose et non pas tout à fait rien (*non tamen profecto plane nihil est*, 41, 28-29/33). N'est-ce pas d'ailleurs (seconde remarque) ce qu'indique le concept de *realitas?* Loin de signifier l'existence actuelle, la *realitas* est ici un concept univoque à la *realitas formalis* et la *realitas objectiva*, indifférent aux distinctions formel/objectif, existant/représenté, réel/possible, etc. La *realitas* dit l'être, quel qu'il soit et quel qu'en soit le degré, fût-il infime, et par là indique déjà son caractère d'effet requérant une cause[3]. Par une audace spéculative assumée (« *etiam* de ideis » [41, 3]), ce à quoi la tradition scolastique refusait d'accorder une véritable consistance ontologique prend chez Descartes dignité d'effet requérant une cause. Et c'est parce que l'être objectif a dignité de réalité que Descartes peut lui appliquer la causalité et poursuivre son travail de réélaboration entamée en 1630 : resserrer les quatre causes héritées d'Aristote autour la causalité efficiente mais compenser cette restriction par un élargissement de son champ de légitimité : après avoir été appliquée aux essences (15 avril 1630), avant de s'appliquer, fût-ce *quodammodo*, à Dieu comme *sui causa* (*Iae* et *IVae Responsiones*), la causalité efficiente s'applique ici à la réalité objective de l'idée. Enfin, troisième remarque, la réalité objective doit davantage ici être considérée sous son aspect scalaire que proprement qualitatif, même si les deux sont liés : certes, c'est bien Dieu que l'idée représente (qualitativement), mais c'est parce que sa réalité objective excède (quantitativement) le pouvoir causal de l'*ego* que l'existence de Dieu peut être démontrée.

1. *Iae Obj.*, VII 91 *sq.*/IX 74 *sq.*

2. Sur le transfert des idées de Dieu à la *mens*, *cf.* S. Di Bella, Meditazioni metafisiche. *Introduzione alla lettura*, Rome, La Nuova Italia Scientifica, 1997, p. 93.

3. *Cf.* V. Carraud, « Des choses réelles à la réalité des choses », *Quaestio. Annuario di storia della metafisica*, 17, 2017, p. 199-216.

LA SECONDE VERSION DE LA PREUVE
(VII 47, 24-51, 5/IX 38-40)

Enjambons, pour mieux y revenir, la séquence 45, 23-47, 23. La césure 47, 24 ouvre une deuxième version de la preuve par les effets. Cette seconde version de la preuve est-elle bien différente de la première? Descartes soutenait volontiers le contraire[1]. Preuve par les effets : la seconde l'est autant que la première, à ceci près que l'effet considéré n'est plus l'idée de l'infini dans l'*ego* – et plus exactement sa réalité objective – mais l'existence de l'*ego* en tant qu'il possède l'idée de Dieu.

Par rapport à la première formulation de la preuve, la seconde prouve l'existence de Dieu *palpabilius* et *absolutius*. 1) *Palpabilius* (*IIae Responsiones*, 136, 7/107). La preuve par les effets était spéculativement très exigeante : elle impliquait une ontologie scalaire appliquée à l'être objectif, échappant facilement à l'*ego* car requérant l'arrachement aux images sensibles – bref, elle contredisait la pente naturelle de l'homme : et de même que dans la *Meditatio I* le Malin Génie venait contrebalancer une puissante tendance à faire confiance au monde (22, 4-7), de même qu'il avait fallu dans la *Meditatio II* relâcher la bride d'un esprit qui se plaît à s'égarer (29, 30), il faut encore ici faire droit aux fléchissements de l'attention de l'*ego* (*cum minus attendo*, 47, 26) en rendant la preuve « plus palpable », c'est-à-dire plus accommodée à l'homme qui peine à se défaire du sensible. Telle est la fonction de ce second moment. On devine à quel destinataire il s'adresse : à celui pour qui une preuve de l'existence de Dieu doit s'appuyer, non pas seulement sur *la réalité objective* d'une idée, mais sur la réalité formelle d'un étant. S'agit-il d'un lecteur thomiste ? En toute rigueur non, puisque les *quinque viae* partent des *étants sensibles*, que ceux-ci sont disqualifiés par le doute et que l'*ego*, c'est-à-dire la *mens*, n'est pas sensible; mais à tout le moins ce dernier est-il doté d'une consistance ontique, formelle, qui peut donner au thomiste, réservé sur l'extension de la causalité à la réalité objective, une satisfaction provisoire. 2) Cette preuve démontre aussi l'existence de Dieu *absolutius*, « plus exactement », d'après Clerselier (*Iae Responsiones* 105-106/84), ou plutôt « de manière plus profonde ». Car si la première preuve établissait l'existence d'un Dieu déjà reconnu comme créateur (45, 13-14), la seconde approfondit à présent la *dépendance ontologique* de l'*ego* et permet de le poser comme une *res* incomplète et dépendante de Dieu; c'est donc surtout

1. *À Mesland*, 2 mai 1644, IV 112.

à elle que, en toute rigueur, doivent être rattachées les lignes conclusives de la *Meditatio* (51, 23-29).

Ce surcroît démonstratif naît de son principe même : cette preuve ne questionne donc plus la cause de l'idée de Dieu, mais la cause de l'*ego en tant qu'il a l'idée de Dieu*[1] (*ego ipse habens illam ideam*, 48, 1). Tel est à présent l'effet dont il faut donner la cause. Plusieurs scénarios sont possibles :

1) Que l'*ego* se crée lui-même et son idée de Dieu (48, 7-24). Mais alors pourquoi ne se serait-il pas donné toutes perfections dont il a l'idée? Si l'*ego* est une substance, les perfections ne sont que des modes ; or, et les axiomes 8 et 9 de l'*Abrégé* l'expliciteront, qui peut se créer comme substance peut bien s'adjoindre des modes, et même tous les modes; en sorte que si l'*ego* se créait lui-même, assurément il se donnerait toutes les perfections dont il a l'idée : l'*ego* ne s'est donc pas donné l'existence, et le seul désir de perfections supplémentaires suffit à la prouver. – Observons d'abord qu'il manque à ce raisonnement une prémisse : que l'*ego* veuille *infailliblement* se donner toutes les perfections dont il a l'idée. Cette thèse, classique dans la scolastique[2] et que Descartes avait déjà énoncée dans sa lettre *à Mersenne* du 25 décembre 1639 (II 628, 3-9), ne figurera que dans les *IIae Responsiones* (ax. VII). – Ensuite, cet argument constituera dans les *Iae Responsiones* le point de départ des développements sur la *sui causa* : à l'hypothèse (formulée à l'irréel) que l'*ego* se serait donné toutes les perfections qu'il conçoit, Caterus objectera l'impossibilité d'être cause de soi – à quoi Descartes, outrepassant la portée de la thèse de la *Meditatio III*, répondra en soutenant jusqu'au paradoxe l'aséité positive de Dieu sous le concept de *sui causa*[3].

2) La seconde option – l'*ego* pourrait avoir toujours été tel qu'il est présentement, sans cause (48, 25-49, 20) – se heurte à une objection dirimante : le *tempus vitae*, fait de moments indépendants (IX 127), est tel que l'*ego* ne peut se maintenir dans l'être que par une création continuée : la conservation d'une substance doit se comprendre comme création. La cause de la conservation de l'*ego* s'identifiant à sa cause créatrice, nous

1. *IIae Resp.*, IX 107.

2. *Cf.*, par ex., Thomas d'Aquin, *Summa theologiae*, Ia p., q. 82, art. 1 et 2 et les indications d'É. Gilson, *Commentaire du* Discours de la méthode, Paris, Vrin, 1987, p. 332-333.

3. Contrairement à la majorité des commentateurs, nous ne croyons pas que la preuve de la *Meditatio III* présuppose ou implique le concept de *sui causa;* au contraire, les affirmations des *Iae Resp.* nous paraissent *en excès* par rapport aux réquisits de la *Med. III* (*cf.* V. Carraud, *Causa sive ratio*, Paris, P.U.F., 2002, p. 255) – ce qui ne signifie pas que l'unité des preuves *a posteriori* et *a priori* ne puisse être éclairée par la *sui causa*.

retombons dans le cas précédent : si l'*ego* se causait-lui-même, il se donnerait toutes les perfections dont il a l'idée. Cette seconde hypothèse est donc réfutée au moyen de deux thèses fortes, la création continuée et la divisibilité du temps. – La première pose l'identité entre conservation et création : la différence entre l'une et l'autre n'est qu'une « distinction de raison », « qui se fait par la pensée », sans fondement ontique[1] ; elle procède de la structure même du temps. Celle-ci, seconde thèse, a longtemps alimenté une controverse entre deux interprétations : d'un côté, les partisans d'un temps discontinu, composé d'instants séparés, d'unités discrètes, d'un autre les partisans d'un temps continu. Sans trancher ce débat complexe, observons seulement a) que la divisibilité du temps en parties innombrables (*in partes innumeras dividi potest*, 48, 28-49, 1) n'équivaut nullement à sa division *effective* en instants atomiques, mais seulement à la *possibilité* d'une division infinie, donc au caractère non nécessaire de la liaison d'un moment à l'autre, bref à la contingence ; b) que, du point de vue la *res cogitans*, le *cogito* comme d'ailleurs tout *intuitus*, si resserré fût-il, occupe toujours un certain laps de temps, une certaine durée, qui doit nous retenir de parler « d'instants au sens atomique du terme »[2] ; c) enfin que, du point de vue de la *res extensa*, la physique cartésienne n'impose pas davantage d'atomisme temporel, au moins parce qu'elle est irréductible à la seule considération des figures et que les *Principia* I, 21 appliquent la notion univoque de *duratio* à la *mens* et aux choses. Il est donc douteux qu'on doive entendre la contingence comme l'expression de la « discontinuité du temps », comme si ce dernier était (comment pourrait-il l'être ?) composé d'instants atomiques indivisibles[3].

3) Autre hypothèse : que la cause de l'*ego* ne soit pas Dieu. Cette hypothèse se décline en trois cas : que cette cause soit inférieure à Dieu, qu'elle constitue en fait une coopération de causes, qu'elle s'identifie à la causalité des parents. a) Premier cas : que la cause soit inférieure à Dieu. Mais alors

1. Sur la distinction de raison, cf. *Principia* I, 62. La thèse classique de la création continuée (*cf.* par ex. Thomas d'Aquin *Summa theologiae*, Ia p., q. 104, art. 1, ad.) est ici intégrée à un dispositif proprement cartésien (*cf.* G. Rodis-Lewis, *L'œuvre de Descartes*, *op. cit.*, p. 299).

2. J. Laporte, *Le rationalisme de Descartes*, *op. cit.*, p. 158.

3. Pour les partisans du discontinuisme : J. Wahl, *Du rôle de l'idée de l'instant dans la philosophie de Descartes* [1920], Paris, Descartes & Cie, 1994 ou M. Gueroult, *Descartes selon l'ordre des raisons, op. cit.*, t. I, p. 272-285 ; du continuisme : J. Laporte, *Le rationalisme de Descartes*, *op. cit.*, p. 158-159 ou J.-M. Beyssade, *La philosophie première de Descartes*, *op. cit.*, p. 136-137. Sur tout ceci, *cf.* la mise au point de F. de Buzon, « Jean-Marie Beyssade et la question du temps : remarques sur la *Philosophie première de Descartes* » (à paraître) et G. Rodis-Lewis, *L'œuvre de Descartes*, *op. cit.*, p. 297.

ou bien cette cause s'est causée elle-même, et nous retrouvons à nouveau les apories de la première hypothèse, ou bien elle a été causée par d'autres causes et nous voici emportés par une régression à l'infini. Faut-il exclure la régression à l'infini ? Oui, mais pas pour les raisons que croit Caterus : nullement contraint par l'*anankè stenai* d'Aristote (*Physique* VIII 5, 526a29) ou de la seconde des *quinque viae* de Thomas d'Aquin[1], Descartes ne conteste pas la possibilité d'une chaîne infinie des causes, il soutient seulement que celle-ci atteste la finitude de mon esprit sans produire positivement aucun résultat[2]. Si je dois *ici* renoncer à la chaîne infinie des causes, c'est parce que la cause requise est celle de la totalité même de toute chaîne causale infinie, prise comme effet, bref parce que je cherche la cause qui *instaure* et *conserve* tout effet dans l'être même à chaque instant[3]. Ainsi, pour comprendre la causalité comme création continuée, dont la réfutation de la seconde hypothèse nous a montré l'exigence, seule est requise une cause qui soutient l'*ego* dans l'instant. b) Second cas : une coopération de causes partielles a pu me produire de telle manière que j'aie reçu de chacune une perfection particulière. Objection : cette hypothèse ne tient pas devant la perfection qu'est la simplicité divine. En effet, dans mon idée de Dieu se donne l'idée de l'unité de toutes ses perfections ; or cette unité suppose l'idée des autres perfections : la simplicité n'est pas une perfection parmi d'autres, c'est une perfection qui assure l'étroite solidarité, et même l'identité, entre toutes les perfections : c'est alors de l'unité qu'il faut rendre compte, et non pas des perfections prises individuellement. c) Enfin, dernier cas, franchement superficiel : la causalité des parents. Elle se heurte à deux objections : les parents n'assurent pas davantage la conservation actuelle qu'ils n'ont pu causer l'*ego* en tant que *res cogitans* puisque leur pouvoir causal se limite à l'arrangement de matière pour que mon âme puisse y loger[4].

Concluons par deux remarques l'examen de cette preuve. – D'abord remarquons que la seconde et la troisième hypothèses sont disqualifiées par reconduction à la première, à savoir l'impossibilité de se causer soi-même à moins d'être Dieu. La première hypothèse a donc une primauté de

1. *Summa theologiae*, Ia p., q. 2, art. 3.

2. *Iae Resp.*, 106, 6-107, 7/84-85. *Cf.* néanmoins les précisions importantes de Gouhier, *La pensée métaphysique de Descartes*, *op. cit.*, p. 140 *sq.*

3. La physique cartésienne admet la divisibilité infinie de la matière et donc le procès infini dans l'instant des causes matérielles ; cf. *à Mesland*, 2 mai 1644, IV 112, 1-113, 4 ; sur tout ceci, *cf.* M. Gueroult, *Descartes selon l'ordre des raisons, op. cit.*, t. 1, p. 258 *sq.* et G. Rodis-Lewis, *L'œuvre de Descartes*, *op. cit.*, p. 299.

4. *Cf.* M. Gueroult, *Descartes selon l'ordre des raisons, op. cit.*, t. II, p. 181-183.

structure sur les autres. Sa réfutation prenant la forme d'une *reductio ad absurdum* (si je m'étais causé moi-même, je me serais donné les perfections dont j'ai l'idée et je serais Dieu), l'ensemble de cette démonstration s'apparente à une « preuve par l'absurde ». – Mais surtout, la réfutation de la seconde hypothèse met en évidence la nécessité d'une création continuée de l'*ego* : dès lors, ce raisonnement ne prouve pas seulement l'existence de Dieu, mais aussi et surtout la dépendance ontologique de l'*ego* à un Dieu qui le conserve dans l'être. En démontrant l'existence de Dieu, l'*ego* a démontré sa propre précarité, sa nature d'être dépendant et indigent.

L'INNÉITÉ DE L'IDÉE
(VII 51, 6, 52, 6/IX 40-41)

Ainsi, soit que je ne puisse causer l'idée de Dieu en moi, soit que la présence en moi de cette idée atteste que je n'ai pu me causer moi-même, je sais de manière évidente que Dieu existe. Reste à savoir de quelle manière j'ai acquis cette idée – « qua ratione accepi », question qui reprend celle qui se formulait en 38, 10/30 en termes d'*origine* de l'idée : avec la causalité de l'idée par Dieu n'est pas pour autant réglée le statut (l'origine) de cette idée, puisque la causalité divine s'accommode des trois modes de réception. Il faut donc reprendre la tripartition élaborée en 37, 29 *sq.*, en lui conférant à présent une dignité philosophique accrue[1]. L'idée adventice est pourvue de deux caractères : elle semble venir des sens (et *sembler* seulement, puisque le régime du doute interdit de statuer sur les « choses extérieures », d'où le repentir volontaire : « se présentent *ou semblent* se présenter ») et se présente à l'esprit involontairement ; l'idée factice, elle, s'offre à l'industrie de l'*ego* qui peut la former et la déformer à son gré. L'idée d'infini n'est assurément pas adventice : non seulement elle ne paraît pas venir des sens, mais surtout il faut que l'*ego* la fasse émerger, qu'il la développe activement ; elle n'est pas non plus factice car, dépourvue de toute plasticité, elle oppose à l'*ego* une manière de « résistance ». Ni adventice, ni factice, l'idée de Dieu est donc innée : elle est

1. Accrue, mais non encore définitive, puisque l'innéité de l'idée de Dieu n'est établie ici que par élimination, sans que soit positivement analysé le concept d'innéité ; il ne le sera qu'en ouverture de la *Med. V.*

connaturelle à mon esprit, mais ne se présente que si l'attention s'y applique, c'est-à-dire si l'*ego* le veut[1].

Reste à comprendre le sens de cette innéité. On ne s'étonnera pas si le discours se nourrit d'extrapolations légitimées par des sources scripturaires : l'innéité de l'idée est en fait le premier moment d'une interprétation de *Gen* 1, 26 selon lequel Dieu a créé l'homme à sa ressemblance. Cette interprétation fait fond sur le concept de *marque* et se déploie en trois paliers : d'abord, l'idée de Dieu en l'homme est la marque de l'ouvrier (Dieu) sur l'ouvrage (l'*ego*); ensuite, cette marque équivaut à l'*ego* tout entier : toute œuvre étant la signature de son auteur comme une œuvre d'Apelle est la signature d'Apelle, l'*ego* lui-même est l'image de Dieu, il l'exprime comme le style exprime le peintre[2]; le troisième palier est franchi par l'explicitation du second : si l'*ego* est à la ressemblance de Dieu, le regard sur soi et le regard sur Dieu sont l'avers et le revers d'un même geste (« dum in meipsum mentis aciem converto » [51, 23-24]) qui atteint d'un côté l'infinité de Dieu et d'un autre l'aspiration indéfinie de l'*ego* sous la modalité de la volonté[3]. Sous le concept d'aspiration indéfinie (*indefinite aspirantem*, 51, 26), la volonté constitue ici le fondement de la ressemblance de l'*ego* avec Dieu – ressemblance dont la *Meditatio IV* précisera les modalités[4]. Mais elle soulève dès à présent une question : la volonté de l'*ego*, adossée à l'idée de Dieu comme l'indéfini au fini, serait-elle le mode même de donation de l'idée de Dieu? Hypothèse tentante et parfois soutenue – mais indéfendable, car elle obligerait à renoncer a) à la primauté de l'idée d'infini sur tout mouvement indéfini, b) au caractère purement intellectuel de l'idée de Dieu et c) à la césure marquée entre les idées représentatives et les volontés (36, 30-37, 12)[5].

1. On notera que cette innéité est en fait le point de départ de l'argument, puisque nul ne peut nier avoir en soi l'idée de Dieu, fût-ce l'athée, lequel doit bien avoir une représentation de ce dont il nie l'existence : cf. *à Mersenne*, juillet 1641, AT III 392, 11-24.

2. Cf. *Vae Resp*, VII 372, 1-20/G VIII-1 565-566 et aussi les nuances dans l'*Entretien avec Burman*, V 156.

3. G. Rodis-Lewis (*L'œuvre de Descartes*, *op. cit.*, p. 303) a donc raison : « Descartes condense ici l'essentiel des deux preuves ».

4. Notons, en 51, 26-29, la première apparition du couple conceptuel infini/indéfini réélaboré dans les *Iae Resp.*, *Principia* I, 27 ; *à Chanut*, 6 juin 1647, V 51, 18-52, 25 ; *à Clerselier*, 23 avril 1649, V 356, 1-7.

5. Sur ce point, voir D. Arbib, « L'*ego* image de Dieu… », art. cit.

UN DIEU NON TROMPEUR
(VII 52, 6-9/IX 41)

L'existence de Dieu était justifiée par un impératif: valider la *regula generalis* en levant l'hypothèque que la fiction d'un Dieu trompeur faisait peser sur l'évidence. Hypothèque levée: Dieu ne peut être trompeur, puisque « la tromperie dépend de quelque défaut » et que Dieu est parfait; l'argument est rapide (quatre lignes) et mince – Descartes le concède, s'apprêtant à le reprendre plus attentivement (*priusquam hoc diligentius examinem*, 52, 10). Comme si en dépit de la démonstration du caractère non trompeur de Dieu, la validation de la *regula generalis* s'exposait encore à la possibilité d'un rebondissement spéculatif qui viendrait la différer de nouveau. Extrapolation? Non, car la *Meditatio IV* et la *Synopsis* viendront confirmer la nécessité de cet ultime délai [1].

LA CONTEMPLATION FINALE
(VII 52, 10-20/IX 41-42)

L'*ego* peut-il démontrer l'existence de Dieu sans s'arrêter à contempler sa perfection et sa lumière? La *Meditatio III* s'achève sur un point d'orgue, véritable césure dans le déroulement des *Meditationes* [2] On remarquera 1) que, si Descartes mobilise ici des noms divins traditionnels (*pulchritudo*, *lumen*), la contemplation demeure de part en part philosophique. La vision béatifique n'est évoquée qu'au sein d'une analogie qui, tout en maintenant l'écart entre la « contemplation de la majesté divine » dans l'autre vie et la contemplation de Dieu dans celle-ci (« licet multo minus perfecta »), fait de la première l'analogue de la seconde, en tant qu'elles offrent l'une la **summa felicitas* ou l'autre la **maxima voluptas*. Rien donc dans cette contemplation d'une extase mystique ou de la connaissance intuitive des bienheureux [3]. 2) Descartes reprend ici le couple

1. AT VII 15, 2-5; G. Olivo, *Descartes et l'essence de la vérité*, *op. cit.* et la contribution suivante.

2. On notera que cette césure se marque par un « sed » et non par un « ergo ».

3. Descartes définit très rigoureusement l'écart entre la connaissance naturelle (métaphysique) et la connaissance intuitive des bienheureux in *à Silhon*, mars ou avril 1648, AT V 136-139. Sur cette lettre, *cf.* V. Carraud, « De la connaissance intuitive de Dieu selon A.T., V, p. 136-139 », *in* J.-R. Armogathe, G. Belgioioso (a cura di), *La biografia intellettuale di René Descartes attraverso* La Correspondance, Naples, Vivarium, 1999, p. 287-315. Le *intueri* (VII 52, 15), que Luynes traduit par « considérer », nous paraît appartenir davantage à la conceptualité déployée depuis les *Regulae* (*intuitus*, etc.) qu'à celle de la vision béatifique.

contemplation/méditation, classique en théologie mystique – ainsi de François de Sales : la méditation se fait « avec peine, travail et discours, notre esprit allant par icelle de considération en considération », alors que la contemplation est une « amoureuse, simple et permanente attention de l'esprit aux choses divines ». « La méditation considère par le menu et comme pièce à pièce les objets qui sont propres à nous émouvoir ; mais la contemplation fait une vue toute simple et ramassée sur l'objet qu'elle aime [...]. Nous comptons en méditant, ce semble, les perfections divines que nous voyons en un mystère ; mais en contemplant nous en faisons une somme totale » [1].

Cependant, si la contemplation cartésienne, moment d'admiration et d'*adoration* divine (hapax des *Meditationes*), marque bien un arrêt (« placet hic aliquandiu in ipsius Dei contemplatione immorari » [52, 12-13]), elle ne parachève la méditation qu'en s'y inscrivant [2]. Enfin, 3) l'affirmation selon laquelle la contemplation de Dieu offre à l'*ego* la plus grande joie qu'il peut connaître en cette vie entre en étrange collision avec d'autres énoncés du *corpus*, où un tel rôle est tenu par l'usage de la liberté sous la direction de la raison [3] : ici s'atteste encore le heurt entre les deux principes de la métaphysique cartésienne (Dieu, l'*ego*) et la bipolarité constitutive de la *philosophia prima*. – Ces lignes sont-elles d'une spiritualité convenue ? Qu'elles relèvent d'un registre fréquemment emprunté ne saurait empêcher qu'elles décrivent la relation la plus exacte de l'*ego* fini à Dieu infini : connaissance, admiration et adoration. Et si éblouissement il y a, c'est que l'*ego* peut bien continuer d'exercer sa lumière naturelle, la « beauté de l'immense lumière » divine qui le saisit en retour ne saurait laisser indemne sa prétention à la principialité et finalement offusquer, fût-ce tendanciellement, son regard [4].

1. François de Sales, *Traité de l'amour de Dieu*, VI, II-VI, *Œuvres*, « Bibliothèque de la Pléiade », Paris, Gallimard, 1969, resp. p. 626, p. 616 et p. 621-622.

2. *Cf.* D. Leduc-Fayette, « Descartes et la contemplation », *Revue Philosophique de la France et de l'Étranger*, 190/2, 2000, p. 175-192. Pour un autre usage de cette distinction par le jeune Descartes, *cf.* AT X, 202-203, *in* Descartes, *Étude du bon sens...*, *op. cit.*, p. 139 et les notes de V. Carraud et G. Olivo.

3. IV 252, 267 et 281 ; V 135.

4. Sur ce point, *Iae Resp.*, VII 114, 7 et D. Arbib, *Descartes, la métaphysique et l'infini*, *op. cit.*, § 71.

Le traité de l'infini
(VII 45, 23-47, 23/IX 36-38)

Revenons à présent à la séquence 45, 23-47, 23 que nous avons écartée plus haut. Juste après la première formulation de la preuve, Descartes se donnait quatre objections contre l'idée de l'infini et, partant, contre la preuve elle-même. Leur réponse constitue un véritable traité de l'idée d'infini d'une portée polémique aussi discrète qu'indubitable.

1) Soit la première objection (45, 23-46, 4/36) : l'idée d'infini ne serait que la négation de l'idée du fini ; l'infini ne serait ainsi que du non-fini, et son idée alors parfaitement causable par un étant fini qui n'aurait qu'à appliquer une négation à la position du fini. – La réponse de Descartes est extrêmement forte : tout idée (*perceptio*) de finitude présuppose une comparaison implicite avec l'idée d'infini, première sur toute finitude[1]. L'idée d'infini se caractérise ainsi par une double antériorité : antériorité par rapport à toute idée du fini, mais aussi bien antériorité par rapport à l'idée de l'*ego* lui-même, puisqu'il est lui-même fini. Toute connaissance (finie) par l'*ego* (fini) s'enlèvera sur fond d'idée d'infini, dont la présence est en quelque manière implicite : se représenter l'infini, c'est expliciter cet implicite, non moins présent que sous-jacent à toute idée. L'idée d'infini, impliquée par toutes les autres, n'est ainsi pas une idée comme les autres.

2) Selon la seconde objection (46, 5-18/36), l'idée d'infini serait « matériellement fausse ». Que signifie cette fausseté, s'il est vrai que les idées proprement dites ne sauraient être fausses ? En fait, Descartes ménageait déjà la possibilité d'une telle fausseté par la prudente présence d'un *vix* (37, 27)[2]. Dans la *Meditatio III*, une idée est matériellement fausse quand sa réalité objective est trompeuse : elle me représente le rien comme si c'était quelque chose, le non-réel comme réel[3]. – Que répondre à ce soupçon ? L'idée matériellement fausse étant une idée qui souffre d'une

1. Cf. *Entretien avec Burman*, V 153. Sur le couple décisif *implicite/explicite*, et les apories de la comparaison fini/infini, *cf.* D. Arbib, *Descartes, la métaphysique et l'infini*, *op. cit.*, § 74 et § 68-69.

2. Cf. *Entretien avec Burman*, AT V 152.

3. Arnauld ne manquera pas d'objecter que pareille idée suppose un jugement implicite, à quoi Descartes répondra dans les *IVae Resp.* (IX 179-180) en intégrant davantage la fausseté à l'idée et en définissant l'idée matériellement fausse l'idée dont le caractère même de représentation est douteux. Voilà pourquoi les qualités secondes, dont le statut demeure indécidé dans la *Meditatio III*, prennent rang d'idées matériellement fausses dans les *IVae Resp.* Sur tout ceci, *cf.* les précisions de M. Beyssade, « Réponse à Lilli Alanen et à Raul Landim, *sur la fausseté matérielle* », *in* J.-M. Beyssade, J.-L. Marion, *Descartes. Objecter et répondre*, Paris, P.U.F., 1994, p. 231-246 et D. Arbib, *Descartes, la métaphysique et l'infini*, *op. cit.*, § 23.

carence de réalité objective, l'idée d'infini ne saurait être matériellement fausse, puisqu'elle offre le degré maximum de réalité objective[1]. Voilà pourquoi Descartes la qualifie de « maxime *vera* » : d'après la lettre *à Mersenne* du 16 octobre 1639, la vérité d'une chose se mesure à la teneur en réalité objective qu'elle offre : l'idée de l'infini est la plus vraie parce que sa réalité objective est la plus riche.

3) La troisième objection (VII 46, 18-28/IX 37) est celle de l'incompréhensibilité : si l'idée m'est incompréhensible, comment faire fond sur sa réalité objective ? Descartes répète alors une distinction, déjà indiquée en 1630 et qui provient de saint Augustin, entre *intelligere* et *comprehendere*. Avoir l'idée de l'infini, ce n'est pas la comprendre ni l'embrasser totalement, l'enserrer : ce peut être tout simplement la toucher par la pensée, c'est-à-dire la connaître, l'intelliger. Mais il y a plus : non seulement il n'y a pas d'opposition entre incompréhensibilité et intelligibilité, mais l'incompréhensibilité est cela même qu'il faut intelliger dans l'idée d'infini. Voilà pourquoi elle devient un élément de sa *ratio* (« est enim de ratione infiniti… » [46, 21-22]) : l'incompréhensibilité, loin d'interdire l'intelligibilité, la favorise parce qu'elle s'y insère.

4) Enfin, quatrième objection (46, 29-47, 23/37-38) : je peux me donner l'infinité au moyen de l'accroissement de la connaissance et en faisant de cet accroissement l'outil d'un accroissement de puissance. – La réponse à cette objection déploie plusieurs arguments. D'abord, l'idée d'infini me représente une infinité *en acte*, un infini constitué, définitif : ce n'est pas un mouvement vers l'infini, mais une infinité réalisée. Ensuite, ne peut progresser vers l'infini que ce qui n'est pas infini : Dieu ne progresse pas, n'ayant pas de perfection à acquérir. Enfin, « être en puissance », c'est proprement n'être rien, puisque seul *est* vraiment ce qui est en acte ; par conséquent un tel être en puissance ne pourrait jamais causer l'être objectif. Cette réduction de l'être à l'être-en-acte constitue un geste puissamment anti-aristotélicien.

Ces réponses permettent de déterminer la situation de l'infinité cartésienne dans le temps long de l'histoire de la philosophie. – L'infinité cartésienne contredit exactement l'infinité aristotélicienne : d'abord, la définition de l'infini comme « actu infinitum, ut nihil ejus perfectioni addi possit » (47, 19-20) inverse la formule de *Physique* III, 6, 207a 1-2 (« en effet, non pas ce en dehors de quoi il n'y a rien, mais ce hors de quoi il y a toujours quelque chose, voilà l'infini ») ; ensuite, alors que l'infinité aristotélicienne n'est qu'en puissance, l'infinité cartésienne est infinité en

1. Cf. *Meditatio III*, VII 46, 24-28.

acte (51, 28-29); enfin, l'énoncé aristotélicien : « et il n'enveloppe pas, il est enveloppé, en tant qu'infini » (207a23-24) trouvera sa contradiction littérale dans les *Iae Responsiones* (114, 7). – Descartes s'oppose également à Thomas d'Aquin, pour lequel l'infini ne pouvait faire l'objet que d'une connaissance par *via negativa* et pour qui l'idée d'infini, étant négation du fini, ne pouvait être que seconde et incompréhensible[1] : les première et troisième objections étaient donc parfaitement thomasiennes. La force de la démarche cartésienne est d'arracher l'infinité à la voie apophatique pour la donner en une représentation[2].

Nous comprenons alors que l'existence de Dieu soit conclue *evidentissime* (VII 51, 4; 53, 17). S'agit-il de soutenir que l'existence de Dieu est en *elle-même* évidente et de céder à un évidentialisme que Thomas avait fermement condamné dans son *Contra Gentiles ?* Non, en dépit de l'interprétation évidentialiste des censeurs du Saint-Office[3]. En réalité, l'évidence maximale de la démonstration de l'existence de Dieu s'explique de deux manières : a) d'abord qu'elle soit conclue de façon *plus* évidente peut s'interpréter comme un superlatif relatif: l'existence de Dieu est la conclusion la plus évidente de toutes les propositions. Pourquoi ? Parce que depuis la *lettre à Mersenne* du 15 avril 1630, le surcroît d'évidence d'une proposition traduit toujours son caractère d'antériorité et de condition de possibilité d'une autre proposition : ainsi, par exemple, que l'âme soit mieux connue que le corps signifie qu'il n'y a pas de connaissance des corps qui ne suppose une connaissance de l'âme[4]. Or ici, sans connaissance de Dieu, aucune autre connaissance n'est possible. b) Mais cette surévidence peut s'entendre comme un superlatif absolu : *très* évidente. Faudrait-il en conclure que l'existence de Dieu étant très évidente, sa démonstration n'est pas utile? Tant s'en faut; mais le raisonnement de Descartes peut faire l'objet d'une contraction, d'un resserrement tel que la *Regula VII* (AT X 388) en formalisait la possibilité : alors tout le raisonnement peut se rabattre tendanciellement sur l'idée qui lui sert de fondement – l'idée d'infini, la plus claire et la plus distincte. Le raisonnement, ainsi tassé sur sa base, pourrait apparaître comme la lecture, à même l'idée de Dieu, de son existence, voire à même l'existence de l'*ego*

1. Resp. *Summa theologiae*, Ia p., q. 7, art. 1 ; q. 88, art. 3 ; q. 12, art. 7.

2. Ce faisant, Descartes s'autorise en fait de la percée scotiste, *cf.* D. Arbib, *Descartes, la métaphysique et l'infini, op. cit.*, chap. X et XV et I. Agostini, « La tradizione scotista e la dottrina della positività dell'infinito », *Quaestio*, VIII, 2008, p. 105-124.

3. Sur tout ceci, *cf.* d'abord J.-R. Armogathe et V. Carraud, « La première condamnation… », art. cit., puis D. Arbib, *Descartes, la métaphysique et l'infini, op. cit.*, § 25.

4. *Cf.* AT V 177 ; *Vae Resp.* VII 384, 8-16/G VIII-1 575-576.

fini (VII 51, 30-52, 2). Telle sera en un sens la postérité de cette preuve, qui l'infléchira vers une preuve ontologique ou la preuve malebranchiste de simple vue.

Ce n'est pourtant pas que cette *Meditatio* soit dégagée de toute difficulté.

La première difficulté concerne sa place dans l'ordre des raisons. La preuve *a posteriori*, prouvant l'existence d'un Dieu vérace, permet de garantir les perceptions évidentes; or c'est sur ces perceptions évidentes que s'appuiera la preuve *a priori* de la *Meditatio V*, puisqu'elle se règle sur les démonstrations de géométrie. Faut-il en conclure que la preuve *a priori* requiert la preuve *a posteriori* pour condition? Une objection au moins l'interdirait: que dans l'Abrégé géométrique et dans les *Principia* l'ordre des preuves est inversé, la preuve *a priori* ne requérant aucune garantie préalable – de quoi compliquer la thèse (jadis développée par M. Gueroult) d'une dépendance de la preuve ontologique envers la preuve par les effets.

La seconde difficulté tient aux multiples fonctions qu'endosse l'idée d'infini: d'une part, elle constitue une *représentation* de l'infini, c'est à dire une quasi-image (*tanquam imagines*…) de l'infini; ensuite, elle est représentation implicite, sous-jacente à toute représentation finie, condition transcendantale donc; en tant qu'innée, elle est encore puissance de produire cette représentation (**facultas… ampliandi* ou **facultas… eliciendi*)[1] en donnant à l'*ego* l'élan d'une progression indéfinie et d'une sommation d'unités finies; enfin elle est le terme à jamais inaccessible, l'horizon, de tout progrès indéfini. Ces différentes dimensions ne sont ni toujours articulées ni distinguées par Descartes: l'idée d'infini est à la fois une représentation, une faculté et un horizon. Mais comment l'horizon transcendantal de toute représentation peut-il se donner dans une représentation? Ce n'est pas la moindre des apories que la phénoménologie nous ait permis de relire et de résoudre.

Une autre difficulté, mais non la dernière, serait l'écart entre le caractère hautement métaphysique de ces pages et le dépassement de toute ontologie qui s'y opère. – Caractère hautement métaphysique, parce que la preuve est solidaire d'une batterie de concepts de l'ontologie (*substantia*, *causa*, *realitas*) qui, apparaissant dans la même page (VII 40), font l'effet d'une rupture dans l'ordre des raisons[2]; l'*ego* lui-même y est même pour la première fois être substantialisé (*ego autem substantia*, 45, 7) afin de pouvoir causer la réalité objective de la substance étendue. – Et pourtant,

1. Respectivement, *Vae Resp.*, 365, 15-16/G IV-1 650 et *IIIae Resp.*, 189, 4/147.

2. J.-L. Marion, *Sur le prisme métaphysique de Descartes*, *op. cit.*, p. 130 *sq.*

paradoxalement, cette hyper-ontologisation de la démonstration est compensée par une défection de la métaphysique substantialiste : d'une part, parce que la connaissance de l'*ego* est seconde par rapport à celle de l'infini, qu'en définitive l'*ego*, image de Dieu, se trouve destitué de sa substantialité, bref qu'il trouve en lui plus que lui-même et outrepasse l'idée de soi en direction de l'idée de Dieu et de son existence ; d'autre part, parce que la preuve elle-même joue sur la disproportion entre le fini et l'infini davantage que sur la substantialité : ce n'est qu'en tant que l'idée de Dieu est idée d'une substance *infinie*, que l'« *ego autem substantia* » ne suffit pas à la causer (VII 45, 19-22) . L'infinité prime alors sur la substantialité – faisant de la *Meditatio III* un lieu de tension entre la promotion et la destitution des concepts de l'ontologie. Et cette aporie, il est pour l'heure moins question d'en sortir que de la décrire, car elle est nôtre [1].

1. Nous avons tenté d'établir ce paradoxe *in* D. Arbib, *Descartes, la métaphysique et l'infini*, *op. cit.*

GILLES OLIVO

MÉDITATION QUATRIÈME

La *Meditatio IV* reste la moins étudiée[1] de toutes, sans doute parce qu'elle est la plus énigmatique. Son objet, tel que l'indique son sous-titre « Du vrai et du faux », ne laisse pas de susciter un double étonnement : d'une part, parce que la thèse la plus établie tout au long de l'histoire de la philosophie médiévale est que la détermination du vrai est suffisante, le faux n'étant que le non-vrai, et par là n'étant rien, selon la doctrine des transcendantaux ; ainsi les traités – que l'on pense par exemple au *De veritate* de saint Thomas d'Aquin – portent-ils seulement sur le vrai, sans avoir besoin de statuer positivement sur le faux. Il en va de même du Descartes des *Regulae ad directionem ingenii*, qui n'éprouve pas le besoin d'expliquer le faux autrement que par un défaut d'attention. Or la *Meditatio IV* annonce bien un « Du vrai et *du faux* ». Le paradoxe se redouble en s'inversant, si l'on constate dès la première lecture qu'il y est bien question du faux, mais, semble-t-il, non du vrai ! On pourra légitiment se demander où se trouve l'analyse du vrai qui semble lui faire défaut ? L'*Abrégé* des *Meditationes* ne peut pourtant être plus affirmatif : « Dans la quatrième [*Méditation*], *il est prouvé* [*probatur*] que les choses que nous concevons fort clairement et fort distinctement sont toutes vraies ; et ensemble est expliqué en quoi consiste la raison de l'erreur ou fausseté » (VII 15, 2-5/IX-1 11). Or loin d'éclaircir la question, cette affirmation semble l'obscurcir : Descartes n'a-t-il pas démontré la règle générale dans la *Meditatio III* au moment où l'était l'existence d'un Dieu tout-puissant

1. Cette explication de la *Meditatio IV* reprend certains éléments d'un cours du CNED portant sur les *Meditationes IV-VI* jadis élaboré avec V. Carraud. Nous en avons depuis développé les attendus *in* G. Olivo, *Descartes et l'essence de la vérité*, *op. cit.*

qui ne peut être trompeur, comme l'ont soutenu la plupart des interprètes? La *Meditatio III* ne s'achève-t-elle pas sur le constat connu dans l'histoire du commentaire sous le nom de véracité divine: «il est suffisamment manifeste que [Dieu] ne peut être trompeur [*fallacem*]; en effet toute fraude [*fraus*] et toute tromperie [*deceptio*] dépendent de quelque défaut, ce qui est manifeste par la lumière naturelle» (52, 6-9/41)? La conséquence en serait que «l'idée claire du vrai Dieu a dissipé le soupçon d'une fausseté absolue. [...] La science naît avec la reprise d'une proposition évidente par la véracité divine qui la garantit [...]: la conclusion que Dieu existe et qu'il n'est pas trompeur a l'étonnant privilège de se garantir elle-même»[1]. Ainsi la démonstration de l'existence du Dieu non-trompeur dans la *Meditatio III*, en même temps qu'elle fonderait la règle générale, ouvrirait la possibilité à la science cartésienne, levant l'hypothèque de l'objection d'Arnauld[2] d'un cercle logique[3], conformément à ce que Descartes maintient dans les *IVae Responsiones*[4] Pourquoi donc la *Meditatio IV* se pose-t-elle la question du vrai *et* du faux? Faudrait-il supposer qu'au moment où il compose son *Abrégé* des *Meditationes,* Descartes puisse se tromper non seulement sur un renvoi à leur contenu, mais sur le sens même de ce renvoi?

Il n'en est rien: car la *Meditatio IV* répond à la relance spéculative qu'exige le fait de l'erreur en tant qu'il vient contester la véracité divine apparemment gagnée par la *Meditatio III*, au point d'en suspendre encore l'établissement. Il faut donc produire une théorie de l'erreur qui rende compatibles, sans contradiction, l'infinie puissance en Dieu et l'existence en moi – l'une de ses créatures – d'une imperfection apparemment manifeste (se tromper) que sa puissance et son absence de malignité eussent pu et donc dû, semble-t-il, m'éviter. C'est à cette condition que la règle générale pourra être considérée démontrée, au terme donc de la *Meditatio IV* (et non pas dans la *Meditatio III*).

La *Meditatio IV* reprend ce faisant, tout en tenant compte des acquis des deux *Meditationes* précédentes, un élément de l'enquête laissé en suspens par la *Meditatio I.* Envisageant la «vetus opinio» (21, 1-2/16) d'un Dieu qui peut tout qui pourrait faire que je me trompe (*fallar*) à chaque fois que j'ajoute deux à trois, Descartes continuait: «mais peut-être que Dieu n'a

1. J.-M. Beyssade, *La philosophie première...*, *op. cit.*, p. 345-346.

2. Voir VII 214, 7-14/IX-1 166.

3. Pour ce type d'interprétation, *cf.* J.-M. Beyssade, *La philosophie première...*, *op. cit.*, p. 317-346, ainsi que, plus généralement, G. Olivo, *Descartes et l'essence de la vérité*, *op. cit.*, p. 171-184.

4. *Cf.* VII 245, 25-246, 9/IX-1 189-190.

pas voulu que je fusse déçu de la sorte, car il est dit souverainement bon » (21, 11-12/16). C'est bien ce qu'on devra tenir au terme de la *Meditatio III*, puisque la volonté de tromper se révélera incompatible avec l'infinité de Dieu, laquelle suppose sa bonté. Reste pourtant – et telle sera la difficulté assumée par la *Meditatio IV* – que « si cela répugnerait à sa bonté, de m'avoir fait tel que je me trompasse toujours [*ut semper fallar*], il semblerait que lui fût étranger, aussi du fait de cette même bonté, que je me trompasse parfois [*interdum fallar*] » (21, 12-16/16)[1], dernier point qu'on ne peut pourtant soutenir puisque *de facto* il arrive que je trompe parfois. Telle est donc la donnée du problème que la *Meditatio IV* s'attache d'abord à élaborer puis à résoudre.

LE PROBLÈME QUI REQUIERT LA *MEDITATIO IV*

Récapitulation des Meditationes *précédentes, de la méthode poursuivie et des résultats obtenus (VII 52, 23-54, 3/IX-1 42-43)*

L'entrée dans la *Meditatio IV* est d'une solennité remarquable : à la fois parce qu'elle succède au point d'orgue contemplatif de la *Meditatio III* et parce que, citant alors exceptionnellement l'Écriture sainte, elle annonce une voie menant de cette contemplation à une connaissance universelle. La récapitulation des résultats enregistrés les jours précédents est donc dense, brève et parfaitement maîtrisée : elle est gouvernée par l'habitude de détacher l'esprit des sens et de se libérer des préjugés prise à la fin de la *Meditatio I*[2]. C'est la même raison qui fait dire à Descartes (14, 20-24/11) qu'il n'a utilisé dans sa démonstration de l'existence de Dieu aucune comparaison tirée des choses corporelles, afin de mettre en évidence que l'esprit y était détaché des choses matérielles. Se libérer des préjugés fournit donc le sens explicite d'une thèse qui plus profondément prétend ajuster méthodologiquement chacune des facultés de l'esprit aux types d'objets à connaître[3]. Chacune des facultés de l'âme se voit attribuer un

1. Il nous arrive de modifier la traduction française du duc de Luynes sans le signaler. Nous avons toujours pris soin de consulter et de tirer profit de la traduction de M. Beyssade (éd. cit.) en lui empruntant la plupart du temps ses choix de traduction.

2. Voir son contexte méthodologique dans la *Préface* (VII 9, 25-26) et dans la *Synopsis* des *Meditationes* (VII 12, 7-8 et 14, 23-24/IX-1 9 et 11).

3. La *lettre à Élisabeth* du 28 juin 1643 posera qu'il y a « trois genres d'idées ou de notions primitives qui se connaissent chacune d'une façon particulière et *non par la comparaison* de l'une à l'autre, à savoir la notion que nous avons de l'âme, celle du corps et celle de l'union qui est entre l'âme et le corps, [de même qu'il y a une grande] différence, entre ces trois sortes de

domaine d'objet propre, à connaître selon les modes de pensée qu'elle rend possibles. Si la métaphysique (et plus tard les mathématiques et même la physique) exige que l'on s'abstraie de la connaissance sensible – et des préjugés afférents qui ne sont que la conséquence d'une application inadéquate d'une faculté à un type d'objets auquel elle ne peut ouvrir l'accès (par exemple : les sens ne permettent pas de connaître l'âme seule, mais permettent de concevoir l'union, connaissance déployée par la *Meditatio VI*) – c'est parce que la connaissance d'entendement pur est seule apte à atteindre les premiers principes qui se révéleront être immatériels. L'analyse du « morceau de cire » dans la *Meditatio II* accomplit exemplairement cette réduction de tout savoir fondamental à sa source originaire qu'est l'entendement pur, en hiérarchisant les facultés les unes par rapport aux autres pour les subordonner ultimement à « l'inspection de l'esprit » (31, 25/25). La récapitulation des découvertes précédentes (doute sur les choses sensibles, réductibles aux pures impressions sensibles en l'âme qui sont des pensées, connaissance partielle de l'âme et de Dieu) ne vise pas tant à rappeler leur contenu qu'à souligner que les résultats obtenus l'ont été par recours à l'entendement pur, en détournant la « pensée, des choses sensibles[1] ou imaginables vers les choses seulement intelligibles et séparées de toute matière » (53, 3-5/42).

« Et déjà, il me semble voir un chemin par lequel on en vient, de cette contemplation du vrai Dieu, dans lequel sont cachés tous les trésors de la science et de la sagesse, à la connaissance de toutes les autres choses » (53, 18-22/42). Là encore, il s'agit a) d'insister sur le rappel de la fin de la *Meditatio III* : la contemplation du vrai Dieu répète VII 52, 11 et 17 (IX-1 41-42) et par là même tout le passage de VII 52, 10-20 (IX-1 41-42) qui se subordonne à cette contemplation. Il en découle que ce *verus Deus* qualifie non pas encore le Dieu vérace (sa véracité n'est rapportée que dans la suite en 53, 23-25/42-43) mais bien le vrai Dieu, celui qu'il s'agit de regarder, d'admirer et d'adorer à la fin de la *Meditatio III* parce qu'il répond bien au vrai nom de Dieu qu'est l'infini et qu'identifie, dans l'esprit de Descartes, une citation biblique évidente pour ses lecteurs : « dans lequel sont cachés tous les trésors de la science et de la sagesse » (53, 19-21/42 qui reprend

notions, et entre les opérations de l'âme par lesquelles nous les avons » (AT III 691, 4-11 ; nous soulignons).

1. *Sensibles* est un ajout de la traduction, du reste fort cohérent, et qui vise à faire accepter en français le néologisme technique *imaginable*. Sur le couple *imaginaire* (qui caractérise les espaces irréels chez les scolastiques) et *imaginable* (concept spécifiquement cartésien qui caractérise du réel atteint par l'imagination), voir F. de Buzon, V. Carraud, *Descartes et les « Principia » II*, *op. cit.*, p. 74-75.

Colossiens, 2, 3)[1]. b) Il s'agit ensuite d'insister sur le sens méthodologique de la voie[2] (53, 18/42) qui déploiera la principialité de ce principe que suppose le concept du vrai Dieu selon la chaîne de raisons qu'est la fondation des sciences – on va cependant comprendre que cette voie n'a pas *encore* abouti dans la *Meditatio III* à la garantie de la règle de vérité. En effet, si, comme l'a établi la *Meditatio III* (résultat rappelé en VII 53, 29-54, 3/IX-1 43), la toute-puissance de Dieu exclut par principe la volonté de tromper qui contredirait à son infinie puissance, l'on devrait pouvoir affirmer que Dieu est vérace et que la règle générale est démontrée; or Descartes poursuit, en insistant triplement sur *errare* :

> et il ne resterait aucun doute sur ce point [*de hac re*; c'est Luynes qui introduit *vérité*], s'il ne semblait en résulter que je ne peux donc jamais faire erreur; car si je tiens de Dieu tout ce qui est en moi et s'il ne m'a donné aucune faculté de faire erreur, il ne me semble pas que je puisse jamais faire erreur (54, 4-8/43).

La difficulté est on ne peut plus nettement énoncée : il reste encore un doute sur ce que la *Meditatio III* semblait nous permettre de pouvoir tenir, en sorte que ce point qu'on croyait acquis reste douteux et exige encore sa démonstration. D'où l'élaboration progressive et précise de la question qui demeure – comment se fait-il que je fasse erreur effectivement (54, 4-8 et 2/43) si Dieu ne veut pas me tromper ? – qui va requérir les développements de VII 54, 9-55, 13/IX-1 43-44 pour trouver sa juste formulation.

L'aporie que constituent l'affirmation dans la Meditatio III *de la véracité divine et le constat de l'erreur humaine (VII 54, 4-55, 13/IX-1 43-44)*

« Et sur cette lancée, tant que je pense seulement à Dieu et que je me tourne tout entier vers lui, je ne découvre[3] aucune cause d'erreur ou de

1. Voir V. Carraud, J.-L. Marion, « De quelques citations cartésiennes de l'Écriture Sainte », art. cit.

2. *Via* restitue dans les *Meditationes*, conformément au *Discours de la méthode*, AT VI 2, 11 et 19, 6-7, le vocabulaire des « longues chaînes de raisons, toutes simples et faciles ».

3. Luynes ajoute en cet endroit « en moi », absent du latin et qui fait contresens puisque c'est Dieu seul qui est considéré, dans sa perfection qui exclut toute cause d'erreur. Et c'est bien parce que je suis tourné « tout entier vers lui », comme le traduit à juste titre M. Beyssade, qu'il faudra entendre l'opposition introduite par « postmodum *ad me* reversus, peu après revenant *à moi* ». Contemplant seulement Dieu (« de Deo tantum cogito », 54, 8-9), je ne trouve aucune raison de lui attribuer d'être cause de cette erreur que je me sais éprouver. Mais revenu à (la considération de) moi, la factualité de l'erreur me renvoie, dans la recherche de

fausseté » (54, 8-10/43). Situation qui préside à l'effort d'établir sa véracité dans la *Meditatio III*, l'idée du vrai Dieu exclut la volonté de tromper ou la possibilité d'être la cause de l'erreur. C'est donc lorsque je me tourne vers sa créature (moi), en laquelle je découvre le fait de l'erreur, que paraît la difficulté : « mais revenant peu après à moi, je fais l'expérience cependant que je suis exposé à d'innombrables erreurs » (54, 10-12/43). C'est donc en la créature qu'il faut tenter de chercher la cause de l'erreur puisqu'à chaque fois l'effort de la chercher en Dieu me confronte à l'évidence de sa puissance bienveillante. Cette idée est impliquée par la considération de mon statut de créature qui porte la marque de son créateur (voir 51,15-29/41). Il ne s'agit donc plus seulement de contempler l'idée de Dieu atteinte à la fin de la *Meditatio III*, mais de la confronter à ce qui prolonge son idée comme créateur, c'est-à-dire celle de sa créature que je suis. Notons que Dieu est convoqué ici au titre de sa suprême perfection (inconciliable avec la volonté de tromper qui est une imperfection), alors que l'hypothèse du Dieu trompeur de la *Meditatio III* faisait fond sur sa toute-puissance, ce que rappelle 53, 25-27/43. L'articulation de ces deux *Meditationes* répond à l'exigence de *concilier* ces deux attributs divins, la puissance bien comprise se traduisant en perfection et interdisant par là l'impuissance que serait la volonté de tromper, alors que le fait de l'erreur en moi en conteste la compatibilité.

La première tentative de réponse (54, 14-24/43) tient en la part de néant (c'est-à-dire d'imperfection) que contient l'idée de la créature qui élucide l'incomplétude et la dépendance de cette chose que je suis (voir 53, 10-11/42). La conséquence qui s'ensuit a le statut de conclusion, mais provisoire : « l'erreur, en tant qu'erreur, n'est pas un quelque chose [*quid reale*] qui dépende de Dieu, mais elle est seulement un défaut » (54, 24-26/43), et si je commets des erreurs c'est parce que je n'use pas comme il se doit de ma faculté de distinguer le vrai du faux. Il semble bien que Dieu soit donc disculpé en cette affaire : l'erreur, qui n'est pas un *quid reale*, n'est donc pas, elle est néant. N'étant rien, elle ne saurait donc dépendre de Dieu dont l'acte créateur comporte de donner l'être (possible ou effectif) à ce qu'il crée. Ce défaut qu'est l'erreur n'est pas une propriété, mais l'absence de toute propriété, absence totale de détermination, négation, c'est-à-dire néant, *nihil*. Le défaut est ici *ce qui fait défaut* au point que ce défaut ne saurait être lui-même déterminé : ce n'est pas un défaut de…, mais

ses causes, à deux possibilités apparentes dont une seule va s'avérer tenable. Descartes utilise ce faisant le vocabulaire classique de la *conversio* vers Dieu et de *reversio* vers le moi.

l'absence de toute détermination, une négation absolue que seul le *nihil* peut viser[1].

C'est à partir de cette conclusion provisoire que l'élaboration du problème est relancée : « mais cependant, cela ne me satisfait pas tout à fait » (54, 31/43). Il s'agit d'en contester la pertinence en analysant cette négation comme privation (ce qui est enlevé, d'autant plus qu'il n'a jamais été donné alors qu'il eût pu l'être) ou carence de connaissance, c'est-à-dire de perfection. En caractérisant le défaut qu'est l'erreur comme une perfection manquante mais due, on obtient ce dont on est privé, qui, s'il n'est rien en moi, est un possible puisque Dieu eût pu, par sa toute-puissance, me donner des perfections qu'il ne m'a pas données, en l'occurrence, le surcroît de connaissance qui en toute situation de jugement m'eût définitivement évité de faire erreur. Ce faisant et contrairement à ce que prétendait la conclusion précédente, ce défaut, qui pointe désormais une perfection qui me manque puisqu'elle est possible pour Dieu, devient un *quid reale*, un quelque chose possible, donc déterminé, et qui par conséquent requiert d'une cause[2] qui ne peut être que son créateur. Si au terme de la *Meditatio III* Dieu n'était plus trompeur par volonté de tromper (« velle fallere », 53, 27/43), je n'en puis être maintenant que plus étonné que le Dieu tout-puissant qui ne peut vouloir tromper n'ait usé de sa toute-puissance pour que je ne fisse pas erreur. Si Dieu ne pouvait vouloir me tromper (ce qui est avéré au terme de la *Meditatio III*), donc ne pouvait vouloir que je me trompasse toujours, il était susceptible d'avoir tout aussi bien la volonté que je ne trompasse pas quelquefois, d'où il résulte que je ne devrais jamais me tromper : conclusion factuellement contredite qui légitime le développement de la *Meditatio IV*. L'idée d'une toute-puissance de Dieu, dont la bonté présumée comprend l'absence de malignité, m'apparaît encore contradictoire au début de la *Meditatio IV*, puisqu'elle semble révéler *de facto* une impuissance à faire que je ne me trompe pas. L'attribut divin qui est encore soumis à examen dans la *Meditatio IV* n'est donc autre que celui de sa *toute-puissance*.

1. Concernant la détermination de l'*ego* comme « *medium quid inter Deum et nihil* » ainsi que « l'idée pour ainsi dire négative du néant », voir G. Olivo, « L'idée du néant et la fausseté matérielle de l'idée : Descartes et la question du néant », *Dire le néant*, *Cahiers de philosophie de l'Université de Caen*, 43, 2007, p. 249-273.

2. Notons que 1) la possibilité de cette auto-objection était déjà ménagée en VII 54, 29/IX-1 43, lorsque Descartes rapportant le *defectus* comme négation à un défaut d'infinité que Dieu ne m'a pas donnée, ouvrait à sa compréhension comme privation de perfection possible et donc au maintien du doute ; 2) la séquence « c'est-à-dire n'est pas un simple défaut ou manquement de quelque perfection qui ne m'est point due » (IX-1 43-44) est un ajout (non fautif néanmoins) de la traduction.

La véracité du vrai Dieu dont la *Meditatio III* a démontré l'existence étant suspendue, la question devient : « il n'y a pas de doute que Dieu aurait pu me créer tel que je ne me trompasse jamais; il n'y a pas non plus de doute qu'il veut toujours ce qui est le meilleur : n'est-il donc pas meilleur que je me trompe plutôt que je ne me trompe pas ? » (55, 10-13/44) ? La question souligne l'incrédulité que suscite l'invraisemblable conclusion qui semble pourtant appelée par le double constat : doit-on *vraiment* se résoudre à tenir qu'il est meilleur que je me trompe plutôt que je ne me trompe pas ?

C'est que cette toute-puissance de Dieu – grâce à laquelle il était découvert dans la *Meditatio III* comme vérace – excédait à ce point ma capacité de le comprendre qu'elle demandait dès la fin de la *Meditatio III* à être encore examinée « plus soigneusement » (52, 10/41), puisque je n'étais pas certain d'en avoir saisi tous les aboutissants. C'est pourquoi la *Meditatio IV* reprend son parcours là-même où la précédente l'avait laissé « quelque temps » (52, 12/41), exactement au « chemin qui nous conduira de cette contemplation du vrai Dieu » jusqu'à la science (reprise littérale du chemin auquel la *Meditatio III* s'est arrêtée quelque temps, celui de la contemplation selon 52, 12-13/41) pour examiner soigneusement si Dieu « ne peut être trompeur » (52, 7/41). Or cet examen vient d'aboutir à une difficulté et donc à la suspension ou mise en doute de l'affirmation examinée : la véracité divine n'est donc pas encore établie, pas plus que la règle générale qui la suppose. La conclusion s'impose, conformément à la *Synopsis* : la règle générale n'est pas démontrée au terme de la *Meditatio III,* mais le sera à celui de la *Meditatio IV* (voir VII 15, 2-5/IX-1 11) lorsque sera levée la suspicion paradoxale d'une tromperie divine par impuissance de sa toute-puissance.

L'argumentaire qui va lever cette suspicion se déroule en trois moments, nettement scandés : « occurrit primo » (55, 14), « Occurrit etiam » (55, 27), puis « [occurrit] Deinde » (56, 9).

LES DEUX PREMIERS ÉLÉMENTS DE LA RÉPONSE LA CONSIDÉRATION CONJOINTE DE DIEU ET DE SES CRÉATURES : (VII 55, 14-56, 8/IX-1 44)

L'incompréhensibilité de Dieu et l'impossibilité du raisonnement par les causes finales (VII 55, 14-26/IX-1 44)

Les développements sur le caractère impénétrable des fins de Dieu vont, semble-t-il, se déployer comme une théodicée[1].

> Il me vient d'abord, examinant cela plus attentivement, que je ne dois pas m'étonner que Dieu fasse certaines choses dont je n'entende pas les raisons[2]; et qu'il ne faut pas douter de son existence de ce que je fais peut-être l'expérience qu'il y en a certaines autres dont je ne comprends ni pourquoi ni comment il les a faites (VII 55, 14-19/IX-1 44).

En premier, est invoquée « une seule raison », un seul argument donc qui tient à la disproportion entre ma nature infirme et celle, immense, de Dieu. Les raisons de Dieu nous sont par nature impénétrables, puisque son infinité nous les rend incompréhensibles. Aussi cela nous interdit-il d'avoir recours aux raisonnements finalistes dont on a l'habitude d'user en physique, non seulement pour en disqualifier l'usage dans ces disciplines[3],

1. Nous restituons ici la thèse traditionnellement défendue par les historiens du cartésianisme qui interprètent la *Med. IV* comme une théodicée, au sens d'une justification de l'existence de l'erreur : Descartes théoriserait la liberté humaine afin d'exposer une doctrine du jugement qui permette d'innocenter Dieu du fait de la fausseté. Voir en particulier É. Gilson, *La liberté chez Descartes et la théologie* [1913], Paris, Vrin-reprise, 1989, p. 211-235; G. Rodis-Lewis, *Le développement de la pensée de Descartes*, *op. cit.*, p. 145-146; enfin M. Gueroult, *Descartes selon l'ordre des raisons*, *op. cit.*, t. I, p. 238 et p. 317-321. Telle semble être aussi, du moins partiellement, la position de F. Alquié, d'après FA II, 459, n. 1. Rappelons toutefois que le mot de théodicée n'est employé ni par saint Augustin ni par saint Thomas d'Aquin et que son usage par les commentateurs dénote sans doute une réflexion rétrospectivement leibnizienne. Nous nous sommes opposé à cette lecture de la *Med. IV* dans G. Olivo, *Descartes et l'essence de la vérité*, *op. cit.*, p. 355-358.

2. Descartes pense-t-il ici par exemple aux événements de la Providence ? Considérant ici les choses « en philosophe » (voir *Entretien avec Burman*, AT V 158), il doit plus vraisemblablement songer aux choses qui n'ont jamais été « d'aucun usage » à l'homme ; voir *Principia philosophiae* III, 3, AT VIII-1, 81, 15-18. Ces *autres choses* (*quaedam alia*) sont reprises en AT VII 56, 6 (« multa alia, beaucoup d'autres choses ») en suivant la même distinction entre ce qui est fait (« facta sint ») ou peut être fait (« fieri possint ») par Dieu.

3. Retraduisons AT VII 55, 21-25 : « je sais bien, à partir de cela [la prise en compte de ma nature infirme et celle de Dieu immense] qu'il peut d'innombrables choses dont j'ignore les causes ; et grâce à cette unique raison, j'estime que tout ce genre de causes que l'on a l'habitude de tirer de la fin dans les choses physiques n'est d'aucun usage » (voir sur ce dernier point, les *Principia philosophiae* I, 28 et III, 2, qui reprennent *Romains* 11, 33 ; d'où l'ajout à la

mais pour en interdire aussi le recours en métaphysique, puisqu'il était usuel en théodicée de faire fond sur des arguments de finalité naturelle ou physique (finalité biologique, échelle des êtres etc.) pour justifier de la perfection de la création. L'effet immédiat de cette thèse est bien d'interdire par principe tout raisonnement par cause finale (sauf peut-être « in Ethicis »)[1].

La considération de la perfection du tout de l'univers donne le seul point de vue, inaccessible pour nous, à partir duquel rendre raison du fait de l'erreur (VII 55, 27-56, 8/IX-1 44 puis 61, 9-62, 11/48-49)

Notons la particularité de cet argument qui, intervenant lors même que « je n'ai connu jusqu'ici avec certitude rien d'autre que [le fait que] moi et Dieu existons » (56, 3-4/44), se réfère pourtant à la possibilité de l'existence d'autres choses. Car c'est elle seule qui suffit pour neutraliser la considération de mes défauts supposés. « L'immense puissance de Dieu » a créé « ou du moins » (« vel saltem » [56, 6]) a pu créer d'innombrables autres choses qui concourent à la perfection de l'univers et parmi lesquelles je ne figure qu'à titre de partie. La preuve de l'existence du monde dans la *Meditatio VI* ne changera rien à l'affaire puisqu'elle n'ajoutera qu'une considération quantitative (car le monde existant, il demeure néanmoins pour moi indéfini, dans son étendue, dans le nombre des choses qui le composent, en sorte que la considération du tout des choses me demeure aussi impossible que lorsque nous n'étions que deux, Dieu et moi) à ce qui ne pourrait être réglé que d'un point du vue divin, en connaissant précisément les fins[2] de la création. L'ignorance de ce plan divin réfute donc l'objection sans nécessité de recourir à un raisonnement finaliste. Reste donc pour rendre compte de l'erreur la seule solution qui est « ad me propius accede[re] » (56, 9/45), de m'attaquer, d'en venir plus proprement à moi-même.

phrase suivante d'*impénétrables* par Luynes qui reconnaît évidemment la citation scripturaire) ; « naturelles », explétif de « physiques » est un ajout de Luynes.

1. Voir *Principia philosophiae* III, 3. Le commentaire que Descartes donne à Burman de ce passage pointe le risque d'anthropomorphisme (*Entretien avec Burman, loc. cit.*).

2. Descartes précisera à Burman que dire de Dieu qu'il se propose ceci ou cela (« hoc et hoc sibi proponit ») – parler donc de projet ou de but déterminés à son sujet – reste une manière indigne de parler de lui ; voir *Entretien avec Burman, loc. cit.*

LE TROISIÈME MOMENT DE LA RÉPONSE : L'EXPLICATION EN MOI DE LA POSSIBILITÉ DE L'ERREUR

La recherche en moi de la cause de l'erreur m'amène à la considération de la doctrine du jugement (VII 56, 9-15/IX-1 45)

Nous savons que pour l'instant, seules mon existence et celle de Dieu sont certaines. Puisque des arguments de théodicée disculpent Dieu du fait de l'erreur en moi au regard du tout de la création dont je ne suis qu'une partie, il ne reste donc d'autre possibilité que de me tourner vers moi-même (puisque mes erreurs sont à elles seules une preuve d'imperfection) et de rechercher en moi si ce que Dieu m'a donné en termes de facultés de connaître témoigne ou non en moi de sa responsabilité, c'est-à-dire de son impuissance apparente à faire que je ne me trompe jamais, ce que sa toute-puissance m'amènerait pourtant à penser qu'il eût pu faire. Et dans l'affirmative, il s'avérerait trompeur par impuissance puisqu'il ne saurait plus l'être par méchanceté, en sorte de porter la contradiction à son paroxysme, celle d'une toute-puissance (*Meditatio III*) pourtant impuissante à faire que je ne me trompasse pas. Le latin indique cette conversion du regard avec l'expression « ad me propius accedens » (VII 56, 9) qui indique le mouvement de ma recherche qui, de la prise en compte de mon existence liée à Dieu comme à son créateur (contexte de la théodicée), s'attaque (*accedere* a aussi ce sens militaire d'« attaquer » qui pourrait valoir ici puisqu'il s'agit bien, comme on dit en français, de « s'attaquer à un problème »; en l'occurrence, le problème c'est bien moi ou plutôt les erreurs en moi qui prouvent mon imperfection) à présent de plus près à moi (sous-entendu) seul, c'est-à-dire délié du rapport de justification à l'endroit de Dieu, ce que confirme la parenthèse (« lesquelles montrent seules en moi une imperfection ») qui rejette « en moi » l'observation et la recherche de la cause de mes erreurs et la trouve dans une théorie du jugement comme résultat de l'application conjointe de deux facultés. Ainsi se met en place la doctrine cartésienne du jugement.

La différence entre l'entendement et la volonté (VII 56, 15-58, 14/IX-1 45-46)

Chacune des deux facultés prise à part est parfaite en son genre, c'est-à-dire ne peut être considérée comme cause de l'erreur. L'argument est requis puisque si l'une ou l'autre des facultés était par soi seule facteur d'erreur, alors nous ne pourrions trouver en nous la ressource de rectifier l'erreur, la distribution des facultés et des opérations qui leur reviennent – assentiment ou jugement dévolu à la volonté, idéation dévolue à l'entendement – interdisant qu'elles se rectifient mutuellement. Auquel cas, on trouverait là une cause positive (par privation de cette perfection propre) de l'erreur dans la création. L'entendement seul n'est pas source d'erreur parce qu'il n'est pas non plus seule source de la vérité. En tant que tel, il est une pure faculté d'idéation, sans doute limitée, mais dans ses limites, achevée. On ne peut trouver en lui aucune privation puisqu'il peut entendre aussi loin que sa puissance l'y autorise. Sa limite lui est de ce fait intérieure. D'où, en conséquence, qu'il soit dépourvu des idées qu'il ne peut constituer et non pas privé d'elles : car pour en être privé, encore lui faudrait-il pourvoir constituer en idée sa privation et donc entendre, même sous une forme impropre, ce dont il est privé. Mais à ce titre il serait en train d'en forger une idée, ce que l'hypothèse dénie. La limitation de l'entendement est donc donnée par une limite qui, circonscrivant un horizon de choses pensables, ne permet pas à l'entendement de sortir pour ainsi dire de lui-même pour entendre ce qui excède cette limite. Du coup, il faut dire que l'entendement, se cantonnant à l'idéation, ne propose rien d'autre que l'idée, à ce titre toujours elle-même identique à elle-même et à rien d'autre. Sous ce seul rapport, l'idée n'est ni vraie ni fausse ou, ce qui revient au même, incapable de fausseté, donc toujours vraie sans être passible de fausseté[1]. La vérité comme telle n'intervient que lorsque l'entendement propose à la volonté des idées à propos desquelles il m'est possible de porter un jugement, « de quibus judicium ferre possum » (56, 16/45). Il convient d'insister sur la portée de ce *possum* qui vise comme telle la faculté ou puissance qu'est la volonté, mais pour autant que cette faculté a affaire à la possibilité des contraires : c'est cela en effet qui autorise

1. Si l'on laisse de côté la question épineuse de la fausseté matérielle de l'idée, que Descartes distingue explicitement de la fausseté liée au jugement et qu'il ne fait pas entrer en ligne de compte ici ; la fausseté matérielle de l'idée est l'idée qui donne matière ou occasion à un jugement faux. Elle n'est donc liée qu'indirectement au jugement; voir sur ce point, *Med. III*, VII 43, 26/IX-1 34 et son commentaire par Descartes lui-même dans les *IVae Resp.*, 232, 8-235, 14/180-182. Voir pour l'explication de ce point G. Olivo, *Descartes et l'essence de la vérité*, *op. cit.*, p. 343-347.

l'identité du volontaire et du libre[1], de la volonté et du libre arbitre comme possibilité et tout aussi bien puissance des contraires. Ce point est d'autant plus important que la suspension du jugement (59, 12-14 et 61, 9 *sq.*/47 et 48 *sq.*) permettra de prévenir l'erreur en marquant ce lien intrinsèque entre la puissance et la possibilité : face à possibilité des contraires (donner son assentiment ou ne pas le donner, c'est-à-dire juger vrai ou faux ce que l'entendement propose comme idée), la volonté peut, c'est-à-dire a la puissance de se déterminer ou de ne pas se déterminer, c'est-à-dire d'accepter de juger (dans le sens du vrai ou du faux) ou de s'y refuser (voir 59, 13-14/47). Il faut comprendre que c'est bien l'unité essentielle de la puissance (qui est puissance de se déterminer) avec la possibilité des contraires (qui requiert donc la puissance de se déterminer [57, 21-23/46]) qui définit la liberté, ou encore la volonté en tant que libre-arbitre. D'où la mention de la détermination externe (voir 57, 26-27/46) dont l'exclusion manifeste *a contrario* le libre arbitre pour écarter avec elle ce qui ne saurait définir le libre arbitre : à la force externe que l'on ne rencontre pas dans l'expérience de la liberté s'oppose l'expérience interne du déploiement autonome de la force de détermination, qu'en toute situation la volonté trouve en elle.

Cette faculté, comme l'entendement, est achevée en son genre. Elle est en moi ce qu'il y a de plus parfait et de plus grand. Cela ne veut cependant pas dire qu'elle soit absolument parfaite puisque rapportée à Dieu elle n'est pas très parfaite : considérée en Dieu, la volonté a infiniment plus de puissance et s'étend à plus de choses (voir 56, 30-57, 2/45-46; puis surtout 57, 15-20/45). Si dans ce contexte, on peut concevoir que cette faculté recèle une perfection de nature, il devient difficile de comprendre : a) comment cette faculté peut être dite telle que je l'expérimente « en moi être si grande que je ne conçois pas l'idée d'une autre plus ample et plus étendue » (57, 12-13/45), puisqu'il semble que ce soit précisément ce que je viens de concevoir avec l'idée de la volonté en Dieu; b) comment la volonté d'un être fini qui est, dans la *Meditatio IV*, telle que la volonté en Dieu ne « semble pas plus grande [qu'elle], considérée en elle-même formellement et précisément » (57, 20-21/45) peut-elle aller jusqu'à être dite « volonté infinie »[2] alors qu'elle est sans comparaison possible avec

1. Voir *IIIae Resp.*, VII 191, 9-14/IX-1 148; la *Lettre à Mesland* du 2 mai 1644, AT IV 116, 25-26/G VIII-1 612 : « je nomme généralement libre tout ce qui est volontaire »; puis au même, 9 février 1645, IV 175, 1-2 (et AT III, 381, 25-28/G VIII-1 630) : « libre, spontané et volontaire sont absolument identiques ».

2. *À Mersenne*, 25 décembre 1639, AT I 628, 8, seule occurrence; les *Principia* I, 35, AT VIII-1 18, 13 disent quant à eux : « Voluntas vero infinita quadammodo dici potest ».

celle de Dieu qui, seule et à bon droit, est infinie? Notons que cette puissance de détermination est une et entière lorsque nous sommes face à une alternative, précisément parce qu'« elle consiste seulement en ce que nous pouvons, de la même façon, ou faire ou ne pas faire (c'est-à-dire affirmer ou nier, poursuivre ou fuir) » (57, 21-23/45). En ce sens, considérée « formellement » (c'est-à-dire en acte, comme étant en train de s'accomplir, dans l'acte même du choix qu'elle est) et « précisément » (c'est-à-dire prise strictement en elle-même, séparée de tout autre considération) elle n'est rien d'autre que cette capacité de choix, accomplie « de telle sorte que nous ne nous sentions déterminés par aucune force externe » (57, 26-27/45). Elle est donc pure puissance de détermination. Sans doute Dieu embrasse-t-il des possibles pour moi incompréhensibles, sans doute ce faisant sa puissance à se déterminer (à supposer que cela ait un sens de parler ainsi, puisque c'est tout un en Dieu de vouloir et d'entendre) est, du fait des conditions dans lesquelles elle a à s'exercer, incomparable avec la mienne. Reste que pour se déterminer dans les situations concrètes et spécifiées, j'ai, si l'on peut dire, toute la puissance que cela requiert. En ce sens, la liberté ne se partage pas, son acte est un : ou la détermination de la volonté est tout entière en elle ou, si elle dépend pour une partie, si infime soit-elle, d'autre chose que d'elle, elle n'est plus autodétermination et elle n'est donc pas libre. C'est en ce sens que Descartes peut dire ne pas voir une idée d'une volonté plus ample que celle que j'expérimente – c'est-à-dire qu'expérimentée là même où il me faut choisir, je ne peux concevoir ce que serait une volonté plus grande que celle dont je dispose pour choisir – tout en concevant en Dieu une volonté incomparablement plus étendue (57, 15-16/45). Ainsi comprise, c'est-à-dire considérée dans les limites des choix de cette créature que je suis (limitation des choix que mon entendement fini propose à ma volonté de faire), la puissance de ma volonté pour un choix donné est sans limite. On comprend donc que la volonté soit ce par quoi la thèse biblique de l'homme fait à l'image et à la ressemblance de Dieu trouve son application,

On tiendra donc compte que dans les *Meditationes*, la volonté n'est pas dite infinie, et qu'on ne peut donc en user sans précaution pour commenter la *Meditatio IV*. Voir les indications dans N. Grimaldi, *Six études sur la volonté et la liberté chez Descartes*, Paris, Vrin, 1988, p. 25-41. D. Kambouchner (*Descartes n'a pas dit...*, *op. cit.*, p. 101-109) et D. Arbib (*Descartes, la métaphysique et l'infini*, *op. cit.*, § 77, p. 329 *sq.*) contestent cette attribution de l'infinité à la volonté humaine.

puisque notre volonté, par son autonomie, « mime » en quelque façon l'indépendance divine[1].

C'est en ce sens aussi que Descartes peut penser cette liberté, dans sa détermination propre, comme l'objet d'une expérience, puisqu'il s'agit précisément d'éprouver cette puissance d'autodétermination dans l'acte même du choix (56, 29-30 et 57, 13/45)[2]. Mais dès lors, comment comprendre le lien qui relie cette définition de la liberté par la puissance des contraires à celle qui suppose la détermination de la volonté par le vrai[3] ? Ne devrait-on pas en effet opposer chez Descartes deux situations faites à la liberté de la volonté ? L'une où la volonté serait définie par la puissance de choisir, puissance particulièrement expérimentée dans l'indifférence à ce que lui propose l'entendement : « l'indifférence me semble signifier proprement cet état dans lequel la volonté se trouve lorsqu'elle n'est point portée par la connaissance de ce qui est vrai ou de ce qui est bon à suivre un parti plutôt qu'un autre » (*lettre à Mesland*, 9 février 1645, AT III 378, 4-8/AT IV 173, 4-7/G VIII-1 628) ; l'autre où, n'étant pas indifférente (puisque l'entendement lui présente des idées vraies), la volonté se caractériserait par un type d'action où elle se détermine avec le sentiment intérieur d'une absence de contrainte ? En réalité, cette difficulté prend sa forme définitive lorsqu'il s'agit de savoir s'il nous serait possible de résister à l'évidence présente. Car, la liberté ne se définirait en rigueur par la puissance du choix que si la volonté pouvait refuser de souscrire à l'évidence présente. À l'inverse, si elle ne le pouvait pas, alors la détermination essentielle de la liberté se trouverait dans la spontanéité d'une détermination non contrainte de la volonté. Comment concilier deux définitions apparentes de la liberté (voir 57, 21-26/46, définitions séparées par « vel potius, ou plutôt ») qui distinguent entre le pouvoir du

1. Voir VII 57, 14-15/IX-1 45 qui, en attribuant l'image et la similitude à la volonté, reprend la *Med. III*, VII 51, 20 *sq.*/IX-1 41, qui attribuait cependant cette ressemblance « dans laquelle est contenue l'idée de Dieu » à la faculté par laquelle je me perçois moi-même ; puis les *Passions de l'âme*, art. 152. Sur ces questions, voir J.-L. Marion, *Sur la théologie blanche de Descartes*, *op. cit.*, p. 396-426, l'expression citée se trouve, entre autres, p. 425 ; puis M. Nowersztern, « Ne pas être sujet ? *Similitudo Dei* : la liberté et son usage, des *Méditations* aux *Passions de l'âme* », *Les Études Philosophiques*, 2011/1, p. 71-83 ; D. Arbib, « L'*ego* image de Dieu… », art. cit.

2. Sur l'absoluité et l'universalité de cette expérience, voir *Entretien avec Burman*, AT V 158-159.

3. Sur cette question, il est fondamental de se reporter à la *lettre à Mersenne* du 27 mai 1641 (datation et attribution fautives d'AT III 378, qui donne la trad. fr. par Clerselier de la *lettre à Mesland* du 9 février 1645, AT IV 172-175) et la *lettre à Mesland* du 2 mai 1644 (cf. *infra* n. 1 p. 148).

choix des contraires totalement indéterminé (et à ce titre libre dans l'indifférence) et l'action non contrainte de la volonté (d'autant plus aisée que je suis incliné par la connaissance du vrai ; et donc d'autant plus libre qu'elle n'use pas de son pouvoir de choisir entre des contraires qui ne s'offrent plus à elle, mais qu'elle sent intérieurement qu'elle n'est pas contrainte dans sa détermination) ? Descartes ne donne-t-il pas là deux déterminations incompatibles de la liberté ? Bien au contraire, il les articule explicitement l'une à l'autre, comme l'a remarqué J.-M. Beyssade :

> le *ou plutôt* [...] loin de nous inviter à dissocier [ces deux déterminations] unit si étroitement l'état d'indifférence au pouvoir de se porter à l'un ou l'autre des deux contraires que le cas d'une liberté sans indifférence sert à lui seul d'argument pour refuser de définir la liberté par le pouvoir de choix : c'est *parce que* l'état d'indifférence, loin d'être une condition nécessaire de la liberté, n'en définit que le plus bas degré, qu'on reconnaîtra qu'il faut définir la liberté par l'absence de contrainte ressentie *plutôt que* par le pouvoir ou la possibilité de choisir le parti opposé [1].

En effet, le pouvoir de choisir les contraires implique toujours en réalité l'indifférence de la volonté en ce qu'elle suppose ou une ignorance complète ou du moins des raisons de douter fournies par l'entendement (59, 9-14/47). Au fur et à mesure que progresse la connaissance, l'indifférence disparaît en faisant place à la détermination infaillible par le vrai (57, 27-58, 13/46). Lorsque dans la *lettre à Mesland* du 9 février 1645,

1. J-M. Beyssade, *La philosophie première de Descartes*, *op. cit.*, p. 182. Nous adoptons ici la position défendue dans ce livre, chap. IV, p. 177-201, qui restituent l'état du commentaire sur cette question en rapportant les positions des grands interprètes et en les discutant. Toutefois, nous avons ailleurs essayé d'argumenter notre désaccord avec cette position qui ne rend pas compte de ce que la *Lettre à Mesland* du 9 février 1645 appellera l'indifférence comme faculté positive de se déterminer, qui est toujours sous-jacente à la doctrine de la liberté parce qu'elle dérive de l'expérience du doute comme acte de la volonté suspendant le jugement, expérience dans laquelle Descartes découvre la distinction fondamentale entre l'acte du jugement volontaire et l'acte d'idéation d'entendement. Pour notre critique de cette interprétation et notre propre lecture conduite au fil directeur de ce que requiert la théorie de l'idée vraie dans l'expérience originelle de la liberté que nous faisons dans le doute, voir G. Olivo, *Descartes et l'essence de la vérité*, *op. cit.*, p. 358-380. Nous nous opposons à ce titre aussi à J.-M. Beyssade (*La philosophie première de Descartes*, *op. cit.*, n. 4 p. 182) et M. Beyssade (« Descartes's Doctrine of Freedom : Differences between the French and Latin Texts of the Fourth Meditation », *in* J. Cottingham (ed.), *Reason, Will and Sensation. Studies in Descartes's Metaphysics*, Oxford, Clarendon Press, 1994, p. 191-206), qui voient entre l'original latin (1641) et la traduction française (1647) une modification de la doctrine de la liberté. Il nous semble bien au contraire qu'elle reste la même entre ces deux versions et plus fondamentalement, que celle développée par la *Med IV* dans ses deux versions est celle-là même que Descartes analysera dans sa correspondance avec le P. Mesland.

le pouvoir de choisir est reconnu dans toutes les volontés[1], il reste que ce pouvoir de choisir, même contre l'évidence, devra encore se faire au nom d'un bien jugé tel, en sorte que la résistance à l'évidence ne saurait avoir lieu qu'au nom d'une autre évidence (en l'occurrence ici, celle d'un bien), retrouvant les conclusions de la *Meditatio IV* : « car il nous est toujours libre de nous empêcher de poursuivre un bien qui nous est clairement connu ou d'admettre une vérité évidente pourvu que nous pensions que c'est un bien de témoigner par là de la liberté de notre franc-arbitre »[2].

L'erreur résulte du déséquilibre entre ces deux facultés au moment du jugement (VII 58, 14-59, 27/IX-1 46-47)

Conséquence de ce qui précède, la perfection propre de chacune de mes facultés les dédouane d'être causes de l'erreur. Reste donc encore la question : « d'où naissent donc mes erreurs » (58, 20/46) ? La réponse tient en trois points : a) puisqu'elles sont en moi et ne viennent pas (volontairement) de Dieu (58, 18) ; b) qu'elles ne viennent pas de mes facultés en elles-mêmes prises séparément (58, 14-19) ; c) elles proviennent du rapport qui les lient toutes deux entre elles (58, 20-25), pour autant que ce pouvoir de se déterminer, constitutif de la volonté, est un pouvoir qui peut s'exercer là-même où la lumière de l'entendement ne porte plus. Cela revient donc en un sens à circonscrire la sphère de l'erreur et à l'identifier à celle de l'indifférence et de la liberté de choix : « À quoi la volonté peut-elle s'étendre, qui dépasse les bornes de l'entendement ? – À tout ce en quoi il arrive que nous nous trompions [*errare*] » (*Vae Responsiones*, AT VII 376, 20-22). Les passages qui suivent (VII 58, 26 *sq.*) illustrent du même coup a) la vérité du jugement comme liée à la spontanéité d'une détermination non contrainte de la volonté excluant l'indifférence (rappel de la découverte du *cogito*, 58, 26-59, 4) ; dans ce cas, il n'y a aucune erreur possible ; b) la situation d'indifférence liée à l'ignorance des raisons (59, 5-14) ; c) celle où l'indifférence est l'effet de l'égale balance des raisons (59, 15-28). Ces deux dernières situations sont celles qui rendent l'erreur possible. Reste donc à savoir comment l'éviter.

1. Voir sur ce point J.-M. Beyssade, *La philosophie première de Descartes*, *op. cit.*, n. 4 p. 182, puis p. 190-201 et M. Beyssade, « Descartes's Doctrine of Freedom », art. cit.

2. AT III 379, 21-25, qui traduit AT IV 173, 20-23/G VIII-1 629.

Du bon usage du libre-arbitre comme remède à l'erreur : (VII 59, 28-60, 5/IX-1 47)

Toute la force de la thèse porte sur l'abstention comme forme de la puissance de choisir : dans l'indifférence, j'ai encore le choix de choisir de ne pas choisir l'un des contraires que propose l'entendement (voir déjà VII 59, 12-14). Sa portée sera développée ensuite.

L'erreur étant une privation dans l'usage que nous faisons de la faculté que Dieu nous a donnée et non dans la faculté elle-même, Dieu n'est pas trompeur (VII 60, 6-61, 9/47-48)

L'achèvement de l'établissement de la thèse (l'erreur est une privation dans l'opération du libre-arbitre et non dans la faculté ; elle dépend donc de moi comme de sa cause : VII 60, 6-10/IX-1 48) comporte trois arguments. a) 60, 11-19/48 : Dieu n'aurait-il pu me donner une intelligence plus étendue que celle qu'il m'a donnée ? Mon entendement étant fini et ne pouvant donc comprendre une multitude de choses, cette limitation de sa compréhension s'applique au premier chef à la raison de sa propre finitude, dès lors qu'il est apparu clair qu'elle était en son genre parfaite. Il s'agit en fait, dans cet argument comme dans celui qui suit, d'une reprise circonstanciée des arguments de théodicée donnés en 55, 14-56, 8/44. b) 60, 20-25/48 : Puisque l'erreur tient à ce que l'écart entre l'étendue de la volonté et celle de l'entendement me met en situation de me tromper, ne peut-on dire que Dieu, en me dotant de deux facultés pour ainsi dire déséquilibrées l'une par rapport à l'autre, soit cause de l'erreur ? La réponse reprend l'argument de l'incompréhensibilité des desseins de Dieu, en ajoutant celui de la perfection intrinsèque qu'il y a à posséder une faculté si parfaite en son genre. c) 60, 26-61, 9/48 : Le mauvais usage du libre-arbitre relève encore du libre-arbitre et participe à ce titre de la perfection de la faculté : il faut même dire qu'il en est la condition, puisque sans cette possibilité, le libre-arbitre ne serait plus une puissance des contraires (voir VII 60, 28-31). En ce sens, c'est dans la possibilité du mauvais usage du libre-arbitre que s'exprime une des conditions de cette faculté et par là même de sa perfection. De ce point de vue, la prescience divine (c'est en effet ce que vise le « concours » que Dieu me prête dans mes actes de volonté, 60, 26-28) n'entre pas en conflit avec la perfection de ma volonté puisqu'il y contribue ; car en créant ma faculté, il a rendu possible les actes de ma volonté (qui sont quelque chose) par lesquels je me trompe : ces actes mêmes sont l'expression de la perfection de ma volonté, c'est-à-dire d'abord de sa possibilité. À l'inverse, puisqu'on a vu que la privation en quoi consiste l'erreur tient au mauvais usage de la volonté – mauvais usage dont Dieu n'est pas la cause, puisqu'il a (juste) voulu que je puisse choisir les contraires, ce qui comporte seulement la possibilité de l'erreur et exprime la perfection de ma faculté –, Dieu n'est pas la cause de l'erreur : « Or la privation, dans laquelle seule la raison formelle de l'erreur et du péché[1] consiste, n'a besoin d'aucun concours de Dieu, parce qu'elle n'est pas une chose [*non est res*] et que la privation, rapportée à Dieu comme à sa cause, doit être dite seulement négation » (60, 31-61, 4/48 ; voir le résumé en 61, 4-9) Autrement dit, la raison de l'erreur n'est rien, *nihil*. Dieu n'étant donc ni la cause volontaire maligne (*Meditatio III*), ni en quelque façon involontaire par impuissance (l'aporie qui relançait la difficulté qu'assume la *Meditatio IV*) de ce que je me trompe, il peut désormais à bon droit être estimé vérace.

Dans la possibilité de nous résoudre à nous abstenir de porter un jugement, nous disposons donc des moyens d'éviter l'erreur, par quoi il apparaît que ce qui nous semblait à tort comme une déficience ou une privation trouve néanmoins sa place dans la création d'un Dieu infiniment puissant (VII 61, 9-26/IX-1 48-49)

Il s'agit d'abord (61, 9-62, 26/48-50) de la reprise développée et conclusive de 59, 28-60, 9 dans le contexte d'un argumentaire de théodicée qui résume l'acquis de la *Meditatio IV* en assignant leur place à l'erreur et à sa rectification possible, qui est une perfection. Mais on sera surtout attentif à toutes les formulations conclusives qui rappellent ce que la *Meditatio IV* a permis d'établir, confirmant par là son objet véritable : à savoir que Dieu n'étant pas trompeur (par une impuissance paradoxale à m'éviter l'erreur ; 62, 16-20/49-50), la règle générale est enfin démontrée :

> À chaque fois qu'en portant des jugements je maintiens la volonté de sorte qu'elle ne s'étende qu'aux choses qui lui sont exhibées clairement et distinctement par l'entendement, il ne peut absolument pas se faire que je me trompe [*errem*], parce que toute perception claire et distincte est sans

1. Latin *culpa* (faute) que Luynes rend par « péché » (*peccatum*), sans doute appelé par VII 58, 24-25, « ita et fallor et pecco – ce qui fait que je me trompe et je pèche » et par la considération du bien, ajoutée au vrai en VII 60, 29 : voir l'ajout à la *Synopsis* dû à la suggestion d'Arnauld (VII 15, 6-12 et 215, 18-21). Formellement toutefois, l'erreur n'est pas une faute ; si elle le devient, ce n'est qu'au titre de ce que je commets une faute eu égard à Dieu (puisque seuls lui et moi existons) en ne faisant pas un bon usage du libre-arbitre dont je suis pourtant capable, ce qui alors seulement, considéré dans cette relation à Dieu, s'appelle en effet commettre une faute, au sens moral. Pour la discussion de la poursuite du bien ou du mal, voir *Entretien avec Burman*, AT V 159.

> aucun doute quelque chose, et par conséquent qu'elle ne peut pas être à partir du néant, mais qu'elle a nécessairement Dieu pour auteur, ce Dieu, dis-je, suprêmement parfait, dont il est contradictoire qu'il soit trompeur [*fallax*]; et que, pour cela même, elle est vraie, sans aucun doute (62, 12-20/49).

En sorte que se trouve assuré le chemin entrevu au début de la *Meditatio IV* (53, 18-22/42) qui, partant de l'idée du vrai Dieu, a bien mené à la découverte des trésors de la science et de la sagesse qu'elle contenait, comme principe d'un raisonnement qui a abouti à l'établissement de la règle générale ou de vérité, virtualité de toute science (62, 20-26/50).

OLIVIER DUBOUCLEZ

MÉDITATION CINQUIÈME

Si la *Meditatio V* doit sa célébrité à « l'argument ontologique »[1] que Descartes y formule, elle lui doit aussi une grande partie de ses difficultés. Plutôt qu'un développement nécessaire, cet argument a parfois été présenté comme un « intermède »[2] dans un ensemble qui, traitant de « l'essence des choses matérielles », vise d'abord à poser les bases d'une science mathématique de la nature déterminée comme « pura Mathesis » (VII 65, 13-14). Considérée du point de vue de l'économie générale des *Meditationes*, la preuve ontologique ne semble pas davantage à sa place; arrivant trop tard, après la démonstration « par les effets »[3] de la *Meditatio III*, certains interprètes la considèrent comme une « preuve de seconde zone »[4] tandis que d'autres lui confèrent la véritable primauté[5]. Voici déjà deux questions d'ampleur : La *Meditatio V* possède-t-elle une unité propre ? La théologie cartésienne y trouve-t-elle son point culminant ou le lieu de sa confusion ?

1. Selon la célèbre expression de Kant, *Critique de la raison pure*, A602/B630.

2. H. Gouhier, *La pensée métaphysique de Descartes*, *op. cit.*, p. 298.

3. « Il n'y a que deux voies par lesquelles on puisse prouver qu'il y a un Dieu, savoir : l'une par les effets, et l'autre par son essence, ou sa nature même » (*Iae Resp.*, VII 120, 9-12/ IX-1, 94).

4. M. Gueroult, *Nouvelles réflexions sur la preuve ontologique de Descartes*, *op. cit.*, p. 69, en réponse à H. Gouhier, « La preuve ontologique de Descartes (à propos d'un livre récent) », *Revue Internationale de Philosophie*, 29, 1954, p. 295-303, lui-même critique de M. Gueroult, *Descartes selon l'ordre des raisons, op. cit.* Le débat se prolongera à Royaumont (*Descartes*, *Cahiers de Royaumont*, Paris, Minuit, 1957).

5. Rappelons que la preuve de la *Med V* est première dans la *Synopsis* (VII 166, 19-167, 9/IX 129) et dans les *Principia* (VIII, 10, 5-18/IX-2 31).

Pour répondre à ces questions, il faut rappeler que la *Meditatio V* marque un tournant au sein du cheminement métaphysique. Ayant expliqué « ce que je dois éviter pour ne plus faillir, mais aussi ce que je dois faire pour parvenir à la connaissance de la vérité » (VII 62, 20-22/IX 50), la *Meditatio IV* invite dans ses dernières lignes à un travail méthodique : être attentif à ce qui est parfaitement intelligible et le séparer de ce qui est confus et obscur[1]. Ce travail, la *Meditatio V* se propose de le conduire en reprenant l'examen des idées de l'*ego*[2], mais en se consacrant à présent à des idées d'un genre précis, celles des choses de la nature. C'est ainsi qu'au début de la *Meditatio V*, le méditant se détourne résolument des « attributs de Dieu » et de la *res cogitans*[3] ; il quitte le point de vue des essences pures de la métaphysique pour se tourner vers les corps, avec l'ambition déclarée « de sortir et de [se] débarrasser de tous les doutes où [il est] tombé ces jours passés, et voir si l'on ne peut rien connaître de certain touchant les choses matérielles » (VII 63, 8-11/IX, 50). La *Meditatio V* est l'amorce d'un retour au monde que la *Meditatio VI* viendra entériner : il s'agit d'y revenir *par la voie de la connaissance*, de s'approprier d'abord ce que les choses ont d'essentiel, c'est-à-dire d'intelligible pour l'*ego*.

Cette contextualisation n'en rend que plus fortes les difficultés évoquées. Que le propos théologique doive se fondre dans un discours consacré à la science mathématique de la nature pose un problème d'ordre, mais aussi de dignité. D'ordre puisque l'argument ontologique emprunte une voie mathématique qui suppose déjà comme valide la « règle générale », c'est-à-dire l'existence d'un Dieu non trompeur ; de dignité ensuite : dans les lettres de 1630, la transcendance divine était située au-delà des mathématiques et de la raison humaine, tandis qu'à présent Dieu se trouve livré à notre examen comme n'importe quel objet de pensée. Faut-il voir là une déchéance ou, au contraire, ce qui rend « l'argument *a priori* »[4] à la fois utile et irremplaçable ?

1. AT VII 62, 23-25/IX 50.
2. 63, 13-15/ 50.
3. 63, 4-5/50.
4. *Entretien avec Burman,* AT V 153.

L'IDÉE FONDÉE EN NATURE : LE RETOUR DU GÉOMÈTRE (VII 63, 16-65, 15/IX 50-52)

L'imagination distincte de l'étendue

Après la validation de la « règle générale », le premier moment de la *Meditatio V* est marqué par le retour des mathématiques, non au sens étroit de la *Meditatio I* où l'arithmétique et la géométrie étaient considérées indépendamment de leur éventuelle application aux choses naturelles[1], mais au sens le plus englobant, c'est-à-dire comme le moyen de la géométrisation de la nature. La *Meditatio V* considère en effet les « choses qui appartiennent à l'Arithmétique et à la Géométrie, *ou en général à la Mathesis pure et abstraite* » (65, 13-14)[2], introduisant le point de vue d'une science générale sous lequel la connaissance de l'ensemble des choses mathématiques, mais aussi matérielles, peut être placée[3]. On ne s'étonnera donc pas que l'imagination, faculté par laquelle l'esprit considère les corps[4], « partie de l'esprit qui aide le plus aux mathématiques »[5], ouvre l'argumentaire; il faudra néanmoins expliquer à quelles conditions il se peut faire que l'on « imagine *distinctement* » (63, 16/50, nous soulignons).

Pour le comprendre, il faut se reporter à la *Meditatio VI* qui, dans ses premières pages, emploie une formule approchante : le méditant y parle de l'« idée distincte de la nature corporelle que j'ai en mon imagination » (IX, 58) ; il s'agit de l'idée que l'*ego* obtient lorsqu'il se tourne vers le corps et que cette imagination se trouve « conforme » à d'autres idées, et particulièrement à celles de l'entendement[6]. La distinction exprime donc, en géométrie, la qualité d'une idée de l'imagination en tant qu'elle correspond à une idée provenant d'une autre faculté. Qu'en peut-on déduire ? Qu'assurément, même s'il convoque la « quantité continue » (63, 16-17/52), notion empruntée au lexique métaphysique d'Aristote, le méditant ne vise pas l'espace *simplement conçu*, « étendue sans figure » et indéterminée que l'entendement conçoit seul[7]. Il vise bien l'espace *imaginé*, c'est-à-dire ce

1. AT VII 20, 26/IX 16.

2. Nous soulignons : cette séquence n'est présente que dans le latin.

3. La « pura mathesis » est la notion sur laquelle se conclura la *Med. V* (71, 8/56) et débutera la suivante (71, 15/56). Sur la situation de la « pura mathesis » par rapport à la physique cartésienne, *cf.* F. de Buzon, *La science cartésienne et son objet*, Paris, Honoré Champion, 2013, en part. p. 97-122.

4. Voir *Med. VI*, AT VII 71, 20-72, 3/IX 57.

5. *À Mersenne* du 13 novembre 1639, II 622, 13-14.

6. VII 73, 19/IX 58.

7. *Principia* I, 53, AT VIII, 25, 25/IX-2 48.

corps divisible et déterminable par l'esprit, que le *Discours de la méthode* désigne comme « l'objet des Géomètres »[1], mais il le vise dans la *Med V* en tant qu'il est *déterminé* par des notions issues de l'entendement qui font justement retour: les natures simples, corporelles (« grandeurs », « figures », « situations », « mouvements ») et communes (la « durée »)[2]. C'est en tant qu'elles sont concomitantes de l'activité du géomètre qui imagine et intellige à la fois que les natures simples le font accéder à une imagination distincte de la quantité. Les « simplicia et universalia vera » de la *Meditatio I* (20, 11/16) réapparaissent ici au titre de ces concepts fondamentaux *actuellement* mis en œuvre par l'*ego* qui « nombre », « attribue » et « assigne »[3].

La géométrie revient donc au premier plan et doit s'entendre comme « pura Mathesis », valant pour l'ensemble des objets physico-mathématiques (figures, nombres, mouvements). Le savoir géométrique fait alors l'objet d'une description qui en révèle deux traits spécifiques du point de vue de la *mens*: 1) le premier, c'est sa fécondité, liée à un enveloppement. L'*ego* perçoit en effet « une infinité de particularités touchant les nombres, les figures et les mouvements » (63, 23-25/50-51), c'est-à-dire que les natures simples qui sont les notions les plus universelles (ainsi la figure) se particularisent en objets spécifiques (le triangle, le carré, le cercle, etc.) à propos desquels s'énoncent et se démontrent des vérités toujours plus nombreuses, qu'il s'agisse de propriétés de base (pour le triangle, que la somme de ses angles soit égale à deux droits), ou de théorèmes démontrés à partir de celles-ci ou d'autres propositions préalablement acquises. 2) Mais un second trait, le plus considérable, se dégage de cette expérience du mathématique: l'*ego* au moment même où il se tourne vers les corps découvre à leur propos des vérités qui lui apparaissent avec tant d'évidence qu'elles lui semblent provenir de lui-même. Il y a là une *contre-conversion* : tourné vers les corps, le géomètre est renvoyé à son esprit comme porteur originaire de la vérité qu'il met au jour. Le thème platonicien de la réminiscence[4] sert à la mise en scène de ce renversement: il dit la disponibilité dans l'*ego* d'une connaissance qui n'attend que d'être

1. *DM*, VI 36, 5-10. Voir la *lettre à More* du 5 février 1649, V, 270, 28-30 et J. Laporte, *Le rationalisme de Descartes*, *op. cit.*, p. 66-69.

2. VII 63, 20-21/IX 50. Ce sont les mêmes concepts que dans la *Med. I*, 20, 15-19/15.

3. AT VII 63, 16-21/IX 50. La trad. fr. introduit un « de plus » là où se trouve un enchaînement *continu* d'actes de l'*ego* (« imaginor », « numero », « assigno » [63, 16-21]) et en efface la dimension actuelle au profit d'une simple potentialité (« je puis nombrer », « je puis assigner » [IX 50]).

4. VII 64, 3/IX 51 : « reminisci » (64, 3) et « advertere » (64, 4) sont strictement sur le même plan.

prise en vue par l'attention, savoir latent et antérieur qui ressemble à s'y méprendre à celui que Socrate réveille chez le jeune esclave du *Ménon*[1]. Sommes-nous donc alors en terre platonicienne? Quel statut accorder à « ces choses qui étaient déjà dans mon esprit » (VII 64, 4/IX 51)?

Un « platonisme moderne » ?

Le dispositif épistémique décrit pose une différence entre idées et natures : les idées mathématiques sont les idées « de certaines choses », dotées d'une véritable consistance ontologique (elles « ne peuvent pas être estimées un pur néant », 64, 8-9/51 et 65, 3-4/51) et qui, écrit Descartes, « ont leurs natures vraies et immuables » (64, 11/51). Autrement dit, ces « choses » ne sont pas identiques aux idées : celles-ci renvoient à celles-là. Pourquoi cet écart ? Qu'est-ce qui le rend si fondamental pour le géomètre ? La position de la nature du triangle comme référent de son idée a d'abord une portée épistémologique : en posant la « nature vraie » comme une chose indépendante de l'esprit, on justifie qu'il y ait contrainte sur la pensée de l'*ego* lorsqu'il examine certaines notions; en ce sens, l'essence du triangle commande *comme de l'extérieur* l'idée que j'en ai et le discours que je tiens sur lui : si le géomètre a « la liberté de les penser ou ne les penser pas » (64, 9-10/51), la plus rigoureuse détermination de sa pensée s'impose dès que telle ou telle idée est effectivement prise en vue; il est soumis à la nécessité de sa nature dont les traits s'imposent à lui dans la passivité d'une reconnaissance[2]. L'imagination distincte de la géométrie trouve donc en la « nature vraie et immuable » son point d'ancrage, c'est-à-dire la raison de sa détermination, par opposition à l'imagination arbitraire de la fiction qui compose et modifie à son gré.

Descartes va d'ailleurs loin dans cette revendication d'autonomie : la « nature vraie et immuable » existe indépendamment de l'idée que j'en ai et indépendamment de l'existence de tout triangle dans le monde. L'essence du triangle peut *être* sans qu'aucun triangle soit, ou encore : l'essence *est* antérieurement à l'existence de la chose dont elle est l'essence. D'où, un peu plus bas, l'ajout à la « règle générale » – tout ce qui est clair et distinct est vrai – d'une règle ontologique qui réifie la vérité – « tout ce qui est vrai est quelque chose » (65, 4-5/51), ce qui est vrai existant comme nature. Réalisme qui se confirme encore d'une autre manière : le lexique scolaire des « formes » ou « essences » (64, 15-16/51) revient sous la plume de Descartes pour qualifier, non les substances de la nature (c'est bien plutôt

1. Descartes se réfère au *Ménon* dans l'*Épître à Voet* (VIII-2 166, 15-167, 14).
2. « Agnosco » (64, 22/51).

son usage aristotélicien), mais ces essences que prend en vue la raison du géomètre. On comprend que ces développements aient pu conduire à la thèse d'un platonisme cartésien, les « vraies et immuables natures » n'existant pas dans l'esprit au même titre que les idées (puisqu'elles en sont les référents autonomes), et formant comme un troisième monde indépendant de l'esprit humain, comparable au ciel platonicien[1]. Certains arguments textuels peuvent toutefois être convoqués pour affirmer que ces « natures vraies et immuables » se situent dans la *mens* : n'est-ce pas ce que le méditant suggère lorsqu'il écrit que ces natures sont réelles « quoique peut-être elles n'aient aucune existence hors de ma pensée » (64, 8/51) ? Elles pourraient donc bien être immanentes à l'esprit fini ; mais alors comment faut-il penser leur existence dans l'âme, à côté des idées de l'*ego* ? C'est pour résoudre cette difficulté que l'on a pu chercher à réduire l'écart entre l'idée et la nature en assimilant la « nature vraie et immuable » à la réalité objective de l'idée innée[2].

Nature et assentiment

Contre l'existence des « natures vraies » il existe toutefois une objection que le méditant prend tardivement en considération (64, 25-28/51) : si l'idée du triangle s'impose à l'*ego,* c'est parce qu'il a perçu des triangles dans le monde ; autrement dit, ce ne serait pas l'altérité de la « nature vraie » qui le contraindrait à penser le triangle d'une façon déterminée, mais les données de l'expérience, condensées dans une notion générale[3]. Le méditant fait valoir à l'encontre un argument qui confirme la fécondité singulière de la rationalité mathématique : l'idée du triangle ne saurait se réduire à une généralisation à partir du sensible puisque même des objets mathématiques *qui n'existent pas dans le monde* peuvent être distinctement imaginés. L'existence mondaine n'est pas un prérequis de l'imagination géométrique, bien au contraire : celle-ci excède la perception par sa capacité à se représenter des objets qui, quoique sans lien avec une quelconque idée adventice, se rapportent encore et toujours à une essence vraie dont les propriétés sont claires et distinctes. Autrement dit, il y a des

1. *Cf.* A. Kenny, « The Cartesian Circle and the Eternal Truths », *Journal of Philosophy*, 67, 1970, p. 685-700, parlant de « platonisme moderne » (p. 692-693).

2. Que la nature vraie se rapporte à l'idée innée est explicitement posé par Descartes dans la *lettre à Mersenne* du 16 juin 1641, III 383, 8-20. Pour cette interprétation, voir L. Nolan, « The Ontological Status of Cartesian Natures », *Pacific Philosophical Quarterly,* 78, 1997, p. 169-194 et D. Cunning, « True and Immutable Nature », *in* L. Nolan (ed.), *The Cambridge Descartes Lexicon*, Cambridge, CUP, 2016, p. 727-731.

3. Objection gassendiste, cf. *Vae Obj.*, VII 320, 30-321, 16/G IV-1 507-508.

essences, non seulement pour les objets courants de la géométrie (le triangle, le carré, le cercle, etc.), mais aussi pour tous ceux que nous ne connaissons pas encore et serions amenés à imaginer, comme enveloppés dans les essences que nous connaissons déjà. Tout contenu intelligible est susceptible, en mathématiques, de faire accéder à d'autres natures vraies qui, si l'on peut dire, attendent d'être découvertes. Dès lors, toute vérité s'autorisant d'une perception claire et distincte renverra à une nature, c'est-à-dire à une chose existant indépendamment de mon imagination. C'est le cas aussi pour les combinaisons de figures qui nous renvoient à la pratique géométrique la plus concrète : les *Iae Responsiones* traitent ainsi du « triangle inscrit dans un carré » dont la « conjonction » renvoie à une nature, et une seule, qui « ne sera pas moins vraie et immuable, que celle du seul carré ou du seul triangle » (VII 118, 2-8/IX 93).

Il est un point toutefois qui n'a pas été abordé jusque-là, qui va l'être dans les dernières lignes de ce premier moment et sera de la plus grande importance au moment d'envisager le problème de la fiabilité de l'évidence passée (68, 21-71, 9/54-56) : celui de l'adhésion subjective au vrai qui portera plus loin le nom de « persuasion ». Le méditant après avoir rappelé la règle générale et posé ce principe que toute vérité est un « quelque chose », c'est-à-dire une nature, introduit, en enfreignant l'ordre des raisons (la chose n'a pas été démontrée [65, 6-7/52]), une observation d'ordre anthropologique : « La nature de mon esprit est telle que je ne me saurais empêcher de les estimer vraies, pendant que je les conçois clairement et distinctement » (65, 6-9/52). On comprend pourquoi cette stipulation est nécessaire. Si tel n'était pas le cas, on pourrait penser que la contrainte exercée par l'évidence géométrique ne porte pas toujours : il y aurait des natures déterminantes pour l'esprit, mais celui-ci pourrait ne pas donner son assentiment à la vérité qu'elles lui imposent. Il y aurait une solution de continuité entre l'ordre objectif des essences et l'expérience subjective des vérités qui, sur le versant psychologique, menacerait la règle générale : ce qui est clair et distinct serait nécessairement vrai, mais non pas nécessairement *tenu pour vrai*. Or, corrige le méditant, non seulement je ne peux pas modifier la nature qui se présente à moi, mais je ne peux pas refuser l'évidence qui s'y manifeste. Il y a bien « accord » entre « ma nature » (64, 1/51) et la nature vraie. Il s'agit là d'un nouveau coup porté à la volonté qui se découvre doublement impuissante devant le vrai : elle ne peut ni le modifier en tant qu'il est fondé en nature, ni en détourner l'*ego* au moment où il apparaît clair et distinct. L'un des moments d'achoppement du doute, la résistance des « universalia et simplicia vera » dans la *Meditatio I*, est rappelé (65, 9-15/52) car il illustre précisément l'impossibilité de ne pas donner son assentiment à ce qui est clair et distinct. Dans un contexte où toutes les autres vérités avaient été rejetées, ces « choses encore plus simples et plus universelles » continuaient à persuader l'*ego*, se donnant alors comme « vraies et existantes » (20, 10-11/15). Ce qui s'explique désormais, dans les termes de la *Meditatio V*, par la présence d'une nature dont l'*ego* ressentait déjà, à travers l'idée considérée, la contrainte à la fois déterminante et persuasive.

L'EXISTENCE DANS L'ESSENCE : L'ÉVIDENCE DU LIEN (VII 65, 16-68, 20/IX 52-54)

Identité et asymétrie

Le retour de la question de Dieu au début de la deuxième partie est inattendu. En réalité, c'est moins Dieu qui revient qu'un « argument » à son sujet, faisant fond sur le lien cognitif qui relie l'idée mathématique à ses propriétés. Que le traitement de la question de Dieu se fasse par comparaison avec la démarche géométrique et comme dans son prolongement, c'est ce qui apparaissait déjà dans le *Discours de la méthode*[1] et que soulignent dans la *Meditatio V* les « pas moins » répétés[2] : l'idée de Dieu peut être abordée comme l'idée du triangle et élaborée selon le même dispositif intellectuel[3]. L'analyse de l'essence que le discours mathématique met à profit est opératoire pour traiter de la question de l'existence de Dieu[4]. Maintenir cette identité formelle sera l'enjeu des pages qui suivent : si Dieu est « l'être souverainement parfait », objet unique dont la teneur en déterminations est maximale, ses propriétés seront connaissables *more geometrico* à partir de sa « vraie et immuable nature »[5], c'est-à-dire son existence perçue, avec ses autres attributs, dans son essence. S'il y a bien identité des procédures, l'asymétrie ontologique entre mathématiques et connaissance de Dieu est considérable : avec l'argument ontologique, je tire de Dieu ce trait de son essence qui signifie qu'il est plus qu'une essence, à savoir qu'il existe, existence qui n'est pas alors celle de sa « nature vraie », mais de Dieu lui-même. Si l'idée du triangle impose certaines propriétés à l'esprit, et si ces propriétés en tant qu'elles sont

1. VI 36, 22-31
2. VII 65, 21-22/IX 52 ; 65, 23-24/52 ; 65, 28-29/52 ; 66, 8-10/52 ; 66, 12-15/52.
3. *Vae Resp.*, AT VII 384, 1-2/ G IV-1 575.
4. Sur le concept d'analyse en général, *cf.* O. Dubouclez, *Descartes et la voie de l'analyse*, *op. cit.* (sur la *Med. V*, p. 323-330).
5. *IIae Resp.*, VII 116, 2-3/IX 91 et déjà *Med. V*, 68, 12/54.

vraies renvoient à une nature, l'existence du triangle reste incertaine : or, dans le cas de Dieu, c'est l'existence de celui-ci qui est atteinte en sa certitude du fait qu'elle est renfermée dans sa nature vraie – c'est toute la différence avec la preuve anselmienne où ce qui est considéré est « ce qui est signifié par un mot »[1]. Si proche des mathématiques dans ses modalités, l'argument atteint donc un résultat qui est sans commune mesure avec elles. Cette asymétrie nous renvoie à l'effectivité du *cogito* qui nous fait passer, lui aussi, de la cogitation à l'être ; de même, en pensant l'essence vraie de Dieu, je parviens, du fait de la contrainte qu'exerce sur moi sa notion, à la connaissance de son existence certaine.

Le verbe « penser » est ici essentiel : c'est par la cogitation de l'essence divine, et non par une quelconque démonstration, que s'accomplit la preuve ontologique. Dans le passage qui nous intéresse, la notion de démonstration se rapporte aux mathématiques[2], mais jamais à l'argument ontologique, et cela au moment même où le méditant les place en regard l'une de l'autre : « Et je ne connais pas moins clairement et distinctement qu'une actuelle et éternelle existence appartient à sa nature, que je connais tout ce que je puis démontrer de quelque figure ou de quelque nombre, appartient véritablement à la nature de cette figure ou de ce nombre » (65, 21-26/52). Cette différence s'explique sans mal : le modèle que fournissent les mathématiques est celui de l'évidence du lien entre l'essence considérée et ses propriétés ; or c'est le plus souvent par la démonstration que cette évidence apparaît, en se déployant au moyen du discours. L'examen de la nature du triangle peut bien livrer quelques vérités immédiates ; toutes les autres sont révélées par la voie déductive[3]. Si la preuve ontologique peut elle aussi recevoir une forme démonstrative, il est clair que ce n'est pas cette forme-là que vise la *Meditatio V*[4]. D'une manière générale, la conversion de la preuve en démonstration répond à une demande ou une nécessité d'explication prenant en compte les difficultés d'autrui à la comprendre[5]. H. Gouhier peut insister sur la primauté de l'autre forme de l'argument : « Une fois l'esprit maître de son attention

1. *Iae Resp.*, 115, 21/91 et 119, 18-21/94.

2. 64, 17-18 ; 65, 2, 5, 7, 25 ; 70, 1, 20.

3. Descartes y reviendra plus loin, VII 68, 23-69, 4/IX 54.

4. En fr. : « preuve démonstrative » (IX 52), mais en latin : « argumentum, quo Dei existentia probetur » (VII 65, 20).

5. L'*Abrégé géométrique* le montre bien par son ambiguïté : Descartes donne à la preuve ontologique la forme explicite d'un raisonnement (166, 20-167, 9/129), tout en posant que la conclusion de celui-ci peut être connue sans preuve (163, 22-164, 4/126-127). C'est aussi sous la pression des objections de Caterus que Descartes consentira à donner une forme syllogistique à son argument (AT VII 115, 22-116, 4/IX 91-92).

[…], la “démonstration” n’est plus qu’une analyse à l’intérieur d’une intuition»; la preuve ontologique se simplifie, soit en l’expression d’un lien obvie (analyse), soit en une «simple vue» (intuition). Elle est donc – ou, le cas échéant, elle a vocation à devenir – un «per se notum»[1].

Qu’est-ce qui motive toutefois cette préférence? Il s’agit, semble-t-il, d’assurer l’autonomie épistémique de l’argument. C’est ainsi qu’il faut comprendre la déclaration selon laquelle «encore que tout ce que j’ai conclu dans les Méditations précédentes ne se trouvât point véritable, l’existence de Dieu doit passer en mon esprit au moins pour aussi certaine, que j’ai estimé jusques ici toutes les vérités des Mathématiques» (65, 27-66, 1/52). Il ne s’agit pas d’une remise en cause de la métaphysique antérieure. Ce qui importe ici, c’est l’efficacité psychologique de l’argument, le fait qu’il pourrait s’imposer subjectivement *sans la considération du reste*. La preuve *a priori* a vocation à pénétrer au plus profond celui qui l’examine : elle seule peut offrir une connaissance immédiate de l’existence de Dieu. Une conséquence du caractère intuitif de l’argument ontologique est d’ailleurs visible dans le texte : puisque celui-ci n’est pas un raisonnement à construire, mais un lien conceptuel à activer, l’essentiel du discours consistera à le défendre et à dénoncer les méprises dont il fait l’objet[2]. Car le méditant se heurte à un problème: si évident soit-il, l’argument n’entraîne pas encore la «persuasion» (66, 5/52) et prend même selon certains «l’apparence d’un sophisme» (66, 3/52).

Les sophismes

Pareil défaut de persuasion tient à une habitude qui n’est pas directement liée au sensible, puisqu’elle est authentiquement philosophique (quoique relevant d’une philosophie, de facture aristotélicienne, qui s’établit sur le primat des sens): celle de la distinction entre l’essence et l’existence dont le méditant se dit lui-même coutumier[3]. La stratégie cartésienne consiste alors à faire varier les modèles, s’éloignant du paradigme géométrique, pour éclairer autrement le lien essence/existence en Dieu.

Le premier modèle recourt à des idées adventices, la montagne et la vallée[4]. Pourquoi ce choix ? Peut-être parce qu’il s’agit de réalités sensibles et familières, mises en lieu et place de notions abstraites. L’opération est en

1. H. Gouhier, *La pensée métaphysique de Descartes*, *op. cit.*, p. 161.

2. Sur le lien inextricable entre preuve et objections, voir W. Doney, «Objections and Replies Within the Fifth Meditation», *British Journal for the History of Philosophy*, 11/2, 2003, p. 219-234.

3. AT VII 66, 4-7/IX 52.

4. 66, 11/52.

tout cas habile : la montagne et la vallée nous renvoient à des réalités qui, dans leur proximité même, nous apparaissent comme différentes. Et, de fait, nous pouvons penser à une montagne sans penser à une vallée. Pourtant, dès que l'on serre de plus près leurs notions, on rencontre l'idée de l'une en analysant celle de l'autre – ce qui est encore plus manifeste quand on s'appuie sur le sens précis que Descartes accorde à ces termes : dans une *lettre à Gibieuf*, il explique que dans la notion d'une montagne comme « lieu qui va en montant de bas en haut » se trouve la possibilité « de descendre par le même de haut en bas »[1]. La montagne peut se penser sans la vallée, mais, en s'explicitant, elle la révèle comme son envers. Voilà un exemple à fonction cathartique qui nous fait passer de la banalité d'une distinction, liée au commerce sensible avec les choses, à la prise de conscience d'une unité inséparable. À la lettre il n'y a là qu'un travail sur les représentations, comme l'indique la prédominance du terme de « cogitation » dans ces lignes (VII 66, 7, 12, 14, 16) : lorsque le méditant convoque la notion de perfection et reprend à son compte l'idée qu'un être souverainement parfait[2] ne saurait manquer d'une perfection et que, l'existence étant une perfection, il existe nécessairement, cette séquence ne se présente pas non plus comme un enchaînement de propositions, mais comme une « cogitation » de l'idée de Dieu. Il ne s'agit d'ailleurs pas de cogiter Dieu *pour en conclure qu'il existe*, mais de le cogiter *comme existant* puisque cette propriété est donnée dans sa nature même. De cette façon, c'est l'objecteur qui se trouve mis en demeure de parvenir à une représentation disjointe de ces notions (montagne et vallée, essence divine et existence), ce qui est tout simplement impensable.

Le modèle de la montagne et de la vallée va toutefois être remis en cause par un sophisme, bien réel cette fois, formulé par l'objecteur. L'argument est le suivant : penser le lien nécessaire entre deux propriétés d'une chose, fût-ce l'essence et l'existence, n'implique en rien que cette chose existe, puisque la nécessité du lien n'est jamais que de l'ordre de la *cogitatio*. Le fond de l'argument porte donc sur les liens entre la pensée et le réel : « Ma pensée n'impose aucune nécessité aux choses » (66, 21-22/53) – formule qui s'accorde, on va le voir, avec le point de vue cartésien. Selon cette objection, jamais l'existence ne saurait être atteinte par la simple cogitation : elle relève d'une synthèse, pour parler en termes kantiens, que l'analyse de l'essence ignore par définition. C'est la fiction qui joue ici le rôle de contre-modèle : l'attribution de l'existence à une

1. *À Gibieuf*, 19 janvier 1642, III 477, 1-3.
2. 66, 12-14/52.

essence est un acte fictionnel et donc arbitraire, par lequel j'ajoute à une chose (par exemple un cheval) ce que son idée ne contient pas de soi (des ailes). L'existence ne se compose avec l'essence que par un artifice subjectif, ce qui fait que l'existence attribuée n'est qu'un attribut fictionnel de l'idée, qui n'engage en rien la réalité extérieure[1]. Descartes appellera ce montage « fiction de notre entendement » (116, 14-15/92) dans le cas où cette fiction se donne à tort comme un authentique acte intellectuel.

Le contre-modèle de la fiction dénonce cependant sa propre incongruité et nous ramène à ce qu'est précisément une « nature vraie et immuable » : car si je peux séparer l'idée du cheval de l'idée d'aile – et c'est même ce qui fait l'essence de toute fiction que d'être le produit de la liberté –, je ne peux séparer la montagne de la vallée et, de même, je ne peux séparer l'existence de l'essence divine. La question de l'existence de la vallée, de la montagne ou du cheval est une question parasite qui détourne l'attention du vrai sujet : l'évidence du lien essence divine/existence que modélise exactement le lien montagne/vallée. Ce n'est pas l'*ego* qui pose librement la montagne comme impliquant la vallée, ou Dieu comme existant, mais une nature ou essence qui, dans l'un et l'autre cas, impose l'indivisibilité de ses traits essentiels – situation justement caractéristique de la « nature vraie et immuable ».

Le problème est peut-être alors plus théologique que logique : il tient à l'impression que la pensée décide de ce qui est et pose l'existence nécessaire de Dieu, comme si celui-ci était soumis aux exigences de la raison humaine. Si la notion de « nature vraie et immuable » doit suffire à dissiper cette impression, puisque, tout à l'inverse, les choses imposent leur nécessité à la pensée, le méditant marque formellement la contrainte logique qu'il subit en introduisant un troisième modèle. On l'a déjà aperçu plus haut, et il y revient à la fin de l'examen de la seconde objection : « un être souverainement parfait » ne saurait être conçu « sans une souveraine perfection » (67, 9-10/3 reprenant 66, 12-14/52). Mieux que la montagne et la vallée, l'être parfait et la perfection disent l'étroitesse du lien que conteste l'objecteur en cherchant à le distendre, jusqu'à le rendre arbitraire. Le cheval ailé est une notion où l'écart entre les idées est maximal (composition libre); la montagne et la vallée incarnent un lien étroit, mais où apparaît d'abord un écart (raison pour laquelle on avait introduit cette comparaison) ; l'être parfait et la perfection de l'existence expriment sans écart, dans une formule quasi tautologique, la rigueur de l'implication. La

1. Se profile ici la distinction entre « existence possible » et « existence nécessaire » qui suscitera d'importants compléments dans les *Iae Resp.* (116, 20-117, 8/92) ; *cf.* H. Gouhier, *La pensée métaphysique de Descartes*, *op. cit.*, p. 153.

quasi-tautologie modélise dans un discours réduit au minimum ce que le méditant présente surtout comme l'évidence d'une perception.

Dieu inimaginable

Mais ce modèle, du même coup, fait paraître une faille. Si de l'essence à l'existence la conséquence est bonne dans le cas de Dieu, il reste que le concept mobilisé ici, celui d'« un être souverainement parfait », est sujet à caution. Le méditant ne discute jamais la question de savoir si l'on peut faire de l'existence une perfection, mais il prend bien en vue la question de savoir si Dieu « possède toutes sortes de perfections » (67, 13-14/53). Objection qui atteint de plein fouet le modèle géométrique : je peux tenir pour vrai un principe faux (« toutes les figures de quatre côtés se peuvent inscrire dans le cercle ») qui me conduira ensuite à une conclusion fausse (« le rhombe peut s'inscrire dans le cercle », 67, 16-19/53). Dès lors comment assurer que ma prémisse « Dieu est parfait », qui est une « supposition »[1], soit fiable et légitime ?

La réponse de Descartes est remarquablement prudente : il n'affirme pas de but en blanc que penser Dieu soit nécessairement penser un être parfait. Au contraire, il déclare qu'il n'est « pas nécessaire que je tombe jamais dans aucune pensée de Dieu » (67, 20-21/53). Ce que questionne ici le méditant, c'est *la venue à l'idée* : une idée est arbitraire ou mal fondée dans la mesure où on la pose sans rien qui nous y pousse. Poser que « toutes les figures de quatre côtés se peuvent inscrire dans un cercle » est une proposition gratuite, sauf si certaines raisons y inclinent. C'est le sens de l'exemple du triangle donné plus bas : « Toutes les fois que je veux considérer une figure rectiligne composée seulement de trois angles, il est absolument nécessaire que je lui attribue toutes les choses qui servent à conclure que ses trois angles ne sont pas plus grands que deux droits » (67, 29-68, 2/54). Si je me mets à concevoir un objet, alors certaines propriétés doivent être posées. L'idée que je considère se pare de ses traits indispensables et s'authentifie par là. Il en va de même pour Dieu : quand son idée survient, elle impose avec elle un contenu qui déborde l'amplitude de ma pensée et requiert une exploration. En ce sens, la perfection divine n'est pas posée d'abord : elle est une suite de l'idée de Dieu et de la contemplation de ses attributs. Cette préséance de l'examen de l'idée est la

1. « Positionem » (AT VII 67, 15/IX 53). Même traduction de « positio » par « supposition » en 68, 8/54. Elle peut se justifier ici par la comparaison avec la démarche géométrique où l'acte de poser quelque chose à la fois précède et engage le processus démonstratif (en particulier dans la méthode analytique).

seule garantie possible contre une méprise qui ferait que je possède une idée de Dieu vide ou contradictoire. C'est ce qui manque aussi dans l'exemple du rhombe : un passage en revue préalable des quadrilatères pour s'assurer de la clarté et de la distinction de la relation de chaque quadrilatère avec le cercle. La perfection de Dieu n'est donc pas « supposée » si l'on entend par là un décret de l'esprit. L'idée conçue comme « nature vraie et immuable » impose un contenu, dont fait partie l'attribut « parfait », mais elle l'impose seulement à la patience d'une recherche[1].

Les dernières lignes de cette seconde partie viennent confirmer le rejet du contre-modèle de la fiction (« fiction d'entendement » ou fausse supposition), avec l'affirmation de l'innéité des « idées vraies », créations de Dieu et non pas de l'*ego*[2]. Lorsque le méditant affirme que l'idée de Dieu est l' « image d'une vraie et immuable nature »[3], il se place du point de vue de son adversaire qui voit en cette idée une fiction du moi, comparable à celle du cheval ailé, alors qu'elle renvoie à un fonds préexistant. Il peut bien y avoir un écart entre ma conception de Dieu (son image) et l'idée de Dieu inscrite en moi : ce hiatus s'atteste par la nécessité d'un temps d'examen, dont on a vu l'importance et qu'il faut mettre en rapport avec le nombre infini des perfections divines. Malgré tout l'idée innée renvoie à une nature qui impose sa structure à travers cette image ; ce qui le montre, c'est la façon dont la considération attentive de l'idée de Dieu détourne de tout gauchissement ou fictionnalisation du divin, maintenant celui-ci sur le chemin de sa conception monothéiste. En effet, il est impossible que l'inclusion de l'existence nécessaire dans l'essence se trouve dans d'autres idées (comme je peux imaginer que l'attribut « ailé » soit associé à d'autres animaux que le cheval) ou que l'idée de Dieu se rapporte à plusieurs dieux (comme je peux imaginer plusieurs chevaux ailés)[4]. Le méditant éprouve ici l'impossibilité de « feindre » à propos de Dieu et d'en concevoir une propriété par l'imagination au lieu de l'entendement. Tout ce qui est dit de Dieu l'est selon un ordre nécessaire : l'éternité même de l'existence de Dieu, posée plus haut sans preuve[5], fait à présent l'objet de la même perception claire et distincte que celle qui lie l'essence divine à l'existence.

1. Le syllogisme proposé à Caterus contient précisément en son sein une telle recherche (AT VII 116, 1-2/IX 91).

2. AT VII 68, 8-9/IX 54.

3. 68, 12/54.

4. 68, 12-16/54.

5. 65, 24/52.

L'OMBRE D'UN DOUTE : LA FONDATION THÉOLOGIQUE DE LA SCIENCE PARFAITE (VII 68, 21-71, 9/IX 54-56)

L'acquisition du savoir

Le dernier moment de la *Meditatio V* commence par une phrase sibylline : « Au reste, de quelque preuve et argument que je me serve, il en faut toujours revenir là, qu'il n'y a que les choses que je conçois clairement et distinctement, qui aient la force de me persuader entièrement » (68, 21-23/54). Le méditant semble reconnaître l'incapacité de l'argument ontologique, et aussi bien de toute preuve de l'existence de Dieu, à produire la persuasion, étant donné que seule l'attention aux raisons rend possible la perception claire et distincte. Mais il y a là aussi un motif d'espoir : si l'argument ontologique n'est pas d'un accès facile, une fois levés les obstacles à la cogitation de l'idée de Dieu, il finira par imposer son évidence. S'il est « de soi » (« *ex se* », 69, 7/55) clair et manifeste, il faudra encore du temps pour que la « persuasion » soit atteinte. Le propos se veut donc plutôt rassurant : il y a deux régimes d'accès à la vérité qui relèvent de deux temporalités distinctes ; la vérité peut être immédiatement accessible, comme c'est le cas pour les notions communes qui demandent seulement à être prises en vue, ou bien elle peut être obtenue par la voie d'une inspection diligente[1]. S'agissant du triangle, on peut distinguer entre la proposition « la base est opposée au plus grand angle », vérité immédiate qui, pour ainsi dire, saute aux yeux, et le théorème de Pythagore qui, lui, « n'apparaît pas facilement » (68, 28/54). Or, ce que souligne Descartes (et qui doit faire espérer le théologien), c'est que la certitude est au bout du compte la même : « Depuis que cela a été une fois reconnu, on est autant persuadé de l'un que de l'autre » (69, 2-3/54). La conclusion du raisonnement s'élèvera à une *persuasion égale* à celle de la notion commune ; une seule perception claire et distincte suffira d'ailleurs[2] pour que cette conclusion soit considérée comme un acquis, ayant effectivement persuadé le géomètre. La persuasion n'est pas une *doxa* antérieure à la science véritable et qu'il faudrait dépasser pour atteindre cette dernière ; elle est bien plutôt le produit de la conception claire et distincte qui entérine l'acquisition du savoir *a parte subjecti*[3].

1. 68, 25-26/54.

2. « Semel », 69, 3/54.

3. Dans la *lettre à Regius* du 24 mai 1640, III 64, 21-65, 15, Descartes expose la position de la *Med. V* sur le problème de l'évidence passée, mais son usage de la persuasion est

Ici toutefois se produit une rupture à l'intérieur de la *Meditatio V*. Si l'existence de Dieu s'affirme comme une vérité immédiate, comparable aux vérités mathématiques, l'argument ontologique n'est pourtant plus considéré comme une vérité parmi d'autres. C'est bien plutôt une vérité *éminente*, si facile à obtenir qu'en l'absence de tout obstacle elle serait, non seulement la première, mais « plus clair[e] et plus manifeste » que toutes les autres[1]. Double stipulation qui reprend le thème fondamental de la supériorité en évidence des vérités métaphysiques sur les vérités mathématiques, comme dans le *Discours de la méthode* (VI 36, 28)[2], et dissipe l'ambiguïté des « pas moins » de la seconde partie. Mais le plus important vient après : la preuve ontologique, qui est maintenant considérée comme un moment de la connaissance de Dieu (ce qu'elle est, indéniablement), est une vérité dont dépendent les autres certitudes pour atteindre leur plein régime[3]. Voilà qui contredit radicalement le propos précédent sur le triangle et le théorème de Pythagore : si je ne possède pas la connaissance de Dieu, ma persuasion ne saurait être complète (à une nuance près, on va le voir) quand j'appréhende ces vérités pourtant si persuasives. Savoir que Dieu existe est certes une connaissance susceptible d'une persuasion égale à celle des autres ; c'est aussi et surtout ce qui assure la perfection de celles-ci.

La vérité sans Dieu

Il s'agit d'expliquer cette thèse, en s'arrêtant d'abord sur le cas où l'on ignore (qu'il y a un) Dieu[4]. Précisons un point : le méditant envisage une situation générale – celle de l'athéisme –, conséquence du rejet de *toute* preuve de l'existence de Dieu, et non pas seulement de la preuve *a priori*. Cette situation revient à adopter sur l'homme un point de vue strictement anthropologique, celui de sa « nature » telle qu'elle apparaît en effet dans le rapport quotidien au savoir. Car « ma nature » est double et c'est ce dédoublement qui crée une difficulté.

différent ; il y part de la « vraie science » pour envisager sa dégradation : la persuasion est l'état subjectif et non scientifique de celui qui ne connaît pas Dieu et qui doute. Dans la *Meditatio V*, Descartes envisage au contraire *l'acquisition* de la « vraie science » : la persuasion est un état subjectif qui s'ajoute à la proposition considérée et dissipe le doute, persuasion et science n'étant pleines et entières que par la reconnaissance du Dieu non trompeur.

1. « Prius », 69, 6/55 ; « apertius », 69, 7/55.

2. *Cf.* aussi la lettre *à Mersenne*, 15 avril 1630, I 144, 15-17; *Vae Resp.*, VII 383, 25-384, 4 ; G IV-1 575.

3. 69, 15/55.

4. 69, 23 ; 70, 4/55.

Le méditant constate deux choses : la première (t_1), c'est que j'ai une tendance naturelle à croire vraie la perception claire et distincte, autrement dit à être persuadé[1]. La seconde (t_2), c'est qu'il n'est pas dans ma nature de rester fixé sur la vérité présente, comme l'avait déjà souligné la *Meditatio IV*[2], ce qui peut caractériser une certaine distraction, mais aussi le rythme normal de la connaissance chez « le mathématicien au travail »[3]. Tantôt je considère un argument présent sous mes yeux, tantôt « je me ressouviens d'avoir jugé une chose être vraie »[4], c'est-à-dire que je me remémore des arguments antérieurs. Cette alternance est la vie même de la raison scientifique qui construit son discours en combinant vérités nouvelles et résultats anciens. Si l'on s'en tient à cette réalité psychologique ambivalente, la confiance placée dans l'ancien, c'est-à-dire dans les conclusions ou théorèmes obtenus, est précaire : celles-ci ne sont plus validées par l'attention actuelle et, en l'absence de cette attache, l'*ego* sera peut-être conduit à considérer d'autres raisons, d'autres théorèmes, puisque la science acquise sera une vérité *qui ne persuade plus*. Chaque raisonnement est un château de sable qui s'écroule à chaque fois que l'on en détourne les yeux ; on s'enlise alors dans de « vagues et inconstantes opinions » ; on perd la « persuasion ferme et immuable »[5] et, avec elle, le bénéfice de l'acquisition qui paraissait tout à l'heure irrévocable. Et cela, même si l'on se souvient d'avoir clairement et distinctement perçu la conclusion ou le théorème en question[6] : ce souvenir-là ne suffit pas à conserver à la proposition considérée sa force de conviction. Je ne peux pas me persuader par le simple souvenir d'avoir été persuadé.

Tout cela est déroutant. En quoi prouver l'existence de Dieu permettrait-il d'assurer la validité des conclusions anciennes ? Si l'évidence est psychologiquement perdue, si ma nature est faite de telle sorte que je finisse par laisser filer l'évidence (t_2), le doute n'est-il pas insurmontable, et cela même si Dieu existe ? La suite vient préciser la situation exacte dans laquelle nous nous trouvons : si j'ignore qu'il y a un Dieu, « je puis me persuader d'avoir été fait tel par la Nature, que je me puisse aisément tromper, même dans les choses que je crois comprendre avec le

1. 69, 16-18/55. Voir aussi plus haut 65, 7-9/52.

2. 62, 3-4/49.

3. H. Gouhier, *La pensée métaphysique de Descartes*, *op. cit.*, p. 300.

4. 69, 20-21/55. La *lettre à Regius* de mai 1640 (III 64, 25-26) ne mentionne pas la faiblesse de l'attention, mais seulement le fait que nous nous souvenions des conclusions déduites.

5. Resp., 69, 25-26/55 et *IIae Resp.* 146, 20-21/115.

6. AT VII 70, 2-3/IX 55.

plus d'évidence et de certitude » (70, 5-7/55). Sans Dieu s'insinue la possibilité d'une nature humaine discordante : j'ai éprouvé l'évidence, je m'en souviens, mais je peux me dire que c'était là une illusion ; un doute peut s'introduire rétrospectivement sur ce que je suis et donc, par conséquent, sur les vérités dont j'ai fait l'expérience. Ce doute ne saurait se produire au moment où j'éprouve l'évidence puisque, par définition, elle me subjugue entièrement (t_1). Ce n'est que dans l'après-coup de cette expérience que l'hypothèse d'une nature défaillante peut m'amener à douter de ce qui, un instant plus tôt, paraissait indubitable : l'évidence même. Nous voici soudain ramenés aux errances du début de la *Meditatio III* : j'ai éprouvé « beaucoup de choses comme vraies et certaines, lesquelles par après d'autres raisons m'ont porté à juger absolument fausses » (70, 8-9/55)[1]. Ce qui pèse sur la science en construction de la *Meditatio V*, au moment où l'on vient de retrouver les essences mathématiques et de rouvrir l'espace du savoir, c'est le *spectre* du doute métaphysique, doute sur la vérité des propositions passées qui prend la forme d'un doute sur la nature humaine.

La certitude de l'existence de Dieu va colmater cette brèche. Si Dieu existe, alors je n'ai plus de raison de me demander si l'évidence passée est vraie et fiable au moment où je n'en ai plus de perception directe. Pourquoi ? Parce « toutes choses dépendent de lui » (70, 11/55) et que je suis ramené alors à ce que la *Meditatio III* a établi, à savoir qu'il n'est pas trompeur, c'est-à-dire qu'il n'a pu instituer un rapport si vicieux à l'intérieur de ma connaissance qu'au moment où j'éprouve l'évidence, ou que je me souviens de l'avoir éprouvée (complète la *Meditatio V*), je me trompe. Sans Dieu, cette méprise est effectivement possible : toute évidence peut se retourner à l'instant suivant en une possible illusion. Mais avec Dieu ce retournement n'est plus possible *sans que la faute lui en revienne*. Si je considère seulement « ma nature », je peux craindre le pire, car j'ai tendance à perdre l'évidence (t_2), mais si je me replace du point de vue métaphysique, je vois que cette tendance ne peut compromettre la possibilité de la connaissance, à moins que Dieu n'ait rendu la vérité éphémère (bornée au présent de l'évidence) et laissé s'introduire en moi une impression erronée (le souvenir d'évidence). La connaissance de Dieu suffit à écarter cette hypothèse contradictoire avec l'essence divine. Mais l'athée, lui, ne pourra pas se rassurer métaphysiquement contre l'expérience de la perte de l'évidence qui est consubstantielle à la recherche de la vérité.

1. Voir *Med. III*, AT VII 36, 6-8/IX 28.

Le problème qui se pose est donc seulement de savoir si je peux compter sur une évidence *passée* comme une vérité *acquise*. S'il est possible que Dieu ne soit pas, alors j'ai une raison (métaphysique) de ne pas m'en tenir à elle et de considérer d'autres raisons, malgré l'évidence que je sais avoir éprouvé en la considérant. Si Dieu existe, je n'ai aucune raison de douter de ce qui a été une fois évident pour moi. Je peux bien sûr douter de mes perceptions passées pour d'autres motifs (par exemple, j'ai remarqué que ma mémoire me jouait parfois des tours), mais pas pour cette raison que la *philosophia prima* a voulu introduire, à savoir l'existence éventuelle d'une puissance trompeuse qui disjoint ou laisserait se disjoindre vérité et souvenir d'évidence. Ce qui sépare la « vraie et certaine science » (70, 17-18/56) assurée par l'existence de Dieu de la science *tout court* qui résulterait de son ignorance n'est presque rien – rien de plus que l'impossibilité de chasser le doute instillé au départ et de se mettre « hors du danger de l'avoir » (*IIae Responsiones*, 141, 12/111).

Une dernière question se pose : quelle est la différence entre la garantie (si l'on tient à conserver ce terme) proposée par la *Meditatio III* et celle proposée par la *Meditatio V ?* La *Meditatio III*, en prouvant que Dieu existe et qu'il n'est pas trompeur, a assuré la correspondance entre perception claire et distincte et vérité *au présent*; elle n'abordait pas alors la question de la science et de sa construction dans le temps. Voici justement le problème de la *Meditatio V* : le péril dans lequel l'ignorance de Dieu place le géomètre athée vis-à-vis d'une nature humaine *qui possède une capacité d'attention finie*. La *Meditatio V*, c'est son originalité, découvre que, du fait du déficit d'attention, l'usage de la mémoire est consubstantiel au discours scientifique et qu'il y a là un potentiel d'incertitude que seule la connaissance de Dieu peut surmonter pour lui garantir une assurance sans faille. Une question reste néanmoins pendante : en quoi l'argument ontologique serait-il préférable pour fournir pareille connaissance de l'existence de Dieu ? Pourquoi est-ce à l'occasion de sa formulation que se pose précisément le problème de l'évidence passée ? Nous tenterons d'y répondre dans notre conclusion.

La fin du doute sur les essences

La fin du texte confirme que nous sommes entrés dans le règne de la science, celui de la vérité qui persuade, qui met un terme au grand mouvement métaphysique du doute. Plus rien ne pourra être dit qui fera douter des vérités acquises, qu'elles soient métaphysiques ou mathématiques. C'est à la récapitulation des raisons de douter que procède le méditant, les unes après les autres, en montrer l'innocuité : à l'objection selon laquelle ma nature m'expose à l'erreur[1], il oppose qu'une proposition tient sa certitude de la perception des raisons qui la fondent[2] et surtout que l'écart temporel entre cette perception et la remémoration de cette vérité, que dramatise l'expérience d'avoir tenu pour vrai à un certain moment ce qui est apparu ensuite être faux, n'est plus une menace *si du moins l'on est passé par la métaphysique*. Car celle-ci fait bel et bien une césure au sein de la vie du savant : « Mais je n'avais connu clairement ni distinctement aucune de ces choses-là, et ne sachant point encore cette règle par laquelle je m'assure de la vérité, j'avais été porté à les croire par des raisons que j'ai reconnu depuis être moins fortes que je ne me les étais pour lors imaginées. » (70, 25-28/56) En l'absence de la connaissance de la « règle générale », l'impression de vérité n'a rien de fiable. L'homme ne peut accéder à une science certaine que par la métaphysique qui en authentifie les conditions de validité, dans le présent de la perception des propositions mais aussi dans le temps long de la capitalisation du savoir. C'est l'expérience même des raisons que *bonifie* la philosophie première qui constitue donc le point de départ d'une science nouvelle où rien ne sera sauvé de l'ancienne.

Les derniers motifs de douter envisagés, qui se résument à l'argument du rêve, ne portent pas eux non plus. Le méditant réaffirme la possibilité d'une science dans le rêve, mais qu'il distingue de celle proposée dans la *Meditatio I*. Car la science nouvelle peut bien être rêvée – l'existence des choses reste en effet à démontrer –, elle n'en est pas moins certaine et complète étant donné que l'existence de Dieu garantit désormais les conditions de son bon développement. Il s'agit d'une « science parfaite touchant une infinité de choses, non seulement de celles qui sont en [Dieu], mais aussi de celles qui appartiennent à la nature corporelle » (71, 6-9/56). Même si cette science est abstraite parce qu'elle peut toujours se réduire à la seule *cogitatio*, elle s'applique à toute la réalité, sans aucune limitation de son champ d'objets : le développement des sciences naturelles, disqua-

1. AT VII 70, 21-22/IX 56.
2. 70, 22-23/56.

lifiées dans la *Meditatio I*, est désormais possible. L'expression finale de « puræ Matheseos objectum » (71, 8-9/56) est significative : après en avoir envisagé la possibilité dans son premier moment[1], la *Meditatio V* appelle à présent à sa mise en œuvre. La *pura Mathesis* désigne la « science parfaite », celle qui ne laisse plus de place au doute dans l'investigation de la nature. Si elle n'a « point d'égard à [l']existence », comme l'indique la traduction française (IX 56), elle est surtout ce qui offre à propos des choses matérielles une connaissance indubitable et entièrement refondée.

Il est temps de répondre aux questions posées au seuil de cette étude. La première concernait l'unité de la *Meditatio V* : on peut dire à présent qu'elle est de nature épistémologique : on y passe d'une doctrine de l'idée fondée en nature à la position d'une science une, définitivement protégée du doute. La preuve ontologique occupe dans ce mouvement une double position : *exemple par excellence* de la fécondité de la « nature vraie et immuable », elle s'impose dans un second temps, en tant qu'elle fait connaître Dieu, comme la *condition* de l'égale certitude des propositions connues et, ainsi, de la construction de la science.

Notre seconde question, sur l'évolution de la théologie cartésienne, ne peut recevoir quant à elle qu'une réponse ambivalente. S'il faut reconnaître la *primauté en devenir* de l'argument ontologique au sein du corpus cartésien (dont la nature intuitive est largement privilégiée dans la *Meditatio V*), et si l'on doit rappeler aussi que Descartes cherchera à faire fusionner ses preuves en accordant notamment au Dieu infini la puissance « d'exister par sa propre force »[2], la dépendance de l'argument ontologique à l'égard du préalable de la « règle générale » demeure incontestable : seule la preuve « par les effets » est en mesure de triompher du doute radical.

Mais l'utilité de l'argument ontologique (c'était notre troisième question) consiste peut-être en ceci : de ne plus être métaphysique et de parler déjà le langage de la science. Mieux que la preuve sinueuse de la *Meditatio III*, il assure au géomètre, d'ordinaire mauvais philosophe, une certitude pleine et entière, formulée selon un schéma intellectuel qui lui est familier. C'est ce qui rend la preuve ontologique préférable quand se pose la question de l'évidence passée et du statut des conclusions. Alors que la démonstration *a posteriori* contraint à se faire métaphysicien, c'est-à-dire à sortir de la science pour considérer le Dieu infini, la causalité et la

1. 65, 13-14/52.

2. *Iae Resp.*, 119, 14/94. Voir aussi *IVae Resp.*, 243, 20-26/188. Sur l'unité des preuves, *cf.* H. Gouhier, *La pensée métaphysique de Descartes*, *op. cit.*, p. 176 et É. Gilson, *Études sur le rôle...*, *op. cit.*, p. 213-232.

substance, l'argument ontologique se tient à disposition du regard scientifique qui peut alors se rassurer à tout moment en revenant à son évidence immédiate, c'est-à-dire à une certaine intuition de la nature divine. S'il est vrai que Descartes a fait entrer le vieil argument d'Anselme dans l'histoire de la métaphysique[1], il est possible aussi qu'il l'ait conçu comme un moyen d'en sortir sans perdre le bénéfice de sa certification.

1. J.-L. Marion, *Questions cartésiennes, op. cit.*, p. 255-256.

DENIS KAMBOUCHNER

MÉDITATION SIXIÈME

LE TITRE ET LE PROGRAMME

Au moment où s'ouvre la dernière des six *Méditations*, leur plus grand travail métaphysique vient de s'achever. On en a terminé avec le doute hyperbolique sous sa forme la plus aiguë, qui s'ordonne à l'argument du Dieu trompeur. On s'est assuré des conditions de la science, non seulement avec la validité des perceptions claires et distinctes, mais avec la certitude de ces conclusions qui sont tirées comme il faut de perceptions elles-mêmes claires et distinctes. Ainsi que l'indique la fin de la *Meditatio V*, la question *formelle* de la science est donc résolue : « À présent que je connais [Dieu], j'ai le moyen d'acquérir une science parfaite touchant une infinité de choses [en latin : *d'innombrables*], non seulement de celles qui sont en lui, mais aussi de celles qui appartiennent à la nature corporelle » (IX 56).

Reste donc à résoudre, avec les formes moins radicales du doute (ce que M. Gueroult nommait la « couche des doutes hyperboliques d'origine naturelle »)[1], la question *matérielle* : j'existe (comme chose qui pense), et Dieu existe, mais quoi d'autre ? Et particulièrement, qu'en est-il des corps et du monde des corps ?

Si Dieu et l'âme sont les principaux objets métaphysiques des *Meditationes*, les corps sont le troisième grand objet. Il faut dire *les corps* et non *le corps,* si le caractère substantiel (l'indépendance) du corps individuel s'annonce de toute manière plus faible que celui de l'âme, et bien sûr sans comparaison avec la substantialité de Dieu. Mais cette ultime *Meditatio* ne

1. M. Gueroult, *Descartes selon l'ordre des raisons, op. cit.*, t. II, p. 16 ; voir t. I, p. 37.

peut traiter des corps sans s'intéresser à l'union de l'esprit à un certain corps, et aux sens qui nous font connaître les corps en général; ceci avec un double objet: a) déterminer ce que les sens nous font connaître de ces corps, et b) statuer sur leurs erreurs, d'une manière qui préserve la souveraine perfection reconnue à Dieu. Ici, la justification de Dieu dans l'institution des sens (malgré les erreurs qui leur sont liées) ne fait qu'un avec la réinstallation de l'*ego* dans la réalité corporelle, avec ses modalités épistémiques propres.

Mais, dira-t-on, le titre donné à la *Meditatio VI* lui assigne un autre objet. Il s'agit *de l'existence des choses matérielles, et de la réelle distinction entre l'âme* [*en latin: l'esprit*] *et le corps de l'homme.* En indiquant ce titre, Descartes écrit à Mersenne: « Ce sont là les choses auxquelles je désire qu'on prenne le plus garde » (28 janvier 1641, AT III 297, 29-30). C'est ce qu'il redira à Élisabeth: « mon principal dessein était de prouver la distinction qui est entre l'âme et le corps » (21 mai 1643, AT III, 665, 1-3). Dans ces textes, Descartes semble présenter la « distinction réelle » de l'âme et du corps comme l'objet principal de la *Meditatio VI*, par rapport à la réflexion sur les sens. Qu'en est-il?

En réalité, les objets sont imbriqués, puisque, nous le verrons, c'est l'extrême différence entre les qualités sensibles et les actes de l'esprit qui servira de principe à la preuve de l'existence des corps – ce à quoi ne suffit pas la simple expérience de l'imagination, examinée dans un premier temps. La *distinction réelle* entre l'esprit (substance qui pense) et le corps (substance étendue) et leur *union* (qui sera elle-même dite *substantielle*) sont donc les deux moments d'une même question. Textuellement parlant, ni l'établissement de la distinction réelle, ni la preuve de l'existence des corps n'occupent dans la *Meditatio VI* beaucoup de place – pas beaucoup plus, pourrait-on noter, que le *cogito* dans la *Meditatio II.* La plus ample discussion de la *Meditatio VI* porte donc sur l'union et ses modalités. Pourquoi donc ce privilège accordé par Descartes au premier moment de la question? La raison en est double.

En premier lieu, pour présenter son entreprise métaphysique, Descartes a toujours mis en avant – notamment dans le titre et dans l'*Épître dédicatoire* – les deux grandes questions de l'existence de Dieu et de l'immatérialité (sinon de l'immortalité) de l'âme humaine. Ce sont là, a-t-il indiqué, des démonstrations éminemment utiles à la religion. Par rapport à une telle visée, mettre l'accent sur la manière très étroite dont l'esprit et le corps sont unis aurait été clairement déplacé et périlleux.

De fait, avec des développements qui touchent à la physiologie humaine et à la psychophysiologie, la *Meditatio VI* transgresse résolument la circonscription traditionnelle des matières de métaphysique. S'aventure-t-elle du même fait au-delà des limites d'une *philosophie première* en charge de « toutes les premières choses que l'on peut connaître en philosophant par ordre » ? Non certes, si les fonctions de l'imagination et des sens, telles que la *Meditatio VI* les étudie, peuvent être inscrites au nombre de ces « premières choses » (quoique non pas des toutes premières) que l'*ego cogitans* doit examiner en réfléchissant sur sa propre nature : en cela, du reste, cette Méditation ne fait que reprendre des questions laissées en suspens par les trois premières. Pourtant, il est troublant de voir resurgir à un certain moment de la *Meditatio VI* tout un savoir manifestement préconstitué concernant le corps humain – par exemple : « L'esprit ne reçoit pas immédiatement l'impression de toutes les parties du corps, mais seulement du cerveau, ou peut-être même d'une de ses plus petites parties, à savoir de celle où s'exerce cette faculté qu'ils appellent le sens commun » (VII 86, 16-19/IX, 69) ; ou bien : « Lorsque nous avons besoin de boire, il naît de là une certaine sécheresse dans le gosier, qui remue ses nerfs, et par leur moyen les parties intérieures du cerveau [...] » (88, 13-15/70) – un savoir qu'il n'est plus question de remettre en doute, mais pas davantage de chercher à fonder de manière spécifique. Il subsiste donc, quant au rapport entre ce savoir et celui que les *Meditationes* produisent, une question un peu épineuse, qu'il n'était pas utile de provoquer.

Reste que la *Meditatio VI* accomplit, dans une construction complexe, un programme philosophique absolument original, en forme de descente graduelle dans ce que Descartes nomme « l'institution de la nature » (celle des rapports entre modifications corporelles et pensées dans le composé humain). Ce programme comporte deux grandes séquences, l'une conduisant (A) *de la possibilité de l'existence des corps à la certitude de cette existence*, l'autre (B) *de cette certitude à une confiance raisonnée et vigilante dans les sens.*

La première séquence (A) comporte elle-même trois phases :

1) l'essai, qui se révélera insuffisamment concluant, pour statuer sur l'existence des corps à partir de la fonction imaginative ;

2) avec le passage à l'examen de la fonction sensitive, l'évocation de l'expérience naturelle (pré-méditative) de l'union de l'âme et du corps, et la critique de cette expérience ;

3) l'établissement définitif de la distinction réelle de l'âme et du corps, et, aussitôt après, l'argumentation décisive en faveur de l'existence des corps.

La seconde séquence ou partie (B) comprend elle aussi trois étapes :

1) le travail de discrimination, dans ce que nous pensons apprendre de nos sens, entre ce qui fait l'objet d'un enseignement exprès de la nature et ce qui ne relève que de jugements inconsidérés (ou préjugés) ;

2) la discussion sur de « véritables erreurs de la nature », qui ne peuvent nous être imputées (comme lorsqu'un malade d'hydropisie ressent une soif dévorante alors que boire lui est nuisible) : Dieu, qui a institué l'appareil de nos sens, aurait-il pu mieux faire ?

3) après décision sur ce dernier point, une conclusion générale sur l'usage des sens et la résolution des derniers doutes (distinction du sommeil et de la veille).

Nous étudierons successivement ces diverses étapes.

LE PROBLÈME DE L'IMAGINATION

Descartes écrit au début de la *Meditatio VI* (71, 13-16/57) :

> Il ne me reste plus maintenant qu'à examiner s'il y a des choses matérielles ; et certes au moins sais-je déjà qu'il y en peut avoir [*illas posse existere, qu'elles peuvent exister*], en tant qu'on les considère comme l'objet des démonstrations de géométrie [*quatenus sunt puræ Matheseos objectum*], vu que de cette façon je les conçois [*percipio, perçois*] fort clairement et fort distinctement.

Dans la descente vers les apparences et la réalité des corps, les premiers objets à considérer sont les mêmes auxquels la *Meditatio V* avait ordonné l'essentiel de son propos : les « vraies et immuables natures » des figures géométriques, et la science dont elles peuvent faire l'objet.

La dénomination latine, *pura Mathesis*, que le français rend par « géométrie » (ou plus loin par « géométrie spéculative »), est elle-même reprise de la *Meditatio V* qui y renvoyait en deux endroits, d'abord peu après son début (66/52), et une autre fois dans ses dernières lignes (71/56). Celles-ci évoquaient la « nature corporelle », *natura corporea,* qui constitue l'objet de cette *Mathesis* (« la nature corporelle, en tant qu'elle peut servir d'objets aux démonstrations des géomètres », traduit Luynes) : l'expression sera exactement reprise plus loin. Cette science ne peut être assimilée à la *Mathesis universalis* de la *Regula IV*, dont la définition comme science générale de l'ordre et de la mesure est restée tout à fait spécifique. Rien n'indique même qu'elle comporte, comme la *Géométrie* de 1637, une relation spéciale entre l'étude des courbes et celle des équations algébriques. Il faut ici en rester à l'idée d'une mathématique pure, qui s'occupe avant tout des figures géométriques et des rapports de mesure entre elles, sans relation avec les objets plus empiriques (sons, mouvements des astres, etc.) des *mathématiques mixtes*.

La *Meditatio V* ne s'était intéressée qu'à la consistance et à la nécessité des relations que l'esprit découvre entre les figures ou parties des figures qu'il examine. En quoi la considération de ces mêmes objets peut-elle nous mettre sur la voie d'une certitude de l'existence des corps ? Il y a place ici pour une condition qui n'est pas explicitée, mais sur laquelle les *Regulæ*, notamment la *Regula XIV*, avaient beaucoup insisté : *les figures de la géométrie ne peuvent être conçues sans un sujet ou substrat auquel elles soient attachées* ; elles sont à considérer comme les diverses modifications d'une réalité unique, que les *Regulæ* appelaient « l'étendue réelle des corps », et que les *Méditations* nomment plus prudemment « la nature corporelle ». Ceci vaut déjà sur le plan de l'intellection pure : il n'y a pas de sens à former par l'esprit le simple concept d'une figure sans que cette figure soit celle de *quelque chose d'étendu*. Mais bien sûr c'est dans l'imagination de la figure (ou *a fortiori* dans sa représentation graphique) que cette relation devient la plus manifeste. Dans *Le Monde* (1633), Descartes reconstruisait la formation de notre monde à partir d'une matière simplement conçue comme « un vrai corps parfaitement solide, qui remplit également toutes les longueurs, largeurs et profondeurs » de l'espace que nous avons à l'esprit, et qui « peut être divisée en toutes les parties et selon toutes les figures que nous pouvons imaginer » (chap. 6, resp. XI 33, 22-24 et 34, 1-3). Il ajoutait :

> Il n'y a rien de plus simple [que cette matière], ni de plus facile à connaître dans les créatures inanimées; et son idée est tellement comprise en toutes celles que notre imagination peut former qu'il faut nécessairement que vous la conceviez, ou que vous n'imaginiez jamais aucune chose (XI 35, 12-17).

Tel est le point: toute imagination, même purement géométrique, est celle d'une matière qu'il faut reconnaître, en tant que *chose étendue*, irréductiblement présente à l'esprit. Comment cette présence, si l'on y réfléchit, n'emporterait-elle pas la persuasion de l'existence? Le fait que cette chose étendue, tout comme les figures qui s'y forment, soit conçue ou perçue clairement et distinctement rend cette persuasion presque irrésistible: « Quand je considère attentivement ce que c'est que l'imagination, je trouve qu'elle n'est autre chose [*nihil aliud esse apparet, elle apparaît n'être rien d'autre*] qu'une certaine application de la faculté qui connaît [*cognoscitiva*] au corps qui lui est intimement présent, et partant qui existe » (71, 23-72, 3/57). Tout ceci s'entend encore en mode subjectif: comme on peut le voir dans le latin, le «je trouve» n'indique pas une découverte, mais une apparence, qui s'étend à la conclusion: « et partant », ce corps qui est intimement présent à l'esprit existe. Mais l'apparence est très instante, si l'on tient compte de deux autres conditions qui vont venir au premier plan.

La première tient à l'expérience de la «particulière contention d'esprit» qu'exige l'imagination géométrique. Cette contention, c'est-à-dire cet effort, croît avec la complexité des figures imaginées (le nombre des côtés, quand côtés il y a, en est un indice suffisant). Imaginer un triangle est facile; un pentagone, déjà plus difficile; pour imaginer une figure à sept ou huit côtés, il faut être doué ou s'être beaucoup entraîné[1]. Au-delà, la pure imagination (sans dessin ni support sensible) est impossible – à plus forte raison pour une figure à mille côtés (le chiliogone): la capacité de synthèse de l'esprit qui imagine, sur le mode volontaire dont il s'agit, est extrêmement limitée.

Descartes a donné ailleurs la raison de cette « contention » : l'opération de l'esprit nommée imagination n'a pas lieu sans qu'une certaine figure se peigne en effet dans une certaine partie du cerveau; et ce, non par l'action des choses extérieures, ni par les mouvements fortuits du cerveau (au principe des rêves), mais par la force de l'esprit lui-même. C'est ainsi que la *Regula XII* parlait d'une application de la «force cognitive» à la

1. Cf. *Entretien avec Burman*, AT V 163.

fantaisie, véritable partie du corps, pour y former de nouvelles figures[1]; *L'Homme*, l'*Entretien avec Burman* et enfin les *Passions de l'âme*, art. 20-21, donneront sur ce processus et sur cette partie du corps (du cerveau) d'autres détails. La *Meditatio VI* s'en tient au constat de cette « contention » qui, passé un certain point, devient vaine : elle semble bien témoigner que l'esprit, dans l'acte d'imaginer, est confronté non seulement « objectivement » mais « formellement et actuellement » (selon les termes de la *Meditatio III*) à un élément étranger à sa propre nature, et dont pour cette raison il ne peut faire ce qu'il veut.

Cette expérience a son pendant, avec la forme de liberté qui revient à l'esprit par rapport à l'imagination. En effet, la limitation de sa capacité d'imaginer n'est pas celle de sa capacité de penser, ou plus précisément d'entendre. Certes, l'intellection pure implique souvent un plus grand effort que l'imagination, et n'est donc pas exclusive d'une forme de « contention » ; mais cet effort est d'une autre sorte : c'est plutôt l'effort de l'esprit pour se libérer de certaines entraves. En tout état de cause, non seulement les premières vérités de la métaphysique sont toutes étrangères à l'imagination, mais, sur le terrain même de la *pura Mathesis*, il est possible de démontrer les propriétés d'objets, tel le chiliogone, que nous ne saurions à proprement parler imaginer (alors que nous ne saurions rien imaginer sans que notre entendement y intervienne). C'est ce qui autorise la formulation radicale d'après laquelle

> cette vertu d'imaginer [*vis imaginandi*] qui est en moi, en tant qu'elle diffère de la puissance de concevoir [*vis intelligendi*], n'est en aucune sorte nécessaire à ma nature, ou à mon essence, c'est-à-dire à l'essence de mon esprit [*ad mei ipsius, hoc est ad meæ mentis essentiam, à l'essence de moi-même, c'est-à-dire de mon esprit*]; car encore que je ne l'eusse point, il est sans doute que je demeurerais toujours le même que je suis maintenant (73, 5-9/53).

Cette contingence de la faculté d'imaginer sera réaffirmée plus loin (78/62). Elle était annoncée dans la *Meditatio II*, avec la dénivellation marquée entre les premières fonctions de la chose qui pense et celles (*quoque*, « aussi » [28, 22/22]) d'imaginer et de sentir. L'imagination est, comme les sens, une *faculté spéciale* dont nous nous servons pour les choses corporelles. Avec elle, l'esprit « se tourne vers le corps », non pas exactement pour en recevoir quelque impression, mais à tout le moins (dans l'imagination mathématique) pour considérer (*intueri*) ou « inspecter » (*inspicere*) une figure qu'il souhaite se représenter, d'après

1. *Cf.* AT X 415-416.

une idée qu'il a déjà en lui. Mais précisément, comment cela serait-il possible sans union et communication réelle de cet esprit avec un corps? La contingence même tendrait ici à prouver la nécessité factuelle de la conjonction.

Pourtant, ce premier examen reste insuffisamment concluant. Et si l'évidence de l'existence d'un corps fait défaut, cela tient sans doute à la conjugaison de trois facteurs :

a) L'objet propre de l'imagination est plutôt une copie qu'un original; dans l'imagination géométrique, il doit se conformer à une idée préalablement formée dans l'entendement; dans un mode plus empirique de l'imagination, il correspond aux traces laissées par un objet des sens. Mais seul un phénomène original peut indiquer une existence.

b) Le corps qui fait l'objet de l'imagination géométrique est certes tout différent de l'esprit qui l'imagine; mais comme l'indiquait déjà la *Meditatio V*, cette imagination est claire et distincte, et nullement confuse ni obscure. Ce corps est donc, en tant qu'objet de connaissance, pleinement approprié à l'esprit; en un sens, il est tout idéel, et nullement individué, et n'est donc pas étranger à l'esprit au point qu'il n'y ait aucun sens à le regarder comme sa production.

c) Qu'en imaginant l'esprit « se tourne vers le corps », c'est d'une certaine manière l'évidence; mais supposé que ce corps existe autrement que comme simple idée, que signifie cette conversion et comment se produit-elle? C'est ce que l'esprit qui médite est d'autant moins capable d'expliquer que, même avec les ressources d'une étude physique de l'homme, le processus de l'imagination conservera en soi deux aspects profondément énigmatiques: d'une part avec la différence entre « inspecter » et « entendre »[1], d'autre part avec le rapport entre l'image contemplée par l'esprit et l'image formée dans le cerveau.

Jointe aux deux autres facteurs, cette opacité interdit ici toute conclusion catégorique. Pour un argument démonstratif en faveur de l'existence des corps, il faut donc chercher plus loin.

1. Cette question est posée par Burman, AT V 162.

L'EXPÉRIENCE DU SENTIR

Chercher plus loin, c'est descendre, dans l'énumération des fonctions de la chose qui pense (*Meditatio II*, AT VII 28, 21-22/IX 22), vers la dernière et la plus problématique, celle du sentir ; c'est aussi remonter des objets de l'imagination à ceux dont ils sont généralement dérivés, à savoir ceux des sens. C'est sur ce dernier mouvement que Descartes met l'accent :

> j'ai accoutumé d'imaginer beaucoup d'autres choses, outre cette nature corporelle qui est l'objet de la géométrie [*puræ Matheseos*], à savoir, les couleurs, les sons, les saveurs, la douleur, et autres choses semblables, quoique moins distinctement. Et d'autant que j'aperçois beaucoup mieux ces choses-là par les sens [...], je crois que, pour les examiner plus commodément, il est à propos que j'examine en même temps ce que c'est que sentir, et que je voie si, des idées que je reçois en mon esprit par cette façon de penser que j'appelle sentir [*ex iis quæ isto cogitandi modo, quem sensum appello, percipiuntur, des choses qui sont perçues par ce mode du penser que j'appelle le sens*], je puis tirer quelque preuve certaine [*certum aliquod argumentum, un argument certain*] de l'existence des choses corporelles (VII 74, 1-10/IX 58-59).

À la différence de l'examen de l'imagination, celui des sens a dans les *Méditations* plusieurs précédents. La *Meditatio I* s'est attardée sur leurs témoignages pour les mettre en doute. Après avoir inscrit le sentir et les sentiments ou perceptions des sens (Descartes parle très rarement en latin de *sensatio*, et jamais en français de *sensation*) parmi les modes ou « façons de penser » (*modi cogitandi*), la *Meditatio II* a réfléchi sur ce qu'il y a de clair et distinct et donc d'intellectuel dans la perception d'un morceau de cire. En faisant l'inventaire des idées que l'esprit trouve en lui-même, la *Meditatio III* a longuement évoqué celles des choses sensibles, et notamment la « fausseté matérielle » qui peut affecter les idées confuses de qualités telles que le froid. Le présent examen s'annonce à la fois plus systématique et plus positif d'intention. Comme dans la discussion de la *Meditatio II* sur ce qui appartient à ma nature ou à l'idée de moi-même, il procède à une remémoration des croyances anciennes et habituelles liées au régime commun de l'expérience ; mais le moment critique qui suit s'effectue lui aussi sur le mode du rappel, avant des décisions définitives qui restaureront un certain équilibre.

En six alinéas français correspondant à un seul grand alinéa latin, la rétrospection touchant la conscience sensible procède de l'intérieur vers l'extérieur. Elle va de l'expérience kinesthésique du corps propre à celle de ses affections internes, passions comprises, et ensuite aux qualités sensibles des objets – celles du toucher, puis la lumière, les couleurs, les odeurs, saveurs et sons – qui permettent de distinguer les parties du monde physique (ciel, terre, mer) et les corps eux-mêmes les uns des autres. Sont évoquées ensuite, dans un ordre inverse, les raisons que l'esprit a eues de rapporter ces sensations, comme à leurs causes, à des choses entièrement différentes de lui, qui leur seraient semblables; de rapporter toutes ses idées à une source sensitive; et aussi de se trouver lié à un corps en particulier, à la conservation duquel il est intéressé au plus haut point.

Toute cette expérience sensible apparaît cohérente et structurée. Davantage: les idées produites dans l'esprit par les sens sont dites «beaucoup plus vives, plus expresses, et même à leur façon plus distinctes» (75, 14-16/60) que certaines de celles que ces *Meditationes* suscitent. Dans un second temps cependant, cette vivacité se convertit en opacité. Celle-ci affecte, par exemple, le rapport entre les mouvements internes du corps et les perceptions qui leur correspondent (par exemple de faim, ou de douleur), comme entre ces perceptions et les passions qu'elles font naître. La même opacité peut certes être prise pour un signe caractéristique de l'*enseignement de la nature* (notion déjà mobilisée par la *Meditatio III* et qui sera amplement examinée dans ce qui suit); mais, jointe au caractère irréfléchi des jugements et mouvements liés à ces sentiments, elle ne peut manquer de réactiver un doute touchant la confiance à leur accorder. C'est l'occasion de rappeler et même de détailler les cas d'erreurs des sens (dont l'illusion des amputés, elle-même amplement étudiée plus loin), ainsi que de mentionner à nouveau les doutes du départ sur la distinction de la veille et du sommeil ou l'action de « l'auteur de mon être ». D'une part donc, il ne va pas de soi qu'il faille se fier à « la nature »; d'autre part, il ne peut être encore assuré que les idées des choses sensibles procèdent de ces choses plutôt que de moi-même (avec la «faculté jusqu'ici inconnue» dont l'hypothèse était déjà retenue par la *Meditatio III*).

Ce double développement est riche d'éléments qui méritent attention. Parmi eux, le rapport entre la variété des perceptions sensorielles et la diversité des corps et de leurs situations; la relation des passions (*affectus*) avec certaines «inclinations corporelles»; la sorte d'appartenance à l'esprit d'un certain corps, « par un certain droit particulier », appartenance tout près de s'inverser dans la mesure où ce corps occupe ses pensées («je ressentais en lui et pour lui tous mes appétits et toutes mes affections »). Le point principal, pour la suite, tient néanmoins à la manière dont la *Meditatio VI* réinvestit la problématique des idées inaugurée dans la *Meditatio III*.

1) Le texte français parle à répétition – et avant même le latin en 74, 7-8 – des « idées que je recevais par les sens ». Quel sens accorder à cette expression ? Dans la pensée de Descartes, arrêtée dès les *Regulæ*, les organes des sens ne transportent rien de réel jusqu'à l'esprit – surtout pas des idées, lesquelles ne peuvent lui venir de l'extérieur comme le font les « espèces intentionnelles » de l'École. L'expression est donc entachée de naïveté. En réalité, le latin ne parle que d'idées *sensu perceptæ*, « perçues par les sens », expression plus ambiguë (ce qui est perçu, est-ce les idées ou les choses qu'elles représentent ? la formulation de VII 75, 5-8 n'autorise que la seconde interprétation). En tout état de cause, à ce stade de la *Meditatio*, le rapport entre les idées ou perceptions des sens et les mouvements corporels qui les causent est loin d'être encore fixé.

2) Des idées des qualités sensibles, la *Meditatio III* (43, 23-24/34) disait qu'« elles se rencontrent dans ma pensée avec tant de confusion que j'ignore même si elles sont véritables ou fausses et seulement apparentes ». Or, non seulement la *Meditatio VI* ne reprend nullement le thème de la fausseté matérielle, mais ces mêmes idées sont dites « en quelque façon [*suo modo, à leur façon*] plus distinctes » que d'autres qui relèvent de la méditation ; et il faudra attendre son milieu pour qu'il soit redit, sur un mode plus mesuré, que l'appréhension des choses corporelles par les sens « est fort obscure et confuse en plusieurs choses », *in multis valde obscura et confusa*. Comment expliquer ce double langage ? C'est qu'il y a deux manières de considérer ces idées ou perceptions. Comme il sera dit plus loin (83/66), « ces sentiments ou perceptions des sens n'[ont] été mises en moi que pour signifier à mon esprit quelles choses sont convenables ou nuisibles au composé dont il est partie, et [sont] jusque-là étant assez claires et assez distinctes » : il s'agit d'une clarté et distinction pratique, liée à l'indication des propriétés des objets physiques relativement à nous. Mais celle-ci est compatible avec une obscurité foncière qui sera mieux expliquée par les *Principia* I, 70 : « lorsque nous disons à quelqu'un que nous apercevons des couleurs dans les objets, il en est de même que si nous lui disions que nous apercevons en ces objets je ne sais quoi dont nous ignorons la nature, mais qui cause pourtant en nous un certain sentiment fort clair et manifeste qu'on nomme le sentiment des couleurs » (IX-2 57). Obscurité et confusion ne tiennent qu'au fait que nous ne savons pas comment analyser cela même que nous percevons, ni déterminer si cela appartient réellement, et de quelle manière, à un certain objet. C'est dans cette opacité que la *Meditatio III* suspectait « une certaine fausseté matérielle » ; mais lorsque les perceptions des sens retrouvent leur fonction, la question perd son objet.

3) En parlant d'idées reçues ou perçues par les sens, ce passage maintient une équivalence entre *sentir quelque chose* et *être affecté d'une certaine idée*. Ce langage concernant les sens a son départ dans la *Meditatio III* (« ce sentiment ou cette idée de la chaleur » [38, 18/30]); il se retrouvera plus loin : « … une certaine faculté passive de sentir, c'est-à-dire de recevoir et de connaître les idées des choses sensibles » (79, 7-9/63), comme dans les *Secondes Réponses* (132, 23-26/105) : « Sentir une chose sans une autre n'est rien sinon avoir l'idée d'une chose, et entendre que cette idée n'est pas la même que l'idée d'une autre ». Faut-il voir ici un pur intellectualisme d'après lequel sentir serait *en tout et pour tout* avoir une idée ? En réalité, il y a idée et idée. Les idées dont il s'agit ne sont rien que nous devions contempler, et elles n'ont pas statut de simples représentations (terme qui, au pluriel, est inconnu de Descartes). Elles sont seulement *ce qu'il faut que nous ayons dans l'esprit, ou ce qui doit être excité en lui, pour que nous sentions* (*ou disions que nous sentons*) *quelque chose*. L'idée de la chaleur, c'est la chaleur même en tant qu'elle est dans l'esprit, et ainsi du reste.

De la distinction réelle à l'existence des corps

Les idées « reçues par les sens » ont beau être bien plus « vives, expresses et distinctes » que celles que nous formons en imaginant : la reproduction d'anciens doutes semble, dans un premier temps, rendre la simple expérience (intérieure) du sentir aussi peu concluante que celle de l'imagination. Dans un second temps, comme annoncé en 77/61, ce sont ces doutes qu'il conviendra de soumettre à nouvelle discussion. Mais puisque c'est l'extrême différence entre l'esprit et son objet qui va – comme cela avait été tenté plus haut avec l'imagination – servir de principe à la preuve de l'existence des corps, c'est tout en premier lieu cette différence qu'il convient d'établir de la manière la plus formelle et définitive. Dans l'*Abrégé* (13/10), Descartes a précisé les raisons pour lesquelles ce n'avait pu être fait ni dans la *Meditatio II*, ni avant la *Meditatio VI* : il y fallait la double certification de la « règle générale de vérité » (*Meditationes III et IV*) et de la vraie nature du corps (*Meditationes V et VI*). Ce dernier point peut être discuté, la *Meditatio V* n'ayant guère traité de la « nature corporelle » et n'en ayant rien dit de neuf par rapport aux *Meditationes II* et *III*. En revanche, il était tout à fait indiqué de faire de la « distinction réelle » une prémisse pour la conclusion concernant l'existence des corps.

La démonstration de cette distinction fait fond sur un élément qui manquait entièrement à la *Meditatio II*, à savoir la connaissance des perfections divines. Il faut dire : « des perfections », car ce qu'on appelle la véracité divine n'est pas seule à intervenir ici. S'il est entendu que la souveraine bonté de Dieu ne permet pas que nous soyons trompés dans les choses que nous percevons clairement et distinctement, il faut pour parachever la certitude de la distinction dont il s'agit un principe supplémentaire : c'est que Dieu, par sa souveraine puissance, peut séparer en effet les choses que nous concevons (*intelligimus*, entendons) clairement et distinctement l'une sans l'autre. Ainsi, pour autant que nous concevons clairement et distinctement l'esprit sans le corps et le corps sans l'esprit, nous pouvons être certains qu'ils peuvent exister séparément, et ce, si étroitement qu'ils soient unis pour le présent.

Il y aurait lieu de s'intéresser à la relation entre ce principe supplémentaire et la *regula generalis*, notamment sous la forme que lui donne la *Meditatio V* : « tout ce que je reconnais clairement et distinctement appartenir à [une] chose, lui appartient en effet » (65, 17-19/52). Interviennent ici à la fois le passage du plan des essences au plan des existences et la notion modale de possibilité, deux choses qui requièrent la référence à la puissance divine (comme déjà dans la formule du tout début de la *Meditatio* : « il n'y a point de doute que Dieu n'ait la puissance de produire toutes les choses que je suis capable de concevoir avec distinction », 71, 16-18/57). La difficulté principale, qu'Arnauld ne manquera pas de relever dans les *IVae Responsiones*[1], touche à ce que Descartes entend par « concevoir [entendre] une chose sans une autre ».

De fait, concevoir l'esprit ou l'âme sans le corps n'équivaut pas immédiatement à *concevoir l'esprit sans concevoir le corps*. D'une part, nous ne pouvons penser au corps sans avoir conscience de nous-mêmes comme sujets de cette pensée ; d'autre part, l'esprit ne se connaît lui-même comme pure chose qui pense que sur fond de négation des propriétés du corps, dont l'idée lui reste donc présente. En conséquence, la séparation dont il s'agit n'est pas celle des pensées respectivement dédiées à ces deux substances, ou celle des objets de pensée, en tant que tels, mais celle des choses que nous attribuons à ces objets. Il convient donc que l'opposition des attributs ou propriétés soit suffisamment caractérisée pour exclure tout recoupement entre les deux natures (en dehors de ce qui s'attribue à toutes les substances indifféremment, comme l'unité ou la durée). C'est cette condition que Descartes marquera en introduisant dans les *Principia* I, 53

1. Cf. *infra*, la contribution de J.-C. Bardout sur les *IVae Resp.*

le concept de l'attribut principal d'une substance, qui constitue son essence (la pensée pour l'esprit, l'étendue pour le corps). À cet égard, le si bref passage que la *Meditatio VI* consacre à l'établissement de la distinction réelle doit être lu avec l'appoint des textes ultérieurs.

Il en est de même des deux alinéas français qui suivent, et qui répartissent les diverses facultés que je me reconnais à moi-même en propriétés de la « substance intelligente » et de la « substance corporelle ou étendue ». Avec une terminologie proche de celle de l'École, les *Principia* porteront cette répartition à un degré supérieur de clarté. Il est ici redit que « je puis bien me concevoir tout entier », comme « substance intelligente », sans les facultés d'imaginer et de sentir, qui ne sont que des modes de cette substance. Mais la question doit être posée à nouveau : *d'où vient que je sente ?* Et celle-ci entraîne une toute nouvelle réflexion, elle-même très ramassée dans son expression.

Au départ de l'« argument qui conclut à l'existence de quelque corps » se trouve la nécessité d'enregistrer le caractère passif du sentir. Il m'est certes loisible de diriger mon attention vers tel ou tel objet sensible, par exemple un morceau de cire ; mais comme déjà souligné plus haut (75, 10-11/59), les idées des choses sensibles « me sont souvent représentées sans que j'y contribue en aucune sorte, et même souvent contre mon gré ». Éprouvant cette persistance (sans doute à travers toute une série de confirmations empiriques) et ne fixant nullement par moi-même ce qu'elles me représentent, je ne peux pas non plus de moi-même les rapporter à autre chose qu'aux corps d'où elles semblent procéder. Où donc trouver la « faculté active » dont elles proviennent ? Au rebours d'une hypothèse dont l'argumentation s'était nourrie dans des moments stratégiques (*Meditatio III*, 43-44/34-35 ; *Meditatio VI*, 77/61), « cette faculté active ne peut être en moi en tant que je ne suis qu'une chose qui pense » (79, 11-12/63) : outre que cette production des idées des choses sensibles « ne présuppose absolument aucune intellection » (comme dit le latin plus clairement que le français), si cette faculté existait en moi (au prix d'ailleurs d'une complète incohérence de mon action), *je devrais nécessairement la connaître*. Restent donc comme sources ou causes possibles de ces idées, ou bien les corps eux-mêmes qu'elles semblent représenter, ou quelque autre créature, ou Dieu même. Mais dans les deux derniers cas, Dieu serait trompeur :

> Ne m'ayant donné aucune faculté pour connaître que cela soit, mais au contraire une très grande inclination à croire qu'elles me sont envoyées ou qu'elles partent des choses corporelles, je ne vois pas comment on pourrait l'excuser de tromperie, si en effet ces idées partaient ou étaient produites

par d'autres causes que par des choses corporelles. Et partant il faut confesser qu'il y a des choses corporelles qui existent (79, 27-80, 4/63).

Cette argumentation décisive a été beaucoup discutée, notamment par Malebranche et par Leibniz[1]. La difficulté principale est qu'elle fait porter la véracité divine non sur des idées qui, loin d'être claires et distinctes comme sont celles des objets de la géométrie, demeurent à certains égards obscures et confuses. De fait, à parler rigoureusement, il est absolument faux que les idées qui nous viennent des sens soient « envoyées », *emitti*, par les choses corporelles : elles sont seulement *éveillées* dans l'esprit par l'action (mécanique) que ces choses exercent sur les organes des sens, et qui est ensuite transmise au cerveau. Bien qu'aucune critique de cette preuve n'ait été émise par les premiers objecteurs, c'est sans doute à la conscience de ses points faibles qu'on doit son remaniement dans les *Principia* II, 1. Ici, l'accent ne portera pas sur les impressions des sens et sur la persuasion qui leur est liée, mais sur la perception claire et distincte, à partir de ces impressions, d'« une certaine matière étendue en longueur, largeur et profondeur, dont les diverses parties ont des figures diverses et sont agitées de mouvements divers », matière que nous « concevons clairement et distinctement comme une chose entièrement différente de Dieu et de nous-même ou de notre esprit ». Or, « si Dieu présentait immédiatement par lui-même à notre esprit l'idée de cette matière étendue, ou seulement s'il faisait qu'elle lui soit présentée par quelque chose en quoi il n'y aurait rien de l'étendue, de la figure et du mouvement, on ne pourrait trouver aucune raison pour laquelle il ne devrait pas être estimé trompeur. »

Un problème subsistera – plus tard relevé par Burman, AT V 168 – avec ce que Descartes ajoute : qu'« il nous semble voir clairement [*clare videre nobis videmur*] » que l'idée de cette matière « vient de choses existant hors de nous, auxquelles elle est entièrement semblable » (AT VIII-1 41, 6-7). Comment cela est-il possible ? Dans les deux textes, l'essentiel réside toutefois dans une double différence radicale, a) entre les qualités sensibles et l'esprit qui les expérimente ; b) entre tout ce que nous pouvons sentir (ou croire sentir) et nous représenter des corps, d'une part, et d'autre part ce que nous nous représentons de Dieu (la tierce hypothèse d'une puissance intermédiaire créée ne pouvant guère être prise au sérieux). À la distinction réelle de l'esprit et du corps s'adjoint ici une distinction réelle de Dieu et de la substance étendue, qui nous rend inconcevable une production directe

1. *Cf.* Malebranche, *Recherche de la vérité, VIe Éclaircissement*, éd. G. Rodis-Lewis, *Œuvres complètes III*, sous la dir. d'A. Robinet, Paris, Vrin-CNRS, 1976, p. 61 et Leibniz, *Remarques sur la partie générale des* Principes *de Descartes* [sur II, 1].

des apparences sensibles par Dieu lui-même (comme par nous-mêmes). Le fondement de notre certitude de l'existence des corps n'est pas à chercher ailleurs, et l'on n'en trouvera pas de plus solide.

Le corps propre et l'enseignement de la nature

Un corps est une partie de la substance étendue. Il est impossible qu'un corps existe tout seul et, dans toute la variété des corps, il y en a nécessairement un avec lequel l'esprit qui médite se trouve particulièrement uni. Retrouver ou plutôt gagner la certitude de l'existence des corps (comme y insiste la fin de l'*Abrégé*, cette certitude est trop médiate pour être une *évidence*), c'est retrouver toute une organisation des corps et des relations entre les corps, y compris donc entre « mon corps » et les autres, bref, une nature. Dans le second volet de la *Meditatio*, la question de ce qui relève de la nature – et le mot peut se prendre en divers sens plus ou moins larges, depuis « l'ordre et la disposition », la *coordinatio*, que Dieu a établie dans les choses créées, jusqu'à l'ensemble des choses que Dieu m'a données, c'est-à-dire ma nature (80/64) – va donc venir au premier plan, solidairement avec le problème du vrai et du faux (de la vérité et de l'erreur) dans ce que M. Gueroult a nommé « la région du sens »[1]. Déterminer ce qu'il en est de la nature, c'est effectuer une critique de la fonction sensitive – le mot « critique » devant s'entendre en un sens quasi kantien, celui d'une réflexion sur la compétence des sens et leur usage, impliquant à la fois remise en question des opinions reçues et mise au point d'un nouveau règlement : même s'il n'est pas rare que nous nous trompions sur les choses sensibles, il doit être possible, sur ce plan aussi, de nous prémunir généralement contre l'erreur, Dieu n'ayant sûrement pas permis qu'il en aille autrement (*ibid.*).

Dans le registre de nos perceptions particulières et non des choses qui relèvent de la *pura Mathesis* (et qui ne sont plus en question), l'on peut parler d'un enseignement irrécusable de la nature, sur les points suivants :

1) Nous avons un corps dont les différences de disposition causent en nous divers sentiments intérieurs (principalement faim et soif, plaisir et douleur).

1. M. Gueroult, *Descartes selon l'ordre des raisons*, *op. cit.*, t. II, p. 47 *sq.*

2) Il existe autour de nous de nombreux corps qui se signalent et agissent sur nous de diverses manières (nous retrouvons ici les notions de commodité et d'incommodité qui avaient été introduites plus haut, 74/59).

3) En tant que sujet de ces perceptions et sentiments, « je ne suis pas seulement logé dans mon corps ainsi qu'un pilote en son navire ». « *Comme un pilote en son navire* » : cette formule fameuse, que Thomas d'Aquin, citant divers auteurs de l'Antiquité tardive, attribuait à Platon chez qui elle est introuvable, se rapporte à une conception de la relation de l'âme et du corps (récusée par Thomas lui-même)[1] où la première se sert purement du second et perçoit ce qui lui arrive sur un mode tout intellectuel. Au contraire, bien des choses qui arrivent au corps de l'homme sont éprouvées par son esprit sur le mode le plus vif, et même si notre âme a la force de mouvoir notre corps, elle est loin de le manœuvrer comme elle veut.

La nature nous apprend dans quelle disposition est notre corps, quels sont ses besoins actuels, et de quelle manière les autres corps l'affectent ou peuvent l'affecter. En revanche, la même nature ne nous apprend rien à proprement parler sur ce qu'il y a réellement dans ces corps (ni même dans le nôtre), qui produit en nous tel ou tel sentiment. Et ainsi, nous cessons de suivre la nature quand nous jugeons de ce qui se trouve ou non dans les corps d'après ce que nous en apercevons, par exemple quand nous estimons qu'un espace où nous n'apercevons rien est réellement vide, que les corps célestes ou lointains ont la grandeur qu'ils paraissent avoir, ou que les odeurs, couleurs, saveurs, degrés de chaleur, etc., dont les corps nous procurent la sensation se trouvent réellement en eux. L'énoncé capital est celui-ci :

> Tant en ceci qu'en plusieurs autres choses semblables, j'ai accoutumé de pervertir et confondre l'ordre de la nature : parce que ces sentiments, ou perceptions des sens n'ayant été mises en moi que pour signifier à mon esprit quelles choses sont convenables ou nuisibles au composé dont il est partie, et jusque-là étant assez claires et assez distinctes, je m'en sers néanmoins comme si elles étaient des règles très certaines, par lesquelles je pusse connaître immédiatement l'essence et la nature des corps qui sont hors de moi, de laquelle toutefois elles ne me peuvent rien enseigner que de fort obscur, et confus (83, 14-23/66).

1. Par ex. dans la *Somme contre les Gentils*, II, 57, 2.

Deux remarques s'imposent ici.

1) La nature dont il s'agit (qui enseigne ceci ou n'enseigne pas cela) possède une définition tout à fait spécifique. Il s'agit seulement, dit Descartes (82, 23-25/65), « des choses que Dieu m'a données, comme étant composé de l'esprit et du corps ». En un sens plus large, en effet, tout ce qui appartient au corps relève de la nature, et tout ce qui appartient à l'esprit pourrait être compris dans ma nature, laquelle, de la sorte, s'exprimerait dans l'ensemble de mes jugements, bien ou mal fondés. Au contraire, au titre de la nature prise en un sens « plus resserré », *strictius sumpta*, il est exclusivement question de la manière dont certaines affections du corps se communiquent à l'esprit (et sans doute aussi de la manière dont certaines volontés se traduisent en mouvements corporels). Par exemple, je ne saurais pas que j'ai l'estomac vide si cette nature ne me l'enseignait avec le sentiment de faim, etc. Mais en attribuant aux choses mêmes ce que j'en éprouve par les sens, je « confonds l'ordre de la nature » en confondant les diverses formes de nature : j'attribue aux corps eux-mêmes ce qui ne relève que de l'union de l'esprit et du corps, et je fais comme si ce qui m'est donné ou indiqué en tant que composé d'un esprit et d'un corps devait valoir pour mon esprit considéré tout seul, lequel a pourtant d'autres règles (celles de la raison).

2) Je ne suis pas seulement dans mon corps, écrit Descartes, comme un pilote en son navire, mais « lui suis conjoint très étroitement [*arctissime*], et tellement confondu et mêlé [*et quasi permixtum, adeo ut, et quasi mêlé, au point*], que je compose comme un seul tout avec lui [*unum quid, quelque chose d'un*] » (81, 3-5/64). Ces formules, annoncées plus haut (78/62), sont très fortes. Elles marquent la singularité ontologique de l'être humain, qui n'est ni simplement esprit, ni simplement corps (animal), ni non plus « être par accident » comme le soutiendra imprudemment Regius à Utrecht, c'est-à-dire assemblage provisoire de deux éléments, le corps et l'esprit, qui ne sont pas plus unis que le navire et son pilote. L'homme est certes un être composé de deux substances différentes, ce qui exclut qu'il soit lui-même une substance (« la substance composée », a-t-on dit parfois), car une substance se caractérise par son unité à la fois d'essence et d'existence. Il n'empêche que ce composé *fait un*, dans une union qui n'est pas *accidentelle*, mais, diront les *IVae Responsiones*[1], *substantielle.* Il n'est nullement un « être par accident », mais (selon un concept emprunté à Suárez) un « être par soi », *ens per se* (*à Regius*, mi-décembre 1641, III 460-461 ; janvier 1642, III 493) et dans certains textes, Descartes

1. AT VII 219/IX 171 ; 228/176.

n'hésite pas à reprendre la formule scolaire d'une âme qui « informe » le corps et constitue même la « forme principale de l'homme » (VII 356, 18).

Cependant, toutes ces expressions signalent la difficulté qu'il y a à définir précisément l'union de l'âme et du corps, même en laissant de côté le problème proprement métaphysique de l'union d'une substance immatérielle à une substance corporelle. Le corps humain, d'emblée présenté comme une « machine composée d'os et de chair » (*Meditatio II*, 26/20), est en principe capable de fonctionner seul, sans la contribution de l'âme, et peut en principe accomplir sans elle quantité d'opérations (comme cela va être évoqué, 84-85/67); l'âme ou l'esprit, symétriquement, peut en principe effectuer sans l'aide du corps et en se détournant des sens la plupart des réflexions consignées plus haut. Pourtant, le corps humain apparaît fait pour recevoir une âme : celle-ci lui est unie très tôt dans la vie prénatale, et ne le quitte que lorsqu'il est « rompu », telle une montre (*Passions de l'âme,* art. 5); quant à l'âme, elle ne paraît pas exister avant son union au corps et elle devrait, selon un dogme chrétien que Descartes évoque dans deux lettres au moins[1], retrouver dans l'autre vie un corps « glorifié ». C'est sans doute du fait d'une sorte d'excès que nous ressentons « en [notre corps] et pour lui tous [nos] appétits et toutes [nos] affections » (76, 3-4/60); mais il faut le reconnaître : la relation de l'âme et du corps occupe ou caractérise la quasi-totalité de cette vie.

LA NATURE EN DÉFAUT ?

Descartes nous demande de retenir ceci : la nature a voulu et a fait que les sens nous renseignent sur le bien et le mal physiques (les « commodités et incommodités ») que nous pouvons recevoir des corps qui nous environnent ou qui se présentent. C'est à cet effet qu'ils nous permettent de les identifier, mais cette identification n'est pas une connaissance de leur véritable nature, d'autant que nos sentiments ne ressemblent souvent en rien à ce qui les cause dans les corps extérieurs (ou dans notre propre corps). Selon une formule ici récurrente, la nature, par les impressions des sens, *signifie* quelque chose à l'esprit; mais Descartes y insiste toujours[2], autre est le signe, autre le sens, qui est ici purement pratique.

1. Cf. *à Chanut*, 6 juin 1647, AT V 53, 16-17; *à Silhon*, mars ou avril 1648, AT V 137, 19-20.

2. *Le Monde*, chap. I, AT IX 4; *Dioptrique* VI, AT VI 130-131.

Quand nous croyons pouvoir dire ce que sont les objets en eux-mêmes, ou seulement quand nous jugeons des apparences sensibles sans base suffisante, nous nous prononçons sur ce que nous n'entendons pas et donc usons mal de nos facultés. Toutefois, ces erreurs qui nous sont imputables sont-elles les seules dont les sens soient l'occasion ? Il faut reconnaître que non, car *il arrive que le sentiment intérieur lui-même constitue ou procure de fausses indications*. C'est ce qui se produit avec l'illusion des amputés (qui croient sentir le membre qu'ils n'ont plus). C'est aussi le cas, de façon plus dommageable, lorsqu'une « viande » (un aliment solide) contenant du poison nous paraît agréable au goût, ou qu'une personne souffrant d'hydropisie (multiplication d'œdèmes dans le corps, notamment dans l'abdomen) ressent une soif dévorante alors que boire dégrade encore sa santé. Faut-il dire, en de pareils cas, que notre nature est trompeuse, mal faite ou même corrompue ? Toute la prudence à apporter à nos jugements en la matière ne changera rien au fait : « ce n'est pas une pure dénomination [arbitraire, de notre part], mais une véritable erreur de nature, en ce que [l'hydropique, corps et esprit] a soif, lorsqu'il lui est très nuisible de boire » (85, 23-24/68). Il faut donc se demander à nouveau – comme pour l'erreur en général dans la *Meditatio IV* – comment la « souveraine bonté de Dieu », associée à sa souveraine puissance, a pu permettre ces défauts.

Le cas de l'aliment appétissant quoique empoisonné n'occupe pas le centre de cette discussion, car dans ce cas, écrit Descartes, « la nature [...] me porte seulement à désirer la viande dans laquelle je rencontre une saveur agréable, et non point à désirer le poison, lequel lui est inconnu [*quod plane ignorat, qu'elle ignore entièrement*] » (84, 1-3/67). Cette dernière clause, assez surprenante, offre toutefois une clé pour ce qui suit : ce qui ignore le poison, ce n'est évidemment pas la nature en général, mais *ma nature, en tant que la puissance de détection de mes sens n'est pas illimitée*. C'est cette sorte de finitude – absolument inévitable – de l'appareil des sens qui va se retrouver dans le dernier grand développement des *Meditationes*, celui qui porte sur cet appareil lui-même dans ses caractéristiques de base.

La première vérité de ce développement relève encore clairement de la métaphysique : il s'agit de l'opposition entre, d'une part, l'indivisibilité – il ne faut pas dire : *la simplicité* – d'une âme en qui l'on ne peut distinguer de parties, qui reste la même dans chacune de ses pensées, et qui se conçoit elle-même « comme une chose seule et entière [*rem plane unam et integram*] » (86, 3-4/68), et d'autre part, la divisibilité essentielle du corps. L'esprit va donc communiquer avec le corps dans ce qui ressemble à un certain point (une des « plus petites parties » du cerveau, siège de ce qu'on appelle dans l'École le « sens commun », c'est-à-dire le lieu de réunion et de synthèse des impressions des sens); du côté du corps, en revanche, l'appareil des sens se déploie sous la forme d'un faisceau de lignes, celles des nerfs, que l'on peut comparer à des cordes (dans la physiologie cartésienne, les nerfs sont de petits tuyaux contenant de « petits filets de moelle », très résistants). Ce que « la physique [nous] apprend » (87, 5/69) est qu'une même impression pourra se produire dans le « sens commun », en quelque point de la corde ou du filet nerveux que soit exercée l'action mécanique correspondante. Ainsi, pour que nous ressentions une douleur dans le pied, il suffira le cas échéant d'un certain pincement exercé en un point quelconque du trajet nerveux qui va du pied au cerveau. C'est ce qui explique l'illusion des amputés, et la soif de l'hydropique semble pouvoir être rapportée au même principe (89/71) : sa gorge est bien sèche, et l'erreur des sens n'est pas là, mais cette sécheresse elle-même n'est pas, comme elle devrait l'être, l'effet et le signe d'un défaut d'hydratation en amont.

Doit-on donc penser Dieu qui a établi tout ceci aurait pu ou dû faire que ces sortes d'erreurs nous soient épargnées ? La réponse cartésienne est, à répétition, négative : certes (88/70), Dieu aurait pu faire que le même mouvement du cerveau qui fait sentir à l'esprit, par exemple, de la douleur dans le pied, se fasse plutôt sentir lui-même, ou fasse sentir quelque chose entre le pied et le cerveau ; mais « rien de tout cela n'eût si bien contribué à la conservation du corps, que ce qu'il lui fait sentir » (88, 12-13/70). Quant à faire que chaque impression du cerveau indique à l'esprit de manière tout aussi vive et expresse le mode et le lieu exact du stimulus correspondant, c'était, semble-t-il, impossible, et peut-être moins souhaitable qu'on ne tendrait à l'imaginer. En ces matières,

> on ne peut rien [...] souhaiter ni imaginer de mieux, sinon que [chaque mouvement du cerveau causé par les nerfs] fasse ressentir à l'esprit, entre tous les sentiments qu'il est capable de causer, celui qui est le plus propre et le plus ordinairement utile à la conservation du corps humain, lorsqu'il est en pleine santé. Or l'expérience nous fait connaître que tous les sentiments que la nature nous a donnés sont tels (87, 22-26/69-70).

En même temps que ressurgit ici tout un savoir physico-physiologique, on ne peut manquer d'être frappé par l'assurance cartésienne dans l'affirmation que cette constitution des sens était de toutes la meilleure possible, et que, « nonobstant la souveraine bonté de Dieu, la nature de l'homme, en tant qu'il est composé de corps et d'esprit, ne peut qu'elle ne soit quelquefois fautive et trompeuse » (88, 19-22/70). Après avoir défendu qu'on entreprenne de juger des fins de Dieu et de son action, le philosophe ne s'affranchit-il pas ici de sa propre règle ?

En réalité, aucune des formules cartésiennes ne porte directement sur les fins de Dieu, ni n'attribue de bornes à sa puissance. Et de fait, la question n'est pas immédiatement de savoir s'il y a quelque chose que Dieu n'a pas voulu ou pas pu faire : elle est de savoir si *nous* pouvons sérieusement imaginer un meilleur système que celui qu'il a établi. Et c'est à cette dernière question que la réponse est négative, pour des raisons qui sont liées en partie à la nature du corps et en partie à ce qui doit définir la plus grande efficacité d'un système sensoriel, ici considéré essentiellement sur son versant interne. Car d'abord, il semble bien qu'il faille choisir en la matière entre deux modèles d'information, l'un dans lequel l'esprit est exactement avisé de telle affection du corps en tel point précis, l'autre dans lequel il reçoit une impression vive avec une localisation plus approximative ou plus schématique. *La vivacité du sentiment*, qui va de pair avec une forme d'obscurité et de confusion, *n'est sans doute en aucune manière compatible avec une parfaite précision dans l'indication de sa source.* Or, pour autant que l'esprit devait être *vivement* intéressé aux besoins vitaux du corps, le second modèle était clairement préférable au premier (celui, en fait, du « pilote en son navire »), à deux conditions seulement : que cette vivacité du sentiment soit compatible avec l'usage par l'esprit de ses autres facultés, et que la marge d'erreur reste des plus limitées.

Ces deux conditions sont remplies. D'une part, lorsque par exemple « les nerfs qui sont dans le pied sont remués fortement, et plus qu'à l'ordinaire » (88, 1-2/70), la douleur qui en résulte dans l'esprit l'avertit et l'excite « à faire son possible pour en chasser la cause, comme très dangereuse et nuisible au pied » (88, 5-7/70), mais cela, sans lui ôter la disposition de son jugement. D'autre part, dans tous les hommes « en pleine santé » (87, 24/70), le sentiment excité sera le même, et il faudra des dispositions toutes particulières pour expliquer une fausse indication. Ici pas plus que dans la *Meditatio IV*, nous n'avons sujet de nous plaindre que Dieu ne nous ait pas donné des sens absolument infaillibles : non seulement nous aurions alors été autre chose que des hommes, mais, vue de près, c'est une absurdité.

LA FIN DES *MÉDITATIONS*

Une fois accompli l'examen des sens, nous pouvons dire généralement des facultés que nous avons reçues de Dieu, *y compris l'imagination et les sens*, ce qui sera dit plus tard des passions de l'âme (*Passions de l'âme*, art. 211) : « elles sont toutes bonnes de leur nature, et [...] nous n'avons rien à éviter que leurs mauvais usages ». De toute manière, il n'est pas question qu'aucune de ces facultés nous dispense d'user de notre raison, autrement dit de notre entendement dans sa communication avec nos autres facultés ; et cela vaut particulièrement pour les sens, dont les diverses impressions doivent être comparées autant que de besoin, à la fois dans l'instant (quand plusieurs se présentent ensemble) et dans le temps (grâce à la mémoire immédiate ou médiate).

Cette vigilance de l'entendement permet de dissiper le dernier des doutes de la *Meditatio I* à attendre sa solution, celui qui touchait à la distinction du sommeil et de la veille. Car même si tout ce qui se présente dans la veille peut aussi se présenter en songe, et parfois avec une étrange netteté, la texture du songe est toute différente : elle est faite de brusques changements, d'apparitions et de disparitions, et le songe lui-même apparaît environné de ténèbres et d'oubli, là où la veille comporte des liaisons de toutes sortes, qui permettent à notre esprit de circuler sans cesse du présent au passé et du passé au présent. Pourquoi ce doute se dissipe-t-il si tard (il est vrai après une série de découvertes qui ont peu à peu ôté à l'hypothèse du songe tout son poids) ? Et pourquoi une différence si manifeste avait-elle échappé au sujet de la *Meditatio I ?* Parce que le doute sur toutes choses avait ruiné la certitude naturelle du passé en même temps que celle de la perception présente ; et aussi parce que l'hypothèse était celle d'un songe unique et extraordinaire, enveloppant toutes les expériences et tous les événements rapportés au passé. Seule la nouvelle certitude que Dieu n'est pas trompeur vient restituer celle de ce passé dont nous avons gardé la mémoire vive, en même temps que celle de l'existence des corps.

Que reste-t-il maintenant de ces raisons de douter qui s'étaient révélées si troublantes ? Elles sont toutes à rejeter (*explodere*, « congédier », « chasser ») non seulement comme « hyperboliques » (seule occurrence du mot dans les *Meditationes*), mais comme « ridicules ». Ce dernier mot rend un son plutôt rude : si ces raisons sont *risu dignæ*, dignes de risée, ne pouvait-on s'en apercevoir d'emblée ? Mais non : elles étaient pour le débutant réellement redoutables, et ne se révèlent des « fantômes » (comme il est dit dans la *Recherche de la vérité*, X 513, 21) qu'à l'esprit qui a su les affronter à travers tout ce cheminement.

Voici maintenant cet esprit nouvellement installé, non seulement dans toutes les certitudes qu'il peut raisonnablement désirer, mais dans une nouvelle pratique de la réflexion et dans une nouvelle expérience du vrai. À présent, il voit clair dans la nature des choses et sait le moyen de garantir ses jugements contre toute espèce d'erreur. Le monde lui est donc ouvert à nouveau et comme jamais auparavant – la réflexion métaphysique, qui suspend pour un moment l'existence de ce monde, étant pour l'essentiel derrière lui. Mais quoique l'usage que nous faisons des facultés que Dieu nous a données soit ce qu'il y a de plus proprement nôtre, cette victoire sur le désordre et sur la confusion, sur les doutes et sur les ténèbres, ne doit pas donner à cet esprit sujet de se glorifier. Il ne faut pas imaginer qu'il y ait deux sortes d'hommes, ceux qui sont dans la vérité et ceux qui errent, les sages et les hommes vils. C'est de chacun de nous que « la vie est sujette à faillir fort souvent dans les choses particulières ». Le dernier mot de la métaphysique des *Méditations* la double d'une éthique : celle d'une « humilité vertueuse » dont les *Passions de l'âme* (art. 155-156) montreront l'unité foncière avec cette générosité qui fait les « grandes choses ».

DEUXIÈME PARTIE

IGOR AGOSTINI

PREMIÈRES OBJECTIONS ET RÉPONSES

OBJECTIONS

Les objections de Johan de Kater (Caterus, env. 1590-1655), prêtre catholique d'Alkmaar et chanoine de Haarlem[1], formé à la théologie de la scolastique moderne, concernent cinq points: 1) la nature et cause de l'idée; 2) le concept d'être *par soi*; 3) l'idée claire et distincte de Dieu; 4) la démonstration de l'existence de Dieu à partir de son idée; 5) la distinction de l'âme du corps. Le point commun des objections de celui que Descartes appelle « le théologien » (III 329, 22; 360, 17-18), à l'exception de la dernière, est le problème de l'existence de Dieu, même si d'autres aspects de grande importance sont aussi concernés.

« *Ce que c'est qu'idée ?* »

Caterus commence en déclarant son accord avec ce qu'il présente comme les deux premières étapes de la démarche des *Meditationes*: le *cogito* et la présence de l'idée de Dieu (VII 91, 17-92, 2/IX-1, 73)[2]. Il passe immédiatement à la première preuve de la *Meditatio III*, qu'il résume rapidement pour s'arrêter sur la difficulté majeure : « Quelle cause requiert une idée ? Ou dites-moi ce que c'est qu'idée ? » (92, 12-13/74).

1. *Cf.* T. Verbeek, « The First Objections », *in* R. Ariew, M. Grene (eds.), *Descartes and his Contemporaries*, *op. cit.*, p 21-33. Caterus avait étudié avec Johannes Wiggers (1571-1639) : voir J.-R. Armogathe, « Caterus' Objections to God », in *ibid.*, p. 34-43. Wiggers s'appuie sur Adam Tanner (1572-1632), un des plus grands théologiens jésuites de l'époque ; *cf.* I. Agostini, *L'infinità di Dio. Il dibattito da Suárez a Caterus (1597-1641)*, Rome, Editori riuniti/University Press, 2008, p. 187-191.

2. Caterus est le premier à utiliser la formule *cogito, ergo sum*, absente des *Meditationes* (mais déjà en français dans le *Discours de la méthode*, IV, AT VI 32, 19).

Caterus accorde à Descartes que la nature et la cause de l'idée ne sont que les deux faces de la même médaille, mais ce n'est que pour bouleverser le raisonnement cartésien : la nature de l'idée est de *ne pas* exiger de cause. Une telle conséquence est requise par la même notion d'idée que Caterus attribue à Descartes (et qui, toutefois, ne se retrouve pas à la lettre dans les *Meditationes*)[1] : « la chose pensée, en tant qu'elle est objectivement dans l'entendement [*Ipsa res cogitata quatenus objective est in intellectu*] » (92, 13-14/74). Caterus attire l'attention sur un aspect précis de cette définition – « être objectivement dans l'entendement » – parce que c'est sur la manière d'entendre ce concept qui se situe le désaccord avec Descartes : Caterus affirme avoir appris de l'École qu'*être objectivement dans l'entendement* signifie « terminer à la façon d'un objet l'acte de l'entendement » (92, 15-16/74), c'est-à-dire le fait qu'une chose extérieure devienne l'objet de ma pensée. Or, il ne s'agit là pour la chose que d'une « dénomination extérieure [*extrinseca denominatio*] » (92, 16-17/74), parce que le fait de devenir objet de ma pensée se peut faire sans aucun changement en elle (voire même sans qu'elle soit), de la même manière que le fait d'être vu n'ajoute rien à un objet qui est vu, sauf une relation à moi qui le vois. Autrement dit : l'être objectif ne constitue pas une propriété réelle de la chose, puisqu'il n'indique rien d'autre que la relation par laquelle elle s'« objecte » à mon acte intellectif. Caterus ne mentionne aucune source précise, et même pas une orientation doctrinale (d'où les nombreuses contributions de la littérature critique)[2], mais c'est bien Suarez qu'il sous-entend ici, Suarez qu'il citera explicitement dans la suite et dont il reprend le point essentiel – l'*esse objectivum* n'est qu'une dénomination extrinsèque[3] –, pour en tirer la conclusion décisive contre Descartes : si l'être objectif n'est rien, l'idée n'a pas besoin de cause.

La même conclusion est confirmée si on se déplace du côté de l'objet de la perception vers l'acte de la pensée lui-même, pour voir si de ce côté l'idée requiert une cause. Dans l'affirmation selon laquelle le *modus essendi objectivus* de l'idée n'est pas « rien » (41, 26-29/33), se cache en effet une « équivoque » (93, 25/75) : si le mot *rien* signifie n'être pas en

1. La *Med. III* parle de « cette façon d'être, par laquelle une chose est objectivement ou par représentation dans l'entendement par son idée [*essendi modus, quo res est objective in intellectu per ideam*] » (41, 26-29/33).

2. *Cf.* N. J. Wells, « Objective Reality of Ideas in Descartes, Caterus and Suárez », *Journal of the History of Philosophy*, 28/1, 1990, p. 33-61 et J.-F. Courtine, « La doctrine cartésienne de l'idée et ses sources scolastiques », *in* O. Depré, D. Lories, *Lire Descartes aujourd'hui*, Louvain-la-Neuve/Paris, Institut Superieur de Philosophie/Peeters, 1997, p. 1-20.

3. Suarez, *Disputationes metaphysicae* [= *DM*], VI, 6, 10, éd. Vivès XXV 228a.

acte, l'idée, en tant qu'elle n'est pas en acte, n'est rien et vient du néant, c'est-à-dire qu'elle n'a point de cause; si, par contre, *rien* signifie quelque chose de feint par l'esprit (*fictum*), ce qu'on appelle communément *ens rationis*, l'idée n'est pas un *rien*, mais « quelque chose de réel » (*aliquid reale*); toutefois, elle n'est pas en acte; par conséquent, elle peut être conçue, mais non pas être causée.

La crise de la voie de la causalité efficiente

La deuxième difficulté touche la seconde démonstration cartésienne de la *Meditatio III.* Caterus souligne cette fois l'aspect traditionnel de la preuve cartésienne et la rapproche de la deuxième voie de Thomas d'Aquin, lequel la reprend d'Aristote en l'appelant « voie de la causalité de la cause efficiente », avec la seule différence (que Caterus considère – à tort, nous le verrons – comme secondaire) « que ni Thomas ni Aristote ne se sont pas souciés de la cause des idées » (94, 1718/76). Cette démonstration pourrait partir de ma propre existence, sur la base précisément de la découverte cartésienne du *cogito* : je pense, donc je suis, et je suis la pensée elle-même; or, cette pensée est ou par soi-même [*a se*] ou par autrui [*ab alio*] ; si elle est par autrui, celui-là enfin par qui est-il ? si elle est par soi, il est Dieu, car ce qui est par soi se sera aisément donné toute chose.

Mais c'est justement ici que se cache la difficulté, qui, à la différence de la première preuve, ne se pose pas au point de départ, mais au point d'arrivée. Le mot *par soi*, en effet, peut être pris en deux façons : 1) positivement [*positive*], à savoir par soi-même comme *par une cause*; 2) négativement [*negative*], à savoir *non par autrui*. Mais, alors : 1) si une chose est *par soi* positivement, elle se donnerait son propre être et, par conséquent, se donnerait toute perfection et ainsi serait Dieu; 2) si elle est *par soi* négativement, elle ne se donnerait pas l'être ni, donc, toute perfection requise pour être Dieu. Autrement dit, l'être *par soi* négativement, à la différence de l'être *par soi* positivement, n'implique pas l'infinité. Le problème, toutefois, est que seule l'acception négative est admissible : « De cette façon, si je m'en souviens, elle est prise de tout le monde [*ab omnibus accipitur*] » (95, 7-8/76). Caterus évoque ici la doctrine traditionnelle de l'impossibilité de la *sui causa*, que les théologiens avaient toujours affirmée[1], et qu'Arnauld rappellera encore à Descartes (244, 4-6/166).

1. De Thomas d'Aquin à Suarez et Wiggers; *cf.* J. Wiggers, *In Primam Partem D. Thomae Aquinatis commentaria de Deo uno et trino, de angelis, et operibus sex dierum* [1641], Lovanii, ex officina Bernardini Masij sub viridi Cruce, 1651, q. 3, dub. 6, a. 4, p. 45a.

La réponse de Descartes consistera précisément à souscrire au raisonnement de Caterus et en même temps à assumer le concept positif d'être par soi écarté par l'objecteur. Mais pour restituer le cadre de l'objection et de sa réponse, il faut préciser que : a) à la différence de la première objection, qui visait un aspect nouveau de l'entreprise cartésienne, la deuxième objection de Caterus s'adresse au modèle thomiste lui-même de la preuve par les effets; et b) que l'objection de Caterus reprend une critique traditionnelle contre les cinq voies, et notamment contre la deuxième, consistant à mettre en question l'identification entre première cause et Dieu. En effet, à l'époque de Descartes, les cinq voies de Thomas d'Aquin, tout en étant encore le modèle le plus connu et le plus influent de démonstration *a posteriori* de l'existence de Dieu, étaient bien loin d'être considérées comme indubitables[1], d'autant plus que, après Cajetan, leur validité avait commencé à être mise en question à l'intérieur du thomisme lui-même[2]. Caterus semble même connaître aussi certains développements les plus récents à propos du rapport du problème de l'identification entre cause incausée et infini, comme le témoigne la suite du texte, où il rejette un argument qu'il affirme avoir entendu chez Suarez (95, 13-14/76), visant à déduire l'infinité de l'absence de dépendance causale : toute limitation vient d'une cause, puisqu'une chose est finie ou limitée soit parce que la cause ne lui a pu donner rien de plus parfait soit parce qu'elle ne l'a pas voulu; si donc quelque chose est par soi et non par une cause, elle est infinie et non limitée.

Les commentateurs se sont beaucoup interrogés sur cette vague référence de Caterus à Suarez; il est toutefois certain que Caterus résume de manière assez précise un des arguments de Suarez dans la discussion du problème de la démonstration de l'infinité de Dieu[3]. Mais pas seulement. L'objection même que Caterus élève contre l'argument de Suarez était un argument fréquemment utilisé dans le débat de l'époque et que Suarez lui-même (Caterus ne le dit pas !) essaie de neutraliser : qu'une chose soit par soi tant qu'il plaira (c'est-à-dire qu'elle ne soit point par autrui), sa limitation pourrait néanmoins venir de ses principes internes et constituants,

1. *Cf.* E. Scribano, *L'existence de Dieu*, trad. fr., Paris, Seuil, 2002, p. 130 *sq.*

2. *Cf.* I. Agostini, *La démonstration de l'existence de Dieu. Les conclusions des cinq voies de Thomas d'Aquin et la preuve* a priori *dans le thomisme du* XVII*e siècle*, Turnhout, Brepols, 2016, partie I.

3. Le texte de Suarez est sans doute *DM*, XXX, 2, 22, éd. Vivès XXVI 71a. Cette section est à l'origine du grand débat scolastique du XVIIe siècle sur la *ratio formalis* de l'infinité de Dieu, dont Tanner, source de Wiggers, fut un des principaux protagonistes; *cf.* I. Agostini, *L'infinità di Dio, op. cit.*, p. 308 *sq.*

c'est-à-dire de son essence, dont l'infinité n'a pas encore été prouvée; par exemple, si on suppose que le chaud est chaud, il sera chaud par ses principes internes et constituants, et non pas froid, encore qu'on imagine qu'il ne soit pas par autrui ce qu'il est. Autrement dit : une chose pourrait ne pas avoir de cause efficiente et, toutefois, être limitée par sa cause formelle; par conséquent, l'acception négative de l'être par soi n'implique pas l'infinité.

À la lumière de ces considérations, le sens exact de la difficulté posée par Caterus devient plus clair : il ne s'agit pas d'une difficulté propre à la preuve de la *Meditatio III*, mais à la structure de la voie par causalité efficiente. D'autre part, Suarez lui-même avait estimé indispensable, pour démontrer l'unicité de la première cause, de clore les preuves *a posteriori* par une déduction *a priori* des attributs[1]; le fondement théorique de cette procédure est l'idée qu'en Dieu existent des raisons (*rationes*) que nous concevons « comme » [*ac si essent*] des causes et qui permettent une démonstration *a priori aliquo modo* en Dieu[2]. La question posée par Caterus à Descartes est donc une requête : celle de sauver la preuve de la causalité efficiente d'une difficulté irrésolue à l'intérieur de la culture scolastique et de ses débats les plus récents : « Je ne doute point que Monsieur Descartes ne manque pas de raisons pour substituer à ce que les autres n'ont peut-être pas assez suffisamment expliqué, ni déduit assez clairement » (95, 25-27/77).

L'infini, en tant qu'infini, est inconnu

Outre que sur le *cogito* et la présence de l'idée de Dieu, Caterus affirme être d'accord avec Descartes sur deux autres points : a) la règle générale de vérité, selon laquelle « les choses que nous concevons fort clairement, et fort distinctement, sont toutes vraies » (que Caterus accepte sur la base du principe scolastique selon lequel aucune puissance ne peut se détourner de son propre objet) et – ce qui est pour lui une conséquence nécessaire[3] – la thèse selon laquelle l'erreur se trouve dans le jugement; b) la doctrine que la cause de l'erreur est la volonté.

1. *DM*, XXIX, 2, 37, éd. cit., XXV p. 47ab.

2. *DM*, XII, XXV 373a. *Cf.* J.-L. Marion, *Questions cartésiennes II*, *op. cit.*, p. 143-182; E. Scribano, *L'existence de Dieu*, *op. cit.*, p. 99 *sq.*; et, sur le concept de cause, V. Carraud, *Causa sive ratio*, *op. cit.*

3. La chose ne va pas de soi pour Descartes, puisque pour ce dernier la règle générale de vérité concerne le plan prédicatif, tandis que Caterus semble la présenter comme un principe qui établit l'impossibilité de se tromper au niveau antéprédicatif, du type de celui que mentionnera Arnauld en discutant de la fausseté matérielle (VII 207, 5-6/IX 161).

Par contre, Caterus n'accorde pas à Descartes l'emploi de la règle de vérité par rapport à l'idée de l'infini (96, 9-12/77). Comme nous le verrons, c'est bien la preuve de la *Meditatio V* que Caterus estime être directement fondée sur la règle de vérité; mais, avant de s'y s'attaquer, il se concentre sur la thèse de l'idée claire et distincte de Dieu établie dans la *Meditatio III*. Caterus accorde à Descartes que nous avons une idée de Dieu, mais refuse d'affirmer qu'une telle idée soit claire et distincte. Contre la thèse cartésienne, Caterus avance un principe traditionnel, d'origine aristotélicienne (*Physique* III, 204a3-7) et largement répandu dans la scolastique: « L'infini, en tant qu'infini, est inconnu » (96, 13/77). Ce principe est soutenu par Caterus au moyen de deux arguments. 1) Le premier, par rétorsion, s'appuie sur l'exemple du chiliogone de la *Meditatio VI* (72, 10-23/57-58) : si déjà lorsque je pense à un chiliogone, je ne me représente que confusément une figure et ne connais pas distinctement le chiliogone lui-même, puisqu'il m'est impossible de regarder distinctement ses mille côtés, il est à plus forte raison impossible que je puisse concevoir distinctement, et non confusément, l'Être infini en tant qu'infini : ses perfections sont en nombre infini et il est impossible que je puisse les voir clairement. 2) Le deuxième est fondé sur l'autorité de Thomas d'Aquin et s'appuie sur l'art. 1 de la *quaestio* déjà évoquée concernant l'existence de Dieu, où Thomas discute la thèse selon laquelle l'existence de Dieu serait *per se nota*, et notamment la prémisse, destinée à supporter la thèse tirée de Jean Damascène selon laquelle la connaissance de Dieu est naturellement imprimée en nous. Pour Thomas, l'existence de Dieu est *per se nota* non pas en soi-même [*secundum se*] mais par rapport à nous [*quoad nos*], puisqu'il est vrai que nous en avons une connaissance qui est née avec nous, mais il ne s'agit là que d'une connaissance générale et confuse [*in aliquo communi, sub quadam, inquit, confusione*], qui nous apprend que Dieu constitue la béatitude de l'homme mais non la raison propre de son être, puisqu'il est infini.

Anselme, Thomas d'Aquin et Descartes

Pour Caterus, nous avons une idée de Dieu, mais cette idée ne nous donne qu'une connaissance générale et confuse. Cela dit, même en admettant comme claire et distincte l'idée de Dieu, on ne peut s'appuyer sur elle pour construire un argument pour l'existence de Dieu, comme Descartes le prétend dans la *Meditatio V*. Caterus se réclame encore une fois de l'autorité de l'art. 1 de la *Summa theologiae* (*ad secundum*), où Thomas d'Aquin critiquait un argument dont il ne mentionne pas l'auteur : « Ce qui est dans l'entendement et en effet, est plus grand que ce qui est seulement dans l'entendement. C'est pourquoi, puisque, ce nom *Dieu* étant entendu, Dieu est dans l'entendement, il s'ensuit aussi qu'il est en effet» (98, 7-10/78). Il s'agit en fait de l'argument du *Proslogion* d'Anselme de Cantorbéry, que Thomas d'Aquin présente dans la forme d'une proposition *per se nota*. Caterus, lui non plus, ne fait aucune mention d'Anselme et se limite à en rapporter l'argument dans la formulation de Thomas, pour enfin affirmer qu'il s'agit là du même argument de Descartes : « N'est-ce pas là le même argument de Monsieur Descartes ? » (98, 15-16/79). Caterus n'a donc qu'à rapporter l'objection de Thomas : étant admis que tous conçoivent avec le mot *Dieu* un être tel qu'on n'en puisse concevoir de plus grand, ce qui s'ensuit n'est pas que ce qui est conçu au nom de *Dieu* existe dans la réalité, mais qu'il existe seulement dans la pensée, sauf si on a déjà supposé que dans la réalité existe un être tel qu'on ne puisse pas en concevoir de plus grand, ce que refusent précisément ceux qui nient l'existence de Dieu. Autrement dit, tout ce que l'argument de Descartes prouve est que, étant admis que le mot *Dieu* signifie l'étant tel qu'on ne peut pas penser d'être plus grand, c'est-à-dire l'étant souverainement parfait, ce qui est nécessairement vrai n'est pas qu'un tel être existe, mais qu'il est *pensé* comme existant, à moins de supposer dès le début qu'il existe (dans ce dernier cas seulement, nous pourrions savoir que, parmi les perfections contenues dans son idée, est contenue l'existence réelle, et pas seulement l'existence pensée). Dieu est donc pensé comme souverainement parfait même si son existence n'est pas réelle (en acte) et il n'y aurait donc pas de contradiction s'il n'existait pas en acte, sauf à avoir supposé cette existence dès le début.

Pour mieux montrer que le mot *Dieu* n'implique pas l'existence réelle, Caterus explique comment il faut penser le rapport d'un étant avec son existence à partir d'un mot composé, celui de « lion existant » : ce terme, certes, contient de manière nécessaire et le lion et l'existence, puisque si on ôte l'un ou l'autre, ce ne sera plus le même terme complexe. Supposons donc (comme Descartes le fait à propos du terme *Dieu*) qu'on puisse avoir une connaissance claire et distincte de ce terme complexe (ce qui signifie supposer que Dieu connaît de toute éternité clairement et distinctement ce composé) : s'ensuivrait-il de manière nécessaire que l'une ou l'autre partie de ce composé soit ? Non, sauf à avoir supposé dès le début que ce terme composé existe. De cette manière, Caterus introduit dans le texte inaugural de la philosophie moderne la difficulté traditionnelle qui, de Gaunilon à Thomas d'Aquin, puis jusqu'à la scolastique de son temps, avait été adressée contre la preuve d'Anselme avec l'exemple célèbre de « l'île perdue » : le fait que nous imaginons une île plus riche et plus belle que toutes les autres n'implique pas qu'une telle île existe ; de la même manière, ce n'est pas parce que nous pensons un être souverainement parfait que cet être existe effectivement.

La distinction de l'âme du corps

Caterus déclare ne vouloir avancer que très rapidement sa dernière objection, en dépit de l'importance de la question : l'essence de l'âme et sa distinction du corps. Cette distinction semble avoir été prouvée par Descartes à partir du fait que l'un et l'autre peuvent être conçus de manière claire et distincte et séparée (78, 15-20/62). Cette fois Caterus utilise contre Descartes l'autorité de Duns Scot, selon lequel, pour qu'une chose soit conçue distinctement et séparément d'une autre, une distinction réelle n'est pas requise, puisque seule suffit la distinction qu'il appelle formelle et objective, intermédiaire entre la distinction réelle et celle de raison. C'est en ce sens que, en Dieu, on distingue la justice de la miséricorde : elles ont, avant toute opération de l'entendement (opération qui ne donnerait lieu qu'à une distinction de raison), des raisons formelles différentes, en sorte que l'une n'est pas l'autre et peut être conçue de manière claire et distincte sans l'autre, sans toutefois devoir exister séparément (100, 17-24/80)[1].

RÉPONSES

Dans sa réponse, Descartes souligne que Caterus lui a accordé nombre de points, sur lesquels il peut appuyer ses propres réponses, comme il le fait à deux reprises : 1) au tout début, à propos du *cogito* et de la présence de l'idée de Dieu (101, 19-21/81) ; 2) à propos du critère général de vérité et de la doctrine du jugement comme acte de la volonté (112, 12 et 14-15/89).

Nature et cause de l'idée

S'agissant de la première difficulté sur la nature et la cause de l'idée, Descartes reconnaît à son objecteur le mérite d'avoir touché la difficulté principale : « ce qu'il faut ici entendre par le nom d'*idée*, et quelle cause cette idée requiert » (102, 1-2/81). En plus, loin de repousser la définition du terme « idée », absente des *Meditationes*, que Caterus lui attribue, Descartes l'assume (« j'écris, que l'idée est la chose pensée, en tant qu'elle

1. Il ne s'agit pas d'une citation littérale, mais l'idée se repère pour l'essentiel chez Scot : cf. *Ordinatio*, I, dist. 8. pa. 1, q. 4, in *Opera omnia*, ed. Vaticana, IV 260-261.

est objectivement dans l'entendement» [102, 3-4/81 modifiée])[1]. Il s'agit là d'un choix de la part de Descartes, qui lui permet de mieux expliquer l'originalité de sa conception de l'idée : il peut s'appuyer sur le concept de chose (*res*) pour montrer que c'est pour ne pas vouloir entendre de quelle « chose » on parle que Caterus peut affirmer (en ce sens, à raison) que l'idée ne requiert pas de cause. Caterus « a égard à la chose même [*rem ipsam*], comme étant hors de l'entendement» (102, 9-10/81-82), tandis que les *Meditationes* traitent «de l'idée [*de idea*] qui n'est jamais hors de l'entendement» (102, 12-13/82). Cette divergence est décisive : quand on dit qu'être objectivement dans l'entendement est pour la chose une dénomination extrinsèque, on considère la chose hors de l'entendement, qui n'est pas modifiée par le fait de devenir l'objet d'un acte d'intellect. Mais quand les *Meditationes* affirment que le mode d'être [*modus essendi*] objectif n'est pas rien (41, 26-29/33), elles parlent de l'idée qui est dans l'entendement, qui relève du mode d'être que la « chose » (102, 21/82) ou « objet » (102, 15 et 26; 103, 1/82) a dans l'entendement.

Il faut donc distinguer deux significations d'*être objectif*, qui dépendent de la chose à laquelle ce dernier est attribué, comme Descartes l'éclaire par l'exemple du Soleil : 1) Si on parle du Soleil qui est hors de l'entendement, *être objectivement* est une dénomination extérieure : le Soleil termine à la façon d'objet l'opération de mon entendement, ce qui ne change en rien sa nature. C'est dans ce sens que Caterus entend l'être objectif : c'est le mode d'être de la «chose» en acte hors de moi qui est considéré non pas en soi même (selon l'être que les *Meditationes* appellent *formel*), mais dans la *relation* qu'elle a avec mon entendement en tant que pensée (être *objectif*); 2) Si en revanche on parle de l'idée du Soleil, *être objectivement* ne signifie pas terminer l'opération de l'entendement à la manière d'un objet (externe), mais être dans l'entendement en la façon que ses objets (internes) ont coutume d'y être, c'est-à-dire non pas formellement (comme le Soleil existe dans le Ciel), mais objectivement, c'est-à-dire à la manière propre aux objets qui existent dans l'entendement.

Descartes en vient alors à l'équivoque soulignée par Caterus à propos du mot *rien*. Certes, l'être objectif de l'idée n'est *rien*, si par «être» on entend un étant réel ou actuel, c'est-à-dire hors de l'entendement. Mais Caterus concède l'essentiel en affirmant que l'idée n'est pas un être de raison, mais quelque chose de réel, qui est conçu distinctement. Une fois admis, en effet, que l'idée est quelque chose de réel, tout n'étant pas un être

1. Cette définition se retrouvera dans une note à marge de la traduction latine du *Discours de la méthode* (*Specimina Philosophiae*, Amsterdam, 1644, p. 31-32).

en acte, Caterus n'a pas le droit de dire que cette idée est conçue mais non causée, parce que ce dont il est question est seulement et précisément la causalité requise pour que l'idée soit conçue : « De celle-là seule il est ici question » (103, 18-19/83). « De celle-là seule » : c'est peu, mais c'est tout; puisque, étant imprimée en nous l'idée de Dieu dans laquelle est contenue toute la perfection concevable, on pourra conclure que cette idée dérive d'une cause (Dieu) qui contient en soi formellement toute cette perfection.

La stratégie adoptée par Descartes pour gagner ce point décisif consiste à dissoudre l'opposition entre concevoir et causer postulée par Caterus. C'est la raison par laquelle il recourt ici à un exemple absent des *Meditationes*, mais qui sera repris dans les *IIae Responsiones* et dans les *Principia*[1]. Si on a l'idée d'une machine fort artificielle, on ne peut pas se contenter de dire que l'entendement même en est la cause en tant que cette idée est une de ses opérations, puisqu'on demande quelle est la cause de l'artifice objectif qui y est contenu : si on s'arrête à la cause de l'acte, on ne pourra pas expliquer pourquoi cette idée contient un tel artifice objectif (c'est-à-dire une telle réalité objective) *plutôt* qu'un autre. Le même principe était déjà à l'œuvre dans les *Meditationes*, mais ici il est intégré dans une démarche plus ample, qui ne se présente pas seulement comme un raisonnement mais comme un exercice de persuasion visant à montrer que la manière d'être objective de l'idée n'est pas un rien puisqu'elle n'est pas réduite à la réalité (que les *Meditationes* appellent « formelle ») de l'idée comme opération, laquelle s'explique par la réalité de l'intellect dont il est l'acte. Pour éliminer à la racine cette difficulté, la stratégie de Descartes est de prouver qu'à la base de l'opposition avancée par Caterus entre être conçu et être causé, il y a une thèse injustifiée à propos de l'idée de Dieu : nous n'en recherchons pas la cause parce que, étant empreinte d'une même façon dans l'esprit de tout le monde, nous la supposons comme appartenant à la nature de notre entendement. Ce qui est vrai mais n'est pas toute la vérité, parce que cette même faculté d'avoir en soi l'idée de Dieu ne pourrait pas être en nous, si notre entendement n'avait pas Dieu pour cause de son être.

L'idée de Dieu est, donc, en même temps, innée et causée, parce que l'innéisme ne s'oppose pas à la dépendance causale, comme ces lignes l'expliquent, en éclairant un point qui n'est pas explicite dans les *Méditations* : la deuxième preuve de l'existence de Dieu vise à éliminer le préjugé selon lequel ce qui est inné n'a pas besoin d'être causé, en montrant

1. *IIae Resp.*, VII 134-135; *Principia* I, 17, AT VIII-111. Descartes l'évoque néanmoins dans la *Synopsis* des *Meditationes*.

la dépendance causale de la faculté elle-même qui forme l'idée de Dieu; c'est la raison par laquelle Descartes affirme que cette preuve procède de manière « plus absolue [*absolutius*] » (106, 4-5/84). Mais la preuve ne peut pas aboutir que si c'est de la faculté de former *l'idée de Dieu* qu'on rende raison : c'est pourquoi la deuxième preuve reste une variation de la première[1] et Descartes refuse toute assimilation de son argument à la deuxième voie de Thomas.

La preuve a posteriori *et la* sui causa

La discussion sur la deuxième preuve constitue la partie la plus longue des *Iae Responsiones*. Descartes explique les aspects propres de sa démarche, en soulignant trois points fondamentaux.

1) D'abord, le point de départ de l'argument n'est pas la succession des causes efficientes, mais l'existence du moi (106, 14-107,7/84-85). La succession des causes, en effet, a) est beaucoup moins évidente que l'existence de Dieu (l'existence des choses sensibles n'étant pas donnée immédiatement, elle ne peut être prouvée qu'après avoir démontré l'existence de Dieu et elle présuppose le principe de causalité)[2] et b) ne peut conduire qu'à la connaissance de l'imperfection de notre esprit – puisque nous ne pouvons comprendre comment une infinité de causes se sont succédé de toute éternité – et non pas qu'il faut s'arrêter à une première. – En revanche, l'existence du moi a) est si bien connue que rien ne le peut être davantage (il s'agit de la première connaissance dans l'ordre des raisons) et b) ne dépend d'aucune succession. Dans un premier moment, Descartes explique ce point en affirmant que sa preuve ne recherche pas la cause qui m'a autrefois produit, mais celle qui à présent me conserve (107, 5-7/85); mais, après avoir explicité le concept de *sui causa*, il ajoute qu'on ne peut pas même aller jusqu'à une seconde cause, puisque celle qui a assez de puissance pour conserver une chose qui est hors de soi se conserve à plus forte raison soi-même et, ainsi, elle est Dieu (111, 14-19/88) : de cette manière, Descartes n'exclut pas seulement (avec Ockham, contre Thomas d'Aquin)[3] le rôle des causes productives (et non pas conservatrices), mais les causes secondes tout court (qui ne figureront plus dans les formulations suivantes de la preuve)[4].

1. *À Mesland*, 2 mai 1644, IV 112, 13-14; *Synopsis*, 14, 18-19/11.

2. Respectivement *à Mesland*, 2 mai 1644, IV 112, 17-19; *IIae Resp.*, 165, 19-27/128.

3. Guillaume d'Ockham, *In I Sent.*, dist. 2, q. 10, éd. St. Bonaventure, *Op. th.* II 354^{16}-356^{12}.

4. *IIae Resp.*, 168, 17-169, 4; *Principia* I, 21, AT VIII-11.

2) La preuve ne recherche pas la cause de mon être en tant que composé de corps et d'âme, mais seulement en tant que chose qui pense (107, 8-19/85) et, principalement, en tant que cette chose possède l'idée d'un être souverainement parfait (107, 20-108, 6/85-86). C'est de l'idée de Dieu, en effet, que dépend toute la force de la démonstration, car a) elle fait connaître ce que « c'est que Dieu [*quid sit Deus*] » (107, 25/85), au moins autant qu'il peut être connu (*intelligi*) par nous (selon les lois de la vraie logique, on ne doit jamais demander d'aucune chose si elle est, avant de savoir ce qu'elle est) ; b) elle nous donne occasion d'examiner si je suis par moi ou par autrui et de reconnaître mes imperfections ; et c) elle ne permet pas seulement de prouver l'existence d'une cause, mais de connaître qu'elle contient toute perfection et, donc, qu'elle est Dieu. – Descartes souligne ici la supériorité de ses preuves par rapport aux preuves traditionnelles, en l'enracinant sur l'affirmation de l'accessibilité de la connaissance de l'essence de Dieu. C'est la thèse de l'idée claire et distincte de Dieu, qu'il va développer dans les réponses à la troisième difficulté, et qui comporte trois avantages décisifs : a) elle est conforme aux lois de la « vraie » logique (Descartes bouleverse ici le rapport établi par Thomas d'Aquin entre connaissance de l'*an sit* et connaissance du *quid sit*, un choix qu'il reconnaît comme déjà accompli avant lui par d'autres théologiens qu'il déclare avoir lus)[1] ; b) elle suscite l'interrogation sur la dérivation du moi, qui ne prend conscience de sa finitude et ne s'interroge sur sa propre origine que sur la base de l'idée de l'infini (qui précède celle du fini) ; c) elle permet d'identifier la première cause avec Dieu, puisque l'étant dont on démontre l'existence n'est pas seulement une cause première, mais possède toute perfection[2].

1. *À Mersenne* 31 décembre 1640, AT III 273, 1-3 ; d'où le remaniement du texte originel, qui portait, au lieu de « verae logicae », « meae logicae » (272, 25-26). Les candidats proposés pour l'identification des prédécesseurs de Descartes sont Henri de Gand, *Summa quæstionum ordinarium*, q. 22, a. 5, 134C (S. Landucci, *I filosofi e Dio*, Rome-Bari, Laterza, 2005, p. 143-146) ; Duns Scot, *Ordinatio*, I, d. 3, p. 1, q. 1-2 (J. Secada, *Cartesian Metaphysics. The Late Scholastic Origins of Modern Philosophy*, Cambridge, CUP, 2000, p. 22) ; F. Suarez, *Disputationes metaphysicae*, XXIX, 3, 2 (E. Scribano, *L'existence de Dieu*, *op. cit.*, p. 138-140), mais surtout Cajetan, dans son commentaire à l'art. 2 de la *Summa* (In I, q. 2, a. 2, n. 3, in Thomas de Aquino, *Opera omnia*, ed. Leonina, IV 30b), que Descartes connaît très bien. Ces hypothèses réfutent définitivement FA II, n. 4 p. 304.

2. Ce qui prouve que Descartes était bien au courant du problème de l'identification de la première cause des preuves thomistes avec Dieu. Sur la connaissance par Descartes de la crise des cinq voies dans la théologie de son temps, cf. *Epistola ad Voetium*, AT VIII-2 176, 7-8 et I. Agostini, « Descartes's Proofs of God and the Crisis of Thomas Aquinas's Five Ways in Early Modern Thomism : Scholastic and Cartesian Debates », *Harvard Theological Review*, 108, 2015, p. 235-262.

3) Il n'est pas impossible qu'une chose soit la cause efficiente de soi-même (108, 7-112, 11/86-89). Il n'y a impossibilité que si on restreint la signification d'*efficient* à des causes qui a) sont différentes de leurs effets ou b) les précèdent en temps. Or, pour la démonstration de l'existence de Dieu, la signification d'*efficient* ne doit pas être ainsi restreinte. Avec cette stupéfiante affirmation, Descartes déclare que sa preuve ne se fonde pas sur le sens négatif d'être *par soi* que Caterus reconnaissait comme le seul admissible et qui (exactement comme le sens positif) présuppose la susdite signification étroite d'*efficient*. Tout l'effort des *Iae Responsiones* consiste alors à déterminer les conditions d'une extension du concept d'*efficient* et de l'élaboration d'un concept d'être *par soi* intermédiaire entre celui, négatif, qui ne prouve pas l'existence de Dieu, et celui, positif, qui ne peut pas être admis. Pour cette élaboration, Descartes élude la difficulté – ce que lui rapprochera Arnauld (209, 21-24/163) – de la diversité numérique et se concentre sur la condition de la succession temporelle, en affirmant que la lumière naturelle dicte, non pas que le propre de la cause efficiente est de précéder en temps son effet (108, 14-16/86), mais qu'il n'y a aucune chose de laquelle il ne soit licite de demander pourquoi elle existe, ou dont on ne puisse rechercher la cause efficiente, ou bien, si elle n'en a point, demander pourquoi elle n'en a pas besoin (108, 18-22/86). Il s'ensuit une conséquence décisive : si aucune chose ne peut être en quelque façon, à l'égard de soi-même, ce que la cause efficiente est à l'égard de son effet, loin de conclure qu'il y a une première cause, on rechercherait derechef la cause de celle-là même qu'on appellerait à tort première et, ainsi, on ne parviendrait jamais à une cause véritablement première. Mais une telle cause requiert une condition : « une puissance si grande et si inépuisable [*tanta et tam inexhausta potentia*] » (109, 4/86) qu'elle n'ait jamais eu besoin d'aucun secours pour exister et qui n'en ait pas encore besoin maintenant pour être conservée ; une puissance, donc, « qui soit en quelque façon la cause de soi-même [*quodammodo sui causa*] » (109, 6/86). Une telle puissance ne peut se retrouver qu'en Dieu, qui semble donc « pouvoir être appelé pas trop improprement *la cause de soi-même* [*non nimis improprie dici posse* sui causa] » (109, 15-16/87 mod.).

Descartes peut donc revenir sur la distinction du mot *par soi* évoquée par Caterus : si on ne peut pas dire qu'une chose est cause de soi-même selon la signification stricte d'*efficient*, on ne peut non plus s'en tenir à la seule signification négative, d'autant plus que celle-ci ne procède que de la seule imperfection de l'esprit humain et n'a aucun fondement réel. Il faut donc en admettre « une autre positive, tirée de la vérité des choses » (110, 6-7/87) et sur laquelle l'argument de la *Meditatio III* est appuyé.

Si, comme nous le dicte la lumière naturelle, nous recherchons la cause pourquoi Dieu est et ne cesse point d'être, nous l'identifierons avec « l'immense et incompréhensible puissance [*immensa et incomprehensibilis potentia*] » (110, 26-27/88) contenue dans son idée, nous dirons que Dieu est par soi « non plus négativement, mais au contraire très positivement [*non amplius negative, sed quammaxime positive*] » (110, 30-31/88).

À la lumière de l'extension du concept d'*efficient*, la démonstration de Descartes bouleverse complètement la structure la preuve de Thomas : son point de départ (le moi en tant qu'il a l'idée de Dieu), son axe central (le concept de causes secondes est éliminé) et son point d'arrivée (non pas une cause incausée, mais une cause de soi-même). Il s'agit là d'une preuve « directissime », qui remonte directement de l'*ego* qui a l'idée de Dieu à Dieu comme *sui causa*. Or, c'est précisément cette révolution qui permet de résoudre le problème, remarqué par Caterus, qui affectait les preuves traditionnelles : l'identification de la première cause avec Dieu. Quoiqu'il soit vrai que toute limitation vient d'une cause, cette assertion n'est pas évidente, puisque, comme le fait observer Caterus, la limitation pourrait provenir de la cause formelle ; autrement dit, la possibilité d'une limitation intrinsèque pour cause formelle empêche de pouvoir démontrer l'infinité de Dieu sur la base de l'absence de cause. Par contre, la conception positive de l'être par soi implique toujours l'infinité, parce qu'un étant qui se donne l'existence pourra se donner toutes les autres perfections.

Ce principe était en fait déjà à l'œuvre dans la *Meditatio III*, qui contenait de manière implicite la conception de la *sui causa* (si j'étais « moi-même l'auteur de mon être [...] je me serais donné moi-même toutes celles [*les perfections*] dont j'ai en moi quelque idée, et ainsi je serais Dieu » [48, 6-10/38]). Les *Iae Responsiones* ne feront qu'expliciter ce concept, en montrant qu'il ne s'agissait pas là d'un langage métaphorique : Dieu est, quoique *quodammodo*, cause efficiente de lui-même. Et, après la première rédaction des réponses à Caterus, Descartes donnera un nom précis à ce langage : *analogie*.

À la suite des récriminations d'Arnauld, le texte original des *Iae Responsiones* sera en effet soumis à une série de remaniements, où Descartes atténuera les affirmations les plus radicales[1] (en particulier en précisant que la *sui causa* n'implique « aucune influence réelle et positive de la cause efficiente », mais seulement postule que « l'essence de Dieu est telle, qu'il est impossible qu'il ne soit ou n'existe pas toujours » [109, 16-19/87]) et expliquera le sens du *quodammodo* à la lumière du concept d'analogie (développé dans le *IVae Responsiones*) : il s'agit d'un « genre de cause qui est analogue [*analogia*] avec l'*efficient* [*causae genus efficienti analogum*] » (109, 25-26/87 modifiée). Cette élaboration était rendue nécessaire pour expliciter le seul sens admissible aux yeux de Descartes de la *sui causa : quodammodo*[2], modalisateur indispensable, même si les commentateurs restent divisés sur nombre de questions laissées ouvertes par les textes[3].

L'idée claire et distincte de Dieu

Descartes souligne la pertinence de l'objection de Caterus concernant l'idée claire et distincte de Dieu, en avouant avoir soigneusement essayé de la prévenir[4]; mais, puisqu'elle se présente très facilement à chacun, une plus ample réponse est nécessaire. Descartes l'articule à travers trois distinctions (112, 20-114, 11/89-90) :

1) *entendre* [*intelligere*] et *comprendre* [*comprehendere*] : l'infini, en tant qu'infini n'est pas compris, mais il est entendu[5], car entendre clairement une chose comme infinie signifie entendre qu'elle ne peut pas avoir des limites, ce que nous faisons très bien à propos de l'infini ;

2) *infini* [*infinitum*] et *indéfini* [*indefinitum*] : infinie est une chose où je ne rencontre point de limites sous tous les rapports, et il n'y a que Dieu qui soit tel; indéfinie est une chose à laquelle sous quelque considération seulement je ne vois point de fin (par exemple, l'extension de l'univers)[6].

1. *À Mersenne*, 18 mars 1641, III 335, 11-338, 5.

2. *Ibid.*, III 337, 4-16 ; *cf.* V. Carraud, *Causa sive ratio*, *op. cit.*, p. 273.

3. *Cf.* D. Arbib, *Descartes, la métaphysique et l'infini*, *op. cit.*, p. 257-271.

4. Cf. *Meditatio III*, AT VII 46, 18-28/36.

5. Sur cette distinction (dont l'usage n'est toutefois pas toujours le même), *à Mersenne*, 15 avril 1630, I 145, 21-22 ; 27 mai 1630, I 152, 9-19 ; *Med. III*, AT VII 46,18-28/IX, 36 et 52, 2-6/41.

6. *Cf.* le développement de cette distinction en *Principia* I, 26-27, AT VIII-114 ; *à Chanut*, 6 juin 1647, V, 51,18-52, 25 ; *à More,* 5 février et 15 avril 1659, AT V, 274, 5-275, 12 et 344, 6-14.

3) *Raison formelle de l'infini* [*ratio formalis infiniti*] ou *infinité* [*infinitas*], et *chose infinie* [*res infinita*] : l'infinité, encore que nous la concevions être très positive, nous l'entendons de manière négative, en tant que nous ne remarquons aucune limitation; la chose infinie, nous la concevons positivement (quoique de manière non adéquate). Il s'agit d'une distinction scolastique[1] que Descartes dans la suite abandonnera en l'intégrant dans une reformulation de la distinction entre infini et indéfini associant la deuxième et la troisième distinctions des *Iae Responsiones*[2]. Mais elle est adaptée ici à un interlocuteur formé à la terminologie de l'École et elle vise à *traduire* en termes scolastiques la thèse de l'idée claire de Dieu : selon les scolastiques, la *res infinita* est tout à fait inconnaissable, en opposition à la *ratio formalis infiniti*, dont nous n'avons toutefois qu'une connaissance négative, tandis que Descartes affirme précisément une connaissance positive de la *Res infinita*.

Mais cette traduction a aussi pour but de persuader son interlocuteur de l'acceptabilité de la thèse de l'idée claire et distincte de Dieu. En effet: 1) pour expliquer la thèse de la connaissance de la chose infinie, Descartes recourt à un exemple, absent lui aussi des *Meditationes*, celui de la mer[3]. Lorsque nous regardons la mer, nous disons que nous la voyons, quoique « nous ne le touchions avec la vue tout entière [*non totum visu attingamus*] » (113, 18-19/90, modifiée) : si nous la regardons de loin, comme pour l'embrasser avec les yeux, nous ne la voyons que confusément, mais si notre vue s'arrête sur une seule partie, cette vision peut être fort claire et distincte. Ainsi, nous imaginons confusément un chiliogone si nous tâchons d'embrasser tous ses côtés ensemble, mais non pas si nous regardons un ou deux de ses côtés. De même, Dieu ne peut être « saisi [*capi*] » (113, 28/90) – Descartes souligne ici son accord avec tous les théologiens – et même pas « connu » [*cognosci*] » (114, 2/90) distinctement par ceux qui tâchent de l'embrasser tout entier et à la fois par la pensée, et qui le regardent comme de loin; celui, toutefois, qui considérera attentivement chaque perfection, non pas pour la saisir, mais plutôt pour être saisi par elle et reconnaître qu'elle est incompréhensible, trouvera une matière de connaissance claire et distincte beaucoup plus ample et plus facile que dans toute chose créée. 2) Descartes se réclame de l'autorité de Thomas d'Aquin

1. Pour les sources, *cf.* I. Agostini, *L'idea di Dio in Descartes. Dalle Meditationes alle Responsiones*, Florence, Le Monnier/Mondadori, 2010, p. 97-102.

2. *Principia* I, 27, AT VIII-1 27,18-25.

3. La métaphore avait une longue histoire : largement utilisée surtout par les Cappadociens, elle passera en Occident grâce à une traduction latine de *La foi orthodoxe* de Jean Damascène ; *cf.* déjà Dante, *Paradiso* I, 113.

lui-même: en affirmant dans l'art. 1 que nous connaissons Dieu *sub quadam confusione*, Thomas ne parle que d'une connaissance qui prétend embrasser Dieu, sans pour autant refuser une connaissance non compréhensive, ce que confirme le fait que l'art. 2 (que Descartes cite sans que Caterus en ait fait la moindre mention) assure que l'existence de Dieu peut être démontrée. La sincérité de cette affirmation a été longuement mise en question par les commentateurs, mais à tort, parce qu'une telle utilisation de la part de Descartes de l'autorité de Thomas d'Aquin n'avait pas seulement pour précédent l'attitude de Suarez[1], mais aussi, sur le cas en question, celle de ces thomistes qui avaient ouvert, au cœur de la théologie du XVIIe siècle, un débat exégétique autour de l'art. 2 sur la possibilité d'une connaissance *a priori* de l'existence de Dieu – à partir du modèle (que Suarez ne fera que reprendre) élaboré par Cajetan dans son commentaire aux *Seconds Analytiques,* d'une démonstration *a priori* des attributs divins[2]. 3) Descartes semble ici atténuer la thèse de l'idée claire et distincte de Dieu telle qu'elle était formulée dans la *Meditatio III*, puisque: a) l'exemple de la mer semble interdire au moins en partie, bien plus que la compréhension de Dieu, son intellection : non seulement nous ne pouvons pas embrasser la mer, mais nous ne la « touchons [*attingamus*] » pas tout entière, autrement dit nous ne l'entendons (*intelligere*) pas; b) Descartes affirme tout de suite que « toutes les fois que j'ai dit que Dieu pouvait être connu clairement et distinctement, je n'ai jamais entendu parler que de cette connaissance finie [*finita cognitio*] et accommodée à la petite capacité de nos esprits » (114, 14-17/90) – finitude qui ne se réfère évidemment pas à la réalité formelle, mais bien à la réalité objective de l'idée, seule est question ici; c) Descartes affirme avoir avancé la thèse de l'idée claire et distincte de Dieu aux deux seuls endroits où n'est jamais affirmée la connaissance adéquate de Dieu: en *Meditatio III*, où la question était « de savoir si quelque chose de réel [*aliquid reale*] était contenu dans l'idée que nous formons de Dieu, ou bien s'il n'y avait qu'une négation de chose » (114, 20-22/91); en *Meditatio V*, où il avait affirmé que l'existence appartient à la nature de l'être souverainement parfait. Mais le renvoi à la *Meditatio III* n'est pas sans problème, parce qu'on y lit, non pas que l'idée de Dieu contient *quelque chose* de réel (comme toutes les idées vraies) mais « *tout* ce que mon esprit conçoit clairement et distinctement de réel et de vrai » (46, 16-18/36), c'est-à-dire la quantité maxime de réalité (qui est requise de l'idée de Dieu pour être non pas simplement vraie, mais *maxime*

1. J.-L. Marion, *Sur la théologie blanche de Descartes*, *op. cit.*, p. 70-109.
2. I. Agostini, *La démonstration de l'existence de Dieu*, *op. cit.*, partie II.

vera, comme la démonstration de son existence l'exige pour exclure qu'elle soit causée par l'*ego*).

L'échange avec Caterus inaugure ainsi un débat sur la thèse de l'idée claire et distincte de Dieu qui se prolongera dans toutes les *Objectiones et Responsiones*, où Descartes donnera de sa thèse des formulations qui ne seront pas toujours parfaitement cohérentes ni entre elles, ni avec la *Meditatio III* (comme l'attesteront les longues discussions dans l'histoire du cartésianisme), sans toutefois jamais l'abandonner.

La preuve a priori

La défense de la preuve de la *Meditatio V* passe par une prise de distance, de la part de Descartes, par rapport à l'argument critiqué par Thomas d'Aquin. Cet argument est ainsi mis en forme par Descartes :

> Quand nous entendons la signification du nom *Dieu*, nous entendons une chose telle que rien de plus grand ne peut être conçu; or, c'est une chose plus grande d'être en réalité et dans l'entendement, que d'être seulement dans l'entendement; donc, quand nous entendons la signification du nom *Dieu*, nous entendons que Dieu est en effet et dans l'entendement.

Un tel argument est formellement incorrect, parce que la seule conclusion légitime est : « Quand nous entendons la signification du nom *Dieu*, nous entendons que ce nom signifie une chose qui est en effet et dans l'entendement » ; mais, alors, l'existence de Dieu n'est nullement prouvée, parce que ce qui est signifié par un mot ne paraît pas pour cela être vrai ; autrement dit, la conclusion contient quelque chose de plus des prémisses, parce qu'on passe de la signification du nom (prédicat de la majeure) à la vérité de la chose (prédicat de la conclusion). Thomas d'Aquin a donc bien raison, selon Descartes, de repousser cet argument.

Mais l'argument de la *Meditatio V* est tout autre :

> Ce que nous entendons clairement et distinctement appartenir à la nature, ou essence, ou forme immuable et vraie de quelque chose, peut être dit ou affirmé avec vérité de cette chose; or, après que nous avons assez soigneusement recherché ce que c'est [*quid sit*], nous concevons clairement et distinctement qu'il appartient à sa vraie et immuable nature qu'il existe; donc, nous pouvons affirmer avec vérité qu'il existe (115, 22-116, 4/91).

Or, selon Descartes, cette conclusion est vraie pour trois raisons : 1) la conclusion ne contient rien qui ne soit contenu dans les prémisses : on passe de la vérité (prédicat de la prémisse majeure) à la vérité (prédicat de la conclusion) et non pas de la *signification* du nom à la vérité. L'argument se développe en entier dans le domaine de la vérité. 2) La majeure est vraie, d'autant plus que Caterus a accordé que tout ce qui est clair et distinct est vrai, comme Descartes le souligne (112, 12 et 14-15/89)[1]. 3) La mineure aussi est vraie, même si c'est elle qui pose plus de difficultés, et ceci pour deux raisons : a) nous sommes tellement accoutumés à distinguer l'existence de l'essence dans toutes les autres choses que nous ne prenons pas assez garde que l'existence appartient à l'essence de Dieu plutôt qu'à celle des autres choses ; b) nous ne distinguons pas ce qui appartient à la vraie et immuable essence de quelque chose de ce qui ne lui est attribué que par une fiction de notre entendement.

Les deux difficultés concernent deux affirmations contenues dans la mineure, selon laquelle l'existence appartient à la *vraie et immuable nature* de Dieu ou, ce qui revient au même (étant donnée l'inclusion de l'existence dans le concept de Dieu), que Dieu (avec l'existence) est une vraie et immuable nature. Le problème est qu'il faut le démontrer, puisque « nous ne savons pas si son essence est immuable et vraie, ou si elle a seulement été inventée [*a nobis efficta*] » (116, 17-19/92). C'est le problème crucial, dont ne dépend pas seulement la vérité de la prémisse, mais aussi la validité de l'argument et sa supériorité par rapport à celui critiqué par Thomas : en effet, ce n'est que parce que nous percevons (avec clarté et distinction) qu'une propriété appartient à la *vraie nature* d'une chose, et non pas simplement à la signification du nom, que nous pouvons affirmer que nous percevons clairement et distinctement qu'elle lui appartient *en vérité* et déduire qu'il est vrai que Dieu existe. La première objection est donc assez vite neutralisée par Descartes par la distinction entre existence possible et nécessaire : la première est contenue dans le concept ou l'idée de toutes les choses que nous concevons clairement et distinctement, tandis que la deuxième n'est contenue que dans la seule idée de Dieu. La séparation de l'existence et de l'essence ne s'origine que dans la mauvaise habitude par laquelle nous ne faisons pas attention à la distinction entre existence possible et existence nécessaire.

Mais la deuxième difficulté est la plus lourde, car il ne s'agit pas seulement de renverser une habitude, mais de démontrer que l'essence de Dieu n'est pas une fiction. La réponse de Descartes se fonde sur l'élaboration d'un critère d'identification des natures feintes et composées :

1. La preuve de la *Med. V*, dans la formulation des *Iae Resp.*, n'utilise donc comme prémisse la règle générale de vérité que parce qu'elle avait été accordée par l'interlocuteur : il s'agit d'un argument par rétorsion (*cf.* l'allusion en 112, 15-16/89) dont la nature est *persuasive*. Nous croyons donc qu'il n'est pas légitime de s'appuyer sur les réponses à Caterus pour poser ou résoudre la célèbre question de la dépendance de la preuve de la *Med. V* à l'égard de celle de la *Med. III*.

toutes les fois que les parties d'une représentation peuvent être divisées par l'entendement non seulement par abstraction, mais par une opération claire et distincte, on est en présence d'une fiction, c'est-à-dire une idée que l'entendement a construite en assemblant les parties de cette représentation; il en résulte que toutes les idées que l'entendement ne peut diviser de cette manière ne sont pas composées par lui. Par exemple, un cheval ailé ne constitue pas une vraie et immutable nature parce que je peux me représenter de manière claire et distincte un cheval sans ailes et des ailes sans un cheval; mais un triangle, avec la propriété que ses trois angles sont égaux à deux droits, constitue une vraie et immutable nature, parce que, même si je peux le concevoir en faisant abstraction de cette propriété, je ne peux pas la nier par une claire et distincte opération. Bref, une vraie nature est caractérisée par l'inséparabilité, c'est-à-dire par le fait que ses composants résistent à des opérations de séparation (négation ou exclusion) et ne sont sujets qu'à des opérations abstractives (117, 9-118, 11/92-93)[1].

Sur cette base il devient possible de repousser l'exemple du « lion existant » : ce terme ne renvoie pas à une vraie nature, puisque je peux concevoir de manière claire et distincte un lion qui ne soit pas existant, comme je peux me représenter un cheval qui n'ait point d'ailes; le concept d'existence ne se trouve contenu dans l'idée du lion que parce qu'il a été introduit par l'entendement qui se représente le lion comme existant, et non pas parce qu'on est en présence d'une vraie nature. En revanche, l'idée de Dieu me représente une vraie et immutable nature, puisque son idée le représente comme souverainement puissant, c'est-à-dire doué d'une puissance infinie par laquelle nous connaissons qu'il peut exister par sa propre force; or, il est manifeste par la lumière naturelle que ce qui peut exister par sa propre force, existe toujours; donc Dieu existe réellement et il a existé de toute éternité. L'existence nécessaire est donc contenue dans l'idée de l'être souverainement puissant non par une fiction de l'entendement, mais parce qu'elle appartient à la vraie et immuable nature d'un tel être; autrement dit, Dieu constitue avec l'existence une vraie et immuable nature (118, 29-119, 26/93-94).

De cette manière, Descartes est sûr d'avoir neutralisé l'objection de Caterus en même temps que la difficulté séculaire de « l'île perdue », qu'il évoque avec l'exemple de l'idée d'un corps très parfait : je trouve, certes, que l'existence y est contenue, parce que c'est une plus grande perfection

1. Sur ce critère largement débattu par les commentateurs, *cf.* T. Schmaltz, « The Fifth Meditation : Descartes' Doctrine of True and Immutable Natures », *in* D. Cunning (ed.), *The Cambridge Companion to Descartes' Meditations*, Cambridge, CUP, 2014, p. 205-222.

d'être en effet et dans l'entendement que seulement dans l'entendement; mais l'existence peut être séparée de manière claire et distincte de l'idée de cette île, ce qui prouve que cette idée ne contient l'existence que parce que cette dernière y a été introduite par l'entendement, qui a joint ensemble toutes les perfections corporelles, y compris l'existence.

La réponse de Descartes a suscité des nombreuses remarques de la part des commentateurs. Nous nous limiterons ici à souligner trois points :

1) La preuve de la *Meditatio V* et des *Iae Responsiones* est conforme au modèle des démonstrations mathématiques, qui se présentent comme des déductions des propriétés à partir de l'essence (ce qui explique la situation de cette épreuve dans la *Meditatio V*). Cela introduit une nouvelle différence capitale par rapport: a) à la preuve d'Anselme, au moins de la manière dans laquelle la présente Thomas d'Aquin dans l'article 1 : cette dernière est une proposition *per se nota*, tandis que la preuve cartésienne (tout en pouvant devenir *per se nota*)[1] est une vraie démonstration; b) à la preuve *a priori* de l'existence de Dieu élaborée dans la théologie scolastique du XVIIe siècle : cette dernière est une démonstration *a priori quoad nos*, dont le point de départ n'est pas la vraie essence de Dieu mais *des* attributs que nous considérons comme constitutifs de Dieu, alors que la preuve cartésienne est une *vraie* démonstration *a priori*, c'est-à-dire conduite à partir de l'essence ou *cause* formelle (que Descartes évoquera dans les *IVae Responsiones*) selon le modèle des *Seconds Analytiques*[2]. Ce qui signifie que cette preuve présuppose la même structure conceptuelle de l'idée de Dieu à l'œuvre dans la deuxième preuve *a posteriori*, celle de la *sui causa*.

2) À la différence de la *Meditatio V* (où le point de départ de la preuve est l'*ens perfectissimum*), c'est l'*ens potentissimum* qui, dans *Iae Responsiones*, fonde la démonstration. Mais alors la formulation des *Iae Responsiones* ne présuppose pas seulement la même structure de la preuve que la deuxième preuve par les effets, mais aussi le même contenu, c'est-à-dire une interprétation de la *sui causa* selon (l'analogie de) l'*efficience*. Descartes ne cache pas la chose, tout en l'atténuant en disant que la nouvelle formulation de la preuve diffère « seulement en la façon dont elles sont ici expliquées, laquelle j'ai expressément changée pour m'accommoder à la diversité des esprits » (120, 1-3/94).

1. *IIae Resp.*, 163, 8/126-127.

2. Modèle que Descartes déclare explicitement suivre : cf. *à Mersenne*, 16 juin 1641, AT III 383, 17-20.

3) Descartes n'hésite à admettre toutes les difficultés de la preuve, en avouant d'avoir douté « au commencement si je m'en devais servir » (120, 7/94).

Le critère de la distinction réelle

La réponse à la dernière question, concernant la distinction réelle, se fonde sur l'assimilation de la distinction formelle de Scot, évoquée par Caterus, et la distinction modale. La thèse de Descartes est que cette distinction ne doit pas être confondue avec la distinction réelle, puisqu'« elle ne s'étend que sur les êtres incomplets, lesquels j'ai soigneusement distingués de ceux qui sont complets » (120, 17-18/94). La distinction formelle a) suffit à nous faire concevoir deux choses séparément et distinctement l'une de l'autre par une abstraction de l'esprit qui conçoit la chose de manière inadéquate; mais b) ne suffit pas à nous les faire concevoir tellement distinctes et séparées que nous entendions que l'une est un être complet et différent de l'autre.

Par exemple, entre le mouvement et la figure qui appartiennent au même corps, la distinction est formelle, puisque, si d'une part je peux très bien concevoir le mouvement sans la figure et la figure sans le mouvement, et l'un et l'autre en faisant abstraction du corps, d'autre part je ne peux pas concevoir de manière complète le mouvement ou la figure sans le corps où ils résident; je ne peux pas non plus feindre que le mouvement réside dans une chose où la figure ne puisse pas être, ou la figure dans une chose incapable de mouvement, de la même manière que je ne peux pas concevoir la justice sans un juste, ou la miséricorde sans un miséricordieux et je ne peux pas feindre que celui-là même qui est juste ne puisse pas être miséricordieux. Par contre, je conçois de manière complète ce que c'est que le corps (c'est-à-dire je conçois le corps en tant que chose complète), en estimant qu'il n'est qu'une chose étendue, figurée, mobile etc., même si je nie de lui toutes les choses qui appartiennent à la nature de l'esprit; et je conçois aussi que l'esprit est une chose complète, qui doute, qui entend, qui veut, etc., encore que je nie qu'il y ait en lui toutes les choses qui sont contenues dans l'idée du corps; ce qui serait impossible s'il n'y avait une distinction réelle entre le corps et l'esprit.

Plusieurs remarques s'imposent: 1) En parlant de « distinction modale », Descartes se réfère sans doute à la *Meditatio VI* (78, 27-28), où toutefois l'expression littérale ne se trouve pas; plus généralement, les *Meditationes* ne contiennent pas de doctrine des distinctions, qui ne sera explicite que dans les *Principes*. 2) Descartes affirme d'avoir distingué les êtres complets des incomplets, mais cette distinction n'est jamais avancée dans les *Meditationes* que pour différencier le cas de Dieu, substance complète, de celui de l'âme, substance incomplète (51, 23-25 et 53, 9-12/41 et 42), tandis qu'avec Caterus c'est l'âme (et le corps) qui est qualifiée de complète (en opposition aux modes). 3) La présentation de la distinction modale ici ne coïncide pas avec celle des *Principes* (les exemples de la justice et de la miséricorde en effet sont des cas de celle que Descartes appelle alors « distinction de raison »), comme il l'avouera lui-même (VIII-1, 30, 19-25); la formulation de la doctrine de la distinction réelle des *Iae Responsiones* sera ainsi sujette à révision. Il s'agit là d'indices d'une difficulté rencontrée lors de l'élaboration de la doctrine des distinctions, en particulier de la distinction réelle: cette difficulté, et surtout le problème de l'identification d'un critère d'exclusion par rapport à l'abstraction, se prolongeront dans toutes les *Responsiones*, dans la correspondance (Gibieuf, Regius) puis, à travers les *Principia*, jusqu'aux *Notae in Programma quoddam*[1].

1. Sur ce long débat, *cf.* S. Landucci, *La mente in Cartesio*, Milan, Angeli, 2002, p. 83-126.

FRÉDÉRIC DE BUZON

SECONDES OBJECTIONS ET RÉPONSES

L'ensemble des *IIae Objectiones*[1] se compose de sept demandes d'éclaircissements portant sur des points particuliers et d'une demande plus générale de récapitulation de l'argumentation du parcours des *Meditationes* selon la « méthode des Géomètres », c'est-à-dire selon une disposition semblable à celle des *Éléments* d'Euclide, procédant par définitions, demandes (ou postulats) et axiomes. Les réponses de Descartes sont organisées selon le même schéma : le texte cartésien est divisé en deux moments bien distincts, les réponses aux objections proprement dites, puis la mise en forme géométrique demandée. Cette dernière est précédée par un titre propre « Raisons qui prouvent l'existence de Dieu et la distinction qui est entre l'esprit et le corps humain, disposées d'une façon géométrique » (160-170/124-132) ; ce texte apparemment autonome est le plus souvent dénommé « Abrégé géométrique ». Entre la série des sept réponses et l'Abrégé proprement dit, Descartes insère un passage à portée méthodologique (155-159/121-128) dont l'importance pour la compréhension de

1. Sur l'identité du ou des auteurs des *IIae Obj.* « recueillies par le R. P. Mersenne de la bouche de divers Théologiens et Philosophes », nous ne disposons d'aucune certitude. L'hypothèse la plus large est de les identifier aux membres de l'Académie (relativement informelle) de Mersenne, académie « toute mathématique » comme l'écrit en 1635 son fondateur (CM V, 209), comptant, outre Mersenne, des savants comme Mydorge, E. Pascal, Cl. Hardy, Roberval, Desargues, J.-B. Morin etc. Toutefois, dans une lettre à Vœtius, Mersenne indique être, apparemment à l'insu de Descartes, l'unique auteur des *Obj.* (*Mersenne à Voetius*, 13 décembre 1642, AT III, 602 ; *Correspondance* de Mersenne, Paris, P.U.F., 1945-1988 = CM, XI, 373). À tout le moins, Mersenne est le rédacteur de ces *Obj.* ; mais il est vraisemblablement aussi leur unique auteur. *Cf.* les précisions de D. Kambouchner et les nôtres *in* G IV-1 283-290 et 593-606.

l'écriture cartésienne est capitale, notamment dans la distinction entre l'ordre et la manière de démontrer, qui précise en particulier les notions d'analyse et de synthèse. Descartes justifie le type d'écriture qu'il adopte dans les *Meditationes*, tant par rapport aux mathématiques qu'à la métaphysique.

Les objections se construisent en adoptant initialement un point de vue que l'on pourrait qualifier de matérialiste et d'athée, et en rappelant ce point de vue dans la septième. Dans leur méthode, elles suivent l'ordre des *Meditationes* elles-mêmes, que, comme le montre l'analyse des deux premières, Mersenne ne comprend pas (ou feint de ne pas comprendre) parfaitement. L'intention de l'auteur-rédacteur des objections, même si pour certaines elles ont une inspiration athéiste, n'est cependant pas de promouvoir cette doctrine. Bien au contraire, la démarche permanente du Minime dans tous ses ouvrages est de montrer que la science et la philosophie nouvelles dont il se fait le défenseur constant (Copernic, Galilée, Kepler, Beeckman p. ex.) contre certaines des positions publiques de l'Église ne s'opposent pas à la religion chrétienne mais s'harmonisent avec elle : tous les travaux publiés de Mersenne de même que son activité épistolaire immense sont autant d'actes militants contre le scepticisme, l'athéisme, et ce que l'on regroupe sous le terme de « libertinage érudit ». Dans un ouvrage antérieur[1], Mersenne a décrit pour la combattre une notion d'athéisme, dont l'analyse montre qu'elle fournit une certaine part de ce qui est opposé à Descartes. On peut en conclure qu'à la différence des objections formulées par Hobbes et Gassendi, qui cherchent à réfuter la doctrine même qu'elles attaquent et à promouvoir en vérité des doctrines matérialistes, sinon athées, les *IIae Objectiones*, que l'on peut sans aucun doute attribuer à Mersenne même, comme les *VIae Objectiones* qui en sont la suite, visent plutôt à prier Descartes d'expliciter, de compléter ou de modifier ses arguments pour leur donner une valeur plus nettement apologétique. On a souvent relevé que ces objections sont loin d'avoir la profondeur de certaines autres, par exemple les *IVae*. Descartes reconnaît au demeurant qu'elles l'ont quelque peu déçu et déclare en privé qu'il les a conservées moins pour leur contenu que pour ne pas blesser leurs auteurs, et aussi parce que leur caractère hâtif et superficiel laisse supposer que beaucoup d'autres pourront les formuler : il urge ainsi de leur répondre[2]. On peut aussi admettre pour excuser Mersenne, que, comme dans le reste

1. *Cf.* les *Quæstiones in Genesim*, Paris, 1623, art. IV colonnes 225 *sq.*, qui présente deux séries d'arguments attribués aux athées et leurs réfutations. *Cf.* R. Lenoble, *Mersenne et la naissance du mécanisme*, Paris, Vrin, 1971, p. 174-175.

2. *À Huygens*, 16 janvier 1641, III 766.

de ses travaux, le Minime cherche à faire s'exprimer des points de vus opposés, d'une manière qui ressemble à la *disputatio* traditionnelle, sans cependant adhérer à ce qu'il propose lui-même, mais sans non plus se pénétrer entièrement de la doctrine qu'il critique. Et il est frappant de constater que la question du temps et de l'ordre de la lecture, qui distingue la méditation de la dispute ou du traité scolaire, est un leitmotiv des *IIae Responsiones*, prises dans leur totalité, *Abrégé* compris.

OBJECTIONS ET RÉPONSES

1) Après un bref rappel de la valeur fictive du doute et de la démarche qui conduit à reconnaître la certitude de la première connaissance: « *te solam rem esse cogitantem* – vous étiez seulement une chose qui pense » (122, 19/96)[1], Mersenne observe que cette thèse n'exclut pas que la chose qui pense puisse être elle-même matérielle, dans l'hypothèse où la pensée pourrait être un mouvement du corps. La question est ainsi posée « Je suis, dites-vous, une chose qui pense; mais savez-vous si vous n'êtes point aussi un mouvement corporel ou un corps remué » (123, 4-6/97)? Une formule apparaît troublante dans l'objection, son auteur faisant comme si Descartes n'avait pas rejeté son propre corps du doute universel portant sur les corps (« encore que vous croyiez avoir rejeté toutes sortes de corps, vous vous êtes pu tromper en cela, que vous ne vous êtes pas rejeté vous-même, qui êtes un corps (*qui sis corpus*). Car comment prouvez-vous qu'un corps ne peut penser? ou que des mouvements corporels ne sont point la pensée même ? »), alors même que Descartes a inclus dans le doute les parties de son propre corps comme tous les autres corps (26/20).

La réponse de Descartes se déploie sur deux terrains, celui de la méthode et celui de la doctrine générale, qui passe par un rappel de la *Meditatio VI*.

L'objection porte précisément sur les *Meditationes I* et *II*: Descartes peut alors rappeler que ces *Meditationes* n'avaient pas la charge de traiter de la question, en rappelant une formule de la *Meditatio II* (27/21) et en précisant que la *Meditatio II* n'a pas pour objet de « chercher si l'esprit est différent du corps », ni même de connaître absolument toutes les propriétés

1. On notera que dans la réponse, la citation par Descartes de l'argument de Mersenne omet le mot *solam;* la trad. de Clerselier respecte ce choix (129/102). Il y a naturellement une nuance logique importante.

de l'esprit[1]. Mais elle a seulement le but suivant: «je pense avoir assez démontré que l'esprit, considéré sans les choses que l'on a de coutume d'attribuer au corps, est plus connu que le corps considéré sans l'esprit.» Cette rectification d'une erreur manifeste de lecture de la *Meditatio II* (que Descartes avait néanmoins essayé de prévenir en proposant des titres circonstanciés aux *Meditationes*)[2] n'est cependant pas l'essentiel de la réponse. Descartes en effet pose que ce qui sous-tend la question de Mersenne est la pauvreté apparente de la thèse démontrée dans les *Meditationes I* et *II*, ainsi que le recours aux arguments rabâchés du scepticisme. Mais cette démarche est justifiée par une suggestion de lecture dans laquelle l'acte de lire prend la forme d'une méditation profonde. Descartes précise, à propos de la *Meditatio I*:

> encore que j'eusse vu il y a longtemps plusieurs livres écrits par les sceptiques et académiciens touchant cette matière, et que ce ne fût pas sans quelque dégoût que je remâchais une viande si commune, je n'ai pu toutefois me dispenser de lui donner une Méditation tout entière; et je voudrais que les lecteurs n'employassent pas seulement le peu de temps qu'il faut pour la lire, mais quelques mois, ou du moins quelques semaines, à considérer les choses dont elle traite, auparavant que de passer outre; car ainsi je ne doute point qu'ils ne fissent bien mieux leur profit de la lecture du reste (AT IX-1, 103).

C'est ce travail de purification des idées des choses appartenant à l'esprit, telles qu'elles sont mêlées depuis l'enfance aux idées des «choses sensibles» qui demande non pas d'être indiqué rapidement, mais d'être longuement réfléchi afin d'engendrer une habitude nouvelle de distinction, contrastant avec l'habitude invétérée de confusion acquise depuis l'enfance. Ce caractère de l'écriture particulière des *Meditationes*, caractérisé comme «vrai et unique moyen» pour «éloigner l'esprit des sens» est ici relevé et justifié, et permet de comprendre pourquoi Descartes consacre tant de pages à ce qui, dans la rédaction de la métaphysique présentée par l'*Abrégé géométrique*, n'occupe que les deux premiers postulats, et dans les *Principia philosophiae*, n'occupe que peu d'articles au début.

Quant au fond de la question, savoir si le corps peut penser, Descartes y répond néanmoins, en rappelant le passage de la *Meditatio VI* exposant un critère suffisant pour la distinction réelle (78, 4-8 et 13-20/62): sont réellement distinctes les choses susceptibles d'être conçues l'une sans

1. *Cf.* aussi *à Mersenne*, 31 décembre 1640, III 272, 3-6: «Et je ne saurais, sans pervertir l'ordre, prouver seulement que l'âme est distincte du corps, avant l'existence de Dieu.»

2. *À Mersenne*, 28 janvier 1641, III 297.

l'autre. À ce passage, Descartes se borne à ajouter une conclusion qui ne figurait pas matériellement dans le texte initial, mais qui s'en déduit immédiatement et qui devrait répondre complètement à l'objection[1] : « Tout ce qui peut penser est esprit, ou s'appelle esprit. Mais puisque le corps et l'esprit sont réellement distincts, nul corps n'est esprit. Donc nul corps ne peut penser » (132/104).

Néanmoins, l'essentiel de l'argument porte sur la nouvelle habitude intellectuelle à acquérir en ce qui concerne la distinction réelle, Descartes montrant notamment dans la fin de l'argument comment la distinction entre deux choses telle qu'elle paraît connue par le sens ne se fait pas par lui, mais se réduit au seul *signe* authentique de la distinction réelle qui est celui de la distinction des idées, à savoir que chacune des choses peut être conçue sans l'autre. De ce fait, toute connaissance qui semble provenir des sens se ramène à une conception intellectuelle[2].

2) La seconde objection met en question l'argumentation de la *Meditatio III*, qui suggère que l'idée de Dieu telle qu'elle est dans l'esprit pourrait avoir été composée par moi-même et donc ne rend pas nécessaire l'existence d'un « souverain être » qui en serait la cause, contre, évidemment, les thèses cartésiennes liées à l'analyse de la réalité objective de l'idée de Dieu (40 *sq.*/32). Mersenne s'en prend tant à la conception cartésienne de l'origine de l'idée d'être tout parfait qu'à sa nature, qui, pour finir, est jugée impossible. Selon l'objection articulée en plusieurs moments, nous pouvons former nous-mêmes une idée de perfection à partir du degré de perfection que nous constatons en nous ou dans les autres (« ayant la faculté de penser, j'ai en moi quelque degré de perfection »), puis, par analogie avec les nombres, en ajoutant continuellement un degré de perfection, et ainsi forger l'idée d'être parfait, sans précisément atteindre le dernier degré, qui n'existe pas plus que le plus grand nombre[3]. On peut aussi contester le principe de causalité qui veut que la cause contienne l'effet (par exemple, des êtres vivants comme les mouches semblent être produits par des choses inertes, comme le soleil, la pluie ou la terre, et néanmoins être « plus nobles qu'aucun degré purement corporel »), de sorte que l'idée de perfection est un « être de raison »[4], c'est-à-dire dans

1. Ce point est à nouveau discuté dans les *VIae Obj.*, pts 1-3.

2. Ce point réapparaît également, un peu modifié et très largement circonstancié, dans la discussion de la certitude des sens dans les *VIae Obj*, pt 9.

3. Cet argument est formulé notamment dans Suarez, *Disputationes Metaphysicæ*, XXX, XVII, 20.

4. Le terme d'*ens rationis* est, dans la métaphysique scolaire, une figure du non-être ou du rien, c'est-à-dire quelque chose de mental qui n'a pas d'existence réelle (il est donc opposé à

la terminologie scolastique un être qui n'est pas réel, un être fictif. Enfin, le caractère inné de cette idée peut être contesté : certains peuples « n'ont point en eux une telle idée », et donc elle apparaît plutôt comme un effet de la civilisation que comme une propriété de l'esprit et a pu être communiquée par autrui. Elle peut même être dérivée de la conception des êtres corporels. Et, plus généralement, cette idée est structurellement identique à celle d'un nombre ou d'une ligne infinie : même si l'on en a en un sens une notion, ce nombre est impossible.

Par certains aspects, le réponse déborde le cadre des questions et de la rectification des mésinterprétations de l'auteur des *Objectiones*. Il s'agit en un premier temps de balayer les objections initiales pour en revenir au nerf de l'argumentation : nous avons, en nous, l'idée d'un être souverainement parfait : la réalité objective de cette idée, c'est-à-dire tout à la fois le degré quantitatif de réalité qu'elle représente (c'est le nerf même de la preuve), mais aussi l'objet dont elles sont les idées[1], « ne se trouve point en nous » et réclame une cause en laquelle elle soit formellement ou éminemment. Pour en arriver à ce premier point Descartes précise que cette idée est bien « en nous » – d'où l'apparence d'accord avec Mersenne sur le « fondement suffisant » pour former l'idée, à cela près que cette idée ne peut être composée par nous de manière successive, mais récuse radicalement l'argument portant sur les mouches qui ne peut présenter qu'une causalité partielle. Il récuse également l'identification de l'idée de Dieu à un être de raison au sens habituel (étant non réel), mais joue sur le mot en montrant que l'on pourrait considérer toutes choses comme des êtres de raison, c'est-à-dire issus de la raison de Dieu. Ainsi, reste à expliciter le principe causal mis en œuvre, et que les préjugés paraissent recouvrir.

Descartes isole ainsi proprement deux principes à l'œuvre. Ce sont deux notions premières, c'est-à-dire deux notions qui ne peuvent être dérivées d'autres qui leurs seraient supérieures. La *prima notio* exprimée en premier porte sur la relation causale : « il n'y a rien dans un effet qui n'ait été d'une semblable ou plus excellente façon dans sa cause » (AT VII 135, 11-12 ; IX 106). La primauté de cette notion apparaît dans le fait qu'une

l'*ens reale*) mais qui peut exister dans le seul intellect. Ainsi, comme le note un scolastique allemand, Scheibler, l'*ens rationis* appartient à la logique, mais non en propre à la métaphysique. *Cf.* par ex. Suarez, *Disputationes Metaphysicæ*, LIV et Eustache de Saint-Paul *in* É. Gilson, *Index scolastico-cartésien*, *op. cit.*, p. 106-107. Voir J.-F. Courtine, *Suarez et le système de la métaphysique*, Paris, P.U.F., 1990, II, 4.

1. *Cf.* D. Kambouchner, « *Artificium objectivum,* Note sur une idée de Descartes », *in* M. Pécharman, P. de Rouilhan (éd.), *Le philosophe et le langage*, Paris, Vrin, 2017, p. 99-112.

autre notion, elle-même formulée de manière commune[1], *a nihilo nihil fit*, « de rien rien ne se fait » (VII 135, 13-14/IX-1 106) est admise par tous alors qu'elle est équivalente à la *prima notio* : s'il y avait dans l'effet quelque chose qui ne fût pas dans sa cause, alors il faudrait admettre qu'elle procède du néant. La seconde porte sur l'application de cette relation à la notion d'idée : « Toute la perfection qui est objectivement dans une idée doit être réellement dans quelqu'une de ses causes » ; Descartes répète ainsi, sans changement important, l'argument de la *Meditatio III* (40/31-32). Il n'y a donc rien de plus dans cette partie de la réponse que ce que l'on pouvait lire dans la *Meditatio* elle-même ; notamment l'argument de Mersenne suggérant que la notion de Dieu pouvait venir de la conversation avec les hommes est réfuté aisément : si cette notion vient des autres, d'où la tiennent-ils ?

Elle ne peut pas davantage être dérivée de la connaissance des choses matérielles. Descartes refuse toute analogie entre les choses matérielles et Dieu (en revoyant à la *Meditatio II*). Ce point est l'occasion d'une précision essentielle, sur deux registres, celui du rapport à Dieu entre l'esprit et le corps, et celui du rapport à Dieu de tous les êtres créés.

Alors qu'aucun attribut du corps n'appartient formellement à Dieu (mais seulement éminemment), l'idée de l'entendement divin a une parenté avec celle de notre entendement, mais comme « l'idée d'un nombre infini diffère de l'idée du nombre binaire ou du ternaire » (137, 12-13/108). On reviendra plus tard sur la notion de « nombre infini », mais elle dit ici que les attributs divins qui se remarquent en nous (par exemple, l'entendement ou la volonté) à l'état limité peuvent être considérés en lui comme infiniment augmentés. Nous pouvons donc d'une certaine manière construire la notion de Dieu par l'augmentation indéfinie d'attributs perceptibles en nous, et par exemple juger que la sagesse limitée dont nous disposons est à l'état illimité en lui. Mais – et c'est là que la proposition de Mersenne est réfutée – « outre cela », c'est-à-dire outre un infini obtenu par composition indéfinie de degrés, Dieu est conçu « comme immensité, simplicité et unité absolue », en d'autres termes comme un infini *antérieur* à toute composition, et au fond même antérieur à toute distinction des attributs eux-mêmes. Tel est le sens de la citation de la *Meditatio III* (51, 16-17/41) sur la marque imprimée par l'ouvrier sur son ouvrage. C'est la présence d'une telle idée des attributs de Dieu que Descartes juge reconnue par tout le monde, au plus haut degré « expresse et palpable »

1. Ici, Descartes emploie en latin l'expression *notio vulgaris*, et donc on ne doit pas lire la « notion commune » du texte français comme s'il s'agissait d'un axiome ou *notio communis*.

– la métaphore du toucher prolongeant, dans l'immédiateté de l'idée à l'esprit, la vision et la lumière naturelle, alors que les opinions touchant les corps sont sujettes à controverses. En ce sens-là, Descartes peut introduire l'idée que les attributs divins (existant dans l'immensité, l'unité et la simplicité) et leurs correspondants en l'homme, où ils sont connus par parties et successivement, « ne conviennent point à Dieu et à nous en la façon qu'on nomme univoque dans les écoles » (137, 22/108). Descartes reprend alors un lieu traditionnel de discussion de la philosophie médiévale, opposant l'opinion de ceux qui pensent que l'être se dit de la même manière en ce qui concerne Dieu et les créatures (par exemple Duns Scot) et les tenants de l'analogie de l'être (ainsi Thomas d'Aquin).

C'est ici que Descartes précise explicitement son choix, dans lequel certains attributs en Dieu et en l'homme ont une certaine analogie (ce n'est pas la disparate absolue qu'aurait une doctrine absolument équivoque) mais sans avoir néanmoins la même valeur. Ici, la thèse de la non univocité n'est affirmée que des attributs que nous jugeons être communs, mais en réalité, elle peut être étendue absolument au rapport du créateur au créé, comme le montre expressément les *VIae Responsiones,* pt 6 (433/233) et les *Principia* I, 51 [1]. Il est clair que ce qui rend l'univocité impossible est lié aux paradoxes classiques de l'infini : par exemple, le nombre infini dont la notion est indiquée au début de l'argument ne peut, dans la perspective des mathématiques classiques, être réellement un nombre au sens ordinaire (il n'est ni pair ni impair, il ne respecte pas le principe du tout plus grand que la partie, etc.) et il devient, en ce sens, absolument incompréhensible. De la même manière, sont incompréhensibles les attributs divins, dans leur infinité, leur simplicité et leur unité, alors qu'ils sont saisis de manière distincte dans les esprits finis (ce thème serait à rattacher à la théorie des vérités éternelles, comme cela apparaît nettement dans les *VIae Responsiones*). Les *IIae Responsiones* apportent une lumière nouvelle par rapport au contenu strict des *Meditationes*, et il est probable que c'est à partir de la mise au point de cette réponse (ainsi que des passages correspondants des *VIae Responsiones*) que Descartes juge nécessaire d'introduire l'argument de la non-univocité au début de la théorie de la substance déployée dans les *Principes*.

Descartes peut désormais avancer plusieurs arguments en faveur de la conception de l'idée de Dieu ainsi enchaînés : si cette idée n'était qu'une fiction, on ne saurait pas pourquoi elle contient des attributs pensés comme infinis ; l'idée de Dieu ainsi définie est connue de tout le monde ; on doit

1. Cf. *à More*, 15 avril 1649, AT V 347.

refuser pour sa contradiction une idée mélangée et confuse, par exemple celle d'un Dieu corporel tout parfait

Enfin, cette idée n'est accessible qu'au seul entendement, sans usage de l'imagination (qui, comme toujours chez Descartes rend corporel l'objet de sa pensée). Descartes ici montre l'impossibilité logique de nier la possession de l'idée de Dieu et de la remplacer par une *idole*, à entendre ici comme un objet matériel ou imaginé auquel est prêté ce qui constitue précisément l'idée de Dieu. *L'Entretien avec Burman* commente ainsi ce passage : « Cette idole est pour eux l'équivalent de ce que l'idée [sc. de Dieu] est pour nous, mais, en tant qu'ils forment une idée réelle en formant cette idole, ils forment une idée matériellement fausse » (V, 156, notre trad.). Ainsi, nier une telle notion de Dieu n'est que nier un nom, et non la chose : croyant construire une idole, c'est-à-dire une image matérielle, l'esprit ne construit qu'une idée (intellectuelle) mal comprise, et c'est en ce sens que, malgré le paradoxe de l'expression, l'idée est « matériellement » fausse. De fait, l'idée de Dieu est exclusivement une idée intellectuelle, au sens où elle ne peut être produite comme les images de la fantaisie ou imagination (elles-mêmes dérivées des sens), mais doit sa reconnaissance aux trois opérations de l'entendement – auxquelles seul le texte latin donne leurs noms : *appréhension*, *jugement*, *raisonnement*. On pourrait au demeurant proposer que cette répartition des opérations de l'entendement correspond assez bien à l'ordre même des preuves de Dieu adopté dans le texte des *Meditationes*, la première produisant une appréhension simple de l'idée de Dieu, la seconde un jugement sur le rapport entre mon existence et cette idée, et enfin la troisième, strictement, un raisonnement.

L'argument du plus grand nombre peut être repris : le fait que l'on puisse nombrer sans fin permet pour Descartes de conclure non que le nombre infini existe, ni que son existence implique contradiction, mais seulement que la puissance de nombrer ainsi vient d'un être plus parfait que je suis. Cet argument peut ensuite être généralisé aux autres perfections, d'où en résulte l'inconcevabilité de Dieu. *Inconcevabilité* ne signifie pas *obscurité* : mais on ne peut pas ne pas observer un certain parallélisme entre cet argument et les arguments relatifs à la matière de la foi, tels que les présente la réponse au point 6 de ces mêmes *IIae Responsiones* : l'objet sur lequel porte le jugement d'existence n'est pas connu clairement et distinctement, mais la raison de ce jugement, qui suffit à l'établir, est absolument claire et distincte.

3) La troisième objection s'articule à la question de l'athéisme dans son rapport à la connaissance puis à la question de l'infini. Mersenne, en un premier temps, construit une double difficulté logique : Si la connaissance de Dieu est la condition de la connaissance claire et distincte de toute chose, comment peut-on être certain d'être une « chose qui pense » avant d'avoir prouvé l'existence de Dieu ? Symétriquement, on admet qu'un Athée puisse connaître une démonstration géométrique élémentaire, et néanmoins nier l'existence de Dieu. La négation par l'athée de l'existence de Dieu est elle-même justifiée par un argument posant que l'existence de Dieu comme infini, souverain bien et souverain être, interdit qu'il existe « autre chose que ce soit », en bien et en mal. Ce dernier argument a une certaine parenté, notamment dans sa dimension morale, à quelques propositions que formule en 1625 Mersenne[1], dans une sorte de bréviaire de l'athéisme, afin de le réfuter dans le détail.

Descartes construit sa réponse selon les mêmes points. Le premier nie l'apparence de cercle en distinguant d'un côté la science qui, à proprement parler, concerne des démonstrations à partir de prémisses certaines, ou encore, comme le disent les *VIae Resp*, une science réfléchie, et qui donc peut être mise en forme de manière syllogistique, ce que font les dialecticiens ici évoqués et, de l'autre côté, les principes non démontrés (car non démontrables) de celle-ci. Ainsi, la proposition « je pense donc je suis » est telle qu'elle est certaine pour l'esprit, indépendamment de tout raisonnement, « *simplici mentis intuitu*, par une simple inspection de l'esprit » (140, 23/110). N'étant pas démontrée, elle échappe donc aux doutes qui portent depuis la *Meditatio I* sur les démonstrations mathématiques elles-mêmes ; et ici, Descartes assimile de fait aux démonstrations mathématiques les démonstrations logiques des dialecticiens[2]. Cela ne signifie nullement que Descartes n'admette pas que l'on doive savoir ce qui constituerait la majeure d'un argument en forme (tel « pour penser, il faut être »,

1. M. Mersenne, *Quæstiones celeberrimæ in Genesim*, col. 233-236.

2. On peut ici rectifier une formule parfois rapide : le doute « métaphysique » fondé sur l'hypothèse du Dieu trompeur redoublé par la fiction du malin génie ne porte que sur les *démonstrations* mathématiques (et, plus généralement, toute sorte de démonstration fondée sur un enchaînement ordonné de jugements) et non sur les premiers éléments de cette science, à savoir non seulement les notions simples telles qu'elles ne nous font connaître aucune chose qui existe (exemple : « pour penser il faut être », cf. *Principia* I, 10), mais surtout les premières notions représentant un être. Ainsi, dans la *Med. III*, les notions de grandeur, de figure, de lieu et de mouvement, propres à l'étendue, de même que celle de nombre sont l'objet d'une perception claire et distincte (AT VII 43/IX 34) ; cette clarté ne dépend en rien du rétablissement de la véracité divine, qui intervient après. Ainsi, ce doute porte moins sur la science en tant que telle ou sur les mathématiques que sur les raisonnements en général.

ou « tout ce qui pense est », ou encore « il est impossible que ce qui pense ne soit pas »), mais la connaissance de la prémisse majeure est postérieure à la connaissance de sa prétendue conclusion et dépend d'elle [1]. Du point de vue logique, Descartes exprime ici de manière très nette ce que l'on pourrait appeler son empirisme, en précisant que « c'est de la nature de notre esprit que de former les propositions générales de la connaissance des particulières » (140, 28-141, 2/111, trad. modifiée). La situation en tout point inverse, celle de l'athée géomètre, porte au contraire sur une authentique démonstration : pour établir que la somme des angles du triangle est égale à deux droits (Euclide, I, 32), il faut une faire une construction (le prolongement d'un côté) et connaître des théorèmes antérieurs (essentiellement, l'égalité des angles alternes internes), donc un raisonnement est nécessaire : dans le cas de cette démonstration, la conclusion est bien postérieure aux prémisses et dérivée d'elles. Or, le doute issu de l'hypothèse du Dieu trompeur porte précisément sur les raisonnements (ce sur quoi reviendra aussi la fin de la réponse au point 4), et ne tombe que lorsque la quatrième méditation rétablit la véracité divine.

La réfutation de l'unique argument de l'athée contre l'existence de Dieu, à savoir que l'infini exclurait les créatures finies (ou plus exactement, que les créatures finies seraient incompatibles avec un créateur infini) se fait en cherchant une éventuelle justification à la thèse: cet unique argument est en forme de raisonnement donné incomplètement (ce qui est marqué par le *etc.*): l'infini exclut le fini, le fini existe, donc l'infini n'existe pas. Cependant, a) cette acception du mot infini n'est pas usuelle; b) tel qu'il est ainsi conçu comme non existant, l'infini n'est qu'un mot dans la bouche de celui qui porte l'objection. Ces préalables admis, Descartes montre la contradiction qu'il y aurait à admettre une infinie puissance de créer (du fini) qui ne serait créatrice de rien, et pose en un second temps que, si nous pensons que tel attribut de Dieu (par exemple la puissance de penser) peut être augmentée à l'infini, cette augmentation ne diminue en rien la puissance qui est la nôtre : en ce sens, le fini ne s'anéantit pas devant l'infini, sans cependant que l'infini perde son actualité et redevienne l'infini potentiel ou l'indéfini.

4) La quatrième objection porte à nouveau sur la véracité divine et sur l'hypothèse du Dieu trompeur. Elle présente deux arguments symétriques l'un de l'autre : d'une part, il ne serait pas contraire à la bonté divine que Dieu puisse, à l'occasion, ne pas dire le vrai, ne serait-ce que par

1. Cf. *Entretien avec Burman*, V 147 et J.-C. Pariente, « Problèmes logiques du *cogito* », *in* N. Grimaldi, J.-L. Marion (éd.), *Le Discours et sa méthode*, Paris, P.U.F., 1987, p. 229-269.

bienveillance. D'autre part, l'hypothèse du Dieu trompeur est elle-même parfaitement inutile, la cause de la tromperie ou déception pouvant fort bien, même dans les choses supposées connues clairement et distinctement, venir de nous-même. Cet argument relève fondamentalement du scepticisme, puisque l'essentiel est de poser que l'erreur est toujours possible même dans le cas où la connaissance paraît répondre parfaitement à la norme de la vérité.

D'où le fait que Descartes, après avoir balayé les objections tirées des anthropologies de la Bible (on ne croira pas plus le fait que Dieu puisse être menteur qu'il soit animé de passions comme la colère), de même que l'objection du mensonge bienveillant (et même de ce véritable mensonge du corps qui affecte l'hydropique, cf. *Méditatio VI*, 84/67), Descartes passe au fond de la question, à savoir s'il subsiste un risque d'erreur lorsque les conditions reconnues pour le vrai sont réunies, puis montre que la seule possibilité de ce risque réside précisément dans l'hypothèse d'un Dieu trompeur (qui est donc, contre l'objection, une supposition légitime), et explique à cette occasion d'une manière générale le fondement de la certitude humaine. De ce point de vue, Descartes justifie la thèse de la véracité divine et la légitimité de la position, un temps, de l'hypothèse inverse, afin, précisément, de la réfuter. Le premier point est établi par la reconnaissance en nous d'une faculté pour connaître le vrai (et le faux); si cette faculté n'aboutit pas à son but, lorsqu'elle est correctement employée (c'est-à-dire lorsque le jugement est resserré dans les limites de ce qui est clairement et distinctement conçu par l'entendement), alors l'erreur viendrait de plus haut, en l'espèce d'un créateur qui nous tromperait en nos jugements vrais. On notera que Descartes distingue précisément dans l'argument la preuve de l'existence de Dieu de celle de sa véracité qui la suit: « après avoir connu que Dieu existe, il est nécessaire de feindre qu'il soit trompeur » (144, 14-15/113).

Qu'en est-il des doutes qui pourraient subsister après le double argument utilisé par Descartes, gnoséologique et métaphysique ? La nécessité d'un rappel des conditions de la certitude vient précisément de la reprise, en quelque sorte hors d'ordre, par Mersenne des raisons de la *Meditatio I*: à cette occasion, Descartes rappelle, d'une manière particulièrement expressive, les conditions de la certitude humaine (qui est la seule certitude accessible réellement). La thèse fondamentale est la reconnaissance d'une propension naturelle à croire une vérité (plus généralement une proposition) si nous pensons la concevoir clairement et distinctement. Cette description de la croyance est, de fait, constante dans les *Meditationes*: les préjugés que nous avons depuis l'enfance sont autant d'exemples de ce que nous croyons être vrai ce que nous concevons clairement et distinctement – même si cette clarté et distinction n'est encore à ce stade qu'apparente. Cette croyance peut subsister tant qu'elle n'est pas mise en doute, et si rien ne la met en doute, elle est au plus haut degré de certitude auquel nous pouvons atteindre : nous en sommes persuadés. Descartes exclut radicalement la possibilité d'une « fausseté absolue », à travers l'objection selon laquelle ce qui serait vrai, de cette manière, pour nous, pourrait être faux aux yeux d'un esprit plus (l'Ange) ou tout (Dieu) puissant : cette fausseté supposée n'est par hypothèse rien pour nous (sinon elle interviendrait comme motif de douter), et ne saurait intervenir dans le processus même de la croyance à ce qui apparaît comme vrai, avant même la levée du doute sur la possibilité du Dieu trompeur auquel résiste le *cogito* et les premières notions.

La distinction du certain et du douteux ne porte donc plus sur le mécanisme propre de la croyance, qui est le même partout, mais sur le contenu des croyances elles-mêmes : de ce fait, Descartes rappelle les résultats de la démarche du doute : la mise à l'écart de ce qui dans le sens est obscur et confus, l'isolement des choses claires « et si simples » font que ces choses ne peuvent être mises en doute ; par exemple, le *cogito* et les propositions évidentes sont de telle sorte, et donc, en vertu de la règle sur la croyance ne peuvent en aucun cas ne pas être crues, ou, ce qui revient au même, sont telles que l'on ne peut jamais en douter si on y pense. De cette manière toute erreur viendrait d'un préjugé ou d'une apparence sensible et non de la faculté de connaître elle-même.

Le dernier alinéa de cette théorie de la certitude fait apparaître clairement la fonction de la véracité divine : elle n'a pas été sollicitée dans la reconnaissance des choses claires et distinctes offertes à l'entendement, c'est-à-dire dans les premiers éléments de la connaissance, mais elle intervient, exactement comme dans la réponse à la troisième objection, sur la persuasion des conclusions une fois que sont oubliées les raisons, pour laquelle elle ôte tout doute.

5) La cinquième objection présente sous une forme paradoxale une objection à un argument cardinal de la Quatrième Médiation aboutissant à la conclusion :

> Si je m'abstiens de donner mon jugement sur une chose, lorsque je ne la conçois pas avec assez de clarté et de distinction, il est évident que j'en use fort bien, et que je ne suis point trompé ; mais si je me détermine à la nier, ou assurer, alors je ne me sers plus comme je dois de mon libre arbitre (59, 28-31/47).

Mersenne construit une difficulté (artificielle) sur un exemple particulier : dans l'hypothèse cartésienne, l'infidèle, qui pourrait choisir la religion catholique, non seulement aurait raison de ne pas le faire, mais même pêcherait en le faisant, étant entendu implicitement qu'il n'a par définition qu'une connaissance obscure de cette religion. Ce paradoxe se généralise : comme il n'y a que peu de connaissances claires et distinctes, la volonté ne pourrait légitimement à peu près rien choisir. Et, de ce fait, au lieu de lutter contre le scepticisme en matière religieuse, l'exigence théorique de la subordination de la volonté à la connaissance claire et distincte le renforcerait en pratique.

Au paradoxe de Mersenne, Descartes répond d'abord par un autre paradoxe : quel philosophe ou théologien refusera d'admettre que l'on prend moins de risque de faillir en concevant clairement et distinctement les choses dont nous jugeons, et, inversement, que l'on ne pèche pas en jugeant « sans connaissance de cause » ? Cet aspect de la réponse, provocation répondant à la provocation (apparente évidemment) de Mersenne, aurait pu suffire, d'autant que Descartes, dans le dernier alinéa de la réponse, oppose comme il l'a déjà fait l'usage de la vie (où prévalent les règles de la morale par provision), et la contemplation de la vérité qui seule réclame la suspension du jugement concernant les choses obscures, ce qui est rappelé notamment dans la *Synopsis* des *Meditationes* (15/11) où Descartes précisait, à propos de la *Meditatio IV* « ne point y parler des choses qui appartiennent à la foi, ou à la conduite de la vie, mais seulement de celles qui regardent les vérités spéculatives et connues par l'aide de la seule lumière naturelle ». Or, et c'est en cela que la réponse déborde largement le contenu de l'objection, Descartes traite ici, de manière exceptionnelle, de la question de la foi, de son objet et de son motif, dans un cadre qui initialement l'excluait. L'argumentation commence par une distinction capitale entre la matière de la foi, et la raison formelle de celle-ci. La première est obscure, tandis que la raison de celle-ci, la *ratio formalis* de la foi qui meut la volonté ne l'est pas : elle est claire et distincte.

En ce qui concerne l'obscurité de la matière, c'est évidemment vers les mystères de la religion chrétienne qu'il faut se tourner : même si Descartes a tenté une conciliation entre l'eucharistie et les principes de sa physique, il reste que, comme le précisent les *Notae in programma* en distinguant trois genres de questions (celles qui ne sont crues que par la foi, celles qui peuvent être crues par la raison naturelle et ressortissent aussi de la foi comme l'existence de Dieu et la distinction de l'âme et du corps, et celles qui ne relèvent du seul raisonnement humain)[1], les mystères relèvent de la seule foi et de la révélation. Le point frappant, dans cette analyse, est que suivant les cas, l'obscurité peut être le motif du rejet d'une croyance (ce qui est le cas ordinaire) ou, ici, « c'est l'obscurité même qui me sert de matière pour former un jugement clair et distinct » (147, 26-27/115). La subtilité du raisonnement, signalée par F. Alquié, fait qu'il ne tient que si l'on peut se faire de l'obscurité une idée claire, en conciliant cela avec l'assentiment que l'on donne, non à la clarté de l'idée, mais à la matière obscure elle-même[2]. Cependant, Descartes distingue immédiatement entre lumière naturelle et lumière surnaturelle. La *ratio formalis* qui fait donner l'assentiment est une « certaine lumière intérieure, de laquelle Dieu nous ayant surnaturellement éclairés » (148, 8-9/116), et cette lumière intérieure est telle que ce qu'elle offre est « plus assuré que toute autre lumière naturelle, et souvent même plus évident, à cause de la lumière de la grâce » (148, 11-13/116).

Cela conduit Descartes à une conclusion présentée comme hardie (et qui, de fait, ne devait sans doute pas correspondre exactement à l'attente de l'objecteur) : l'infidèle idéalement décrit par Descartes comme celui qui tout à la fois est destitué de la grâce surnaturelle, ignore les choses que nous croyons être révélées par Dieu, et néanmoins serait attiré par de faux raisonnements vers la foi chrétienne, « ne serait pas pour cela fidèle, mais plutôt pécherait en cela qu'il ne se servirait pas comme il faut de sa raison ». De ce point de vue, la conversion de l'infidèle (ou de l'athée, par extension) ne peut être réelle sans l'une des trois conditions, et dans son cas particulier sans la troisième, ce qui interdit, au fond, une foi absolument aveugle. L'introduction de la lumière de la grâce n'est pas nouvelle, puisque Descartes y fait expressément référence dans la *Meditatio IV* (58/46) ; à partir de cette page, on peut comprendre que la disposition intérieure de ma pensée par Dieu comprend à la fois la lumière naturelle et celle de la grâce.

6) La sixième objection est située dans le prolongement de la réponse aux première objections (115-116/91) proposant une mise en forme syllogistique de l'argument de la *Meditatio V*, à la suite du rapprochement opéré par Caterus entre la preuve cartésienne et l'argument d'Anselme analysé par Thomas d'Aquin ; cette discussion est ainsi un moment

1. AT VIII-2 353 ; FA III, 801-802

2. FA II, 573, n. 1. *Cf.* D. Kambouchner, *Descartes et la philosophie morale*, Paris, Hermann, 2008, p. 253-290.

important dans l'histoire de la « preuve ontologique ». On peut résumer ainsi l'argument proposé par Descartes (en simplifiant le vocabulaire) :

1) ce qui appartient clairement et distinctement à la nature de quelque chose peut être affirmé de cette chose ;

2) l'existence appartient à la nature de Dieu ;

3) Donc, il appartient à Dieu d'exister (c'est-à-dire Dieu existe).

À quoi Mersenne oppose une conclusion différente :

3bis) Donc, il appartient à la nature de Dieu d'exister.

Ce dernier énoncé étant traduit ainsi :

> Si Dieu est possible (s'il n'implique pas contradiction), alors il existe : la mineure est admise, mais sous la condition de la possibilité de son objet, laquelle reste à établir, puisqu'elle est contestée voire niée par certains, et que, d'autre part, Mersenne réitère ici l'argument sur l'imperfection de la connaissance de Dieu.

La réponse de Descartes prouve, s'il en était besoin, qu'il savait utiliser les raisonnements en forme à l'occasion et des éléments de logique modale. Tel que reformulé par Mersenne, ce syllogisme ne conduit à rien d'autre que ce que l'on nomme dans l'empirisme une *proposition frivole* : Descartes ne dit pas dans la majeure que ce qui appartient à la notion de la chose peut être affirmé *de la notion* de la chose, ce qui est vrai mais n'a aucun intérêt, mais, précisément, il dit que cela peut être affirmé *de la chose elle-même* : cette thèse, évidemment plus forte, est même la condition la plus fondamentale de l'objectivité de la connaissance et de la règle générale de vérité[1]. D'où, contre Mersenne, ce n'est pas la mineure qu'il faudrait attaquer, c'est bien la majeure.

Reste à justifier celle-ci, et à s'expliquer avec l'exigence formulée par Mersenne de non-contradiction ou de possibilité. Descartes discute d'abord de la notion de possible à partir des conséquences désastreuses qu'aurait au regard de la connaissance humaine une telle notion de possible; dans un second temps, il démontre le sophisme contenu par l'argument utilisé par Mersenne dans le syllogisme hypothétique « s'il n'implique point que Dieu existe, il est certain qu'il existe; mais il n'implique point, donc etc. » (151, 15-16/118) en divisant le sens du verbe *impliquer* dans l'antécédent et le conséquent.

1. Elle constitue la déf. IX de l'*Abrégé géométrique*, ce qui montre que Descartes ne la conçoit pas comme un axiome (connu par lumière naturelle), mais comme une explication des termes.

Descartes envisage en premier lieu d'entendre le terme « possible » en deux sens : est possible d'une part, « ce qui ne répugne point à la raison humaine » (AT VII 150, 20-21/150, 20-21/118, trad. mod.). Ce sens ordinaire consiste à dire que ce qui est possible est ce en quoi on ne repère pas de contradiction. Sans le justifier davantage, Descartes note que son propre concept de Dieu satisfait à cette exigence, les raisons d'attribution à Dieu de propriétés ne « répugnent pas au concept humain » et sont au contraire fondées sur des notions claires et distinctes ; mais, d'autre part, la fiction d'une autre notion de possibilité (laissant entendre que ce qui serait pour nous possible pourrait ne pas l'être en réalité) ne peut constituer une objection : soit cette prétendue impossibilité pourrait être relevée par l'esprit humain (et donc revenir au cas ordinaire), soit elle serait totalement inconnue et inconnaissable. À partir de là, cette fiction, qui ne peut être motivée par rien (à la différence des motifs cartésiens de douter) ne mettrait pas en question la seule connaissance de Dieu, mais en réalité toute connaissance que ce soit, en mathématique, ou autre. On retrouve ici le même argument que celui qui prévalait contre la fiction d'une « fausseté absolue » évoqué dans la réponse au point 4.

L'autre point relève d'une rectification de l'usage de la notion d'implication (au sens, toujours sous-entendu, de ce qui *implique contradiction*) dans le raisonnement qui constitue la conclusion propre de Mersenne. Dans l'antécédent (resp. majeure), « il implique » est nié du « concept *de la cause* par laquelle Dieu existe » ; dans le conséquent (resp. mineure), « il implique » est nié du « seul concept *de l'existence et de la nature* de Dieu ». Cette distinction de sens apparaît dans les transpositions logiques des propositions : la négation de la majeure revient à poser que si Dieu n'existe pas (encore, *id est* avant l'effet de sa cause), alors il implique contradiction qu'il existe (puisqu'il n'a pas de cause pour le produire) ; mais, comme l'accorde la mineure, il n'implique pas qu'il existe, donc (sous-entendu) il existe. Du côté de la mineure, l'argument de non implication porte non plus sur la cause, mais sur le concept même de Dieu. La distinction faite ici permet de comprendre que l'empêchement d'existence puisse venir tantôt de la cause de l'existence, tantôt de la chose même, ce que confond la formulation sophistique. Le point essentiel ici est que Descartes distingue soigneusement la cause de Dieu et le concept de Dieu, ce qui constitue une reprise de l'argument de la *causa sui* des *Iae Responsiones* (108-111/87)[1].

1. *Cf.* E. Scribano, *L'existence de Dieu*, *op. cit.*, p. 61-62.

7) L'objection formulée par Mersenne sur le défaut d'une démonstration de l'immortalité de l'âme reçoit une réponse sèche : la *Synopsis* des *Meditationes* (13/10) a précisément exclu cette question du champ de l'enquête. Mais c'est dans la précision accompagnant la réponse que le passage ajoute quelque chose. Il s'agit pour Descartes, à propos de l'immortalité de l'âme, de discuter ce qui relève de la connaissance naturelle et ce qui pourrait dépendre de la toute-puissance de Dieu. Cela permet une récapitulation des acquis : au point de vue naturel, on sait que la substantialité de l'esprit et sa distinction d'avec le corps est telle que la mort n'est que le changement de figure du corps même; en ressort qu'aucune raison ne permet de penser que ce changement du corps puisse entraîner la mort ou l'anéantissement de l'esprit; et enfin et surtout, les substances elles-mêmes « ne sont sujettes à être anéanties ». Ce qui peut tenir lieu de démonstration de l'immortalité, en notant toutefois que Descartes ne rappelle pas même ici, comme il l'avait indiqué dans la *Synopsis*, que l'indestructibilité des âmes vient de leur indivisibilité, contrastant avec la divisibilité des corps; ceci n'est donc qu'une esquisse, à compléter par les *Passions de l'âme* (I, art. 5 et 6) qui laisse ouvertes des questions sur la substantialité et l'individualité des corps. Mais Descartes laisse, au moins formellement, la possibilité que Dieu agisse autrement et détruise en usant de son concours extraordinaire les âmes en même temps que les corps se dissolvent. C'est à cela que paraît répondre l'appel à la révélation qui suit l'esquisse des raisons naturelles.

« La méthode des géomètres »

La brève demande formulée par Mersenne à Descartes, à la suite de la série d'objections, le pressait de disposer ses arguments « selon la méthode des Géomètres » (128, 16/101), c'est-à-dire après avoir « avancé quelques définitions, demandes et axiomes ». Descartes y satisfait par des *Rationes... more geometrico dispositæ*, *Raisons* [...] *disposées d'une façon géométrique*. Que cette disposition anticipe des stratégies d'écritures comme celle de Spinoza, ce qui est manifeste, ne doit pas occulter le fait que le *mos geometricus, la manière ou façon géométrique*, n'est pas absolument parlant un *ordo geometricus*, à la façon de l'*Éthique*; bien au contraire, les réponses de Descartes s'ouvrent par la distinction entre l'*ordo* et la *ratio demonstrandi*, la manière de démontrer. Il est donc important, avant même d'aborder le passage, d'en analyser les éléments préparatoires.

Les remarques s'ouvrent par une double distinction dans la méthode des géomètres, entre l'*ordre* et la *manière de démontrer*, puis, à l'intérieur de celle-ci, entre l'*analyse* et la *synthèse*. Cette dernière distinction sera distribuée sur les disparités entre la philosophie et les mathématiques. Le contenu que Descartes donne à la notion d'ordre vise ici exclusivement un ordre démonstratif. Dans une lettre du 24 décembre 1640, Descartes oppose l'ordre des raisons à celui des matières, dont les sujets sont détachés les uns des autres (III 266) et déclare utiliser en tout ce qu'il écrit l'ordre des raisons. Le texte des *IIae Responsiones* est formellement la description la plus claire de cet ordre, que Descartes évoque par ailleurs dans des textes canoniques, ainsi le quatrième précepte du *Discours de la méthode* (V 19). Dans les *IIae Responsiones*, il se caractérise par la formule bien connue : « L'ordre consiste en cela seulement, que les choses qui sont proposées les premières doivent être connues sans l'aide des suivantes, que les suivantes doivent après être disposées de telle façon, qu'elles soient démontrées par les seules choses qui les précédent » (155, 11-14/121). Dans la pratique mathématique, cette exigence est entièrement indépendante du style de démonstration : elle n'est pas propre à Descartes, et moins encore à la manière analytique de démontrer. Les expressions d'ordre analytique et d'ordre synthétique, parfois utilisés dans le commentaire, sont dans la perspective cartésienne de fausses notions ou des abus de langage : le style de la synthèse n'est nullement une variété d'ordre – et c'est au demeurant ce que montrent les *Rationes* elles-mêmes.

La spécificité cartésienne apparaît davantage dans, précisément, la distinction des deux manières, l'analyse et la synthèse. Descartes n'invente pas cette distinction, déjà largement thématisée, dans un retour à la fin du XVIe siècle[1]. Dans l'horizon de la pratique cartésienne, l'analyse consiste à considérer un problème comme résolu, et à remonter de condition en condition aux principes de cette résolution. Un exemple d'analyse est fourni par un problème géométrique simple à formuler, mais complexe à résoudre, à savoir construire un cercle tangent à trois cercles donnés

1. Selon Viète, « tout l'art analytique [...] sera défini, la doctrine de bien inventer aux Mathématiques », la différence entre les deux méthodes étant ainsi expliquée : « Il y a une voie en Mathématiques pour enquérir et rechercher la vérité, laquelle est dite avoir été premièrement trouvée par Platon et appelée par Théon l'Analyse : et définie par lui, l'assomption de ce qui est cherché comme concédé, par les conséquences du vrai concédé. Comme au contraire la synthèse, l'assomption du concédé par les conséquences tirées de la fin et compréhension du requis » (Viète, *Isagoge in artem analyticam* (*Introduction à l'art analytique*) [1591], *in* Fr. Viete, *Opera omnia*, Leyde, 1646, p. 1, trad. fr. J.-L. de Vaulézard, *La nouvelle algèbre de M. Viète* [1630], Paris, Fayard, 1986, p. 13, trad. mod.).

(absolument, ou sous certaines conditions)[1]. Le procédé cartésien, à l'œuvre également dans la *Géométrie*, figure la résolution du problème en construisant trois cercles tangents à un cercle donné, et en calculant, à l'aide de relations métriques simples, les positions respectives des centres et les longueurs des rayons des quatre cercles, aboutissant à une équation unissant ces différents paramètres. De ce fait, aux problèmes posés dans l'analyse des anciens (en particulier Apollonius) s'ajoute la très grande simplification apportée par l'algèbre[2].

La référence aux analystes de l'Antiquité est présente dans la *Lettre aux Doyen et Docteurs* (4, 15-23/6) :

> Mais, tout ainsi que dans la géométrie il y en a plusieurs qui nous ont été laissées par Archimède, par Apollonius, par Pappus, et par plusieurs autres, qui sont reçues de tout le monde pour très certaines et très évidentes, parce qu'elles ne contiennent rien qui, considéré séparément, ne soit très facile à connaître, et qu'il n'y a point d'endroit où les conséquences ne cadrent et ne conviennent fort bien avec les antécédents ; néanmoins, parce qu'elles sont un peu longues, et qu'elles demandent un esprit tout entier, elles ne sont comprises et entendues que de fort peu de personnes.

Deux arguments paraissent se contrarier, mais ils éclairent la discussion des *IIae Responsiones*. D'une part, les éléments séparés de ces traités sont faciles à connaître; d'autre part, ces démonstrations sont longues, demandent l'attention d'un esprit entier et de fait ne sont comprises que d'un petit nombre. Ce jeu sur le facile et le difficile est l'une des particularités de ce texte.

De manière classique, l'apprentissage des mathématiques passe par la mise en forme synthétique: cette méthode n'est pas considérée par Descartes comme une méthode d'invention, mais seulement d'exposition d'une matière déjà trouvée par ailleurs. On peut rappeler que Descartes n'a quasiment jamais utilisé dans ses propres mathématiques le style synthétique; et que, notamment dans les *Regulae*, il fait résider en totalité l'invention mathématique dans un certain art, l'analyse précisément (*Regula IV*, X 373), toujours cachée par ses inventeurs derrière la mise en forme synthétique.

Du côté de la métaphysique, la préhistoire de cette demande est constituée par un opuscule publié en 1635 par J.-B. Morin[3], mathématicien très actif mais hostile aux innovations, et qui avait longuement

1. *À Élisabeth*, octobre 1643, IV 38-42 et novembre 1643, IV 45-50.
2. *Cf.* J.-L. Gardies, *Qu'est-ce que et pourquoi l'analyse ?*, Paris, Vrin, 2001.
3. J.-B. Morin, *Quod deus sit*, Paris, 1635, réimpr. Lecce, Conte, 1996.

correspondu avec Descartes notamment sur l'optique. Mersenne évoque ce livret dans une première formulation des *IIae Resp*[1]. La vingtaine de pages de ce traité contient dix définitions, dix axiomes et trente propositions, et a pour but de prouver contre les athées que le monde fini a été créé dans le temps par le Dieu infini, qu'il est gouverné par la providence et que l'âme est immortelle. L'ensemble des propositions tourne autour du rapport entre l'infini (Dieu) et le fini (créé), décrit quelques propriétés de l'*ens infinitum*, pour montrer ensuite en quoi nul *ens finitum* ne peut être par lui-même et pour affirmer notamment que ce monde présent est fini (Théorème 15) et ne peut avoir existé en acte éternellement (Théorème 25); de plus, il prétend avoir démontré que le monde tourne autour de la terre, et avoir réfuté de fond en comble l'hypothèse copernicienne (sans pour autant que son géocentrisme fasse partie du dispositif précis de sa preuve de Dieu, comme le croit Descartes). Descartes s'est fait communiquer en janvier 1641 le livret qu'il avait vraisemblablement négligé au moment de sa publication[2], et le juge avec une grande sévérité quelques jours après l'avoir reçu[3].

Même si Descartes ne retient rien des démonstrations de Morin, ses arguments portent en partie sur les mêmes thèmes. La présentation faite de ses *Rationes* est précédée de remarques portant sur la, ou plutôt les méthodes des géomètres et d'une justification de la méthode adoptée pour la métaphysique des *Meditationes.* On prendra garde au fait que la traduction française de cette présentation est plus courte dans le texte français que dans l'original latin : le dernier alinéa (IX 157) remplace un passage latin bien plus étendu (157, 27-159, 22)[4], et il se trouve quelques écarts significatifs entre les deux textes.

Les *Rationes* sont présentées, selon la disposition classique, en trois groupes de propositions préalables, les définitions, les postulats (ou demandes) et les axiomes (ou notions communes). S'ensuivent quatre propositions et, annexé à la Prop. III, un corollaire. Dans les textes mathématiques, ces énoncés ont des fonctions précises : la définition donne la valeur d'un terme dans la suite de l'exposé, les définitions pouvant être enchaînées les unes aux autres de manière qu'un terme soit défini par un ou plusieurs termes antérieurement définis; le postulat ou demande est,

1. Cf. *à Huygens*, 16 juillet 1641, III 765-766.

2. *À Mersenne*, 31 décembre 1640, III 275 et 21 janvier 1641, III 283.

3. Cf. *à Mersenne*, 28 janvier 1641, AT III, 294

4. La trad. fr. de ce passage est absente d'AT et de FA ; on la trouvera dans l'édition des *Méditations métaphysiques* de J.-M. et M. Beyssade, Paris, GF-Flammarion, 1979, p. 255-257 et dans G IV-1 322-323.

comme son nom l'indique, un proposition demandant que l'on admette la possibilité de tel objet (ainsi, dans Euclide I, les définitions de la droite et du cercle sont suivies de postulats qui servent de preuve d'existence); ils sont propres à la théorie considérée; enfin l'axiome ou notion commune est une proposition dont la vérité est connue sans démonstration, par la « lumière naturelle », ainsi, par exemple, « deux quantités égales à une même troisième sont égales entre elles » : on y reconnaîtra entre autres ce que l'on nomme les « vérités éternelles ». Enfin, une proposition est démontrée si et seulement si elle peut être dérivée légitimement des définitions, postulats et axiomes ou bien des propositions antérieurement démontrées. L'écriture classique demande que les propositions utilisées dans la démonstration soient identifiées. Avant de commenter quelques points particuliers, il est utile de se représenter l'économie générale des *Rationes*.

L'enchaînement des définitions procède du terme le plus général aux termes les plus particuliers. On peut isoler une première série (déf. I-IV), qui concerne la pensée; une seconde série porte sur la substance (déf. V-VIII), puis deux définitions portent sur les relations (IX-X). (I) Descartes à partir d'une définition générale de la pensée passe à une certaine forme de celle-ci, l'idée (II), dont il détache la réalité objective (III), elle-même distinguée entre une inhérence formelle et éminente (IV). S'ensuit une définition générale de de la substance, suivie, à l'intérieur de sa notion, d'une distinction (qui n'est encore que conceptuelle) entre l'esprit, le corps et Dieu (comme substance souverainement parfaite). Les deux définitions des relations posent, pour la définition IX, l'équivalence entre 1) pour un *quid*, quelque chose, être contenu dans la nature ou le concept d'une chose, 2) pour un *quid*, être vrai de cette chose et 3) pour un *quid* être affirmé de cette chose. Enfin, la déf. X précise le critère de la distinction réelle.

Si les définitions ont un aspect relativement proche de leurs équivalents dans les textes mathématiques, le statut des postulats est radicalement différent. En effet, à l'exception (sur laquelle on reviendra par la suite) du cinquième postulat, aucun de ces énoncés ne joue un rôle fonctionnel dans les démonstrations elles-mêmes, à la différence des axiomes et définitions[1]. Ces postulats demandent au lecteur de modifier ses attitudes intellectuelles, afin précisément d'admettre les axiomes comme vrais (Post. 7).

1. Spinoza l'avait remarqué dans les *Principes de la philosophie cartésienne*, où après avoir reproduit telles quelles les définitions de l'abrégé, il précise en omettre les postulats : « Nous avons omis les Postulats de Descartes pare que nous n'en tirons aucune conclusion dans ce qui suit » (*Principes de la philosophie cartésienne* [1663], trad. fr. C. Appuhn, in Spinoza, *Œuvres* I, Paris, GF, 1964, p. 247; éd. Gebhardt, I, 151).

Ainsi, leur fonction est de rappeler certains enseignements des *Meditationes I* et *II* : ils rappellent le peu de foi que l'on doit avoir sur les choses sensibles (1), en jugeant que l'esprit est plus facile à reconnaître que le corps – le titre de la *Meditatio II* est explicitement rappelé (2), en examinant les propositions qui se connaissent sans preuve et dont chacun sent en lui-même les notions (3) ; ce sont précisément des axiomes développés peu après. Puis en examinant les natures et en usant implicitement de ce qui constitue la déf. IX, il pose que l'on doit affirmer des choses elles-mêmes ce que nous concevons appartenir à leur nature (4), puis considérer, dans les natures ou notions, l'existence possible et l'existence nécessaire (5) ; l'apprentissage de la distinction entre le clair et le distinct d'une part, et l'obscur et le confus d'autre part, se faisant plutôt « par des exemples que par des règles ». À cet égard, on notera qu'il n'y a nulle définition du clair et du distinct[1], sans doute précisément parce que les exemples (particuliers) doivent, ici comme ailleurs, prévaloir sur les règles (générales).

Les dix axiomes ne fonctionnent pas non plus exactement comme leurs équivalents dans les traités mathématiques. Au demeurant, la fin du postulat 7 indiquait que certains pouvaient être mieux expliqués et même constituer des propositions démontrées plutôt que des axiomes.

L'ensemble des cinq premiers concerne le concept de cause ; les axiomes suivants portent sur les degrés de réalité, sous des aspects distincts : différence sous ce rapport entre la substance, l'accident, le mode, le fini ou l'infini (ax. V), sur la volonté dans son rapport au bien (ax. VII), sur la production et la conservation des substances et attributs (ax. VIII et IX) et enfin sur l'existence, contingente ou nécessaire. Il faut, dans certains cas (ax. I, V, VI, VII) distinguer dans l'énoncé l'axiome lui-même et ce qui en constitue le commentaire ou les conséquences immédiates. Enfin, l'axiome V apparaît clairement comme une conséquence des axiomes précédents – et donc, en fait, un théorème, comme le suggère le postulat 7.

On peut évidemment juger que, du point de vue d'une écriture conforme aux standards géométriques, Descartes commet formellement une maladresse, dont il a au demeurant parfaitement conscience : toutes les propositions, même si elles sont connues par la lumière naturelle, ne sont pas premières entre elles. Pourquoi Descartes adopte-t-il ce dispositif ?

1. Voir, par contraste, Leibniz, *Méditations sur la connaissance, la vérité et les idées* (1684).

Vraisemblablement en raison des propositions qu'il souhaite voir expressément démontrées. Celles-ci sont au nombre de quatre, et consistent en reformulations des preuves de Dieu : dans l'ordre, la preuve *a priori* de la *Meditatio V* (prop. I), puis les preuves *a posteriori* de la *Meditatio III* (prop. II et III); la prop. III est suivie d'un corollaire portant sur la création. Enfin, la prop. IV porte sur la distinction réelle de l'esprit et du corps. C'est cette présentation, synthétique au sens où elle démontre les propositions par voie déductive, et également au sens où elle résume certaines des thèses essentielles de l'ouvrage antérieur, qui peut être considérée comme le but de l'exposé. On voit tout aussitôt que de très nombreux éléments des *Meditationes* sont absents : le doute est présent, mais dans une version diminutive (les postulats), dans laquelle l'hypothèse du Dieu trompeur n'apparaît pas; le *cogito*, et en tout cas l'*ego* du *cogito* n'apparaît pas formellement (seule la *cogitatio* est proprement thématisée); l'union de l'âme et du corps n'y figure pas davantage. De ce point de vue, cet *Abrégé* ne porte que sur la question de Dieu et la distinction substantielle, à l'exception des autres considérations qui constituent notamment la *Meditatio VI*.

Comment Descartes démontre-t-il les trois propositions? La démonstration de la preuve *a priori* (prop. I) est menée à partir de la déf. IX et de l'ax. X; elle reprend la même formule que le point 6 des présentes réponses, et par-delà le texte même de la *Meditatio V*. Les preuves *a posteriori* (prop. III et IV) utilisent des jeux de définitions et d'axiomes tout différents, en mettant en œuvre ce qui est inutilisé dans la première preuve. L'ax. VI paraît n'être utilisé nulle part, et ainsi n'a aucune fonction proprement démonstrative[1]. L'essentiel est de voir dans le détail des démonstrations que les éléments de preuve sont sensiblement les mêmes que dans le texte correspondant des *Meditationes.* Ainsi, Descartes aurait parfaitement pu conserver la succession originale des trois preuves, sans changer les démonstrations : la synthèse ne concerne que la disposition des définitions et des propositions prises axiomatiquement, et donc change un style, et non un ordre des raisons.

Dit autrement, la présentation que donne Descartes des trois preuves les rend formellement indépendantes l'une de l'autre : elles sont de rang égal et aucune ne constitue la prémisse d'aucune autre. Il est très remarquable que la théorie de la création se fasse sous l'espèce d'un corollaire à la deuxième preuve par les effets, comme elle l'est en effet, dans la *Meditatio III.* Plus

1. Conformément à l'usage, Descartes précise les éléments dont il se sert. Cependant la démonstration du corollaire à la prop. III fait usage sans les nommer de la déf. 4 et de l'ax. 10.

généralement, on ne peut donc, à la lumière de ce seul texte, ni dire que toute preuve possible de Dieu se ramène en dernière instance à la preuve ontologique, ni dire absolument que sans la preuve *a posteriori*, la preuve ontologique est sans valeur[1]. Il faut alors conclure que la succession des propositions dans les *Rationes* ne dépend pas strictement de l'ordre démonstratif adopté : Descartes aurait pu choisir de respecter la séquence adoptée dans les *Meditationes* sans modifier les démonstrations elles-mêmes. La modification du style, et non de l'ordre même, ne se justifie que par ce qu'il faut aller du plus facile apparent au plus difficile. Il faut ainsi prendre les *Rationes* pour ce qu'elles sont, un abrégé raisonné, un fascicule de résultats en un sens facile (on peut tout comprendre, sans perdre l'essentiel, « d'un seul regard »), mais difficile pour qui veut comprendre la genèse intellectuelle des notions mises en œuvre : celui-ci doit toujours en revenir au texte même qu'elles abrègent.

1. Telle est la position de M. Gueroult, *Descartes selon l'ordre des raisons, op. cit.*, t. I, chap. VIII, quelque peu modifiée après un débat avec H. Gouhier ; *cf.* M. Gueroult, *Nouvelles réflexions sur la preuve ontologique de Descartes, op. cit.*

MARTINE PÉCHARMAN

TROISIÈMES OBJECTIONS ET RÉPONSES

Les *IIIae Objectiones* ne forment pas un discours suivi, les réponses de Descartes étant intercalées entre les remarques de Hobbes[1]. Hobbes disposait alors déjà avec ses *Elements of Law*[2] de 1640 d'une théorie pleinement constituée des facultés de l'esprit. Sa logique et sa philosophie première étaient en chantier, comme l'attestent un manuscrit (1642-1643) contre le *De mundo* de Thomas White et les manuscrits préparatoires (1643-1646) du *De corpore*[3]. Les *IIIae Objectiones* ne se soucient guère de l'entrelacs de raisons inséparable de la forme sérielle des *Meditationes*, Hobbes ne retenant que l'ordre séquentiel pour affirmer la plupart du temps que Descartes ne parvient pas à prouver ce qu'il doit prouver, quitte à se retrouver parfois en position d'arroseur arrosé (*Rép. 12* et *15*). Il a probablement incarné le modèle du mauvais objecteur pourfendu dans la *Préface* (VII 9, 28-10, 5) ; c'est sans doute pourquoi Descartes limite ses réponses de fond à quelques objections, n'évitant ni la parodie ni une certaine rudesse. À la fin de la *Rép. 8*, la version française ajoute une phrase qui prend valeur de jugement d'ensemble : Hobbes refuse de *parler le même langage* que Descartes (« ce philosophe ne veut pas convenir avec moi de la signification des mots », IX 143). Descartes est enclin à réduire à une pure logomachie la confrontation tentée par Hobbes sur la théorie des idées.

1. Voir *à Mersenne*, 21 avril 1641, III, 360.

2. Désormais abrégé EL.

3. Références à l'*Anti-White* [désormais AW] et aux manuscrits du *De corpore* [désormais AW, MS] dans l'éd. J. Jacquot-H. W. Jones, Paris, Vrin, 1973.

En réalité, en refusant d'être un simple *objecteur*, Hobbes instaure une discussion avec Descartes. Inversant en quelque sorte dans les *IIIae Objectiones* la relation de l'auteur au lecteur, *l'auteur Hobbes* teste sur *le lecteur Descartes* la mise en application des principes de sa philosophie. S'installe donc « un vrai débat » entre les deux philosophes[1]. L'impression de décousu des objections n'est ainsi qu'un effet de surface produit par les injections ponctuelles, sur des extraits choisis de la philosophie première de Descartes, de thèses de la philosophie première que Hobbes est alors en train d'élaborer. Mais les *IIIae Responsiones* n'en conduisent pas moins Descartes à donner des éclaircissements qui sont des témoins importants de l'évolution menant des vérités découvertes par la seule analyse dans les *Meditationes* à l'exposition doctrinale des *Principia*.

CONTRE LA *MEDITATIO I*

Obj. 1 *et* Rép. 1

L'*Obj. 1* ne constitue pas à proprement parler une objection, mais un désaveu. Elle est la seule à n'être pas composée à partir d'une citation où Hobbes dénoncerait une lacune. La *vérité* de la *Meditatio I* s'y trouve d'abord approuvée dans son entier, mais cet acquiescement est relatif à un résumé succinct de ce qui, selon Hobbes, se trouve établi de manière satisfaisante dans la *Meditatio I.* Des arguments successifs et hiérarchisés pour généraliser le doute (la non-fiabilité des sens, l'impossibilité de distinguer la veille du sommeil, la possibilité du Dieu trompeur), Hobbes ne retient que le second et en fait l'aboutissement de toute la *Meditatio I.* Selon le schéma déductif qu'il compose, de l'absence de κριτήριον pour distinguer les sensations véritables des illusions des rêves, la *Meditatio I* infère deux conclusions négatives quant aux sensations de la veille : leur non-identité avec des accidents inhérents aux objets extérieurs et leur caractère non-probant pour affirmer l'existence des objets extérieurs. Qu'est-ce qui motive cette reconfiguration de la *Meditatio I ?* Il s'agit de poser des jalons d'une autre conception du commencement de la philosophie première que le doute méthodique. La conclusion attribuée à la *Meditatio I* (les images de la veille ne sont pas des accidents inhérents aux objets extérieurs) reconduit l'anatomie de la puissance cognitive dans les EL I.II : le sujet d'inhérence d'une image n'est pas l'objet senti, mais le sujet sentant.

1. J.-L. Marion, « Hobbes et Descartes : l'étant comme corps », *in* D. Weber (éd.), *Hobbes, Descartes et la métaphysique*, Paris, Vrin, 2005, p. 59-60.

Le lieu de l'image n'est *jamais* le lieu de la chose vue, seule une illusion réifiante confond les images et leurs composantes (figure, couleur) avec les objets extérieurs et leurs accidents ou propriétés. L'*Obj. 1* transforme cet acquis démonstratif en une thèse déduite dans la *Meditatio I* de l'absence d'un critère pour différencier la veille du rêve. Mais Hobbes introduit une réserve avant d'accorder un satisfecit au doute général : l'incertitude n'est légitime que si nous nous fions à nos sens *sans autre raisonnement*. L'hypothèse dans les EL d'une entière annihilation du monde extérieur à un sujet percevant propose un tel raisonnement, *empêchant* le doute ontologique général[1]. Même dans la supposition où ils ne seraient plus des agents de sensations, les objets extérieurs demeureraient connaissables, car nous retiendrions leurs images. L'imagination suffit à l'objectivité de la connaissance. Cette garantie tient déjà à la nature d'une image sensible : un mouvement, irréductible au doute, qui apparaît comme quelque chose d'extérieur[2]. Dans l'hypothèse annihilatoire, chaque image reste ce qu'elle a toujours été : une apparence d'extériorité ou d'existence au dehors. La visée de l'extériorité persiste comme persiste l'image. La philosophie première ne doit donc pas commencer par un doute général : la bonne supposition n'est pas que toutes les choses extérieures ne sont rien d'autre que des mystifications oniriques, mais qu'elles sont ôtées. Chaque image qui demeure conserve le rapport à une chose extérieure non pas en tant que *telle chose*, mais purement en tant qu'*extérieure* : elle est le *phantasme d'une chose existante en tant qu'existante*, un « espace imaginaire », *spatium imaginarium*, avec lequel peut coïncider un corps extérieur[3]. Le renversement dans l'*Obj. 1* de l'approbation initiale en une dépréciation finale (Descartes, pourtant *excellent auteur de nouvelles spéculations*, rabâche des vieilleries) recouvre ainsi plus qu'une déception devant le mode d'argumentation sceptique de la *Meditatio I*, à la portée de tous : pour Hobbes, le commencement des *Meditationes* ne correspond pas à ce que *devrait être* le commencement de la philosophie première.

La *Rép. 1* dénonce non l'abandon par Hobbes de la gradation des raisons de douter, mais sa transformation de la seule raison maintenue en une assertion vouée à rester définitive. L'*Obj. 1* substitue à la modalité épistémique des raisons de douter, la *vraisemblance*, une modalité, la *vérité*, qui ne doit revenir qu'à ce que l'on cherche à découvrir par leur moyen. Le doute obéit à trois fins, pour le lecteur (désaccoutumer son

1. Voir Y. Ch. Zarka, *La décision métaphysique de Hobbes. Conditions de la politique*, Paris, Vrin, 1987, p. 36-58.

2. Voir G. Paganini, *Skepsis…, op. cit.*, chap. IV, p. 171-227.

3. Sur tout ceci, *cf.* AW, MS, p. 449-450 et p. 474.

esprit de la confusion des choses intellectuelles avec les choses corporelles), pour l'auteur (planifier la suite des méditations en fonction des doutes à résoudre) et pour les vérités démontrées (les faire recevoir comme vérités inébranlables). La première, dont dépend dans la *Synopsis* sa fonction critique à l'égard des sens, n'est pas aussi expresse dans la *Rép. 1*, qui insiste plus sur sa valeur propédeutique, mais la dernière reste inchangée. Descartes se réclame d'une comparaison de la *Meditatio I* avec un ouvrage de médecine, où la partie thérapeutique doit être précédée d'une partie nosologique définissant les maladies dont il s'agit de proposer une méthode curative. L'objectif de guérir les esprits des préjugés l'emporte sur l'ennui de devoir commencer par un inventaire des raisons de douter, certaines recuites[1].

CONTRE LA *MEDITATIO II*

Obj. 2 *et* Rép. 2

L'*Obj. 2* part d'un accord avec l'affirmation *sum res cogitans*, *je suis une chose pensante*, dépouillée de la restriction qui la renforce dans la *Meditatio II* (« je *ne* suis *précisément parlant qu'*une chose pensante »). Au moyen de deux sous-inférences, Hobbes recompose l'inférence du *je pense* au *je suis, moi*. Par simple résolution du *je pense*, abréviation pour une structure attributive, *je suis pensant* constitue une première inférence immédiate, qui vaut pour toute image, du rêve comme de la veille. De l'énoncé attributif *je suis pensant* dérive à son tour l'énoncé existentiel *je suis, moi*. L'inférence repose alors sur l'axiome *ce qui a une propriété n'est pas un néant*, réciproque de l'adage scolastique *le néant n'a aucune propriété*. L'existence de l'*ego* se conclut ainsi comme une affirmation condensant l'affirmation de la réalité de ce qui pense, le *sum res cogitans*, *je suis une chose pensante*. La *chose* qui a pour propriété de penser et *moi* font un seul et même existant, *ego* est cette *res cogitans : ego sum*, *je suis, moi*. Cette recomposition renverse l'ordre de la méditation cartésienne. Au lieu de déterminer *quel est* ce moi qui existe, l'énoncé *je suis une chose pensante* permet pour Hobbes d'établir *que* ce moi existe. Cette reconstruction veut dénoncer une bifurcation fallacieuse à partir de la vérité du *je suis pensant* : à l'affirmation de la réalité ou existence de ce qui pense, *moi*, s'ajoute une affirmation qu'il faut rejeter comme parasitaire et fausse, *je suis un esprit, un entendement*. La prétendue équivalence

1. Voir *IIae Resp.*, 130, 17-23/103.

dissimule la greffe de l'inférence illégitime de l'identité du moi (*le moi est esprit*) sur la seule inférence légitime, l'existence du moi comme chose pensante (*le moi, ce qui pense, est*). L'incorrection de l'argument *je suis pensant, moi, donc je suis la pensée* glissé sous le couvert d'une synonymie (*hoc est, c'est-à-dire*) entre *res cogitans* et *mens/intellectus* se reconnaît sur son double absurde, *je suis me promenant, donc je suis la promenade*. L'analogie n'est pas simple caricature. Elle introduit la distinction sujet d'actes/ses actes tirée d'Aristote[1]. L'identité *res cogitans/mens* transgresse la différence ontologique entre la chose et la faculté ou acte de cette chose. Le moi, chose qui entend (*res intelligens*), ne saurait être identifié à la faculté (*intellectus*) ou à l'acte (*intellectio*) qui n'a d'être qu'en lui étant inhérent. Ce rappel du b.a.-ba de la philosophie première introduit en fait un bouleversement radical de la tradition invoquée, dissimulé sous un *hoc est, c'est-à-dire* posant l'équivalence entre les dénominations *facultés et actes* et *propriétés et essences*. Pour cette tradition, la distinction entre la chose et ses facultés ou actes recouvre une polysémie de ce qui est, une distinction entre le sens essentiel et les sens accidentels de l'étant, *ens*, ou de l'être, *esse*. La philosophie première de Hobbes substitue à la division des sens de l'*ens*/*esse* une hétérogénéité radicale entre les noms *ens* et *esse*, interdisant de dire *essence*, *essentia*, pour ce qui est : *autre est l'étant, ce qui existe, autre est son essence*. Le pluriel *essences* dans la même série que les pluriels *facultés*, *actes*, *propriétés* est commandé par une redéfinition de l'essence comme tout accident dont l'inhérence à un sujet est la raison de l'imposition d'un nom à ce sujet[2]. Un seul et même sujet a autant d'essences qu'il y a en lui d'accidents fondant des dénominations différentes. La distinction de *tous les philosophes* entre le sujet et ses actes, reconceptualisée en une dichotomie entre l'étant et ses essences, suffit à voir dans l'équivalence de la chose pensante et de l'esprit l'assertion subreptice de l'immatérialité de la chose pensante. Descartes (*Rép. 2*) juge que Hobbes n'a pas prêté attention au report à la *Meditatio VI* de la preuve du dualisme de l'esprit et du corps. Ce n'est pas cela : Hobbes dénonce comme fondement de la conclusion *le moi est quelque chose d'incorporel* (*Meditatio VI*) l'inférence illicite *je suis une chose pensante, donc je suis un esprit* (*Meditatio II*). Dans la distinction sujet/ses facultés, l'esprit, *mens*, tout comme la raison ou l'entendement, se trouve du côté des

1. Voir *Métaphysique* Z, 1028a 20-31 (avec l'ex. de *marcher* – cf. *De Int.*, 12, 21b9-10 pour la synonymie entre *marche* et *est marchant*).

2. Voir AW, XXVII. 1 ; AW, MS, 476. Voir M. Pécharman, « Le vocabulaire de l'être dans la philosophie première », *in* Y. Ch. Zarka (éd.), *Hobbes et son vocabulaire. Études de lexicographie philosophique*, Paris, Vrin, 1990, p. 31-59.

facultés. Or, la distinction sujet/faculté peut recouvrir une opposition du matériel et de l'immatériel, l'hétérogénéité de l'étant et du non-étant. L'inférence cartésienne de la chose pensante à l'esprit revient à supposer sans preuve l'immatérialité de la chose pensante. Le second volet de l'*Obj. 2* démontre ce que le premier présente encore comme une possibilité, la matérialité en tant que *sujet* de la chose pensante. Au prix d'une transformation de la demande *quel est ce moi que j'ai reconnu exister* en une question sur la connaissance de la proposition *j'existe*, *moi, ego existo*, Hobbes examine de nouveau la structure inférentielle du *je pense* au *je suis*. L'analyse du *je pense, moi, ego cogito*, prouve la matérialité de l'*ego* ou chose pensante. Le *je pense* est lui-même connu par une inférence. Sa vérité s'établit à partir de l'axiome de l'inconcevabilité d'un acte quelconque sans son sujet. La matérialité de la chose pensante en est la conséquence nécessaire. En tant que sujet de l'acte de penser, la chose pensante est soumise au régime commun des sujets d'actes : tous relèvent de la « raison » de corps ou matière (*ratio corporea*, *ratio materiae*)[1]. Du reste, l'analyse du morceau de cire confirme la nature matérielle d'un sujet ou substrat. La conclusion des *Meditationes* devrait être la matérialité de la chose pensante.

La *Rép. 2*, la plus longue et la plus attentive des *IIlae Responsiones*, récuse l'accusation d'avoir confondu la chose à laquelle une faculté est inhérente et cette faculté elle-même. Les noms *esprit*, etc., désignent *usuellement* non seulement la faculté de penser mais aussi la chose qui a cette faculté. Il y a deux degrés dans cet usage ordinaire : le nom *mens* est *universellement* la désignation de la chose pensante, le nom *intellectus* l'est *fréquemment* ou généralement. Alors qu'il a introduit les mots *mens*, *intellectus*, comme équivalents de *res cogitans* en précisant que jusque-là leur signification lui était restée *inconnue* (VII 27, 15, IX, 21), Descartes renvoie au grand nombre de passages des *Meditationes* dans lesquels l'usage qu'il dit *coutumier* est expressément revendiqué (*mea mens*, *mon esprit*, au même sens que *ego ipse*, *moi-même*). Laissant dans le flou l'usage du terme *cogitatio* au sens de la chose qui pense plutôt que de son acte ou de sa faculté, il est net pour *intellectus* : lorsqu'il identifie la chose entendante et sa faculté, l'entendement, c'est toujours parce qu'il entend alors par *intellectus* la chose entendante elle-même, non sa faculté. Il n'y a aucune transgression de la distinction traditionnelle entre la chose et sa faculté. Étrange défense, qui reconduit exactement le reproche de Hobbes :

1. *Cf.* Aristote, *Métaphysique*, Z, 1029a 8-26 : l'examen – pour la rejeter – de la définition de la substance (*ousia*) comme premier substrat ou sujet (*hupokeimenon prôton*) montre qu'elle implique que la substance est la matière.

donner le nom d'*esprit* ou d'*entendement* à ce qui n'est pas la faculté de penser, mais la chose pensante elle-même. Descartes décrit la discussion par Hobbes de la *Meditatio II* comme engageant l'opposition entre deux styles philosophiques. Les choix terminologiques différents – les mots le plus possible concrets *sujet*, *matière*, *corps* pour l'un, les mots le plus possible abstraits *esprit*, *entendement* pour l'autre – répondent à deux intentions contraires. Désigner par des mots abstraits la *chose* ou *substance* qui est reconnue comme pensante, c'est inscrire dans son discours la séparation entre cette chose et tout ce qui ne lui appartient pas. Au contraire, les mots concrets interdisent toute séparation entre la chose pensante et le corps. Descartes introduit alors un terme absent de l'*Obj. 2*, *substantia*, substance, ouvrant un long développement sur la substance, sorte de modèle réduit de la doctrine des *Principia*. Deux axiomes, la nécessaire réalité de ce qui a une propriété[1] et l'inconcevabilité d'un acte sans son sujet, sont utilisés dans l'*Obj. 2*. La *Rép. 2*, sans tenir compte de leurs applications distinctes, en fait un unique énoncé, que Descartes approuve. Sa critique porte sur l'argument qui conclut à la matérialité de la chose pensante. Il le cite en y remplaçant *sub ratione corporea* par *sub ratione substantiae*. Il peut ainsi transformer le *sub ratione materiae* de l'*Obj. 2* en une *matière métaphysique*, la notion de *substance* comme genre généralissime que l'arbre de Porphyre divise en substance corporelle (*corpus*) et substance incorporelle (*spiritus*). La doctrine de la substance dans la *Rép. 2* réorganise cette classification à partir d'un nouvel axiome, corrélat de l'inconcevabilité d'un acte sans une substance qui soit son sujet d'inhérence : réciproquement, il n'y a pas de connaissance immédiate et par elle-même de la substance. La substance n'est connaissable que comme sujet d'actes, par la médiation des actes qui seraient inconcevables sans elle[2]. La subdivision classique du genre généralissime *substantia* en *corpus* et *spiritus* cède la place à une dichotomie entre les significations des noms *corpus* et *mens*. En fonction des conceptions que nous avons d'actes ou accidents tout à fait différents, nous imposons des noms différents à leurs sujets. Pour les multiples actes qui, pris un à un, sont impensables sans l'étendue, il n'y a pas à concevoir une égale multiplicité de sujets d'inhérence : ils *conviennent* tous *sous une raison commune* unique, la raison d'étendue, ils ont donc un sujet commun d'inhérence, la substance nommée *corps*. Et la substance sujet des actes convenant *sous la raison commune* de pensée/perception/conscience requiert un autre nom, *mens*,

1. Cf. *IIae Resp.*, 161, 22-23/125.
2. Cf. *IVae Resp.*, 222, 5-9/172-173 ; *IIae Resp.*, 161, 14-162, 3/125.

res cogitans ou tout autre, pourvu qu'il ne puisse pas être utilisé pour le sujet d'actes corporels. L'hétérogénéité absolue entre la pensée, raison commune des actes cogitatifs, et l'étendue, raison commune des actes corporels, introduit la distinction entre la substance pensante et la substance corporelle. Mais cette distinction conceptuelle ne constitue pas encore la preuve de leur distinction réelle : nommer différemment des substances connues à partir d'actes différents laisse encore indécidée la question de savoir si elles sont *une seule et même chose*[1].

Obj. 3 *et* Rép. 3

Les deux questions de l'*Obj. 3* portent sur les divers modes de la pensée que Descartes vient d'énumérer : Hobbes les commente comme une preuve de la confusion entre le sujet d'un acte (moi-même) et son acte (ma pensée). Ce contresens sert à porter le coup de grâce : Descartes n'est encore qu'un scolastique. L'indistinction acte/son sujet ressuscite les formules absurdes de la doctrine des espèces visibles par lesquelles *la vue voit*, ou des espèces intelligibles par lesquelles *l'entendement entend*[2]. La substantialisation de la faculté de penser menace les *Meditationes* d'énoncés dont l'absurdité n'a rien à envier à celle de *la faculté de se promener se promène*.

La *Rép. 3* explicite la visée précise des deux questions citées. La première ne nie pas la différence chose/mode. La seconde ne confond pas distinction et séparation d'une faculté et de son sujet, mais vise la nécessaire inhérence au moi des modes de la pensée.

Obj. 4 *et* Rép. 4

L'*Obj. 4* inaugure la problématisation des *idées* qui sous-tend les sept objections à la *Meditatio III.* Une citation extraite du passage sur le morceau de cire, portant sur l'opposition entre *imaginari* et *sola mente concipere*, *imaginer* et *concevoir par l'esprit seul*, permet d'introduire des substituts pour ces deux termes. *Imaginer* et *avoir une idée* ne font qu'un. L'imagination étant la faculté des idées, l'unique puissance d'idéation, le *concevoir par l'esprit seul* ne peut renvoyer à une faculté différente et

1. Voir D. Garber, « Descartes against the Materialists : how Descartes' Confrontation with Materialism shaped his Metaphysics », *in* K. Detlefsen (ed.), *Descartes'* Meditations. *A Critical Guide*, Cambridge, CUP, 2012, p. 45-63.

2. Cf. *Leviathan* [désormais L], I.I. 5. Pour l'absurdité d'un *vouloir vouloir*, d'une volonté volontaire, qui voudrait ses propres actes, voir EL, I.XII. 5.

supérieure d'idéation[1]. Il se retraduit en un *inférer par le raisonnement*, qui n'a pas pour objet une nature (un *quid est*) mais une existence (un *quod est*). Le *subjectum* qui doit être conçu comme corporel parce qu'il reste identique quand tous ses actes sont changés (*Obj.* 2) possède le statut gnoséologique traditionnel de la *substantia* : tant comme *sujet d'accidents* que comme *chose existante*, la substance n'est connaissable que par un raisonnement. Dans la philosophie première de Hobbes, la définition du nom universel *corps* à partir de la fiction annihilatoire qui laisse survivre dans l'esprit un espace imaginaire permet de modaliser la notion de *sujet* autrement que par la seule notion de *substrat* permanent sous le changement de ses actes. Un corps est aussi appelé *sujet* en tant qu'il est *subjecté et supposé sous un espace imaginaire*, et que l'on conçoit non par les sens, mais par la raison seulement, que *quelque chose existe là*[2]. L'*Obj. 4* reproche à la *Meditatio II* de ne pas expliquer la différence qui distingue, de l'imagination, l'assertion qu'*une certaine chose est* ou *existe*, produite comme le résultat d'un raisonnement. La *Rép. 4* ne se plie pas à cette exigence et insiste plutôt sur la suffisance de l'explication en deux étapes de la différence entre l'imagination et le concept du pur esprit. La *Meditatio II* compare deux dénombrements, l'un des choses imaginées, l'autre des choses purement conçues, dans un morceau de cire : l'appréhension par l'imagination d'*une certaine variation* des qualités sensibles de ce corps particulier ne donne pas la connaissance de *la variabilité* de toutes ses qualités sensibles. La *Meditatio VI* ne répète pas cette explication : toujours sur l'exemple d'une même chose, un pentagone, elle montre que c'est *autrement* que nous l'imaginons et *autrement* que nous l'entendons. La dualité au niveau des manières de penser, et non plus au niveau même de la chose considérée, fonde alors l'explication de la différence entre imaginer et concevoir par le seul esprit.

L'*Obj. 4* achève la réfutation de l'identité entre la chose pensante et l'esprit. Hobbes utilise la redéfinition du *concevoir par le seul esprit* en un *inférer par le raisonnement* comme le moyen de parvenir aussi à une redéfinition de l'esprit. La distinction entre avoir une idée-image et faire une inférence n'est pas une distinction qui passe à l'intérieur de l'esprit, mais entre l'esprit (les idées) et le langage (le raisonnement). Le raisonnement se réduit à une liaison (*copulatio*) et enchaînement (*concatenatio*) de noms au moyen de la copule. Hobbes force le trait pour présenter cette doctrine comme une hypothèse possible : *absolument rien* n'est conclu sur les

1. Cf. *Obj. 2*, 172, 12-13/134 : *cogito, sive phantasma habeo*. Pour le refus de la division idées dans la fantaisie/idées dans l'intellect, voir AW, MS, 471.

2. AW, MS, 476.

natures des choses, le raisonnement ne porte que sur des noms dont les significations sont *décidées par des conventions arbitraires*. La *Rép. 4* attribue à Hobbes la thèse absurde d'un raisonnement qui, alors que tous les hommes ont des conceptions identiques pour les mêmes choses, n'envelopperait pas d'autres conceptions que celles des mots en usage dans une langue[1]. Si des conventions décident des significations des mots, il y a bien *quelque chose qui est signifié*, les mots ne sont pas de purs sons : le raisonnement devrait donc porter sur ce signifié, non sur les mots le signifiant. Hobbes échappe en fait à cette contradiction : pour lui, le raisonnement ne peut pas porter *directement* sur les natures des choses; son objet direct, ce sont les noms donnés aux choses *pour signifier les conceptions déterminées que nous avons de leurs propriétés*. Les significations des noms ne sont pas arbitraires[2]. En disant que la conclusion d'un raisonnement consiste à déduire un certain rapport entre des noms *conformément* aux significations auxquelles ces noms ont été associés par une institution humaine, Hobbes ne subordonne pas le raisonnement à la diversité des conventions prises par différents peuples, mais à la constance des significations une fois que des noms sont établis pour enregistrer nos pensées[3]. Sa thèse porte sur la convention comme principe d'invariabilité des significations, non comme propriété contingente des langues. Les vérités conclues ne sont donc pas des vérités simplement nominales. Si on la lit bien, l'*Obj. 4* tempère l'outrance apparente de la définition du raisonnement : les noms dont dépend le raisonnement sont dits dépendre eux-mêmes de l'imagination, ils sont choisis pour signifier des idées ou images. Cette relation de dépendance conduit transitivement à éliminer définitivement l'attribution à l'esprit, *mens*, de la nature de la chose pensante. Après celle du raisonnement aux noms et des noms à l'imagination, la dépendance à son tour de l'imagination à sa condition, un mouvement dans les organes corporels, donne le moyen de sauter le pas en définissant l'esprit par le mouvement[4].

1. L'*Obj. 4* (avec *De cive*, XVIII. 4 et Dco I.III. 8) contribue au jugement porté par Leibniz dans la Préface (1670) à sa réédition du *De veris principiis* de Nizolius : Hobbes est *plus que nominaliste*, car avec lui, les vérités sont aussi arbitraires que les noms, cf. *Nouveaux Essais sur l'entendement humain*, IV, V.

2. Voir EL, I.V. 1-2.

3. Voir M. Pécharman, « Le signe selon Hobbes », *Lumières*, 10, 2007, p. 45-64, p. 57-64. Cf. *Obj. 14*.

4. Il faudrait prendre *motus* dans « mens nihil aliud erit praeterquam motus in partibus, etc. » (178, 16) au pluriel plutôt qu'au singulier (à la différence de la *Rép. 4*). Voir dans EL, I.IV et AW, XXX. 8 la notion de discours mental, succession d'images qui sont autant de

Alors que Descartes répondait assez longuement aux *IIae Objectiones* selon lesquelles des mouvements corporels pourraient être la pensée elle-même[1], il a ici l'alibi de l'absurdité de la définition hobbesienne du raisonnement qui condamne d'avance toutes ses conclusions, et se borne à juger aussi aberrant d'affirmer que l'esprit est mouvement que d'affirmer l'identité entre la terre et le ciel[2].

CONTRE LA *MEDITATIO III*

Obj. 5 *et* Rép. 5

Les *Obj. 5* et *6* désarticulent la division de la *Meditatio III* entre les pensées « en quelque façon images des choses » ou *idées*, et les pensées qui possèdent d'autres formes *en plus* d'une composante idéative, volontés (ou affections) et jugements. Ce démembrement permet une délimitation plus étroite par Hobbes des *pensées*. L'explication mécaniste des puissances de l'esprit dans les EL dissocie actes cognitifs ou idées et actes motifs ou passions. Les idées sont des mouvements en nous par lesquels nous avons les images des objets extérieurs, et les passions (appétits et aversions) sont les premiers commencements internes de nos actions, les *efforts*, *endeavours*, à l'origine d'un mouvement animal vers, ou loin de, ce qui nous apparaît dans une image[3]. La volonté ne consiste elle-même qu'en un dernier appétit ou une dernière aversion dans une certaine séquence passionnelle[4] et les pensées se restreignent au premier genre de mouvements, les conceptions[5]. C'est en fonction de ce partage des actes mentaux en mouvements qui *sont des pensées* (les actes cogitatifs) et mouvements qui *ne sont pas des pensées* (les actes motifs) que Hobbes commente la division de la *Meditatio III*.

mouvements : l'esprit est une multiplicité de mouvements ou série d'actes inhérents au sujet corporel, la chose pensante.

1. AT VII 123, 30-124, 4/IX 97.

2. En latin, la *Rép. 4* s'achève en abandonnant à Hobbes la liberté de dire n'importe quoi ; le français introduit une addition soulignant la contrariété absolue des concepts de mouvement et d'esprit. Cf. *à Mersenne*, 21 janvier 1641, III 285.

3. EL, I.I. 7-8 ; I.II. 8-9 ; I.VII. 1-2 ; I.XII. 1 et 5. Les mouvements-passions ne sont pas produits comme les mouvements-images dont ils sont la suite. Leur production suppose une composition des mouvements-images avec le mouvement vital de notre corps, qui soit l'intensifie, soit l'affaiblit, d'où un effort pour rechercher l'objet imaginé, ou pour le fuir.

4. EL I.XII. 1-2.

5. La raison qui en fait disjoindre les jugements n'est pas liée à cette explication mécaniste, mais à la différence esprit/langage : voir *Obj. 6*.

Le passage de la *Meditatio III* donnant la raison pour laquelle des pensées sont proprement appelées *idées* (elles sont *comme des images de choses*) est une aubaine pour Hobbes. L'*Obj. 5* met à profit l'usage des termes d'*imagines/images* (dans l'extrait cité) et de *similitudo/ressemblance* (dans les lignes sur lesquelles porte l'*Obj. 6*)[1] pour interpréter la typologie des idées dans la *Meditatio III* en fonction de la théorie des idées-images dans les EL. Dès le premier exemple, l'idée d'un homme est dite consister en une image composée de figure et de couleur, rendant explicite ce qui est resté implicite dans l'identification *imaginer/avoir une idée* de l'*Obj. 4* : l'image visuelle constitue la norme du statut de l'idée[2]. Hobbes en exerce le couperet sur la liste dans la *Meditatio III* des pensées-idées, *lorsque je pense à un homme, à une chimère, au ciel, à un ange, ou à Dieu*. Seules les trois premières ont le droit d'y figurer : dans leur cas, je reconnais en moi une idée-image dont la nature de ressemblance fait l'objet d'une hésitation (l'image que j'ai d'un homme en est-elle la ressemblance, ou non ?). Ce doute est plus sophistiqué pour une chimère : son idée-image est-elle la ressemblance d'un animal qui, bien que sans existence actuelle, pourrait exister (existence possible) ou a pu exister en un autre temps (conjecture d'une existence passée)[3] ? Une étape-charnière intervient avec la pensée d'un ange, pensée impersonnelle (*quelqu'un pense à*) qui fait quitter le registre des pensées-idées : ici, d'autres que moi-même ont des images, et la posture du *je* n'est reprise que pour porter le jugement qu'elles *ne sont pas* à la ressemblance d'un ange. Si l'image d'une flamme ou d'un bel enfant ailé est une *similitudo*, ce ne peut être que la ressemblance d'une flamme ou d'un bel enfant et d'ailes, en aucun cas d'un ange : elles n'en sont pas l'idée. Lorsque le *je* réapparaît comme imaginant un ange, l'*Obj. 5* désigne son idée comme une fiction de l'esprit forgée avec des idées de choses visibles. Cette image composite (au plus loin de la composition dans la *Meditatio III* de l'idée d'un ange avec l'idée de moi-même et l'idée de Dieu) sert à souligner qu'il n'y a aucune idée d'ange signifiée par le nom *ange*, celui-ci n'est imposé qu'en raison d'une croyance ordinaire à l'existence d'êtres spirituels au service de Dieu[4]. La structure seulement

1. *Similitudo* n'est pas traduit dans la citation, ce qui gauchit l'*Obj. 5* qui reprend de cet extrait de la *Med. III* la notion de ressemblance.

2. Voir EL, I.II. 3 et 4. *Cf.* la justification philologique dans L, IV, XLV, 14 (*idée* dérive du grec, où *Εἴδω* signifie *voir*).

3. Il faut conserver pour l'image de la chimère le balancement *est-elle la ressemblance de…, ou non* ? Clerselier se méprend en rapportant l'alternative finale (*vel non/ou non ?)* à la conjecture sur l'existence dans le passé d'un tel animal.

4. Sur tout ceci, voir J. Terrel, « Le matérialisme de Hobbes dans les *Troisièmes Objections* », *in* J. Berthier, A. Milanèse (éd.), *Hobbes et le matérialisme*, Paris, Éditions

doxique de la raison du nom *ange* fournit la transition pour déposséder l'idée de Dieu du statut de raison du nom *Dieu*. On nomme *ange* une *chose crue ou supposée*; de même, on appelle *Dieu* une *chose crue ou reconnue*, et non pas un être dont on aurait l'idée[1]. Toute idée-image consiste en un espace fini ou figure, seule une chose finie peut être l'objet d'une idée: c'est respecter Dieu que nier la signification d'une idée par le nom *Dieu*. Ce nom n'est cependant pas un *flatus vocis*. Un argument par analogie utilisé dans EL, I.XI. 2, permet d'assigner sa signification[2]. Un aveugle-né établit un rapport entre sa pensée qu'il existe un agent de son sentiment de chaleur et le nom *feu* qu'autrui applique à cet agent inconnu de lui. Ce raisonnement le mène à la conclusion que *le feu existe*. De même, s'il y a des effets naturels, il a dû y avoir dans quelque existant une puissance capable de les produire. Cet existant a dû être produit par un existant précédent, lequel à son tour a dû dépendre de quelque chose d'antérieur. On arrive ainsi à supposer quelque chose dont l'existence soit indépendante de quelque chose d'antécédent, *quelque chose d'éternel*. L'*Obj. 5* reconstruit ce raisonnement en tenant compte de l'impossibilité dans la *Meditatio III* de partir des effets naturels. Les effets considérés sont cette fois les images ou idées dans notre esprit: il doit y avoir une cause de nos idées-images, une cause aussi de cette cause, etc. Ce schéma de réitérabilité ne pouvant se prolonger indéfiniment, la régression de cause en cause s'arrête nécessairement à la supposition d'une cause non-causée. La conclusion qu'*il existe quelque chose d'éternel* constitue tout le contenu sémantique du nom *Dieu*, elle ne donne pas *l'idée de ce quelque chose d'éternel*. L'*Obj. 5* ruine ainsi la prémisse de la preuve de l'existence de Dieu. La seule conception relative à Dieu n'est pas une idée de Dieu, mais la conception *qu'il y a un Dieu*. Cette conception obtenue par un raisonnement continu fait découvrir une discontinuité radicale entre la série causale régressive et la cause première sans cause. La nature inconcevable de Dieu, qui ne saurait être *compris* dans la figure déterminée ou espace fini d'une image, implique ainsi son exclusion de la philosophie première[3].

Matériologiques, 2016, p. 13-32; ici, p. 29-30. *Cf.* EL I.XI. 5 : l'Écriture favorise la thèse d'une corporéité des anges.

1. Jugée sans doute trop irréligieuse, la formule *res credita vel agnita* pour Dieu (en résonance avec *res credita vel supposita* pour l'ange) est traduite *cette chose que la foi ou sa raison lui persuade*, ce qui modifie complètement le sens.

2. *Cf.* L. Foisneau, *Hobbes et la toute-puissance de Dieu*, Paris, P.U.F., 2000, p. 90-91.

3. *Cf.* AW, XXVII. 1 : le nom *étant, existant*, n'est pas générique pour Dieu et les autres étants, c'est un nom primitivement éclaté entre deux opposés, l'étant non-imaginable et l'étant imaginable. La philosophie première doit s'articuler au refus de tenir un discours sur Dieu : voir M. Pécharman, « Philosophie première et théologie selon Hobbes », *in*

La *Rép.* 5, qui accuse Hobbes de rendre délibérément équivoques les passages cités, est surprenante. 1) Descartes prétend que dans ce lieu précis de la *Meditatio III*, son refus de restreindre les idées aux *images des choses matérielles dépeintes en la fantaisie corporelle*, et son acception large du nom *idée* pour *tout ce qui est immédiatement perçu par l'esprit*, sont particulièrement manifestes. L'extrait cité désigne pourtant par le nom *idées* au sens propre seulement les pensées qui sont *comme des images de choses*. Leur manière d'être des images de choses reste obscure, et la caractérisation des autres pensées comme possédant *d'autres formes* que les idées ne résout rien: les formes ainsi attribuées indirectement aux idées proprement dites pourraient être tenues pour des figures. 2) La *Rép. 5* rattache au sens dit attesté dans la *Meditatio III* l'inclusion des volitions et affections parmi les idées, en tant que je n'ai pas de volition ou d'affection sans en avoir en même temps la perception[1]. Pourtant, dans la *Meditatio III*, cette inclusion était rendue impossible par le sens strict du nom *idées*. La *Rép. 5* fait comme si la Déf. 2 des *IIae Responsiones* (« par le nom d'idée, j'entends cette forme de toute pensée par la perception immédiate de laquelle je suis conscient de cette pensée elle-même ») était déjà opératoire dans le passage de la *Meditatio III* qui paraît lui être rétif, puisqu'il définit l'idée par un rapport de la pensée aux choses représentées et non par un rapport du sujet pensant à sa pensée. 3) Enfin, la *Rép. 5* renie le sens étroit des *idées* comme *figures* dans la *Regula XII* ou *L'Homme*[2]. Le nom *idée* dans son nouveau sens propre exclut la restriction de l'idée à une image et fait jouer la tradition théologique des formes des perceptions de l'esprit divin (par ex. Augustin, *Quaestio 46 De ideis*) contre la tradition psychologique du sens commun.

L. Foisneau (éd.), *Politique, droit et théologie chez Bodin, Grotius et Hobbes*, Paris, Kimé, 1997, p. 220-225.

1. Cf. *à Mersenne*, 28 janvier 1641, III 295.

2. *Cf.* AT XI, 174-178/G-I 411-413; *Dioptrique*, V, G-II 181-182. Voir J.-L. Marion, *Sur la théologie blanche de Descartes*, *op. cit.*, II.I. 12, p. 231-263; G. Olivo, *Descartes et l'essence de la vérité*, *op. cit.*, chap. VI. Le refus de cette acception est énoncé dans la Déf. 2 des *IIae Resp.* (160, 19-161, 3/124); cf. *à Mersenne*, 21 avril 1641, III 361. Les idées-images selon Hobbes ne sont pas en fait les idées-images des premiers traités de Descartes, ce ne sont pas des images cérébrales et matérielles, mais chacune n'est que le pur *apparaître* au sujet percevant d'un mouvement qui lui est interne comme s'il était quelque chose d'extérieur à lui : voir EL, I.II. 8.

Obj. 6 *et* Rép. 6

L'*Obj. 6* rejette l'inclusion dans les pensées d'une part des passions et volontés, d'autre part des jugements. 1) Les passions et volitions *sont des actes mentaux sans être des pensées*. La démonstration de ce point se fait sur le seul exemple d'une passion, la crainte, mais est transposable à la volonté (qui n'est pour Hobbes qu'une dernière passion dans une série d'actes conatifs ou motifs de l'esprit). Craindre et vouloir supposent un même invariant dans l'esprit, la possession d'une image, soit de la chose objet de crainte, soit de l'action objet de vouloir. Hobbes s'accorde avec la première composante (l'appréhension d'un objet) des passions et volontés selon la *Meditatio III*, mais n'accorde pas qu'il y ait en elles une seconde composante d'ordre cogitatif. Quand même on dirait que la crainte est une pensée[1], ce ne pourrait être une pensée autre qu'une pensée-idée, l'image d'une chose, car dans la crainte, il y a : a) l'idée d'une chose menaçante; b) l'affect[2] engendré par cette idée, par lequel c) le sujet est porté à un mouvement animal, la fuite. Le stade intermédiaire, ce qui est engendré dans mon cœur par exemple par l'idée d'un lion se ruant sur moi, est ce qui constitue pour les EL, I.VII. 2 *l'effort ou le commencement interne du mouvement animal*. D'après le schéma mécaniste des puissances de l'esprit des EL appliqué ici, la crainte n'est plus dans le registre du cogitatif, elle est à l'intérieur (et au plus profond) du corps le début d'un mouvement qui se poursuit dans ses membres pour l'éloigner d'une chose menaçante. Première partie infinitésimale du mouvement animal de fuite, la crainte ne saurait être tenue pour une pensée : causée par une pensée (qui est déjà un mouvement dans une certaine partie du corps, *Obj. 4*), elle amorce au-dedans du corps un mouvement qui se manifeste au dehors. Il n'y a donc pas d'autre pensée en elle que celle qui a la caractéristique d'une idée, la *similitudo rei*. 2) Les jugements *ne sont même pas des actes mentaux*, car affirmation et négation ne sont pas des actes mentaux, mais seulement des propositions verbales et les jugements n'ont pas de statut en dehors de propositions affirmatives et négatives. Ce transfert des jugements du champ du mental au registre propositionnel s'organise autour d'une comparaison avec les bêtes. Ces dernières n'ayant pas le

1. La traduction fausse le sens de l'*Obj. 6* en rendant « Etsi quidem timor sit cogitatio » par « Et quoiqu'à le bien prendre la crainte soit une pensée ».

2. Une passion est pour Hobbes un *effet* produit par une image ou idée, mais le terme spécifique *affectus* (qui est celui de la *Med. III*, 37, 12) paraît ici plus vraisemblable dans le latin que le terme plus général *effectus*. Il s'agit de montrer que ce que l'image produit est ce qui, à son tour, entraîne un mouvement animal : c'est précisément là ce qui définit pour Hobbes l'*affectus*, ou *passio*.

langage, il leur est impossible de juger, d'affirmer ou nier quoi que ce soit. Mais surtout les pensées des hommes, comme celles des bêtes, ne sont que des *pensées simples*, chacune la représentation d'un objet. Un homme voyant un autre homme qui court est capable de porter un jugement, car il est capable d'affirmer verbalement *un homme court*, mais il n'y a dans son esprit rien qu'une image. L'*Obj. 6* introduit une seule réserve finale : celui qui affirme conçoit les noms qu'il unit en une proposition comme ayant le même référent extra-discursif. Les noms qui composent une affirmation sont, pour celui qui affirme, *des noms de la même chose*[1]. Mais signifier, au moyen d'une proposition affirmative, que l'on conçoit ses noms sujet et attribut comme désignant tous deux une seule et même chose, n'ajoute aucun supplément mental aux pensées-idées : il y a là seulement signification répétée de la *similitudo rei* par laquelle la *Meditatio III* définit une idée.

Dans la *Rép. 6*, Descartes s'abrite derrière la valeur de notion commune de la différence entre avoir seulement une image visuelle (voir un lion) et avoir à la fois une image visuelle et une affection (voir et craindre un lion). Or Hobbes ne récuse pas cette différence mais l'inscrit dans une continuité entre deux mouvements distincts dans son schéma mécaniste. Descartes oppose par ailleurs à Hobbes l'évidence de la différence entre la vision d'un homme en train de courir et l'affirmation tacite (pour soi-même) qu'un homme court. La proposition alléguée ne peut être pour lui que mentale et non verbale.

Obj. 7 *et* Rép. 7

La place de cet extrait dans les *IIIae Objectiones* interrompt l'ordre de lecture de la *Meditatio III*, et *a fortiori* perturbe l'ordre des raisons[2]. L'*obj. 7* pointe que le statut *d'idée* de l'idée de Dieu n'est pas prouvé, ce qui ruine dans son principe la preuve de l'existence de Dieu sous ses deux formes et rend stérile l'investigation sur la manière dont l'idée de Dieu m'est *innée*. L'attribution de l'innéité à l'idée de *moi-même* est aussi doublement défaite, que ce soit pour mon corps, qui se perçoit par la vue, ou pour mon âme, qui n'est absolument pas l'objet d'une idée. La pensée de l'âme consiste seulement en un raisonnement inférentiel à partir des propriétés de sensation et de mouvement du corps humain. Il doit y

1. La traduction de « nomina ejusdem rei in affirmante » (182, 21) par « les noms de la chose même qui est en l'esprit de celui qui affirme » introduit un contresens.

2. L'*Obj. 7* reporte *avant* les deux preuves de Dieu par les effets un passage qui doit venir *après*.

avoir *quelque chose d'interne au corps humain* qui lui donne le mouvement animal, quelque chose au moyen de quoi il sent et se meut[1]. Le mouvement animal, ou mouvement volontaire, suppose une sensation, cause d'une affection ou passion qui le fait commencer[2]. C'est à partir de lui que l'on peut raisonner sur la présence de *quelque chose* à l'intérieur du corps qui soit le principe de l'animation de ses membres.

La *Rép. 7* constitue une seconde étape importante dans le travail de reformulation dans les *IIIae Responsiones* de la définition de l'idée. Après la nouvelle sémantique du nom *idée* mise en place dans la *Rép. 5*, Descartes amorce l'annexion (confirmée dans les *Rép. 8* et *9*) à sa redéfinition de l'idée de ce que Hobbes décrit comme une conclusion atteinte par le raisonnement : Hobbes peut bien refuser de nommer *idée* ce qu'il décrit comme une pensée obtenue par inférence rationnelle, cela fait partie du sens du nom *idée*[3]. Ce que Hobbes nie en paroles, il l'affirme quant au sens : son opposition entre l'idée et ce qui est conclu par la raison revient à un choix du sens cartésien du nom *idée* contre le sens qui le restreint à une image peinte dans la fantaisie[4].

Obj. 8 *et* Rép. 8

Hobbes oppose, à la phrase décrivant l'idée du soleil autre que l'idée de la sensation – l'idée tirée des raisons des astronomes, que Descartes dit trouver aussi dans son esprit –, la présence dans l'esprit en un seul et même moment d'une seule et unique idée du soleil, soit du soleil de la perception visuelle, soit du soleil dont les astronomes démontrent que sa taille réelle est beaucoup plus grande que sa taille apparente. Cette autre idée du soleil ne peut être nullement une seconde idée présente en même temps dans l'esprit. L'inhérence simultanée à l'esprit de deux idées différentes du soleil est impossible. Cette objection prolonge, au niveau du statut même d'une idée comme accident interne au sujet sentant/imaginant, la critique dans l'*Obj. 4* de la dualité cartésienne entre des idées de l'imagination et des idées de l'intellect. C'est aussi au niveau du mode d'être d'une idée dans l'esprit, que cette dualité est impossible. L'argument se poursuit en

1. L'antécédent de *quo sentit et movetur* dans le latin (183, 18-19) n'est pas *motum animalem* (le mouvement animal n'est nullement ce par quoi il y a sensation), mais *aliquid internum corpori humani*. La traduction est fautive.

2. *Cf.* EL, I.XII. 1 ; L, I.VI. 1.

3. Cf. *IIae Resp.*, 139, 5-11/109 : le nom *idée* englobe les trois modes de la perception intellectuelle (appréhension simple, jugement et raisonnement), conformément à la division des opérations de l'esprit dans les traités de logique. Cf. *à Mersenne*, juillet 1641, III, 395.

4. Voir I. Agostini, *L'idea di Dio in Descartes*, *op. cit.*, p. 180-200.

déniant le statut même d'idée à ce que Descartes dit être une autre idée du soleil. L'autre idée du soleil n'est pas du tout une idée du soleil, mais une conclusion atteinte par les raisonnements des astronomes sur notre unique idée du soleil, son idée sensible. Les arguments des astronomes prouvent que notre idée sensible du soleil nous trompe sur sa grandeur réelle. Au passage, l'*Obj. 8* déplace la source des raisonnements des astronomes des notions innées pour Descartes à l'usage du télescope.

La *Rép. 8* tient en une unique phrase latine, par laquelle Descartes procède, comme dans la *Rép. 7*, à l'intégration à sa définition du nom *idée* de ce que Hobbes nie être une idée, à savoir ce qui est perçu en raisonnant.

Obj. 9 *et* Rép. 9

Dans le passage de la *Meditatio III* sur les différents degrés de réalité objective de nos idées, Hobbes complète d'abord avec l'idée de la substance (*Obj. 4*) la panoplie des idées refusées dans les *IIIae Objectiones*. Il s'agit seulement, comme pour Dieu (*Obj. 5*) et l'âme (*Obj. 7*), de la conclusion d'un raisonnement. La notion d'une représentation dans l'esprit de quantités différentes de réalité (*plus ou moins de* réalité objective des idées) doit être combattue, et plus radicalement la notion de degrés de réalité qui la soutient. La gradation du moins réel au plus réel à laquelle Descartes conforme la réalité objective des idées selon la double hiérarchie Dieu/substances finies et substance/accidents est impossible dans la philosophie première de Hobbes : 1) Dieu en tant qu'étant inconcevable est exclu de l'ontologie commune, la hiérarchie entre Dieu et les étants finis est éliminée; 2) les accidents n'appartiennent pas au registre des étants, mais des essences (*Obj. 2*), et cette scission entre leur *in-esse*, *être-dans*, et ce qui est, *ens*, interdit toute gradation entre eux et les substances.

En réponse, Descartes procède de nouveau à l'assimilation au sein de son acception de l'idée comme forme consciente de la pensée de ce qui est seulement atteint par un raisonnement et que Hobbes oppose à la possession d'une idée-image. Sur les degrés de réalité, il retourne à Hobbes comme une évidence (de fait, pour lui un axiome)[1] cela même que ce dernier n'admet pas: que l'être-chose d'une substance est supérieur à l'être-chose d'un mode, de même pour la substance infinie et indépendante par rapport aux choses finies et dépendantes. Mais la *Rép. 9* ajoute de façon étonnante à cette double gradation une gradation supplémentaire à l'intérieur du premier rapport, qui n'est plus simplement entre substances

1. Cf. *IIae Resp.*, Ax. 6, AT VII 165, 28-30/IX 128.

et modes, mais entre substances complètes et modes. Il faut introduire un échelon intermédiaire regroupant les qualités réelles et les substances incomplètes : moins de réalité que les substances complètes, plus de réalité que les modes. La *Rép. 9* accorde ainsi une place dans les degrés de réalité à des entités en soi contradictoires[1].

Obj. 10 *et* Rép. 10

Passant en revue les attributs inclus dans la signification du nom *Dieu* selon Descartes, Hobbes montre qu'il est impossible d'y trouver quelque chose qui n'ait pu venir de moi-même (l'infinité, l'indépendance) ou qui n'ait pu avoir pour origine les objets extérieurs (l'intelligence souveraine, la toute-puissance). La *substance* à laquelle les attributs divins sont dits appartenir n'est pas l'objet d'une idée: entendre par le nom *Dieu* une substance, c'est seulement conclure par un raisonnement que Dieu existe (*Obj. 4* et *5*). Les significations négatives d'*infini* et *indépendant* suffisent à rendre impossible qu'il y ait une idée de Dieu, car toute idée délimite son objet et est produite à un moment donné, deux conditions introuvables pour Dieu. *Infini* signifie in-finissable, in-terminable, in-compréhensible, pour mon imagination, condamnée à répéter indéfiniment son essai de délimitation, et ne rencontrant que ses propres limites. *Indépendant* se dit au sens où mon esprit ne conçoit pas de cause ou origine de Dieu. Au contraire mes idées ont eu des commencements distincts dans la sensation et conservent dans la mémoire un rapport de succession conforme à quelque série sensible originaire. Les noms *infini* et *indépendant* marquent donc la double exclusion de Dieu du nombre des choses concevables : une idée sans limites et sans origine est un néant d'idée. La manière dont l'idée d'*intelligence souveraine* se tire des objets extérieurs n'est pas décrite. L'idée de la *puissance* de produire quelque chose dans le temps futur qui n'a pas d'existence se tire de l'idée d'une action dans le passé. La dépendance que j'infère de cette action passée à une puissance de son agent dans un passé antérieur se reporte en une dépendance d'actions futures semblables à l'existence continuée du même agent. Enfin, *créateur de tout ce qui existe* est l'attribut sur lequel achoppe inévitablement la démonstration à partir de l'idée de Dieu, à supposer même que l'on soit parvenu à la faire aboutir à partir des attributs précédents. La création de tous les autres étants par l'étant divin est indémontrable. L'insistance de Hobbes sur cette impossibilité recouvre son refus d'une philosophie première intégrant

1. Cf. *IVae Resp.*, AT VII 249, 8-13/IX 192 et 222, 15-20/173 ; *VIae Resp.*, 434, 23-27/235.

ce qui relève de la théologie. Comme il le montre dans AW, V. 3, la philosophie première ne peut se rapporter qu'à la génération des phénomènes, au passage *d'un mode d'être à un autre*; le passage *du non-être à l'être*, la création *ex nihilo*, ne saurait être son objet, seul le devenir ou changement est concevable. La critique générale de l'innéisme, qui n'a pas été jusqu'à présent formulée comme telle (*obj. 7*), apparaît enfin avec la question *l'âme pense-t-elle dans un état de profond sommeil sans rêves ?, i.e., l'âme pense-t-elle toujours ?* Des moments où l'âme ne pense pas sont aussi des moments où elle est sans idées, ce qui élimine la thèse des idées innées, qui devraient être toujours présentes.

La *Rép. 10* ramène l'*Obj. 10* à une thèse unique : la dérivation des idées des attributs divins à partir des objets extérieurs *tanquam ab exemplari*, comme à partir d'un modèle[1]. Les idées des attributs divins ne peuvent pas être les copies d'originaux ou patrons dans les objets extérieurs, leur dissemblance absolue avec la nature corporelle l'interdit. En application de l'axiome de la similitude entre l'effet et sa cause, toute dissimilitude dont nous avons la pensée avec les choses corporelles doit faire conclure que les corps ne peuvent pas en être eux-mêmes la cause. Ce qui est pensé dans une chose différemment de ce qui est pensé dans les corps doit avoir pour cause la cause même de cette différence dans notre pensée[2]. La suite de la *Rép. 10* exploite l'absence d'explication par Hobbes de la manière dont l'idée de l'intelligence divine peut se tirer des choses extérieures. L'explication est, au contraire, facile lorsqu'*idée* s'entend pour *tout ce qui est la forme de quelque perception* (*Rép. 5*). Ma perception immédiate que je perçois quand je perçois me fournit par extrapolation à l'infini l'idée de l'intellection divine. L'extension indéfinie de cette forme consciente de ma pensée qu'est une idée me donne l'idée de l'intelligence divine. Et ainsi de tous les autres attributs divins : nous avons leurs idées à partir de notre esprit[3]. L'impossibilité selon Hobbes de prouver la création divine de

1. Trad. : *cause exemplaire* pour *exemplar* (VII 188, 7/IX 146). Cette notion scolastique signifie la causalité formelle du concept de la chose à produire, le statut archétypal de sa représentation dans l'esprit de celui qui la produit. Son intrusion dans la traduction paraît malvenue, même si cet ajout veut marquer *d'emblée* le refus aux choses extérieures du statut de causes de nos idées des attributs divins.

2. La traduction ne maintient pas la généralité de l'argument, qui devient : toutes les dissimilitudes que nous concevons *être en Dieu* avec les choses extérieures proviennent de la cause de cette diversité, *c'est-à-dire de Dieu*.

3. Cette explication n'est pas une retombée dans la thèse de la négativité de l'idée de l'infini. Ma faculté même d'extrapolation indéfinie ne peut avoir comme cause qu'un être actuellement infini : *Med. III*, 51, 29-52, 6/41 ; *IIae Resp.*, 133, 17-26/105 et 137, 8-138,

toutes choses se trouve à présent réfutée : l'idée de Dieu dont se tire la preuve de son existence contient l'attribut de toute-puissance. Une existence autre que celle de Dieu qui ne dépendrait pas de Dieu constituerait une contradiction avec l'existence de Dieu *tout-puissant*. La démonstration de l'existence de Dieu contient donc celle de la création. La *Rép. 10* s'achève sur l'explicitation du sens dispositionnel et non actuel de l'innéisme cartésien : une idée innée ne signifie pas sa présence constante à l'esprit, mais la faculté de la faire surgir[1].

Obj. 11 *et* Rép. 11

L'extrait cité conclut le passage de la *Meditatio III* sur la *similitudo Dei* en moi-même. L'existence de Dieu se démontre nécessairement comme cause du moi qui possède son idée. Contre quoi Hobbes répète que cette preuve n'est pas donnée, car il faudrait d'abord démontrer la possession par l'esprit de l'idée de Dieu, ce que la *Meditatio III* ne fait pas et que la religion chrétienne interdit (*Obj. 5*). Descartes précise avec lassitude que l'inconcevabilité de Dieu n'a pas le sens d'une non-possession par l'esprit humain de l'idée de Dieu, mais seulement de la non-possession d'une compréhension entière et parfaite de sa nature[2].

CONTRE LA *MEDITATIO IV*

Obj. 12 *et* Rép. 12

L'extrait cité débute par l'assertion que l'erreur en tant qu'erreur n'est qu'*un défaut*, rien de réel *qui dépende de Dieu*. L'objection porte strictement sur l'inapplicabilité à l'erreur de l'exclusion posée par la *Meditatio IV* entre *n'être qu'un défaut* et *requérir une faculté positive*. Hobbes élargit la question sous un double rapport : en différenciant l'erreur de l'ignorance, et en différenciant les êtres animés (hommes et bêtes) des êtres inanimés. La seconde considération permet d'éviter de placer l'erreur sous le même régime déficitaire que l'ignorance, *n'être qu'un défaut*. Pour l'ignorance, pur manque, on est fondé à exclure l'implication d'une quelconque faculté et à affirmer que *c'est seulement un défaut*. La même

1/108; *Vae Resp.*, 365/G IV-1 560; *à Regius*, 24 mai 1640, III 64 et *à* ***, août 1641, III 427-428.

1. Cf. *IVae Resp.*, 246-247/190; *Notae in Programma*, AT VIII-2 361 et 366; *à Arnauld*, 29 juillet 1648, V 221.

2. Cf. *IIae Resp*, 140, 2-5/110 et *Iae Resp.*, 113, 28-114, 3/90.

disjonction ne fonctionne pas pour l'erreur, qui se produit dans certaines créatures (les êtres animés) et pas dans d'autres (les êtres inanimés) : il n'y a possibilité de se tromper que pour les créatures qui possèdent *au moins* la faculté d'imaginer. L'erreur suppose la possession de facultés cognitives, ce qui revient à dire qu'il y a une réalité impliquée dans l'erreur (non qu'elle a une réalité par soi), que l'erreur n'est pas qu'un défaut. L'usage que nous faisons d'une faculté positive est l'origine de l'erreur. L'erreur peut être simplement empirique dans les conjectures sur des événements passés ou futurs (hommes et bêtes), ou elle peut multiplier des propositions fausses (l'erreur-fausseté, spécificité humaine car seul l'homme raisonne sur des enchaînements de noms en propositions, *Obj. 4*)[1]. Propositionnelle ou empirique, l'erreur n'est jamais attribuable à la faculté positive (faculté de raisonner ou imagination) qu'elle requiert. Hobbes poursuit en dénonçant une contradiction dans la *Meditatio IV*. Descartes récuse qu'il y ait *quelque chose de réel* d'impliqué dans l'erreur, mais affirme ensuite la dépendance de mes erreurs à l'égard de deux facultés en moi, la faculté de connaître et la faculté de choisir ou libre arbitre. Abstraction faite de son refus du libre arbitre, Hobbes considère que ce concours entre facultés de l'esprit contredit la thèse initiale sur l'erreur comme *seulement un défaut*. Malgré lui, Descartes corroborerait ainsi la position de Hobbes : l'erreur n'est pas *qu'un défaut*, mais dépend de la possession de facultés positives.

La *Rép. 12* admet l'assertion *il est besoin d'une faculté pour errer* lorsqu'on ne fait pas de l'erreur la fin de cette faculté, mais seulement l'effet de son mauvais usage. Mais Descartes se méprend sur la position de Hobbes, et lui prête la thèse que l'erreur est quelque chose de réel. Il s'attache à réfuter l'attribution d'une réalité à ce qui ne consiste qu'en un usage incorrect de la faculté de juger, et à défendre indirectement la thèse de la *Meditatio IV* que l'erreur est une privation. L'*Obj. 12* allègue que, *de cela seul que* les pierres n'ont aucune faculté de connaissance, il leur est impossible de se tromper; donc, la capacité de se tromper requiert la possession d'au moins une puissance cognitive. Descartes exploite l'exemple des pierres[2] : *de cela seul que* les pierres n'ont pas la capacité de vision, elles ne sont pas dites aveugles; mais cela ne fait pas de la cécité, lorsqu'on dit de X que X est aveugle, quelque chose de réel. La non-imputabilité aux pierres de la cécité ne fait pas de la cécité quelque chose de réel, la cécité est dans le sujet dit aveugle une privation, le manque d'une faculté

1. *Cf.* EL I.v. 13.
2. *Cf.* É. Gilson, *Index scolastico-cartésien*, *op. cit.*, n° 381, p. 245.

naturelle. L'inférence de Hobbes (ou prêtée à Hobbes par Descartes) est donc fallacieuse.

Le problème soulevé par Hobbes d'une forme d'incohérence dans la *Meditatio IV* entre le refus de toute réalité à l'erreur et la définition de la cause de l'erreur par le concours entre deux facultés réelles de l'esprit n'est pas compris par Descartes, qui le rapporte à la relation entre l'affirmation du libre arbitre et ce qui précède. Ce contresens a cependant une vertu : il amène Descartes à expliciter sa doctrine de la liberté. Son intérêt est éveillé par la remarque finale de l'*Obj. 12* sur l'absence de démonstration dans la *Meditatio IV* de la liberté de décision (*arbitrii libertas*), ce qui expose selon Hobbes à une controverse avec les calvinistes. La dernière partie de la *Rép. 12* contient plusieurs éléments développés plus tard dans les *Principia* I, 39-41. 1) La liberté, ou liberté *de la volonté*, se connaît immédiatement, sans preuve, par simple retour sur soi de chacun : *tous, nous l'expérimentons en nous-mêmes*. Le libre arbitre est une *notion commune*[1].
Ce sentiment universel dispense de tout débat avec quiconque en exigerait la preuve (tels les calvinistes de Hobbes). 2) La difficulté sur la compatibilité de la liberté humaine avec la prédestination ne préoccupe que ceux qui *ont en vue* la préordination divine, alors que la *Meditatio IV* adopte la perspective de quiconque n'*a en vue* que *soi-même*. L'expérience intime et partagée de l'identité du volontaire et du libre nous épargne toute discussion sur le problème du libre arbitre et de la préordination divine, avec des calvinistes ou avec d'autres théologiens[2]. Les *Principia* I, 41 expliciteront ce qui fonde cette position de retrait : la disproportion entre l'esprit humain fini et la puissance divine infinie qui invite à s'en tenir à la *parfaite compréhension* que nous avons de notre libre arbitre[3].

1. Voir *à Mersenne*, décembre 1640, III 259 ; *Vae Resp.*, VII 377 ; *Principia* I, 39.

2. La traduction reprend la mention des seuls calvinistes, mais le latin est plus général : il n'y a pas lieu d'examiner *l'opinion d'autres auteurs* sur cette question (*quaenam sit ea de re opinio aliorum* [191, 14]).

3. Des *lettres à Élisabeth* en 1645-1646 affrontent cependant la question de la compatibilité entre la préordination et le libre arbitre ; *cf.* AT IV, 314, 333 et 354. Contrastant avec l'esquive en 1641 du problème soulevé par Hobbes d'une position trop arminienne aux yeux des calvinistes, Descartes s'y révèle au jugement de certains (tel Leibniz, *Théodicée*, II, § 164) *ultra-calviniste*.

Obj. 13 *et* Rép. 13

Suivant la *Meditatio IV*, la volonté est intérieurement déterminée par l'évidence du *J'existe* à assentir à sa vérité : une grande lumière dans l'entendement (*magna lux in intellectu*) est suivie d'une grande inclination dans la volonté (*magna propensio in voluntate*). Hobbes rejette l'expression métaphorique *magna lux in intellectu*. Faire état d'une *lumière dans l'entendement* dans l'explication des différents degrés de la liberté de la volonté contrevient pour lui à la règle du discours philosophique, qui doit être non seulement non-métaphorique, mais même anti-métaphorique[1]. L'expression de Descartes est équivoque, elle peut convenir à tout autre chose qu'une *connaissance certaine*. Une *prétention de connaissance* détermine infailliblement une *opiniâtreté*, l'entêtement ou obstination dans une certaine opinion[2]. La répartition entre la connaissance d'une vérité (attribuée à l'entendement) et l'assentiment à une vérité (attribué à la volonté) fait ensuite l'objet de la critique principale. Croire que quelque chose est vrai, ou assentir à quelque chose comme à une vérité, est tout autant étranger à la volonté que savoir qu'une chose est vraie. Les actes mentaux d'assentiment et de croyance ne sont pas des actes de la volonté. Le *De cive*, XVIII, 4, l'explique : si une proposition est *reçue pour vraie* dans notre esprit, c'est que notre mémoire sémantique (la mémoire des significations établies des noms) nous fait retrouver dans cette proposition elle-même les raisons de l'accepter comme vraie. L'assentiment à cette proposition ne se distingue pas de la connaissance de sa vérité. Le crédit accordé par exemple à des récits d'historiens relève pour sa part d'un assentiment pour des raisons dérivées de la personne de l'énonciateur (on ne le soupçonne pas de mensonge), non de ses énoncés mêmes. Ces deux formes d'assentiment, l'un fondé dans notre mémoire sémantique, l'autre dans la confiance que nous plaçons en autrui, sont des actes internes à l'esprit, mais l'*Obj. 13* récuse pour cet *assensus internus* (trad. *le consentement et l'aveu intérieur*) le statut d'un mode du vouloir. Qu'il soit accordé à une démonstration correctement déduite (*choses prouvées par de bons arguments*) ou à un récit fiable (*choses racontées comme croyables*), l'assentiment est donné *qu'on le veuille ou non*[3]. La phrase : « il est vrai qu'affirmer ou nier, soutenir ou réfuter des propositions, ce sont des actes

1. *Cf.* EL, I. 5.7 et AW, I. 2 sur l'équivocité des métaphores.

2. Sur l'opinion et la croyance, voir EL I. VI. 6.

3. Latin : *volentes nolentes credimus*. La traduction *soit que nous le veuillons ou non, nous sommes contraints de les croire* introduit un élément parasitaire importé de la différence établie dans la *Meditatio IV* entre la détermination de la volonté par la perception du vrai et une détermination qui serait l'effet d'une contrainte extérieure.

de la volonté » ne fait pas d'affirmer et nier des modes de la volonté comme faculté dans l'esprit (le sens de Descartes). Les verbes *affirmer ou nier*, comme *soutenir ou réfuter*, se rapportent au complément *propositions*. Affirmation et négation sont des propositions affirmatives et négatives (*Obj. 6*). Ce sont des actes de la volonté non pas au sens d'actes de la volonté dans l'esprit, mais au sens de l'application d'un vouloir aux mots lorsque nous *voulons dire* quelque chose[1]. Il y a ainsi, dans l'*Obj. 13*, deux façons de récuser le statut conféré à la volonté comme faculté de juger dans la *Meditatio IV* : 1) l'assentiment, acte intérieur à l'esprit, n'est pas un acte de la volonté dans l'esprit, il a le même statut que savoir qu'une proposition est vraie, c'est-à-dire que les noms qui la composent sont les noms d'une seule et même chose. 2) Si affirmer et nier des propositions sont dits des actes de la volonté, ce n'est pas au sens où ils seraient des actes internes à l'esprit, mais au sens où l'union ou la séparation entre des noms pour former des propositions dépendent d'un vouloir-unir ou vouloir-séparer ces noms.

Descartes défend la valeur explicative de la *magna lux in intellectu* : le reproche d'un défaut argumentatif ne peut être que le symptôme d'un attachement de l'objecteur aux formes d'argumentation aveugles d'une logique stérile[2]. La *Rép. 13* donne la *perspicuitas cognitionis*, la *clarté ou perspicuité de connaissance*, pour la signification universellement reçue des mots *lumière dans l'entendement*[3]. Mais ce groupe de mots renvoie surtout à la *Regula IX* et participe de l'éviction du modèle de la logique argumentative. L'obstination dans une opinion ou préjugé ne saurait créer l'équivoque avec cette *perspicuitas*, intuition distincte des choses les plus simples[4]. La *Rép. 13* revient ensuite sur le *soit que nous le voulions, ou que nous ne le voulions pas, nous croyons* de Hobbes. Descartes substitue aux objets du *croire* ou *assentir* dans l'*Obj. 13* un autre objet : non plus les preuves valides et les récits fiables, mais les choses saisies avec clarté, *clare perspectae*. Pour rendre manifeste l'absurdité du *qu'on le veuille ou non* de l'assentiment selon Hobbes, Descartes construit une analogie,

1. EL, I.XII exclut la volonté entendue comme une quasi substance sujet d'actes, et admet seulement la volonté comme acte singulier, volition. Une volition ne peut pas être un acte lui-même volontaire à l'intérieur de l'esprit (un acte de la volonté comme faculté distincte de ses actes). Est volontaire ce qui *procède* de la volonté, non ce qui *est* volonté.

2. Cf. *Regula X*, AT X, 405-406.

3. Synonymie attestée p. ex. en *Med. IV*, AT VII 59, 17-18/IX 47 et *Med. V*, AT VII 70, 3 et 16/IX 56.

4. Cf. *Regula IX*, AT X, 400/G I 389. Le *Leviathan* I.v. 20 fait de la *perspicuitas* un synonyme de « *la lumière des esprits humains* » en un sens tout différent : *the light of human minds is perspicuous words*, la lumière est la clarté des mots qui ont fait l'objet de définitions.

en remplaçant *les choses clairement saisies* par leur exact correspondant dans l'ordre praxéologique, *le bien clairement connu*. Un désir qui se porterait sur un bien clairement connu *soit que nous voulions, ou que nous ne voulions pas*, *volentes nolentes*, apparaît aussitôt comme une absurdité. Le second terme, *nolentes*, ne peut qu'engendrer un non-sens. Pour le récuser, Descartes fait signifier au *volentes nolentes* de Hobbes non pas une structure alternative où chaque membre se trouve disjoint de l'autre (*sive volentes, sive nolentes*, *soit que nous voulions, soit que nous ne voulions pas*), mais une structure conjonctive (*volentes et nolentes*, *en voulant et ne voulant pas*). Les deux actes de vouloir et ne pas vouloir apparaissent ainsi comme simultanés relativement à un même objet; le *volentes nolentes* de Hobbes a été changé en la réunion en un seul et même acte contradictoire de deux actes contraires. La *Rép. 13* n'est pas à un tour de passe-passe logique près pour éviter que l'irrésistibilité de l'évidence affirmée dans la *Meditatio IV* ne paraisse revenir à la nature non volontaire de l'assentiment interne, autrement dit à la thèse de Hobbes[1].

CONTRE LA *MEDITATIO V*

Obj. 14 *et* Rép. 14

L'*Obj. 14* contre la thèse de la nature immuable et éternelle d'un triangle même s'il n'existe aucun triangle nulle part ne se réduit pas à un argument empiriste, car celui-ci n'a qu'une fonction intermédiaire. L'attaque première est ontologique : n'être *nulle part*, *nullibi esse*, c'est *ne pas être*, *non esse*, absolument, et donc n'avoir *aucun être déterminé* ou nature, *non habere esse, seu naturam aliquam*. Il n'y a pas d'essence de ce qui n'existe pas, seul un existant, *ce qui est absolument*, possède une nature, *un être*. Il faut être subjecté sous une certaine partie de l'espace imaginaire, avoir *un lieu*, pour pouvoir être le sujet de telle ou telle essence déterminée. Un triangle ne fait pas exception à ce régime commun. L'*Obj. 14* s'adosse à une identification entre être absolument un étant et être numériquement distinct de tous les autres étants. Ce qui a une certaine nature, c'est nécessairement un étant singulier : la différenciation spatiale par laquelle quelque chose purement *est*, ou *est corps*, soutient toute autre forme de différenciation. Un triangle ne saurait avoir de propriétés démontrables sans être d'abord distingué par son *être-quelque part*, en tant

1. Voir FA II, n. 1 p. 626. Sur *l'hypothèque nécessitariste*, voir D. Kambouchner, *L'homme des passions*, Paris, Albin Michel, 1995, 2 t., ici, t. II, p. 35 *sq*.

purement qu'existant individuel, de tous les autres existants individuels. L'*esse* absolu d'un existant singulier, son pur exister, n'est pas l'objet des sens (*Obj. 4*), mais dans la perception sensible d'un corps singulier, le phénomène de son exister (*quod est*) est inséparable du phénomène tout entier (*totum phaenomenon*) de cet individu. Les propriétés ou *particularia* qui le distinguent des autres existants individuels sont aperçues par décomposition mentale de cette première image totale[1]. L'argument empiriste sur la genèse sensible de l'idée de triangle, qui n'intervient qu'en second dans l'*Obj. 14*, n'est pas à cet égard l'argument ordinaire sur l'origine sensible de nos idées envisagé (et éliminé) dans la *Meditatio V* comme une objection à la thèse des essences immuables et éternelles des figures géométriques. Hobbes n'est pas Gassendi. Dans les *Vae Objectiones*, l'idée d'homme est un *concept commun, abstrait des natures semblables vues dans Platon, Socrate, et tous les autres hommes*; de même, l'idée du triangle consiste en une idée commune, abstraite des perceptions sensibles des triangles matériels[2]. Mais pour Hobbes, la genèse d'un triangle *in mente* n'est pas celle d'un universel *in mente*, ce n'est pas une idée ou image générale dans l'esprit formée par abstraction à partir de nos perceptions répétées de plusieurs triangles en différents lieux et à différents moments[3]. L'idée du triangle est nécessairement idée d'*un* triangle, image singulière d'un existant singulier. Sa formation se fait soit directement à partir d'une seule image visuelle, soit indirectement à partir d'une image, en elle-même unique, fabriquée par l'imagination avec des parties prises de plusieurs images visuelles. L'argument empiriste assure la transition vers une redéfinition des vérités éternelles en les déplaçant dans l'ordre du langage. L'*Obj. 14* tire la leçon du double refus de l'universel *in re* et *in mente* : il n'y a d'éternité que des noms, qui seuls sont universels. L'idée ou image singulière d'un triangle, formée à partir de la perception visuelle ou imagination d'une chose étendue comme occupant un espace délimité par trois lignes droites, fonde l'imposition à cette chose du nom *triangle*. Le nom donné à ce corps individuel pourra s'appliquer distributivement à tout autre corps perçu ou imaginé semblablement comme ayant pour côtés trois lignes droites et possédant trois angles. Une fois le nom *triangle* institué pour signifier l'idée singulière d'un triangle singulier, la supposition de la disparition de ce triangle individuel n'implique pas la disparition du nom qui lui a été attribué, le nom général *triangle* demeure.

1. Voir *De corpore*, I.VI. 2.

2. 319, 27-29/G IV-1 506-507; 321, 3-5/G IV-1 508.

3. Voir AW, MS, 471 : une idée universelle constitue une contradiction (l'image de tous les triangles perçus ne serait l'image d'aucun d'entre eux).

Derechef, une fois imposé à un triangle singulier un *second nom* (*nomen alterum*), qui ne consiste pas cette fois en un seul mot[1], mais en la périphrase *ce qui a trois angles égaux à deux droits*, signifiant que nous concevons dans ce triangle individuel la propriété d'égalité entre tous ses angles et deux droits, la supposition qu'il n'existe dans le monde *aucun angle*[2] n'entraîne pas davantage la disparition de ce second nom composé. Il demeure tout autant que le nom simple *triangle*. En raison de la permanence de ces deux noms qui survivent à la destruction dans le monde de tous les triangles et de tous les angles, la vérité de la proposition *un triangle est ce qui a trois angles égaux à deux droits* est une vérité *pour toujours*, *sempiterna veritas*. Ce n'est pas la propriété elle-même d'avoir ses trois angles égaux à deux droits qui constitue une vérité éternelle, comme le voudrait Descartes. Les essences ou natures des figures géométriques périssent si toutes les figures géométriques individuelles périssent, mais les vérités éternelles sur les propriétés des figures, qui sont l'objet de la science mathématique, ne sont pas incluses dans ces essences ou natures, elles consistent en des propositions universelles nécessairement vraies. La survivance des noms *une fois* imposés, même si tous leurs référents sensibles sont détruits, garantit une indestructibilité des vérités. Ce sont les propositions formées de *noms éternels*, la proposition sur la propriété du triangle (la proposition I. 32 des *Éléments* d'Euclide), ou la proposition *l'homme est un animal*, qui sont impérissables. La proposition conditionnelle *si quelque chose est un triangle, alors, cette chose a la propriété d'égalité de ses angles à deux droits* reste pour toujours vraie, même s'il n'y a plus et n'y aura plus nulle part de triangles ni d'angles. Les essences (raisons de l'imposition de noms aux existants) sont périssables, mais pas les noms imposés en raison d'elles ni nos conceptions des significations de ces noms. La conclusion de l'*Obj. 14* réduit ainsi l'essence identifiée par Descartes à une « nature immuable et éternelle » à la définition dans l'*Obj. 4* du raisonnement, en tant que suite de propositions se ramenant à un enchaînement de noms. Le raisonnement n'est rien d'autre que la liaison entre des noms au moyen de la copule ; de même l'essence distinguée de l'existence n'est rien d'autre que ce qu'est chaque proposition dans un raisonnement. Dans la mesure où sa signification est portée par la liaison propositionnelle entre deux noms, l'essence est de notre fabrication, *commentum nostrum*[3]. Des analogies peuvent éclairer le statut de l'essence

1. Voir L, I.IV. 8, *De corpore*, I.II. 14.

2. Traduction fautive à corriger : *aucun triangle*.

3. Une fiction, mais pas *de notre esprit :* corriger la traduction. La fiction est pour Hobbes produite par la forme propositionnelle.

par rapport à l'existence quand l'essence est distinguée de son sujet d'inhérence. L'image d'un homme par rapport à cet homme existant n'est rien de réel, un simple phantasme, et la proposition *Socrate est un homme* illustre, par rapport à la proposition *Socrate existe*, l'essence de Socrate. Non pas l'être-Socrate, l'*esse Socratum*, l'accident singulier qui est la raison de l'imposition du nom propre *Socrate*, mais l'essence de Socrate qui résiste à la mort de Socrate. Cette essence factice dépend entièrement de la liaison des noms par la copule, si bien que, même si Socrate n'existe pas, l'idée d'un seul et même individu sous deux noms différents continue à être conçue grâce à la liaison entre ces deux noms.

La *Rép. 14* est un refus de répondre, justifié par l'admission générale de la distinction essence/existence et la réfutation déjà donnée du remplacement des concepts (éternels) par des noms (éternels) avec la *Rép. 4*.

CONTRE LA *MEDITATIO VI*

Obj. 15 *et* Rép. 15

L'*Obj. 15*[1] récuse la nécessité de l'inférence de l'existence des corps à partir de la certitude que Dieu est non-trompeur. Pour rendre nécessaire la conclusion *les corps existent*, il faut d'abord prouver que la proposition *Dieu ne peut en aucun cas nous tromper* est *universellement vraie*. L'énoncé de cette proposition par Hobbes, *Deus nullo casu potest nos fallere*, est traduit par Clerselier *Dieu ne nous peut jamais tromper* (VII 195, 6/IX 151). Cette traduction fait ainsi porter l'*Obj. 15* sur une proposition proche du *fieri non posse ut Deus me unquam fallat*, *il est impossible que jamais Dieu me trompe* dans la *Meditatio IV*. Il faut au contraire marquer la différence entre les deux énoncés. La proposition dont Hobbes demande que sa vérité universelle soit établie ne concerne pas

1. Dans la phrase « Dieu ne m'a donné aucune faculté pour connaître que cela soit, ad *hoc* cognoscendum », Hobbes ajoute une parenthèse après le *hoc* afin de préciser son référent. Il interprète ce démonstratif neutre comme renvoyant à ce qui suit dans le texte de la *Meditatio VI*, la troisième cause possible – la dernière restant à examiner – des idées de la sensation, les corps eux-mêmes : *Dieu ne m'a donné aucune faculté pour connaître ceci, à savoir, si les idées sont envoyées par les corps, ou non.* Mais la traduction rend impossible cette lecture, en substituant à la parenthèse explicative de Hobbes une autre parenthèse, assignant pour référent à *hoc* les deux premières causes possibles de nos idées de la sensation, ou plus exactement même une seule, Dieu, selon que Dieu agit immédiatement ou médiatement. La modification dans la traduction du contenu de la parenthèse explicative de Hobbes peut avoir été apportée à la demande de Descartes. L'interprétation de Hobbes n'en reste pas moins intéressante.

la tromperie au sens du *vouloir-tromper*, qui constituerait pour la *Meditatio IV* une contradiction avec la nature souverainement parfaite de Dieu. Pour Hobbes, il faut avoir égard à la tromperie sans *injuria* ou préjudice pour autrui qui ne constitue pas dans celui qui trompe un péché ou crime (le médecin qui trompe son malade pour son bien). La contradiction entre la volonté de tromper et la nature de Dieu ne suffit donc pas pour la déduction de l'existence des corps. Il faudrait prouver aussi qu'il n'est pas de cas où Dieu puisse recourir avec les hommes à un mensonge qui leur soit bénéfique. Le Dieu non-trompeur ne peut fournir la prémisse de la conclusion *les corps existent* que si l'on prouve que même la possibilité d'une forme utile de tromperie dénuée de toute intention de tromper doit être refusée à Dieu.

La *Rép. 15* rétablit la véritable condition de la démonstration de l'existence des corps. Le fondement requis ne saurait être que nous ne puissions en aucun cas nous tromper[1]. La fréquence de nos erreurs n'a aucune incidence sur la preuve fournie, seul importe le fait que nos erreurs ne puissent avoir Dieu pour cause. La conclusion *il existe des corps* s'infère nécessairement de ce qu'il n'existe aucun cas où nous nous trompions qui soit imputable à une volonté de tromper en Dieu. La considération d'une autre tromperie en Dieu que la volonté de tromper n'est pas pertinente. Dans les *IIae Responsiones*, Descartes rétorque à l'argument de la tromperie bienveillante que pour lui il n'est question que de *la malice interne et formelle qui est contenue dans la tromperie*. La *Rép. 15* le redit : la seule tromperie divine qu'il faille prendre en compte quant aux causes de l'erreur, c'est celle du vouloir-tromper, qui constituerait une contradiction en Dieu. Descartes retourne ainsi contre l'*Obj. 15* l'accusation de défaut logique – mauvaise inférence, *mala illatio*.

Objection dernière *et* Réponse dernière

La fin des *IIIae Objectiones* fait écho à leur début. L'*Obj. 16* examine le critère découvert dans la *Meditatio VI* pour discerner la veille du rêve. Hobbes fait la supposition d'un rêveur dont le rêve aurait pour objet l'incertitude de son état présent (*rêvé-je ou non ?*)[2]. Son rêve intégrerait le critère de la continuité posé dans la *Meditatio VI* : ce rêveur relierait les images de son rêve et les images des actions de sa vie passée. Ces dernières lui

1. La *Rép. 15* déplace en un *se tromper* (nous-mêmes) le *tromper* (Dieu) de l'*Obj. 15*.

2. Voir EL, I.III. 8 : parce que les images des choses sont aussi claires dans les rêves que dans les sensations de la veille, un homme qui rêve n'a jamais la capacité de savoir qu'il rêve, même s'il lui est possible de rêver qu'il doute s'il rêve ou non.

paraîtraient alors aussi vraies que s'il ne rêvait pas. À la certitude selon Descartes qu'en ce moment je ne rêve pas parce que mes perceptions présentes n'ont pas la discontinuité d'images oniriques, Hobbes oppose que même la continuité entre mes perceptions peut être l'objet d'un rêve. Sa dernière question met en rapport le critère de la vérité de mes perceptions présentes selon la *Meditatio VI* et la nécessité selon Descartes de la *connaissance du vrai Dieu* pour *la certitude et vérité de toute science*[1]. Il soumet Descartes à un dilemme : soit, en fonction du réquisit de la connaissance de Dieu, il faut refuser à l'athée la possibilité de relier ses perceptions actuelles aux souvenirs de sa vie passée (un athée n'a jamais la certitude de ne pas rêver), soit il faut rendre la validité du critère indépendante de la connaissance du vrai Dieu (un athée aussi a la certitude qu'il ne rêve pas).

Selon la *Rép. 16*, la supposition d'un rêve de liaison entre les images de ce rêve et des images du passé n'affecte pas le critère de la *Meditatio VI.* Une liaison rêvée n'est pas une liaison *réellement* établie. Au sortir du songe de cette liaison, elle ne peut apparaître que comme en défaut par rapport à une liaison réelle : *ce n'était qu'une erreur*[2]. Descartes déjoue ensuite le dilemme proposé par Hobbes : l'athée n'est pas exclu de l'application du critère de la continuité; mais la possibilité qu'il a de savoir qu'il ne rêve pas, loin d'impliquer l'abandon de la thèse de la *Meditatio V*, la renforce. Une certitude d'un rang supérieur, ou méta-certitude quant au critère même de la vérité, reste refusée à l'athée. Il ne peut pas être certain de la suffisance, pour avoir la certitude de ne pas se tromper, du critère de la liaison entre ses perceptions. La certitude relative à ce critère doit être fondée à son tour dans la certitude d'être créé par un Dieu non-trompeur. La question de Hobbes a conduit Descartes a marquer la proximité dans ses *Meditationes* entre l'argument du rêve et l'argument du Dieu trompeur[3].

1. Citation littérale de *Med. V*, VII 71, 3-4/56.

2. Voir M. Wilson, *Descartes*, Londres, Routledge, 1978, p. 17-31. Dans EL I.III. 10, Hobbes juge impossible un κριτήριον discernant le rêve de la veille car il est impossible d'être désillusionné au sortir d'un rêve liant les perceptions comme elles le sont dans la veille : ce rêve passé est pris pour une réalité passée. Les *IIIae Resp.* l'amènent dans L, I.II. 5 à faire sien le critère de la *Meditatio VI*.

3. D. Kambouchner, *Les Méditations métaphysiques de Descartes*, *op. cit.*, § 24, p. 274-283.

JEAN-CHRISTOPHE BARDOUT

QUATRIÈMES OBJECTIONS ET RÉPONSES

Dues à Antoine Arnauld (1612-1694), les *IVae Objectiones* occupent une place singulière. Non seulement connu pour une œuvre théologique de premier plan (il s'impose comme l'un des chefs de file du « jansénisme »), Arnauld s'avère très tôt préoccupé de philosophie, qu'il enseignera pendant deux ans, entre 1639 et 1641. Son vif intérêt se manifeste à l'occasion de ses discussions (parfois vigoureusement polémiques) avec les plus grands philosophes de l'âge classique. Outre les *IVae Objectiones*, mentionnons sa collaboration avec Pierre Nicole dans la rédaction de la *Logique ou l'art de penser* (1662), sa longue polémique avec Malebranche à partir de 1683, et sa correspondance avec Leibniz, initiée par la transmission du sommaire du *Discours de métaphysique* (1686-1690)[1]. Arnauld n'est pas un objecteur comme les autres. Contrairement à Hobbes, Gassendi, voire Caterus, il n'a pas de système à défendre ; ses objections ne visent pas d'abord (ou pas seulement) à objecter ou à réfuter, mais plutôt à consolider cette philosophie cartésienne, qu'il juge la plus propre à affermir les vérités de la foi. Arnauld a témoigné du cas qu'il fait du cartésianisme, dans la lettre d'envoi de ses *Objectiones* à Mersenne (IX 153). Descartes ne s'y trompera pas et reconnaîtra dans cet objecteur dont il ignore le nom un lecteur des plus perspicaces, et dans ses objections celles qui entrent le plus dans le fond de sa pensée[2]. Cas unique, il retouchera le texte des *Meditationes* ou des *Iae Responsiones* en fonction de ses remarques. Les objections révèlent une connaissance approfondie du

1. Voir d'autres textes *in* A. Arnauld, *Textes philosophiques*, introd., trad. et notes par D. Moreau, Paris, P.U.F., 2001.

2. IX 170, et *à Mersenne*, 4 mars 1641, AT III 331.

cartésianisme : Arnauld dispose bien entendu d'une copie des *Meditationes* et de la *Synopsis* (159), mais connaît aussi les *Iae Objectiones* et *Responsiones*, qu'il commente à plusieurs reprises ; il évoque plusieurs fois le *Discours de la méthode* (à propos de l'âme des bêtes, IX 159, ou des dangers du doute pour les esprits faibles, IX 167) ; à propos des qualités sensibles, il songe aussi à la *Dioptrique*, disc. I, VI, 84-85, disc. IV, 113.

C'est enfin aux *IVae Objectiones* qu'il revient d'avoir, pour la première fois publiquement, esquissé le rapprochement de la métaphysique cartésienne avec la pensée de saint Augustin, qu'Arnauld tient pour le plus grand théologien chrétien, mais, ce qui est plus original à l'époque, pour un maître de philosophie (IX 154). Par le biais de quatre citations, dont trois figurent dans la première partie des *Objectiones*, relatives à la nature de l'esprit humain[1], Arnauld institue Augustin comme un philosophe à part entière, dont la philosophie est susceptible d'être confrontée (pour la favoriser)[2] avec la philosophie nouvelle. Cependant Descartes, soucieux d'éviter autant que possible le recours aux arguments d'autorité, ne se saisit pas de cette occasion, et ne commente pas les textes augustiniens, après qu'il a, de manière pour le moins évasive, éludé le rapprochement à l'entame des *IVae Responsiones* (IX 170)[3].

Les *Responsiones* obéissent à un plan bipartite, suivant qu'Arnauld mettra en évidence les difficultés du philosophe ou les « scrupules » du théologien (IX 153-154)[4].

1. À propos du doute et du *cogito*, Arnauld cite le *De libero arbitrio*, II, III, 7 ; il mentionne le *De quantitate animae*, XV, puis les *Soliloquia* (I, IV), à propos de la supériorité de la connaissance de l'esprit sur celle des sens (IX 160) ; il cite enfin le *De utilitate credendi* (XI, et non XV) à propos de la restriction du critère de la distinction de l'idée et de l'adhésion qu'elle implique, aux vérités de la science (exception devant être faite des vérités de foi et de l'usage de la vie) (IX 168). L'augustinisme d'Arnauld se repère encore dans l'allusion au continuel présent en Dieu, *semper esse* qui n'a ni passé ni futur (VII 211/IX 164).

2. Les commentateurs relèvent à juste titre qu'aucune des citations augustiniennes ne vient, sous la plume d'Arnauld, appuyer une objection.

3. Pour lui, le recours à Augustin n'a de sens que pour persuader des esprits insuffisamment attentifs aux *rationes* elles-mêmes. Sur l'usage arnaldien d'Augustin dans les *IVae Obj.* et la réaction de Descartes, voir H. Gouhier, *Cartésianisme et augustinisme au XVIIe siècle*, Paris, Vrin, 1978, p. 33-38.

4. Le présent travail a bénéficié de l'ample annotation des *IVae Obj. et Resp.* par V. Carraud et G. Olivo *in* G IV-2, que l'on consultera avec profit.

DIFFICULTÉS DU PHILOSOPHE

Distinguer âme et corps : de l'idée à la chose (*IX 170-176*)

Si Arnauld partage la thèse de la distinction substantielle de l'esprit et du corps, il s'interroge cependant sur la valeur de sa démonstration cartésienne[1].

Il se demande si l'indépendance épistémique des idées d'esprit et de corps autorise, de surcroît, l'affirmation d'une distinction proprement substantielle. De la connaissance de notre essence comme chose qui pense, s'ensuit-il que cette même essence se limite ou se restreigne à la pensée, à l'exclusion d'autres propriétés (IX 155) ? Il convient de rester attentif à la différence de point de vue entre la *Meditatio II*, qui établit une distinction eidétique[2], et la *Meditatio VI*, qui affirme sa portée substantielle : que vaut l'argument fondé sur la transition du concevable au possible, conduisant à soutenir que tout ce qui est conçu clairement et distinctement peut être produit par Dieu tel qu'il est conçu[3] ? Suffit-il que nous puissions concevoir une chose sans une autre pour affirmer de surcroît que l'une est distincte de l'autre, Dieu pouvant les produire séparément ? Or nous concevons l'esprit et le corps par deux idées distinctes, excluant les attributs représentés dans l'autre. Il est donc certain que notre esprit est distinct du corps et qu'il peut exister sans lui.

Cependant, l'argument qui autorise cette transition du pensable au réel semble insuffisant : à la clarté et à la distinction des idées, il convient d'ajouter l'adéquation de la connaissance (*adaequata rei cognitio*)[4]. Arnauld retourne contre Descartes une assertion des *Iae Responsiones* (VII 120/IX 94-95) : afin qu'une chose soit conçue séparément d'une autre, une distinction réelle n'est pas requise ; une distinction formelle suffit, obtenue par une abstraction de l'esprit, lequel ne conçoit cependant la chose que de manière imparfaite et partielle. La distinction ainsi obtenue

1. Sur la position d'Arnauld, voir S. Voss, « Le Grand Arnauld sur la racine et le fruit de l'argument cartésien pour la distinction réelle », *in* J.-M. Beyssade, J.-L. Marion, *Descartes. Objecter et répondre, op. cit.*, p. 385-401 ; M. Pécharman-Petit, « L'âme et le corps : Antoine Arnauld et la question de la distinction réelle », in *Antoine Arnauld, philosophe, écrivain, théologien, Chroniques de Port-Royal*, Paris, Bibliothèque Mazarine, 1995, p. 297-321.

2. VII 223, 19-24/IX 174.

3. La preuve de la distinction serait ainsi une application de la « règle générale » énoncée dès le début de la *Med.* III, AT VII 35, 13-15/IX 27.

4. VII 200 ; Clerselier traduit *adaequata* par « pleine et entière ». L'expression *complete et adaequate* est rendue par « pleinement et entièrement » (VII 201, IX 157) ; l'adverbe *inadaequate* est traduit par « imparfaitement » (VII 220/IX 171-172).

relève d'une opération mentale, qui pense à part ce qui peut être uni ou confondu en réalité. La question d'Arnauld engage donc simultanément la portée du *cogito* quant à la connaissance de notre nature, les limites du critère de l'idée claire et la légitimité d'une transition du pensable au réel. Si l'argument allégué à l'entame de son examen, fondé sur l'autonomie de la pensée, reste le plus pertinent (IX 157), que prouve-t-il précisément? Que nous pouvons avoir une connaissance de nous-mêmes sans la connaissance du corps; rien n'assure en revanche que cette connaissance soit complète et entière (*completa et adæquata*), en sorte que nous soyons certains de ne pas nous tromper en excluant le corps de notre essence (IX 158).

Il s'agit donc de déterminer si, du fait que nous connaissons l'essence de notre esprit comme chose qui pense, nous sommes fondés à considérer que rien d'autre ne lui appartient en réalité (IX 171). Se fondant sur le principe de séparabilité des idées, Descartes réaffirme la distinction substantielle exposée dans la *Meditatio VI* (IX 62). La conception de notre essence comme chose qui pense et qui peut subsister sans le corps, suffit à poser, hors de la pensée, l'existence réelle de l'esprit sans le corps. Il convient donc de confirmer que ce qui vaut des idées peut, sous certaines conditions, valoir des choses mêmes. Au titre d'une conception traditionnelle de l'essence (VII 219, 25-26), on ne retiendra comme élément constitutif de celle-ci que ce dont l'absence rendrait son existence impossible; puisqu'on peut concevoir l'essence de l'esprit sans devoir y adjoindre son union à un corps, l'esprit peut exister sans le corps. Pour substantielle qu'elle soit[1], l'union de l'esprit au corps, qui fait le composé humain, ne contrevient pas à leur distinction réelle.

Une mauvaise manière d'inférer la distinction consiste à concevoir une chose sans une autre « par une abstraction de l'entendement, qui conçoit la chose de manière imparfaite (inadéquate) ». Une seconde, la bonne, cherche à penser chaque chose sans une autre, « pleinement (*complete*) » (22, 5/171) ou comme une chose complète (*res completa*). Les critères de cette complétude (qui revêt un sens ontique et épistémique) seront dès lors au centre des analyses. À l'abstraction, qui produit une connaissance inadéquate, ne s'oppose pas l'idéal de la connaissance adéquate, mais la recherche d'une intellection complète. Prêtons attention aux qualificatifs utilisés, dans la mesure où la connaissance complète ne rejoint pas la

1. En ce sens, « substantiel » s'oppose à accidentel : l'homme n'est pas un être par accident, mais bien *ens per se*, ce que confirmera la correspondance contemporaine avec Regius.

connaissance adéquate (« entière et parfaite » selon le traducteur) requise par Arnauld.

De la connaissance adéquate à la connaissance complète, il y a toute la distance qui sépare l'entendement divin de l'entendement créé, ce qui n'est pas peu dire pour un auteur si soucieux de préserver la transcendance inconditionnée du premier. Une connaissance sera entière ou adéquate (*adaequata*), si elle contient absolument toutes les propriétés de la chose connue. La conséquence s'ensuit : seul un entendement infini accède à une telle connaissance, non seulement parce qu'il possède la connaissance visée, mais parce qu'il sait qu'il la possède, en tant qu'il produit la chose. À l'inverse, si l'entendement fini peut parvenir à une telle connaissance, il ne peut le savoir, à moins que Dieu ne l'en informe par une révélation spéciale. La connaissance adéquate doit donc satisfaire deux réquisits : a) que l'entendement s'égale à la chose (comme le suggère l'idée d'adéquation), ce qui n'est pas impossible à l'entendement fini ; b) qu'il sache que sa connaissance comprend en elle la totalité des propriétés de la chose, ce qui n'est possible qu'à condition de détenir une connaissance égale à la puissance divine infinie, cause de cette chose[1]. Dès lors, de deux choses l'une : soit on renonce à penser la distinction réelle, soit on retient pour l'atteindre une connaissance qui, sans prétendre à une impossible adéquation, vise simplement la complétude mais évite tout autant l'abstraction, qui prélève une propriété et opère des distinctions non réelles[2]. Ainsi sera-t-il possible de mettre en échec le raisonnement d'Arnauld, visant à montrer que Descartes aurait requis une connaissance adéquate pour penser la distinction réelle. Les paragraphes suivants (IX 171-172) précisent le degré de complétude requis et les moyens d'y parvenir. L'équilibre ici recherché est subtil, ce que trahit une relative hésitation du latin, qui, après avoir renoncé à la connaissance « adéquate », en requiert une qui est telle « que nous ne la rendissions point imparfaite et défectueuse (*inadaequatam*) par l'abstraction [...] de notre esprit » (221, 4-5/172)[3]. Bien que coupée d'une fondation désormais impossible dans

1. Descartes identifie ici puissance et connaissance, selon l'indistinction de l'entendement et de la volonté consubstantielle à la thèse de la création des vérités éternelles : voir *à Mesland*, 2 mai 1644, IV 119, 6-14.

2. L'abstraction opérée par l'esprit ne coïncide pas nécessairement avec la séparation, reconnue dans les choses.

3. La connaissance requise ne sera donc ni adéquate (connaissance réservée à Dieu) ni inadéquate (connaissance abstraite). Descartes use parfois de l'adjectif *adaequata* en un sens relatif, comme en VII 221, 9. On est assuré de ne pas abstraire par la conscience que nous avons lorsque nous produisons une abstraction ; voir J. Laporte, *Le rationalisme de Descartes*, *op. cit.*, p. 93.

l'idée divine, la connaissance complète sera indissolublement finie et certaine.

Le critère de la connaissance complète (comprise comme une connaissance qui constitue ou reconnaît la chose comme complète)[1] apparaît doublement négatif. Il faut tout d'abord renoncer à l'adéquation; la complétude ne renvoie aucunement à un achèvement de la connaissance finie. En outre, sera complète la connaissance qui se sait assez parfaite pour ne pas être abstraite. Ainsi, concevoir complètement (*complete*) une chose, ce n'est pas chercher à la connaître en sa totalité (connaissance adéquate), mais l'entendre (à défaut de la comprendre)[2] suffisamment (c'est-à-dire assez distinctement) pour s'assurer qu'elle est complète. Descartes identifie donc concevoir pleinement (c'est-à-dire complètement) et concevoir une chose comme complète[3]. Le critère de la complétude s'applique à la chose elle-même, à partir de la connaissance qui la reconnaît telle[4].

D'où les deux questions (demandes) auxquelles répondront les pages suivantes: que faut-il entendre par «chose complète» (172-175)? Quel usage peut-on faire de cette théorie de la complétude pour confirmer la distinction réelle (175-176).

Chose complète et substance

L'élucidation de la chose complète donne lieu à un des exposés de la théorie de la substance les plus détaillés, avant les *Principia* I, 51-54, dont notre texte anticipe plusieurs affirmations. Toutefois, ce qui constituera la seconde détermination de la substance dans les *Principia* apparaît ici au premier plan, jusqu'à évincer presque complètement ce qui fera en 1644 avec la détermination de la substance comme *res per se subsistens*, sa caractéristique première.

Descartes donne ici priorité à la constitution épistémique de la substance, pour définir la chose complète : celle-ci consiste en la substance avec les attributs qui la font connaître. Reprenant une indication des

1. Pour qu'il y ait conception complète, il importe que chaque idée n'emprunte rien à une autre. Concernant les divers degrés de connaissance (incomplète, complète et adéquate) et le correctif de Descartes au regard de la doctrine que lui prête Arnauld, *cf.* FA II, p. 661, n. 2.

2. Pour la différence entre comprendre et connaître ou entendre, voir *à Mersenne*, 15 avril 1630, I 145, 21-22.

3. *Iae Resp.*, IX 94-95.

4. Concevoir pleinement (*intelligere complete*), et concevoir que c'est une chose complète (*intelligere esse rem completam*), admettent «une seule et même signification» (VII 221, 22-24/IX 172).

IIIae Responsiones (IX 136)[1], Descartes estime que la substance, laissée à son autarcie ontique, est inconnaissable. C'est à ce que les *Principia* I, 53 nommeront l'attribut principal qu'il revient de faire connaître la substance et d'en manifester l'essence, alors que celle-ci assume envers lui la fonction d'un substrat ontique (IX 173). Descartes introduit alors une seconde acception de la substance, pour établir l'équivalence entre substantialité et complétude. La notion de substance incomplète admet deux significations, dont l'explicitation permet de préciser le sens de la chose complète. 1) La substance incomplète se reconnaît au fait qu'elle ne subsiste pas par soi. La complétude requiert l'auto-subsistance et, partant, l'introduction d'une nouvelle détermination, comme étant par soi (*ens per se*) par opposition aux accidents et propriétés qui subsistent en un autre[2]. Complétude et existence par soi (sans que soit requise une autre substance finie) sont donc réciproques. Puisque la subsistance par soi constitue le critère de la substantialité, l'incomplétude paraît donc y contredire. 2) On peut cependant avancer une autre signification de l'incomplétude, qui ne la pense plus selon un déficit de subsistance, mais selon la relation d'une partie à son tout : une substance peut être complète en elle-même (ce sera le cas de l'âme et du corps subsistant par soi), mais incomplète au regard d'une autre, dont elle n'est qu'une partie. C'est désormais à ce tout, un par soi et distinct de tout autre[3], qu'il revient d'être complet, ce qu'illustre l'exemple de la main (IX 173)[4]. Rapportée (*refertur*) au corps humain dont elle n'est qu'une partie, la main est une substance incomplète. Considérée seule, à titre de portion de matière pouvant subsister séparée du reste du corps, elle est bien une substance complète auto-subsistante, puisqu'elle est elle-même un corps. De même, esprit et corps sont des substances incomplètes, rapportés au composé humain qui, seul, est une substance complète et un étant par soi; considérés seuls, ils sont des substances complètes, subsistant l'un sans l'autre.

1. La thèse anticipe *Principia* I, 52. Sur la distinction entre substance et attribut et leur condition épistémique respective, voir J. Laporte, *Le rationalisme de Descartes*, *op. cit.*, p. 175-195.

2. Descartes mobilise donc ce qui deviendra la première détermination de la substance dans les *Principia* I, 51; elle réapparaîtra dans la réponse à la seconde demande, VII 226, 3-5/IX 175. Le vocabulaire de la subsistance est absent des *Meditationes*.

3. Descartes ne dit pas que le tout, l'homme par exemple, constitue une troisième substance.

4. Voir celui du bras, *infra*, VII 228/IX 177.

Cette analogie entre la main et le corps d'une part, l'esprit et le corps de l'autre[1], fait cependant question. a) Peut-on vraiment penser la main comme une substance véritable et complète, dès lors qu'elle est coupée du corps ? Le critère de la complétude apparaît plus complexe : si la main (même coupée) est une substance complète, ne conviendrait-il pas, au même titre, de reconnaître la substantialité à chaque doigt, qui sera alors une substance complète, voire à chaque particule matérielle en tant qu'elle peut elle aussi subsister par soi ? b) La notion d'incomplétude revêt deux sens différents, suivant qu'elle s'applique à la main ou à l'esprit : comment penser une main, coupée du corps dont elle est partie, comme une véritable main et non simplement comme un amas de matière dépourvu de toute finalité et en particulier de sa fonction organique ? Si on peut douter qu'une main reste encore main une fois coupée du corps si ce n'est en un sens équivoque, on ne contestera pas que l'esprit reste tout ce qu'il est, lorsqu'il est distinct et séparé du corps.

Les substances sont connues par leurs attributs (le corps par l'étendue, l'esprit par la pensée). De là, on appréhende chacune des deux substances comme complète. L'étendue et la pensée s'excluant réciproquement, elles renvoient à deux substances d'essence différente. On saisit dès lors l'utilité des deux déterminations de la substance (par l'auto-subsistance et par l'inhérence des attributs). Dans la mesure où l'attribut fait connaître la substance, on est assuré qu'il manifeste une entité distincte d'une autre et subsistant par elle-même. La démonstration n'est cependant pas encore achevée, sans quoi il ne serait pas nécessaire de satisfaire davantage à la seconde demande formulée plus haut.

D'une distinction à l'autre

Il faut désormais établir que, de la distinction eidétique à la séparation substantielle, la conséquence est bonne, autrement dit que « de cela seul qu'on conçoit clairement et distinctement une substance sans une autre [distinction eidétique], on est assuré qu'elles s'excluent mutuellement [distinction réelle] » (VII 225, 26-226, 2/IX 175, trad. mod.).

Les acquis de la *Meditatio II*, qui établit qu'on peut penser l'esprit comme une entité subsistant sans le corps, pourraient suffire à quiconque se satisfait de la certitude « vulgaire », fondée sur une sorte de réalisme naïf : personne ne doute ordinairement qu'à deux concepts différents,

1. Le vocabulaire est bien identique dans les deux rapports mis en relation (la main référée au corps entier dont elle est partie ; esprit et corps au regard de l'homme qu'ils composent), VII 222, 25-30.

ne correspondent deux entités différentes. Mais parce que la *Meditatio I* a mis en doute que nos représentations correspondent à des objets, il importe de lever ce doute, ce qui requiert la démonstration de l'existence de Dieu garantissant la valeur du critère de l'idée claire et distincte (IX 176). L'analogie avec les mathématiques, avancée par Arnauld (157-158) pour suggérer que l'idée qu'on se fait de l'esprit n'exclut pas expressément l'idée du corps, ne saurait valoir. On peut penser le triangle sans penser à l'une de ses propriétés, ce qui ne veut pas dire que nous la nions de lui. Il n'en est pas de même de l'esprit : non seulement on le conçoit sans le corps, mais on peut nier positivement que les propriétés du corps lui appartiennent. On ne saurait donc suggérer, comme le fait Arnauld (158), que le « je pense » est vrai mais qu'il ne manifeste pas notre essence entière et ne nous autorise pas à exclure que le corps appartienne à l'esprit comme une de ses propriétés. Une fois établie la pertinence du critère de l'idée claire et distincte, nous sommes assurés que la distinction des idées donne accès à celle des choses mêmes (176).

Sous la plume d'Arnauld, le *cogito* donne lieu à deux lectures opposées, platonisante (risque d'une déréalisation de l'union, 176-177) et « matérialiste » (fondée sur l'exemple des enfants et des fous, 177).

1) *Réalité de l'union.* On écartera tout d'abord une interprétation maximaliste (203/158) récusant que l'argument « prouve trop », en montrant que la distinction réelle ferait du corps un simple instrument pour l'esprit[1] et non un composant à part entière. Cette lecture pointe le risque d'une déréalisation de l'union substantielle, arguant que si l'on s'en tient aux données du *cogito*, le corps ne ferait plus partie de notre essence d'être humain. Or il convient de tenir ensemble les deux affirmations de la distinction réelle et de l'union substantielle, qui implique une égale substantialité des composants (« choses complètes ») et leur interaction réelle (IX 177)[2]. On ne confondra donc pas l'essence de l'homme (étant composé) et l'essence de l'esprit. L'exemple du bras permet de modéliser la manière de penser conjointement union et distinction : le bras est à la fois une substance complète, distincte du corps, et appartient néanmoins à la nature de l'homme ; de même en va-t-il de l'esprit, être complet et uni au corps.

1. Arnauld craint un retour de platonisme avec la thèse d'une âme usant de son corps comme d'un instrument ; voir la note *ad loc.* de V. Carraud et G. Olivo, rappelant les références augustiniennes puis scolastiques de ce thème.

2. Descartes a plusieurs fois insisté sur l'intimité de l'union de l'âme et du corps, VII 228, 27-28 et déjà *Med. VI*, VII 81, 3. C'est précisément cette conjonction forte qui rend difficile de se convaincre de l'effectivité de la distinction, VII 228, 27-229, 2/IX 177.

2) *Descartes matérialiste ?* Arnauld fait l'hypothèse que le concept de la chose pensante ne représente pas un être complet et conçu adéquatement : l'idée du moi serait conçue inadéquatement, par le biais d'une abstraction de l'entendement et de ce que le traducteur nomme « restriction de la pensée » (IX 158). La géométrie offre l'exemple de telles abstractions qui conçoivent à part et séparent dans la pensée ce qui ne l'est pas réellement : la ligne peut être conçue comme une longueur sans largeur bien qu'une telle longueur sans largeur ne puisse exister dans la nature. Par analogie, tout ce qui pense ne serait-il pas aussi une chose étendue qui, outre les propriétés communes à tout étant étendu, serait également doué de la faculté de penser ? L'idée de chose purement pensante résulterait ainsi d'une abstraction, alors qu'en réalité (*revera*) les propriétés corporelles conviennent à la chose qui pense. Et Arnauld de voir dans les enfants, en qui les fonctions psychiques et corporelles sont étroitement corrélées, une confirmation possible de cette lecture matérialiste de la distinction cartésienne (IX 159)[1].

La réponse se développe en deux temps (177) : 1) l'analogie mathématique ne tient pas, en raison de la doctrine des substances complètes déjà exposée : la ligne et la superficie ne pouvant pas être conçues comme une chose complète si on ne leur adjoint la dimension qui leur manque pour être un corps, celles-ci diffèrent de l'esprit, dont l'idée suffit pour nous assurer qu'il est une chose complète[2]. 2) Le cas des enfants (qui ne peuvent avoir des pensées purement intellectuelles) et des fous (dont Descartes refuse de dire avec Arnauld qu'ils sont privés de la faculté de penser, laquelle, en eux, est seulement troublée) ne prouve pas la dépendance fonctionnelle de la pensée envers les organes corporels. On ne saurait confondre les faits (le développement imparfait de l'enfant qui empêche partiellement la pensée, ou une pathologie mentale) et le plan de l'analyse métaphysique, qui établit l'indépendance ontique de la chose pensante : la dépendance passagère et anormale ne prouve pas l'indépendance réelle.

1. Arnauld évoque ainsi les « impii animorum carnifices », VII 204, 12-13, que Clerselier traduit par « personnes impies et meurtrières des âmes » ; on traduirait « personnes qui font des âmes une chair ». Les enfants et les fous offrent ainsi confirmation d'une corporalisation de l'âme. Descartes devra donc montrer que le trouble fonctionnel de l'esprit n'implique pas de le penser comme un corps.

2. Plus largement, les différentes comparaisons ou analogies mathématiques d'Arnauld ne sont généralement pas admises, les objets mathématiques n'étant pas des substances.

Immortalité et automatisme animal (*IX-1, 177-179*)

Les objections d'Arnauld (159-160) lient la question de l'âme des bêtes au problème de l'immortalité de l'âme. Souhaitant pousser Descartes à une confrontation avec la position scolastique, Arnauld remarque que la distinction réelle ne permet pas de conclure nécessairement à l'immortalité de l'âme, puisque, pour l'École[1], les âmes des bêtes, distinctes de leurs corps, sont néanmoins mortelles[2]. Les difficultés se concentrent sur deux explications divergentes d'un exemple canonique : il semble peu croyable que la fuite de la brebis devant le loup s'explique sans « le ministère d'aucune âme »[3] et relève d'un enchaînement purement mécanique, allant de la perception de l'image du loup avec la saisie du danger qu'il comporte, à la réaction motrice de la fuite. 1) Sans l'identifier ici directement à une machine (comme il le fait parfois)[4], Descartes pense le corps animal à partir du modèle d'une machine naturelle[5], et les organes comme ses différentes pièces[6]. 2) Distinct du corps, l'esprit (*mens*) ne peut donc immédiatement agir sur lui et mouvoir ses membres : même si l'interaction psychophysique est réelle, la causalité immédiate d'une substance immatérielle sur le corps est inconcevable. En revanche, il faut accorder à l'esprit le pouvoir de déterminer la direction des esprits animaux (*spiritus*) ; par les mouvements de la glande pinéale, l'esprit peut orienter leur écoulement dans tel ou tel muscle afin de produire le mouvement voulu dans le corps[7]. 3) Une bonne part des activités humaines relève elle-même de mouvements indépendants de l'esprit, ainsi du battement du cœur, de la nutrition, de la digestion des viandes etc. Descartes élimine de sa physiologie les fonctions que les scolastiques attribuaient à l'âme dite végétative,

1. *Cf.* Thomas d'Aquin, *Summa contra gentiles*, II, chap. 82 ; *Summa theologiae*, Ia p., q. 75, art. 3 ; l'âme de la bête étant purement sensitive, son opération requiert toujours le corps ; à la mort de celui-ci, elle périt donc avec lui.

2. Arnauld connaît la position cartésienne sur l'âme des bêtes par la cinquième partie du *Discours de la méthode*, VI 56-59.

3. Pour Thomas d'Aquin, la perception du danger relève de l'estimative, qui compte au nombre des sens internes de l'âme, *Summa theologiae*, Ia, q. 78, art. 4, resp.

4. *Passions de l'âme*, art. 7.

5. *Discours de la méthode*, AT VI 56.

6. Sur cet usage du modèle de la machine, voir D. Kambouchner, *Descartes n'a pas dit...*, *op. cit.*, p. 138 *sq.*

7. Descartes localise dans la glande dite pinéale, située au milieu du cerveau, le siège de l'âme et le point de jonction entre âme et corps. Sensible aux divers mouvements des filets nerveux, les mouvements de la glande déterminent l'écoulement des esprits animaux dans tel ou tel nerf puis dans les muscles et suscite alors le mouvement requis ; cf. *L'homme*, XI 130-132 et *Passions de l'âme*, art. 31.

pour les transférer au corps[1]. L'automatisme est poussé fort loin, puisqu'il va jusqu'à intégrer, outre les actes réflexes[2], des activités comme le chant (on pourrait aussi songer au jeu d'un instrument de musique) ou la marche (pensées à partir du modèle d'une machine)[3], du moins dans leur déroulement, ce qui suppose une théorie de la mémoire corporelle[4]. 4) On peut alors revenir à l'exemple arnaldien (159-160), non sans remarquer que Descartes voit dans ce qui advient pour l'animal une confirmation de ce qui a lieu en l'homme[5]. La perception de l'image du loup suffit à produire les mouvements de fuite, selon une disposition organique induisant de véritables consécutions psychomotrices. La fuite de la brebis devant le loup s'analyse dès lors comme un acte réflexe, relevant d'une institution, voire d'une sorte de programmation naturelle[6]. 5) L'École n'a pas assez distingué ces deux principes du mouvement ; le mouvement machinal étant commun aux animaux et à l'homme, on a cru que les mouvements produit par l'esprit leur étaient tout aussi communs. On a ainsi prêté aux bêtes un esprit, par une sorte de projection anthropomorphique (179). L'analyse des conditions des mouvements des animaux, sans recours à l'esprit, se comprend ainsi comme une sorte de contre-épreuve de la distinction réelle exposée plus haut. Plus encore, elle permet de réduire l'esprit à la pensée et à ses modes, en confirmant le rejet d'une psychologie qui pense l'âme comme forme du corps et lui confie un certain nombre de fonctions parfaitement explicables par les seules lois de la physique.

La fausseté matérielle de l'idée (*IX-1, 180-182*)

La question de la fausseté matérielle intervient dans le cadre des considérations relatives à la première preuve de l'existence de Dieu par les effets, qui requiert l'analyse du mode d'être des idées. Élaborée dans la *Meditatio III* (VII 43, 26-44, 17/IX 34-35), la notion de fausseté

1. L'âme peut ainsi se définir exclusivement comme *res cogitans*, conformément au mouvement de l'analyse de la *Med. II*.

2. Voir l'exemple de la chute tête en avant, qui met en évidence (sans intervention de la pensée, *nullo consilio rationis*) un enchaînement de perceptions anticipant un danger (le choc de la tête) et de stimulation nerveuse (l'envoi d'esprits animaux *via* les nerfs), puis de mouvements musculaires (les mains projetées en avant), sans même que l'esprit (*mens*) puisse interrompre le geste purement automatique.

3. L'exemple de la marche sera repris dans la *lettre à Newcastle*, 23 novembre 1646, IV 573.

4. La mémoire dépend des vestiges laissés dans le cerveau par certaines traces formées par les esprits animaux ; cf. *à Mesland*, 2 mai 1644, IV 114, 17-115, 2.

5. Il raisonne du reste à partir de l'homme (*pro certo experimur*), VII 230, 8-9.

6. *Passions de l'âme*, art. 36 et 38.

matérielle de l'idée est complexe[1]. Il convient tout d'abord d'éviter un contre-sens au sujet du qualificatif « matériel », qui ne remet pas en cause le caractère strictement mental de l'idée, acquis depuis le *Discours de la méthode*. En outre, n'y a-t-il pas lieu de suspecter une contradiction interne[2], dans la mesure où la théorie du jugement déployée dans la *Meditatio IV* a établi qu'en elles-mêmes, les idées ne sont ni vraies ni fausses, vérité et fausseté relevant du seul jugement et de sa puissance d'affirmer et de nier[3] ? Dès lors, il conviendrait de distinguer deux formes de fausseté : l'une (matérielle), appartient en propre à l'idée et l'affecte en tant qu'elle est une simple opération mentale[4], sans référence à sa fonction représentative (IX 180); l'autre (formelle), engage la fonction représentative de l'idée et implique le jugement[5]. La fausseté matérielle, qui ne concerne donc pas la « vérité de l'objet », relève donc d'une qualité intrinsèque de l'idée, relative à sa teneur propre, ou à sa « matière » d'idée. En raison de sa confusion, l'idée sera dite matériellement fausse en ce qu'elle engendre des jugements opposés, voire contradictoires, à propos d'un même contenu. Ainsi, le froid est indéterminable à partir de son idée sensible et confuse : quelle que soit sa nature (réalité positive ou privation de chaleur), nous en avons la même idée (« elle demeure en moi la même que j'ai toujours eue » [232, 22-23/180]) qui donne « matière à l'erreur ». On peut tout d'abord comprendre que l'idée donne occasion à la volonté de produire un jugement faux. Mais on peut aussi comprendre qu'elle est intrinsèquement fausse, par défaut de conformité à un objet[6] : l'idée confuse du froid ne permet pas de déterminer s'il est ou non une privation[7].

1. Voir L. Alanen, « Une certaine fausseté matérielle : Descartes et Arnauld sur l'origine de l'erreur dans la perception sensorielle », *in* J.-M. Beyssade, J.-L. Marion, *Descartes. Objecter et répondre*, *op. cit.*, en part. p. 219-224.

2. C'est l'accroche de la discussion que mène Arnauld, 206/161.

3. Voir déjà *Med. III*, AT VII 37, 20-22/IX 29, et 43, 26-29/34.

4. La *Praefatio ad lectorem* précisait que l'idée est prise « materialiter », en tant qu'opération de l'entendement, VII 8, 20-21.

5. De cette matérialité de l'idée, on distinguera une autre manière de la considérer, « formellement », en tant qu'elles représentent quelque chose, ce qu'on ne confondra pas cependant avec ce que Descartes nomme ailleurs la réalité formelle de l'idée (en tant qu'elle est un mode de l'esprit).

6. Voir G. Olivo, « L'idée du néant et la fausseté matérielle de l'idée : Descartes et la question du néant », art. cit., en part. p. 255-260.

7. L'idée confuse ne permet pas de hiérarchiser les degrés de réalité objective des contenus représentés : en tant que sensation, le froid et le chaud présentent un même degré de réalité.

À la question de savoir si, conformément à la doctrine de l'idée déployée dans la *Meditatio III*, l'idée du froid est « le froid même en tant qu'il est objectivement dans l'entendement »[1], Descartes répond qu'il faut distinguer l'idée claire de l'idée confuse. Cette dernière se caractérise par le fait qu'elle ne représente pas ce qu'elle prétend viser et qu'elle se rapporte à autre chose que ce dont elle est l'idée. Or si le froid est une privation, l'idée du froid n'est pas le froid objectivement dans l'entendement : en tant que privation, donc de non-être, il ne peut avoir de réalité objective, laquelle, pour imparfaite qu'elle soit, n'en est pas moins de l'être. L'idée du froid est autre chose, prise à tort pour cette privation (IX 180-181). Elle souffre ainsi d'un défaut de représentation et manque son objet. L'idée du froid renvoie à un sentiment dépourvu de réalité hors de l'esprit; celui-ci n'est pas conforme à la privation, il n'en est pas l'idée, contrairement à l'idée de Dieu, qui est conforme à son objet. On n'oubliera pas que, dans la *Meditatio III*, la fausseté matérielle a été caractérisée comme représentation d'une non-chose (*non rem*) comme une chose (VII 43, 29-30)[2]. De même, les idées qu'on se forge des dieux païens sont matériellement fausses, en tant qu'elles autorisent par exemple le faux jugement que ces divinités existent. S'ensuit une hiérarchie dans la fausseté matérielle, puisque les différentes idées obscures et confuses offrent une plus ou moins grande occasion d'erreur : les idées factices (celles des faux dieux, qu'on peut rectifier) exposent moins à l'erreur que les idées sensibles (froid et chaleur), qui, précision significative, ne représentent peut-être rien de réel (*nihil reale exhibere*), et moins encore que celles qui, à l'instar de la soif dans l'hydropique, induisent par le sentiment d'une fausse envie des comportements nuisibles (IX 181).

On peut alors demander ce que représente cette idée matériellement fausse. Arnauld tente d'obliger Descartes à abandonner la notion de fausseté matérielle (IX 161-162) : si l'idée du froid représente une privation, elle est vraie et la notion de fausseté matérielle perd son sens; mais si elle représente une réalité positive (*ens positivum*), ce n'est pas l'idée du froid. Or on ne peut en décider, en raison de sa confusion : « étant obscure et confuse, je ne puis discerner si elle me représente quelque chose qui, hors de mon sentiment, soit positive ou non » (234, 14-17/181)[3]. En elle, le seul élément positif est le sentiment, en tant que mode de la

1 L'expression vient d'Arnauld (VII 206, 19-20) qui l'emprunte lui-même aux *Iae Resp.* VII 102/IX 82.

2. Elle s'oppose à l'idée vraie, qui est toujours idée de chose, *Med. III*, VII 44, 4.

3. L'idée est fausse en tant qu'elle ne laisse pas voir si elle représente quelque chose ou non : dépourvue de réalité objective, l'idée matériellement fausse ne donne rien à voir.

cogitatio, lequel peut être positif, même si le froid est une privation. Il n'y a donc pas lieu de demander quelle est la cause de cet être positif objectif, entendons la réalité objective du sentiment, qui fait la fausseté matérielle de l'idée. Celle-ci n'est pas fausse en vertu d'un être positif, mais de son obscurité, qui me fait juger que le sentiment de froid (qui ne renvoie à rien hors de l'esprit) peut néanmoins représenter quelque chose hors de nous, qu'on appelle froid (IX 182). L'obscurité de l'idée n'a donc pas de cause réelle, étant un simple manque, qui s'explique par l'imperfection de notre nature et de notre puissance cognitive[1].

La preuve de Dieu et la causa sui (*IX-1 182-189*)

L'élaboration du concept de *sui causa* revêt plusieurs enjeux : 1) Descartes entend réviser (ou parachever) la démonstration de l'existence de Dieu par les effets. 2) Ensuite, l'analogie de la *causa sui* avec la cause efficiente (VII 241, 25-27)[2] vise à accéder autant qu'il est possible à « l'essence même de Dieu ». La gageure apparaît d'autant plus délicate que la rationalité humaine reste gouvernée par un ensemble de vérités éternelles librement établies de Dieu ; à ce titre, la *causa sui* prétend atteindre à ce que les lettres à Mersenne du printemps 1630 déclarent incompréhensible, à savoir « une cause dont la puissance surpasse les bornes de l'entendement humain »[3]. 3) Enfin, c'est d'abord sous la figure de l'efficience que Descartes pense la cause ; or la cause de soi ne se déploie qu'à la condition de ne pas être une cause efficiente de soi-même. La question surgit alors, dans sa radicale simplicité : quelle rigueur convient-il de reconnaître à l'innovation cartésienne de la *sui causa ?* Descartes ne s'est-il pas contredit ? Comment penser la cause de soi si elle n'est pas efficiente, alors que l'efficience paraît s'assurer l'exclusive du sens cartésien de la cause ? Convient-il d'affaiblir l'efficience pour sauver la *causa sui*, ou bien de renoncer à penser cette dernière jusqu'au bout, ou encore d'y lire une sorte d'exception pour maintenir à l'efficience sa cohérence ?

La discussion prend l'aspect d'un débat à trois, qui implique l'auteur des *Iae Objectiones*, qu'Arnauld cite à plusieurs reprises, conduisant Descartes à un autocommentaire des *Iae Responsiones*. Comme Caterus, (VII 95/IX 76), Arnauld récuse la notion d'une aséité positive, au profit d'une aséité seulement négative. En effet, pour la tradition médiévale, sur

1. Cf. *Med. III*, VII 44, 11-12 ; *DM*, VI 38, 25-30.

2. Sur la *causa sui* et ses enjeux, voir notamment J.-L. Marion, *Questions cartésiennes II*, *op. cit.*, p. 143-182 et V. Carraud, *Causa sive ratio*, *op. cit.*, en part. p. 266-288.

3. *À Mersenne*, 6 mai 1630, I 150.

ce point unanime, être par soi (*a se*) signifie (de manière négative) être sans cause et revient à n'être pas par un autre. Rien, pas même Dieu, ne saurait être par soi au sens où il existerait par sa propre causalité : tout ce qui est est par une cause, à l'exception de Dieu, qui est par soi, c'est-à-dire sans cause. Arnauld multiplie les arguments pour établir le caractère impensable de la *causa sui*. Prétendre la penser implique d'affirmer : 1) la contemporanéité de la cause et de l'effet et 2) leur identité, ou leur non diversité[1]. Or, si un effet dépend de sa cause, il ne peut se donner l'être à lui-même : la cause de soi, qui suppose l'identité de la cause et de l'effet, est donc inconcevable. Arnauld inaugure une tradition de lecture qui voit dans la *causa sui* une impossibilité métaphysique autant qu'une sorte de monstre logique (163-164).

Il souligne ensuite l'impossibilité d'appliquer la cause de soi à l'être divin (164-165) : vouloir penser Dieu comme cause de soi, c'est-à-dire positivement, procède d'une illusion, qui revient à le penser comme produit, autrement dit sous la modalité du créé. Les objections d'Arnauld interrogent enfin la portée de la causalité efficiente et posent la question de savoir si Dieu existe par sa nature même ou par sa nature en tant que puissance inépuisable et donc selon une pensée de la cause (165).

Descartes montre tout d'abord comment on peut penser l'aséité positive. Il procède pour ce faire à plusieurs aménagements du concept de cause efficiente, qui culminent avec la mise en œuvre d'une « analogie de la cause efficiente ». Comme l'indiquaient déjà les *Iae Responsiones* en esquissant l'analogie[2], la cause efficiente fournit le paradigme à partir duquel s'élabore la cause de soi. Prêtons attention au « en quelque façon [*quodammodo*] » des *Iae Responsiones* (VII 108, 22-23/IX 88), qui témoigne d'une difficulté et du maintien d'un écart entre efficience et *causa sui*[3]. L'aséité positive ne saurait donc être repliée sur une auto-production, comprise comme efficience envers soi, laquelle impliquerait la diversité de la cause et de l'effet, inintelligible en Dieu. La cause de soi ne sera pas cause efficiente de soi, ce que, du reste, Descartes n'a jamais dit[4].

1. La traduction de Clerselier (IX 163) inverse à tort « premier » et « second » membre dans la désignation des deux difficultés, erreur non signalée par M. et J.-M. Beyssade dans leur édition des *Méditations métaphysiques*, Paris, GF-Flammarion, 1979, p. 335.

2. VII 108, 22-23 ; 111 5-6 ; ici même, 244, 6.

3. Plus bas (IX 187), ce « quodammodo » ne portera plus sur ce que Dieu fait envers lui-même, mais directement sur le fait que Dieu est *causa sui, quodammodo posse sui causam* (VII 242, 10 et déjà *Iae Resp.*, VII 109, 6).

4. *Iae Resp.*, 110 31-111, 2/88 ; *cf.* 235, 19-21, 236, 7-8 (le syntagme « cause de soi » ne peut être entendu de l'efficience), 236, 24-26 ; la positivité de l'essence divine permet donc

Un second aménagement est introduit par la formule « il nous est loisible de penser [*licet cogitare*] »[1]. Cette close précise le régime épistémique des explications à venir, et fait droit à l'imperfection de l'entendement humain, incapable de penser adéquatement l'auto-causalité divine. Toute existence est, d'une manière ou d'une autre, soumise à la cause efficiente : de toute chose on peut demander pourquoi elle existe. Si un étant se dispense de cause, on doit demander pourquoi (108, 19-22/86)[2]. Si Dieu se dispense finalement de cause efficiente, ce n'est pas en raison de sa nature, dont l'infinité l'arracherait à toute cause (selon l'aséité négative des scolastiques), mais à l'inverse[3] au titre d'une puissance inépuisable (*inexhausta potentia*) qui en fait (en quelque façon) la cause de soi-même.

Comment entendre cette *sui causa ?* Descartes introduit alors l'énoncé fondamental qui y donne accès : ce qui ne peut s'identifier à une cause efficiente tout en se laissant penser analogiquement à partir d'elle. La puissance inépuisable constitue la cause ou la raison (*causa sive ratio*)[4] pour laquelle l'existence de Dieu se dispense de cause efficiente proprement dite. En raison de l'universalité de l'enquête sur la cause de tout existant, il est requis d'assigner la cause qui en dispense Dieu[5]. L'ancienne alternative (être causé *ou* être sans cause) est définitivement dépassée au profit d'une autre : être causé (la créature) *ou* avoir une essence positive (qualificatif déterminant) faisant office de raison qui dispense Dieu de cause efficiente. C'est en raison de l'immensité de la puissance (identifiée à l'essence même de Dieu)[6] qu'on passe de l'aséité négative à

d'admettre ce qu'Arnauld avance contre la cause efficiente de soi, 237, 3-5, etc. Dieu n'a pas besoin de cause efficiente pour exister, 231, 25/179.

1. Cf. *Iae Resp.*, VII 111, 5.

2. Commentant ce passage, notre texte précise qu'envisager le second membre de l'alternative (l'absence de cause), suffit à poser que quelque chose se peut dispenser de cause efficiente (VII 236, 2-3). L'universalité de la demande de cause est réaffirmée plus bas (238, 15-18/184).

3. Cf. *Iae Resp.* 109, 4/86.

4. VII 236, 9-10, puis 12, qui inverse, « rationem sive causam » ; la puissance inépuisable est la raison ou (*sive*) la cause pour laquelle Dieu n'a pas besoin de cause efficiente. Cf. *IIae Resp.*, ax. I, VII 165, 2/IX 127. Le « sive », pour la *ratio* qui dispense Dieu de cause, n'a donc pas le sens d'une disjonction exclusive.

5. D'où la lecture de V. Carraud, qui propose de lire la raison à partir de la cause, *Causa sive ratio*, *op. cit.*, p. 264-265.

6. 236, 11/182-183; *cf.* 237, 1, où l'immensité qualifie indifféremment puissance et essence ; *ibid.*, 8-9, la puissance vient avant l'essence, comme si le nom le plus propre de Dieu était désormais la puissance, qui n'est plus un attribue parmi d'autres, mais son essence même.

l'aséité positive (IX 183)[1]. L'immensité de puissance ou d'essence est la raison qui explique pourquoi Dieu n'est ni dépourvu de cause, ni soumis à une cause efficiente. La puissance est une raison, qui assume donc la fonction d'intelligibilité (et non pas seulement d'effectuation) propre à la cause.

Pour penser l'écart entre la cause efficiente et la cause de soi, Descartes introduit la notion de cause formelle ou raison tirée de l'essence divine (VII 236, 21-22)[2]. À l'inverse des étants finis, qui requièrent l'efficience d'une cause, la positivité de l'essence divine l'en dispense. Ainsi ne saurait-on penser (contrairement à l'objection arnaldienne) la cause de soi sur le modèle d'une conservation (ou d'une reproduction continue) supposant une influence (*influxus*) positive, donc une action extrinsèque, qui caractérise l'efficience créatrice. Il importe de disjoindre la *causa sui* d'une pensée de l'efficience et des concepts associés, tout en ne disposant paradoxalement que de l'efficience pour accéder à la *causa sui*. Ainsi semble-t-elle échapper au reproche arnaldien de quasi blasphème, en ce qu'elle soumettrait l'être divin à une pensée de la créature.

Cette thèse n'est théologiquement pas dangereuse; elle est même très utile, voire nécessaire (IX 184). Après avoir rappelé la position traditionnelle des théologiens latins[3], Descartes montre que, lorsqu'on ne traite pas du Dieu trine mais de son essence unique, il n'y a pas de raison d'éviter le terme « cause » (*nomen causae*), d'autant que la cause efficiente constitue le principal moyen (voire le seul) d'en démontrer l'existence (VII 238, 11-14). Or, outre la preuve par les effets (*Meditatio III*), la *Meditatio V* expose un argument *a priori*, qui semble de prime abord faire l'économie de la cause et penser l'existence comme une propriété nécessaire de l'essence divine[4]. Soutenir que la considération de la cause efficiente constitue l'unique moyen de prouver Dieu requiert donc de montrer qu'une telle preuve repose sur un sens de l'aséité irréductible à son acception négative. 1) La recherche de la cause concerne tout existant, sans exception. 2) De chaque chose, on demandera si elle existe par soi ou par un autre. Par là, on conclura l'existence de Dieu, même si on n'a pas encore produit

1. Celle-ci est bien le privilège de Dieu, VII 237, 13-15; cf. *Iae Resp.*, VII 109, 3-6.

2. La cause formelle, l'essence divine, est la raison qui soustrait son existence à l'efficience (VII 236, 20-23).

3. S'agissant de la procession des personnes de la Trinité, on préfèrera « principe » à « cause », ce qui évite de tenir que le Fils (qui serait alors un effet) est d'une nature différente et moindre que celle du Père.

4. É. Gilson, *Études sur le rôle...*, *op. cit.*, p. 225-228, a cependant montré que l'argument *a priori* lui-même implique la puissance, qui vient s'intercaler entre l'essence et l'existence.

un concept clair de ce que veut dire être par soi. C'est ainsi que les scolastiques concluent l'existence de Dieu de son aséité, mais en un sens négatif que récuse Descartes. 3) Lorsqu'on veut penser ce que veut dire « par soi », la lumière naturelle forme un certain concept commun à la cause efficiente et formelle (VII 238, 24-25). Celui-ci sera approfondi au moyen d'une analogie (qui le rend lui-même possible), puis se verra substituer l'idée d'un intermédiaire entre cause efficiente et nulle cause (239, 17) et enfin la notion de quasi cause efficiente (VII 243, 26/IX 188). Cette distinction reconduit à la distinction de la cause efficiente ou de la raison pour laquelle un étant s'en peut dispenser. Ce qui est de soi (*a se*) existera comme par une cause formelle, donc par la force de sa propre nature; ce qui est par autrui, existera par une cause efficiente. Notons la prégnance de l'efficience, à partir de laquelle se pense la cause formelle[1], caractérisée comme ce qui n'en a pas besoin. Le concept sera donc commun en ce que la cause formelle ou raison fait en Dieu ce que la cause efficiente fait hors de lui. 4) Or, rien ne peut être cause efficiente de soi-même (IX 185). Dès lors, si on ne retient que la cause efficiente, on conclura qu'être par soi (*a se*) revêt un sens exclusivement négatif, interprétation de l'aséité qui rend impossible la preuve de Dieu par les effets; d'où son rejet. Pour échapper à cette mauvaise alternative entre cause efficiente et aséité négative, il faut penser autrement (c'est-à-dire positivement) l'aséité, en déterminant un milieu (*quid intermedium*, 239, 17/185) entre la cause efficiente et l'absence de cause. Il s'agit toujours d'aménager l'efficience pour rendre pensable par un entendement fini la cause de soi, c'est-à-dire l'exercice de la puissance divine envers Dieu même. La stratégie cartésienne se déploie en deux temps, constructif (sortir d'une alternative réductrice qui méconnaît la positivité divine comme tierce solution) et défensif (libérer l'efficience de contraintes théoriques inutiles).

L'analogie, selon son sens usuel, consiste en une comparaison de deux rapports. Elle opère en un sens depuis le début de l'exposé, avec la mise en équivalence (modérée par le « quodammodo ») du rapport de Dieu à lui-même (analogué en soi impensable) et de celui de la cause efficiente (qui peut aussi bien être Dieu en tant que créateur) envers son effet (selon une relation qui constitue l'analoguant connu, fondant l'analogie). Ici, de même, on pense la positivité de l'essence en étendant (*extendere*) le concept de cause efficiente au-delà de son usage ordinaire, de la même manière qu'en géométrie, on étend, le concept de ligne circulaire la plus grande à celui d'une ligne droite (239, 18-23).

1. Les *modi loquendi* empruntés à l'efficience sont nécessaires (VII 241, 16-19/IX 186).

Pour confirmer cette stratégie, qui vise à penser l'inconnu à partir du connu et « diriger » la lumière naturelle[1], il faut préciser ce qui revient en propre à l'efficience et ce qui peut en être écarté sans dommage pour l'intégrité de sa notion (IX 185). L'antériorité temporelle de la cause sur l'effet (principe de physique aristotélicienne ici rejeté) n'est nullement essentielle à l'efficience; bien plutôt la cause n'est-elle pleinement efficiente que lorsqu'elle effectue son effet[2]. L'essence de la cause se confond avec son exercice, conformément au refus cartésien du potentiel. Qu'on doive accepter la seconde condition (la non diversité de la cause et de son effet), implique simplement que la *sui causa* n'est pas une cause efficiente proprement dite (240, 10-11). L'efficience et la cause positive qu'est l'essence divine doivent être disjointes, ce qui n'empêche pas que la première autorise l'analogie donnant accès à la seconde.

Descartes montre alors qu'une chose ne se peut donner l'être ainsi que telle ou telle perfection que si elle est par soi positivement, ce qui implique que Dieu seul, et non l'*ego*, peut être par soi.

Deux précisions (IX 187) parent des objections relatives à une possible inconsistance logique ou métaphysique de la *causa sui*. a) Conformément à ce qu'on attend d'une analogie, certains traits de l'efficience ne seront pas appliqués à l'essence divine et à sa causalité propre. b) En conséquence, la *causa sui* est une cause sans effet, l'être effet s'avérant indigne de la nature divine.

Après le rappel de trois points d'accord (187)[3], on en vient au dernier argument contre la *sui causa*, lue selon l'efficience (165).

La cause efficiente, note Arnauld, ne concerne que l'existence, non l'essence, éternelle et incausée. Or il est de l'essence d'un être infini d'exister, comme du triangle d'avoir ses 3 angles égaux à 2 droits. Donc, de même qu'on ne peut rendre raison de cette propriété du triangle, on ne peut répondre à la question pourquoi Dieu existe. En Dieu, l'existence est une suite de l'essence et ne requiert aucune cause, tout comme une propriété géométrique découle d'une essence sans être causée. Or Arnauld et Descartes s'accordent à la fois sur la majeure du raisonnement (l'existence requiert une cause efficiente) et sur sa mineure (l'indistinction en Dieu de l'essence et de l'existence). Donc, en demandant quelle est la cause

1. Sur la fonction épistémique de l'analogie, *cf.* 241, 16-19/186, d'où le parallèle avec la géométrie, science des idées claires et distinctes.

2. *Iae Resp.*, IX 86. Cf. *IIae Resp.*, ax. 2, IX 127.

3. À savoir : a) Dieu n'est pas cause efficiente de soi ; b) l'aséité positive n'implique aucun influx causal ; c) le concept de conservation est incompatible avec la nature divine.

efficiente de l'existence, Descartes atteint l'essence divine et on peut demander la cause efficiente de Dieu (VII 243, 18-19). Que s'est-il donc passé ? Tout repose sur l'ambiguïté latente de la mineure du syllogisme et sur une différence d'accent ou de priorité. D'Arnauld à Descartes, s'opère un retournement qui atteste le primat cartésien de l'existence sur l'essence. La pensée d'Arnauld va de l'essence à l'existence, et l'argument *a priori* (qui infère l'existence de l'essence infinie sans recours à la causalité) lui paraît suffisant. Descartes tend, à l'inverse, à penser l'essence à partir de l'existence. Dès lors, l'indistinction de l'essence et de l'existence peut être repensée au bénéfice de l'analogie de la cause formelle avec l'efficiente. À la demande de cause appliquée à Dieu, la réponse ordinaire par l'infinité de sa nature ne peut être retenue. Si l'efficience ne peut satisfaire, la cause formelle, c'est-à-dire l'essence divine positive, reste opératoire : l'identité de l'essence et de l'existence permet de faire de la cause formelle (qui gouverne l'essence) une quasi cause efficiente (ultime fruit de l'analogie).

L'enjeu de ces précisions réside dans le perfectionnement de la preuve de Dieu par les effets, ou plutôt par la cause efficiente. Seule la *causa sui*, pensée à partir de l'analogie de la cause efficiente, achève une telle preuve (IX 188-189). Contrairement à ce qu'allègue Arnauld (IX 166, qui reprend et critique ici les *Iae Responsiones*, IX 86), chercher la cause de chaque chose n'implique pas d'en assigner une cause différente et partant de ne jamais pouvoir s'arrêter à une première. C'est précisément parce qu'il existe une cause non différente d'elle-même (cause de soi) qu'on peut s'arrêter à elle, l'assigner comme première et ne pas remonter indéfiniment de cause en cause[1]. La *causa sui* se révèle comme la condition ultime de la preuve par les effets, ce qui lui confère sa principale force (*vis* [IX 188])[2]. Refuser la *causa sui*, c'est anéantir la preuve par les effets, qui remonte à Dieu comme cause première. On ne pourrait s'arrêter à Dieu si on devait chaque fois chercher une cause différente de son effet. Si on n'admet pas la *causa sui*, on ne pourra s'arrêter et Dieu ne sera pas cause première (IX 189).

1. Descartes refuse le raisonnement aristotélicien visant à montrer qu'il faut s'arrêter à une cause première incausée, cf. *Iae Resp.*, IX 85-86. La finitude de notre entendement nous interdit de comprendre la succession infinie des causes, ce qui n'implique pas pour autant de devoir conclure à l'existence d'une cause première.

2. Voir G. Rodis-Lewis, *L'œuvre de Descartes*, *op. cit.*, p. 299-301.

Le refus du cercle (*IX-1, 189-190*)

Arnauld, le premier à parler de cercle (214, 7-8/166), a donné une formulation claire et concise de l'objection, qu'il repère à propos de la preuve de Dieu, à la différence des auteurs des *IIae Objectiones* (IX 98-99), qui la pointaient au sujet du *cogito*. Celle-ci donna lieu à de nombreux débats dans le commentaire[1]. Bon nombre de commentateurs s'accordent à considérer qu'elle n'est pas recevable et que Descartes est fondé à dire qu'il n'est « point tombé dans la faute qu'on appelle cercle » (IX 189). Issue du *Discours de la méthode* et de la *Meditatio V*[2], l'objection a pour enjeux les rapports entre le critère de la clarté et de la distinction de l'idée et la preuve de l'existence de Dieu, la distinction entre connaissance et science et la possibilité de construire une science certaine au moyen d'une raison discursive, conduite à enchaîner des évidences actuellement données à d'autres, désormais passées, mais requises dans les raisonnements. Comment concilier une théorie de l'évidence comme présence et cet excès sur le savoir au présent que requiert le recours au raisonnement et à la mémoire engagés en toute science ? Sous la plume d'Arnauld, l'objection consiste à dire que le critère de la vérité, fondé dans la clarté et la distinction des idées, ne peut être assuré que dans l'existence de Dieu, laquelle, à son tour, ne peut être démontrée que si on conçoit clairement et distinctement la preuve de l'existence de Dieu et qu'on est assuré par la véracité divine de la valeur de ce critère. Il faut être assuré du vrai avant de prouver Dieu, qui, seul, garantit la vérité de l'idée.

Très brève, la réponse de Descartes (qui renvoie aux *IIae Responsiones*, IX 110-111), distingue l'évidence actuelle, qui, à l'instar du *cogito*, ne requiert pas de garantie divine, et l'évidence au passé (qui n'est pas un passé d'évidence), garantie par la véracité et l'immutabilité divine. On peut se souvenir qu'on a connu évidemment et se fier alors à ce souvenir pour lier plusieurs évidences en une chaîne de raisons. Tout comme le *cogito*, la démonstration de l'existence de Dieu relève du premier cas de figure[3], déployant des évidences sous le contrôle d'une attention prêtée au présent. Une fois acquise, l'existence de Dieu (dont la véracité est un attribut essentiel) vient dissiper le doute qui pèse sur des contenus (les *IIae Responsiones* évoquent les *conclusions*) dont l'évidence n'est pas actuelle et qui

1. *Cf.* notamment M. Gueroult, *Descartes selon l'ordre des raisons, op. cit.*, t. I, p. 237-246 et H. Gouhier, *La pensée métaphysique de Descartes*, *op. cit.*, chap. XI.

2. Respectivement VI 38, 15-24 et VII 69/IX 55.

3. Les *IIae Resp.* mentionnent le *cogito*, en tant que premier principe, objet d'un *intuitus* en soi évident.

sont coupées des « raisons dont nous les avons tirées » (VII 140, 16/ IX 110). Si ce contenu fut perçu évidemment, un Dieu non trompeur élimine un doute qui porterait sur la mémoire, ou sur la permanence de sa vérité.

SCRUPULE DU THÉOLOGIEN : L'EUCHARISTIE (IX-1, 191-197)

Parmi les propos susceptibles de heurter les théologiens, Arnauld relève que la nouvelle physique pourrait rendre caduque l'explication du sacrement eucharistique (217-218/169-170). En refusant la notion d'accidents réels, c'est-à-dire de propriétés perceptibles pouvant subsister par elles-mêmes une fois changée la substance en laquelle elles sont ordinairement inhérentes, Descartes compromet l'explication scolastique (et notamment thomiste) de la transsubstantiation[1] : si les substances sont changées, comment soutenir que cette transsubstantiation se concilie avec la permanence des apparences sensibles du pain et du vin ? Pour accorder ces deux exigences, Thomas d'Aquin et l'École à sa suite usaient de la notion d'« accidents réels » : alors que les substances changent réellement au cours de la Consécration, les accidents par lesquels nous les percevons restent identiques. Séparables de la substance par une distinction réelle, ils peuvent subsister sans sujet par la puissance divine.

En rejetant l'accident réel comme contradictoire et incompatible avec sa théorie de la perception sensible[2], la physique cartésienne ruine l'explication traditionnelle[3] : si on supprime la substance du pain, plus rien ne saurait subsister qui soit perceptible. La réponse se développe en trois temps[4] : après une brève explication conciliatrice (qui évite provisoirement

1. Rappelons que la transsubstantiation signifie, selon les termes du Concile de Trente, la conversion réelle et entière de la substance du pain et du vin en celle du corps et du sang du Christ; voir session XIII, canon 2, 11 octobre 1551 (DS 1652), cité par Descartes, IX 194. Les *IVae Obj.* conduisent Descartes à traiter pour la première fois publiquement la question eucharistique. *Cf.* H. Gouhier, *La pensée religieuse de Descartes, Paris*, Vrin, 1924, p. 248 *sq.* et J. Laporte, *Le rationalisme de Descartes*, *op. cit.*, p. 405-418.

2. Cf. *VIae Resp.*, IX 234-235.

3. Descartes réduit les accidents dits réels aux modes de la substance, dont ils sont dès lors absolument dépendants, au point de ne pouvoir subsister sans elle. Une distinction réelle ne saurait valoir qu'entre des substances (*Principia* I, 60). L'explication usuelle de l'eucharistie est compromise en vertu du refus cartésien de distinguer substance et propriétés autrement que par la plus faible des distinctions, la distinction modale.

4. Ce dernier moment des *IVae Resp.* permet de corriger l'image d'un Descartes soucieux de séparer sans retour philosophie et théologie.

une confrontation directe avec la scolastique), Descartes expose sa théorie de la superficie et son rôle dans la perception, pour concilier la conversion des substances avec l'invariance des apparences; enfin il montre que le concept d'accident réel est contradictoire et que son explication est à la fois plus économique et plus fidèle à la lettre des formules conciliaires.

Le principe de la solution cartésienne consiste à soutenir que la substance du corps n'est pas immédiatement perçue, contrairement à sa *superficie*, définie comme le terme des dimensions du corps perçu. Elle seule est à même d'assurer le contact entre ce corps et les sens et de produire ainsi le sentiment que nous en avons. La superficie d'un corps (le pain par exemple) n'est ni sa substance, ni les parties des corps qui l'entourent; on la pensera plutôt comme le terme moyen entre chaque partie du corps et les corps environnants. – La *lettre à Mesland* du 9 février 1645 (IV 163-165) donne des compléments d'explication utiles à l'intelligence de cette notion de la superficie comme terme moyen entre les corps (ainsi le pain et l'air environnant). Si la superficie d'un corps peut se penser seule, elle s'entend aussi à partir de ceux qui l'entourent et la déterminent. La superficie moyenne entre air et pain ne change qu'avec les figures des dimensions qui séparent l'air du pain. En ce sens, elle ne peut changer que par ses dimensions. Si donc, par la consécration, le corps du Christ existe à la place du pain, la superficie moyenne entre son corps et l'air restera la même numériquement qu'auparavant, puisqu'elle ne tire son identité numérique que de celle des dimensions[1]. Dans la mesure où la superficie ne dépend pas du corps mais de ses dimensions, deux substances différentes (le pain et le corps du Christ, contenus sous la même superficie) peuvent donc produire la même apparence sur les sens.

Plusieurs griefs sont adressés à la notion d'accident réel (IX 194-195)[2]. En premier lieu, bien que canonisés par Thomas[3], ils ne sont pas utilisés dans les textes officiels[4]. De plus, rien n'en impose l'usage pour expliquer la perception des apparences. Les accidents réels ne « subsistent » pas tout seuls, expression qui nous met sur la voie du motif de leur rejet: ce qui subsiste est en effet la substance. Postuler la réalité des accidents, c'est donc en faire des substances, ce qui rend dès lors la transsubstantiation

1. La *lettre à Mesland* déjà citée prend ainsi l'exemple de la rivière qui reste la même, bien que changent au cours du temps les parties d'eau et peut-être celles de la terre qui fait les rives.

2. Rappelons que la fin des *IVae Resp.* (à partir de VII 252, 22/194 *sq.*) est coupée par Mersenne dans la première édition latine et rétablie dans la suivante et dans la traduction française.

3. *Summa theologiae*, IIIa p., q. 77, art. 1.

4. *À Mersenne*, mars 1642, AT III 545.

inintelligible. On ne peut dire à la fois que toute la substance est changée et que subsiste cependant quelque chose de réel qui était antérieurement dans le pain. Ainsi donc, comme il sera montré plus en détail dans les *Principia*, c'est bien la surface qui est le principe de la perception des qualités sensibles. On peut enfin avancer contre les accidents réels un argument pour ainsi dire économique, dans la mesure où leur existence (détachée de leur substance première) requiert un nouveau miracle, pour qu'ils ne deviennent pas immédiatement des substances.

Cet ultime développement des *IVae Responsiones* montre ainsi comment une question proprement théologique stimule cependant l'élaboration de concepts philosophiques importants.

Les *IVae Objectiones et Responsiones* suscitent un véritable progrès du cartésianisme. Par l'ampleur et la précision de sa lecture et des questions qu'elle autorise, Arnauld conduit l'auteur des *Meditationes* à de véritables innovations théoriques. Cet ensemble accomplit ainsi exemplairement l'idéal cartésien des objections et répond au mieux à ce que Descartes pouvait espérer de cette initiative singulière, visant à inclure dans son propre ouvrage les remarques et les objections de quelques lecteurs privilégiés.

DELPHINE BELLIS

CINQUIÈMES OBJECTIONS ET RÉPONSES

Alors même que Descartes et Gassendi ambitionnent de renouveler la philosophie de leur époque et s'opposent largement à la philosophie aristotélicienne, leurs relations intellectuelles sont marquées au sceau d'une conflictualité qui s'exprime dans les *Vae Objectiones* et *Responsiones.* En 1641, Mersenne sollicita Gassendi pour proposer des objections aux *Meditationes*[1] Gassendi rédigea les *Vae Objectiones* en avril-mai 1641, les data du 16 mai 1641 et les communiqua aussitôt à Mersenne qui les envoya à Descartes deux ou trois jours plus tard. Quand il les reçut et les eut rapidement parcourues, Descartes s'en montra satisfait, malgré leur longueur[2]. Mais quand, le 23 juin, il renvoya sa réponse au Minime, celle-ci exprimait, à la suite d'une lecture plus attentive, un certain dédain pour les objections formulées par le chanoine de Digne[3]. Descartes demanda en outre à Mersenne de faire publier les *Objectiones* de Gassendi et ses *Responsiones* avant que ce dernier n'ait pu voir celles-ci, afin qu'il ne soit pas tenté de s'opposer à cette publication qui, selon l'auteur des *Meditationes*, ne devait guère être favorable à l'objecteur. Descartes tint en outre à ce que le nom de Gassendi apparût en tête des *Objectiones*, contrairement aux autres séries d'objections, publiées sans nom d'auteur : quelque mépris que Descartes

1. Gassendi a pu rencontrer Mersenne à Paris entre le 9 et le 22 février ou à partir du 2 mars1641 : cf. *Gassendi à Louis de Valois*, 15 février 1641, 22 février 1641, 1er mars 1641, 8 mars 1641, *in* P. Gassendi, *Opera omnia*, Lyon, L. Anisson et J.-B. Devenet, 1658, t. VI, p. 103a-104b.

2. *Cf.* la lettre de *Descartes à Mersenne* du 27 mai 1641 publiée par E.-J. Bos, *Archiv für Geschichte der Philosophie,* 92, 2010, p. 290-299.

3. III 384, 388-389.

exprimât à l'égard de Gassendi, ce souci de ne pas laisser l'identité de l'objecteur dans l'anonymat manifeste certainement qu'il y avait pour Descartes un enjeu à rendre éclatante sa victoire contre un opposant aussi respecté de la République des Lettres[1]. Il semble que Mersenne n'ait pas immédiatement fait savoir à Gassendi que ses objections allaient être publiées avec la réponse de Descartes[2], mais il finit par le lui révéler. Sur l'insistance de Gassendi, Mersenne lui communiqua la réponse de Descartes avant sa publication. Gassendi ne s'opposa apparemment pas à la publication, considérant qu'elle permettrait aux lecteurs de juger équitablement leurs divergences, mais fut frappé de la ténacité, qu'il jugeait sans doute excessive, avec laquelle Descartes avait défendu ses positions[3].

Gassendi ne s'avoua pas pour autant vaincu et commença à rédiger des *Instantiae* en réponse aux *Responsiones* de Descartes. Les *Instances* sont datées du 15 mars 1642, mais furent rédigées et diffusées dès la fin de 1641. La *Disquisitio metaphysica* sera publiée à Amsterdam en février 1644 chez Jean Blaeu, par les soins de Samuel Sorbière et d'Étienne de Courcelles[4]. Il est significatif que, par son titre, l'ouvrage de Gassendi revendique son appartenance au champ de la métaphysique, comme pour mieux démentir les affirmations de Descartes en tête des *Vae Responsiones*[5] : alors que, pour Descartes, Gassendi représente l'homme qui, trop soumis à son corps et à ses sens, est incapable de s'élever à des réflexions métaphysiques, c'est-à-dire supra-sensibles, Gassendi entend redéfinir les limites de la métaphysique en fonction des capacités cognitives humaines foncièrement dépendantes des données sensibles. Pour lui, il n'est pas possible de dépasser le sensible en s'en détachant, mais seulement en s'en servant comme d'un matériau que l'esprit peut réassembler dans une construction nouvelle. Pour Descartes, au contraire, la nature même de la démarche métaphysique suppose de rompre avec les opinions héritées de l'enfance, période pendant laquelle la raison n'a pas encore été assez fortifiée dans

1. C'est d'ailleurs ce que suggère sa *lettre à Mersenne* du 27 mai 1641, *loc. cit.* Les objections de Gassendi apparaissent au départ à Descartes comme le négatif idéal à l'aune duquel il pourra d'autant mieux expliciter la spécificité de son vocabulaire et de ses thèses philosophiques.

2. *Cf.* la préface de la *Disquisitio metaphysica*, éd. et trad. B. Rochot, Paris, Vrin, 1962, p. 2-5.

3. Cf. *Gassendi à Louis de Valois*, 19 juillet 1641, *in* P. Gassendi, *Opera omnia*, *op. cit.*, t. VI, p. 111b-112a.

4. Cf. *Sorbière à Gassendi*, 15 octobre 1643, 18 avril 1644, 10 mai 1644, *ibid.*, p. 456b, p. 469b-470a.

5. AT VII 348, 5-7.

son usage et reste soumise à l'autorité des maîtres et à l'emprise des sens et de la précipitation du jugement[1].

Descartes choisit d'abord de ne pas répondre à la *Disquisitio*, puis voulut faire retirer les objections de Gassendi des éditions à venir des *Meditationes*. C'est la raison pour laquelle, dans la traduction française publiée en 1647, on trouve, entre les *Quatrièmes* et les *Sixièmes Réponses*, un « Avertissement de l'auteur touchant les cinquièmes Objections » qui remplace la traduction des *Cinquièmes Objections* et *Réponses* par Clerselier. Descartes prétendit complaire à Gassendi, qui se serait plaint de la publication des *Vae Objectiones* et *Responsiones*, en les retirant de son ouvrage. Il prit également prétexte de leur publication dans la *Disquisitio* pour affirmer que leur inclusion dans son ouvrage était inutile. En définitive, Descartes consentit finalement à ne pas supprimer la traduction de Clerselier mais celle-ci se trouva reléguée à la fin du livre, accompagnée d'une lettre de Descartes à Clerselier qui visait à répondre brièvement aux *Instantiae* de Gassendi sans que celles-ci fussent reproduites.

Les *Vae Objectiones* et *Responsiones* se déploient autour d'une opposition centrale, entre les deux philosophes, sur le rapport de la connaissance (en particulier métaphysique) à la perception sensible. Cette opposition méthodologique et philosophique qui s'exprime dans l'interpellation d'abord adressée par Gassendi à Descartes, « ô âme » (VII 260, 18/ G IV-1, 449), puis dans la réponse cinglante de Descartes, « ô chair » (VII 352, 23/G IV-1, 550), s'articule à la question suivante : est-il possible d'accéder à une connaissance certaine indépendamment des données sensibles et donc des corps qui les transmettent ? Pour Descartes, cela est non seulement possible, mais même absolument requis dans le cadre d'une démarche métaphysique. Pour Gassendi, au contraire, cela n'est pas possible et toute tentative en cette direction est vouée à l'échec, c'est-à-dire à la production d'abstractions qui n'entretiennent plus qu'un faible rapport à la réalité, alors même que les données sensibles sont l'élément le plus certain à partir duquel nous pouvons élaborer des connaissances. C'est cette opposition entre l'empirisme de Gassendi et le rationalisme métaphysique de Descartes qui les conduit à s'affronter sur le statut du doute et du sensible, la nature de l'*ego* comme chose pensante et la distinction réelle de l'âme et du corps, l'évidence et la clarté et la distinction comme marques du vrai, le statut de l'infini pour la connaissance humaine et la possibilité d'une démonstration de l'existence de Dieu, les idées innées et le statut des

1. Cf. *DM*, VI, 13, 1-12 ; *Principia philosophiae* I, 71-72, AT VIII-1 35-37/IX-2 58-60.

vérités mathématiques ou encore le rapport entre l'entendement et l'imagination.

On a souvent eu tendance à lire les *Vae Objectiones* et les *Instantiae* comme exprimant les positions du philosophe de Digne, positions qui s'opposeraient une à une à celles de Descartes (empirisme *vs* rationalisme, scepticisme *vs* dogmatisme, matérialisme *vs* dualisme, etc.). Mais il faut considérer ce texte comme Gassendi lui-même le considérait, c'est-à-dire comme une série de difficultés non résolues (*dubitationes*) suscitées par les arguments et démonstrations des *Meditationes.* Gassendi n'affirme pas ni ne cherche à défendre des thèses contraires à celles de Descartes, mais principalement à mettre en doute le statut gnoséologique de ces dernières. À vouloir lire les *Objectiones* et la *Disquisitio* comme indiquant, au moins en creux, les thèses philosophiques de Gassendi, on risquerait de devoir assumer la tâche ardue consistant à rendre compte d'énoncés apparemment contradictoires avec ceux que l'on peut trouver dans les *Exercitationes paradoxicae* ou le *Syntagma philosophicum.* Non que la pensée de Gassendi ne soit traversée de tensions ou d'évolutions. Mais il convient de lire les *Objectiones* de façon contextuelle, comme adressées à un philosophe que Gassendi perçoit comme dogmatique et accordant une confiance excessive aux pouvoirs de la raison. Or, la pensée propre de Gassendi est elle-même fondamentalement guidée par un principe de prudence gnoséologique qui ne confine pas au pur pyrrhonisme et à la simple suspension du jugement, mais qui relève plutôt d'une forme de probabilisme : il n'y a pas d'énoncé absolument certain dans l'ordre rationnel, mais cette incertitude même n'est pas un absolu; elle comporte des degrés et la tâche du philosophe et du savant consiste principalement à formuler des propositions de plus en plus probables, de plus en plus certaines[1]. Pour Descartes, au contraire, la certitude dépend de l'évidence qui est tout entière ou qui n'est pas : il n'y a donc pas de moyen terme entre le certain et l'incertain ou le dubitable qui doit être rejeté en tant que tel et assimilé au faux pour les besoins de l'enquête métaphysique.

1. *Cf.* D. Bellis, « *Nos in Diem Vivimus :* Gassendi's Probabilism and Academic Philosophy from Day to Day », *in* S. Charles, P. J. Smith (ed.), *Academic Scepticism in the Development of Early Modern Philosophy*, Dordrecht, Springer, 2017, p. 125-152.

SUR LA *MEDITATIO I*

Puisque, dans les *Exercitationes paradoxicae*, Gassendi avait recouru à l'arme du doute sceptique à l'encontre de nombreuses thèses aristotéliciennes, on ne s'étonnera pas qu'il approuve le dessein des *Meditationes* de faire porter le doute sur nos préjugés. Mais il s'oppose à la *méthode* cartésienne du doute et à son *extension* : il refuse de considérer comme faux ce qui n'est que douteux et de faire porter le doute sur les données sensibles. Il considère en outre que le caractère artificiel du doute cartésien (hypothèse d'un Dieu trompeur, recours au malin génie) le rend psychologiquement impossible à mettre en œuvre.

La réponse de Descartes consiste en une réaffirmation du caractère méthodique, métaphysique et hyperbolique du doute. Il ne s'agit pas de se limiter à des raisons naturelles de douter, mais de porter le doute jusqu'à son point extrême, point auquel ce qui lui résistera se révèlera au sujet comme première vérité certaine. L'opposition de Gassendi à cet usage proprement métaphysique du doute est révélatrice d'une différence d'appréciation du statut des préjugés et de leur rapport à l'erreur à deux niveaux. Premièrement, pour Descartes, aucun préjugé, en tant que tel, n'a droit de cité dans le champ du vrai. Un préjugé est une proposition que l'on accepte avant d'avoir pu en juger en connaissance de cause et donc d'en avoir évalué la portée gnoséologique. Par définition, un préjugé ne saurait être vrai puisque la découverte de la vérité n'est pas dissociable de l'exercice de l'entendement qui permet d'accéder à la certitude. Aussi ne serons-nous pas étonnés de constater que, dans sa réponse, Descartes passe de l'évocation des « préjugés » aux « erreurs dont nous sommes imbus dès notre enfance » (VII 348, 14, 18-19/G IV-1, 546). Tout préjugé est potentiellement une erreur. Il n'y pas à proprement parler de préjugé vrai ou d'opinion droite. L'exercice effectif du jugement est requis pour qu'une proposition puisse être considérée comme vraie. On ne saurait considérer comme vrai ce qui l'a été seulement « une fois », c'est-à-dire autrefois, en particulier si à cette occasion il ne s'est agi que de recevoir passivement pour vraie une chose et non de l'examiner en toute rigueur[1]. Deuxièmement et par conséquent, la tâche du métaphysicien consiste, pour Descartes, à se défaire de ses préjugés pour établir, sur le terrain dégagé de l'esprit, un fondement certain et solide pour la connaissance. Il est donc requis et possible de se défaire au moins une fois en sa vie de ses préjugés. Pour Gassendi, cette entreprise est vouée à l'échec car le doute doit être une

1. VII 348, 24-26/G IV-1, 546.

procédure psychologiquement acceptable et non seulement relever d'une méthode de connaissance : il faut avoir des raisons psychologiquement acceptables – et non seulement métaphysiquement valides – de douter si l'on veut espérer pouvoir sérieusement faire porter ce doute sur certaines de nos opinions. C'est le fonctionnement même de l'esprit qui empêche de mettre en doute toutes nos opinions car, nous le verrons, la volonté est entièrement déterminée par ce que lui présente l'esprit, un esprit soumis aux habitudes et donc aux préjugés[1].

Mais cette divergence entre les deux philosophes repose en définitive sur une conception fondamentalement différente de l'esprit humain et de ses ressources cognitives. Pour Descartes, un esprit sans préjugé trouvera finalement en lui un fonds riche de principes et d'idées innées[2]. Pour Gassendi, l'esprit n'est qu'une *tabula rasa*, incapable de produire la moindre opération cognitive indépendamment des informations reçues par les sens. L'entendement ne pourrait que tourner à vide s'il ne s'appuyait sur des opinions acquises dès l'enfance et développées en opinions plus élaborées au cours de la vie[3]. L'être humain n'a pas d'autre choix que d'examiner sans cesse ses opinions, de les passer sans cesse au crible du doute, non pas une fois pour toutes dans sa vie[4], mais bien en permanence, et ce afin de raffiner ce matériau toujours déjà donné pour que nos jugements s'approchent toujours un peu plus de la vérité. Deux conceptions fort différentes des puissances de l'esprit apparaissent ainsi dans l'opposition entre Descartes et Gassendi sur le statut du doute : pour le premier, même si nous nous trompons, l'esprit possède la force de se défaire de ses préjugés, d'identifier la cause de ses erreurs et d'atteindre par là même une vérité certaine dans les champs métaphysique et mathématique ; pour le second, au contraire, « le peu de lumière de l'esprit humain, ou la faiblesse de notre nature » (VII 349, 7-8/G IV-1 547) nous empêche d'accéder aux essences des choses et nous ne pouvons en connaître que les apparences à partir desquelles nous supputons les causes cachées qui les produisent.

1. *Cf.* les *Obj.* et *Resp.* relatives à la *Med. IV*.

2. Des notions simples sont en effet présupposées par la démarche métaphysique, comme celles de pensée, de certitude, d'existence ou « que pour penser, il faut être » : cf. *Principia philosophiae* I, 10, AT VIII-1 8/IX-2 29. Pour autant, ces notions simples ne sont découvertes que dans la *cogitatio* singulière qu'est le *cogito* et dont elles sont la condition.

3. Cf. *Disquisitio*, éd. cit., p. 36 : « s'il n'a plus de jugements faits d'avance [*praejudicia*], [l'esprit] n'a donc plus de principes ».

4. VII 17, 5/IX-1 13.

On ne sera donc pas surpris de voir les deux philosophes s'opposer sur la dimension méthodique du doute consistant à considérer comme faux ce qui est simplement douteux[1]. Descartes peut s'autoriser cette procédure puisque le doute n'a pas d'autre fonction que d'exclure de la considération de l'entendement en quête d'une vérité certaine tout ce qui ne présente pas cette certitude. Dans le parcours métaphysique des *Meditationes*, le doute n'a d'abord qu'une fonction négative visant à libérer l'esprit de l'emprise des préjugés, même si le doute extrême, celui qui fait appel au malin génie, va permettre de faire surgir la première vérité certaine, celle du *cogito*. À partir de cette étape, le doute n'aura plus de fonction positive dans la recherche de la vérité. Pour Gassendi, au contraire, le doute est partie prenante et acteur positif de la quête de vérité à chacune de ses étapes. Sa fonction consiste précisément à évaluer le niveau de probabilité d'une proposition. Le doute cartésien ne peut être considéré par Gassendi que comme un nouveau préjugé relevant d'un usage dévoyé qui empêche le doute comme examen critique de remplir sa fonction épistémologique.

SUR LA *MEDITATIO II*

1) Dans la mesure où les objections de Gassendi contre la *Meditatio II* consistent dans un premier temps à remettre en question la nécessité de déduire mon existence de ma seule pensée et à affirmer la possibilité de l'établir à partir « de quelque autre que ce fût de vos actions » (VII 259, 3-4/G IV-1 447), actions dont le sujet a connaissance par la perception de son corps et les données sensibles, Descartes réaffirme l'importance accordée au doute portant sur les données des sens et la suspension de la croyance en l'existence des corps en général et de mon corps en particulier. Remarquons qu'il ne s'agit pas tant de remettre en cause la croyance en l'existence du monde extérieur et des corps humains que de remettre en question le statut épistémique des énoncés portant sur ces réalités à partir des seules données sensibles[2]. L'impossibilité où se trouve Gassendi de mettre en œuvre un tel doute relève, pour Descartes, d'une confusion entre le domaine métaphysique et le domaine de l'action. Rappelons que la seconde maxime de la morale que Descartes se donnait « par provision » dans le *Discours de la méthode* visait à isoler le champ de l'action de l'emprise du doute méthodique en recommandant de suivre constamment

1. *Cf.* VII 22, 14-15/IX-1 17.
2. *Cf.* la *Synopsis* des *Meditationes*, VII 16, 1-3/IX-1 12.

même « les opinions les plus douteuses », une fois qu'on les aurait choisies comme guide de nos actions[1], sans que cette résolution change en rien le statut épistémique de ces opinions. Descartes critique les sceptiques qui n'auraient pas su faire la distinction entre la conduite de la vie et la connaissance, relayant la légende d'un Pyrrhon que ses disciples empêchaient de tomber dans les précipices[2]. Contrairement aux sceptiques qui douteraient des sens dans les champs de la connaissance et de l'action et contrairement à Gassendi qui ne voudrait remettre en question les données sensibles ni pour la connaissance ni pour l'action, Descartes dessine une voie médiane spécifique de la démarche métaphysique.

Descartes réaffirme la nécessité de prouver mon existence face à Gassendi pour lequel l'existence, et donc mon existence, relève du fait, non de la vérité métaphysique, et peut être connue avec certitude, contrairement à l'essence des choses (et notamment de mon âme), parce que ce sont les sens qui nous permettent d'établir les vérités de fait alors qu'ils ne nous donnent pas accès à l'essence des choses. De plus, Descartes considère que mon existence ne peut être prouvée qu'à partir de ma pensée. Certes, cette pensée est toujours pensée de quelque chose. Elle peut donc bien consister en la « conscience que j'ai de me promener » (VII 352, 12-13, nous traduisons). Mais ce n'est pas l'action physique d'un corps dont l'existence reste pour moi encore incertaine qui m'assure alors de mon existence, mais la pensée qui me représente que je me promène – que cette représentation soit vraie ou fausse.

2) La suite de la réponse de Descartes est centrée sur la définition et la nature de l'âme. Gassendi considère en effet que le doute cartésien, s'il a mis entre parenthèses l'existence des corps à partir de l'exclusion des données sensibles, n'a porté que sur ce qui est sensible et n'a donc pas permis d'exclure que la pensée puisse être produite par un corps très subtil, non visible. Pour Descartes, au contraire, le fait même que je puisse concevoir distinctement les opérations de la pensée indépendamment de tout corps (grossier ou subtil, sensible ou non) m'assure que la pensée n'est pas produite par une entité corporelle.

1. VI 24. *Cf.* VII 22, 20-22/IX-1 17.

2. Gassendi a raison de rétorquer, dans la *Disquisitio* (éd. cit., p. 68), que les sceptiques antiques faisaient cette distinction et ne remettaient pas en question les phénomènes, c'est-à-dire la façon dont les choses nous apparaissent.

3) Les *Meditationes* conduisent à redéfinir l'âme humaine de façon très différente par rapport à la conception aristotélicienne traditionnelle selon laquelle l'âme est avant tout principe de vie[1]. Pour Aristote, la vie prend des formes différentes selon la hiérarchie des êtres (nutrition, sensation, locomotion, intellection) et en l'être humain une même âme accomplit toutes ces fonctions qui sont subordonnées les unes aux autres et non simplement coordonnées[2]. C'est la raison pour laquelle Gassendi, héritier de cette conception, refuse que l'on considère les opérations intellectuelles à l'exclusion des fonctions biologiques de l'âme[3]. Descartes cherche à prouver que la mise en doute de l'existence de tout corps, y compris du sien, et la considération des opérations de la pensée suffisent à montrer que celles-ci ne requièrent aucun corps. Il est conduit à expliciter le déplacement conceptuel que sa métaphysique opère : l'âme n'est plus principe de vie, mais seulement principe de pensée. Les fonctions vitales sont assurées par le corps dans une approche mécaniste.

Gassendi a mis en avant des raisons qui suggèrent que la pensée ne peut s'exercer indépendamment du corps et que donc il faut concevoir ce qui pense comme corporel en un sens. Mais Descartes distingue soigneusement le fait et le droit : ce n'est pas parce qu'en fait l'activité pensante est affectée par l'état du corps qu'elle ne pourrait pas s'exercer en principe indépendamment de lui. L'enjeu consiste ici à distinguer l'effet du corps sur l'âme qui relève de leur union et une dimension corporelle de la pensée. Ce n'est pas parce que la pensée est affectée par le corps que ce qui pense est corporel. Pour qu'une union ait lieu, encore faut-il qu'il existe deux choses à unir.

Pourtant, Descartes ne prend pas bien la mesure de la portée de l'argument de Gassendi sur la vision. Il s'agissait pour ce dernier de montrer que l'argument du rêve n'est pas suffisant pour remettre en question l'existence de mon corps et des autres corps dont l'existence m'est connue par les sens et, en particulier, par la vue. En effet, quand nous rêvons, nous croyons voir des choses alors même que notre œil ne voit effectivement rien. Pour Descartes, cet argument suffit à suggérer que nous pourrions être toujours en train de rêver. L'impossibilité de distinguer le rêve de la veille doit nous inciter à remettre en question l'existence du monde extérieur. Pour Gassendi, au contraire, la possibilité même de voir des choses en rêve, alors même que notre œil ne voit à proprement parler rien à ce moment, repose en fait sur l'existence d'un dispositif

1. *De anima*, II, 1, 412a20.
2. *De anima*, II, 3, 414b19-20.
3. *Cf.* le doute IV des *Obj.* de Gassendi : VII 263, 7-30/ G IV-1, 451-452.

physiologique optique. Pour rêver que l'on voit, il faut avoir auparavant déjà vu, ce qui présuppose l'existence de mes yeux, voire de mon corps et des autres corps. Par conséquent, l'argument du rêve ne parvient pas à remettre en question l'existence des corps car ce sont ces corps qui fournissent à mes pensées leur contenu. Pour Gassendi, il n'est pas possible d'isoler par la réflexion des contenus de pensée qui attesteraient d'une activité cogitative indépendante du corps[1]. Le *Je pense* ne précède donc pas *ce que je pense*.

Les *Vae Objectiones* font alors écho aux *IIae Objectiones* qui évoquaient déjà la possibilité que le doute ait pu suspendre l'existence des corps, à l'exception cependant du corps de celui qui médite, et que la pensée caractéristique de la chose qui pense ne puisse être produite sans qu'y concoure le corps propre, voire « que des mouvements corporels » soient « la pensée même » (VII 123, 1/97). Alors que l'auteur des *IIae Objectiones* passait subrepticement, sans les distinguer, d'une hypothèse matérialiste réductionniste selon laquelle la pensée est identique aux mouvements corporels, à une hypothèse considérant seulement que la pensée soit l'effet (non matériel) d'une cause substantiellement matérielle, Gassendi envisage seulement la seconde option[2].

Descartes est ensuite conduit à expliciter les raisons qui le conduisent à affirmer légitimement l'existence d'une substance pensante à partir de la *cogitatio*, à savoir la formation d'un « concept clair et distinct de cette substance, dans lequel il n'y a rien de contenu de tout ce qui appartient à celui de la substance corporelle » (VII 355/G IV-1, 551). Là réside le cœur de l'opposition méthodique sous-jacente aux *Cinquièmes Objections* et *Réponses* : le statut épistémologique et la portée ontologique de certaines idées claires et distinctes, c'est-à-dire de l'évidence. Gassendi préconise une démarche empirique d'examen et de tri parmi toutes les hypothèses possibles sur la nature de ce qui peut produire la pensée et refuse le passage de la conscience des opérations cogitatives dont je fais l'expérience à l'affirmation d'une substance dont toute la nature est de penser. Certes, les *cogitationes* doivent être rapportées à un substrat. Mais Gassendi refuse de considérer que le *cogito* permette de conclure que ce substrat est une

1. Sur ce « principe intentionnaliste » (que l'on trouve également chez Thomas d'Aquin), *cf.* S. Roux, « Les Recherches métaphysiques de Gassendi : vers une histoire naturelle de l'esprit », *in* S. Taussig (éd.), *Gassendi et la modernité*, Turnhout, Brepols, 2008, p. 105-140, en part. p. 122-123.

2. Cette position peut être identifiée au *property dualism* de la philosophie de l'esprit : la pensée est un ensemble de propriétés de nature différente du corps sur le plan ontologique, mais produites par le corps, qui est seule substance (par opposition au *substance dualism*).

substance incorporelle[1]. Ce qui pense pourrait en effet être, pour Gassendi qui annonce l'hypothèse lockienne de la matière pensante[2], un substrat matériel. Pour Descartes, la pensée est capable de rejoindre l'être, même si elle ne le saisit pas dans son intégralité. Aussi, « en tant que je me connais » dans la *Meditatio II*, ne suis-je qu'« une chose qui pense » (VII 355, 5-6/G IV-1 552). Mais cela n'exclut pas que je sois, dans l'ordre de l'être qui excède celui de la connaissance et, en particulier, de la connaissance acquise au stade de la *Meditatio II*, davantage qu'une chose qui pense, c'est-à-dire que la substance pensante n'épuise pas mon essence d'être humain[3]. Descartes affirme la validité de la méthode par négation qu'il a suivie : seul ce qui résiste au doute est certain en tant que je le conçois clairement et distinctement. Puisque l'existence d'une chose pensante a pu être établie par le *cogito* indépendamment de tout corps, dont l'existence est mise en doute, la chose pensante peut exister sans corps et la pensée être produite indépendamment d'un substrat matériel. Il n'est donc pas requis d'examiner si cette pensée pourrait être (plutôt ou également) produite par un corps subtil. Pour autant, Descartes n'affirme pas que le corps – le corps grossier [*crassum corpus*], c'est-à-dire mon corps dont je perçois les membres, par distinction avec un corps subtil comparable à un air ou un feu qui serait diffusé dans ce corps grossier – « ne contribue rien à la pensée »[4]. En effet, en particulier dans le cas de la sensation et de l'imagination, le corps, par son action sur l'âme, détermine en partie le contenu des pensées qui restent cependant des états mentaux et non corporels.

4) Descartes prétend identifier la source de la confusion conceptuelle que commet Gassendi entre ce qui relève du corps et ce qui relève de la pensée ou de l'âme dans l'usage ambigu du terme « âme » (*anima*) (VII 355, 28/G IV-1, 552). Ce terme aurait été forgé par les premiers hommes qui ne distinguaient pas en l'être humain le principe de vie que nous avons en commun avec les animaux et le principe par lequel nous pensons. La doctrine aristotélicienne de l'âme semble ici renvoyée à une pensée primitive confuse dont la langue porterait encore la trace et qui entretiendrait la confusion conceptuelle. Descartes propose donc d'utiliser un autre terme, celui d'« esprit » (*mens*), d'habitude utilisé pour désigner ce qui pense dans l'âme, pour désigner l'âme tout entière. La *mens* se

1. Sur ces difficultés que Gassendi oppose à Descartes, *cf.* S. Roux, « Les Recherches métaphysiques de Gassendi : vers une histoire naturelle de l'esprit », art. cit., p. 123-132.

2. *Cf.* Locke, *Essai sur l'entendement humain*, IV, chap. III, § 6.

3. VII 357, 26-28/ G IV-1, 554 : « ce sont deux choses entièrement différentes, appartenir à mon essence, et appartenir à la connaissance que j'ai de moi-même. »

4. VII 355, 20-21 et 25/ G IV-1, 552.

substitue alors à l'*anima* tout simplement parce que les fonctions de nutrition et de croissance sont attribuées par le mécanisme cartésien au corps seul et les fonctions cogitatives sont conçues indépendamment du corps. Se réappropriant le vocabulaire scolastique, Descartes en vient ainsi à affirmer non pas que l'âme est la forme du corps comme le voudrait l'hylémorphisme aristotélicien, mais que l'âme est la « forme principale de l'homme » (VII 356, 18/G IV-1, 553)[1], c'est-à-dire du composé d'âme et de corps, maintenant ainsi la substantialité du corps indépendamment de celle de l'âme et conférant une unité réelle à l'être humain.

Descartes se trouve alors sommé de répondre à une objection qui sera à nouveau discutée par Locke[2] : si toute la nature de l'âme consiste dans la pensée, est-ce à dire que l'âme pense toujours, y compris aux commencements de la vie, ou quand nous dormons ? La réponse consiste à distinguer l'action de penser ou *cogitatio* (qui peut prendre des formes variées, de la sensation à l'intellection en passant par l'imagination) et le souvenir que nous en avons comme contenus de pensée ou *cogitata* : ce n'est pas parce que nous ne nous souvenons pas des pensées (*cogitata*) que nous avions dans le ventre de notre mère que nous ne pensions pas alors. La mémoire repose en effet, pour Descartes, sur l'impression de traces laissées par les esprits animaux qui creusent comme de fins sillons dans la substance du cerveau, sillons que les esprits animaux empruntent à nouveau quand nous nous ressouvenons de quelque chose[3].

Descartes refuse de considérer que, au stade de la *Meditatio II*, il a définitivement exclu le corps de son identité. La démarche du doute métaphysique l'a seulement conduit à mettre en doute l'existence des corps et de son corps et à « considérer »[4] cela seul dont il ne peut douter de l'existence, à savoir sa pensée. Par conséquent, la distinction réelle entre l'âme et le corps n'est pas encore acquise car, pour ce faire, il faudrait que Descartes ait connaissance de la nature et de l'existence de son corps, ce qui n'est pas le cas à la fin de la *Meditatio II*. Il n'y a de distinction réelle qu'entre deux choses (*res*) dont la nature et l'existence sont établies. Gassendi a donc tort de considérer que, au stade de la *Meditatio II*, la distinction entre l'âme et le corps est déjà admise ou supposée. Il convient de distinguer entre l'ordre de l'être et celui de la connaissance. Cependant, comme le fait remarquer O. Bloch, Gassendi

1. Cf. *Descartes à Regius*, janvier 1642, III 505.
2. *Cf.* Locke, *Essai sur l'entendement humain*, II, chap. I, § 9-19.
3. Cf. *Passions de l'âme*, art. 42, XI 360.
4. *Cf.* VII 357, 14-15/ G IV-1, 553.

aperçoit l'ambiguïté réelle d'une telle démarche : Descartes prétend bien, dans la deuxième Méditation, ne se placer qu'au point de vue de la connaissance et des idées, mais il traite en fait ces dernières comme des essences, et édifie sur ce postulat toute une ontologie provisoire, à laquelle la véracité divine et la seconde preuve de l'existence de Dieu n'auront plus ensuite qu'à donner pour la forme la sanction définitive d'un ; « c'est bien ainsi »[1].

7)[2] Alors que Descartes compte les sensations et l'imagination au nombre des opérations de la pensée, il exclut, objecte Gassendi, que les animaux aient une âme et rend compte de tous les aspects de leur comportement à partir de causes mécaniques. Dès lors, pour Gassendi, de deux choses l'une : ou bien il est possible d'expliquer de façon mécanique les pensées des animaux et des êtres humains et alors une âme incorporelle n'est pas requise en l'être humain; ou bien l'existence d'une âme incorporelle est requise pour expliquer les pensées, chez les êtres humains comme chez les animaux. Descartes rejette comme non pertinente la question de l'âme des bêtes parce qu'elle ne saurait être examinée selon l'ordre des raisons au moment où il considère ce qu'il est comme chose pensante. En effet, la démarche métaphysique repose sur un examen de l'esprit par lui-même et relève d'une expérience interne. Or il n'est aucunement possible d'explorer un psychisme distinct du nôtre. Par conséquent, la question de l'âme des bêtes ne saurait être résolue par l'introspection métaphysique, mais seulement *a posteriori* c'est-à-dire en inférant la cause (corporelle ou mentale) qui les produit à partir des comportements des animaux[3].

Du fait des objections de Gassendi, Descartes ne peut éviter d'anticiper sur la question de la distinction réelle de l'âme et du corps qui n'est l'objet que de la *Meditatio VI.* La distinction réelle est établie sur la base de la connaissance de la nature de l'esprit (la pensée) et de celle du corps (l'étendue) qui n'ont rien de commun. Malgré les interactions qui existent entre l'âme pensante et le corps étendu, leur distinction réelle est attestée de façon plus expérimentale par l'indépendance effective de certaines opérations intellectuelles par rapport au corps, comme la possibilité de nous rendre compte que nous rêvons qui suppose la distinction entre deux opé-

1. O. Bloch, *La philosophie de Gassendi. Nominalisme, matérialisme et métaphysique*, La Haye, Nijhoff, 1971, p. 125.

2. La numérotation suit le texte de Descartes.

3. Cette procédure ne peut cependant pas absolument exclure que les animaux soient dotés d'une âme immatérielle : cf. *Descartes à More*, 5 février 1649, AT V 276-277. Mais postuler une telle âme n'est pas nécessaire pour expliquer leurs comportements ; les mécanismes corporels y suffisent.

rations de la pensée, l'une qui repose sur l'imagination et donc le corps dans la perception d'images oniriques, l'autre qui consiste à identifier ces images comme appartenant au domaine du rêve plutôt qu'à celui de la perception sensible.

8) Dans sa critique de l'analyse du morceau de cire, Gassendi reproche à Descartes d'avoir rendu la cire impossible à connaître en la dépouillant de ses accidents que Gassendi assimile aux qualités sensibles. En effet, pour ce dernier, l'essence de la substance est distincte de ses propriétés sensibles qui seules nous sont accessibles. L'essence de la substance nous reste donc inconnue. Dans la *Meditatio II*, Descartes s'est efforcé de considérer la cire sans « ses vêtements » ou « toute nue »[1]. Dans la perspective empiriste qui est la sienne, il est impossible pour Gassendi de connaître un objet indépendamment de la perception sensible que nous en avons. Descartes au contraire veut mettre en évidence que c'est par une « inspection de l'esprit », et non par la sensation ou l'imagination, que nous identifions le substrat qui se manifeste par des accidents sensibles et persiste quand ceux-ci se modifient. Gassendi ne semble pas comprendre que la *Meditatio II* n'a pas pour fonction d'identifier la nature ou l'essence de la cire ou des corps, mais de mettre en évidence l'opération de l'esprit à l'œuvre dans l'identification de la cire au-delà de ses changements phénoménaux, opération qui permet de réaffirmer la nature mentale de l'esprit.

9) Par conséquent, Descartes ne nie pas que les attributs de la cire, y compris les qualités sensibles qu'il refuse de considérer comme appartenant à la nature des corps, manifestent la substance de la cire, c'est-à-dire l'existence d'un substrat ontologique dont dépendent ces attributs[2]. Mais la propriété de rendre manifeste une substance ne saurait être purement et simplement identifiée à celle d'en faire connaître la nature. Certes, Descartes reconnaît ici que « plus nous connaissons d'attributs de quelque substance, plus parfaitement aussi nous en connaissons [*intelligamus*] la nature » (VII 360, 6/G IV-1, 556). Mais il convient d'éclaircir ce que signifie *connaître* ou *entendre* la nature d'une substance dans ce contexte. En effet, seuls certains attributs constituent la nature des substances, corporelles ou mentales : il s'agit de ce que les *Principia philosophiae* appelleront « attribut principal »[3] : la pensée pour l'âme et l'étendue pour le corps. Tous les autres attributs d'une substance dépendent de cet attribut principal. Mais on peut d'autant mieux entendre la nature d'une substance

1. VII 32, 25-26/IX-1 25, 32-33.
2. *Principia philosophiae* I, 53, AT VIII-1 25/IX-2 48.
3. *Principia* I, 53, VIII-1 25/ IX-2 48.

qu'on en connaît les différents modes que son attribut principal peut revêtir. Pour un corps, cela peut être la figure et la disposition spécifique de ses parties qui vont permettre de rendre compte de ses propriétés observables. Or, plus nous avons d'informations, y compris grâce à l'expérience sensible, sur un corps, mieux nous en entendrons la nature en ce dernier sens, c'est-à-dire plus sûrement pourrons-nous en inférer la structure corpusculaire particulière. De même, pour l'âme, nous en connaîtrons d'autant mieux sa nature de chose pensante que nous connaîtrons les différentes opérations cogitatives qu'elle peut accomplir.

Cependant, la nature de l'âme ne saurait pas davantage être *connue* par décomposition de ses éléments constitutifs ou opérations appréhendés de manière phénoménale ou expérientielle qu'un corps par identification des différents accidents que l'on peut rapporter à sa substance[1]. L'âme n'est pas davantage composée de sensations, imaginations, mémoire, etc. qu'un corps ne l'est de blancheur, dureté, senteur florale etc. ou « sel, souffre et mercure ». La nature d'une chose est ce qui la constitue de façon unitaire, ce à quoi toutes ses opérations ou modalités peuvent être ramenées[2]. Comme les *Principia philosophiae* (I, 63) l'expliciteront, l'âme n'a qu'un attribut principal, la pensée, de même que le corps n'a qu'un attribut principal, l'étendue. Mais, pour Gassendi, dire que l'âme est une chose pensante, ce n'est rien d'autre que proposer une définition nominale sans rendre compte de la façon dont la pensée est produite.

SUR LA *MEDITATIO III*

1) Gassendi remet en question la valeur de la règle générale de vérité en renvoyant la clarté et la distinction à de pures apparences internes subjectives ou psychologiques. Il met en évidence ce qu'il voit comme une tension entre la dimension introspective et la dimension de garantie objective portées par la clarté et de la distinction. Mais, comme beaucoup de personnes se trompent quand elles croient être dans le vrai, cela veut dire, pour Gassendi, que l'on peut se tromper sur la clarté et la distinction d'une

1. Cette seule connaissance de l'esprit à laquelle Gassendi souhaiterait que le philosophe se cantonne est ce que S. Roux appelle une « histoire naturelle de l'esprit » (« Les Recherches métaphysiques de Gassendi : vers une histoire naturelle de l'esprit », art. cit., p. 132-134).

2. VII 358, 14-15/ G IV-1, 554 : « toute l'essence ou toute la nature de l'esprit consiste seulement à penser ».

perception[1], ce que Descartes rejette précisément. Plutôt qu'une règle de vérité reposant sur la clarté et la distinction, « ce que réclame Gassendi, comme le réclamera Leibniz, c'est un critère de l'évidence, un critère de la clarté et de la distinction, qui nous fasse sortir de l'intériorité de l'intuition et nous permette de juger et de contrôler objectivement la valeur des raisonnements métaphysiques »[2]. Mais pour Descartes la clarté et la distinction authentiques ne sont accessibles qu'à celui ou celle qui a su se détacher de l'emprise des préjugés; elles ne peuvent surgir que comme ce qui résiste au doute méthodique.

2-3) Contrairement à Descartes pour qui nous avons des notions simples en l'esprit, au nombre desquelles il est possible de mettre celle de chose, notions qui nous permettent de raisonner, pour Gassendi toutes nos notions générales, y compris celle de chose, sont obtenues par abstraction à partir de perceptions sensibles singulières. L'empirisme de Gassendi le conduit ainsi à rejeter les idées innées et à remettre en question les arguments de Descartes qui suggéraient que nos idées sensibles des corps puissent ne pas être produites par des corps existant réellement hors de nous. À l'encontre de la démarche cartésienne qui oppose l'idée du soleil issue de la sensation et celle forgée par le raisonnement des astronomes, Gassendi a insisté sur le fait que la seconde ne pouvait être produite qu'à partir de la première et que les deux n'étaient pas essentiellement différentes : la taille réelle du soleil n'est calculée qu'à partir de sa taille apparente. Pour Descartes, cela revient cependant à assimiler à tort l'idée astronomique du soleil à une image et, plus généralement, à assimiler toute idée à une image.

4) Gassendi a ensuite critiqué les notions cartésiennes de substance et de Dieu. L'idée de la substance est une idée conçue par le seul entendement pour Descartes, tandis que pour Gassendi nous n'avons un concept de substance que par une opération d'abstraction réalisée par l'entendement mais à partir des données de l'imagination et des sens. Puisque toute notre connaissance naît de la perception des qualités ou accidents sensibles des choses, ce qui en constitue le substrat, la substance en elle-même inaccessible à la perception sensible, ne peut être conçue qu'à partir des accidents et comme un accident ou un super-accident. Pour Descartes, cela revient

1. *Cf.* A. LoLordo, « "Descartes's One Rule of Logic" : Gassendi's Critique of the Doctrine of Clear and Distinct Perception », *British Journal for the History of Philosophy*, 13/1, 2005, p. 51-72, en part. p. 56-59.

2. O. Bloch, « Gassendi critique de Descartes », *Revue Philosophique de la France et de l'Étranger*, 156, 1966, p. 217-236, ici, p. 225.

cependant à prendre à l'envers la relation réelle entre la substance et l'accident qui transparaît même dans les conceptions erronées auxquelles il s'oppose comme celle des accidents réels de la scolastique, c'est-à-dire des qualités conçues comme détachables de la substance et auxquelles il était fait appel pour rendre compte de la transsubstantiation eucharistique. Pour lui, il n'y pas d'accidents réels qui pourraient se maintenir indépendamment de la substance dont ils dépendent. Pour autant, ceux qui conçoivent ainsi les accidents réels les conçoivent comme s'ils étaient une substance, ce qui indique bien que, aussi bien dans l'ordre de la pensée que dans l'ordre de l'être, c'est la substance qui est première : les accidents réels sont pensés sur le modèle d'une substance qui est d'abord conçue.

L'empirisme et le nominalisme de Gassendi le conduisent non seulement à critiquer l'idée cartésienne de substance, mais également l'idée de Dieu qui, tout comme celle de substance, serait produite par abstraction à partir de la sensation, en l'occurrence ce que les autres êtres humains disent de Dieu au cours de l'histoire et transmettent aux générations suivantes. En effet, comment savoir que Dieu est tout-puissant, omniscient, etc., avant même que l'on ait pu démontrer qu'il existe, si ce n'est par ouï-dire ? Descartes a alors beau jeu de renvoyer Gassendi à un problème classique de l'empirisme : comment rendre compte de l'origine ? Comment les premiers hommes ont-ils pu se faire une idée de Dieu si personne ne leur en a parlé auparavant ? Soit ils ont conçu cette idée par eux-mêmes, ce qui autorise Descartes à estimer que tout être humain le puisse également, à considérer l'idée de Dieu comme une idée innée et à en mener l'examen en tant que telle ; soit c'est Dieu qui leur a révélé cette idée, mais alors ceci présuppose ce que Descartes cherche à établir à travers l'analyse de l'idée de Dieu, à savoir son existence.

La suite de la réponse vise à justifier l'intelligibilité première de la notion d'infini à partir de laquelle il a voulu démontrer l'existence de Dieu, intelligibilité que Gassendi conteste[1]. Cette intelligibilité nous assure que nous connaissons ce qui est ainsi conçu, même si notre concept n'est pas « adéquat »[2] à la chose, c'est-à-dire n'est pas dans un rapport d'égalité à cette chose, n'en embrasse pas toutes les propriétés.

Gassendi refuse que la réalité objective de l'idée soit indicative de la réalité formelle de la chose dont elle est l'idée. L'idée ne saurait avoir d'autre réalité que d'être un mode de ce qui pense. Il rejette l'idée même d'une réalité autre que formelle de l'idée et ne peut que traduire la notion de

1. Sur l'opposition entre Descartes et Gassendi concernant l'idée de Dieu, *cf.* I. Agostini, *L'idea di Dio in Descartes*, *op. cit.*, p. 201-245.

2. VII 365, 4 : *adaequato* que Clerselier rend par « entière et parfaite ».

réalité objective en termes représentatifs, c'est-à-dire relationnels, comme le rapport de ressemblance existant entre l'idée et la chose dont elle est l'idée à partir de la connaissance limitée que nous en avons. Cette dimension relationnelle réduit de fait toute réalité indépendante et vise à ruiner la possibilité de connaître l'infinité de Dieu si ce n'est de façon imparfaite comme amplification – nécessairement finie – des qualités que nous trouvons en nous. Descartes rejette pourtant l'idée que la seule conception que nous puissions avoir de l'infini soit produite par une négation de la limitation propre au fini qui consisterait à repousser cette limite et à agrandir les qualités que nous trouvons en nous. Il prend Gassendi à son propre piège en montrant que le processus itératif qui seul, selon le chanoine de Digne, nous permet de viser l'infini en le ratant toujours, présuppose une connaissance de l'infini authentique et donc la possession de l'idée de Dieu. Pour amplifier les perfections limitées que nous trouvons en nous, il faut être capable d'en concevoir de plus étendues que celles qui se trouvent en l'être humain. Pour savoir que ce processus manque l'infini, il faut déjà concevoir l'infini comme ce qui excède toute somme finie, toute répétition itérative, ce qui revient, pour Descartes, à connaître clairement l'infini, à défaut de pouvoir le comprendre. Descartes ne se contente donc pas de montrer qu'il est possible de connaître l'infini, mais il prouve que Gassendi lui-même possède *de facto* cette idée puisque sa critique de la *Meditatio III* repose *in fine* sur elle.

6) Gassendi remet radicalement en question l'approche introspective des *Meditationes* selon laquelle l'esprit se connaît lui-même et, ce faisant, parvient à trouver les fondements de la connaissance de ce qui l'excède (Dieu et les corps). Le processus de connaissance requiert pour Gassendi une action transitive de l'objet à connaître sur le sujet connaissant, ce qui semble exclu pour la connaissance de l'esprit où objet et sujet se confondent. De même que l'œil requiert la médiation du miroir pour se voir lui-même, il faudrait que l'esprit puisse se projeter en autre chose où il pourrait se ressaisir. En répondant que « ce n'est point l'œil qui se voit lui-même, ni le miroir ; mais bien l'esprit » (VII 367, 3-6/G IV-1, 561), Descartes est certes cohérent avec sa conception de la sensation comme mode de la pensée[1], mais ne fait pas droit à l'objection légitime de Gassendi et n'offre pas de justification en faveur de la possibilité d'une saisie réflexive de l'esprit par lui-même.

1. *Dioptrique*, VI 109, 6-7 : « c'est l'âme qui sent, et non le corps ».

7) Face à Gassendi qui nie que l'on puisse avoir une idée véritable de l'infini parce qu'on ne peut comprendre l'infini et que celui-ci ne peut être représenté adéquatement selon les modalités finies propres à l'esprit, Descartes rappelle la distinction, cruciale pour sa métaphysique, entre *intelligere* (entendre) et *comprehendere* (comprendre)[1]. Il n'est pas possible de comprendre l'infini, mais on peut en avoir une idée vraie[2]. Autrement dit, il n'est pas requis que mon idée de l'infini soit infinie pour le représenter. Gassendi est toujours dépendant d'un modèle de la représentation dans lequel le représentant doit ressembler au représenté. Or, les dimensions finies de l'esprit humain ne sauraient, dans cette perspective, offrir de modalité représentative adéquate à l'infini. Une idée est une entité finie, alors que Dieu est infini. L'idée que Descartes croit être l'idée de Dieu, ne peut en fait qu'être l'idée du fini nié ou amplifié. Comment une idée dont la réalité formelle est finie pourrait-elle alors nous faire accéder, à travers sa réalité objective, à la réalité formelle infinie de Dieu ? Pour Descartes, au contraire, il est possible qu'une idée vraie me représente l'infini tout entier selon les modalités cogitatives propres à l'esprit humain, sans pour autant que je comprenne l'infini, sans que ma conception comprenne toutes les propriétés de cet infini. L'idée que j'ai de l'infini est bien une vraie idée de l'infini parce qu'elle représente vraiment cet infini, c'est-à-dire parce que c'est une idée vraie de l'infini[3].

8) Par conséquent, la connaissance que nous avons de Dieu est une connaissance vraie, authentique, même s'il ne s'agit pas d'une conception adéquate, c'est-à-dire complète, mais seulement partielle. Pour autant, « Dieu est le plus connaissable »[4] des êtres et, le connaissant, nous connaissons beaucoup plus de choses que dans les créatures.

9) La contingence de mon existence permet à Descartes de justifier l'existence de Dieu qui me maintient dans l'existence à chaque instant (il s'agit du thème classique de la création continuée selon lequel la conservation n'est qu'une forme de la création, ce que rejette Gassendi).

1. Clerselier traduit à tort *intelligere* par « concevoir ». Comme J.-M. Beyssade l'a montré (« RSP ou le monogramme de Descartes », in Descartes, *Entretien avec Burman*, Paris, P.U.F., 1981, p. 171-181, repr. in *Études sur Descartes*, *op. cit.*), pour Descartes nous comprenons les choses finies, nous concevons l'indéfini, nous entendons l'infini.

2. Là-dessus, D. Arbib, *Descartes, la métaphysique et l'infini*, *op. cit.*, § 22-27.

3. *Cf.* I. Agostini, *L'idea di Dio in Descartes*, *op. cit.*, p. 226.

4. *Descartes à Mersenne*, 21 janvier 1641, III 284, 11 (notre traduction).

10) L'idée vraie de Dieu inclut toutes ses perfections et propriétés et est l'idée d'un tout dont nous n'apercevons cependant pas toutes les parties clairement et distinctement, même s'il s'agit de l'idée « la plus claire et la plus distincte de toutes celles qui sont en mon esprit » (VII 46, 27-28/ IX-1 37). Dans l'idée de Dieu, nous apercevons clairement et distinctement plus de choses qu'en toute autre idée, même si certaines propriétés de Dieu nous restent inconnues. On ne peut donc rien ajouter à l'*idée* de Dieu. Ce qui peut être augmenté, c'est non pas l'idée vraie de Dieu, mais la connaissance que nous en avons, la clarté et la distinction de cette idée en notre esprit.

Comme cette idée de Dieu comme infini est selon Descartes la marque que Dieu a imprimée de lui en nous, Gassendi critique le risque d'anthropomorphisme latent véhiculé par une telle conception. À vouloir concevoir les traces de Dieu en nous, ne risque-t-on pas au contraire de concevoir Dieu sur le modèle de l'être humain ? La réponse de Descartes repose sur une analogie picturale qui vise à repenser le modèle de la ressemblance pour concevoir les rapports entre Dieu et l'idée que nous en avons. Face à Gassendi qui conçoit le rapport de ressemblance comme un rapport de quasi-identité, Descartes affirme au contraire que pour que l'image reproduite par un tableau ou une sculpture ressemble à son modèle, ce tableau ou cette sculpture ne sauraient être identiques avec lui. La relation de ressemblance ou d'imitation n'existe qu'entre l'image et le modèle, mais non entre le support matériel de l'image et ce modèle. La ressemblance entre l'image et le modèle suppose un dépassement de la relation d'identité et une transposition de la forme dans une autre matière[1]. La capacité de penser (*vis cogitandi*, VII 373, 4) en l'être humain peut donc bien être l'image de cette faculté de penser qui se trouve en Dieu ou la représenter, sans être identique avec elle, précisément parce qu'elle se déploie dans un autre être. L'analogie picturale appliquée au rapport entre Dieu et la créature humaine est cohérente avec la dénivellation ontologique caractéristique du rapport entre l'image et son modèle plus réel et plus parfait et permet de concevoir une similitude qui ne soit pas un rapport de quasi-identité.

1. Cf. *Dioptrique*, AT VI 113, 2-6.

SUR LA *MEDITATIO IV*

1) Puisqu'il a démontré qu'un Dieu non trompeur l'avait créé, Descartes doit élucider la cause de nos erreurs. Il s'interdit toutefois, pour ce faire, d'explorer les fins de Dieu qu'il considère comme inaccessibles. Ce faisant, il refuse de considérer la nature créée comme obéissant à ces fins pour l'expliquer ou pour établir l'existence de Dieu et, contrairement à Gassendi, rejette l'usage des causes finales en physique.

2) Descartes considère que le fait d'être sujet à l'erreur n'est que l'absence d'une perfection qui consisterait à ne jamais se tromper, mais il ne s'agit pas d'une tare ou d'une corruption de notre nature. Contrairement à ce que pense Gassendi, ce n'est pas notre faculté de juger qui est déficiente, mais l'erreur provient au contraire d'un excès (excès de l'étendue de la volonté par rapport à celle de l'entendement).

3) On comprend dès lors que les deux philosophes aient une conception différente des rapports entre entendement et volonté et donc de la cause de l'erreur[1]. Pour Descartes, l'entendement incline d'autant plus la volonté qu'il conçoit plus clairement et distinctement son objet. Mais alors quelle est la place laissée à la volonté? Est-elle entièrement déterminée par l'entendement comme le voudrait Gassendi? Ou la volonté peut-elle être indifférente? L'indifférence de la volonté, et donc la liberté, est quelque chose que l'on expérimente par introspection pour Descartes plutôt qu'un objet de spéculation théorique. Comme l'a indiqué D. Kambouchner, il y a sans doute un malentendu entre Descartes et Gassendi au sujet de ce à quoi le terme *intellectio* renvoie: alors qu'il s'agit pour Gassendi, conformément à la tradition, de « la première opération de l'intellect [...], à savoir l'appréhension simple », l'*intellectio* cartésienne est « une opération de second degré (de l'entendement par rapport à ce qu'il conçoit, ou *se représente*, des choses) »[2]. Il est donc possible que la volonté se détermine alors même que l'entendement n'a fait que concevoir quelque chose plus ou moins distinctement, mais ne l'a pas encore entendu ou compris. Pour Gassendi, la volonté est entièrement déterminée par l'entendement; elle ne saurait être en excès par rapport à lui. Mais alors l'erreur ne peut que résulter de l'entendement lui-même qui embrasse une proposition comme vraie, alors même qu'elle est fausse. Pour Descartes, cela est impossible,

1. Sur ce passage, *cf.* R. A. Imlay, « Volonté, indifférence et mauvaise foi : Gassendi contre Descartes », *in* J.-M. Beyssade, J.-L. Marion (éd.), *Descartes. Objecter et répondre*, *op. cit.*, p. 337-364.

2. D. Kambouchner, « *Réponse à Robert Imlay* », in *ibid.*, p. 360-361.

l'entendement ne peut prendre pour vrai ce qui est faux ; ce ne peut être que l'œuvre d'une volonté qui s'émancipe à tort de l'entendement.

SUR LA *MEDITATIO V*

1) Gassendi rejette l'idée de natures immuables et éternelles distinctes de Dieu, ainsi que Descartes conçoit les entités mathématiques : il n'existe que des choses singulières; les essences universelles ne sont que des abstractions produites à partir des occurrences singulières rencontrées dans l'expérience sensible, des universaux qui n'ont d'autre réalité que mentale ou nominale. Parce que Gassendi ne connaît sans doute pas la thèse cartésienne de la création des vérités éternelles, il perçoit la position présentée dans la cinquième Méditation comme en faveur d'essences éternelles qui n'auraient pas été créées par Dieu et seraient donc indépendantes de lui.

Dans sa réponse, Descartes n'insiste donc pas tant sur la *création* des vérités éternelles comme dans les lettres d'avril-mai 1630 à Mersenne, que sur leur caractère immuable qui dépend lui-même de la volonté divine. L'enjeu est en effet de garantir, face à l'attitude sceptique de Gassendi, la stabilité de ces vérités mathématiques et de ces vérités qui définissent la nature des choses matérielles pour la physique. Or, si l'objet de la géométrie constitue aussi la nature des corps, il reste que c'est d'abord par la pensée que nous connaissons les objets mathématiques. L'affirmation des idées innées des objets mathématiques implique un renversement complet de l'abstraction empiriste. L'esprit a en soi les idées innées des figures géométriques. C'est l'idée innée du triangle qui nous permet d'identifier les figures vues comme des triangles approximatifs à l'aune de l'idée parfaite dont elles sont comme des portraits ressemblants. L'idée innée du triangle devient la condition de possibilité de l'expérience. Elle est ainsi réactivée par l'expérience, mais non engendrée par elle.

2) Gassendi formule une objection appelée à connaître une certaine postérité à l'égard de la démonstration cartésienne de l'existence de Dieu : il refuse en effet que l'existence soit une propriété comme les autres ou, pour le dire à la manière de Kant, un prédicat. L'existence précède l'essence et en est la condition pour Gassendi : on ne saurait donc déduire celle-là de celle-ci. L'existence n'est pas une idée, mais un fait. Pour Descartes au contraire, l'existence est une propriété analytique de l'essence de Dieu, mais non des autres essences.

SUR LA *MEDITATIO VI*

1) L'imagination reste bien distincte de l'intellection (ou même de la sensation) pour Descartes, contrairement à Gassendi qui conçoit la première à la limite extrême de la seconde et selon une simple différence de degré[1]. Gassendi refuse d'admettre un fonctionnement de l'intellect indépendant de l'imagination, ce qui le conduit à considérer que nous nous représentons les entités incorporelles comme Dieu sur le modèle des corps[2] : on ne peut connaître les entités comme l'âme ou Dieu que comme si elles étaient matérielles[3].

2) Gassendi s'oppose ensuite à Descartes sur le statut épistémique des sensations. Gassendi réaffirme « la vérité des phénomènes », c'est-à-dire que « toutes les choses nous paraissent telles qu'elles nous paraissent » et considère qu'on ne peut corriger une sensation illusoire que par une autre expérience sensible. Descartes cherche au contraire à discerner s'il y a, dans nos représentations sensibles, un indice de l'existence des corps.

3) La suite des objections de Gassendi porte principalement sur les problèmes posés par la nature et la distinction réelle de l'âme et du corps pour leur interaction. Il ne s'agit plus simplement, pour Descartes, de concevoir l'esprit comme une chose pensante indépendamment du corps, mais d'établir la nature incorporelle de l'esprit réellement distinct du corps et non réductible à un corps subtil. Pour Gassendi, Descartes a bien montré la distinction entre la pensée et l'étendue mais n'est pas en mesure d'exclure la possibilité qu'il s'agisse d'« une seule substance avec deux propriétés distinctes » plutôt que de « deux substances complètes et distinctes »[4].

1. Même dans le *Syntagma philosophicum* où Gassendi affirme que l'intellect peut dépasser l'imagination, c'est toujours en s'appuyant initialement sur ses représentations, donc de façon discursive et non intuitive. L'intellect nous permet de concevoir de façon négative ce que l'imagination ne parvient pas à représenter : cf. *Opera omnia*, *op. cit.*, II, p. 441a. *Cf.* O. Bloch, *La philosophie de Gassendi*, *op. cit.*, p. 408-409.

2. Dans le *Syntagma philosophicum*, Gassendi s'efforcera cependant d'identifier des opérations de l'entendement qui attestent son indépendance par rapport au corps et à l'imagination : cf. *Opera omnia*, *op. cit.*, II, p. 440b.

3. A. LoLordo a montré qu'il n'y avait là aucune contradiction puisque c'est par la foi que, selon Gassendi, on connaît l'esprit comme immatériel, tandis que par la raison on ne peut le connaître que comme s'il était matériel (« Gassendi on Human Knowledge of the Mind », *Archiv für Geschichte der Philosophie*, 87, 2005, p. 1-21).

4. Gassendi, *Disquisitio*, éd. cit., p. 574.

4) La démarche adoptée par Gassendi le conduit à considérer qu'on ne connaît une substance qu'en établissant le relevé des opérations qu'elle peut accomplir. Comme le note S. Roux,

> établir que deux substances sont distinctes est impossible si l'on ne procède pas à l'énumération effective de ces opérations, et cela équivaut très exactement à montrer que l'intersection entre l'ensemble des opérations de l'une et l'ensemble des opérations de l'autre est vide[1].

Mais si une opération semble ne pouvoir être accomplie que par les deux substances conjointement, alors la thèse de leur distinction réelle, selon Gassendi, ne peut être établie. C'est pourquoi Gassendi contraint Descartes à répondre aux problèmes qui deviendront classiques et que pose la distinction réelle entre l'âme et le corps : la connaissance du corps par une âme incorporelle, le rapport d'une âme non étendue à un corps étendu, l'action volontaire, le sentiment de douleur. L'idée du corps, parce qu'elle est une image de ce corps, doit lui être semblable dans une certaine mesure et donc posséder une certaine étendue. On notera que la position de Gassendi est ici principalement polémique puisque, dans le *Syntagma philosophicum*, il considèrera que ce qui est matériel peut être connu par quelque chose d'immatériel[2]. Descartes répond en répétant que nous connaissons la nature des corps par un processus intellectif qui nous fait concevoir la pure idée d'étendue. L'âme indivisible est certes unie au corps tout entier, corps par lui-même divisible, mais n'est pas étendue à proprement parler[3].

5) Gassendi interroge ensuite la compatibilité entre la distinction réelle et la conception de l'union comme « quasi permixtion ou confusion » (VII 343, 22-23/G IV-1, 530). L'union ainsi conçue requiert selon lui une « proportion » ou une commune mesure entre l'âme et le corps pour qu'ils puissent agir l'un sur l'autre, ce qui revient à matérialiser l'âme pour comprendre son interaction avec le corps. Mais, pour Descartes, l'union « ne présuppose pas une commune mesure entre les termes, l'union rend commensurables des termes qui, isolés, ne le sont pas. » L'union de l'âme et du corps qui est censée rendre possible cette interaction exclut « un

1. S. Roux, « Les Recherches métaphysiques de Gassendi : vers une histoire naturelle de l'esprit », art. cit, p. 135.

2. Cf. *Opera omnia*, *op. cit.*, II, p. 442a.

3. Dans sa *lettre à More* du 15 avril 1649, Descartes attribue cependant à l'âme une « étendue de puissance » qu'il distingue d'une « étendue de substance » (V 342, 14-15). Cette étendue de puissance, l'âme humaine, les anges ou Dieu, la possèdent ; elle permet à une entité purement spirituelle d'agir sur une partie plus ou moins grande d'un corps.

transfert mutuel de leurs propriétés »[1]. L'union ne consiste pas en un mélange de deux substances homogènes. Que l'étendue et la pensée n'aient rien en commun ne signifie d'ailleurs pas qu'il existe une contradiction entre ces deux attributs. Enfin, l'esprit ne doit pas ressembler aux choses dont il a l'idée pour les penser.

1. P. Guenancia, *Lire Descartes*, Paris, Gallimard, 2000, respectivement p. 452 et p. 445.

JEAN-PASCAL ANFRAY

ANNEXE
LETTRE À CLERSELIER SUR LES *INSTANCES* DE GASSENDI

La *Lettre de Monsieur Des-Cartes, à Monsieur C.L.R. Servant de réponse à un recueil des principales instances faites par Monsieur Gassendi contre les précédentes Réponses*, datée du 12 janvier 1646, figure dans la première édition française (1647) des *Méditations* et reprise dans toutes les éditions modernes depuis AT[1]. Cette lettre constitue le point d'orgue de la polémique avec Gassendi, ouverte par la publication, sans l'autorisation de ce dernier, des *Vae Objectiones* et *Responsiones*[2] et poursuivie par la rédaction d'un nouvel ensemble de répliques ou « instances » sur les réponses de Descartes, publié en 1644 sous le titre *Disquisitio Metaphysica, seu Dubitationes et Instantiae adversus Renati Cartesii Metaphysica et Responsa* (Amsterdam, Blaeu). Il s'agit d'un fort volume (in-4°, 319 p.). Gassendi en a achevé la rédaction le 15 mars 1642 et l'envoie en 1643 à Samuel Sorbière qui doit se charger de l'impression[3]. Entretemps, le manuscrit circule, ce dont Descartes prend ombrage, sans prendre la peine d'y répondre toutefois[4]. À l'occasion de son voyage

1. Nous citons cette lettre dans AT IX-1 202-216, sans toujours le rappeler; nous indiquons alors seulement les numéros de page.

2. *À Mersenne*, 23 juin 1641, III 384, malgré les dénégations ultérieures (IX-1 198).

3. P. Gassendi, *Disquisitio metaphysica... Recherches métaphysiques, ou doutes et instances contre la métaphysique de R. Descartes et ses réponses*, texte établi, traduit et annoté par B. Rochot, Paris, Vrin, 1962, p. 4 et p. 630 (par la suite *Disquisitio*, citée par Méditation, doute (dub.), instance (inst.), suivi du numéro de page dans l'édition Rochot).

4. *Lettre au Père Dinet* (VII 600).

en France en 1644, Clerselier lui montre sa traduction des quatre premières *Objectiones* et *Responsiones.* Dans l'*Avertissement de l'auteur touchant les cinquièmes objections*, figurant dans la première édition française de 1647 entre les *Quatrièmes réponses* et les *Sixièmes objections*, il explique avoir demandé à Clerselier de ne pas inclure les *Cinquièmes objections et réponses*[1]. Toutefois ce dernier, qui entretient des relations amicales avec Gassendi[2], n'accède pas à la demande de Descartes et traduit les *Vae Objectiones et Responsiones* qui figurent à la suite des *Sixièmes réponses* dans l'édition de 1647 (IX-1 200-201). Fin 1645, Descartes finit cependant par répondre au « livre des Instances ». Il adresse cette réponse à Clerselier dans la lettre datée du 12 janvier 1646. Il ne répond pas directement au livre de Gassendi, mais à un recueil d'objections tirées de la *Disquisitio* composé par des amis de Clerselier et désormais perdu[3]. Baillet rapporte que Descartes n'aurait lu la *Disquisitio* qu'« avec un peu trop de négligence » et que sa réponse n'a pas été composée avec le livre sous les yeux (IV 357). Cependant la précision des renvois à deux passages de la *Disquisitio*[4] invite à reconsidérer l'exactitude du rapport de Baillet. Descartes a vraisemblablement lu la *Disquisitio* plus attentivement qu'il ne le concède. Cette dénégation s'inscrit dans une stratégie plus générale de neutralisation de la charge critique des objections de Gassendi par un triple évitement. 1) Dans l'*Avertissement de l'auteur*, il disqualifie la pertinence des instances sur la seule foi de son autorité (IX-1, 199, 12-20); 2) Il ne répond à Gassendi que d'une façon doublement indirecte : à partir d'un recueil tiré des *Instances* qu'il prétend ne pas avoir lu attentivement et au moyen d'une lettre adressée à Clerselier. 3) Enfin, il se contente de répondre à ce « gros livre » (199, 1 ; 216, 16) par une simple lettre occupant une quinzaine de pages dans AT[5].

Le refus d'engager une confrontation directe apparaît clairement dans le préambule de la lettre, dans lequel Descartes déclare répondre « plutôt pour [la] reconnaissance du travail de vos amis, que par la nécessité de ma défense » (203, 14-15) et considère qu'aller au-delà reviendrait à perdre son temps (217, 3-7). Il ajoute que « les objections que ce livre contient ne sont fondées que sur quelques mots mal entendus ou quelques suppositions

1. IX-1 199, 8-11.
2. *Cf.* IV 358.
3. IX-1 201 ; 202, 12-15 ; *cf.* IV 358.
4. IX 214, 7 ; 216, 4.
5. *Cf.* IV 339. On pourrait y ajouter le refus de nommer Gassendi afin de ne pas lui offrir de prétexte pour se plaindre (IV 358). Là aussi, Clerselier refuse d'accéder à la demande de Descartes (IV 362).

qui sont fausses » (203, 17-20). Descartes ne concède rien aux objections de Gassendi, mais s'emploie à répondre point par point à celles qui figurent dans le recueil.

La structure argumentative de la lettre est simple. Descartes répond d'abord à plusieurs séries d'objections sur les trois premières *Meditationes* (203, 24-211, 14). Il rapporte ensuite des objections sur les trois *Meditationes* suivantes qui concernent le cercle cartésien, la garantie divine et l'hypothèse du Dieu trompeur, auxquelles il se contente d'un renvoi aux autres *Responsiones* en guise de réponse (211, 15-26). Il discute ensuite une objection du recueil ne figurant pas dans la *Disquisitio* sur le caractère fictif ou imaginaire de la physique cartésienne (211, 27-213, 2). Il poursuit par l'examen de deux questions sur l'interaction de l'âme et du corps (213, 3-214, 6). La lettre s'achève par deux clarifications sur la conception cartésienne de l'abstraction et de la distinction (214, 7-216, 14).

Son caractère polémique n'empêche pas la *lettre à Clerselier sur les* Instances *de Gassendi* d'être d'une grande richesse. Écrite près de quatre ans après la deuxième édition des *Meditationes*, après la publication des *Principia*, elle reflète une pensée pleinement maîtrisée et contient des précisions décisives sur quelques points difficiles des *Meditationes*, notamment la possibilité du doute et sa portée, l'interprétation exacte du *cogito* et l'idée de Dieu.

OBJECTIONS PORTANT SUR LES *MEDITATIONES I-III* (203, 24-211, 14)

Contre la Meditatio I

Descartes répond à trois objections contre la méthode du doute mise en œuvre dans la *Meditatio I* (203, 24-30)[1]. Selon la première, le doute hyperbolique est psychologiquement intenable. Selon la seconde, on ne peut sortir du doute qu'à condition d'admettre d'autres préjugés. Selon la troisième, le doute méthodique est épistémologiquement stérile[2].

1) La méthode du doute est en premier lieu psychologiquement impraticable parce que, selon Gassendi, nos jugements passés dépendent de la manière dont les choses apparaissent à notre esprit, indépendamment de notre volonté. Si une même tour apparaît successivement ronde puis

1. *Disquisitio*, Med. I, dub. 1, inst. 2, 36-38.

2. *Cf.* T. M. Lennon, *The Battle of the Gods and Giants*, Princeton, Princeton UP, 1993, p. 111-113.

carrée, cette apparence changeante nous fait douter de sa figure. Mais puisque le Soleil apparaît comme un corps brillant, nous jugeons qu'il brille et ne pouvons pas ne pas donner notre assentiment à cette apparence. Il conclut ainsi :

> Tout jugement est porté sur un objet en tant qu'il est apparent pour l'esprit [...]. D'où je suis fondé à dire que les jugements de la première sorte ne peuvent se changer [...] et qu'ainsi notre esprit n'est pas libre de s'en défaire; mais les derniers peuvent changer, il est vrai (puisque ce qui apparaît est changé), sans que pour cela l'esprit soit rendu libre de préjugés, puisque dès qu'il est quitté par les anciens, il se trouve occupé par les nouveaux[1].

La réponse à cette première objection contient deux points. En premier lieu, il précise l'étendue du doute radical de la *Meditatio I* en distinguant les « notions qui sont en notre esprit » (204, 3-4) des « opinions que les jugements que nous avons faits auparavant ont laissées en notre créance » (204, 6-7). À la différence des jugements, les notions ne sont pas atteintes par doute. Ces notions désignent d'abord les idées. Sans idées en effet, il serait impossible de douter comme de penser. Le doute méthodique n'atteint pas les notions d'existence, de vérité, de substance, de pensée ou d'étendue[2]. En outre, les notions désignent certaines propositions, aussi appelées « notions communes », comme par exemple « qu'on ne saurait faire quelque chose de rien »[3], ou encore « que les choses qui ont une fois été faites, ne peuvent pas n'avoir point été faites »[4]. Ces propositions sont connues sans preuve, dès que l'esprit les considère[5] et pour cette raison, elles sont immunisées au doute radical, du moins aussi longtemps qu'elles sont effectivement considérées[6].

Dans un second temps, Descartes rappelle la théorie du jugement de la *Meditatio IV*. Celle-ci rend possible l'exercice du doute radical en attribuant l'action de juger à la volonté[7]. Ce volontarisme doxastique implique que la suspension de l'assentiment est en notre pouvoir : pour

1. *Disquisitio*, Med. I, dub. 1, inst. 2, 36.
2. *Cf.* VII 422/IX 226.
3. Cf. *Principia* I, 49, VIII-1, 23/ IX-2, 46.
4. AT VII 145/IX 114.
5. VII 162-163/IX 126.
6. Cf. *Med. III*, VII 36, 12-21/IX, 27
7. Sur la théorie du jugement chez Descartes, cf. *supra*, la contribution de G. Olivo sur la *Med. IV* et D. Perler, « La théorie cartésienne du jugement. Remarques sur la *IVe Méditation* », *Les Études Philosophiques*, 71, 2004/4, p. 461-483. *Cf.* aussi *A Buitendijk*, 1643, IV 64; *Notae in programma*, VIII-2 363.

n'importe quel contenu *p*, douter de *p* suppose simplement la résolution de la volonté de ne pas affirmer *p*[1]. Si le volontarisme doxastique rend possible en principe le doute radical, sa mise en œuvre n'en est pas moins psychologiquement difficile et requiert des raisons de douter (204, 17-21). Bien que le jugement soit un acte volontaire, on ne peut décider de croire qu'il y a maintenant un éléphant rose devant soi. Inversement, on ne peut sans raison particulière décider de cesser de croire en l'existence des corps, ou à la vérité de « 2 + 3 = 5 ». Ainsi le jugement n'est pas arbitraire, mais dépend de raisons présentées par l'entendement. Les arguments sceptiques de la *Meditatio I* offrent à la volonté ces raisons de suspendre le jugement[2]. Ces raisons de douter ont d'abord le rôle psychologique de faciliter la suspension du jugement. Descartes parle en effet de « la difficulté à chasser ainsi hors de sa créance tout ce qu'on y avait mis auparavant » (204, 16-19). Mais la considération de ces raisons contribue aussi à rendre le doute raisonnable. En outre, l'exercice répété de cette *Meditatio* est indispensable en vue de maintenir dans la durée la résolution de douter en l'imprimant dans la mémoire (*ibid.*, 21-26).

2) Selon la deuxième objection, la méthode conduit à embrasser des préjugés nouveaux en échange des précédents. En réponse, Descartes réaffirme simplement le caractère provisoire de l'attitude consistant à tenir pour faux tout ce que l'on tenait initialement pour vrai (204, 30-205, 5).

3) Enfin, la troisième objection est celle de la stérilité épistémique du doute méthodique. En premier lieu, celui qui doute de tout se trouve dans une situation d'indifférence épistémique généralisée (*i.e.* pour n'importe quel contenu *p* il n'a pas plus de raison d'affirmer que de nier *p*). Or l'unique moyen de sortir d'un tel état et distinguer des vérités certaines est de s'en tenir à l'apparence antérieure de vérité ou de fausseté. Ainsi le doute n'aura rien changé à nos croyances initiales[3]. Plus fondamentalement, même en supposant que l'on ait découvert une première vérité,

1. Gassendi rejette la théorie cartésienne du jugement et adopte au contraire une conception intellectualiste, selon laquelle l'entendement appréhende les notions et forme des jugements sur lesquels notre volonté n'a aucun pouvoir direct, mais seulement un pouvoir indirect de commander l'attention. Cf. *Disquisitio*, Med. IV, dub. 3, 426-430; inst. 1, 432 *sq.*; inst. 4, 442. L'influence thomiste est très nette quand Gassendi affirme que l'entendement est la racine de la liberté de la volonté (inst. 6, 450; inst. 7, 452sq.).

2. *Cf.* VII 21/IX-1 17.

3. *Disquisitio*, Med. I, dub. 1, inst. 2, 38 : « Après s'être ainsi délivré de tout jugement antérieur, il demeure indifféremment disposé à donner son assentiment aussi bien aux faux qu'aux vrais principes, selon qu'ils auront été les premiers à se présenter, et du seul fait qu'ils seront apparus ».

un esprit dépourvu de tout préjugé sera incapable d'acquérir de nouvelles certitudes car pour cela il faudrait qu'il soit assuré des principes de son raisonnement, ce qui revient à présupposer d'autres préjugés :

> En effet si [l'esprit] n'a plus de jugements faits d'avance [*praejudicia*], il n'a donc plus de principes ; car des principes, au sens où on les prend ici, ne sont que des propositions, et les propositions sont bien des espèces de jugements par lesquels on affirme ou nie quelque chose. [...] Si donc l'esprit n'a d'avance en lui aucun jugement, il n'aura pas non plus de principes, à partir desquels il puisse déduire quelque chose[1].

Descartes esquive le caractère fondamental de cette objection en se contentant d'y répondre par la réaffirmation du caractère exclusivement préparatoire du doute (« il ne laisse pas d'être utile à préparer l'esprit pour en [*i.e.* des vérités] établir par après, et c'est à cela seul que je l'ai employé » [205, 8-10]). L'absence de réponse à la question de la justification des principes de nos inférences indique que Descartes ne doute pas des principes de nos raisonnements et déductions. Ces principes ne sont pas en effet des énoncés ou des propositions, mais constituent la structure même de l'esprit. Aussi n'ont-ils pas besoin d'être garantis, contrairement aux jugements[2].

Contre la Meditatio II

Les deux premières objections contre la *Meditatio II* portent sur le *cogito*. Les quatre suivantes portent sur la nature de l'*ego* comme *res cogitans*.

1) La première considère le *cogito* sous sa forme inférentielle : « Je pense, donc je suis. » D'après Gassendi, il s'agit d'un enthymème qui, pour constituer une inférence syllogistique valide, présuppose la majeure suivante : « Celui qui pense, est », en sorte que la certitude de l'existence du sujet pensant est la conclusion du syllogisme suivant (*Disquisitio*, Med. II, dub. 1, inst. 6, 84) :

(1) Celui qui pense, est.
(2) Je pense.
(3) Donc, je suis.

1. *Disquisitio*, Med. I, dub. 1, inst. 2, 36-38.

2. *Cf.* T. Lennon, *The Battle...*, *op. cit.*, p. 113 et G. Hatfield, *Descartes' Meditations*, Londres, Routledge, 2014, p. 97.

Cette objection s'inscrit dans le sillage de l'objection précédente contre le doute méthodique : « En effet si vous concluez sous la première forme, la proposition *Celui qui pense, est*, constitue un préjugé, car elle se trouve avant celle que vous prétendez poser comme le premier des jugements »[1]. En d'autres termes, afin de parvenir à la première certitude (3), il faut s'appuyer sur un « préjugé » qui est la majeure (1) du syllogisme, ce qui contredit le précepte du doute méthodique qui impose de rejeter tous les préjugés. En réponse, Descartes soutient que l'énoncé (1) ne correspond pas un préjugé, mais signifie une proposition évidente ou une notion commune, c'est-à-dire une proposition telle qu'il suffit d'en formuler les termes pour lui donner son assentiment (205, 16-25). Il ne rejette donc pas la reconstruction syllogistique du *cogito* en tant que telle, ou, plus exactement, il ne refuse pas de considérer celui-ci comme une inférence dont la proposition (1) constitue une prémisse. Ce passage s'accorde ainsi la formulation du *cogito* dans les *Principia philosophiae* I, 10, où la première vérité « Je pense, donc j'existe » présuppose entre autres que l'on sache que « pour penser il faut être ». Il semble s'écarter de la position défendue dans les *IIae Responsiones* (VII 140/IX 110-111) selon laquelle l'existence du sujet est une chose connue de soi (*rem per se notam*) par une simple « inspection de l'esprit » (*simplici mentis intuitu*). La réponse à Burman à propos de l'apparente contradiction entre la position des *IIae Responsiones* et celle des *Principia* permet de résoudre la tension avec la *Lettre à Clerselier* sur ce point. Descartes y distingue en effet deux formes de connaissance : implicite d'un côté et expresse ou explicite de l'autre[2]. La proposition (1) n'est pas connue explicitement dans le *Cogito*, mais présupposée par celui-ci et reconnue par une saisie particulière.

Ce dernier point est précisé dans la suite de la réponse de Descartes, où il rejette l'interprétation épistémologique de la formulation syllogistique, selon laquelle l'ordre des prémisses dans un syllogisme démonstratif reflète l'ordre de dépendance entre nos connaissances et en particulier « la connaissance des propositions particulières doit toujours être déduite des universelles » (205, 25-29). Selon une conception du savoir héritée des *Seconds analytiques* d'Aristote, la majeure « celui qui pense est » doit être en effet antérieure dans l'ordre de la connaissance à la mineure et à la conclusion. Descartes rejette cette conception en s'opposant à l'idée que nous ne puissions acquérir la connaissance de la conclusion particulière qu'à partir de la connaissance d'une proposition générale telle

1. *Disquisitio*, Med. II, dub. 1, inst. 6, 84.
2. Cf. *Entretien avec Burman*, V 147 et VII 422/IX 225.

que (1) (205, 25-206, 4); au contraire, nous acquérons cette connaissance par celle des « notions particulières »[1]. Cela ne veut pas dire qu'une proposition générale comme (1) est connue par induction; autrement, nous ne pourrions connaître (1) que parce que nous saurions déjà que, nous qui pensons, existons, et alors la déduction du *cogito* serait alors épistémiquement stérile, puisque la connaissance de la conclusion serait présupposée par la majeure[2].

Descartes illustre ce point par l'exemple de l'acquisition des connaissances mathématiques (206, 5-11). Les vérités de la géométrie, par exemple « lorsque de deux quantités égales on ôte des parties égales, les restes demeurent égaux » ou « le tout est plus grand que les parties » ne sont ni saisies directement sous cette forme ni abstraites par induction à partir de cas particuliers. L'enfant au contraire accède à travers un exemple à la saisie de cette vérité sous une forme particulière : à partir de son instanciation dans des grandeurs concrètes, l'enfant parvient à saisir la vérité selon laquelle si on ôte des quantités égales de deux quantités égales, les restes demeurent égaux. De la même façon, la connaissance de la proposition générale (1) « celui qui pense, est » provient de la saisie de cette liaison conceptuelle nécessaire entre la pensée et l'existence, relation qui apparaît comme évidente à l'esprit à travers son cas particulier dans le cas du sujet méditant[3].

2) La seconde objection est que Descartes ne peut savoir avec certitude qu'il pense s'il ignore ce qu'est la pensée. La réponse est identique aux précédentes : « Mais je n'ai nié que les préjugés, et non point les notions, comme celle-ci [*i.e.* la pensée] » (206, 20-22). Les notions sont comprises ici au sens étroit, comme ce qui se connaît « sans aucune affirmation ni négation » (206, 22-23), ce qui les distingue des notions communes. Descartes retrouve ici la division scolastique entre les opérations de l'esprit et les objets : les notions (par exemple la pensée ou l'existence) relèvent de la première opération de l'entendement qui est la simple appréhension, alors que les propositions dans lesquelles une notion est affirmée ou niée

1. *Cf.* VII 140, 28-141, 2/IX 111.

2. On retrouve ici la critique de la syllogistique des *Regulae* (*Regula X*, AT X, 406).

3. *Cf.* G. Hatfield, *Descartes' Meditations*, *op. cit.*, p. 113-120 et M. Miles, « Descartes' Method », *in* J. Broughton, J. Carriero (ed.), *A Companion to Descartes*, Oxford, Blackwell, 2008, p. 145-163.

d'une autre sont l'objet de la seconde opération de l'entendement qu'est le jugement[1].

3) La troisième objection porte sur les implications du *cogito* quant à la nature du moi comme *res cogitans*. Elle repose sur un principe de représentativité des pensées, ici restreintes aux idées, selon lequel il ne peut y avoir d'idée sans objet. Gassendi recourt à ce principe pour rejeter les idées négatives[2]. Ce même principe est mobilisé à propos de l'identification du sujet à la *res cogitans* :

> Et puis *Je pense*, dites-vous ; mais que pensez-vous ? car enfin toute pensée est pensée de quelque chose. Est-ce le Ciel ? La Terre ? ou n'importe quoi d'autre ? Ou vous-même ? Vous avez désormais considéré tout cela comme faux, et n'avez pas changé d'avis : il en résulte que ce que vous pensez, quoi que ce soit, vous le pensez faussement, et que par conséquent votre pensée est fausse[3].

Gassendi oppose à la certitude du *cogito* le fait que le doute méthodique interdit de lui attribuer un objet, si bien que cette pensée serait sans objet. Le corps joue ici un rôle plus spécifique que dans la *Disquisitio*, puisqu'il apparaît comme seul candidat acceptable au titre d'objet de la pensée, ce qui rapproche ainsi cette objection de celle de Hobbes (206, 24-25)[4]. Comme dans sa réponse à Hobbes, Descartes rappelle que le terme de pensée peut désigner ou bien « la chose qui pense » ou l'esprit, ou bien « l'action de cette chose », c'est-à-dire une pensée occurrente dont la chose pensante est le sujet. Or le doute n'a pas atteint la réalité de la chose pensante.

Les trois objections suivantes (207, 1-209, 9) expriment avec acuité les positions philosophiques opposées de Gassendi et Descartes. Elles reposent en effet sur la même idée fondamentale que l'inférence de la pensée à l'être constitue un paralogisme :

> Je rappelle seulement, d'une façon générale, que la conséquence est toujours vicieuse dans le cas où l'on raisonne à partir de ce qui est à l'état d'idée pour aller à ce qui est dans le réel ; et de ce qui est nettement séparé pour l'esprit à ce qui est dans la réalité joint ensemble[5].

1. Pour l'exposé de la division des trois opérations de l'âme (appréhension, jugement, raisonnement) chez Thomas d'Aquin, cf. *In Analytica Posteriora* I, lect. 1, n. 4 ; *Quaestiones disputatae de veritate*, q. 15, a. 1, ad 5.

2. *Disquisitio*, Med. IV, dub. 1, inst. 1, 400.

3. *Disquisitio*, Med. II, dub. 1, inst. 6, 82-84.

4. *Cf.* VII 174-175/IX 135-136.

5 *Disquisitio*, Med. VI, dub. 3, inst. 11, 582.

4) Gassendi oppose d'abord à Descartes le caractère incomplet de la connaissance de l'âme que propose ce dernier. Nous remarquons à notre propos un ensemble de propriétés qui se rattachent à la pensée et permettent d'affirmer que nous sommes des êtres capables de penser. Mais pour conclure que nous sommes seulement une chose qui pense, il faudrait aussi pouvoir établir avec certitude que l'on n'est pas une chose corporelle. Or l'hypothèse que nous sommes une chose corporelle douée de pensée ne peut être absolument exclue[1]. – Descartes oppose à cela un principe de présomption de la connaissance de la nature d'une chose (207, 6-19). Ainsi, parce que nous remarquons en nous toutes les propriétés par lesquelles nous jugeons que quelque chose est un être humain et nous ne trouvons en même temps aucune propriété que nous rattachons au fait d'être un éléphant, nous pouvons assurer que nous sommes des hommes et non des éléphants. De même, toutes les propriétés que le sujet méditant découvre se rattachent à la pensée et lui permettent d'inférer qu'il est une chose pensante.

5) Cependant Gassendi ne se contente pas d'objecter à Descartes une justification insuffisante de sa thèse. Il considère en outre comme un préjugé « celui qui vous fait croire que votre connaissance doit être la Règle non seulement de tout ce que les hommes peuvent savoir sur quelque chose, mais encore de tout ce qu'il y a en fait dans la chose »[2]. – Descartes répond en distinguant trois sens auxquels on peut prendre l'énoncé « ma pensée est la règle des choses » (207, 26-208, 13). On peut le comprendre comme un principe d'autorité inacceptable, qui se paraphraserait ainsi « la pensée de Descartes est l'autorité sur laquelle doivent se régler les pensées des autres ». En un second sens, cet énoncé signifierait que « n'importe laquelle de mes pensées est la règle des choses », ce qui est évidemment faux dans le cas des perceptions confuses des sens. Enfin, en restreignant les pensées aux seules perceptions claires et distinctes, cela revient à affirmer « pour tout sujet pensant *S*, les perceptions claires et distinctes de ce sujet à propos de *X* sont la règle de la vérité de *X* », ce qui équivaut à la règle générale du vrai (208, 13-19)[3]. Mais cela signifie que nos perceptions claires et distinctes sont conformes à la réalité, non que nos perceptions déterminent la nature des choses[4].

1. *Disquisitio*, Med. II, dub. 3, inst. 3, p. 114-115.
2. *Disquisitio*, Med. II, dub. 6, inst. 3, 164.
3. *Cf.* AT VII 36/IX 27.
4. *Cf.* VII 67, 5-6/IX 53.

6) Plus largement, Descartes oppose à Gassendi l'idée que nos croyances ne peuvent être justifiées qu'à partir de l'autorité de la perception de chacun qu'il oppose à l'autorité de l'opinion d'autrui (208, 30-209, 9)[1]. – La réponse s'engage dans une direction théologique inattendue (208, 19-30). Le principe précédent s'applique sans restriction, y compris aux vérités de la foi pour lesquelles l'assentiment n'est justifié que si nous avons une perception claire et distincte de leur caractère révélé ou bien de notre ignorance. Cette extension enfin de la règle du vrai aux vérités de la foi est l'une des affirmations les plus radicales de Descartes sur ce sujet, puisqu'elle semble rendre superflue la lumière de la grâce[2].

Contre la Meditatio III

Les quatre objections contre la *Meditatio III* concernent principalement l'idée de Dieu et la preuve de son existence.

1) La première conteste que chacun possède l'idée de Dieu (« tout le monde n'expérimente pas en soi l'idée de Dieu » [209, 11-12]). Gassendi nie que l'idée de Dieu soit née avec nous. La première connaissance au sujet de Dieu provient soit de la révélation, soit d'un raisonnement à partir de l'ordre de l'univers. En tout état de cause, nous ne pouvons concevoir Dieu par une idée distincte d'une image matérielle[3]. Afin de réfuter en particulier l'idée innée de Dieu, il invoque l'ignorance de Dieu parmi les peuples du Nouveau Monde[4], ainsi que le trope sceptique des opinions contraires sur Dieu[5]. Une objection similaire figurait déjà dans les

1. Descartes ne répond pas à un aspect crucial de la critique de Gassendi, à savoir que sa conception de l'essence est semblable aux conceptions scolastiques disant que la nature de l'aimant est d'attirer le fer ou celle du cheval de hennir (*Disquisitio*, In II, dub. 6, inst. 3, 160-163). Au lieu d'une explication authentique des propriétés d'une chose par sa nature, on redouble la propriété à expliquer par l'invocation d'une nature qui n'ajoute rien. *Cf.* sur ce point S. Roux, « Les Recherches métaphysiques de Gassendi : vers une histoire naturelle de l'esprit », art. cit.

2. Par comparaison, les *IIae Resp.* distinguent nettement la lumière naturelle et la lumière divine, qui seule nous éclaire pour ce qui relève de la foi. En l'absence de la grâce divine, la croyance est un péché contre la raison ; *cf.* VII 147, 27-148, 25/IX 116.

3. *Disquisitio*, Med. VI, dub. 1, inst. 1, 530.

4. *Disquisitio*, Med. III, dub. 10, inst. 7, 390. Gassendi emprunte ici à la lecture de Montaigne et, surtout, La Mothe Le Vayer. Voir Michel de Montaigne, *Essais* II, 12, éd. cit., p. 491 ; François La Mothe Le Vayer, *Dialogues faits à l'imitation des Anciens*, Francfort, 1716, « Dialogue sur la Divinité », p. 352-353.

5. *Disquisitio*, Med. III, dub. 10, inst. 7, 392 ; cf. *in* Med. III, dub. 4, inst. 3, 250-255. Le trope sceptique des opinions contraires au sujet Dieu est développé par Montaigne dans l'*Apologie de Raymond Sebond;* voir *Essais* II, 12, éd. cit. p. 512-537.

IIae objectiones (VII 124, 9-23/IX 98) et on la retrouve constamment dans les objections de Hobbes à la *Meditatio III*[1]. Dans les *IIae Responsiones*, Descartes invoquait d'abord le consentement des métaphysiciens sur le contenu de l'idée de Dieu (VII 138/IX 108) et répondait ensuite à celui qui nierait posséder l'idée de Dieu qu'il ne faut pas confondre l'idée, objet de l'entendement avec « les images des choses matérielles dépeintes en la fantaisie ». Cette distinction était précisée dans l'*Abrégé géométrique* qui ajoute une condition suffisante d'attribution d'une idée : la compréhension de la signification d'un mot par un locuteur implique la présence de l'idée dans l'esprit de ce locuteur (VII 160, 16-18/IX, 124). Ce principe fondamental de la sémantique cartésienne est repris dans notre passage : « on ne saurait nier d'avoir quelque idée de Dieu, si ce n'est qu'on dise qu'on n'entend pas ce que signifient ces mots : *la chose la plus parfaite que nous puissions concevoir*; car c'est ce que les hommes appellent *Dieu* » (209, 19-23). Il suffit ainsi qu'un locuteur comprenne chacun des termes d'une définition pour lui attribuer l'idée de la chose définie. Ainsi la compréhension de chacun des termes entrant dans la définition reçue de Dieu, à savoir « la chose la plus parfaite que nous puissions concevoir », garantit que ce locuteur a l'idée de Dieu. Descartes en déduit le corollaire négatif que celui qui prétend ne pas posséder l'idée de Dieu devrait avouer qu'il ne comprend pas la signification du nom « Dieu ».

Ce corollaire permet de formuler un argument *ad hominem* contre Gassendi qui prétend tirer sa connaissance de Dieu en premier lieu de la révélation. L'énoncé « Dieu est » est en effet dépourvu de signification si le nom « Dieu » ne correspond pas à une idée. Et puisque le jugement n'a d'objet que s'il y a dans l'esprit une idée, celui qui nie avoir l'idée de Dieu ne pourrait même prétendre croire en Dieu, ce qui conduit à « l'abîme de l'impiété » et à « l'extrémité de l'ignorance » (210, 7-8). Descartes compare cela à celui qui croirait que « rien est ». Cette comparaison paraît confondre une croyance sans objet parce qu'elle est associée à un énoncé dont l'un des termes est dépourvu de signification et une croyance sans objet parce que le sujet de l'énoncé est un terme dépourvu de référence. Or il semble bien que si le terme « rien » ne dénote aucune chose, il possède néanmois une signification. Cette confusion est cependant sans conséquence dans le cadre d'une réfutation de la position de Gassendi puisque, celui-ci assimilant l'idée à une image, le cas de Dieu ne diffère pas de celui du rien, puisqu'on n'a pas davantage d'image du rien que de Dieu[2].

1. Cf. *supra* les contributions de F. de Buzon et M. Pécharman.

2. Il convient de remarquer que Gassendi prévient toutefois cet argument dans la *Disquisitio metaphysica* où il distingue entre concevoir la signification d'un mot et concevoir

2) La seconde objection prolonge l'importante discussion autour de l'idée d'infini des *Vae Objectiones* et *Responsiones* (VII 295, 24-296, 1 et 367, 25-368, 11) en la resserrant autour d'un unique dilemme : 1) soit il y a une idée de l'infini, mais cela implique que l'infini puisse être compris, ce qui est contradictoire; soit 2) l'infini est effectivement incompréhensible, mais alors il ne peut y avoir d'idée de l'infini[1]. Les autres objecteurs, Caterus, Mersenne ou Hobbes objectent déjà que l'homme ne peut avoir d'idée de l'infini. L'objection de Gassendi se distingue de ces critiques en ce qu'il s'en prend au caractère contradictoire de l'idée même d'infini[2]. Descartes nie que la possession de l'idée de Dieu implique sa compréhensibilité et rappelle l'incompréhensibilité de Dieu pour un esprit fini (210, 11-12). Pour autant, cela n'implique pas que nous ne puissions apercevoir Dieu (210, 13), autrement dit en avoir une idée claire et distincte, comme l'illustre l'exemple d'une montagne que nous pouvons « toucher [...] encore qu'on ne la puisse embrasser » (210, 14-15). Le même exemple figurait déjà dans la *lettre à Mersenne* du 27 mai 1630 (I 152, 13-17). Cependant, cette réponse manque le nerf de l'objection de Gassendi. Car ce dernier concède effectivement l'incompréhensibilité de l'infini. Il conteste en revanche qu'une idée non compréhensive de l'infini puisse être vraie, à quoi Descartes se contente d'opposer l'affirmation contraire[3].

3) La troisième objection engage une critique générale de la valeur des démonstrations cartésiennes. Dès les *Vae Objectiones*, Gassendi indiquait que ses critiques ne portent pas sur les thèses cartésiennes, en particulier sur l'existence de Dieu et l'immortalité de l'âme, mais sur la manière de les

la chose dénotée. Seule cette dernière suppose la présence d'une idée dans l'esprit. Ainsi, on conçoit clairement la signification du mot « chiliogone » sans pourtant concevoir la figure même du chiliogone, parce qu'on ne possède pas une image distincte de la figure tout entière (*Disquisitio*, Med. VI, dub. 1, inst. 1, 526; voir l'objection semblable de Caterus, AT VII 96, 14-17/IX 77).

1. *Disquisitio*, Med. III, dub. 7, inst. 5, 318 : « [D]onner l'occasion d'une idée vraie et complète, ce n'est pas autre chose qu'être compris [...]. Comment cela s'accorde-t-il avec ce que vous avez dit, *qu'il est contradictoire que ce que l'on comprend soit infini ?* Puisque l'on ne saurait avoir une idée d'un tout infini sans comprendre l'infini; car qui dit tout, n'exclut rien, ou ne laisse rien d'incompris ». Sur cette objection, *cf.* notamment I. Agostini, *L'idea di Dio in Descartes*, *op. cit.*, p. 210-216.

2. L'objection est centrale dans les débats ultérieurs du XVIIe siècle. On la retrouve par exemple chez P.-D. Huet, *Censura philosophiae cartesianae*, Paris, 1694, cap. IV, § 3-5, p. 107-118.

3. Sur ce point, *cf.* I. Agostini, *L'idea di Dio in Descartes*, *op. cit.*, p. 244 et D. Arbib, *Descartes, la métaphysique et l'infini*, *op. cit.*, § 25-27.

démontrer, comme l'énonce clairement le préambule de la *Disquisitio* : « J'ai demandé à quelques personnes de grand renom et d'immense savoir qui avaient lu vos Méditations ce qu'elles en pensaient : et j'ai constaté que ces personnes, tout comme moi, n'éprouvaient pas la force de la démonstration »[1]. Gassendi oppose notamment la faiblesse des démonstrations cartésiennes à la force persuasive des démonstrations géométriques. Les *VIae Objectiones* (VII 413/IX 218) élèvent une objection analogue, à propos de la preuve de la distinction de l'âme et du corps. Aussi, pour répondre à Gassendi, Descartes reprend presque mot pour mot ce qu'il écrit dans les *VIae Responsiones* (VII 424/IX 227) : l'autorité d'une seule personne qui a compris l'emporte sur celle « de mille autres qui la nient, pour cela seul qu'ils ne l'ont pas pu voir ou comprendre », ce qu'il étaye par le même exemple de la découverte des Antipodes. Il ajoute ici une seconde analogie, avec les démonstrations d'Euclide comparées à celles d'Apollonius et Archimède. Le fait que ces dernières ne soient comprises que par un très petit nombre à la différence des premières n'enlève rien à leur force démonstrative.

4) La dernière objection sur la *Meditatio III* critique la déduction de l'existence de Dieu à partir de la seule imperfection de l'esprit humain[2]. Selon Descartes, cette objection ne rend pas compte de sa preuve qui implique plusieurs chaînons manquants. Malgré sa brièveté, l'objection et sa réponse sont symptomatiques de ce qui sépare Gassendi de Descartes. Le premier reconstruit systématiquement les arguments cartésiens sous forme de syllogismes. Pour la preuve de Dieu tirée de l'imperfection de l'esprit humain, le syllogisme prend la forme suivante :

S'il y a en moi l'idée d'un être plus parfait en comparaison duquel je puisse reconnaître mes défauts, il y a en moi l'idée d'un être infini.

Or il y a en moi l'idée d'un être plus parfait, en comparaison duquel je puis reconnaître mes défauts (puisque je comprends que je doute, que je désire, c'est-à-dire qu'il me manque quelque chose, et que je ne suis donc pas tout parfait).

Donc j'ai en moi l'idée d'un être infini (*Disquisitio*, Med. III, dub. 8, inst. 1, 324).

1. *Disquisitio*, Préambule, inst. 2, 18

2. Gassendi critique en réalité l'inférence de l'imperfection de ma nature à la présence de l'idée d'infini en moi (*Disquisitio*, Med. III, dub. 8, inst. 1, 324-326).

En écho aux réponses aux précédentes objections sur la *Meditatio II*, où il affirme que Gassendi « n'a fait que composer de fausses majeures à sa fantaisie » (206, 14-15), Descartes lui reproche ici de « tronquer [s]es raisons et n'en rapporter que quelques parties » (211, 12-14) et de manquer ainsi le véritable ordre des raisons. L'imperfection que l'on reconnaît en soi n'est qu'un maillon dans les chaînes de raisons constituant chacune des deux preuves de l'existence de Dieu dans la *Meditatio III*[1], ce que la présentation syllogistique conduit à occulter.

SUR LA PHYSIQUE CARTÉSIENNE (211, 27-213, 2)

Après avoir rapporté des objections aux *Meditationes III-VI* auxquelles Descartes ne répond qu'en renvoyant aux lieux des *IIae* et *IVae Responsiones* qui en traitent (211, 15-26), Descartes évoque une dernière objection (211, 27-212, 2) qui, selon lui, ne figure pas explicitement dans la *Disquisitio* bien qu'elle soit fidèle à l'esprit de Gassendi. Il est possible de la restituer ainsi : 1) l'étendue qui constitue l'essence des corps est une étendue mathématique ; 2) l'étendue mathématique est une abstraction mentale qui ne subsiste pas hors de l'esprit ; 3) donc la physique cartésienne est « imaginaire et feinte » ; 4) donc la véritable physique ne peut être fondée sur la réduction des corps à l'étendue (212, 3-11). La proposition (2) reprend la critique de Gassendi contre la conception cartésienne des objets mathématiques. Selon Gassendi, un triangle mathématique n'est pas un objet réel, mais une « règle mentale » (VII 320-321), une conception abstraite par l'entendement à partir de diverses images de triangles sensibles[2]. Le sens de l'objection tirée de cette conception des objets mathématiques est qu'une physique dont l'objet serait défini par la seule étendue mathématique ne serait pas une science réelle, mais aurait un objet mental, imaginaire ou fictif.

La caractérisation de cette objection comme « objection des objections et [d]'abrégé de toute la doctrine des excellents esprits » (212, 11-13) est largement ironique et vise à décrédibiliser plus largement les objections de

1. VII 45, 30-46, 14/IX 36 ; VII 48, 7-24/IX 38 ; VII 51, 29-52, l. 6/IX 41 ; *cf.* aussi VII 168/IX 130. Sur cet aspect de l'opposition entre Gassendi et Descartes, *cf.* O. Bloch, « Gassendi critique de Descartes », art. cit., p. 221-226.

2. *Disquisitio*, Med. V, dub. 1, inst. 2, 482 ; inst. 4, 486 : « le triangle indivisible [*i.e.* mathématique] ne peut exister, sinon par une vue de l'esprit (*consideratione*) et par hypothèse. »

Gassendi. La conception des objets mathématiques comme « natures vraies et immuables » de la *Meditatio V* (VII 64, 11/IX 51) est diamétralement opposée à la prémisse centrale de l'objection (2). Dans les *Vae Responsiones*, Descartes critique l'opposition chez Gassendi de l'irréalité des objets de la mathématique pure à la réalité des objets des mathématiques mixtes (VII 329) en soutenant que la géométrie contient des « vérités immuables et éternelles » qui s'appliquent aux corps (VII 381, 4-9/G IV-1 573). Il semble ainsi réduire les natures ou essences géométriques aux vérités géométriques. Plutôt que de contester (2), cette conception tendrait à rejeter l'inférence de (2) à (3)[1].

Ici cependant, la stratégie de Descartes est de réduire à l'absurde la conception des mathématiques sous-jacente à l'objection : si on admettait le principe de l'inférence conduisant de (2) à (3), on devrait conclure plus généralement qu'aucune science ne pourrait être fondée sur des conceptions de l'entendement (pas plus que de l'imagination), car son objet serait nécessairement fictif. Elle serait donc fausse en ce qu'elle prétend avoir un objet réel. *A contrario*, nous ne pourrions prétendre avoir un objet véritable qu'en renonçant à l'entendement (« on doit seulement recevoir pour vraies [les choses] qu'on ne conçoit pas » [212, 25-26]), ce qui reviendrait à « se contenter d'être singe, ou perroquet, et non plus homme » (212, 20-21). Une pointe ironique ponctue la réponse, Descartes se réjouissant de voir ainsi rapprocher sa physique des mathématiques pures, conformément à la thèse proclamée à la fin des *Principia* II[2].

DEUX QUESTIONS SUR L'INTERACTION DE L'ÂME ET DU CORPS (213, 3-214, 6)

Descartes rapporte ensuite deux questions relatives à l'interaction de l'âme et du corps. La première concerne l'explication de l'action de l'âme immatérielle sur le corps dans le mouvement volontaire, la seconde l'explication de l'action du corps sur l'âme dans la perception (213, 4-6).

1. Ce passage va ainsi dans le sens d'une interprétation déflationniste des « natures vraies et immuables ». Pour une introduction aux débats récents sur cette question, *cf.* T. Schmaltz, « The Fifth Meditation : Descartes' Doctrine of True and Immutable Natures », art. cit., et sur la critique de l'essentialisme chez Gassendi, *cf.* T. M. Lennon, « Pandora : Or, Essence and Reference : Gassendi's Nominalist Objection and Descartes' Realist Reply », *in* R. Ariew, M. Grene (eds.), *Descartes and his Contemporaries*, *op. cit.*, p. 159-181.

2. *Principia* II, 64, VIII-1 78-79/IX-2 101-102.

Ces deux questions figurent bien dans la *Disquisitio*[1]. Descartes oppose d'abord une fin de non-recevoir, en affectant de l'impatience à l'égard des questions impertinentes de Gassendi (213, 8-17), ce qu'il justifie par la considération de l'ordre : il refuse de s'engager dans toute discussion qui s'écarte du propos des *Meditationes.* Or si la *Meditatio VI* affirme l'union très étroite de l'âme et du corps, son objet n'est pas de l'expliquer[2]. Mais ce refus outrepasse le simple rappel des règles fixant le cadre des *Objectiones* et *Responsiones* et relève de la polémique personnelle, Descartes rapprochant Gassendi des « ignorants » qui multiplient les questions (213, 11) quand il se compare lui-même aux « plus savants » (213, 12-13). Le contraste est tout à fait manifeste entre la tonalité de ce passage et celle de la lettre où il répond aux questions d'Élisabeth sur l'interaction de l'âme et du corps, pourtant identiques à celles de Gassendi[3].

Cette première réaction, sur la forme, a un rôle nettement rhétorique, visant à préparer le terrain pour la brève réponse de fond qui suit. Le cœur de la difficulté réside dans le présupposé que « si l'âme et le corps sont deux substances de diverse nature, cela les empêche de pouvoir agir l'une contre l'autre » (213, 21-23). Tandis que les questions de Gassendi interrogent la nature spécifique des liens causaux corps-esprit, Descartes envisage le problème de manière abstraite, en le rapportant au présupposé de l'impossibilité d'une causalité entre substances hétérogènes et en rejetant comme fausse cette « supposition »[4].

Descartes justifie la possibilité d'une interaction causale entre substances hétérogènes en invoquant le fait que les scolastiques qui postulent des accidents réels tels que la chaleur et la pesanteur doivent accepter une interaction entre entités hétérogènes. En effet, un accident

1. Pour la première question, cf. *Disquisitio,* Med. VI, dub. 4, inst. 4, 606; pour la seconde, cf. *Disquisitio*, Med. VI, dub. 3, inst. 4, 584.

2. Comme le rappelle Descartes dans sa *Lettre à Élisabeth*, 21 mai 1643, III 664-665 : « [J]e n'ai quasi rien dit de cette dernière [*i.e.* de l'union], et me suis seulement étudié à faire bien entendre la première [*i.e.* que l'âme pense], à cause que mon principal dessein était de prouver la distinction qui est entre l'âme et le corps ; à quoi celle-ci seulement a pu servir, et l'autre y aurait été nuisible ». Pour la distinction entre le *fait* de l'union, dont relèvent les enseignements de la nature de la *MeditatioVI*, et son *explication*, *cf.* T. Schmaltz, *Descartes on Causation*, New York, OUP, 2008, p. 141-142.

3. *Cf.*, pour les questions, *Élisabeth à Descartes*, 16 mai 1643, III 661, et pour la réponse, la suite du passage cité dans la note précédente : « Mais, parce que Votre Altesse voit si clair, qu'on ne lui peut dissimuler aucune chose, je tâcherai ici d'expliquer la façon dont je conçois l'union de l'âme avec le corps, et comment elle a la force de le mouvoir ».

4. Certains commentateurs ne séparent pas ces deux aspects du problème, par ex., M. Wilson, *Descartes*, *op. cit.*, p. 215 ; *contra*, T. Schmaltz, *Descartes on causation*, *op. cit.*, p. 132.

réel est une entité réellement distincte de la substance : bien qu'il soit inhérent à la substance, il peut subsister séparément de cette dernière en vertu de la puissance divine. Pourtant, les accidents réels des scolastiques affectent les substances. La pesanteur par exemple « agit » sur la substance corporelle en la rendant pesante. Certes, selon la thèse dominante, les accidents réels exercent sur leur sujet une causalité formelle et non efficiente[1], mais Descartes rejette la causalité formelle et raisonne *a fortiori* : une substance appartient à une catégorie ontologique distincte d'un accident et ainsi une substance diffère sur ce plan davantage d'un accident qu'une substance d'une autre substance. Donc, quiconque admet l'action d'un accident sur une substance, doit à plus forte raison admettre la possibilité qu'une substance agisse sur une autre[2]. Une telle réponse est cependant problématique d'un point de vue cartésien, car elle néglige le fait que nos idées claires et distinctes de substances impliquent une division exclusive des substances finies en corps et esprit[3].

DEUX ÉQUIVOQUES SUR L'ABSTRACTION (214, 7-216, 14)

Les dernières pages de la lettre (213, 30-216, 14) dissipent « deux équivoques » rencontrées « dans ce livre d'Instances ». Ces équivoques reposent sur une mécompréhension de la conception cartésienne de l'abstraction.

1) La première concerne le sens du *praecise tantum* accompagnant la découverte de la *res cogitans* dans la *Meditatio II* (« sum igitur praecise tantum res cogitans » [VII 27, 13/IX 21]). Descartes accuse Gassendi de méconnaître la distinction entre abstraction et exclusion. Lorsque l'on considère une seule idée, sans tenir compte de ses relations à d'autres idées, il s'agit d'une abstraction[4]. L'exclusion suppose au contraire la perception de deux idées dont l'une est niée de l'autre. Dans la *Meditatio II*, le sujet méditant forme une perception claire et distincte de l'âme comme chose pensante. Considérer cette unique perception revient à produire une abstraction. Mais le sujet méditant n'a pas encore formé de perception

1. Suarez, *Disputationes metaphysicae*, disp. XVI, sec. 1, n. 3-4.

2. Descartes recourt dans ailleurs à l'exemple de l'accident réel de la pesanteur, ; *VIae Resp.*, VII 441-442/IX 240-241) ; *à l'Hyperaspistes*, août 1641, III 424 ; *à Élisabeth*, 21 mai 1643, III 667-668 ; *à Arnauld*, 29 juillet 1648, V 222-223.

3. VII 176/IX 137 ; cf. *Principia philosophiae* I, 52-54, VIII-1 24-26/IX 47-48.

4. Cf. *à Gibieuf*, janvier 1642, III 474 ; *à Mesland*, 2 mai 1644, IV 129.

claire et distincte du corps et n'a donc pas encore exclu le corps. Ainsi la conclusion de l'argument de la distinction réelle n'est pas présupposée dès la *Meditatio II*[1].

2) La seconde équivoque repose sur une confusion symétrique entre distinguer et abstraire (216, 4-14). Descartes cherche à montrer que l'affirmation de la *Meditatio II*, selon laquelle la cire se distingue de ses accidents sensibles (VII 32, 24-26/IX 25), n'implique pas l'abstraction de la cire, comme il l'affirme dans les *Vae Responsiones* (VII 359)[2]. Une conception de la cire est abstraite lorsqu'elle est conçue comme une substance dépourvue d'accident, comme un substrat nu[3]. Au contraire lorsqu'elle distinguée de ses accidents, l'esprit considère à la fois l'idée de la cire comme substance et les idées de ses accidents ou qualités. La nature de cette distinction n'est cependant pas davantage précisée. Or il semble que cette distinction ne soit ni réelle, ni modale, ni de raison. Il ne peut s'agir d'une distinction réelle, puisqu'on ne peut former une idée claire et distincte des propriétés de la cire sans celle-ci, à moins d'en faire des accidents réels, séparables de la cire. Il ne s'agit pas non plus d'une distinction modale, car « sans penser à eux, cela empêche qu'on ne la [*i.e.* la cire] puisse si bien connaître » (216, 11-12). Autrement dit, on ne peut former une idée claire et distincte de la substance de la cire en tant que substrat nu. Mais il ne peut s'agir non plus d'une distinction de raison, dans la mesure où nous pouvons concevoir clairement et distinctement la cire sans l'une ou l'autre de ces propriétés. En réalité, l'absence de la notion d'attribut principal dans la discussion du morceau de cire rend inapplicable la tripartition des *Principia* I, 60-62. Cette dernière clarification apportée par la *lettre à Clerselier* montre ainsi que la théorie de la précision et de l'abstraction des *Meditationes* ne se laisse pas réduire à la théorie des distinctions des *Principia*.

1. Sur la conception cartésienne de l'abstraction et de l'exclusion, *cf.* D. Murdoch, « Exclusion and Abstraction in Descartes' Metaphysics », *Philosophical Quarterly*, 43, 1993, p. 38-57 et S. Landucci, *La mente in Cartesio*, *op. cit.*, p. 83-126.

2. *Cf.* aussi la discussion du même point dans l'*Entretien avec Burman*, AT V 151. Descartes indique qu'à aucun moment une substance ne s'identifie à un sujet nu, mais possède toujours des accidents, bien que ceux-ci soient variés.

3. Cf. *IVae Resp.*, VII 222, 5-9/IX, 173.

XAVIER KIEFT

SIXIÈMES OBJECTIONS ET RÉPONSES

Le 21 janvier 1641, Descartes, qui a déjà reçu des objections collectées par Mersenne auprès de théologiens et philosophes et y a répondu dans les *IIae Responsiones*, écrit au minime qu'il serait « bien aise de recevoir encore d'autres objections des docteurs, des philosophes et des géomètres ». Il ajoute qu'« il sera[it] bon que les derniers voient celles des premiers, et aussi celles qui [lui] ont déjà été envoyées, afin qu'ils ne répètent pas les mêmes choses » (III 282, 18-23). Ainsi, les objecteurs pourront revenir sur les premières séries de *Responsiones*, jusqu'à la *lettre à Clerselier sur les* Instances *de Gassendi*, qui sera de fait évoquée au huitième scrupule de la nouvelle série d'objection (417, 26-27/222). Une autre *lettre à Mersenne* montre que certaines remarques lui parviennent avant le 21 avril 1641, puisque l'auteur des *Meditationes* leur réserve une brève réponse: elles constitueront une partie du premier, le début du cinquième et le sixième scrupule des *VIae Responsiones* (voir III, 360, 24-361, 2 pour le scrupule 1, 359, 25-360, 6 pour le scrupule 5 et 360, 7-14 pour le scrupule 6). Dans cette même lettre, le philosophe stipule à propos des autres objections à venir que « le meilleur sera de les faire imprimer telles qu'elles seront, et au même ordre qu'elles auront été faites, pour conserver la vérité de l'histoire » (III 363, 14-17). Ce vœu ne sera pas exaucé, en partie du fait de Descartes, et en partie du fait du désordre lié à la perte d'un second paquet d'objections réunies par son correspondant et envoyé vers le 8 juin, que le philosophe d'Endegeest semble ne jamais avoir reçu. Il accuse en effet d'abord réception de deux articles supplémentaires à insérer dans un ensemble dont il ne dispose pas encore, dans les *lettres à Mersenne* des 16 et 23 juin 1641 (III 382, 3-7 et 384, 23-385, 14).

Le 15 ou le 22 juillet suivant, il renvoie enfin les *VIae Objectiones* retranscrites et partiellement remises en ordre, complétées et parfois reformulées par lui-même, avec ses *Responsiones* :

> ... parce que ces *Objections* sont de plusieurs pièces, que vous m'avez envoyées à diverses fois, je les ai transcrites de ma main, de la manière qu'il m'a semblé qu'elles pouvaient le plus commodément être jointes ensemble. À savoir, vous m'aviez envoyé deux nouveaux articles dans l'une de vos lettres, l'un desquels j'ai ajouté à la fin du cinquième point, après les mots *non poterit reperire*[1], ainsi que vous m'aviez mandé. Et pour l'autre, à cause que vous n'aviez point marqué le lieu où il devait être, j'ai trouvé à propos de le diviser en deux parties, et de faire le septième point de la première[2], et de mettre la seconde à la fin du troisième[3]. Puis enfin j'ai trouvé une nouvelle objection dans la seconde copie que vous m'avez envoyée, de laquelle j'ai composé le huitième point[4] (*à Mersenne,* 15 juillet 1641, III 415, 2-18/G VIII-1 474).

La sixième série d'objections se trouve principalement constituée de dix paragraphes développant neuf scrupules et une remarque conclusive (412, 14-419, 16/218-223). Elle est complétée par un appendice. Celui-ci s'ouvre sur un petit avis de Descartes et trois questions proposées par le P. de la Barde (419, 18-420, 2/223) *via* l'abbé de Launoy dans une lettre transmise par Mersenne[5]. Le philosophe ne répondra pas directement à ces questions trop allusives, comme il l'explique dans une lettre *à l'abbé de Launoy* du 22 juillet 1641 (III 420, 3-16). Mais y il fera tout de même allusion au dixième point de ses *Responsiones* (443, 6-13/241), dont le contenu, qui répond principalement à la remarque conclusive de la première partie des *VIae Objectiones* (leur dixième paragraphe), renverra également à une lettre présentée comme ayant été adressée par « des philosophes et géomètres » (420, 3-422, 3/223-225) et qui constitue la seconde et principale partie de l'appendice.

Ainsi appréhendé, notre texte se présente immédiatement comme un propos relativement émancipé par rapport à l'ordre des objections adressées. Descartes paraît se servir de ces objections comme autant d'occasions d'introduire des points entièrement nouveaux ou jusqu'alors réservés à la seule correspondance, et depuis devenus des points clés de sa philosophie : la théorie de la superficie et de la sensation, la doctrine de la

1. 416, 6/220 : « il ne les pourra trouver ».
2. 417, 13-25/221-222.
3. 414, 1-23/219.
4. 417, 26-418, 9/222.
5. *Cf.* III 385, 15-24.

création des vérités éternelles, la conception des lois de la charité, le rejet explicite des qualités réelles, ou la métaphore de la pesanteur qui appelle la critique extensive de la prévention du jugement.

CONTENU DES *VIAE OBJECTIONES*

Les *VIae Objectiones* se composent donc de deux parties. D'abord dix scrupules présentés en huit pages (412, 13-419, 16/218-223) et environ deux pages d'appendice (419, 17-422, 3/223-225). Descartes répond en trente pages et dix points d'envergure inégale à cet ensemble (25 pages dans AT : 422, 4-447, 8/225-244). Venons-en d'abord aux scrupules.

1) Le premier est « qu'il ne semble pas que ce soit un argument fort certain de notre être, de ce que nous pensons »[1]. C'est-à-dire que la pensée seule, sans la connaissance de ce qu'est la pensée, ne saurait servir de fondement à la connaissance de l'être, et que cette connaissance de la pensée, voire la connaissance de la connaissance de la pensée, puis celle de la connaissance de cette dernière connaissance, et ainsi de suite, ne saurait jamais assurer la certitude de celui qui pense et demeurerait toujours insuffisante, ce qui implique que cette soi-disant connaissance, qui ne reposerait sur aucun principe solide, ne saurait être démonstrative. On remarque que ce qui est visé ici par les objecteurs est plutôt la formule « Je pense, donc je suis » du *Discours de la méthode* (VI 32, 19) que le « Je suis, j'existe » des *Meditationes*[2]. Néanmoins, depuis les *Iae Objectiones* de Caterus, « Je pense donc je suis » est ordinairement repris dans le volume (91, 17/73), et Descartes l'assume dans les *IIae Responsiones* (140, 21-22/110 ; il reprendra également la formule dans les *VIIae Responsiones*). Cette formulation du scrupule indique que les auteurs des remarques s'intéressent davantage à une représentation de la pensée de Descartes qu'au cheminement même des *Meditationes* face auxquelles ils expriment leurs doutes. Ils prennent explicitement une perspective extérieure au parcours cartésien et s'interrogent sur la fondation de la connaissance.

1. 413, 1-2/218.
2. 25, 13/19.

2) Le deuxième scrupule consiste à soutenir que la pensée pourrait bien n'être qu'un mouvement corporel, de telle sorte que le fait de penser ne prouverait rien, si ce n'est qu'un corps existe. Le texte ajoute que l'analyse à laquelle procède Descartes, ici entendue au sens de la division, ne saurait rendre le corps si subtil qu'il puisse disparaître afin que la pensée n'en soit plus un mouvement. L'entente proposée de l'analyse est pour le moins surprenante et évoque davantage la décomposition alchimique (physique) que l'étude de l'ordre des pensées. On retrouve ici une demande fréquemment adressée à Descartes depuis les *IIIae Objectiones* (173, 27-174, 2/135).

3) Le paragraphe suivant complète le précédent qui soutient que l'esprit pourrait bien être corporel et le conforte en s'appuyant sur la possibilité de la corporéité des anges mêmes d'une part, et sur la possibilité de la pensée des bêtes d'autre part. Si un esprit plus subtil que l'âme humaine relève d'un être corporel et si ce qui est plus grossier que l'homme pense à sa façon au moyen des mouvements corporels, pourquoi l'âme humaine échapperait-elle à cette généralité et pourquoi devrait-elle consister en autre chose que ces mouvements ?

4) On revient ensuite sur la question de savoir ce qu'il en est de la « science d'un athée » (414, 24/219), déjà évoquée dans les *IIae Objectiones* (125, 6-15/99). Les athées ne sauraient parvenir à douter pour de bon des vérités mathématiques et logiques les plus simples, quand bien même on leur ferait penser qu'il pourrait y avoir un Dieu qui les trompe jusque dans ces croyances, non seulement parce que cela supposerait un Dieu auquel ils ne croient pas, mais surtout parce que cette supposition ne parviendrait en réalité pas à les faire remettre en cause la certitude qu'ils ont de la vérité des principes mathématiques et logiques, car ils ne pourraient les penser autrement qu'ils sont.

5) Le point suivant comprend trois idées principales. D'abord on se demande s'il est certain que Dieu ne nous trompe pas, et comment on pourrait le savoir, notamment si la tromperie lui permettait de châtier les hommes pécheurs. Ensuite, on touche à ce qui forme le fonds des *VIae Objectiones* en évoquant l'Écriture : l'idée selon laquelle la connaissance ne saurait provenir que de Dieu, et ainsi que la raison humaine seule ne pourrait sans errer prétendre à la certitude. Enfin, on soutient que ce point est d'autant plus important que l'homme ne possède rien que les bêtes n'ont pas, de telle façon que non seulement on retrouve l'idée d'une âme matérielle et corruptible, mais qu'on se demande également ce qui pourrait justifier la prétention à la certitude d'une raison humaine qui ne

s'appuierait que sur elle-même. Cette troisième idée est l'un des ajouts à la version primitive des objections, qui s'articule parfaitement avec ce qui précède dans la mesure où le propos roule sur la sagesse de l'*Ecclésiaste*.

6) Le sixième scrupule soutient que si, comme Descartes le suggère dans la *Meditatio IV* (58, 5-13/46), on fait de l'indifférence le plus bas degré ou l'« imperfection » (416, 26/221) de la liberté, on ruine éventuellement la grandeur de la liberté de Dieu, qui réside dans sa parfaite indifférence. Si une telle indifférence est incluse dans le libre arbitre divin, que ne l'est-elle en l'homme, alors même que « la volonté [...] que j'expérimente en moi [...] me fait connaître que je porte l'image et la ressemblance de Dieu » (*Meditatio IV*, 57, 11-15/45) ?

7) La suite semble assez mal articulée avec ce qui précède, puisqu'elle traite de la superficie, de la sensation et de l'Eucharistie. Elle correspond toutefois clairement à l'enjeu de la fin des *IVae Objectiones et Responsiones* (248, 11-255, 20/191-197), dont on se souvient qu'une partie a été retranchée par Mersenne en vue de la première édition des *Meditationes*[1]. On se rappelle en outre que Descartes a détaché ce scrupule de ce qui se trouve à la fin du troisième point où il est question de la connaissance des bêtes qui procède de la sensation. La question était de savoir s'il n'en était pas de même pour celle de l'homme, ce qui se prouvait par le fait que les espèces ou apparences que l'on perçoit dans la sensation procèdent des corps et sont donc corporelles, quand bien même elles pourraient subsister sans le corps dont elles procèdent, ce qui est, selon la doctrine catholique, le cas avec les apparences du pain et du vin qui subsistent après la consécration alors même que le pain et le vin dont elles étaient les apparences ne sont plus présents après la transsubstantiation et que c'est le corps et le sang du Christ qui sont réellement présents sur l'autel sous ces espèces. On met alors Descartes au défi d'expliquer mieux que la tradition qui s'appuie sur la théorie des accidents (corporels) réels le moyen dont s'opère la sensation.

8) De la même façon le point 8, dont le contenu est découvert par Descartes à la relecture des feuillets renvoyés *in extremis* par Mersenne, s'appuie sur une lecture des *Vae Objectiones.* On aurait pu penser qu'il eût été préférable de le placer après le propos sur l'indifférence de Dieu du point 6, puisqu'il y est question des vérités éternelles qui ne peuvent, selon les objecteurs, dépendre du seul entendement de Dieu si elles sont éternelles, quoi qu'elles ne puissent pas non plus s'imposer à lui du fait de sa

1. Cf. *à Mersenne*, 15 ou 22 juillet 1641, AT III 416, 5-9.

souveraine indifférence. On sait que Descartes s'est opposé dès 1630[1] au point de vue selon lequel les vérités éternelles existeraient indépendamment des décrets de Dieu. Ce scrupule sera pour lui l'occasion de rendre sa doctrine publique.

9) Ce n'est pas l'entendement, mais la sensation qui corrige la sensation. Par exemple, l'illusion du bâton qui paraît à la vue rompu lorsqu'il est plongé dans l'eau est corrigée par le toucher. Il faut alors se méfier de l'entendement lorsqu'il opère seul, puisqu'il ne peut suffire à corriger les erreurs de la sensation, selon les auteurs du scrupule. Là encore le propos consiste à réduire les prétentions de la raison à rendre compte de toute chose et de revenir d'une part à l'idée selon laquelle il n'y a aucune connaissance qui ne procède de la sensation (selon le lieu commun d'Aristote dénoncé par Descartes dès le début des *Meditationes*, 18, 15-16/14). Il s'agit également de montrer qu'une raison audacieuse qui prétend découvrir par ses propres ressources la vérité ne saurait être certaine car elle n'aurait aucun fondement ultime, ce qui justifie à rebours les premiers scrupules proposés, d'autant plus que ses représentations pourraient bien ne dépendre que des mouvements corporels dont elle se figurerait à tort qu'elle est distincte.

10) De fait, le dernier paragraphe de cette première partie des *VIae Objectiones* revient sur la question de la distinction de l'esprit et du corps, pour demander par quelles raisons on pourrait être persuadé que cette apparente distinction se trouve bien « dans les choses mêmes » et non simplement dans une opération d'abstraction ou une simple distinction opérée par l'attention de la raison qui ne porte que sur l'esprit ou le corps, sans penser à l'un lorsqu'elle considère l'autre.

Ainsi donc, ce que l'on entend montrer, c'est que Descartes ne parvient pas à convaincre[2] ses lecteurs de la distinction réelle de l'esprit et du corps, non seulement parce que rien ne prouve que la chose qui pense puisse se savoir exister sans corps, ni qu'on puisse, sans connaissances préliminaires, parvenir à l'inférence de son existence à partir de sa pensée (1). Ceci tend à montrer non seulement que la pensée pourrait bien être corporelle (2 et 3), mais encore que la science ne s'aurait s'étendre sans le soutien de la révélation (4 et 5) et que sans la science scolaire ordinaire qui reconnaît dans l'indifférence le plus haut degré de la liberté on tombe dans

1. *Cf.* les *lettres à Mersenne* du 15 avril (I 145, 7-146, 19), 6 mai (I 149, 21-150, 27) et 27 mai 1630 (I 151, 1-153, 2).

2. *Cf.* D. Garber, *Corps Cartésiens* [*Descartes Embodied*, 2001], trad. fr., Paris, P.U.F., 2004, p. 322.

des positions suspectes d'hétérodoxie, comme celles que soutient peut-être l'auteur des *Meditationes*, qui fustige ladite indifférence, rejette *ipso facto* l'existence des vérités éternelles car c'est elles que suppose la mise en œuvre de l'arbitre divin et, de surcroît, les qualités réelles (points 6, 7 et 8), ce en quoi il pense à tort pouvoir se passer des enseignements s'appuyant sur l'autorité d'Aristote. On enjoint donc Descartes de répondre à ces remarques, et « en chrétien » (416, 20/221).

Le doute concernant la distinction du corps et de l'esprit est d'ailleurs repris dans la lettre de l'*Addition*. Cette dernière insiste sur l'aspect peu persuasif des raisons cartésiennes, même pour des gens qui auront lu « plus de sept fois [les] Méditations avec une attention d'esprit presque semblable à celle des anges » (421, 7-9/224), insistant sur le fait qu'elles ne sauraient convaincre celui qui en considèrerait l'auteur comme « une personne ennemie » (421, 19/225). Cette lettre conclut sur la nécessité pour Descartes de battre les « arguments, ou si vous aimez mieux [les] préjugés » (421, 26/225) des lecteurs demeurant suspicieux à la lecture des six *Meditationes* et des premières séries d'*Objectiones* et *Responsiones*, ce que leur auteur va précisément s'efforcer de faire, non plus en produisant un nouvel argument, mais en dénonçant l'origine même desdits préjugés. C'est-à-dire qu'il va surtout exposer l'origine de l'opiniâtreté de ses adversaires, de manière à en remettre en cause le fondement.

RÉPONSES DE DESCARTES

Les points particuliers

1) En ce qui concerne le premier point, Descartes accorde bien volontiers qu'une sorte de connaissance de ce que sont la pensée et l'existence est requise pour savoir que l'on pense et que l'on existe. Pour autant, cette connaissance ne requiert pas d'être explicite et de s'intégrer dans un processus démonstratif, ce qui fait que le « je pense, donc je suis » n'a pas à être considéré comme une sorte d'enthymème ou syllogisme à prémisse cachée (en l'occurrence, il s'agirait de « tout ce qui pense, est ou existe », comme cela a déjà été indiqué au troisième point des *IIae Objectiones* [VII 140, 18-141, 2/IX 110])[1]. Bien plus, « la science de cette

1. Voir Gassendi, *Disquisitio Metaphysica seu Dubitationes et Instantiae…*, Amsterdam, J. Blaeu, 1644, trad. fr. B. Rochot, *Recherches métaphysiques, ou doutes et instances…*, Paris, Vrin, 1962, Doute I, Instance 5, art. 6, p. 82-87. Pour une présentation plus récente, *cf.* S. Bourgeois-Gironde, *Reconstruction analytique du cogito*, Paris, Vrin, 2001, p. 101-105.

science » (422, 10/225) n'est pas davantage requise, d'autant plus qu'elle impliquerait, comme les objecteurs le soulignent, une régression à l'infini. Seul l'aveuglement des préjugés, souligne le philosophe, inciterait à penser qu'il n'est pas possible d'avoir de ces choses une « connaissance intérieure qui précède toujours l'acquise » (le latin dit « la réflexive » : 422, 13-14/225), une connaissance « naturelle à tous les hommes » (« innée », dit le latin : 422, 15/225). Sans revenir plus avant sur le rôle de la « simple inspection de l'esprit » déjà présentée comme suffisante dans les *IIae Objectiones* (140, 23/110), Descartes oriente ainsi l'enjeu de la question vers les préjugés des lecteurs.

2) De la même manière, c'est l'habitude de rapporter à un même sujet des propriétés différentes « qui n'ont aucune affinité » (ou « connexion » [423, 3-4/226]), comme la pensée et le mouvement, qui peut pousser à croire que ces propriétés constituent en réalité une seule et même chose. Descartes précise alors la distinction qu'il est pertinent d'opérer entre une « unité et identité de nature » (423, 9/226) et une unité « de composition » (423, 10/226). Les propriétés d'un type se rattachent à la substance qui leur convient : ainsi la figure et le mouvement se rapportent tous deux à un corps qui peut à la fois être étendu et en déplacement. Mais tout comme la chair se distingue en réalité des os, quoiqu'ils se retrouvent tous deux dans un même animal, la substance qui pense et celle qui se meut sont deux choses différentes, quand bien même le « même homme » (424, 2/226) pourrait à la fois se déplacer (grâce à son corps) et penser (du fait de son esprit). Descartes soutient que la différence lui semble très manifeste, ce qui pourrait paraître relever d'une argumentation faible qui ne reposerait que sur son point de vue individuel. Mais s'il le fait, c'est pour s'opposer, lui, aux « autorités » dont on se sert « pour [l]e combattre » (424, 7-8/227), arguant que s'il s'agit d'avoir raison, « l'autorité d'un seul homme » (424, 17-18/227) vaut davantage, pourvu qu'il ait la preuve de ce qu'il avance, que celle d'une multitude qui n'entendrait pas ce dont elle parle. On trouve ici un point caractéristique de la théorie cartésienne de la connaissance qui considère que la bonne persuasion est celle qui découle de la découverte de la vérité même et que celui qui parle sans raison, eût-il énoncé quelque chose de vrai, ne saurait être dit savoir ce dont il parle, puisque ses propositions ne seront pas justifiées[1]. Dans le cas présent,

1. Ainsi celui qui parlerait sans savoir pourquoi ce qu'il dit est vrai préjugerait : « Que si quelqu'un sans y être porté par le poids d'aucune autre autorité ni d'aucune raison qu'il ait apprise des autres vient à croire quelque chose, encore qu'il l'ait ouïe dire à plusieurs, il ne faudra pas croire pour cela qu'ils la lui aient enseignée. Même il se peut faire qu'il la sache,

il suffit de savoir si la puissance de Dieu pourrait séparer les choses dans lesquelles je rencontre des propriétés de type différent pour pouvoir en conclure qu'elles relèvent de choses de natures distinctes.

3) Revenant ensuite sur l'âme des bêtes après avoir renvoyé au texte du Concile de Latran pour débouter l'argument en faveur de la corporéité des anges (425, 23-24/228), Descartes souligne que seul un préjugé reposant sur l'égalité de leur nature et de la nôtre pourrait nous conduire à soutenir que nous ne pensons pas, en nous dépouillant de ce que nous refusons aux bêtes et que nous expérimentons cependant chaque jour en nous. Il indique qu'à miser sur le rapport de l'homme aux bêtes et en ne marquant la différence qu'en termes de plus et de moins, il vaudrait mieux accorder la pensée aux animaux (ce qu'il n'a pas nié qu'ils pussent avoir, quoi qu'il affirme pouvoir expliquer toutes leurs opérations sans la pensée [426, 16/228]) que de la refuser aux hommes.

4) En ce qui concerne la science de l'athée, Descartes renvoie à ce qu'il a indiquée « ci-devant » (428, 2-3/229), c'est-à-dire à ses *IIae Responsiones* (141, 3-13/111) concernant la nécessité de croire en un Dieu « principe de toute vérité » (ajout de la version française en 230 pour 428, 8)[1].

5) À partir du cinquième point, le philosophe va sensiblement s'écarter des questions soulevées par les objecteurs pour développer une perspective qui lui est propre. Le sujet porte sur la possibilité d'une tromperie divine des damnés. Dans sa *lettre à Mersenne* du 21 avril 1641, Descartes avait renvoyé à saint Augustin, saint Thomas d'Aquin et d'« autres » (III 360, 2-3) pour souligner que cette tromperie était normalement exclue. La réponse publiée est sensiblement différente, puisqu'il n'y est fait référence ni à Augustin ni à Thomas d'Aquin, mais à Pierre Lombard (le « Maître des Sentences », abrégé « Mag. » en latin : 428, 22/230; voir le texte du *Livre des sentences*, VII 612, note de 428, 23). Sans doute l'injonction des objecteurs de ne pas se contenter de renvoyer aux théologiens (416, 18-19/221) est-elle la source de cette modification. Au demeurant, après avoir rappelé qu'il n'a « jamais fait profession de l'étude de la théologie » (429, 5-6/230), le philosophe affirme qu'il ne

parce qu'il est poussé par de vraies raisons à la croire, et que les autres ne l'aient jamais sue, quoiqu'ils aient été dans le même sentiment, à cause qu'ils l'ont déduite de faux principes » (*à Beeckman*, 17 octobre 1630, I 158, 24-30/G VIII-2 329).

1. Sur la notion de Dieu source de vérité, *cf.* G. Olivo, *Descartes et l'essence de la vérité*, *op. cit.*, p. 381-391.

répondra plus aux questions théologiques *stricto sensu* et, après cette prétérition, propose son premier développement significatif concernant les lois de charité sur lesquelles la polémique avec Vœtius lui donnera l'occasion de revenir de manière extensive, notamment dans sa septième partie[1]. S'opposant ici à une référence de ses objecteurs sur l'incapacité de la raison à rendre compte des dessins de Dieu empruntée à l'*Ecclésiaste*, 8, 17, pour éclairer *1 Corinthiens*, 8, 2, Descartes propose une lecture quasi inédite de la première *Épître aux Corinthiens* selon laquelle c'est l'amour que l'on donne à Dieu qui nous le fait connaître comme il faut (429, 20-21/231), ce qu'il soutient en faisant référence à *1 Jean*, 2, 3 (cité *1 Jean*, 2, 2) et *1 Jean*, 4, 7, par lequel une équivalence remarquable est établie entre, d'une part, l'amour de Dieu, d'autre part, l'obéissance à ses commandements (c'est-à-dire le respect des lois de la charité), et enfin la connaissance de Dieu[2]. Suite à cette interprétation, Descartes revient sur le verset de l'*Ecclésiaste* cité par ses objecteurs : « tous les ouvrages de Dieu qui se font sous le soleil, l'homme ne peut en rendre compte. » Il avance que celui qui ne peut rien savoir des ouvrages de Dieu est celui qui, enflé par sa science (*1 Corinthiens*, 8, 1) et passant « les jours et les nuits sans dormir » (*Ecclésiaste*, 8, 16), ignore Dieu puisqu'il ne le connaît (ne l'aime) pas comme il faut, du fait de son « trop grand travail, et [de sa] trop grande assiduité à l'étude des lettres » (431, 1-2/232). Descartes s'oppose ainsi aux savants ou à ceux qu'il désignera du nom de doctes dans sa *Lettre à Vœtius* (quatrième partie, VIII-2, 39-55), par opposition aux érudits qui ne se contentent pas d'accumuler les connaissances ou les histoires racontées par d'autres (selon le mot de la *Regula III*, X 367, 23), mais cherchent les réelles causes des choses, c'est-à-dire la connaissance. Ce passage original soulève la question de l'intelligence de l'amour de Dieu, c'est-à-dire de la possibilité d'aimer celui dont on n'a pas d'image et de l'univocité du concept d'amour chez Descartes[3].

1. VIII-2, 107-135, après une première référence aux lois de la charité en VIII-2, 99. Sur ces lois, voir la préface de J.-L. Marion in R. Descartes et M. Schoock, *La querelle d'Utrecht*, *op. cit.*, p. 14-17.

2. Sur cette lecture et les lois de la charité, voir V. Carraud, « Descartes et l'Ecriture sainte », art. cit., p. 68-69, discuté par A. Chukurian, « À la recherche d'une philosophie cartésienne de la religion : le rapport raison-foi et l'ambivalence de la norme d'interprétation de la Bible », *ThéoRème*, 6 : *Une philosophie de la religion avant les Lumières*, 2016, p. 35-37 ; *cf.* aussi, V. Carraud, « Descartes : Le droit de la charité », *in* G. Canziani, Y. Ch. Zarka (a cura di), *L'interpretazione nei secoli XVII*, Milan, FrancoAngeli, 1993, p. 515-535.

3. Sur ce point, voir l'opposition remarquable de D. Kambouchner, *Descartes et la philosophie morale*, *op. cit.*, p. 115-147, à J.-L. Marion, *Questions cartésiennes*, *op. cit.*, p. 153-187.

6) En évoquant le scrupule suivant dans la lettre *à Mersenne* du 21 avril 1641, Descartes faisait référence à son accord avec la position du P. Gibieuf, membre éminent de l'oratoire et auteur d'un traité *De la liberté* remarqué[1], dont il apprécie le soutien[2]. Nulle référence n'est faite ici à l'oratorien, mais Descartes va à nouveau proposer une mise au point jusqu'alors inédite, puisqu'il va rendre compte de la différence entre la liberté qui se trouve en Dieu et la nôtre en dévoilant sa position relative aux vérités éternelles[3]. Comme le pense saint Augustin[4], Descartes affirme qu'en Dieu voir ou connaître (entendre), vouloir et faire (créer ou décréter) sont une seule et même chose[5], de sorte que les lois de la nature qu'il a voulues comme l'égalité des trois angles d'un triangle à deux droits (432, 12-13/233) n'étaient rien avant qu'il les aient voulues nécessaires et les ait créées, et qu'il n'a pas eu à arbitrer entre ces lois et d'autres, comme s'il avait dû reconnaître celles qui étaient les meilleures (ce qui aurait eu comme conséquence que les meilleures se seraient pour ainsi dire imposées à lui et se seraient *ipso facto* imposées d'elles-mêmes)[6]. Au contraire, l'arbitrage humain ne peut s'opérer qu'entre des possibles précédant la délibération de la volonté, ce qui indique que celle-ci, si elle juge correctement, est comme déterminée par les choses mêmes et souligne que le jugement éclairé est meilleur que l'exercice d'une volonté aveugle ou indifférente. C'est pourquoi « l'indifférence n'est point de l'essence de la liberté humaine » (433, 6-7/233).

1. G. Gibieuf, *De libertate Dei et creature Libri duo...*, Paris, Cottereau, 1630. Mersenne annonce l'existence de ce traité à Descartes dès sa parution : voir *à Mersenne*, 27 mai 1630, I 153, 14-23.

2. *Cf.* les lettres que Descartes lui adresse le 11 novembre 1640, III 237-238 et le 19 janvier 1642, III, 472-480

3. Sur ce point, parmi une littérature considérable, *cf.* surtout J.-L. Marion, *Sur la théologie blanche de Descartes*, *op. cit.*

4. Cf. *à Mesland* du 2 mai 1644, IV 118, 6-119, 14.

5. *Cf.* déjà les *lettres à Mersenne* du 6 mai 1630, I 149, 28 et celle du 27 mai 1630, I 153, 2.

6. Voir déjà la *Lettre à Mersenne* du 15 avril 1630, I 145, 7-146, 19. Sur ce texte, voir J.-L. Marion, *Questions cartésiennes II*, *op. cit.*, p. 119-141.

7) La réponse au septième scrupule, en vue duquel il s'agit de rendre compte de la superficie, est l'occasion pour Descartes de soutenir explicitement pour la première fois qu'il n'y a pas d'accidents réels. De fait, cette position était déjà assez nettement exposée à la fin des *Réponses* proposées aux *IVae Objectiones*, mais le passage en question sera écarté par Mersenne en 1641 en vue de la première publication du volume (voir 252, 22-253-7/194-195 et 253, 19-22/195 pour le rejet des qualités réelles et III 416, 5-9 pour la suppression de la fin des *IVae Objectiones*, dont le présent développement permet de se demander jusqu'à quel point Descartes l'approuve). Ici, le philosophe affirme nettement que « c'est une chose entièrement impossible et qui ne se peut concevoir sans répugnance et contradiction, qu'il y ait des accident réels » (434, 23-24/234-235)[1].

Il s'agira, pour expliquer ce point, de faire la part entre un mode d'être ou une façon d'être (comme « être habillé ») et une chose qu'on considère comme réelle, telle l'habit (435, 12-13/235). Cette illustration sera reprise à la fin de l'année dans la correspondance avec Regius (*à Regius*, mi-décembre 1641, III 460, 16). Elle est décisive, car elle laisse en un sens ouverte la question de la distinction réelle. D'un côté, il est clair qu'« être habillé » n'est qu'une façon d'être et non une chose. Mais d'un autre, un habit est en soi réellement distinct du corps qui est habillé. Ce point fait également l'objet d'un éclaircissement dans les *Notes sur un certain placard* de Regius (VIII-2 351, 15). De la même manière, un esprit incarné ou uni à un corps donne un corps animé ou une chair, mais un esprit en tant que tel est quelque chose de distinct du corps en lui-même. Ceci n'empêche toutefois pas la prise en considération de l'union de l'âme et du corps évoquée dans la *Meditatio VI*, juste après la présentation de la distinction réelle de ces substances (80, 27-81, 14/64). Mais s'agit surtout de comprendre ici que quand « une substance [est] appliquée à une autre substance [...], ce n'est pas la substance qui prend la forme d'un accident, c'est le seul mode ou la façon dont cela arrive » (435, 10-12/235) qui l'est. Cette dernière remarque justifie le reproche adressé à Regius mi-décembre 1641, alors que celui-ci s'est aventuré à dire de l'homme lui-même qu'il est un être par accident, alors que l'homme est un être par soi et qu'à cet égard,

1. Sur ce point, en relation avec les *VIae Obj. et Resp.*, voir S. Menn, « The Greatest Stumbling Block : Descartes' Denial of Real Qualities », *in* R. Ariew, M. Grene, *Descartes and his Contemporaries*, *op. cit.*, p. 182-207.

il est tout au plus possible (quoique discutable) de dire qu'il est accidentel à un corps d'être uni à une âme (III 460, 1-461, 14/122)[1].

Quant à elle, la notion de superficie pour laquelle une explication est demandée « dans cette physique que vous [*i.e.* Descartes] nous promettez » (417, 22-23/222, confirmé en 435, 17/235) fera l'objet d'un traitement spécifique dans les *Principia* II qui peut ainsi à bon droit être considéré comme un éclaircissement des explications eucharistiques cartésiennes[2]. Descartes définit ici cette superficie comme la limite sans profondeur qui se situe entre deux corps voisins, qui n'appartient en réalité pas davantage à l'un qu'à l'autre et peut également être considérée comme étant située entre les deux. Autrement dit, la superficie conçue en elle-même n'est rien qu'une abstraction de l'esprit qui se figure la circonférence d'une chose.

8) Le huitième scrupule revenait sur l'enjeu du sixième. De la même manière, la réponse qui lui est proposée complète la réponse précédemment offerte. On y voit que les choses bonnes le sont parce que Dieu les a voulues (telles). Ce point est repris dans l'*Entretien avec Burman*, à propos des *Principia* I, 23 (V, 165-166). Dieu est alors considéré comme un « souverain législateur » (436, 25/236), dont les décrets forment les lois de la nature qui, comme le remarquaient à juste titre les objecteurs, ne dépendent ainsi ni de l'entendement humain, ni de l'existence des choses, mais de la seule volonté de Dieu.

9) La réponse au neuvième scrupule sera l'occasion d'un nouveau développement inédit et remarquable : la distinction de trois degrés du sens[3]. Le premier degré concerne les mouvements du corps affecté à l'occasion de la perception sensible. Le deuxième degré fait référence à ce que certains théoriciens de l'esprit du XXe siècle désignent comme « l'effet

1. Sur ce texte, voir G. Olivo, « L'homme en personne », *in* T. Verbeek (éd.), *Descartes et Regius. Autour de l'Explication de l'esprit humain*, Amsterdam, Rodopi, 1993, p. 69-91.

2. Telle est la lecture proposée par F. de Buzon et V. Carraud, *Descartes et les « Principia » II*, *op. cit.*, p. 60-61. Pour une prise en compte explicite de la superficie dans les explications eucharistiques, voir notamment la *lettre à Mesland* du 9 février 1645, IV 163, 24-165, 6 et la *lettre à Clerselier* du printemps 1646, IV 742-744. Sur la physique eucharistique de Descartes, voir J.-R. Armogathe, *Theologia cartesiana. L'explication physique de l'Eucharistie chez Descartes et Dom Desgabets*, La Haye, Nijhoff, 1977 ; A. Adam, *L'Eucharistie chez les penseurs français du dix-septième siècle*, Hildesheim, Olms, 2000 ; X. Tilliette, *Philosophies eucharistiques de Descartes à Blondel*, Paris, Cerf, 2006.

3. Sur ce thème, voir G. Coqui, « Descartes et la sensibilité animale », *in* P. Guenancia, *Études de philosophie cartésienne. Cahiers d'histoire de la philosophie*, 4, Dijon, Département de philosophie de l'Université de Bourgogne, 2004, p. 139-163.

que cela fait» (le *quale* ou contenu de la conscience)[1]. Cette perception n'est donc pas occasionnée par de mystérieuses «espèces intentionnelles» (437, 13/236) qui seraient comme les images réelles des choses émanant d'elles pour frapper l'organe de la sensation[2]. Le troisième degré du sens regarde en réalité l'entendement qui juge de ce que lui donne à voir la sensation. Il repose sur une opération réflexive, qui peut faire la part entre ce que l'habitude nous a donné à penser de ce que nous voyons et ce que l'examen attentif nous en révèle. Ainsi c'est par cette opération de la raison que nous pouvons juger de «la grandeur», de «la figure» et de «la distance» d'une chose perçue comme un bâton ou le soleil (438, 2-3/237). On voit pour quel motif Descartes rapporte ce travail de l'entendement seul à la sensation : parce que c'est lui qui nous fait voir la chose comme telle ou telle, selon que nous l'envisageons précipitamment, c'est-à-dire selon nos préjugés, ou en y réfléchissant précisément de manière à bien appréhender la chose ainsi perçue.

La critique des préjugés

10) Le dernier point est le plus développé[3]. C'est aussi le point décisif qui donne sens à l'ensemble tout entier de ces *VIae Objectiones.* Descartes y répond au dernier paragraphe de la première partie des objections, aux trois points du P. de la Barde ainsi qu'à la lettre de l'*Appendice*. L'enjeu de cette dernière section est de s'efforcer de persuader aux autres ce dont Descartes s'est d'abord persuadé lui-même, selon le principe de l'art qu'il emprunte à son ami Guez de Balzac. L'honnête homme

> n'abuse point, comme font la plupart, de la simplicité de ses lecteurs; et quoique les raisons qu'il emploie soient si plausibles qu'elles gagnent facilement l'esprit du peuple, elles sont avec cela si solides et si véritables, que plus une personne a d'esprit, et plus infailliblement il en est convaincu,

1. Pour une perspective en philosophie de l'esprit contemporaine aussi suggestive qu'erronée concernant Descartes, voir D. Dennett, *Consciousness Explained,* New York, Little, Brown and Co., 1991, trad. fr. P. Engel, *La conscience expliquée*, Paris, Odile Jacob, 1993, notamment, p. 457-509.

2. Sur Descartes et les espèces intentionnelles, voir K.-S. Ong-Van-Cung, *L'objet de nos pensées. Descartes et l'intentionnalité*, Paris, Vrin, 2013.

3. Sur les *VIae Obj.* en général et leur fin en particulier, voir D. Garber, «Formes et qualités dans les "Sixièmes Réponses"», *in* J.-M. Beyssade, J.-L. Marion, *Descartes. Objecter et répondre*, *op. cit.*, p. 449-469.

> principalement lorsqu'il n'a dessein de prouver aux autres que ce qu'il s'est auparavant persuadé à lui-même[1].

Pour ce faire, Descartes reprend certains des points introduits précédemment à l'occasion des réponses aux premiers scrupules.

Il raconte ainsi comment il en est venu à découvrir la distinction réelle de l'âme et du corps, tout en montrant que l'origine de la mauvaise représentation que l'on se fait des qualités réelles, une fois qu'elle est correctement comprise, permet de saisir comme il faut la distinction qui n'était pas convenablement conçue. Il est incité à mettre en œuvre cette rhétorique, car les auteurs de la lettre l'accusent lui-même de faire montre d'une sorte excentricité démonstrative liée à ses préjugés :

> ne nous accuseriez-vous pas de trop de témérité si [...] nous voulions conclure de [ce qu'il y a certains corps qui pensent et d'autres qui ne pensent point] qu'il n'y a aucun corps qui pense ? (420, 11-15/224)

et

> vous paraissez être si fort prévenu et préoccupé [de la distinction réelle de l'esprit d'avec le corps], qu'il semble que vous vous soyez vous-même mis un voile devant les yeux (420, 19-20/224).

Descartes va ainsi précisément renverser, comme il en a l'habitude, l'argument qui lui est proposé, invité qu'il est à le faire par les auteurs même de la lettre qui admettent à la fin de leurs remarques que leurs « arguments » pourraient bien, « si vous aimez mieux » être nommés leurs « préjugés » (421, 26/225).

Tout repose sur l'étude de la relation de l'attribut à la substance dont il relève. Le modèle de cette relation est fourni par le dernier paragraphe des objections. Selon ses auteurs, il est difficile de concevoir qu'il soit effectivement possible que même « par la toute-puissance de Dieu [deux choses] puissent subsister séparément » (418, 29-30/222), simplement parce qu'on parvient à penser l'une sans l'autre. Ce point montre bien en quel sens les objecteurs entendent l'antériorité des vérités éternelles : ce qu'on peut imaginer pourrait bien ne pas être réalisable par Dieu auquel un certain ordre des choses s'imposerait. Autrement dit, et sans réellement mettre en cause la toute-puissance de Dieu, quand bien même on distinguerait

1. Lettre de 1628, I, 10/G VIII-2 348. On sait que l'un des objectifs que se donne Descartes au début des années 1630 est précisément de parvenir à persuader les autres des vérités qu'il a découvertes. Voir *à Mersenne*, 25 novembre 1630 : « J'éprouverai en la Dioptrique si je suis capable d'expliquer mes conceptions, et de persuader aux autres une vérité, après que je me la suis persuadée : ce que je ne pense nullement » (I 182, 13-16).

nettement la personne du Fils ou celle du Saint-Esprit de l'existence de Dieu même, comme on pourrait séparer son immensité de sa justice en pensant l'une sans l'autre, cela n'impliquerait pas qu'elles soient réellement ou essentiellement distinctes de lui. De la même manière, concevoir l'esprit sans le corps n'impliquerait pas que les deux soient réellement séparés.

Pour répondre à cette difficulté, Descartes s'appuie d'abord sur la différence entre les caractéristiques du corps (son étendue en longueur, largeur et profondeur capable de diverses figures ou mouvement) et les sentiments produits dans notre esprit par les mouvements dudit corps, tels les couleurs, saveurs, etc. (440, 17-24/239). Cette différence correspond à ce que les lecteurs de Descartes comme Locke distingueront sous le nom de *qualités premières* et *qualités secondes*[1]. Il suggère qu'il ne saurait rien y avoir en plus de ces caractéristiques, et que ce que l'on a coutume de considérer sous le nom de pesanteur, dureté, vertu de chauffer et autres choses semblables se réduit en réalité aux différentes configurations des parties du corps (440, 25-29/239). La représentation erronée que l'on peut se faire durant l'enfance de la réalité de ces dernières qualités repose sur la confusion du troisième degré du sentiment introduit en réponse au point précédent. Ces qualités, au premier rang desquelles on trouve la pesanteur, n'ont en effet aucune consistance propre. Descartes dit que dans la représentation confuse, ces qualités sont plutôt envisagées comme des esprits que comme des corps, car on leur attribue comme une sorte de « connaissance » (442, 24/241), alors que les opérations qu'on leur rapporte pourraient être expliquées au moyen des seuls principes de la mécanique. Il reviendra sur cette image le 26 avril 1643 : « Je ne suppose aucunes *qualités réelles* en la nature, qui soient ajoutées à la substance, comme des petites âmes à leurs corps, et qui en puissent être séparées par la puissance divine » (III 648, 4-8). Les paragraphes suivants vont expliquer l'origine de la mésinterprétation commune en levant une prudence qui était jusque-là de mise, puisqu'il notait dans *Les Météores* que, « pour ne point rompre la paix avec les Philosophes, [il ne voulait] rien du tout nier de ce qu'ils imaginent dans

1. Voir Locke, *An Essay Concerning Human Understanding*, Londres, Th. Baffet, 1689, trad. fr. P. Coste, *Essai philosophique concernant l'entendement humain*, Amsterdam, H. Schelte, 1700, II, VIII, 9 et 10. De fait, la distinction des qualités premières et secondes semble introduite par le physicien cartésien Jacques Du Roure en 1665 (*Abrégé de la vraie philosophie*, Paris, chez l'auteur). Il nomme en effet les attributs des corps liés à l'extension même les « premières qualités » et les caractéristiques sensibles comme la fluidité ou la chaleur les « qualités secondes ».

les corps de plus que je n'ai dit, comme leurs *formes substantielles*, leurs *qualités réelles* et choses semblables » (VI 239, 6-10).

Il s'agit de montrer, selon l'image introduite en réponse au septième scrupule, que le fait d'avoir un esprit peut être un analogue d'être habillé, mais que c'est alors l'homme qui est habillé et a un corps, et non le corps qui pense, puisque la pensée relève de sa propre nature – de même que l'habit que tel en tant ne relève pas de la nature de l'homme lui-même (444, 10-13/242).

Nonobstant ce fait, l'image fautive de la pesanteur vaut pour une juste représentation de l'esprit lorsqu'il est appréhendé comme étroitement uni et lié au corps qui est le sien (ce que prouve la sensibilité de ce corps et la possibilité de sensations comme la faim, la soif et la douleur évoquées dans la *Meditatio VI*, VII 80, 27-81, 14/64; voir aussi 437, 2-8/236), quoi qu'à proprement parler il ne soit pas étendu. Au reste, il est moins grave de se figurer une telle extension de l'esprit uni au corps que de ne point concevoir son union avec le corps dans l'homme, comme le suggère la *lettre à Élisabeth* du 28 juin 1643 :

> puisque votre Altesse remarque qu'il est plus facile d'attribuer de la matière et de l'extension à l'âme, que de lui attribuer la capacité de mouvoir un corps et d'en être mue, sans avoir de matière; je la supplie de vouloir librement attribuer cette matière et cette extension à l'âme, car cela n'est autre chose que la concevoir unie au corps (III, 694, 15-21).

Dans cette lettre, il revient sur la « comparaison de la pesanteur et des autres qualités que nous imaginons communément être unies à quelques corps, ainsi que la pensée est unie au nôtre; et je ne me suis pas soucié que cette comparaison clochât en cela que ces qualités ne sont pas réelles, ainsi qu'on les imagine » (III 694, 6-12). Le 21 mai 1643 il indique également :

> En supposant que la pesanteur est une qualité réelle, dont nous n'avons point d'autre connaissance, sinon qu'elle a la force de mouvoir le corps, dans lequel elle est, vers le centre de la terre, nous n'avons pas de peine à concevoir comment elle meut ce corps, ni comment elle lui est jointe; et nous ne pensons point que cela se fasse par un attouchement réel d'une superficie contre une autre, car nous expérimentons, en nous-mêmes, que nous avons une notion particulière pour concevoir cela; et je crois que nous usons mal de cette notion, en l'appliquant à la pesanteur, qui n'est rien réellement distingué du corps, [...] mais [...] elle nous a été donnée pour concevoir la façon dont l'âme meut le corps (III 667, 18-668, 4).

La comparaison suspecte de la pesanteur vaudra donc pour ce que Descartes ne tardera pas nommer la troisième notion primitive : celle de l'union de l'esprit et du corps[1]. Il s'agit d'indiquer, selon la réponse adressée à l'*Hyperaspistes*, « comment l'esprit est co-étendu à un corps étendu, encore qu'il n'ait aucune vraie extension » (III 434, 9-10/ G VIII-2, 862) Elle vaut enfin dans les *VIae Responsiones* pour montrer que c'est le rapport de l'esprit au corps qui est à tort projeté sur la relation de la pesanteur supposée réelle au corps auquel elle est rapportée, quoiqu'elle n'en soit pas réellement distincte, puisqu'en fait elle n'existe pas et se réduit aux seules propriétés du corps, de ses dimensions, de son agencement et de ses mouvements.

Comprenant alors ce que la mauvaise représentation de la pesanteur permet de saisir aisément, c'est-à-dire la réelle distinction de l'esprit et du corps, nous ne serons plus en peine d'appréhender les trois difficultés soulevées par le P. de la Barde (443, 6-13/241 en réponse à 419, 23-420, 2/223). De même, en revenant sur l'impossibilité de concevoir un attribut de Dieu sans la substance même de Dieu qui est évoquée à la fin du dixième paragraphe de la partie principale des objections, Descartes peut souligner qu'il est impossible de penser que Dieu est immense sans penser qu'il est juste, dans la mesure où son immensité vaut pour sa perfection, laquelle appelle la justice (et ce, même si en soi l'immensité n'est pas la justice). Les *Principia* I souligneront que les attributs essentiels ne peuvent se concevoir sans la substance dont ils relèvent, de la même manière que cette substance ne se peut concevoir sans eux : on ne peut penser la substance étendue sans quelque extension, ni l'extension sans quelque corps qui soit étendu, si ce n'est par abstraction[2]. C'est par une telle abstraction que l'on peut distinguer dans l'essence divine les personnes de la Trinité, comme le Père et le Fils, quoique celles-ci relèvent bien de la même nature divine. La notion d'abstraction sur laquelle revient la fin de la première partie des *VI ae Objectiones* (419, 14-15/223) a fait l'objet de quelques développements significatifs dans la première, la quatrième et la cinquième série de *Responsiones* : le philosophe n'y revient plus ici. Il évoquera toutefois

1. Sur la troisième notion primitive, *cf.* J.-L. Marion, *Sur la pensée passive de Descartes*, Paris, P.U.F., 2013, p. 135-176.

2. Ceci implique une difficulté importante : on peine alors à concevoir la différence entre cet attribut essentiel ou essence de la substance et la substance elle-même, autrement que par abstraction ; ce par quoi on remet alors en cause la distinction réelle des accidents ou attributs et de la substance. *Cf.* sur ce point J.-L. Marion, *Questions cartésiennes II*, *op. cit.*, en part. p. 108-111.

cette notion au même moment dans la *lettre à l'abbé de Launoy* du 22 juillet 1641 :

> Lorsque nous concevons une chose sans une autre, cela se fait seulement par une abstraction de notre esprit, ou bien à cause que ces choses sont véritablement diverses. Car en tout ce qui n'est séparé que par abstraction de l'esprit, on y remarque nécessairement de la conjonction et de l'union, lorsqu'on les considère l'un avec l'autre[1].

Toujours est-il que les objecteurs se fourvoient dans leurs inférences inductives lorsqu'ils considèrent, à partir de l'observation habituelle de la conjonction de deux choses, que celles-ci sont une et la même. Inversement, pouvoir constater qu'une chose peut être sans l'autre prouve certainement qu'elles ne sont pas la même chose (444, 21-25/242). Que tous les cygnes vus jusqu'ici soient blancs ne prouve pas qu'ils le soient nécessairement. Mais qu'un seul cygne noir soit perçu montre qu'ils ne sont pas nécessairement blancs. De la même manière, la conjonction ordinaire de l'âme et du corps ne saurait prouver leur identité de nature, surtout s'il advenait que l'un puisse par ailleurs se rencontrer sans l'autre (ce qui est le cas). Ainsi, Descartes affirme ne point s'être perdu dans l'analyse en concevant que « certains corps peuvent être sans pensée » (444, 5/242). Seule la confusion du corps de l'homme avec l'homme lui-même a pu inspirer le doute à ses lecteurs.

Dans la lettre de l'appendice, les objecteurs semblent revendiquer la science de l'athée en soutenant la certitude par soi de la somme de deux et trois et autres principes mathématiques (445, 8-11/242). En réalité, ils ne soutiennent encore peut-être que la consistance par soi des vérités éternelles. Mais Descartes, habilement, ne souligne pas ce point. Il montre seulement que c'est la naïveté de l'enfance et le fait que la connaissance de la distinction réelle de l'esprit et du corps ne soit pas alors en usage qui a donné l'habitude de croire en la seule évidence des vérités du type « 2+3=5 », alors que la distinction réelle n'était pas encore assez clairement pensée.

La suite du texte est à mettre en parallèle avec l'avis du *Libraire au lecteur* placée au tout début de la version française de 1647 des *Méditations*. La bienveillance requise sous forme d'absence de « prévention » et de « précipitation » et le fait de devoir procéder à une lecture « à dessein de s'instruire, donnant d'abord à son auteur l'esprit d'écolier, pour prendre après celui de censeur » (IX-1, 3) constituera par anticipation dans le volume le pendant de l'hostilité spéculative admise par les derniers objecteurs (446, 1/243). Mais on s'adressera cette fois-ci, en français, à un honnête homme et

1. III 421, 1-7. Voir également *à Gibieuf*, 19 janvier 1642, III 474, 9-478, 12.

non à d'opiniâtres docteurs qui ne se seront pas pliés à la demande formulée dans la préface latine de 1641 : « de [ne] former aucun jugement [de ce livre] que premièrement ils ne se soient donné la peine de lire toutes ces objections et leurs solutions » (VII 10, 21-23/G IV-1 87). Descartes montre en réponse à ses objecteurs que c'est cette hostilité de principe qui fait rejeter un raisonnement dans lequel on n'identifie par ailleurs aucune faute (il ne s'agit que de doutes, dit le début du dernier paragraphe des *Objectiones*). Et pourtant, « on ne vous concèdera jamais que la pensée, ou plutôt que l'esprit humain, soit réellement distingué du corps » (419, 11-12/223). Les préjugés sont d'ailleurs revendiqués, comme on l'avait vu, par les auteurs (421, 26/225). Qu'importe alors qu'ils soient rompus aux exercices métaphysiques et aient lu plus de sept fois les *Meditationes* ! C'est seulement l'habitude de croire en l'unité de nature du corps et de l'esprit qui fait tenir l'opinion opposée à celle de Descartes. À ce compte, il faudrait, enfin une bonne fois, douter convenablement de tout pour ne retenir que les raisons certaines : il faudrait relire, en lui accordant toute l'attention requise, la *Meditatio I*.

ÉDOUARD MEHL

SEPTIÈMES OBJECTIONS ET RÉPONSES

Les *VIIae Responsiones* se composent d'un ensemble de notes ou "remarques" intercalées dans un long texte du Père jésuite Pierre Bourdin, intitulé *Dissertation touchant la philosophie première.* Comme il est malaisé de s'orienter dans les méandres et les redites de cette polémique acerbe, il ne sera pas inutile de commencer par la recomposition de sa structure dialogique[1].

Épître introductive : AT VII 451, 5-19/G IV-2 673-674;

[**T1**] NOTAE (A; B): 451, 20-454, 13/674-476 [Sur une supposée demande de Descartes; Bourdin et l'ordre des raisons]

Question I : « S'il faut tenir les choses douteuses pour fausses, et comment » : 454, 14/676

§ I. « Ce que c'est que d'avoir la moindre apparence de doute » [= C; D] : 455, 1/676

[**T2**] NOTAE (C; D) : 459, 25-460, 29/681-682 [la valeur des raisons de douter : l'extension du doute et ses limites]

1. Les références à la *Dissertation* et aux *Remarques* de Descartes renvoient d'abord à AT VII, puis à G IV-2. Précisons que l'édition de M. et J.-M. Beyssade (Paris, GF-Flammarion, 1979), qui ne retient que les *Remarques*, indique en marge la pagination AT, tout comme d'ailleurs G IV-2. Nous mettons en italiques les interventions de Bourdin et en droit celles de Descartes. Notre commentaire s'appuie sur notre numérotation des *remarques* cartésiennes (de T1 à T17).

§ II. « Que veut dire tenir une chose pour fausse ? »
[= E ; F] : 456, 7/678

[**T3**] NOTAE (E; F) : 460, 30-462, 4/682-683 [la certitude métaphysique ; l'apparence de la clarté et distinction]

§ III. « Comment doit-on tenir une chose pour fausse ? »
[= G] 458, 1/680

[**T4**] NOTAE (G) : 462, 5-15/683-684

Réponses [I, II, III, IV], 462, 16-464, 2/684-685,
avec H : 463, 20/685

[**T5**] NOTAE : 464, 3-466, 16, avec H : 465, 3/686 [« croire l'opposé de la chose dont on doute »]

Question II : « Si c'est une bonne méthode de philosopher que de faire une abdication générale de toutes les choses dont on peut douter », 466, 17/687, avec I : 466, 26/688

[**T6**] NOTAE (I) : 472, 28-473, 5/694

§ 1. « On ouvre la voie qui donne entrée à cette méthode »
[= K-V] : 468/689

[**T7**] NOTAE (K-V) : 473, 6-477, 24/694-698 [peut-on douter de l'esprit ? douter que l'on a douté ; douter si l'on rêve ; douter est-il dangereux ? la règle de vérité est-elle nouvelle ? est-ce l'âme qui se nourrit ?]

§ 2. « On prépare la voie qui donne l'entrée à cette méthode »
[= X-Z] 477, 25/698

[**T8**] NOTAE (X-Z) : 479, 25-482, 9/700-702 [je suis pendant que je pense ; ou que je le conçois en mon esprit / *vel mente concipitur* ; le doute comme *methodus somniandi*]

§ 3. « Ce que c'est que le corps » [= AA] : 482, 10/702

[**T9**] NOTAE (AA) : 484, 17-26/705 [« Sentir comme un chien, ou penser comme un singe… »]

§ 4. « Ce que c'est que l'âme » [= BB-BC] : 485, 1/705

[**T10**] NOTAE (BB-CC) : 487, 8-25/707-708 [sur la dénomination de corps / âme / esprit]

§ 5. « On tente l'entrée de cette méthode » [= DD-II] : 488, 1/708

[**T11**] NOTAE (DD-II) 491, 1-493, 2/711-713 [« j'ai seulement dit que j'étais une chose qui pense… je nie que j'aie supposé que l'esprit fût incorporel »]

§ 6. « L'on en tente derechef l'entrée » [= KK-MM] : 493, 3/713

[**T12**] NOTAE (KK-MM) : 509, 9-511, 5/730-731 [« *Autrefois ? ce temps-là a-t-il été ?* » ; sur la signification et l'extension du concept de corps]

§ 7. « L'on tente l'entrée pour la troisième fois » [= NN-PP] : 498, 3/718

[**T13**] NOTAE (NN-PP) : 511, 6-515, 28/731-736 [sur la proposition « il me semble que je pense » ; si le doute réduit tout à « rien » ; si celui qui doute de tout peut savoir ce qu'il est ; si l'on peut le connaître « déterminément »]

§ 8. « L'on tente, pour la quatrième fois, l'entrée dans cette méthode » [= QQ-RR] : 502, 25/723

NOTAE (QQ-RR) : 515, 29-522, 20/736-741 [si nous avons un concept clair et distinct de la *res cogitans* ; réfutation des trois maximes « logiques » de Bourdin]

- [***T14a***] *1°. « Du connaître à l'être la conséquence n'est pas bonne » (519, 26-520, 23/739 répond à 506, 7-22/726-727)*
- [***T14b***] ***2°***. *« Déterminément/indéterminément » (520, 24-521, 2/739 répond à 606, 23-28/727)*
- [***T14c***] ***3°***. *« Ce qui conclut trop ne conclut rien » (521, 3-522, 20/739-740 répond à 706, 28-507, 16/727-728)*

§ 9. « On fait sûrement retraite dans l'ancienne forme » logique [= SS-TT] : 507, 17/728

[**T15**] NOTAE (SS-TT) : 522, 21-527, 13/741-744 [sur la fausse maxime : « nulle chose douteuse n'existe »]

Réponse à la Question 2 (I à XIII) : 527, 14/745

[**T16**] NOTAE :

– [**T16a** : le maçon impertinent, comédie en cinq actes, 535, 24-541, 19/753-759]
– [**T16b** : « 1° Cet art pèche dans les fondements… », 541, 20-542, 22/759-760]
– [**T16c** : « 2° Cette manière d'architecture pèche dans les moyens… », 542, 23-544, 19/760-762]
– [**T16d** : « 3° Cette manière [*ars illa*] pèche contre la fin… », 544, 20-547, 23/762-765]
– [**T16e** : « 4° Cette manière pèche par excès… » (sur le scepticisme), 547, 24-550, 25/765-767]
– [**T16f** : « 5° Cette manière de bâtir pèche par défaut », 550, 26-551, 19/767-768]
– [**T16g** : « 6° Cet architecte… tombe dans la faute qu'il reprend dans les autres… ; 7° …. dans une faute qui lui est particulière… ; 8°…pèche par imprudence… ; 9°… avec connaissance… ; 10°… par commission… ; 11°… par omission…. », 551, 20-553, 22/768-770]
– [**T16h** : « 12° Cet art pèche en ce qu'il n'a rien de bon, ou rien de nouveau… », 553, 23-556, 27/770-773]

Question III. « Si l'on peut inventer une nouvelle architecture [an possit instaurari Architectura] »

[**T17**] NOTAE : 557, 2-561, 18/773-777 [pensée et réflexion]

HISTOIRE ET ENJEUX PHILOSOPHIQUES DES *NOTAE* CARTÉSIENNES DE 1642

Les *VIIae Responsiones* se distinguent d'abord par leur statut éditorial : absentes de l'édition *princeps* de 1641, elles ne paraissent qu'en supplément à l'édition amstellodamoise de 1642[1]. Descartes en a lui-même expliqué les raisons. Prévoyant dès l'été 1640, avant même l'impression des *Meditationes*, de devoir bientôt « entrer en guerre » contre les Jésuites, il voulait expressément éviter que ses « cinq ou six feuilles de métaphysique » ne « tombent entre leurs mains » avant de les avoir fait approuver par d'autres docteurs, et si possible par la Sorbonne[2]. Ainsi, les Jésuites, qui avaient été tenus à l'écart de la première édition de crainte qu'ils ne fissent obstacle à la publication, sont-ils inclus dans cette seconde édition, comme pour témoigner publiquement, cette fois, des mauvais procédés dont le Père Bourdin a fait usage à l'encontre de Descartes depuis la publication du *Discours de la méthode,* et plus particulièrement de la *Dioptrique*[3]. Ainsi, ce supplément aux *Meditationes, Objectiones et Responsiones* purge une querelle bien antérieure à la publication des *Meditationes*, et dont le *Discours de la méthode* et *les Essais* constituent, plus que le texte de 1641, l'objet primaire. Ceci donne à l'interminable

1. Sur le contexte et la structure d'ensemble des *Septièmes Objections*, voir M. Coluccia, *Pierre Bourdin, Jacques Dinet e l'ombra di Descartes. Storia e sviluppi concettuali di una controversia*, thèse de Doctorat, Università del Salento/Sorbonne Université, 2018. Sur la place du texte dans l'économie générale des *Objections et Réponses*, voir R. Ariew, « Sur les Septièmes Réponses », *in* J.-M. Beyssade, J.-L. Marion (éd.), *Descartes. Objecter et répondre*, *op. cit.*, p. 123-140.

2. *Descartes à Mersenne*, 30 juillet 1640, III 127, 20. Sur cette dispute, cf. *infra* la contribution de S. Roux consacrée à la *Lettre au Père Dinet.* Sur l'approbation de Sorbonne, cf. *supra*, la contribution de J.-R. Armogathe. Rappelons avec lui que Descartes avait également prévu d'envoyer à la Sorbonne son Commentaire sur le premier chapitre de la *Genèse*, qui eût permis aux théologiens de juger de l'accord de sa physique avec les Saintes Écritures. Il s'est manifestement ravisé, et aucune trace ne subsiste d'un texte dont quelques éléments sont probablement passés dans la rédaction des *Principia.* Mais il y en a bien aussi, comme on le verra, quelques échos dans ces remarques (sur la stabilité de la Terre et sur l'âme des bêtes).

3. Sur la querelle scientifique, voir D. Collaciani et S. Roux, « La querelle optique de Bourdin et de Descartes à la lumière des thèses mathématiques soutenues au collège de Clermont », *in* A. Del Prete, R. Carbone, *Chemins du cartésianisme*, Paris, Classiques Garnier, 2017, p. 51-84; et sur Bourdin, *id.*, « Pierre Bourdin, anti-cartésien ou Jésuite ordinaire ? », *Historia Philosophica*, 15, 2017, p. 89-113. Descartes joue beaucoup sur le fait qu'un Jésuite n'agit en principe jamais seul : Bourdin n'écrit qu'avec l'autorisation de ses supérieurs, aussi les fautes dont il se rend coupable sont-elles imputables à la hiérarchie qui le couvre.

réquisitoire de Bourdin une allure à la fois maladroite et déséquilibrée, du fait que le jésuite examine tout au long la question de la méthode (sa nature, son champ d'application, et même sa « possibilité ») – que les *Meditationes* elles-mêmes ne thématisent pas – et du fait que la quasi-totalité de ses instances portent sur le doute et l'identification de la *res cogitans*, objet des *Meditationes I* et *II*, comme si toutes les *Meditationes III* à *VI* y étaient analytiquement contenues, ou plutôt comme s'il fallait tenir « pour rien » tout ce qui s'ensuit, à commencer par la preuve de l'existence de Dieu [**T16f**].

Bourdin ayant fait « un masque de quelques pièces de mes *Méditations* mal cousues, il tâche non pas de cacher mais de défigurer mon visage. C'est pourquoi je lève ici le masque et me montre à découvert » (VII 454, 7-10/IV-2, 675)[1], dit en préambule le texte cartésien [**T1**], jouant sur l'équivoque sémantique du latin *larva* qui signifie à la fois le *masque* et le *fantôme*. De fait, l'un des principaux motifs de cette grande fugue rhétorique consiste à montrer que Bourdin n'atteint pas Descartes mais poursuit vainement une ombre chimérique : « il commence ici le [...] combat contre un ennemi digne de sa scène, à savoir contre mon ombre qui n'est à la vérité visible qu'à lui »[2], note Descartes qui explore systématiquement la problématique de la vérité au fil conducteur d'une analogie, celle de la représentation scénique et du jeu théâtral. La question dominante n'est donc pas ici celle de l'erreur et de ses causes, mais celle du mensonge, de la mauvaise foi, de la dissimulation et du faux-semblant. À ce jeu du chat et de la souris, « lever le masque » consiste moins à se déclarer avec franchise, qu'à parer les coups de l'adversaire, en dévoilant ses ruses et ses tours. Descartes n'hésite d'ailleurs pas à accuser Bourdin de proférer contre lui des mensonges « inexcusables », ce qu'il n'a fait avec aucun autre de ses objecteurs[3]. Tout ceci fait la redoutable difficulté de ces

1. Le combat imaginaire de Bourdin se poursuit **T14a** [QQ] VII 515, 29/G IV-2 736. Descartes renvoie ensuite la balle à l'adversaire : celui qui porte un masque, c'est plutôt Bourdin, que Descartes, poussant très loin le jeu de l'identité, dépeint en personnage grotesque : celui d'un maçon qui, voulant se faire passer pour architecte, s'efforce de nettoyer son visage des marques de plâtre qui dénoncent sa vraie nature d'ouvrier maladroit et envieux (**T16a** : 541, 10/758 « après avoir ôté de dessus son visage les marques de chaux et de plâtre qui le faisaient paraître pour ce qu'il était »).

2. Sur le fait que Bourdin ne combat qu'une chimère enfantée par son cerveau (malade) : **T5**, 466, 10-13/687 et 511, 25/732. Pour l'image du combattant déçu qui se rue sur de simples images, « frustrant le fer à fendre des ombres », *cf.* Virgile, *Enéide*, VI, 290.

3. **T15** [SS] 525 3-4/743. Sur le terme « inexcusable », on pourra voir une référence au texte de *Rom I, 20* cité par Descartes dans l'*Épître aux Doyen et Docteurs de la Sacrée Faculté*

Remarques sur les Septièmes Objections, dans lesquelles rien n'est dit qu'à demi-mot, laissant dans l'implicite une part essentielle des motivations et des griefs à l'origine de la dispute. Dans cet échange, s'il est permis d'user ici d'une comparaison sportive, les arguments sont comme des balles qui paraissent centrées, mais dont l'effet est tel qu'il oblige toujours les deux adversaires à se déporter pour les récupérer. Et si les arguments de Bourdin sont loin de constituer les objections les plus pertinentes – il est souvent facile de montrer ce qu'ils ont de biaisé – leur auteur n'en constitue pas moins pour Descartes, justement pour cette raison, un adversaire des plus dangereux, qu'il faut à tout prix neutraliser[1].

Ainsi, rien n'est *explicitement* dit du fait, pourtant déterminant, que Descartes n'a pas publié son *Monde* à cause de la condamnation de Galilée (1633), dans laquelle Descartes connaît l'implication directe de la Compagnie, et plus particulièrement d'un de ses membres dont Descartes et Bourdin connaissent fort bien les travaux scientifiques concernant l'optique : le Père Christoph Scheiner[2]. Il suffira ici de rappeler sommairement quelques éléments de contexte : dans les années 1610, après les premiers développements d'une assez vaine querelle de priorité scientifique dans la découverte et l'analyse des taches solaires, un premier décret romain, en mars 1616, visant clairement Galilée, avait abouti à la suspension de Copernic – c'est-à-dire à l'interdiction de diffuser l'ouvrage de 1543, jusqu'à temps qu'il soit corrigé et expurgé de ses erreurs (*donec corrigatur*). La thèse copernicienne incriminée est celle du mouvement de la Terre, qui est jugée à la fois contraire à l'enseignement des Écritures,

de Théologie de Paris (VII 2, 24), mettant Bourdin aux côtés de ces païens qui sont inexcusables en ce que, voyant l'évidence, ils la refusent.

1. Sur l'intérêt philosophique des *VIIae Obj.*, voir R. Ariew, « Sur les Septièmes Réponses », art. cit. Parmi les travaux qui ont le mérite de travailler à dégager les enjeux philosophiques de cette polémique très complexe et sophistiquée, voir E. Scribano, « Les *Septièmes Réponses*, les devoirs du sceptique et le cercle », *Alvearium*, 9, 2016, p. 43-54.

2. Cf. *Descartes à Mersenne*, février 1634, I 281, 18-282, 8 : « Je me suis laissé dire que les Jésuites avaient aidé à la condamnation de Galilée, et tout le livre du Père Scheiner montre qu'ils ne sont pas de ses amis. Mais [...] je ne saurais croire que le Père Scheiner même en son âme ne croie l'opinion de Copernic ; ce qui m'étonne de telle sorte que je n'ose en écrire mon sentiment ». Scheiner n'est pas le seul Jésuite impliqué dans la condamnation de Galilée. Il faudrait également considérer ici le rôle et l'action de Melchior Inchofer, qui a été un des plus actifs dans la criminalisation de l'héliocentrisme copernicien dans les années 1630 ; *cf.* M.-P. Lerner, « De Copernic à Galilée : brève histoire d'une condamnation », *Bruniana & Campanelliana*, XXIII, 2017/2, p. 689-708.

et absurde au plan physique[1]. Entre 1616 et 1633, il est toutefois permis aux astronomes de l'utiliser à titre d'hypothèse, pour autant qu'on veille à ne pas confondre ce qui n'est qu'un simple moyen calculatoire, avec une thèse physique sur la constitution du monde. La censure de Copernic et la condamnation de Galilée reposent sur une double justification : d'une part les arguments physiques, et le fait que la thèse copernicienne répugne aux données évidentes de l'expérience sensible; d'autre part, les arguments fondés sur tous les passages de l'Écriture attestant apparemment l'immobilité de la Terre. C'est la parfaite convergence de la physique aristotélicienne, de l'expérience commune et de la Révélation, qui rend l'hypothèse copernicienne non seulement absurde mais impie.

La contestation de fond du jésuite ne concerne pas la question physique et/ou théologique du mouvement de la Terre, mais elle concerne bien ce qui en constitue le socle épistémique, à savoir le *genre de certitude* visé et revendiqué par le savoir cartésien. Les *Meditationes* prétendent à une certitude dite « métaphysique » (**T3**, rem. E : *veritates metaphysice certas*, [461, 3])[2] résistant aux assauts du doute par lequel la *Meditatio I* disqualifie la certitude de l'expérience sensible – synthétiquement ramenée par le jésuite à la certitude que « j'ai un corps »[3]. Bourdin objectera que personne n'a jamais exigé une preuve de l'existence de Dieu ou de la spiritualité de l'âme dont la certitude dépasse celle de l'évidence mathématique ou la certitude que Descartes appellera « morale », car suffisante pour la vie : « il est tout à fait inutile de rechercher en cela une plus grande certitude », tranche Bourdin[4]. Qui l'exige demande quelque chose de tout à fait « nouveau », qui heurte le sens commun et met le requérant en dehors de la communauté des hommes raisonnables. On ne devra pas négliger la signification politique et morale de cette diatribe, souvent violente, par laquelle Descartes est confronté à une forme d'ostracisme, sinon à une sentence d'excommunication philosophique de la part du Jésuite, et à laquelle il

1. Sur la première condamnation de Copernic en 1616 et ses conséquences, voir désormais *Copernicus Banned. The entangled matter of the anti-copernican decree of 1616*, ed. N. Fabbri, F. Favino, Florence, Olschki, 2018.

2. Clerselier ne traduit pas le « *metaphysice* ».

3. Bourdin reproche donc à Descartes tout simplement de vouloir « jeter les fondements d'une métaphysique tout à fait certaine » (**T15**, 524-525/742), et plus certaine même que l'évidence du corps propre, quoique, personne n'en ayant jamais douté, celle-ci soit déjà un *nec plus ultra*.

4. 530, 21-23/748 : « Cette méthode pèche par excès, c'est-à-dire qu'elle en fait plus que ne demandent d'elle les lois de la prudence et que jamais personne n'a désiré ». Réponse : **T16e**.

répond sur le même ton, en montrant comment cette sentence place l'accusateur dans le camp du scepticisme, donc de l'impiété.

L'édition de 1642 permet, outre l'ajout de cette dernière série de *Remarques,* et de la *Lettre au Père Dinet*, une correction notable concernant la page de titre. En effet, en 1641, Descartes, confiant à Mersenne le soin de l'impression, l'avait autorisé à décider du titre ; le zélé Minime ne s'était point fait prier, et n'avait pas manqué l'occasion de souligner la pertinence apologétique de ces *Meditationes* qui font double coup, en prouvant d'un seul tenant *et* l'existence de Dieu *et* l'immortalité de l'âme. Or, selon le titre corrigé de 1642, les *Meditationes* n'entendent plus prouver l'immortalité de l'âme mais seulement la distinction réelle de l'âme et du corps, ce qui revient à inclure formellement la détermination de la nature corporelle dans l'objet de la métaphysique. S'il est vrai que, la distinction réelle étant prouvée, l'immortalité de l'âme devient, au point de vue de la raison pure, strictement *possible*, elle n'en reste pas moins en elle-même un simple article de foi, qui exige, pour y adhérer, l'acte d'une volonté se déterminant à croire à ce dont nous n'avons, dans notre condition présente, aucune perception claire et distincte[1]. Cependant Bourdin, dont il faut se garder de sous-estimer la perspicacité, a parfaitement saisi le tournant qui s'opère dans les *Meditationes*, tournant par lequel la démonstration de l'immortalité de l'âme sort du champ de la philosophie première, et cesse de constituer le but auquel vise réellement une métaphysique qui s'intéresse bien davantage à la possibilité de « former une conception distincte [*distinctum conceptum*] de la nature corporelle » (VII 13, 13-15/IX-1 9). L'ordre des raisons aurait donc renversé l'ordre des moyens et des fins, et tout se passe, aux yeux de Bourdin, comme si Descartes avait fait de l'immortalité de l'âme un lointain corollaire d'une entreprise qui, sous couvert de rendre ses bons offices au Magistère de l'Église, ne s'intéresse qu'à la fondation de la science galiléo-cartésienne de la nature, c'est-à-dire à la « substitution » d'une idéalité mathématique clairement et distinctement perçue au monde fluctuant et approximatif de l'expérience (Husserl)[2].

1. Les *Meditationes* ne contiennent pas la preuve de l'immortalité de l'âme, notamment parce que « les prémisses, desquelles on peut conclure l'immortalité de l'âme, dépendent de l'explication de toute la physique » (*Abrégé*, VII 13, 28-30/IX-1 10).

2. *Cf.* Husserl, *Expérience et Jugement* [1970], § 10, trad. fr. D. Souche-Dagues, Paris, P.U.F., [2]1991, p. 51 ; *id.*, *La Crise des Sciences euréopéennes et la phénoménologie transcendantale*, trad.fr. G. Granel, Paris, Gallimard, 1976, p. 57/Hua VI, p. 48-49 : « Il est à présent capital de considérer la substitution [*Unterschiebung*] qui s'accomplit déjà chez Galilée, par laquelle le monde mathématique des idéalités, qui est une substruction, est pris pour le seul

Cette correction, qui pourrait sembler marginale, fournit une indication décisive sur l'objet et le propos d'une philosophie première dont Descartes avait bien précisé, au même Mersenne, qu'elle *ne* consiste *pas* en une théorie des substances séparées (Dieu ou âme), mais en une science de « toutes les premières choses que nous pouvons connaître en philosophant par ordre ». C'est à ce titre qu'elle doit contenir « tous les fondements de la physique »[1]. Mais quels sont ces fondements ? Que doit être la « métaphysique » pour qu'on puisse découvrir par son moyen les « fondements » de la science de la nature ? Sans doute faut-il une révolution complète dans le concept de métaphysique, pour que, contrairement à ce qu'indique son sens étymologique, elle ne désigne pas une discipline qui voit *au-delà* de la physique, mais au contraire une science qui voit *dans* la physique, et qui fait concevoir, depuis le sol d'une pensée pure – qui n'est aucun corps – « ce que c'est que le corps » (Q. II, § 3 – **T9**). Cette métaphysique, qu'on tenait jusque-là pour la science des substances immatérielles, pourrait-elle avoir pour objet propre la nature matérielle ? Bourdin dénonce dans ce renversement une absurdité métaphysique au moins égale à celle que constitue le renversement copernicien dans le domaine de la cosmographie – et lie d'ailleurs ces deux renversements par le biais du doute métaphoriquement décrit comme ébranlement de la terre ferme, et destruction du sol de l'expérience humaine. Quelle est cette étrange et fumeuse manière de philosopher, qui fait contre tout bon sens de la négation de l'existence du corps le préalable à l'appréhension de son essence ? Comment démontrer, après avoir fait table rase de l'existence des corps, que toutes les affections de la nature matérielle (comme, par excellence, le phénomène de la couleur) se ramènent à des paramètres géométriques simples de grandeur, figure et mouvement ? Comment démontrer ce qu'est le corps sans en présupposer quelque notion, vraie ou fausse, et en tout cas douteuse ? Ce sont là des questions massives, et la principale déception à la lecture des *VIIae Objectiones* vient d'abord du fait que les « remarques » de Descartes

monde réel, le seul qui nous est donné comme perceptible, le monde de l'expérience réelle ou possible : bref notre monde de vie quotidien ».

1. *Descartes à Mersenne*, 11 novembre 1640, III 235, 15-18 : « ... le plus propre sera de mettre *Renati Descartes Meditationes de prima philosophia*, car je ne traite point en particulier de Dieu et de l'âme, mais en général de toutes les premières choses qu'on peut connaître en philosophant » ; *ibid.*, III 233, 24-26 : « ce peu de métaphysique que je vous envoie contient tous les principes de ma physique ». Sur le concept cartésien de la philosophie première, voir J.-L. Marion, *Sur le prisme métaphysique de Descartes*, *op. cit.* et *supra*, l'introduction de D. Arbib.

sur le texte de Bourdin ne constituent pas à proprement parler des réponses à ces questions[1].

Si l'aigre litanie du père jésuite s'enroule autour de ces questions malgré tout pertinentes (la preuve de l'existence des corps, la preuve de la spiritualité de l'âme), ce n'est point toutefois en vertu d'une lecture précise des *Meditationes* elles-mêmes, ni par égard au respect de l'ordre des raisons, que Bourdin malmène et subvertit sans cesse. Bourdin s'intéresse moins à la lettre du texte cartésien qu'aux *raisons* pour lesquelles Descartes a entrepris de publier sa philosophie première *au lieu de la seconde* – philosophie seconde ou physique dont, par une horripilante prétérition, l'insolent auteur du *Discours de la Méthode pour bien conduire sa raison et chercher la vérité dans les sciences* a bruyamment claironné la mise sous le boisseau[2]. Partant, toutes les objections de Bourdin sont systématiquement biaisées et comme gauchies en ce que, affectant de suivre le texte des *Meditationes*, elles n'ont en fait de sens et de portée que par rapport au *Discours de la méthode*[3]. Deux thèmes privilégiés en témoignent tout au long de cette épuisante diatribe : le doute, identifié à la méthode cartésienne pour rechercher et établir la vérité, et la preuve de la spiritualité de l'âme. Nous les étudierons successivement.

1. Dans l'édition de 1642, les *Obj.* disposent d'une page de titre spéciale, indiquant clairement que Descartes ne leur donne pas de réponse : « Objectiones septimae in Meditationes de prima Philosophia cum notis Authoris » (VII 449). C'est d'ailleurs dans le texte de Bourdin, et non dans celui de Descartes, que l'on trouve une énumération de douze « réponses » aux fausses questions qu'il a lui-même formulées (VII 527-535 et T16). Avec ces « remarques », qui découvrent au public les accusations de Bourdin, Descartes applique exactement le procédé qu'il avait envisagé pour le « méchant livre » qu'il avait prévu de réfuter en 1630 (*Descartes à Mersenne*, 6 mai 1630, I 148, 14-149, 1 : « avant qu'il se fît une autre impression de ce livre en cachette, d'en faire faire une avec permission, & ajouter après chaque période ou chaque chapitre, des raisons qui prouvassent tout le contraire des siennes, et qui en découvrissent les faussetés »).

2. *Discours de la méthode*, V, AT VI 41, 21-23.

3. Bien que le *Discours de la méthode* constitue le seul véritable intertexte de ces objections censées porter sur les *Meditationes*, il n'est pourtant presque jamais explicitement cité, Bourdin feignant de respecter l'anonymat du *Discours*. Toute la métaphore de l'architecture et le motif de la fondation proviennent directement de ce texte, comme Descartes le rappelle lui-même (VII 536, 28-29) : « J'ai déclaré en plusieurs endroits de mes écrits, que je tâchais partout d'imiter les architectes… ».

SUR LA POSSIBILITÉ DU DOUTE : UNE PURE CRITIQUE DE LA MÉTHODE

Dès la première ligne de sa *Dissertation touchant la philosophie première*, Bourdin prétend en effet que Descartes a demandé à plusieurs reprises une approbation de sa « nouvelle méthode de chercher la vérité dans les sciences » (VII 451, 5-6/G IV-2 673)[1]. Par suite, la *Dissertation* s'organise en trois questions qui portent toutes sur le même problème : la « méthode » et le doute, la thèse omniprésente mais toujours implicite tout au long du réquisitoire de Bourdin étant que la « nouvelle » méthode inventée par Descartes ne consiste qu'en cette seule, unique et étrange chose : douter de tout ce qui a la moindre apparence de doute (c'est ce que Bourdin appelle la règle du moindre doute ou *minimum dubitationis* [§ 1]). Bourdin parle donc constamment de « méthode »[2], mais par synecdoque, puisqu'il n'entend par là ni l'analyse, ni la déduction, ni la manière de disposer les raisons dans l'ordre dû, mais seulement le doute et la volonté obstinée, sinon pernicieuse, de pratiquer une « abdication générale » de toutes choses. Par cette expression, le jésuite donne une interprétation elle-même extrapolée de ce doute qualifié par Descartes d'« extrême », « métaphysique », ou « hyperbolique » (**T2**, rem. C ; D), et qui n'a pour lui de sens que dans l'attitude théorique. L'extrapolation du doute consiste à passer d'un doute hyperbolique à un doute oxymorique, qui rassemble, dans un seul et même acte, des termes opposés et, aux yeux de l'objecteur, contradictoires. Douter de tout équivaut à ne douter de rien si cela consiste à (M_1) « tenir, assurer et dire le contraire » de ce que l'on a jusqu'à présent tenu pour vrai (**T5**, rem. H; **T15**, rem. SS). Mais douter, répond Descartes, n'a rien à voir avec le fait de tomber d'une croyance dans l'autre, contraire. Descartes s'indigne que Bourdin puisse lui imputer cette « impertinente loi » dont l'inconsistance apparaîtrait même à « un enfant ». « Révoquer en doute » une chose quelconque, signifie seulement « considérer une chose non autrement que si elle était absolument fausse », et, pour ce faire, *feindre*

1. Bourdin emprunte volontiers le lexique du *Discours de la méthode* en parlant de « méthode pour [bien] conduire la raison » (*methodus regendae rationis*), VII 522, 14 (§ 8 et **T14c**, VII 523-522/G IV-2 741) : à la « nouvelle » méthode cartésienne, qui se résume au doute intégral supposé reconduire à une conception claire et distincte, méthode jugée impraticable et même impossible, Bourdin préfère le « retrait dans l'ancienne forme » (*receptus in veteri forma*), c'est-à-dire la déduction syllogistique (§ 9, **T 15**).

2. À vrai dire, la fréquence statistique du terme est considérablement renforcée par la traduction française de Clerselier, qui traduit par « méthode » non seulement le latin « *methodus* » mais aussi les termes appartenant au même champ sémantique, comme »art » (*ars*) ou « architecture » (*architectura*).

pour un temps qu'elle le soit, sans aucunement l'affirmer. Le doute n'est pas un acte de foi mais de défiance; celui qui doute n'affirme rien, mais s'abstient d'affirmer quoi que ce soit; aussi celui qui doute ne peut-il jamais se tromper ni être trompé par aucune puissance, fût-elle celle d'un « malin génie » (**T7**, rem. O; P; Q; R, répondant à la lame apparemment bien affûtée du jésuite : « Que savez-vous si ce rusé génie ne vous propose point toutes choses comme douteuses et incertaines ? »).

Certes, Descartes n'a jamais formellement prétendu que douter fût synonyme d'affirmer le contraire de la chose dont on doute (M_1). La question, toutefois, n'est point de savoir s'il l'a *dit*, mais – ce qui est bien différent – de savoir s'il l'a *fait*, et le cas échéant *comment* il l'a fait. La lecture bourdinienne regarde les *rationes dubitandi* de la *Meditatio I* comme si elles avaient le statut de thèses sur la nature des choses considérées, et comme si le doute affectait les choses mêmes au lieu de ne modifier que le rapport de la pensée à ses objets (**T7** : rem. K; rem. O; **T8**, rem. Y). Bourdin impute donc à Descartes une forme de réalisme transcendantal selon lequel les *rationes dubitandi* sont considérées comme des prédicats réels et incorporés à leurs objets, à ceci près qu'il s'agit de prédicats négatifs et que douter d'une chose revient à supprimer son existence. Selon Bourdin, douter de l'existence des corps signifie donc croire et *affirmer positivement* que ces corps n'existent pas (M_2). Le doute hyperbolique déboucherait donc sur cette affirmation suprêmement contradictoire : « il n'y a rien », c'est-à-dire ni corps ni esprit, puisque Descartes a même douté de l'existence des « esprits », ou du moins de ce que l'on a jusqu'à présent tenu pour tel. Bourdin prend à la lettre l'énoncé de la *Meditatio II* : « je me suis persuadé qu'il n'y avait rien du tout dans le monde, qu'il n'y avait aucun ciel, aucune terre, aucuns esprits, ni aucuns corps / mihi persuasi nihil plane esse in mundo : nullum coelum, nullam terram, nullas mentes, nulla corpora » (VII 25, 2-4/IX 19), et c'est de cet énoncé qu'il infère cette définition spécieuse (M_1) selon laquelle douter signifie croire l'opposé de ce dont on doute, ou bien, selon les termes mêmes de Descartes, se « persuader qu'il n'y a rien » (**T13**, rem. OO). Pour cette raison, Bourdin lui fera reproche de définir l'*ego* comme esprit (*mens*) alors même qu'il vient d'en révoquer en doute l'existence (« ...*nullas mentes...* » [VII 25, 3-4]) (**T8** rem. Y; **T14a** rem. RR, AT VII 519, 3-14/G IV-2 738).

Comme il se doit, ce réalisme transcendantal se redouble d'un idéalisme empirique, enveloppé dans la fausse maxime que Bourdin impute à Descartes : (M_3) « rien de ce qui est douteux n'existe en effet ». Maxime scandaleusement fausse et même mensongère, que Descartes accuse l'adversaire d'avoir insinuée partout, « déguisée en cent façons », et dont il peine à comprendre comment Bourdin peut la lui attribuer si effrontément, si ce n'est qu'il se soit lui-même, à force de la répéter, persuadé de sa vérité (**T15**, rem. SS). C'est bien cette maxime (qui serait vraie si le doute était un prédicat réel) qui fournit à son tour la matière d'une autre proposition fort générale, qu'elle enveloppe en effet, et que Bourdin nie énergiquement : (M_4) « du connaître à l'être, la conséquence vaut » (*a nosse ad esse consequentia* [...] *valet*)[1]. On voit donc comment Bourdin reconstruit, au fil de sa diatribe, toute l'armature d'une logique spécieuse et fantastique (de M_1 à M_4) qui, comme si elle provenait d'un entendement archétype, nie l'existence des choses dont elle doute, et donne l'existence à celles dont elle forme un concept « clair et distinct », tout ceci selon un « art » que Bourdin feint malicieusement d'admirer (VII 505, 1-10/G IV-2 725-726), suggérant avec une ironie railleuse la parenté de l'*ego* cartésien avec l'entendement divin. Or, bien que Descartes ait parfaitement perçu que Bourdin veut, avec M_4, faire converger l'entendement humain et l'entendement divin dans un mode de connaissance univoque, il se fait fort d'expliquer en quel sens et à quelles conditions la formule que le Jésuite nie est en réalité parfaitement acceptable. En effet, cette formule n'est fausse que si l'on commet, comme Bourdin, l'erreur de confondre « douter » et « connaître », et si l'on substitue l'un à l'autre. Mais si connaître est bien restreint à la sphère de la *conception claire et distincte* (qui exclut toute possibilité de doute : **T7**, 476, 26-28/697)[2], la proposition se ramène à la règle générale de vérité (« les choses que nous concevons clairement et distinctement sont vraies »), ce qui ne signifie pas qu'elles « sont vraiment » et absolument, mais, seulement, qu'elles sont « vraiment [*revera*] telles [*prout*] que nous les concevons clairement et distinctement » (VII 520, 7) – ce que l'on devra même entendre de l'imagination distincte de ces espaces qui doivent être dits « réels » en tant qu'ils sont

1. Sur cette formule, *cf.* D. Arbib, « Note sur une maxime cartésienne : *a nosse ad esse valet consequentia*, AT VII, 520, 5 », *Revue Philosophique de Louvain*, 111/3, 2013, p. 491-512. Nous proposons ici une autre reconstruction généalogique de la formule à partir d'une confusion initiale et d'une substitution de « connaître » à « douter », sans que cela invalide la déduction proposée par D. Arbib à partir de l'auto-identification de la *res* comme une *substantia cogitans*. Au reste, Arbib a parfaitement bien mis en évidence le lien de la maxime « *a nosse ad esse...* » avec l'interprétation du doute, Bourdin soutenant que Descartes a indûment donné au doute une portée ontique négative. Les deux lectures sont donc plus complémentaires qu'exclusives.

2. Dans le même sens, voir la réduction à l'absurde en **T7**, rem. M, AT VII 474, 13-15/G IV-2 695 : « tenir une chose pour indubitable et en même temps douter de la même chose sont deux choses qui se contrarient ».

« vraiment imaginables » (*Principia philosophiae* II, 21, VIII-1 52, 7). Bourdin prend le doute pour un jugement négatif, au lieu de le prendre, comme il se doit, pour la négation du jugement. Toute l'astuce du père jésuite procède de cette seule compréhension du doute comme un certain type de jugement et de « tenir-pour-vrai », de telle sorte que tout ce qui sera ensuite présenté comme tel, et comme clairement et distinctement conçu, pourra toujours être interprété et réintégré dans la sphère et l'idiome du doute. Partant, les tropes sceptiques (la folie, le rêve, le malin génie) de la *Meditatio I* ne sont plus des arguments mais des thèses, que le *cogito*, au lieu de les renverser, vérifie : Descartes ne peut dire « je pense », mais doit plutôt dire « je rêve que je pense » (**T 12**, rem. KK; **T13**, rem. NN) et la certitude à laquelle il vise ne dépasse pas en fait celle du sens commun, donc celle qui émane de la communauté des hommes raisonnables.

C'est cette faute capitale (faire du doute un genre de connaissance) qui entraîne le jésuite dans son interprétation métaphorique et quasi spéculative du doute comme un jugement négatif (« nul corps n'existe »), et de cette négation de l'étant comme le principe ferme d'une ontologie appuyée sur le vide ou le néant, auquel le doute qui le fait surgir est supposé donner la dignité d'un fondement : « Quelle est la fin de cette abdication si austère qu'elle ne nous laisse que le néant de reste ? » (VII 555, 15-16/ G IV-2 771)[1], ou encore (**T16h**) : « Si, par cette façon de creuser il veut qu'on rejette tellement le sable qu'on l'enlève tout à fait, et qu'on se serve de son néant, c'est-à-dire de la vacuité du lieu qu'il remplissait auparavant, comme d'une chose ferme et solide, il dira quelque chose de nouveau mais il ne dira rien de bon » (VII 554, 1-6/770). Descartes concède volontiers que tirer l'être du néant est aussi absurde que tirer le certain de l'incertain, ou la lumière des ténèbres, mais nie catégoriquement avoir jamais dit quoi que ce soit de tel, ou même d'approchant.

1. Passage dont la traduction Clerselier oublie ou gomme la séquence évoquant l'instabilité et le mouvement du sol : « Quorsum arenae instabilitas, et terrae commotiones… ? », remplacé par : « À quoi bon nous objecter les tromperies des sens… ? ».

La tâche de la métaphysique et la preuve de la spiritualité de la *res cogitans*

Bourdin estimant que le doute, en tant que négation réelle, ne produit qu'un abîme où s'engloutit toute pensée rationnelle, se doit d'expliquer comment les *Meditationes* peuvent en tirer une preuve de la spiritualité de l'âme, si du moins l'on estime que tel est le dessein de l'auteur des *Meditationes* (« puisque votre dessein est d'établir et de démontrer que l'esprit de l'homme n'est pas corporel » [**T10**, rem. CC, VII 487, 13-14]). Sur ce point encore, le jésuite enfonce le coin, feignant de croire que l'auteur des *Meditationes* ne fait que répéter dans la *Meditatio II* la séquence qui, dans le *Discours de la méthode*, suit immédiatement la découverte du *cogito* : « je connus de là que j'étais une substance dont toute la nature ou l'essence n'est que de penser, et qui pour être n'a besoin d'aucun lieu ni ne dépend d'aucune chose matérielle » (VI 33, 3-7). Le *Discours de la méthode* établissait donc la spiritualité de l'âme ou la « substance pensante » sur la seule base du *cogito* présenté comme perception claire et distincte, ce qui revient, selon la critique de Bourdin, à supposer ce qu'il faut démontrer, et à une grossière pétition de principe. Mais le jésuite, faisant monter le doute d'un cran, estime, contre toutes les protestations de Descartes, que, par cette méthode de rêver, rien ne permet de distinguer entre une perception *effectivement* claire et distincte et une autre qui *paraîtrait* seulement l'être. La pseudo-déduction cartésienne (celle du *Discours*, que Bourdin réinjecte dans les *Meditationes*) souffrirait donc d'un triple défaut : a) la substance pensante se connaît en cela seul qu'elle pense, comme n'étant ni corps, ni, âme, ni esprit, mais comme elle n'a encore aucune connaissance claire de ce qu'est un « corps », ou une « âme » ou un « esprit », elle ne peut en droit nier être une chose qu'elle ignore ; b) en définissant l'*ego* comme une « *substantia cogitans* » elle se donne ce qu'elle cherche ; c) concluant du connaître à l'être, et voulant trop conclure, elle ne conclut rien. Bilan : si la « nouvelle » métaphysique n'avait d'autre dessein que l'ancienne (démontrer l'existence des substances dites « séparées »), sa méthode de rêver la condamne à errer parmi des ombres et à régner sur un peuple de fantômes.

En effet a) Descartes est ici obligé de rétablir l'ordre que Bourdin défigure, substituant celui du *Discours de la méthode* à la démarche des *Meditationes* : premièrement, Descartes nie que le *cogito* s'appuie sur une quelconque prénotion, qu'il s'agisse du corps, de l'âme, ou de l'esprit, ou de quoi que ce soit qui ne corresponde pas strictement (*praecise tantum*) au concept de la *res cogitans,* et qui ne soit effectivement donné dans la *cogitatio* elle-même (**T11**, rem. EE-HH). Il rappelle, par occasion, n'avoir jamais nié qu'il fût un esprit (*mens*), pour autant que cette *mens* n'admet pas d'autre définition que celle d'une *res cogitans*[1]. Deuxièmement, Descartes rappelle expressément que la distinction réelle n'advient que dans la *Meditatio VI*, après qu'ont été établies l'existence de Dieu et la règle générale de vérité. b) *Se donner ce que l'on cherche*. Bourdin estime qu'en lieu et place de la démonstration de la spiritualité de cette *mens* ou *res cogitans*, Descartes a commis une grossière faute logique :

> Si vous posez ceci pour fondement de toutes vos démonstrations, à savoir que penser est quelque chose de propre à l'esprit, ou à une chose spirituelle et incorporelle, etc., n'est-ce pas demander une grâce, et faire une pétition de principe ?

La réponse cartésienne est catégorique, et le point est d'autant plus important qu'il fait toute la différence et la spécificité des *Meditationes* par rapport au *Discours* : « Je nie que j'aie supposé en aucune façon que l'esprit fût incorporel : mais je dis que je l'ai démontré dans la sixième méditation » (**T11**, rem. II). Bourdin donne à l'*ego* le titre de « substance pensante » incontinent après la découverte de l'*ego cogito* (**T14a**, rem. RR, VII 505/G IV-2 726) – ce que les *Méditations* ne faisaient pas, puisque le lexique scolastique de la « substantia » ne fait son apparition que dans la *Meditatio III*, et que la substantialité de l'*ego cogitans*, quoique matériellement connue depuis la *Meditatio Secunda*, n'est formellement démontrée et conclue que dans la *Sixième*, parallèlement à la formation du concept distinct de corps[2]. c) Bourdin ne voyant pas, ou feignant plutôt d'ignorer ce sursis et renvoi de la conclusion à la *Meditatio VI*, prétend que cette démonstration n'a lieu nulle part, ce qui, dans son optique, partagée par tous les lecteurs formés à la métaphysique de l'École, signifie que Descartes ne remplit pas le cahier des charges de la métaphysique ou philosophie première, dont l'office propre est de mettre en évidence l'existence et la nature des substances séparées[3].

1. **T11**, 492, 17-19/712; **T14a**, 518, 1-5/737 : « [...] premièrement, je nie qu'il ait lieu de me reprocher que j'aie dit que j'avais une claire et distincte conception de moi-même, avant que d'avoir suffisamment expliqué de quelle façon on la peut avoir, ou, comme dit [Bourdin], "ne venant que de demander qui j'étais" ». Le reproche peut effectivement valoir pour le *Discours de la méthode*, mais sans doute pas pour les *Meditationes*.

2. Voir *Synopsis*, VII 13, 13-15 (le concept distinct de la nature corporelle est formé « partim in ipsa secunda, partim etiam in quinta et sexta »).

3. L'ordre des raisons procède en sens inverse de la métaphysique scolaire, qui tient pour certaine l'existence des corps, et qui se fait une tâche de démontrer, sous la présupposition de la substance matérielle, l'existence des substances spirituelles. Voir Aristote, *Métaphysique*,

Sans surprise, Bourdin revient au modèle métaphysique standard, en objectant que ce n'est pas la *cogitatio* elle-même et en tant que telle qui prouve la spiritualité de la *res cogitans*, mais seulement la *cogitatio* réfléchie et, par cette seule réflexion, consciente d'elle-même (**T17**). Pour prouver que l'esprit n'est pas un corps, il est requis que,

> par une action réfléchie [l'esprit] envisage sa pensée [*actu reflexo intueatur*] et la considère, ce qui fait qu'il pense, ou bien qu'il sait et considère qu'il pense (ce que proprement on appelle apercevoir, ou avoir une connaissance intérieure [*quod vere est esse conscium, et actus alicujus habere conscientiam*].

C'est cela, prétend Bourdin, que Descartes « n'a pas encore dit, et qu'il devait dire »[1]. Bourdin, objectant à Descartes la nécessité de la réflexion *pour prouver l'immatérialité de l'âme*, ne fait que rappeler un des fondamentaux de la noétique thomiste, où la réflexion est exigée pour que l'intellect accède à la connaissance de sa propre nature, et même présentée comme le critère de la distinction entre l'âme et le corps :

> L'action d'aucun corps ne revient sur l'agent [...]. Or l'intellect revient sur lui-même : il se pense en effet lui-même, non seulement en partie, mais totalement. Il n'est donc pas un corps [...] l'intellect, tout comme il pense une chose, pense qu'il pense [*intelligit se intelligere*], et ainsi à l'infini. La substance intellectuelle n'est donc pas un corps[2].

Autrement dit, la preuve scolastique de la spiritualité de la *mens* ne repose pas sur le pur *phénomène* de la *cogitatio* (exprimée dans ses modes : entendre, vouloir, imaginer, sentir, etc.) mais sur cette espèce de la *pensée* – prise comme le genre – qu'est la pensée *réfléchie* – prise comme différence spécifique. Il est évident que ce raisonnement pèche aux yeux de Descartes en ce qu'il présuppose la connaissance distincte de ce qu'est un

E, 1, 1026a10; 1026a28 : « εἰ δ' ἔστι τις οὐσία ἀκίνητος... / s'il existe quelque substance immobile... ». Au contraire, dans l'ordre des raisons, l'existence des corps ayant été révoquée en doute, il revient à la philosophie première de démontrer ce qu'elle s'interdit de présupposer.

1. P. Bourdin, « Réponse à la deuxième question », § 12, n° 5, AT VII 554, 29-55, 2/ G IV-2 771, puis T17, ad 5°, 559, 2-560, 1/775-776.

2. Thomas d'Aquin, *Contra Gentiles*, II, 49, § 8-9. L'argument prend sa source dans l'*Elementatio theologica* de Proclus (Prop. 15 « Omne quod ad seipsum conversivum est, incorporeum est – tout ce qui se retourne vers soi-même est incorporel »); *cf.* F.-X. Putallaz, *La connaissance de soi au XIIIe siècle, de Matthieu d'Aquasparta à Thierry de Freiberg*, Paris, Vrin, 1991, p. 243. Sur la comparaison entre Descartes et Thomas d'Aquin à propos de ce texte, voir J. de Finance, « Cogito cartésien et réflexion thomiste », *Archives de Philosophie*, XVI, Cahier II, 1946, p. 60.

corps et de ce qu'il n'est pas, car avant d'affirmer que tout ce qui [se] réfléchit est incorporel, il faut avoir prouvé que *nul acte corporel ne revient en soi-même*. Or, c'est bien Bourdin qui, ici, pèche par pétition de principe et se donne ce qu'il veut prouver, car, rétorque Descartes : « on ne peut apporter la moindre raison pourquoi la seconde de ces pensées ne viendra pas d'un sujet corporel, si l'on accorde que la première en peut venir » (**T17**, VII 559, 20-22/IX-2 775)[1].

LE FOND OBSCUR DE LA QUERELLE : LE FANTÔME DE GALILÉE ET LA SCIENCE MÉCANISTE

À l'arrière-plan de cette discussion se trouve tout l'édifice de la noétique traditionnelle, avec la définition classique de l'âme comme « forme du corps [organique] », et principe de vie dans le corps. Bourdin dénonçait toutes les absurdités qui découlent de l'abandon de cette définition de l'âme. Il prétendait, « comme s'il avait été enseigné par un oracle », que cette âme n'est pas séparée du corps vivant (Bourdin, *Dissertation*, § VIII, VII 506/727 et **T14a**, rem. RR, 520/739 – répondant en décalé à § V, 490/710-711), et que c'est par son entremise que les animaux ont des sensations, sans toutefois savoir qu'ils les ont, au lieu que Descartes, pour qui « la douleur n'est que dans l'entendement », ne concède aux animaux que « les mouvements extérieurs qui accompagnent en nous ce sentiment… et non la douleur proprement dite » (*à Mersenne*, 11 juin 1640, III 85, 3-8). Accusant Bourdin de « favoriser le parti des bêtes brutes, en leur accordant la pensée aussi bien qu'aux hommes » (**T17** [6°], 560, 2-561, 18/776-777), et de proférer des opinions « dangereuses » et

1. Un des premiers commentaires contemporains à avoir attiré l'attention sur ce texte important est M. Henry : « Le cogito et l'idée de phénoménologie » [1983], in *De la subjectivité*, II, Paris, P.U.F., 2003, p. 59 : « Le *cogito* n'a rien à voir avec le doute, la certitude ou leur échange – comme le montrent les *Réponses aux Septièmes Objections* où Descartes reproche à Bourdin d'avoir substitué à la différence essentielle entre les choses qui pensent et celles qui ne pensent pas, la différence inessentielle entre celles qui « considèrent qu'elles pensent » et celles qui « ne le considèrent point ». En contestant le fait que le *cogito* soit introduit dans le cadre d'une recherche de la certitude, M. Henry s'oppose à l'interprétation heideggérienne selon laquelle le *cogito* cartésien accomplit la mutation de l'*esse verum* en *esse certum*. De plus, Henry trouvait dans ces dernières pages des *Obj. et Resp.* une caractérisation renforcée de la *cogitatio* immanente (cf. *IIae Resp.*, déf. 1, VII 160, 7-8), qui s'éprouve immédiatement elle-même et ne se vise pas comme un objet. Aussi pouvait-il récuser sur la base de ce texte l'interprétation heideggerienne du *cogito* cartésien comme **cogito me cogitare*, formule dans laquelle, l'objecteur de Descartes, voire toute l'École, pourraient en revanche bien se reconnaître.

« contraires à la religion chrétienne », Descartes poursuit sur un mode beaucoup plus vindicatif une discussion entamée quelques années auparavant avec le théologien Liber Froidmont, où il vantait la parfaite compatibilité de sa théorie avec les passages de l'Écriture affirmant que l'âme des bêtes n'est pas une substance séparée du corps, car elle « n'est rien d'autre que leur sang » (cf. *Lévitique* 17, 14)[1]. On notera à cette occasion que, des deux protagonistes, ce n'est pas le jésuite Bourdin mais bien Descartes lui-même qui place le plus ouvertement la discussion sur le terrain de la théologie et de l'interprétation scripturaire. Ce n'est pas que Descartes cherche dans l'Écriture une confirmation à sa doctrine philosophique, mais il démontre avec une adresse dialectique déconcertante que c'est en cherchant dans l'Écriture la confirmation des fausses doctrines de l'École (comme typiquement celles des formes substantielles et du système géocentrique) que l'on s'expose au risque de tomber dans l'ornière du scepticisme, qui fait lui-même le lit de l'impiété et de l'athéisme.

Ceci fait d'ailleurs l'objet d'une des pages les plus remarquables et les moins commentées de cet échange à couteaux tirés. Dans le chapelet des douze chefs d'accusation énumérés par Bourdin contre la « méthode » cartésienne (ou plutôt sa *methodus somniandi*), Bourdin lui reproche notamment de pécher contre les lois de la prudence, en recherchant (follement) une certitude inconditionnée, qu'il n'y a pas lieu de rechercher en ces matières. La réponse de Descartes est d'une très grande subtilité et se fait en deux temps. Dans le premier temps, Descartes rappelle que la connaissance « métaphysique » est, quasi par définition, inconditionnellement certaine. Au fil du texte, l'idée de cette certitude se cristallise dans le vocabulaire passablement métaphorique du « fondement », métaphysique désignant ce qui a trait au *fondement* de toute connaissance – fondement qui donne à cette connaissance stabilité et consistance, à l'instar des fondations qui, en architecture, donnent la stabilité et la solidité à l'édifice qu'on érige sur elles. La métaphysique vire à la *Grundwissenschaft*. La question disputée par les protagonistes n'est donc pas un problème local de la philosophie cartésienne : elle questionne la possibilité même de cette philosophie première, et la possibilité pour le savoir de prendre base et appui sur un *inconcussum quid*.

Dans les séquences conclusives **T16e** (ad 4°, VII 547, 24-550, 25/ G IV-2 765-767) et **T16h** (cf. *supra*), Descartes paraphrase et commente le propos du jésuite, qui veut ramener l'enquête philosophique dans des

1. *Descartes à Plempius pour Fromondus*, 3 octobre 1637, III 414, 6-415, 5. Rappelons que Froidmont, sans être membre de la Compagnie, a fait ses humanités dans les collèges jésuites, et qu'il est un zélé défenseur des positions anticoperniciennes de l'Église.

bornes raisonnables et suffisantes, au-delà desquelles il n'est pas utile de passer, « comme pour se promener il y a certaines bornes de fermeté et de stabilité de la terre, qui sont plus que suffisantes pour pouvoir se promener dessus avec assurance ». Moyennant quelques modifications subtiles, Descartes montre que le repos et la fermeté de notre sol terrestre (*i.e.* celui de l'expérience sensible) satisfont bien à cette condition, puisqu'il ne s'agit pas d'une stabilité *absolue*, mais d'une stabilité apparente et suffisante pour soutenir nos pas. Descartes peut donc tout à fait admettre que, du point de vue de notre perception, la Terre ne se meut pas – et pourrait ajouter, si besoin était, que tous les passages de l'Écriture qu'on oppose à Copernic concernant la fermeté et l'immobilité de la Terre sur ses bases, n'ont pas vocation à décrire le système du monde, mais parlent aux hommes en se conformant à la perception commune[1]. Mais une philosophie qui s'en tiendrait au seul point de vue des apparences sensibles, prêterait le flanc aux attaques des sceptiques et se priverait de tout moyen pour les réfuter. Descartes peut donc opposer à Bourdin la recherche métaphysique de l'*inconcussum quid* comme le seul moyen d'échapper au scepticisme qui guette la philosophie vulgaire, laquelle philosophie, de surcroît, met la religion chrétienne en grand danger en déguisant les pseudo-philosophèmes du sens commun en articles de foi. La question copernicienne est si subtilement liée et enveloppée dans ce propos qu'il devient malaisé de l'en distinguer, quoique Descartes ne dise pas un mot des positions qu'il défendra bientôt dans la Troisième Partie des *Principia philosophiae*.

Tout au long de sa *Dissertation*, le jésuite condamne et anathématise l'*hybris* d'une prétendue méthode (*ars*, *methodus*) qui prétend écarter tout ce que l'on a jamais su pour trouver l'*inconcussum quid* et élever sur ce nouveau sol l'architecture impeccable d'une science rigoureuse. L'impossibilité de cette entreprise réside à ses yeux dans une disjonction qui constitue une variante temporalisée du paradoxe platonicien : si savoir est prendre connaissance de ce que l'on ignore, soit on le sait *déjà* et on ne l'ignore pas, soit on ne le sait pas *encore* et on ne peut pas le savoir déjà ! Descartes balaie cette objection en rétablissant la véritable fonction du doute, qui n'est pas de supprimer tout ce que l'on a jamais *su*, mais tout ce que l'on a jamais *cru ou estimé savoir*. Les objections du jésuite ont bien, cependant, le mérite d'amener Descartes à reconnaître que douter de ce qui

1. Les textes scripturaires cités et commentés par les censeurs de Copernic sont pour la plupart empruntés au livre d'Isaïe, mais c'est le *Ps* 103 (104) qui va devenir le texte de référence, évoquant la Terre « firmatam et stabilitam super stabilitatem suam ».

est clairement et distinctement perçu est impossible, ouvrant ainsi la voie dans laquelle s'engagera Spinoza pour révoquer l'échafaudage improbable et inutile des *rationes dubitandi* cartésiennes. Au reste, quelles que soient la maladresse, l'impertinence et l'impéritie de Bourdin, quelles que soient les longueurs, les lourdeurs et les interminables redites de ces objections, on ne pourra leur ôter le mérite d'avoir su, peut-être mieux que les autres, mettre en évidence ce caractère distinctif d'une métaphysique qui ne cherche plus les moyens de *sortir* de la physique, mais au contraire les moyens et la voie pour y *entrer*. C'est avec Descartes que l'*accès* au réel est devenu un problème métaphysique et un préalable nécessaire à toute recherche de la vérité.

SOPHIE ROUX

ANNEXE
LETTRE AU PÈRE DINET

L'*Epistola ad Patrem Dinet*, publiée après les *VIIae Responsiones* à la fin du second volume de la deuxième édition des *Meditationes* (1642), présente un singulier contraste par rapport aux textes qui la précèdent[1]. Descartes y raconte en effet à un de ses anciens professeurs, qui se trouvait désormais occuper une importante position dans la Compagnie de Jésus, les vicissitudes qui ont accompagné la réception du *Discours de la méthode* et des *Essais* à Paris et à Utrecht[2]. Bien plus qu'une manifestation du génie que montrait Descartes à répondre aux objections qu'on lui adressait, cette lettre constitue un témoignage de la représentation qu'il se faisait du champ intellectuel dans lequel sa philosophie était reçue, mais aussi des manœuvres plus ou moins heureuses qu'il fit pour qu'elle devienne la doctrine qu'on enseignait dans les Écoles. Ainsi, la *Lettre à Dinet* est-elle bien plus historique que d'autres textes de Descartes, et cela en deux sens

1. La *Lettre à Dinet*, qu'on trouve en AT VII 563-603, dut sa première traduction française à C. Clerselier dans la deuxième édition française des *Méditations* (Paris, Henry Gras, 1661), p. 555-604. C'est elle que nous suivons [désormais CC]; lorsque « CC » n'est pas indiqué, la traduction est la nôtre [S. R.]. Il existe une autre traduction française par Han van Ruler, sous la responsabilité de T. Verbeek, dans René Descartes et Martin Schoock, *La Querelle d'Utrecht*, Paris, Les Impressions Nouvelles, 1988, p. 131-151 [désormais *LQU*]. La *Lettre à Dinet* a aussi été l'objet de traductions partielles *in* FA II.

2. Jacques Dinet (1584-1653) avait étudié la théologie et été préfet des études au collège de La Flèche (1610-1614), à l'époque où Descartes y était élève. Après avoir occupé différentes fonctions dans différents collèges jésuites, il fut Provincial de France (1639-1642), puis de Champagne (1643-1647).

au moins : elle repose sur des récits ; elle implique les hommes et les institutions du temps de Descartes.

DESCARTES, PIERRE BOURDIN ET LES JÉSUITES

C'est autour du jésuite Pierre Bourdin que le premier foyer de discorde s'était allumé[1]. Pour comprendre l'importance que Descartes accordait à la Compagnie de Jésus, il faut se rappeler qu'elle présentait deux caractéristiques à ses yeux et aux yeux de bon nombre de ses contemporains. En premier lieu, elle était, parmi les ordres religieux enseignant en France, le plus important, tant par le nombre de ses collèges que par ses innovations en termes de contenus et de méthodes pédagogiques ; ainsi, non content de décrire le collège de la Flèche où il avait été élève comme « une des plus célèbres écoles de l'Europe » (*Discours de la méthode*, AT VI 5, 1), Descartes le recommanda-t-il à un correspondant pour y envoyer son fils[2]. En second lieu, s'étant donné les moyens de maintenir « l'uniformité et la solidité de la doctrine »[3] dans tous ses établissements, elle constituait un corps si étroitement uni, que, lorsqu'un jésuite se prononçait sur un ouvrage, il fallait y lire l'avis de tous[4]. En somme, voyant la Compagnie de Jésus comme une place-forte à conquérir pour gagner à sa philosophie la jeunesse catholique, Descartes espérait qu'un jésuite juge favorablement ses ouvrages, ce qui aurait marqué l'approbation de tous.

Dès juin 1637, il envoya le *Discours de la méthode* et les *Essais* au Père Noël, un de ses anciens professeurs du collège de la Flèche, qui était entre-temps devenu son Recteur. Dans la lettre qui accompagnait son envoi, il le priait de faire circuler ses écrits pour que les fautes qu'il avait pu y

1. Après avoir enseigné différentes matières dans différents collèges jésuites, Pierre Bourdin (1595-1653) fut nommé professeur de mathématiques au collège de La Flèche (1634), puis, deux ans plus tard, au collège de Clermont à Paris, fonction qu'il garda jusqu'à sa mort.

2. 12 septembre 1638, II 378.

3. Le 24 mai 1611, le général des jésuites Claudio Acquaviva avait envoyé à tous les Provinciaux une lettre *De soliditate et uniformitate doctrina* qui leur demandait de préserver par tous les moyens possibles cette solidité et cette uniformité, en particulier en suivant la doctrine théologique de Thomas d'Aquin.

4. Dans la *Lettre à Dinet* même, *cf.* VII 564 : « sachant combien étroite est ordinairement l'union entre tous vos esprits, je croyais avoir, non la Dissertation du seul R. P. *, mais un jugement équitable et exact de mes opinions venant de toute votre Société. » *Cf.* également *à Huygens*, mars 1638, II 50 ; *à Mersenne*, 20 août 1640, III 172 ; *à Mersenne*, 7 septembre 1646, IV 499 ; *VIIae Obj.*, VII 452.

commettre lui soient signalées, puis remarquait dans la lettre suivante qu'il n'était plus possible d'enseigner les météores en ignorant ses écrits[1]. Pour autant que nous le sachions, il n'eut toutefois qu'un retour venant de la Flèche, celui du Père Vatier[2]. Dans ces conditions, il s'inquiétait encore un an plus tard de « savoir en quelle façon ils traitent mes Météores en [...] leurs thèses publiques qu'ils font environ cette saison » (*à Mersenne*, 27 juillet 1638, II 267, 24-268, 2). Mersenne transmit sans doute la demande de Descartes, mais les Jésuites répondirent qu'ils ne pourraient se prononcer tant que Descartes n'aurait pas exposé ses principes[3]. Au printemps 1639, Descartes reçut des thèses d'optique soutenues sous la direction de Bourdin au collège de Clermont : il n'y était pas mentionné[4]. Il lui fallut attendre encore un peu plus d'un an pour qu'un jésuite se prononce enfin publiquement sur ses écrits : le 22 juillet 1640, il apprenait que Bourdin avait fait soutenir des thèses comprenant une critique de la matière subtile et de la distinction entre force et détermination introduites dans la *Dioptrique*[5].

Descartes ne pouvait qu'être affecté par cette critique : alors qu'il guettait depuis trois ans un signe des Jésuites et qu'il entendait avancer une philosophie fondée sur des raisons toutes mathématiques, le professeur de mathématiques du collège jésuite de Paris, « qui peut être regardé comme le premier au monde » l'avait en son absence réfuté publiquement, pendant une soutenance faite « en grande pompe et devant une audience exceptionnelle »[6]. Des échanges sur l'optique s'en suivirent, qui ne seront pas étudiés

1. *À Noël*, 14 juin et septembre 1637, I 382-384 et 454-456. En affirmant ici que les Jésuites doivent ou bien le réfuter ou bien le suivre, Descartes exclut qu'ils se taisent, une possibilité qu'il envisagera un peu plus tard, pour mieux l'exclure cependant (*à Mersenne*, 27 juillet et 15 novembre 1638, II 267-268 et 425).

2. *À Vatier*, février 1638, AT I 558-565. Descartes se réfère plusieurs fois à cet examen comme à une approbation : cf. *à Mersenne*, 1er mars 1638 ; *à Huygens*, mars 1638 ; *à Vatier*, 17 novembre 1642, II 28, 50 et III 596. La lettre adressée en septembre 1637 à un autre jésuite pour qu'il se prononce sur la *Géométrie*, II 456-458, n'a pas de suite connue.

3. *À Mersenne*, 15 novembre 1638, II 424-425.

4. *À Mersenne*, 9 février et 30 avril 1639, II 498-499 et 530. Sur l'identité et le contenu de ces thèses, voir D. Collacciani, S. Roux, « La querelle optique de Bourdin et de Descartes... », art. cit., p. 55-58.

5. Sur l'*Encyclopædia mathematica ad agones panegyricos* de Charles Potier, voir D. Collacciani, S. Roux, *ibid.*, p. 59-64.

6. *Lettre à Dinet*, AT VII 566, 571 et *à Mersenne*, 30 août 1640, AT III 170. Descartes revient sur le fait qu'il a été blâmé publiquement en son absence dans *à Vatier*, 17 novembre 1642, AT III 596.

ici[1]. On se contentera de noter que Descartes, voyant dans la critique de Bourdin l'occasion d'« entrer en guerre contre les Jésuites », mit en place une stratégie à double détente pour gagner la guerre en question[2]. D'un côté, il répondait pied à pied au jésuite particulier qu'était Bourdin et lui reprochait notamment de créer des chimères, en changeant le sens usuel des mots et en attribuant des propositions absurdes à Descartes, qu'il n'avait en fait jamais soutenues[3]. D'un autre côté, face à la Compagnie comme telle, il écrivait en latin au Recteur du collège de Clermont, le père Julien Hayneuve (1588-1663), comme s'il ne connaissait pas l'identité de Bourdin, pour demander que lui soient envoyées non seulement les objections de ce dernier contre son optique, mais toutes les objections que tous les Jésuites pourraient formuler sur le *Discours* et les *Essais*[4]. Il ne s'agissait pas seulement de réduire au silence un individu, mais, comme il s'en ouvrit à Mersenne et à Huygens, d'utiliser ce prétexte pour s'adresser à tous les Jésuites et les amener à formuler enfin leurs objections d'une seule voix et de manière officielle : il lui serait alors possible d'en finir avec eux tous, une fois pour toutes[5].

La stratégie cartésienne n'eut pas l'effet escompté : pour ne pas engager la Compagnie comme telle, Hayneuve demanda à Bourdin de déclarer ne pas s'opposer à Descartes et l'incita à lui répondre en son nom propre[6]. Après quelques échanges, Descartes estimait n'avoir plus rien à répondre à Bourdin[7]. Toutefois, on ne peut pas sous-estimer l'importance qu'eurent pour Descartes les échanges avec Bourdin. Ils lui suggérèrent le projet de faire lire les *Meditationes* par des savants avant leur publication et le conduisirent à relire la philosophie des Jésuites[8], ce qui l'amena rapidement à commencer à rédiger sa philosophie sous forme d'un cours. Ainsi, les *Meditationes* achevées, Descartes consacra la fin de l'année 1640 et l'année 1641 à deux projets : d'une part, répondre aux objections au fur et à mesure qu'il les recevait, à quoi s'ajouta la préparation de la

1. Sur les échanges optiques de Bourdin et Descartes, voir D. Collacciani, S. Roux, « La querelle optique de Bourdin et de Descartes… », art. cit., p. 65-70.

2. *À Huygens*, 31 juillet 1640, III 103 et 752. Voir également *à Mersenne*, 30 juillet 1640, III 126.

3. *À Mersenne*, 22 juillet 1640, III 105-118.

4. *À Hayneuve*, 22 juillet 1640, AT III 97-100, voir également la *lettre à Mersenne* destinée à être lue par Hayneuve, 30 août 1640, AT III 168-174.

5. *À Mersenne*, 22 juillet 1640, III 94; *à Mersenne*, 30 juillet 1640, III 122; *à Huygens*, juillet 1640, III 103; *à Mersenne*, 30 août 1640, III 161.

6. *À Mersenne*, 28 septembre 1640, III 221–228.

7. *À Mersenne*, 31 décembre 1640, III 276.

8. *À Mersenne*, 30 septembre 1640, III 184-185.

deuxième édition des *Meditationes*, d'autre part rédiger les futurs *Principia philosophiae*. Pendant toute cette période, alors qu'il s'attendait à recevoir les objections sur le *Discours* et les *Essais* qu'il avait demandées à Hayneuve, il semble qu'il n'ait plus entendu parler des Jésuites. En décembre 1641 toutefois, Descartes apprit que Bourdin avait composé une dissertation contre les *Meditationes*, qu'il prétendait que les Jésuites pourraient aisément détruire sa réputation, mais que, si Descartes ne publiait pas le traité de philosophie annoncé (les *Principia*), la paix pourrait être conclue, Bourdin s'abstenant alors de publier son traité[1]. Alors même que Descartes avait déclaré qu'il prendrait désormais tout ce qui arrivait de Bourdin comme émanant de toute la Compagnie et qu'il pensait que Bourdin avait été missionné par son supérieur Dinet[2], il envoya à Mersenne une lettre en latin devant être montrée à ce dernier dans laquelle il faisait pour la première fois l'hypothèse que Bourdin agissait en son nom propre et ajoutait :

> C'est pourquoi mon souhait le plus cher est que le R.P. Dinet, Provincial, dont j'apprends qu'il est maintenant à Paris, puisse être averti de toutes ces choses; je me souviens en effet qu'il fut autrefois mon Préfet, lorsque j'étais pensionnaire au collège de la Flèche, et le souvenir que j'ai de ce temps est encore aujourd'hui assez vif dans mon esprit pour savoir combien il est sage : c'est pourquoi je ne doute pas que, si l'occasion m'était donnée de lui présenter la raison de mes principes [*instituti mei ratio*] et ce que je pense pouvoir et devoir, je pourrais facilement acquérir par son intermédiaire la mansuétude et la bienveillance de toute la Société et apaiser le R.P. Bourdin lui-même (*à Mersenne*, 22 décembre 1641, AT III 468, 6-18).

Ayant, suite à cette lettre, reçu la dissertation de Bourdin[3] et sans doute des encouragements de la part de Dinet, Descartes travailla non seulement aux *VIIae Responsiones*, mais à la *Lettre à Dinet* qui en donnait le protocole de lecture. Malgré la violence des *VIIae Responsiones*, il fallait en effet se concilier les Jésuites, de manière à préparer le terrain pour la publication prochaine des *Principia*. Conformément à la lettre du 22 décembre 1641, la *Lettre à Dinet* entreprit à cet effet de montrer que les *VIIae Responsiones* répondaient à Bourdin seulement, sans mettre en cause la Compagnie comme telle.

1. *À Mersenne*, 22 décembre 1641, III 464-468. Comme un an plus tôt (voir *supra*, n. 1 p. 397), Descartes reprend le thème de la guerre avec les Jésuites, voir *à Mersenne*, 19 janvier 1642 et *à Huygens*, 31 janvier 1641, III 481 et 523.

2. *À Mersenne*, 28 septembre 1640 et 22 décembre 1641, III 206 et 470.

3. *À Huygens*, 31 janvier 1642, III 523.

REGIUS, GISBERTUS VŒTIUS ET L'UNIVERSITÉ D'UTRECHT

Pour comprendre les objectifs de la *Lettre à Dinet*, il faut toutefois prendre en considération un second foyer de discorde, qui s'était développé autour d'Henricus Regius, professeur de médecine théorique et de botanique à l'université d'Utrecht[1]. Regius, qui avait appris à connaître la philosophie cartésienne en lisant le *Discours de la méthode* et les *Essais*, mais aussi en fréquentant Henricus Reneri, était, pour ainsi dire dès sa nomination, entré en relation avec Descartes[2]. Ce dernier, déçu de la réception des *Météores* et de la *Dioptrique* par les Jésuites, mais aussi de la *Géométrie* par les mathématiciens français, trouva dans ce soutien inattendu l'occasion de jouer Utrecht contre Paris. Paraphrasant les *Actes des Apôtres*, XIII 46, il déclarait: « [...] si les François me font trop d'injustice, *convertam me ad gentes*. [...] [S]i la verité ne peut trouver place en France, elle ne laissera peut-être pas d'en trouver ailleurs » (*à Mersenne*, 23 août 1638, AT II 334, 5-335, 5)[3]. De fait, Regius s'employa activement à promouvoir à Utrecht les idées nouvelles non seulement en médecine, mais en physique. Le 10 juin 1640, il fit défendre une thèse sur la circulation du sang[4]. Surtout, du 17 avril au 30 juin, puis du 24 novembre au 8 décembre 1641, il fit défendre deux séries de thèses dans lesquelles, sous couvert de médecine théorique, il présentait les principes de la nouvelle philosophie naturelle[5]. L'ultime thèse défendue le 8 décembre 1641 comprenait en particulier une proposition qui causa un grand tumulte, la proposition que l'homme est un être par accident. D'après

1. Henricus Regius (1598-1679), après avoir étudié la philosophie à Montpellier et à Padoue, avait été nommé professeur extraordinaire (11 juillet 1638) puis ordinaire (18 mars 1639) à l'Université d'Utrecht. Sur Regius et le déroulement des événements à Utrecht, voir T. Verbeek, *LQU* p. 38-47 et *id.*, *Descartes and the Dutch. Early Reactions to Cartesian Philosophy, 1637-1650*, Carbonsdale and Edwardsville, Southern Illinois UP, 1992, p. 13-33.

2. *Regius à Descartes*, 9 mars 1639, II 527; II 305-306.

3. De manière similaire, *à Mersenne*, 22 juillet 1640, III 95 oppose les premières thèses médicales de Regius aux thèses optiques de Bourdin.

4. Cette première thèse de Regius, qu'on trouve en AT III 726-734, est commentée par Descartes dans *à Regius*, 24 mai 1640, AT III 66-70. Sur les réactions qu'elle suscita chez les professeurs d'Utrecht, voir la *Narration historique*, *LQU*, p. 87-88.

5. Ces deux séries de thèses sont résumées dans T. Verbeek, *Descartes and the Dutch*, *op. cit.*, p. 13-17; A. Bitbol-Hespériès, « Descartes et Regius: leur pensée médicale », *in* T. Verbeek (éd.), *Descartes et Regius. Autour de l'*Explication de l'esprit humain, *op. cit.*, p. 47-68, répertorie les emprunts de Regius aux *Essais*. D'après la *Narration historique*, *LQU*, p. 89-90, ce fut Vœtius qui suggéra à Regius d'utiliser ses thèses médicales pour exposer sa physique.

la reconstruction que propose T. Verbeck, cette proposition résultait pour Regius de ce que, d'un côté nous savons par la raison que l'âme et le corps fonctionnent comme un tout et qu'ils sont en ce sens des substances incomplètes l'un par rapport à l'autre, et que, de l'autre côté, nous savons par la foi que l'âme immortelle est distincte du corps et qu'à cet égard elle forme avec lui un être par accident[1]. Descartes jugea qu'il n'y avait « rien de plus dur » que cette proposition (*à Regius*, mi-décembre 1641, III 460, 2). De fait, prise littéralement, elle remettait en question la définition aristotélicienne de l'âme comme forme du corps, faisait perdre un de ses fondements théologiques à la Résurrection du corps, et, de toutes façons, outrepassait manifestement le domaine disciplinaire où Regius était supposé intervenir.

Gisbertus Vœtius, professeur de théologie et Recteur de l'université, se devait conséquemment de répliquer[2]. Il le fit en ajoutant les corollaires suivants aux thèses qui devaient être défendues dix jours après par des étudiants de théologie :

> I. « L'homme étant composé d'une âme et d'un corps est un être et une unité, non pas par soi, mais par accident » est une affirmation contraire à la vérité, non seulement en physique [...], mais aussi en métaphysique, en pneumatologie et en théologie [...].
>
> II. La révolution quotidienne et annuelle de la terre [...] s'oppose d'une façon immédiate et évidente à la vérité divine telle qu'elle nous est révélée dans la Sainte Écriture et est contraire aux notions de la lumière naturelle [...].
>
> III. Une philosophie qui nie l'existence des formes substantielles des choses, et celle des facultés et des qualités actives [...], et par conséquent celle des natures spécifiques et distinctes des choses [...] n'a pu être réconciliée avec la physique sacrée de Moïse[3].

Vœtius fit de surcroît imprimer un long *Appendix ad corollaria* dans lequel il rappelait un certain nombre d'arguments classiques concernant les

1. T. Verbeek, in *LQU*, p. 44-47, et *id.*, « Ens per accidens : gli origini della querelle d'Utrecht », *Giornale critico della filosofia italiana*, 71, 1992, p. 276-288. *Cf.* D. Des Chene, « Cartesiomania : Early Receptions of Descartes », *Perspectives on Science*, 3, 1995, p. 534-581, ici p. 542-544.

2. Gisbertus Vœtius (1576-1676) étudia la théologie à Leyde et fut député du concile de Dordrecht (1618-1619), qui condamna l'arminianisme. Nommé professeur de théologie à Utrecht en 1634, il avait été désigné Recteur pour un an le 26 mars 1641. Sur sa carrière et ses convictions philosophiques et théologiques, voir T. Verbeek, *LQU*, p. 27-38.

3. *Narration historique*, *LQU*, p. 98-99, texte latin en AT III 487-488. Il s'agit de la version imprimée, mais il semble que Regius soit intervenu pour qu'une version allégée soit défendue le 18 décembre, voir *LQU*, p. 99-101, texte latin en AT III 489-490.

formes substantielles : pour le dire sommairement, en disant qu'un être naturel a une forme substantielle, les philosophes aristotéliciens entendaient expliquer pourquoi il s'agissait d'une substance demeurant à travers les changements, pourquoi il s'agissait d'une substance de cette espèce plutôt que d'une autre et, finalement, pourquoi il s'agissait d'une substance plutôt que d'un ensemble de propriétés[1]. Au passage, Vœtius attaquait explicitement la physique qui se dessinait dans la *Dioptrique*, laissait entendre que les preuves de l'existence de Dieu proposées par Descartes étaient insuffisantes et, finalement, désavouait une méthode qui, selon lui, revenait à rejeter ce qui était établi depuis des générations[2].

L'amitié de Descartes et de Regius s'étant entretemps suffisamment resserrée pour qu'ils s'envoient l'un à l'autre des commentaires détaillés de leurs écrits respectifs, les *Meditationes* dans le cas de Descartes, les thèses dans le cas de Regius[3], le premier en vint à souffler au second une réponse à cet *Appendice*[4]. Tout en recommandant que cette *Responsio seu Notae ad corrolaria theologico-philosophica* soit douce et modeste[5] et en rappelant qu'il n'avait quant à lui pas explicitement nié les formes substantielles dans le *Discours de la méthode*[6], Descartes suggérait à Regius d'attaquer l'obscurité de la philosophie ancienne[7] et formulait une grave accusation : les formes substantielles, qui constituaient un des piliers de cette philosophie et que Vœtius avait expressément et longuement défendues dans son *Appendice*, loin de servir la cause de la religion, n'étaient pas mentionnées dans la Bible[8] et même conduisaient à l'athéisme – car si on attribue des formes substantielles à tous les êtres naturels, l'âme humaine perdant toute prérogative n'est vraisemblablement pas plus immatérielle ou immortelle que ne le sont les autres formes substantielles[9]. Ajouté aux piques contre la philosophie ancienne que les thèses de Regius des années précédentes contenaient, cela constituait une déclaration de guerre. Aussi n'est-il pas étonnant que, à la demande du Sénat des professeurs, la Municipalité ait ordonné, deux jours après la publication de la *Réponse*, que tous les exemplaires en soient

1. D. Des Chene, « Cartesiomania : Early Receptions of Descartes », art. cit., p. 544-547.

2. *Narration historique*, *LQU*, p. 103-115, en part. p. 111-112 et p. 115 pour la critique explicite de Descartes ; on trouve des extraits du texte latin en AT III 511-520.

3. *À Regius*, 24 mai 1640, mai 1641, décembre 1641 ; AT III 63-70, 369-375, 454-462.

4. *À Regius*, janvier 1642, AT III 491-510.

5. III 494.

6. III 491-492.

7. III 499, 506.

8. III 502.

9. III 503, 505.

saisis, puis qu'elle ait retiré à Regius le droit de donner des conférences de physique le 15 mars 1642[1], et enfin que, le 17 mars 1642, elle ait promulgué une déclaration des professeurs dans laquelle, déplorant la manière dont cette Réponse déshonorait l'Académie, 1) ils regrettaient la publication d'un pamphlet attaquant nommément un professeur; 2) ils citaient un certain nombre de passages de Regius pour condamner l'insolence avec laquelle la philosophie nouvelle affirmait sa supériorité sur l'ancienne, et 3) ils en venaient à la question de fond : la philosophie nouvelle devait être rejetée parce qu'elle s'opposait à une philosophie ancienne qui avait fait ses preuves, parce qu'elle détournait les jeunes gens d'apprendre la terminologie indispensable pour comprendre cette dernière et parce qu'elle conduisait à admettre des opinions fausses et absurdes portant préjudice aux autres disciplines, en particulier à la théologie orthodoxe[2].

À ce point, Descartes prit la décision de faire converger ses deux guerres scolastiques. Ayant pris connaissance des objections de Bourdin à la fin de janvier 1641, Descartes avait travaillé le mois suivant aux *VIIae Responsiones*, de sorte que Mersenne en recevait les trois premiers feuillets en mars 1642[3]. Mais l'imprimeur était si lent que, lorsqu'en avril il reçut les condamnations d'Utrecht[4], il conçut assez soudainement le projet de « join[dre] le Ministre au Jésuite » (*à Huygens*, 26 avril 1642, III 783-784). Par là, Descartes voulait dire qu'il utiliserait la *Lettre à Dinet* non seulement pour montrer que les *VIIae Responsiones* n'attaquaient pas la Compagnie comme telle, mais pour exposer les événements d'Utrecht – et cela, en son nom propre, alors que jusque-là il s'était avancé caché derrière Regius. Mais, étant adressée à un important personnage de la Compagnie de Jésus, la *Lettre à Dinet* ne peut pas mettre sur le même plan les échanges de Descartes avec Bourdin et les échanges de Regius avec Vœtius. D'où vient que le récit des événements d'Utrecht fait au Provincial de France prend une signification particulière : en exposant le caractère du Recteur d'une université calviniste et ses agissements, il entendait faire

1. Quoique titulaire d'un poste de médecine, Regius avait obtenu en 1640 l'autorisation de donner une fois par semaine des conférences « problématiques » de physique, c'est-à-dire des conférences ponctuelles sur le modèle des *Problèmes* d'Aristote, qui n'interféreraient pas avec le cours du professeur ordinaire de physique.

2. *Narration historique*, *LQU*, p. 121-122. On trouve le texte latin de cette déclaration en AT III 552-553. À cette condamnation s'ajoutèrent des thèses soutenues sous le fils de Vœtius, Paul, qui était professeur extraordinaire de métaphysique depuis le printemps 1641, et un ouvrage écrit par Lambertus van den Waterlaet, un des étudiants en théologie qui avait défendu les corolaires de décembre 1641 ; Descartes y fait allusion en AT VII 598-599.

3. *À Mersenne*, mars 1642, III 543.

4. *À Regius*, avril 1642, III 558-560.

ressortir les qualités du destinataire de sa lettre par contraste, et, tout aussi bien, l'inciter à ne pas traiter la philosophie cartésienne comme l'avait fait ce Recteur.

DE BOURDIN AUX *PRINCIPIA PHILOSOPHIAE* ; ET, DERECHEF, DE LA PHILOSOPHIE NOUVELLE

Ce développement peut être décomposé de la manière suivante :

1) Descartes dénonce Bourdin comme ayant agi pour son propre compte, indépendamment de la Compagnie de Jésus (VII 564-574).

 1.1) Premier argument : la dissertation de Bourdin montre qu'il est comme un membre malade par rapport au corps qu'est la Compagnie (VII 564-566).

 1.2) Deuxième argument : le récit des agissements de Bourdin depuis 1640 montre qu'il a agi tout seul et cela, pour calomnier Descartes (VII 566-571).

 1.3) Troisième argument : Bourdin fait circuler trois espèces de fausseté (VII 571-574).

  1.3.1) Une fausseté en termes d'identité. Il laisse croire qu'il parle au nom de tous les Jésuites, alors qu'il agit pour son propre compte (VII 571).

  1.3.2) Une fausseté en termes de contenus. Il calomnie Descartes, en lui attribuant des thèses qui ne sont pas les siennes (VII 571-572).

  1.3.3) Une fausseté en termes de publicité. Seul le fait que Bourdin critique Descartes en secret peut expliquer le silence des Jésuites par rapport aux *Météores* (VII 572-573).

La circulation dans l'espace public de ces trois espèces de fausseté appelle une réponse de Descartes, d'autant qu'il ne s'agit plus seulement de physique et de mathématiques, mais de métaphysique (VII 573-574).

2) Descartes devant répondre à Bourdin, il en profite pour exposer pourquoi la réception de ses premiers écrits l'a amené à envisager de publier sa nouvelle philosophie et précise qu'il n'y a pas lieu de s'y opposer parce qu'elle est nouvelle (VII 574-582).

2.1) Les deux réceptions des *Essais* (VII 574-576).

2.2) La réception négative conduit Descartes à publier sa philosophie sous une forme scolastique, pour qu'elle soit acceptée par autant de personnes que possible (VII 577).

2.3) Il n'y a pas de raison de s'opposer à cette philosophie nouvelle.

2.3.1) Tous cherchent la vérité (VII 578-579).

2.3.2) Or la philosophie de Descartes est vraie (VII 579-580), car Descartes a suivi des chemins droits et faciles et aucune des nombreuses explications données dans les *Essais* n'a été réfutée.

2.3.3) En tant qu'elle est vraie, la philosophie de Descartes n'est pas nouvelle, mais la plus ancienne de toutes (VII 580).

2.3.4) Il n'y a donc pas à craindre que la philosophie de Descartes soit contraire à la théologie ni qu'elle trouble la paix des écoles (VII 581-582).

Dans ce qui suit, on s'attachera plus particulièrement à quatre points.

1) *La description de Bourdin comme un membre malade*. – Comme on l'a remarqué pour commencer, les Jésuites se présentaient comme un corps uni promouvant une doctrine uniforme, de sorte que Descartes pensait pouvoir interpréter l'avis d'un jésuite comme exprimant l'avis de tous; c'est ce qu'il commence par rappeler ici, lorsqu'il dépeint la joie qu'il ressentit lorsqu'il eut la dissertation de Bourdin entre les mains (VII 564). Dans la lettre du 22 décembre 1641, Descartes émettait toutefois l'hypothèse que Bourdin agissait en son nom propre. Ici, cette hypothèse est confirmée par le contraste qui est instauré entre les vertus qui règnent dans la Société (*benignitas*, *mansuetudo*, *modestia*, *prudentia*) et les caractéristiques de la présente dissertation (VII 564-565). L'approfondissement de la métaphore du corps organique permet d'appréhender en termes de valeur négative le fait que Bourdin agisse comme un particulier, indépendamment du tout auquel il appartient[1]. Si les Jésuites forment un corps, alors « le dysfonctionnement (*dissensio*) d'une des parties par rapport à ce

1. On pourra ici se souvenir de la lettre à Élisabeth du 15 septembre 1645, IV 293. Mais là où cette lettre continue en remarquant prudemment que la règle de « toujours préférer les intérêts du tout, dont on est partie, à ceux de sa personne en particulier » doit être appliquée avec « mesure et discrétion », et ne doit pas impliquer qu'on se sacrifie pour fournir un petit bien au tout dont on est la partie, la *Lettre à Dinet* insiste bien plus univoquement sur le contraste entre la dissertation de Bourdin et les vertus de la Société.

qui est la loi commune de tout le corps indique qu'elle souffre d'une maladie qui lui est propre» (VII 565, 18-20). Est manifestement mise en œuvre ici une conception de la santé comme harmonie des parties d'un tout organique. Toutefois, Descartes ne mobilise pas l'apologue des membres et de l'estomac, qu'Agrippa Menenius Lanatus avait utilisé pour faire comprendre aux différentes parties de la population de Rome qu'elles étaient toutes nécessaires au fonctionnement de la cité, de sorte que la défection de l'une d'elles aurait pour conséquence son dysfonctionnement. Il rapporte bien plutôt une anecdote sur Caius Marius, qui aurait courageusement supporté une opération permettant qu'on lui ôte les varices sur une jambe. Loin de conclure du dysfonctionnent d'une partie à la maladie du corps comme tel, Descartes peut grâce à cette anecdote localiser la maladie dans cette partie, ce qui lui permet de faire ressortir les vertus de la Compagnie. De même que la constance de Caius pendant l'opération de sa jambe manifeste son courage, de même l'attitude de la Compagnie face à la médiocre dissertation de Bourdin manifeste sa sagesse même: «plus la dissertation du R. P. * me semble mauvaise, d'autant plus fais-je d'estime de votre sagesse et de votre prudence d'avoir bien voulu qu'elle me fût envoyée, et d'autant plus aussi ai-je de vénération et de respect pour toute votre Compagnie» (VII 566, 4-7, CC 559). D'entrée de jeu, non seulement la cause de Bourdin et celle de ses confrères sont séparées[1], mais leurs destins sont pour ainsi dire opposés.

2) *Le contrôle des opinions fausses.* – L'œuvre de Descartes n'est pas seulement travaillée par la question de savoir comment établir et faire connaître la vérité; elle est également hantée par la question de savoir comment contrôler la circulation des discours faux dans l'espace public. En effet, même si le vrai a une force propre qui suffit à l'établir comme tel, il arrive que des discours faux circulent indépendamment du vrai, naturellement sans porter la marque de leur fausseté, de sorte que certains pourront les confondre avec le vrai. On se souvient du cas du «méchant livre» de 1630[2] qui incita Descartes à proposer ce qui sera ultérieurement son projet initial pour les *Principia*, à savoir la publication d'un ouvrage reprenant la fausse doctrine, mais l'accompagnant de sa réfutation par la vraie. Le problème que posent à Descartes les écrits de Bourdin au début des années 1640 est similaire au problème que posait ce «méchant livre»

1. *À Mersenne*, mars 1642, AT III 543.

2. Cf. *à Mersenne*, 6 mai 1630, I 148-149. Cette *lettre à Mersenne* est commentée par J.-M. Beyssade, *in* J.-M. Beyssade, J.-L. Marion (éd.), *Descartes. Objecter et répondre*, *op. cit.*, p. 26.

dix ans plus tôt : non seulement Bourdin déforme artificiellement la vérité en détournant la signification des termes et en attribuant à Descartes des opinions qui ne sont pas les siennes – ce reproche déjà présent dans la querelle optique est repris, radicalisé et systématisé dans les *VIIae Responsiones* comme dans la *Lettre à Dinet*[1] –, mais il le fait en donnant à ses discours les marques extérieures de la vérité. En premier lieu, il laisse croire que, étant donné sa fonction de professeur de mathématiques et la réputation de Descartes dans ce domaine, c'est lui qui a été choisi par la Compagnie pour prononcer un jugement sur les écrits de Descartes[2]. En second lieu, loin de se conformer au protocole proposé par Descartes dans le *Discours de la méthode*, consistant à lui envoyer des objections publiques, il a attaqué l'optique de Descartes en son absence[3] et on ne peut expliquer que les Jésuites n'aient pas réagi à la publication des *Météores* sans faire l'hypothèse qu'il a dénigré cet ouvrage en secret[4]. Devant cette triple fausseté – fausseté des opinions attribuées à Descartes, fausseté de laisser croire qu'il est le porte-parole des Jésuites lorsqu'il l'attaque, fausseté de le prendre à parti sans qu'il puisse répondre –, Descartes doit « témoigner », ce qu'il fait par sa *Lettre à Dinet.*

3) *De la réception des premiers écrits de Descartes aux* Principia philosophiae. – Descartes entend expliquer pourquoi la réception du *Discours* et des *Essais* le conduit à publier sa philosophie, entendons par là les *Principia.* On a parfois insisté sur le fait que Descartes avait visé un lectorat d'honnêtes gens, et non seulement les professeurs scolastiques et leurs écoliers. De fait, Descartes note qu'il n'a pas voulu développer certaines idées dans le *Discours de la méthode*, « où j'ay voulu que les femmes mesmes pussent entendre quelque chose » (*à Vatier*, 22 février 1638, I 560, 23-25), et, au tout début de la *Recherche de la vérité*, il explique qu'un honnête homme « n'est pas obligé d'avoir leu tous les livres, ni d'avoir appris soigneusement tout ce qui s'enseigne dans les écoles » (X 495, 9-11). Toutefois, outre que Descartes n'a jamais encouragé l'ignorance mais a plutôt insisté sur le fait que l'essentiel n'était pas tant le nombre de livres qu'on avait lus que l'attention qu'on était capable de porter aux questions qu'on examinait, dans une lettre destinée à un professeur jésuite comme la *Lettre à Dinet*, il entend souligner que sa

1. VII 567, 572/CC 560, 566. Pour les *VIIae Obj.*, cf. *supra* la contribution d'E. Mehl.

2. VII 571/CC 565.

3. VII 567-568/CC 560.

4. VII 571-572/CC 567. Descartes s'est plusieurs fois étonné que les Jésuites ne se prononcent pas sur ses *Météores*, voir les références données *supra* n. 1 p. 396.

philosophie a été bien reçue même par certains professeurs. La ligne de partage ne passe donc pas entre ceux qui exercent librement la philosophie et ceux qui la pratiquent dans les Écoles, mais entre les jeunes professeurs qui aiment la vérité et les professeurs qui craignent qu'une fois découverte « toutes ces controverses ne fussent abolies et que par même moyen toute leur doctrine ne devint méprisable » (AT VII 575, 28-30/CC 570)[1]. On pense ici à la manière dont le *Discours de la méthode* comparait la manière de philosopher aristotélicienne à un « aveugle, qui, pour se battre sans désavantage contre un qui voit, l'aurait fait venir dans le fonds de quelque cave fort obscure » et Descartes à celui qui, ouvrant les fenêtres, ferait paraître le jour dans cette cave (VI 71, 3-5). À suivre ces textes, l'obscurité de certaines doctrines ne procède pas seulement d'une absence de clarté : elle est activement promue par les professeurs qui, sans cela, ne seraient plus rien. Aussi n'est-il pas étonnant que ces derniers, éprouvant « une grande animosité [*summa invidia*] », aient craint qu'elle ne voie le jour (VII 576/CC 571–572). C'est pour répondre à leurs attaques toujours multipliées que Descartes en est venu à prendre la décision de publier sa philosophie dans un ordre et avec un style scolastique, qu'il associe alors à trois caractéristiques suivantes « trait[er] par petits articles chaque question », « dans un tel ordre que pas une ne dépende pour la preuve, que de celles qui l'auront précédée », et qu'« elles ne composent toutes ensembles qu'un même corps » (VII 577, 19-23/CC 573)[2]. On pourra ici s'interroger, et sur la fidélité de ce projet à son modèle scolastique, et sur la fidélité des *Principia* à ce projet.

4) *La philosophie cartésienne est-elle nouvelle ?* – Comme la plupart de ses contemporains, Descartes avait une attitude ambivalente par rapport aux nouveautés : d'un côté, elles promettaient une amélioration de la condition humaine; de l'autre, elles étaient associées à la possibilité de troubles sociaux et politiques. Les guerres de religion n'étaient pas loin, toute nouveauté théologique faisait craindre leur retour. Ainsi Descartes avait-il avancé, au moment de la publication de ses premiers écrits, deux contre-feux. Le premier, qui apparaît dans le *Discours de la méthode*, consiste à souligner que, même si ses opinions se trouvent être nouvelles, il ne les a reçues ni en tant qu'anciennes, ni en tant que nouvelles,

1. En évoquant ces jeunes professeurs, Descartes ne pense manifestement plus au contexte français, mais au contexte hollandais, avec Regius et peut-être aussi avec Adriaan Heerebord, professeur de logique à Leyde depuis 1641.

2. Sur la genèse et la transformation du projet, voir *à Mersenne*, 30 septembre, 11 novembre, [décembre], 31 décembre 1640, III 184-185, 232–234, 259-260, 276; *à Charlet*, 31 décembre 1640, III 270 ; *à Huygens*, 21 janvier 1642, III 782.

mais seulement parce que la raison les lui en a persuadées, autrement dit en tant qu'elles sont vraies[1]. Le second, dans une *lettre à Noël*, consiste là encore à reconnaître la nouveauté de ses opinions, mais à désamorcer, pour ainsi dire, le danger en soulignant que, loin de remettre en cause quoique ce soit en matière de théologie, elles s'accordent parfaitement aux mystères de la religion[2]. Les événements d'Utrecht venaient modifier la donne puisque, ce qui avait été officiellement condamné, c'était la philosophie nouvelle en tant qu'elle était nouvelle et en tant qu'elle s'opposait à l'ancienne. Si Descartes défend toujours sa philosophie principalement en tant qu'elle est vraie[3], poursuivant les indications d'une *lettre à Regius* de mars 1642 (AT III 537), il est amené à défendre ce qui semble tout d'abord être une autre idée, « qui peut-être pourra sembler paradoxe », à savoir que c'est sa philosophie qui est ancienne et la philosophie aristotélicienne qui est nouvelle[4]. Les principes de la philosophie cartésienne sont ceux qui, étant admis de tous, sont les plus anciens, et la nature même a gravé dans l'esprit humain les propositions qui en découlent; les principes aristotéliciens ont été nouveaux en leur temps et il n'est pas de jour où les philosophes aristotéliciens ne soumettent à la dispute une nouvelle opinion. L'argument joue ici à deux niveaux. En premier lieu, Descartes fait « une réponse du berger à la bergère »: dans un contexte où la nouveauté avait été condamnée, il rétorque à ceux qui avaient prononcé cette condamnation que la nouveauté est de leur côté. Mais, en second lieu, comme dans le *Discours de la méthode*, il montre que la question de ce qui est nouveau ou de ce qui est ancien est subordonnée à une autre question, celle des propositions qu'on peut déduire clairement, « puisque c'est la Nature même qui l'a gravé et imprimé dans nos esprits » (VII 580, 24-25/CC 777). Descartes refuse donc le principe d'autorité de ses adversaires, qui consiste à admettre une proposition parce qu'elle est ancienne, parce qu'elle a été autrefois été soutenue par ce qui est entretemps devenu une autorité : le seul critère conduisant à admettre une proposition est l'évidence qui résulte de ce qui est gravé dans nos esprits. Descartes conclut en affirmant que, étant vraie et reconnue comme telle par les plus compétents,

1. VI 77.

2. *À Noël*, I 455-456, où Descartes pense très vraisemblablement à son explication de la transsubstantiation; *cf.* ainsi *à Vatier*, 22 février 1638, AT I 564. Ayant réinséré dans l'éd. de 1642 des *Meditationes* cette explication, qui en avait été ôtée sur une suggestion de Mersenne pour tenter d'obtenir l'approbation de la Sorbonne, il y fait allusion en VII 581/CC 577.

3. VII 579-580.

4. Ce paradoxe sera repris tel quel à la toute fin des *Principia* IV, 200, et dans la lettre qui en accompagnera l'envoi *à Charlet*, septembre 1644, IV 141.

sa philosophie, loin de troubler la paix des Écoles, permettra au contraire de rétablir cette paix en mettant fin aux innombrables controverses de l'École[1]. Comment dans ces conditions expliquer que certains ne se rendent pas à la philosophie cartésienne? Le récit des événements d'Utrecht a pour fonction de montrer que c'est seulement parce qu'ils craignent que cette dernière ne leur fasse perdre leur réputation.

LE RÉCIT DES ÉVÉNEMENTS D'UTRECHT ; DERECHEF, UNE RÉPONSE À LA PREMIÈRE CONDAMNATION DE LA PHILOSOPHIE CARTÉSIENNE ; CONCLUSION DE CETTE LETTRE

Ce développement peut être décomposé de la manière suivante :

1) Les événements d'Utrecht montrent que Vœtius s'est acharné contre Regius; il n'est pas motivé par le souci du vrai, mais par le désir de conserver sa réputation (VII 582-590).

1.1) Portrait de Regius (VII 582-584).

1.2) Portrait de Vœtius (VII 584).

1.3) Vœtius se sert de thèses pour attaquer Regius (VII 585-587)

1.4) Vœtius, n'ayant rien à répondre à la *Réponse* de Regius, recourt à l'autorité et finit par obtenir du Sénat des professeurs une condamnation de la philosophie cartésienne (VII 587–590).

2) Descartes répond à la condamnation d'Utrecht pour empêcher qu'on ne la croie justifiée (VII 590–599).

2.1) Reproduction de la condamnation d'Utrecht (VII 590-593).

2.2) Réponse de Descartes à la condamnation d'Utrecht (VII 593-598).

2.3) Les autres écrits qui ont été inspirés par Vœtius ne contiennent aucun argument (VII 598-599).

1. On a le sentiment que Descartes répond ici au passage suivant du mémoire adressé par le Sénat à la Municipalité d'Utrecht : « [I]l faut craindre que [...] la bienveillance mutuelle et l'union des professeurs ne soient brisées, et que, par conséquent, il y ait des divisions parmi les étudiants [...] qui ne laisseront pas d'aboutir à des propos méprisants pour certains professeurs, puisque les uns suivront celui-ci, les autres celui-là » (*Narration historique*, *LQU*, p. 118).

3) Adresse finale (VII 599-603).

3.1) Descartes, ayant dénoncé une fois pour toutes les ruses de ses adversaires, renonce à l'engagement de répondre à toutes les objections qu'on lui ferait (VII 599-601).

3.2) Descartes sait qu'il y a de bonnes raisons pour condamner ses opinions qu'on dit nouvelles mais demande que ce soit Dinet lui-même, ou en tout cas des personnes dignes de foi, qui les examinent (VII 601–602).

3.3) Descartes rappelle ses projets de publication et en appelle au jugement de la Compagnie comme au seul autorisé (VII 602-603).

Là encore, on s'attachera à quelques points particuliers de ce développement.

1) *La raison persécutée de Paris à Utrecht*. – Comme il y avait, parmi les motifs de la condamnation d'Utrecht, le fait que Regius avait nommé expressément Vœtius[1], les noms de Vœtius et de Regius n'apparaissent pas dans la *Lettre à Dinet.* Ils n'en sont pas moins désignés de manière totalement univoque et transparente. « La plus jeune université de ces Provinces » (VII 583) ne pouvait désigner que l'Illustre École d'Utrecht qui, fondée en 1634, avait obtenu le statut d'université en 1636; dans sa traduction en français, Clerselier ne se trompe sans doute pas lorsqu'il ajoute de son propre chef à la première mention d'« un certain docteur en médecine » (*ibid.*) « que chacun sait à présent être Mr le Roy, professeur à Utrecht » (CC 579); finalement, celui que Descartes introduit, non comme le Professeur de théologie, le Ministre ou le Recteur, mais comme « un homme qui passe dans le monde pour théologien, pour prédicateur, et pour un homme de controverse et de dispute » (VII 584, 8/CC 581), était incontestablement Vœtius. Le portait de Vœtius est loin d'être flatteur: c'est un homme stupide qui n'avance que des arguments ineptes, absurdes et vains[2]; il passe pour docte seulement auprès des ignorants, flatte la populace et s'en prend aux puissants[3]; il se querelle avec tous ses collègues, il crève de jalousie devant les succès de la philosophie cartésienne, il est aigri (*exulceratus*, littéralement « plein d'ulcères »), mordant (*mordax*) et séditieux (*turbatus*, *seditiosus*, on retrouve la populace)[4]. Il n'est

1. VII 592/CC 588.
2. VII 596, 598–599, 603.
3. VII 584, 590.
4. VII 584, 585, 588, 590, 603.

évidemment pas ici question d'évaluer la vérité psychologique du portrait de Vœtius, mais de comprendre ce qui a pu l'inspirer. On a le sentiment que Descartes a projeté sur l'université d'Utrecht ce qu'il savait des Jésuites de Paris. De même que Dinet, le Magistrat d'Utrecht est présenté comme assez prudent et sage pour avoir fait recruter Regius et pour tenter de modérer les ardeurs de Vœtius[1]; de même que Bourdin, Vœtius est présenté par Descartes comme parlant un mauvais latin, mais surtout comme agissant de son propre chef, sans égards pour la communauté à laquelle il appartient[2]. Il y a toutefois une différence : étant Recteur, Vœtius a un pouvoir tel qu'il peut entraîner tout le corps professoral après lui. De ce point de vue, si Bourdin est la figure de la fausseté, Vœtius est la figure d'une fausse autorité qui n'est pas fondée sur la raison : « ayant été vaincu par raison, il tâchait de vaincre par autorité » (VII 594, 3-4/CC 592). Parce qu'il n'a aucun argument[3], Vœtius en est tout d'abord réduit à utiliser son pouvoir pour faire supprimer les livres qui faisaient éclater au grand jour sa vacuité et sa vanité[4]. Puis, brisant toutes les règles de la justice, il organise un procès dans lequel il est à la fois juge et partie, dans lequel Regius ne peut pas plus répondre que Descartes lors des thèses du collège de Clermont[5]. En ce sens, Vœtius est pour Descartes un Bourdin auquel on aurait donné un pouvoir excédant ses capacités. Par-delà cette figure de l'autorité sans raison, on ne comprend pas les développements ultérieurs de la querelle d'Utrecht si l'on ne confronte pas le récit de Descartes à la *Narration historique*, où les choses apparaissent à front renversé. Selon la *Narration*, Regius est un personnage tour à tour flatteur, querelleur et cachotier; quant à Vœtius, c'est un membre pondéré du corps professoral, qui n'a jamais eu de haine particulière contre Regius, s'est efforcé de conserver la paix dans son université et n'a pris aucune décision qui n'ait été collégiale[6].

2) *Comment répondre à une condamnation*. – De même que le récit des événements parisiens se termine par une défense de la philosophie nouvelle – ce qui montre encore que les deux contextes se contaminent l'un l'autre puisque, à Paris, il n'y avait pas eu de critique de la philosophie nouvelle –, de même le récit des événements d'Utrecht se conclut par une

1. VII 583, 586/CC 580, 583.

2. La *Narration historique* donne une toute autre version des événements et reproche à Descartes d'avoir présenté les choses de cette façon.

3. Descartes le martèle vraiment, *cf.* VII 588, 595.

4. VII 588-589/CC 586-587.

5. VII 589/CC 587.

6. *Narration historique*, *LQU*, p. 80-81, 96, 117, *passim*.

réponse à la condamnation de la philosophie nouvelle par le Sénat d'Utrecht. Descartes est explicite sur les motifs qui le conduisent à reproduire ce jugement et à y répondre point par point : il s'agit d'« empêcher tant qu'il me sera possible, que, dans quelques années, quand les Exemplaires auront été tous distribués, quelques malveillants ne se servent de son autorité, et ne fassent accroire qu'il contenait des raisons assez justes et valables pour condamner ma Philosophie » (VII 590, 12-16/ CC 588). Il répond donc point par point à ce jugement, qui, comme on l'a signalé, portait sur des questions de forme aussi bien que sur les raisons pour lesquelles on devait rejeter la philosophie nouvelle. Nous nous concentrerons ici sur les réponses à ces trois raisons. Tout d'abord, la philosophie nouvelle devait être rejetée selon les professeurs d'Utrecht parce qu'elle s'opposait à une philosophie ancienne qui avait fait ses preuves ; Descartes renvoie ici à son précédent développement sur l'ancienneté paradoxale de sa philosophie et affirme clairement que, par-delà le paradoxe qu'il avait alors avancé, le seul critère qu'il reconnaît est celui de la vérité[1]. On l'a remarqué, Descartes refuse absolument le principe d'autorité, qui tout bien pris n'est pas que le temps rend vrai le faux, mais qu'il permet d'éliminer petit à petit le faux. Le deuxième argument des professeurs d'Utrecht était que les jeunes gens instruits en matière de philosophie nouvelle ne seraient plus capables de comprendre les termes techniques ; la réponse là encore lapidaire de Descartes est que, ayant pour objectif de connaître la vérité, il se soucie peu des termes techniques des scolastiques – que, par ailleurs, il n'a cessé de critiquer comme un jargon obscur et inutile[2]. Enfin, la question la plus sensible était que la philosophie nouvelle pouvait conduire à déduire des propositions fausses et absurdes pour les autres disciplines, en particulier pour la théologie. Sur ce point, Descartes rappelle avoir souvent protesté qu'il n'entendait pas se mêler des controverses théologiques, mais seulement utiliser la lumière naturelle pour en résoudre certaines[3] ; il ajoutait que sa philosophie, en tant qu'elle est conforme avec la lumière naturelle, ne peut contredire la théologie. C'est sans doute ici que le désaccord est le plus fort, dans la mesure où sont en jeu les prérogatives respectives des disciplines. Pour Descartes, la lumière naturelle ayant un droit d'exercice et de regard sur toutes les questions qu'elle peut résoudre, donner une démonstration rationnelle de l'existence de Dieu ne relève pas de la théologie ; pour le théologien Vœtius, cela revenait à limiter la théologie à l'interprétation des textes

1. VII 596/CC 595.
2. VII 597/CC 596
3. Cf. *Regula III*, AT X 370 ; *Discours de la méthode*, AT VI 28.

sacrés et aux matières qui dépendent directement de la foi. Pour Descartes, la théologie ne peut pas contredire la philosophie en tant que toutes deux sont l'expression de la lumière naturelle; pour Vœtius, cela revenait à donner un droit de regard à la philosophie sur la théologie, alors qu'une de ses convictions les plus constamment exprimées était que la théologie devait être la reine des disciplines[1]. Si l'on évalue une argumentation en fonction de son efficacité à convaincre ses adversaires, on peut dire que Descartes n'avait pas totalement pris la mesure de ce qu'ils étaient.

3) *Encore le contrôle des opinions fausses.* – Juste avant de conclure en en appelant au jugement de la Compagnie, et plus particulièrement du Provincial de France, Descartes complique encore un peu les choses en ajoutant une troisième cible aux deux cibles déjà présentes. Comme souvent chez Descartes, l'idée générale est qu'en exposant au grand jour les objections de ses adversaires, on les montre pour ce qu'elles sont, à savoir de mauvaises objections, ou pire encore, des ruses : il suffit que les écrits de ses adversaires soient mis en lumière pour qu'on en voit la fausseté. C'est alors qu'il fait une allusion un peu cryptique :

> cela n'a pas peu servi jusqu'ici, pour retenir les moins effrontés, de ce que dès le commencement de mes ouvrages, j'ai prié tous ceux qui trouveraient quelque chose à reprendre dans les écrits, de me faire la faveur de m'en avertir, et qu'en même temps j'ai promis que je ne manquerais pas de leur répondre. [...] Mais il est arrivé néanmoins que plusieurs s'en sont moqués, et qu'ils n'ont pas laissé de censurer secrètement mes écrits [...] jusque-là même que quelques-uns ont composé des livres entiers, non pas à dessein de les publier, mais qui pis est à dessein de les communiquer en particulier à des personnes crédules (VII 599, 28-600, 13/CC 599-600).

Descartes venait en fait d'apprendre que Gassendi faisait circuler auprès de ses amis la *Disquisitio metaphysica*, dans laquelle, brisant les règles de l'échange que Descartes avait fixées de manière à rester maître du jeu, il renversait le dispositif éditorial inventé dans les *Meditationes* : les réponses de Descartes se trouvaient insérées entre les objections et les réponses de Gassendi. Dans ce contexte, au terme de l'expérience des

1. Sur la prééminence de la théologie pour Vœtius, voir T. Verbeek, *LQU*, p. 29-35. T. Verbeek rappelle aussi, p. 28-29, que, dans le contexte hollandais, ces questions se posaient en termes sociaux et politiques : les Remontrants, soutenus par les patriciens, estimaient que le pouvoir politique devait être indépendant du pouvoir religieux; les Anti-Remontrants entendaient au contraire subordonner le premier au second. Sur la séparation que Descartes instaure entre philosophie et théologie, et, derechef, sur la manière dont Vœtius transgresse selon lui cette séparation, voir les articles de D. Kambouchner et T. Verbeek, *in* F. de Buzon, É. Cassan, D. Kambouchner (éd.), *Lectures de Descartes*, Paris, Ellipses, 2015.

objections et des réponses qu'avait proposée les *Meditationes*, Descartes revient sur la déclaration du *Discours de la méthode* qu'il n'avait cessé d'invoquer depuis 1637, selon laquelle il répondrait à toutes les objections qui lui serait faites. Assurément, ses adversaires doivent publier leurs critiques plutôt que de les répandre en secret, mais ils doivent le faire de manière indépendante, afin que Descartes ne soit pas tenu de leur répondre[1]. Ainsi, en matière de communication de la vérité, la *Lettre à Dinet* n'aura pas seulement fourni le protocole de lecture des *VIIae Objectiones*: plus généralement, elle aura mis un terme au processus des objections et des réponses.

Descartes entendait dans la *Lettre à Dinet* indiquer à un interlocuteur particulier comment il convenait de lire *VIIae Objectiones*, de manière à préparer le terrain pour les *Principia*. Un texte aussi éminemment tactique doit être évalué par les effets qu'il produisit. Du côté des Jésuites, ce fut un succès indéniable. La *Lettre à Dinet* fut appréciée par Dinet lui-même, mais aussi par Charlet[2]. Non seulement Dinet ordonna à Bourdin de s'abstenir de toute critique[3], mais il réussit à le réconcilier avec Descartes, tant et si bien que ce fut Bourdin qui transmit aux Jésuites une douzaine d'exemplaires des *Principia* accompagnés de lettres de Descartes[4]. La publication de cet ouvrage n'altéra en rien les relations cordiales que Descartes entretenait désormais avec les Jésuites[5]. En revanche, par sa mise en cause inconsidérée et violente de Vœtius et des professeurs d'Utrecht, la *Lettre à Dinet* lança la « Querelle d'Utrecht ».

1. La question de déterminer à quelles objections répondre et à quelles objections ne pas répondre est constante dans cette période, *cf.* par ex. *à Mersenne*, 27 mai 1638 et 4 mars 1641, II 197 et III 420.

2. *À Mersenne*, 4 janvier 1643, III 609.

3. *À Mersenne*, 23 mars 1643, III 639.

4. *À Charlet, à Dinet, à Bourdin*, octobre 1644, IV 139-144.

5. *À Dinet*, 9 février 1645, IV 159. *Cf.* aussi les lettres de la même date *à Charlet* et *à Bourdin*, IV 156-158 et 160-161. Voir cependant *à Chanut*, 1er novembre 1646, IV 536.

BIBLIOGRAPHIE

Cette bibliographie comprend la plupart des titres mentionnés dans les études qui précèdent; nous ne nous sommes toutefois pas interdit d'en omettre certains et d'en ajouter d'autres.

ŒUVRES DE DESCARTES

Œuvres, par C. Adam et P. Tannery, révisée par B. Rochot et P. Costabel, 11 vol., Paris, réédition Vrin-CNRS, 1964-1974.

Œuvres philosophiques, éditées et annotées par F. Alquié, 3 vol., Paris, Garnier, 1963-1973.

Opere, testo francese, latino e olandese, éd. G. Belgioioso, Milan, Bompiani, 2005.

Œuvres complètes, sous la dir. de J.-M. Beyssade et D. Kambouchner, « Tel », Paris, Gallimard, 2013 *sq.*: *III. Discours de la méthode et Essais*, 2009; *VIII. Correspondance I et II*, 2013; *I. Premiers écrits. Règles pour la direction de l'esprit*, 2016; *IV. Méditations Métaphysiques. Objections et réponses*, 2018.

Règles utiles et claires pour la direction de l'esprit en la recherche de la vérité, trad. fr. J.-L. Marion, notes mathématiques de P. Costabel, La Haye, Nijhoff, 1977.

Méditations métaphysiques, éd. J.-M. et M. Beyssade, Paris, GF-Flammarion, 1979.

Méditations métaphysiques, prés. et trad. M. Beyssade, Paris, Le Livre de Poche, 1990.

Entretien avec Burman, éd. et trad. J.-M. Beyssade, Paris, Vrin, 1981.

Étude du bon sens, la recherche de la vérité et autres écrits de jeunesse (*1616-1631*), éd. et trad. V. Carraud et G. Olivo, Paris, P.U.F., 2013.

Principes de la philosophie. Première partie, trad. fr. D. Moreau, introd. et annotations de X. Kieft, Paris, Vrin, 2009.

Lettres de Mr Descartes éditées par Clerselier, nouvelle éd., t. I, Paris, Angot, 1667 ; t. II, Paris, Angot, 1666 ; t. III, Paris, Angot, 1667, repr. par J.-R. Armogathe et G. Belgioioso, Lecce, Conte, 2005.

R. Descartes et M. Schoock, *La querelle d'Utrecht*, éd. T. Verbeek, Paris, Les Impressions Nouvelles, 1988

BIOGRAPHIES ET BIBLIOGRAPHIES

BAILLET, Adrien, *La vie de Monsieur Des-cartes*, Paris, Hortmels, 1691, 2 vol.

– *La vie de Mr Des-cartes réduite en abrégé* [1693], Paris, La table ronde, 1992.

SEBBA, Gregor, *Bibliographia Cartesiana, A Critical Guide to the Descartes Literature, 1800-1960*, La Haye, Nijhoff, 1964.

ARMOGATHE, Jean-Robert et Vincent CARRAUD, *Bibliographie cartésienne* (*1960-1996*), Lecce, Conte Editore, 2003.

Équipe Descartes, CNRS, puis Centre d'Études Cartésiennes/Centro su Descartes e il Seicento Ettore-Lojaconno, *Bulletin cartésien*, *Archives de Philosophie*, dir. Dan Arbib, 1972-…, annuel.

Ces trois bibliographies sont disponibles en ligne : http://www.cartesius.net/.

ÉTUDES

ADAM, Michel, *L'Eucharistie chez les penseurs français du dix-septième siècle*, Hildesheim, Olms, 2000.

AGOSTINI, Igor, *L'infinità di Dio. Il dibattito da Suárez a Caterus* (*1597-1641*), Rome, Editori riuniti/University Press, 2008.

– « La tradizione scotista e la dottrina della positività dell'infinito », *Quaestio*, VIII, 2008, p. 105-124.

– *L'idea di Dio in Descartes. Dalle Meditationes alle Responsiones*, Florence, Le Monnier/Mondadori, 2010.

– « Descartes's Proofs of God and the Crisis of Thomas Aquinas's Five Ways in Early Modern Thomism : Scholastic and Cartesian Debates », *Harvard Theological Review*, 108, 2015.

– *La démonstration de l'existence de Dieu. Les conclusions des cinq voies de Thomas d'Aquin et la preuve* a priori *dans le thomisme du* XVII*e siècle*, Turnhout, Brepols, 2016.

ALANEN, Lili, « Une certaine fausseté matérielle : Descartes et Arnauld sur l'origine de l'erreur dans la perception sensorielle », *in* J.-M. Beyssade et J.-L. Marion (éd.), *Descartes. Objecter et répondre*, Paris, P.U.F., 1994, p. 205-230.

ALQUIÉ, Ferdinand, *La découverte métaphysique de l'homme chez Descartes* [1950], Paris, P.U.F., 2000.

– « Le philosophe et le fou », *in* J.-R. Armogathe et G. Belgioioso, *Descartes metafisico. Interpretatzioni del Novecento*, Rome, Instituto della Encyclopedia Italiana, 1994, p. 107-116.

ARBIB, Dan, « Note sur une maxime cartésienne : *a nosse ad esse valet consequentia*, AT VII, 520, 5 », *Revue Philosophique de Louvain*, 111/3, 2013, p. 491-512.

– « L'*ego* image de Dieu ou du *cogito* suivant la volonté », *Revue de Métaphysique et de Morale*, 2016/3, p. 333-352.

– *Descartes, la métaphysique et l'infini*, Paris, P.U.F., 2017.

ARIEW, Roger, « Sur les Septièmes Réponses », *in* J.-M. Beyssade et J.-L. Marion (éd.), *Descartes. Objecter et répondre*, Paris, P.U.F., 1994, p. 123-140.

– *Descartes and the last scholastics*, Ithaca and London, Cornell UP, 1999.

— et Marjorie GRENE (eds.), *Descartes and his contemporaries : Meditationes, Objections and Replies*, Chicago-London, The University of Chicago Press, 1995.

ARMOGATHE, Jean-Robert, *Theologia cartesiana. L'explication physique de l'Eucharistie chez Descartes et Dom Desgabets*, La Haye, Nijhoff, 1977.

– « La publication du *Discours* et des *Essais* » in *Descartes : il Metodo e i Saggi*, Rome, Istituto della Enciclopedia Italiana, 1990, t. 2, p. 17-25.

– « *An sit Deus*. Les preuves de l'existence de Dieu chez Marin Mersenne », *Les Études philosophiques*, 1994/1-2, p. 161-170.

– « L'approbation des *Meditationes* par la Faculté de Théologie de Paris (1641) », *Bulletin cartésien XXI*, *Archives de philosophie*, 57, 1994/1, *Liminaire I*, p. 1-3.

– « Caterus' Objections to God », *in* R. Ariew et M. Grene (eds.), *Descartes and his Contemporaries : Meditationes, Objections and Replies*, Chicago-London, The University of Chicago Press, 1995, p. 34-43.

— et Giulia BELGIOIOSO (a cura di), *Descartes metafisico. Interpretatzioni del Novecento*, Roma, Instituto della Encyclopedia Italiana, 1994.

— et Vincent CARRAUD, « La première condamnation des *Œuvres* de Descartes, d'après des documents inédits aux Archives du Saint-Office », *Nouvelles de la République des Lettres*, 2001/II, p. 103-137.

BALIBAR, Étienne, « "Ego sum, ego existo". Descartes au point d'hérésie », *Bulletin de la société française de philosophie*, 86, 1992, p. 87-119.

BELLIS, Delphine, « *Nos in Diem Vivimus :* Gassendi's Probabilism and Academic Philosophy from Day to Day », *in* S. Charles, P. J. Smith (eds.), *Academic Scepticism in the Development of Early Modern Philosophy*, Dordrecht, Springer, 2017, p. 125-152.

BEYSSADE, Jean-Marie, *La philosophie première de Descartes*, Paris, Flammarion, 1979.

– *Descartes au fil de l'ordre*, Paris, P.U.F., 2001.

– *Études sur Descartes*, Paris, Seuil, 2001.

— et Jean-Luc MARION (éd.), *Descartes. Objecter et répondre*, Paris, P.U.F., 1994.

BEYSSADE, Michelle, « Descartes's Doctrine of Freedom : Differences between the French and Latin Texts of the Fourth Meditation », *in* J. Cottingham (ed.), *Reason, Will and Sensation. Studies in Descartes's Metaphysics*, Oxford, Clarendon Press, 1994, p. 191-206.

– « Les alinéas dans la traduction des *Méditations* de Descartes », *in* J. Moutaux et O. Bloch (éd.), *Traduire les philosophes*, Paris, Publications de la Sorbonne, 2000, p. 21-29.

BIARD, Joël et Roshdi RASHED, *Descartes et le Moyen Âge*, Paris, Vrin, 1997.

BITBOL-HESPÉRIÈS, Annie, « Descartes et Regius : leur pensée médicale », *in* T. Verbeek (éd.), *Descartes et Regius. Autour de l'*Explication de l'esprit humain, Amsterdam-Atlanta, Rodopi, 1993, p. 47-68.

BLOCH, Olivier, « Gassendi critique de Descartes », *Revue Philosophique de la France et de l'Étranger*, 156, 1966, p. 217-236.

– *La philosophie de Gassendi. Nominalisme, matérialisme et métaphysique*, La Haye, Nijhoff, 1971.

BOULNOIS, Olivier, *La puissance et son ombre, de Pierre Lombard à Luther*, Paris, Aubier, 1994.

BOURGEOIS-GIRONDE, Sacha, *Reconstruction analytique du cogito*, Paris, Vrin, 2001.

BRUNSCHWIG, Jacques, « La preuve ontologique interprétée par M. Gueroult », *Revue Philosophique de la France et de l'Étranger*, 1960/2, p. 251-265.

– « Réponse aux objections de M. Rochot », *Revue Philosophique de la France et de l'Étranger*, 1962, p. 365-370.

BUCCOLINI, Claudio, « Sanchez filosofo », *in* Francisco Sanchez, *Tutte le opere filosofiche*, éd. C. Buccolini et E. Lojacono, Milan, Bompiani, 2011, p. LI-C.

BUZON, Frédéric de, *La science cartésienne et son objet*, Paris, Honoré Champion, 2013.

—, Élodie CASSAN et Denis KAMBOUCHNER (éd.), *Lectures de Descartes*, Paris, Ellipses, 2015.

— et Vincent CARRAUD, *Descartes et les « Principia » II, Corps et mouvement*, Paris, P.U.F., 1994.

— et Denis KAMBOUCHNER, *Le vocabulaire de Descartes*, Paris, Ellipses, 2002.

CARRAUD, Vincent, « Descartes et la Bible », *in* J.-R. Armogathe, *Le Grand Siècle et la Bible*, Paris, Beauchesne, 1989, p. 277-291.

– « Les références scripturaires du corpus cartésien », *Bulletin cartésien XVIII*, Liminiaire II, *Archives de philosophie*, 52, 1990/1, p. 11-21.

– « Descartes et l'Écriture sainte », in *L'Écriture Sainte au temps de Spinoza et dans le système spinoziste,* GRS, 4, Paris, PUPS, 1992.

– « Descartes : Le droit de la charité », *in* G. Canziani et Y. C. Zarka (a cura di), *L'interpretazione nei secoli XVII*, Milan, FrancoAngeli, 1993, p. 515-535.

– « De la connaissance intuitive de Dieu selon A.T., V, pp. 136-139 », *in* J.-R. Armogathe et G. Belgioioso (a cura di), *La biografia intellettuale di René Descartes attraverso* La Correspondance, Naples, Vivarium, 1999, p. 287-315.

– *Causa sive ratio*, Paris, P.U.F., 2002.

– *L'invention du moi*, Paris, P.U.F./Chaire Étienne Gilson, 2010.

– « *Nihil esse certi*, point à la ligne ? », *Les Études philosophiques*, 2011/1, p. 61-69.

– « Des choses réelles à la réalité des choses », *Quaestio. Annuario di storia della metafisica*, 17, 2017, p. 199-216.

— et Jean-Luc Marion, « De quelques citations cartésiennes de l'Écriture Sainte », *Bulletin cartésien XXIV*, Liminaire I, *Archives de philosophie*, 59, 1996/1, p. 1-3.

CAVAILLÉ, Jean-Pierre, « Les sens trompeurs : usage cartésien d'un motif sceptique », *Revue philosophique*, 1991/1, p. 3-31.

CHUKURIAN, Aurélien, « À la recherche d'une philosophie cartésienne de la religion : le rapport raison-foi et l'ambivalence de la norme d'interprétation de la Bible », *ThéoRème*, 6 : *Une philosophie de la religion avant les Lumières*, 2016.

COLUCCIA, Mariailaria, *Pierre Bourdin, Jacques Dinet e l'ombra di Descartes. Storia e sviluppi concettuali di una controversia*, thèse de Doctorat, Università del Salento/Sorbonne Université, 2018.

COQUI, Guillaume, « Descartes et la sensibilité animale », *in* P. Guenancia, *Études de philosophie* cartésienne, *Cahiers d'histoire de la philosophie*, 4, Dijon, Département de philosophie de l'Université de Bourgogne, 2004, p. 139-163.

COURTINE, Jean-François, *Suarez et le système de la métaphysique*, Paris, P.U.F., 1990.

– « La doctrine cartésienne de l'idée et ses sources scolastiques », *in* O. Depré et D. Lories, *Lire Descartes aujourd'hui*, Louvain-la-Neuve/Paris, Institut Superieur de Philosophie/Peeters, 1997, p. 1-20.

CRAPULLI, Giovanni, « Mersenne e la prima pubblicazione di Descartes », in *La trasmissione dei testi a stampa nel periodo moderno, Atti del I e II Seminario Internazionale*, 2 vol., Rome, Ed. dell'Ateneo, 1985-1987 ; vol. 2, p. 153-170.

CUNNING, David, « True and Immutable Nature » *in* L. Nolan (ed.), *The Cambridge Descartes Lexicon*, Cambridge, CUP, 2016, p. 727-731.

DALBIEZ, Roland, « Les sources scolastiques de la théorie cartésienne de l'être objectif », *Revue d'histoire de la philosophie*, 1929, p. 464-472.

DE WAARD, Cornelis, « Les Objections de Pierre Petit contre le *Discours* et les *Essais* de Descartes », *Revue de métaphysique et de morale,* 32, 1925, p. 54-89.

DENNETT, Daniel C., *Consciousness Explained,* New York, Little, Brown and Co., 1991, trad. fr. P. Engel, *La conscience expliquée*, Paris, Odile Jacob, 1993.

DERRIDA, Jacques, « Cogito et histoire de la folie » [1964], *L'écriture et la différence*, Paris, Seuil, 1967, p. 51-97.

DES CHENE (Denis), « Cartesiomania : Early Receptions of Descartes », *Perspectives on Science*, 3, 1995, p. 534-581.

DI BELLA, Stefano, Meditazioni metafisiche. *Introduzione alla lettura*, Rome, La Nuova Italia Scientifica, 1997.

DONEY, Willis, « Objections and Replies Within the Fifth Meditation », *British Journal for the History of Philosophy*, 11/2, 2003, p. 219-234.

DUBOUCLEZ, Olivier, *Descartes et la voie de l'analyse*, Paris, P.U.F., 2013.

FICHANT, Michel, *Science et métaphysique dans Descartes et Leibniz*, Paris, P.U.F., 1998.

FINANCE, Joseph de, « Cogito cartésien et réflexion thomiste », *Archives de Philosophie*, XVI, Cahier II, 1946, p. 60.

FOISNEAU, Luc, *Hobbes et la toute-puissance de Dieu*, Paris, P.U.F., 2000.

FOUCAULT, Michel, *Histoire de la folie à l'âge classique* [Plon, 1961], Paris, Tel, 1977.

– « Mon corps, ce papier, ce feu » [1972], *Dits et écrits*, « Quarto », Paris, Gallimard, 1994, vol. I, p. 1112-1136.

– « Réponse à Derrida », *Paideia*, *Dits et écrits*, 1994, I, p. 1149-1163.

GARBER, Daniel, *La physique métaphysique de Descartes* [*Descartes' Metaphysical Physics*, 1992], trad. fr. Paris, P.U.F., 1999.

– *Corps Cartésiens* [*Descartes Embodied*, 2001], trad. fr. Paris, P.U.F., 2004, p. 321-340.

– « Descartes against the Materialists: how Descartes' Confrontation with Materialism shaped his Metaphysics », *in* K. Detlefsen (ed.), *Descartes'* Meditations. *A Critical Guide*, Cambridge, CUP, 2012, p. 45-63.

GARDIES, Jean-Louis, *Qu'est-ce que et pourquoi l'analyse ?*, Paris, Vrin, 2001.

GILSON, Étienne, « Autour de Pomponazzi : problématique de l'immortalité de l'âme en Italie au début du XVIe siècle », *Archives d'histoire doctrinale et littéraire du Moyen-Âge*, 1961.

– *Études sur le rôle de la pensée médiévale dans la formation du système cartésien*, Paris, Vrin, [5]1984.

– *Index scolastico-cartésien* [1913], Paris, Vrin, 1979.

– *Commentaire du* Discours de la méthode, Paris, Vrin, 1987.

– *La liberté chez Descartes et la théologie* [1913], Paris, Vrin-reprise, 1989.

GOUHIER, Henri, *La pensée religieuse de Descartes*, Paris, Vrin, 1924.

– « La preuve ontologique de Descartes (à propos d'un livre récent) », *Revue Internationale de Philosophie*, 29, 1954, p. 295-303.

– *La pensée métaphysique de Descartes*, Paris, Vrin, 1962.

– *Essais sur Descartes* [1937], Paris, Vrin, [3]1973.

– *Cartésianisme et augustinisme au XVIIe siècle*, Paris, Vrin, 1978.

GREGORY, Tullio, « Dio ingannatore e genio maligno. Nota in margine alle *Meditationes* di Descartes », *Giornale critico della filosofia italiana*, 1974], trad. fr. *Genèse de la raison classique. De Charron à Descartes*, Paris, P.U.F., 2000.

GRIMALDI, Nicolas, *Six études sur la volonté et la liberté chez Descartes*, Paris, Vrin, 1988.

GUENANCIA, Pierre, *Lire Descartes*, Paris, Gallimard, 2000.

GUEROULT, Martial, *Descartes selon l'ordre des raisons*, 2 vol., Paris, Aubier, 1953.

– *Nouvelles réflexions sur la preuve ontologique de Descartes*, Paris, Vrin, 1955.

HATFIELD, Gary, *Descartes' Meditations*, Londres, Routledge, 2014.

HINTIKKA, Jaakko, « Cogito ergo sum : inference or performance ? », *Philosophical Review*, 1963, trad. fr. *Philosophie*, 6, 1985.

IMLAY, Robert A., « Volonté, indifférence et mauvaise foi : Gassendi contre Descartes », *in* J.-M. Beyssade et J.-L. Marion (éd.), *Descartes. Objecter et répondre*, Paris, P.U.F., 1994, p. 337-364.

KAMBOUCHNER, Denis, « *Réponse à Robert Imlay* », *in* J.-M. Beyssade et J.-L. Marion (éd.), *Descartes. Objecter et répondre*, Paris, P.U.F., 1994, p. 351-364.

– *Les Méditations métaphysiques de Descartes, Introduction générale, Première Méditation*, Paris, P.U.F., 2005.

– *Descartes et la philosophie morale*, Paris, Hermann, 2008.

– *Descartes n'a pas dit [...]*, Paris, Les Belles Lettres, 2015.

– « *Artificium objectivum,* Note sur une idée de Descartes », *in* M. Pécharman et P. de Rouilhan (éd.), *Le philosophe et le langage*, Paris, Vrin, 2017 p. 99-112.

KENNY, Anthony, « The Cartesian Circle and the Eternal Truths », *Journal of Philosophy*, 67, 1970, p. 685-700.

KIEFT, Xavier, « Note sur le "curieux témoignage" attribué à Anna Maria van Schurman (AT IV, 700-701) », *Bulletin cartésien XXXVIII*, *Archives de philosophie*, 2010/1, p. 153-157.

LANDUCCI, Sergio, *La mente in Cartesio*, Milan, Angeli, 2002.

– *I filosofi e Dio*, Rome-Bari, Laterza, 2005, p. 143-146.

LAPORTE, Jean, *Le rationalisme de Descartes* [1945], Paris, P.U.F., 2000.

– *Études d'histoire de la philosophie française*, Paris, Vrin, 1951.

LEDUC-FAYETTE, Denise, « Descartes et la contemplation », *Revue Philosophique de la France et de l'Étranger*, 190/2, 2000, p. 175-192.

LENOBLE, Robert, *Mersenne et la naissance du mécanisme*, Paris, Vrin, 1971.

LENNON, Thomas M., *The Battle of the Gods and Giants*, Princeton, Princeton UP, 1993.

– « Pandora : Or, Essence and Reference : Gassendi's Nominalist Objection and Descartes' Realist Reply », *in* R. Ariew, M. Grene (eds.), *Descartes and his Contemporaries : Meditationes, Objections and Replies*, Chicago-London, The University of Chicago Press, 1995, p. 159-181.

LERNER, Michel-Pierre, « De Copernic à Galilée : brève histoire d'une condamnation », *Bruniana & Campanelliana*, XXIII, 2017/2, p. 689-708.

LOLORDO, Antonia, « "Descartes's One Rule of Logic" : Gassendi's Critique of the Doctrine of Clear and Distinct Perception », *British Journal for the History of Philosophy*, 13/1, 2005, p. 51-72.

– « Gassendi on Human Knowledge of the Mind », *Archiv für Geschichte der Philosophie*, 87, 2005, p. 1-21.

MAIA NETO, Jose R., « Charron's *Epochè* and Descartes's *Cogito :* The sceptical base of Descartes's refutation of scepticism », *in* G. Paganini (ed.), *The Return of Scepticism from Hobbes and Descartes to Bayle*, Dordrecht-Boston-Londres, Kluwer, 2003, p. 81-113.

MARION, Jean-Luc, *Sur l'ontologie grise de Descartes*, Paris, Vrin, 1975.
– *Sur la théologie blanche de Descartes*, Paris, P.U.F., 1981.
– *Sur le prisme métaphysique de Descartes*, Paris, P.U.F., 1986.
– *Réduction et donation,* Paris, P.U.F., 1989.
– *Questions cartésiennes, Méthode et métaphysique,* Paris, P.U.F., 1991.
– *Questions cartésiennes II, Sur l'ego et sur Dieu*, Paris, P.U.F., 1996.
– « Qui suis-je pour ne pas dire *ego sum, ego existo ?* », *in* V. Carraud et J.-L. Marion (éd.), *Montaigne. Scepticisme, métaphysique, théologie,* Paris, P.U.F., 2004.
– « Hobbes et Descartes : l'étant comme corps », *in* D. Weber (éd.), *Hobbes, Descartes et la métaphysique*, Paris, Vrin, 2005.
– *Au lieu de soi*, Paris, P.U.F., 2008.
– « En quel sens la phénoménologie peut-elle *ou non* se réclamer de Descartes ? », *in* D. Pradelle et C. Riquier (éd.), *Descartes et la phénoménologie,* Paris, Hermann, 2018, p. 339-361.
MARTINEAU, Emmanuel, « Nouvelles réflexions sur les "Rêveries". La *Première Promenade* et son "projet" », *Archives de philosophie*, 1984/2, p. 214-216.
MENN, Steven, « The Greatest Stumbling Block : Descartes'Denial of Real Qualities », *in* R. Ariew, M. Grene (eds.), *Descartes and his Contemporaries : Meditationes, Objections and Replies*, Chicago-London, The University of Chicago Press, 1995, p. 182-207.
MILES, Murray, « Descartes' Method », *in* J. Broughton, J. Carriero (eds.), *A Companion to Descartes*, Oxford, Blackwell, 2008, p. 145-163.
MITTON, Roger, « Professor Hintikka on Descartes' *cogito* », *Mind,* 81, 323, 1972, p. 407-408.
MURDOCH, Dugald, « Exclusion and Abstraction in Descartes' Metaphysics », *Philosophical Quarterly,* 43, 1993, p. 38-57.
NADLER, Steven, « Descartes's Demon and the Madness of Don Quixote », *Journal of the History of Ideas*, 1997/1, p. 41-55.
NOLAN, Lawrence, « The Ontological Status of Cartesian Natures », *Pacific Philosophical Quarterly,* 78, 1997, p. 169-194.
NOWERSZTERN, Mariana, « Ne pas être sujet? *Similitudo Dei* : la liberté et son usage, des *Méditations* aux *Passions de l'âme* », *Les Études philosophiques*, 2011/1, p. 71-83.
OLIVO, Gilles, « L'homme en personne », *in* T. Verbeek (éd.), *Descartes et Regius. Autour de l'Explication de l'esprit humain*, Amsterdam, Rodopi, 1993, p. 69-91.
– « L'efficience en cause : Suárez, Descartes et la question de la causalité », *in* J. Biard et R. Rashed, *Descartes et le Moyen Âge*, Paris, Vrin, 1997, p. 95-106.
– *Descartes et l'essence de la vérité*, Paris, P.U.F., 2005.
– « L'idée du néant et la fausseté matérielle de l'idée : Descartes et la question du néant », in *Dire le néant, Cahiers de philosophie de l'Université de Caen*, 43, 2007, p. 249-273.
ONG-VAN-CUNG, Kim Sang, *L'objet de nos pensées. Descartes et l'intentionnalité*, Paris, Vrin, 2013.

PAGANINI, Gianni, *Skepsis. Le débat des modernes sur le scepticisme : Montaigne, Le Vayer, Campanella, Hobbes, Descartes, Bayle*, Paris, Vrin, 2008.

PARIENTE, Jean-Claude, « Problèmes logiques du *cogito* », *in* N. Grimaldi et J.-L. Marion, *Le Discours et sa méthode*, Paris, P.U.F., 1987, p. 229-269.

PÉCHARMAN, Martine, « Le vocabulaire de l'être dans la philosophie première », *in* Y. Ch. Zarka (éd.), *Hobbes et son vocabulaire. Études de lexicographie philosophique*, Paris, Vrin, 1990, p. 31-59.

– « L'âme et le corps : Antoine Arnauld et la question de la distinction réelle », in *Antoine Arnauld, philosophe, écrivain, théologien, Chroniques de Port-Royal*, Paris, Bibliothèque Mazarine, 1995, p. 297-321.

– « Philosophie première et théologie selon Hobbes », *in* L. Foisneau (éd.), *Politique, droit et théologie chez Bodin, Grotius et Hobbes*, Paris, Kimé, 1997.

– « Le signe selon Hobbes », *Lumières*, 10, 2007, p. 45-64.

PERLER, Dominik, « La théorie cartésienne du jugement. Remarques sur la *IV*e *Méditation* », *Les Études philosophiques*, 71, 2004/4, p. 461-483.

PUTALLAZ, François-Xavier, *La connaissance de soi au* XIIIe *siècle, de Matthieu d'Aquasparta à Thierry de Freiberg*, Paris, Vrin, 1991.

ROCHOT, Bernard, « L'infini cartésien », *Revue de synthèse*, 1954/1, p. 35-53.

– « La preuve ontologique interprétée par M. Gueroult (Réponse aux « Objections » de M. Jacques Brunschwig) », *Revue Philosophique de la France et de l'Étranger*, 1961/1, p. 125-130.

RODIS-LEWIS, Geneviève, *L'œuvre de Descartes*, 2 t., Paris, Vrin, 1971, rééd. en 1 vol., 2013.

– « Doute pratique et doute spéculatif chez Montaigne et Descartes », *Revue Philosophique de la France et de l'Étranger*, 182/4, 1992, p. 439-449.

– *Le développement de la pensée de Descartes*, Paris, Vrin, 1997.

ROGER, Julia, « Éditer Descartes : le problème des alinéas », *Archives de philosophie*, 2007/1, p. 135-147.

ROUX, Sophie, « Les Recherches métaphysiques de Gassendi : vers une histoire naturelle de l'esprit » *in* S. Taussig (éd.), *Gassendi et la modernité*, Turnhout, Brepols, 2008, p. 105-140.

— et Domenico COLLACIANI, « La querelle optique de Bourdin et de Descartes à la lumière des thèses mathématiques soutenues au collège de Clermont », *in* A. Del Prete et R. Carbone, *Chemins du cartésianisme*, Paris, Classiques Garnier, 2017, p. 51-84 ?

– « Pierre Bourdin, anti-cartésien ou Jésuite ordinaire ? », *Historia Philosophica*, 15, 2017, p. 89-113.

SCHMALTZ, Tad, *Descartes on Causation*, New York, OUP, 2008.

– « The Fifth Meditation : Descartes' Doctrine of True and Immutable Natures », *in* D. Cunning (ed.), *The Cambridge Companion to Descartes' Meditations*, Cambridge, CUP, 2014, p. 205-222.

SCRIBANO, Emanuela, *L'existence de Dieu*, trad. fr., Paris, Seuil, 2002.

–*Angeli e beati. Modelli di conoscenza da Tommaso a Spinoza*, Rome-Bari, Laterza, 2006.

– « Les *Septièmes Réponses*, les devoirs du sceptique et le cercle », *Alvearium*, 9, 2016, p. 43-54.

SECADA, John, *Cartesian Metaphysics. The Late Scholastic Origins of Modern Philosophy*, Cambridge, CUP, 2000.

SEPPER, Dennis, « The texture of thought. Why Descartes' *Meditationes* is meditational and why it matters », *in* S. Gaukroger, J. Schuster et J. Sutton (eds.), *Descartes Natural Philosophy*, London, Routledge, 2000, p. 736-750.

TERREL, Jean, « Le matérialisme de Hobbes dans les *Troisièmes Objections* », *in* J. Berthier et A. Milanèse, *Hobbes et le matérialisme*, Paris, Éditions Matériologiques, 2016, p. 13-32.

TILLIETTE, Xavier, *Philosophies eucharistiques de Descartes à Blondel*, Paris, Cerf, 2006.

VERBEEK, Theo, *Descartes and the Dutch. Early Reactions to Cartesian Philosophy, 1637-1650*, Carbonsdale et Edwardsville, Southern Illinois UP, 1992.

– « Ens per accidens : gli origini della querelle d'Utrecht », *Giornale critico della filosofia italiana*, 71, 1992, p. 276-288.

– « The First Objections », *in* R. Ariew, M. Grene (eds.), *Descartes and his Contemporaries : Meditationes, Objections and Replies*, Chicago-London, The University of Chicago Press, 1995, p. 21-33.

VOSS, Stephen, « Le Grand Arnauld sur la racine et le fruit de l'argument cartésien pour la distinction réelle », *in* J.-M. Beyssade et J.-L. Marion (éd.), *Descartes. Objecter et répondre*, Paris, P.U.F., 1994, p. 385-401.

WAHL, Jean, *Du rôle de l'idée d'instant dans la philosophie de Descartes* [1920], Paris, Descartes & Cie, 1994.

WELLS, Norman, « Objective Reality of Ideas in Descartes, Caterus and Suárez », *Journal of the History of Philosophy*, 28/1, 1990, p. 33-61.

WILSON, Margaret, *Descartes*, Londres, Routledge, 1978.

ZARKA, Yves Charles, *La décision métaphysique de Hobbes. Conditions de la politique*, Paris, Vrin, 1987.

LES AUTEURS

Igor AGOSTINI est *professore associato* à l'université du Salento et directeur du *Centro di Studi su Descartes e il Seicento-Ettore Lojacono*.

Jean-Pascal ANFRAY est maître de conférences à l'École normale supérieure (PSL) et membre de la République des savoirs, USR 3608.

Dan ARBIB, secrétaire scientifique du *Bulletin cartésien*, enseigne à l'École normale supérieure (PSL) et est membre de la République des savoirs, USR 3608.

Jean-Robert ARMOGATHE, membre correspondant de l'Académie des Inscriptions et Belles-Lettres, est directeur d'études émérite à l'École Pratique des Hautes Études.

Jean-Christophe BARDOUT est professeur à l'université Rennes-I, directeur du CAPHI.

Delphine BELLIS est maître de conférences à l'université de Montpellier, membre du centre de recherches CRISES, EA 4424.

Frédéric de BUZON est professeur à l'université de Strasbourg, membre du CREPHAC, EA 2326.

Vincent CARRAUD est professeur à Sorbonne Université, où il dirige le Centre d'études cartésiennes (EA 3552 : « Métaphysique : histoires, transformations, actualité »).

Olivier DUBOUCLEZ est chargé de cours à l'université de Liège et membre du centre de recherches MéThéor.

Denis KAMBOUCHNER est professeur à l'université Paris-I Panthéon-Sorbonne, membre de l'UMR 8103-ISJPS.

Xavier KIEFT enseigne la philosophie dans l'académie de Versailles et à Sorbonne Université.

Jean-Luc MARION, de l'Académie française, est professeur émérite à Sorbonne Université et professeur à l'université de Chicago.

Édouard MEHL est professeur à l'université de Lille-3, membre de l'équipe STL.

Gilles OLIVO est professeur à l'Université de Caen-Basse Normandie, membre de l'équipe « Identité et Subjectivité ».

Martine PÉCHARMAN est directrice de recherches au CNRS, membre du CRAL.

Sophie ROUX est professeure à l'École normale supérieure (PSL), où elle dirige la République des savoirs, USR 3608.

TABLE DES MATIÈRES

PREMIÈRE PARTIE

DEUXIÈME PARTIE

Achevé d'imprimer le 21 juin 2019
La Manufacture - Imprimeur – 52200 Langres – Tél. : (33) 325 845 892
Imprimé en France – N° : 190724 – Dépôt légal : avril 2019